KB126152

신역

시경집전

신역
新譯

시경집전

下

성백효 역

한국인문고전연구소

詩經集傳 （下）

卷十六
　　　〈대아(大雅)〉삼(三)

卷十七

〈문왕지십(文王之什)〉3-1〔三之一〕
　　1. 문왕(文王)　　　　　• 12
　　2. 대명(大明)　　　　　• 23
　　3. 면(緜)　　　　　　　• 31
　　4. 역복(棫樸)　　　　　• 41
　　5. 한록(旱麓)　　　　　• 45
　　6. 사재(思齊)　　　　　• 49
　　7. 황의(皇矣)　　　　　• 54
　　8. 령대(靈臺)　　　　　• 67
　　9. 하무(下武)　　　　　• 72
　　10. 문왕유성(文王有聲)　• 76

〈생민지십(生民之什)〉3-2〔三之二〕
　　1. 생민(生民)　　　　　• 84
　　2. 행위(行葦)　　　　　• 94
　　3. 기취(旣醉)　　　　　• IOI
　　4. 부예(鳧鷖)　　　　　• IO6
　　5. 가락(假樂)　　　　　• IO9
　　6. 공류(公劉)　　　　　• II3
　　7. 형작(泂酌)　　　　　• I22
　　8. 권아(卷阿)　　　　　• I24
　　9. 민로(民勞)　　　　　• I3I
　　10. 판(板)　　　　　　　• I36

卷十八

〈탕지십(蕩之什)〉3-3〔三之三〕

1. 탕(蕩) • 144
2. 억(抑) • 151
3. 상유(桑柔) • 166
4. 운한(雲漢) • 181
5. 숭고(崧高) • 190
6. 증민(烝民) • 197
7. 한혁(韓奕) • 206
8. 강한(江漢) • 214
9. 상무(常武) • 220
10. 첨앙(瞻卬) • 226
11. 소민(召旻) • 233

卷十九

〈송(頌)〉4(四)

〈청묘지십(淸廟之什)〉4-1〔四之一〕

1. 청묘(淸廟) 241
2. 유천지명(維天之命) • 244
3. 유청(維淸) • 246
4. 열문(烈文) • 247
5. 천작(天作) • 249
6. 호천유성명(昊天有成命) • 251
7. 아장(我將) • 258
8. 시매(時邁) • 261
9. 집경(執競) • 265
10. 사문(思文) • 268

〈신공지십(臣工之什)〉 4-2〔四之二〕

1. 신공(臣工) ・ 270
2. 희희(噫嘻) ・ 272
3. 진로(振鷺) ・ 274
4. 풍년(豊年) ・ 276
5. 유고(有瞽) ・ 278
6. 잠(潛) ・ 281
7. 옹(雝) ・ 282
8. 재현(載見) ・ 286
9. 유객(有客) ・ 288
10. 무(武) ・ 290

〈민여소자지십(閔予小子之什)〉 4-3〔四之三〕

1. 민여소자(閔予小子) ・ 292
2. 방락(訪落) ・ 294
3. 경지(敬之) ・ 296
4. 소비(小毖) ・ 297
5. 재삼(載芟) ・ 299
6. 양사(良耜) ・ 304
7. 사의(絲衣) ・ 307
8. 작(酌) ・ 309
9. 환(桓) ・ 311
10. 뢰(賚) ・ 313
11. 반(般) ・ 314

卷二十

〈노송(魯頌)〉 4-4〔四之四〕

1. 경(駉) ・ 318
2. 유필(有駜) ・ 323
3. 반수(泮水) ・ 325
4. 비궁(閟宮) ・ 331

〈상송(商頌)〉 4-5〔四之五〕

1. 나(那)   • 345
2. 열조(烈祖)   • 350
3. 현조(玄鳥)   • 353
4. 장발(長發)   • 357
5. 은무(殷武)   • 365

〈부록〉

시전강령(詩傳綱領)   • 372
시전도(詩傳圖)   • 394-424
詩經集傳大全 引用先儒姓氏表   • 425
四書에 引用된 詩經의 內容   • 427
御定五經百篇   • 431
한글 현토의 풀이〔俚讀解〕   • 432

감사의 글   • 436

일러두기

1. 본서(本書)는 내각본(內閣本)을 국역대본(國譯臺本)으로 하고, 경진내각판(庚辰內閣版) 시경언해본(詩經諺解本)과 중국(中國) 중화서국(中華書局)의 《시집전(詩集傳)》, 일본(日本)의 한문대계본(漢文大系本), 호산(壺山) 박문호(朴文鎬)의 《시집전상설(詩集傳詳說)》을 참고하여 상·중·하 3책(册)으로 번역하였다.
2. 《시경(詩經)》 원의(原義)의 이해를 돕기 위하여 편마다 〈모시소서(毛詩小序)〉를 부기(附記)하고 번역하였다. 다만 〈모시(毛詩)〉에는 〈서(序)〉가 앞에 있던 것을 《집전(集傳)》의 체재를 맞추기 위하여 각 편의 맨 뒤에 붙였다.
3. 원문 이해의 도움을 위하여 현토(懸吐)하였다. 단, 언해의 현토를 수정한 경우 '我馬玄黃하니(이란대)'로 표시하였다.
4. 번역은 원의에 충실하게 하여 원전강독(原典講讀)에 도움이 되도록 하였다.
5. 역주(譯註)는 중요한 출전(出典)이나 이해하기 어려운 문맥(文脈)과 타당성이 있다고 여겨지는 이설(異說), 참고할 만한 호산의 《상설》 및 오탈자(誤脫字)를 대상으로 하였고, 원문의 난해자(難解字)는 자의(字義)를 하단(下段)에 실었다.
6. 본문의 오자(誤字), 가차자(假借字) 등은 다음 부호(符號)를 사용하였다.

        오자의 예(例) : 犯牡〔牝〕豕也
        가차자의 예 : 妃(配)匹之際

※ 다만 본문의 반절(反切)의 오류는 소자쌍행(小字雙行)임을 고려하여 부호를 사용하지 않고 곧바로 정정하였다.

7. 어려운 글자에는 경문과 《집전》에 음을 표기하였다.
8. 시 본문에 운자(韻字)를 표시하였다. 《시경》의 용운(用韻)에 대해서는 굳이 《집전》을 따르지 않고 《시경고운금주(詩經古韻今註)》와 《모시운율(毛詩韻律)》을 참고하였으며, 수구용운(首句用韻)·수복용운(首腹用韻)·구말용운(句末用韻) 등이 있으나 구복(句腹)과 구말(句末)의 용운(用韻)만을 표시하였다. 그러나 오기(誤記) 또는 미상(未詳), 누락된 부분이 없지 않은 것으로 보인다.
9. 원문 가운데 본문과 《집전》은, 활자(活字)의 대소(大小)로 구분하고 번역문도 이에 따랐다.
10. 본서의 이해를 돕고자 시전도(詩傳圖)를 부록(附錄)하였으며, 〈소아(小雅)〉의 십수(什數)는 《집전》과 《모전(毛傳)》이 상이(相異)하므로 목차(目次) 뒤에 《모전》의 십수(什數)를 붙여 참고하게 하였다.
11. 본서의 사용 부호는 다음과 같다.

        〈 〉: 보충역(補充譯)   ( ) : 간주(間註) 및 참고사항
        〈 〉: 편명(篇名)   〔 〕: 참고원문 및 한자
        《 》: 서명(書名)   、: 원문에서는 동격나열(同格羅列)

        운자표시(韻字表示)   • : 평상운(平常韻)
                            ◦ : 격구운(隔句韻)

詩經集傳 下

대아大雅 삼三

說見小雅하니라
　해설이 〈소아(小雅)〉에 보인다.

〈문왕지십(文王之什)〉 3-1[三之一]

1. 문왕(文王)

① 文王在上, 於[音烏 下同]昭于天[叶鐵因反]. 周雖舊邦, 斯命維新. 有周不顯, 帝命不時[叶上紙反]. 文王陟降, 在帝左右[叶羽己反].

文王在上하사	문왕이 위에 계시어
於(오)昭于天하시니	아, 하늘에 밝게 계시니
周雖舊邦이나	주(周)나라가 비록 오래된 나라이나
斯命維新이로다	천명(天命)은 새롭도다
有周不顯가	주나라가 드러나지 않을까
帝命不時아	상제(上帝)의 명이 때에 맞지 않을까
文王陟降이	문왕의 오르내리심이
在帝左右시니라	상제의 좌우에 계시니라

賦也라 於는 歎辭요 昭는 明也라 命은 天命也라 不顯은 猶言豈不顯也라 帝는 上帝也라 不時는 猶言豈不時也라 左右는 旁側也라

○ 周公이 追述文王之德하여 明周家所以受命而代商者 皆由於此하여 以戒成王이라 此章은 言文王既沒而其神在上하여 昭明于天이라 是以로 周邦이 雖自后稷始封으로 千有餘年이나 而其受天命은 則自今始也라 夫文王在上하여 而昭于天이면 則其德顯矣요 周雖舊邦이나 而命則新이면 則其命時矣라 故로 又曰 有周豈不顯乎아 帝命豈不時乎아하니 蓋以文王之神在天하여 一升一降에 無時不在上帝之左右라 是以로 子孫이 蒙其福澤而君有天下也라 春秋傳에 天王追命諸侯之詞曰 叔父陟恪하여 在我先王之左右하사 以佐事上帝[1]라하니 語意與此正相似라 或疑恪亦

• • • • • •
1 春秋傳……以佐事上帝:이 내용은《춘추좌씨전》소공(昭公) 7년에 위 양공(衛襄公)이 별세하자 왕이 성 간공(成簡公)으로 하여금 위나라에 가서 조문하게 하고 또 양공을 추명(追命)한 말로, 천왕(天王)은 주나라 왕을 가리키며, 두예(杜預)의 주에 "척(陟)은 오름이요, 각(恪)은 공경함이

••• 陟:오를 척 旁:곁 방 恪:삼갈 각

降字之誤라하니 理或然也로라

부(賦)이다. '오(於)'는 감탄사요, '소(昭)'는 밝음이다. '명(命)'은 천명(天命)이다. '불현(不顯)'은 '어찌 드러나지 않겠는가.〔豈不顯〕'라는 말과 같다. '제(帝)'는 상제(上帝)이다. '불시(不時)'는 '어찌 이때에 하지 않겠는가.〔豈不時〕'라는 말과 같다. '좌우(左右)'는 곁이다.

○ 주공(周公)이 문왕의 덕(德)을 추술(追述)하여 주(周)나라가 천명을 받아 상(商)나라를 대신한 것이 모두 여기에서 말미암았음을 밝혀서 성왕(成王)을 경계한 것이다. 이 장(章)은 문왕이 이미 별세하셨으나 그 신(神)이 위에 있어 하늘에 밝게 계시다. 이 때문에 주나라가 비록 후직(后稷)이 처음 봉해짐으로부터 천여 년이 지났으나, 천명을 받은 것은 지금으로부터 시작되었음을 말한 것이다.

문왕이 위에 계셔 하늘에 밝게 계시면 그 덕(德)이 드러나고, 주나라가 비록 오래된 나라이나 명(命)은 새롭다면 그 명이 이 때에 내린 것이다. 그러므로 또 말하기를 "주나라가 어찌 드러나지 않겠는가. 상제의 명이 어찌 이 때에 하지 않겠는가." 하였으니, 이는 문왕의 신(神)이 하늘에 계시어 한 번 오르고 한 번 내리심에 상제의 좌우(左右)에 있지 않을 때가 없었다. 이 때문에 자손들이 그 복택(福澤)을 입어서 군주가 되어 천하를 소유한 것이다.

《춘추좌씨전》에 천왕(天王)이 제후(諸侯)를 추명(追命)한 말에 이르기를 "숙부(叔父)가 척각(陟恪)하여 우리 선왕의 좌우에 계시어 상제를 도와 섬겼다." 하였으니, 말뜻이 이와 서로 유사하다. 혹자는 의심하기를 "각(恪) 자 또한 강(降) 자의 오자(誤字)이다." 하니, 이치상 혹 옳을 듯하다.

② 亹亹〔音尾〕文王, 令聞〔音問〕不已. 陳錫哉周, 侯文王孫子〔叶獎里反〕. 文王孫子, 本支百世. 凡周之士, 不顯亦世.

亹(미)亹文王이　　　　힘쓰고 힘쓰신 문왕이

令聞不已하사　　　　홀륭하신 명예가 그치지 않으사

陳錫哉周하시되　　　주(周)나라에 베풀어 주시되

· · · · · ·

다." 하였다.

··· 亹 : 힘쓸 미　令 : 아름다울 령　聞 : 이름날 문

侯文王孫子하시니　　　　문왕의 자손들에게 하시니
文王孫子　　　　　　　　문왕의 자손들이
本支百世시며　　　　　　본손과 지손이 백세를 전할 것이며
凡周之士도　　　　　　　모든 주나라의 선비들도
不顯가 亦世로다　　　　 드러나지 않을까 또한 대대로 이어가리로다

賦也라 亹亹는 强勉之貌라 令聞은 善譽也라 陳은 猶敷也라 哉는 語辭라 侯는 維也라 本은 宗子也요 支는 庶子也라

○ 文王이 非有所勉也요 純亦不已하여 而人見其若有所勉耳라 其德不已라 故로 今旣沒而其令聞猶不已也라 令聞不已라 是以로 上帝敷錫于周하사되 維文王孫子하사 則使之本宗百世爲天子하고 支庶百世爲諸侯하며 而又及其臣子하여 使凡周之士로 亦世世修德하여 與周匹休焉이라

부(賦)이다. '미미(亹亹)'는 부지런히 힘쓰는 모양이다. '영문(令聞)'은 좋은 명예이다. '진(陳)'은 부(敷:펌, 베품)와 같다. '재(哉)'는 어조사이다. '후(侯)'는 유(維:발어사)이다. '본(本)'은 종자(宗子)이고, '지(支)'는 서자(庶子)이다.

○ 문왕이 억지로 힘쓴 바가 있는 것이 아니요 순수함이 또한 그치지 아니하여, 사람들이 힘쓰는 바가 있는 것처럼 본 것이다. 그 덕(德)이 그치지 않았으므로 지금 이미 별세하셨으나 훌륭한 명성이 오히려 그치지 않았다. 이 때문에 상제(上帝)가 주나라에 베풀어 주시되 문왕의 자손(子孫)들에게 하시어, 그들로 하여금 본종(本宗)은 백세(百世)토록 천자가 되고 지서(支庶)들은 백세토록 제후가 되게 하며, 또 그 신자(臣子)들에게 미쳐서 모든 주나라의 선비로 하여금 또한 대대로 덕(德)을 닦아 주나라와 더불어 아름다움을 짝하게 한 것이다.

③ 世之不顯, 厥猶翼翼. 思皇多士, 生此王國〔叶于逼反〕. 王國克生, 維周之楨〔音貞〕. 濟濟〔子禮反〕多士, 文王以寧.

世之不顯가　　　　　　　대대로 전함이 드러나지 않을까
厥猶(猷)翼翼이로다　　　그 계책에 힘써 공경하도다
思皇多士　　　　　　　　훌륭한 많은 선비들이
生此王國이로다　　　　　이 왕국에 태어났도다

··· 敷 : 펼 부　休 : 아름다울 휴

王國克生하니	왕국에서 능히 길러내니
維周之楨이로다	주(周)나라의 정간(楨榦)이로다
濟濟多士여	많고 많은 선비들이여
文王以寧이샷다	문왕이 이들 때문에 편안하시도다

賦也라 猶는 謀요 翼翼은 勉敬也라 思는 語辭요 皇은 美요 楨은 榦也라 濟濟는 多貌라
○ 此承上章而言호되 其傳世豈不顯乎아 而其謀猷皆能勉敬如此也라 美哉라 此
衆多之賢士여 而生於此文王之國也라 文王之國에 能生此衆多之士하니 則足以
爲國之榦하여 而文王亦賴以爲安矣라하니 蓋言文王得人之盛하니 而宜其傳世之
顯也니라

부(賦)이다. '유(猶)'는 계책이요, '익익(翼翼)'은 힘써 공경함이다. '사(思)'는 어
조사요, '황(皇)'은 아름다움이요, '정(楨)'은 정간(楨榦;동량(棟樑))이다. '제제(濟濟)'
는 많은 모양이다.

○ 이는 상장(上章)을 이어 말하기를 "그들(주나라 선비)이 대대로 〈문왕의 덕을〉
전함이 어찌 드러나지 않겠는가. 그 계책이 모두 힘써 공경하기를 이와 같이 한
것이다. 아름답다. 이 많은 현사(賢士)들이여! 이 문왕의 나라에서 출생하였다. 문
왕의 나라가 능히 이 많은 선비들을 배출하였으니, 충분히 나라의 정간(楨榦)이
되어 문왕 또한 이들에 힘입어서 편안한 것이다." 하였으니, 문왕이 인재를 많이
얻으니, 마땅히 그 대대로 전함이 드러날 것임을 말한 것이다.

④ 穆穆文王, 於緝〔七入反〕熙敬止. 假〔古雅反〕哉天命, 有商孫子. 商之孫
子, 其麗不億, 上帝旣命, 侯于周服〔叶蒲北反〕.

穆穆文王이여	심원(深遠)하신 문왕이여
於(오)緝熙敬止샷다	아, 경(敬)을 계속하여 밝히셨도다
假哉天命은	위대한 천명은
有商孫子러니라	상(商)나라의 자손들에게 있었느니라
商之孫子	상나라의 자손들이
其麗不億이언마는	그 수가 억(億)뿐만이 아니었건만
上帝旣命이라	상제가 이미 〈주나라에〉 명한지라

··· 楨 : 담틀 정 濟 : 많을 제 榦 : 줄기 간 緝 : 이을 집(즙) 假 : 클 가 麗 : 무리 려

侯于周服_{이로다} 주나라에 복종하도다

賦也라 穆穆은 深遠之意라 緝은 續이요 熙는 明이니 亦不已之意라 止는 語辭라 假는 大라 麗는 數也라 不億은 不止於億也라 侯는 維也라

○ 言穆穆然文王之德이 不已其敬如此라 是以로 大命集焉하니 以有商孫子觀之하면 則可見矣라 蓋商之孫子 其數不止於億이라 然이나 以上帝之命이 集於文王하여 而今皆維服于周矣라

부(賦)이다. '목목(穆穆)'은 심원(深遠)한 뜻이다. '집(緝)'은 계속함이요 '희(熙)'는 밝힘이니, 또한 그치지 않는 뜻이다. '지(止)'는 어조사이다. '가(假)'는 큼이다. '려(麗)'는 수(數)이다. '불억(不億)'은 억(億)에만 그치지 않는 것이다. '후(侯)'는 유(維:발어사)이다.

○ 목목한 문왕의 덕(德)이 경(敬)을 그치지 않음이 이와 같았다. 그러므로 대명(大命)이 문왕에게 모였으니, 상(商)나라의 자손들로써 관찰하면 알 수 있다. 상나라의 자손들이 그 수(數)가 억(億)에만 그치지 않았다. 그러나 상제의 명이 문왕에게 모였기 때문에 이제 모두 주나라에 복종하는 것이다.

⑤ 侯服于周, 天命靡常. 殷士膚敏, 祼〔古亂反〕將于京〔叶居良反〕. 厥作祼將, 常服黼冔〔音甫〕〔況甫反〕, 王之藎〔才刃反〕臣, 無念爾祖.

侯服于周_{하니}　　주나라에 복종하니
天命靡常_{이라}　　천명은 일정하지 않은지라
殷士膚敏_이　　은나라의 선비 중에 아름답고 민첩한 자들이
祼(관)將于京_{하니}　　주나라 서울에서 강신제(降神祭)를 도우니
厥作祼將_{이여}　　강신제를 돕는 자가 됨이여
常服黼冔(보호)_{로다}　　항상 보상(黼裳)과 은(殷)나라 관(冠)을 썼도다
王之藎(진)臣_은　　왕의 훌륭한 신하들은
無念爾祖_아　　너의 할아버지를 생각하지 않겠는가

賦也라 諸侯之大夫 入天子之國에 曰某士라하니 則殷士者는 商孫子之臣屬也라 膚는 美요 敏은 疾也라 祼은 灌鬯(창)也라 將은 行也니 酌而送之也라 京은 周之京

··· 膚 : 클 부　祼 : 강신제지낼 관　將 : 행할 장　黼 : 보불 보　冔 : 갓 호　藎 : 나아갈 진　鬯 : 울금초 창

師也라 黼는 黼裳也요 冔는 殷冠也라 蓋先代之後로 統承先王하여 修其禮物하여 作賓于王家라 時王不敢變焉하니 而亦所以爲戒也라 王은 指成王也라 蓋은 進也니 言其忠愛之篤이 進進無已也라 無念은 猶言豈得無念也라 爾祖는 文王也라

부(賦)이다. 제후국의 대부(大夫)가 천자국에 들어갔을 적에 〈자신을〉 모사(某士)라고 말하니, 그렇다면 '은사(殷士)'라는 것은 상(商)나라 자손들의 신속(臣屬)인 것이다. '부(膚)'는 아름다움이요, '민(敏)'은 빠름이다. '관(祼)'은 울창주(鬱鬯酒)를 땅에 부어 강신하는 것이다. '장(將)'은 행함이니, 술을 떠서 올려보내는 것이다. '경(京)'은 주나라의 경사(京師)이다. '보(黼)'는 보(黼)를 수놓은 치마요, '호(冔)'는 은(殷)나라 관(冠)이다. 〈이는〉 선대(先代)의 후예로 선왕을 계승하여 그 예물(禮物)을 닦아 왕가(王家)의 손님이 된 것이다. 당시의 왕〔時王〕이 감히 이를 변경하지 못하니, 또한 경계를 삼으려고 한 것이다. '왕'은 성왕(成王)을 가리킨다. '진(蓋)'은 나아감이니, 충애(忠愛)의 돈독함이 나아가고 나아가 그치지 않음을 말한 것이다. '무념(無念)'은 기득무념(豈得無念;어찌 생각하지 않을 수 있겠는가)이란 말과 같다. '이조(爾祖;너의 할아버지)'는 문왕이다.

○ 言商之孫子而侯服于周는 以天命之不可常也라 故로 殷之士 助祭於周京에 而服商之服也라 於是에 呼王之蓋臣而告之曰 得無念爾祖文王之德乎아하니 蓋以戒王而不敢斥言이니 猶所謂 敢告僕夫[2]云爾라 劉向曰 孔子論詩라가 至於殷士膚敏 祼將于京하사 喟然歎曰 大哉라 天命이여 善不可不傳于後嗣로다 是以로 富貴無常이라하시니 蓋傷微子之事周而痛殷之亡也[3]시니라

○ 상나라의 자손으로서 주나라에 복종함은 천명(天命)이 일정하지 않기 때문이다. 그러므로 은나라 선비가 주나라의 서울에서 제사를 도우면서 상나라의 복장(服裝)을 입은 것이다. 이에 왕의 진신(蓋臣)들을 불러 말하기를 "너의 할아버지인 문왕의 덕(德)을 생각하지 않을 수 있겠는가." 하였으니, 이는 왕을 경계하려하면서 감히 지척(指斥)하여 말할 수가 없기 때문이니, 이른바 '감히 복부(僕夫)에

• • • • • •
2 敢告僕夫:복부(僕夫)는 수레를 모는 마부(馬夫)로, 이 역시 군주에게 직접 말하지 못하고 복부에게 고한다고 한 것인바, 이 내용은《춘추좌씨전(春秋左氏傳)》양공(襄公) 4년에 보인다.

3 劉向曰……而痛殷之亡也:이 내용은《한서(漢書)》〈유향전(劉向傳)〉에 보이는바, 군주가 선(善)을 행(行)하면 천명을 길이 보전하여 부귀(富貴)를 누리지만 악(惡)을 행하면 천명을 잃고 패망하여 부귀를 보전하지 못함을 말한 것이다. 유향(劉向)은 전한(前漢) 말기의 학자이다.

••• 喟 : 탄식할 위

게 고한다.'는 것과 같다.

유향(劉向)이 말하였다. "공자께서 시(詩)를 논하시다가 '은나라 선비 중에 아름답고 민첩한 자들이 주나라 서울에서 강신제를 돕는다.'는 말에 이르러 위연(喟然)히 탄식하시기를 '위대하다. 천명이여! 선(善)을 후사(後嗣)에게 물려주지 않으면 안 된다. 이 때문에 부귀가 무상(無常)하다.' 하셨으니, 미자(微子)가 주나라를 섬긴 것을 서글퍼하고 은나라의 멸망을 애통해 하신 것이다."

⑥ 無念爾祖, 聿〔于筆反〕修厥德. 永言配命, 自求多福〔叶筆力反〕. 殷之未喪〔息浪反〕師, 克配上帝. 宜鑒于殷, 駿〔音峻〕命不易〔以豉反〕.

無念爾祖아	너의 할아버지를 생각하지 않겠는가
聿修厥德이어다	그 덕을 닦을지어다
永言配命이	길이 천명(天命)에 합함이
自求多福이니라	스스로 많은 복을 구하는 길이니라
殷之未喪師엔	은나라가 무리를 잃지 않았을 때에는
克配上帝러니라(러니)	능히 상제께 합했었느니라
宜鑒(鑑)于殷이어다	마땅히 은나라를 거울로 삼을지어다
駿(峻)命不易니라	큰 명은 보전하기가 쉽지 않으니라

賦也라 聿은 發語辭라 永은 長이요 配는 合也라 命은 天理也라 師는 衆也라 上帝는 天之主宰也라 駿은 大也라 不易는 言其難也라

○ 言欲念爾祖인댄 在於自修其德이요 而又常自省察하여 使其所行으로 無不合於天理면 則盛大之福이 自我致之하여 有不外求而得矣리라 又言 殷未失天下之時엔 其德이 足以配乎上帝矣러니 今其子孫이 乃如此하니 宜以爲鑒而自省焉이니 則知天命之難保矣리라 大學傳 曰 得衆則得國하고 失衆則失國[4]이라하니 此之謂也니라

부(賦)이다. '율(聿)'은 발어사(發語辭)이다. '영(永)'은 깊이요, '배(配)'는 합함이다. '명(命)'은 천리(天理)이다. '사(師)'는 무리(민중)이다. '상제(上帝)'는 하늘의 주

......

4   大學傳……失衆則失國:전(傳)은 부연 설명한 주해로, 주자(朱子)는 《대학(大學)》을 경문(經文) 1장(章)과 전문(傳文) 10장으로 나눴는데, 이 내용은 전문 제10장에 보이므로 말한 것이다.

···   師:무리 사 駿:클 준

재자(主宰者)이다. '준(駿)'은 큼이다. '불이(不易)'는 그 어려움을 말한 것이다.

○ "너의 할아버지를 생각하고자 할진댄 스스로 그 덕(德)을 닦음에 달려 있으며, 또 항상 스스로 성찰(省察)하여 행하는 바로 하여금 천리에 합하지 않는 바가 없게 하면 성대한 복(福)이 네 자신으로부터 이르러 밖에서 구하지 않아도 얻어질 것이다."라고 말하고, 또 말하기를 "은나라가 천하를 잃지 않았을 때에는 그 덕이 충분히 상제에게 합했었는데, 지금에 그 자손들이 마침내 이와 같이 되었으니, 마땅히 이것을 거울로 삼아 스스로 살펴야 할 것이니, 이렇게 하면 천명은 보전하기가 어려움을 알 것이다." 하였다.

《대학전(大學傳)》에 이르기를 "무리를 얻으면 나라를 얻고 무리를 잃으면 나라를 잃는다." 하였으니, 이것을 말한 것이다.

命之不易, 無遏爾躬〔叶姑弘反〕. 宣昭義問, 有虞殷自天〔叶鐵因反〕. 上天之載, 無聲無臭〔叶初尤反〕. 儀刑文王, 萬邦作孚〔叶房尤反〕.

命之不易니   천명은 보전하기가 쉽지 않으니
無遏爾躬이어다   네 몸에서 끊기게 하지 말지어다
宣昭義問(聞)하며   훌륭한 명성을 펴서 밝히며
有(又)虞殷自天하라   또 은나라를 헤아리되 하늘로부터 하라
上天之載는   상천의 일은
無聲無臭어니와   소리도 없고 냄새도 없지만
儀刑文王하면   문왕을 본받으면
萬邦作孚하리라   만방이 진작하여 믿으리라

賦也라 遏은 絶이요 宣은 布요 昭는 明이요 義는 善也라 問은 聞通이요 有는 又通이라 虞는 度(탁)이요 載는 事요 儀는 象이요 刑은 法이요 孚는 信也라
○ 言天命之不易保라 故로 告之하여 使無若紂之自絶于天하고 而布明其善譽於天下하며 又度(탁)殷之所以廢興者하여 而折之於天이라 然이나 上天之事는 無聲無臭하여 不可得而度也하니 惟取法於文王이면 則萬邦作而信之矣라 子思子曰 維天之命이 於(오)穆不已는 蓋曰天之所以爲天也요 於乎不顯가 文王之德之純은

••• 遏 : 막을 알 問 : 이름날 문 有 : 또 유 虞 : 헤아릴 우 載 : 일 재 儀 : 본뜰 의 刑 : 본받을 형 孚 : 믿을 부

蓋曰文王之所以爲文也 純亦不已[5]라하시니 夫知天之所以爲天하고 又知文王之所以爲文이면 則夫與天同德者를 可得而言矣리라 是詩는 首言文王在上 於昭于天, 文王陟降 在帝左右하고 而終之以此하니 其旨深矣로다

부(賦)이다. '알(遏)'은 끊김이요, '선(宣)'은 폄이요, '소(昭)'는 밝힘이요, '의(義)'는 좋음(훌륭함)이다. '문(問)'은 문(聞)과 통하고, '유(有)'는 우(又)와 통한다. '우(虞)'는 헤아림이요, '재(載)'는 일이요, '의(儀)'는 형상함이요, '형(刑)'은 본받음이요, '부(孚)'는 믿음이다.

○ "천명을 보전하기가 쉽지 않다. 그러므로 이것을 말하여 주(紂)처럼 스스로 천명을 끊지 말고 그 훌륭한 명성을 천하에 펴서 밝히며, 또 은나라가 폐(廢:패망)하고 흥(興)한 소이(所以)를 헤아려서 하늘에 절충하여야 한다. 그러나 상천(上天)의 일은 소리도 없고 냄새도 없어서 헤아릴 수가 없으니, 오직 문왕에게 법(法)을 취한다면 만방이 진작하여 믿어줄 것이다."라고 말한 것이다.

자사자(子思子)가 말씀하시기를 "'하늘의 명(命)이 아! 심원(深遠)하여 그치지 않는다.'는 것은 하늘이 하늘 된 소이를 말한 것이요, '아! 드러나지 않을까. 문왕의 덕(德)의 순수함이여!'라는 것은 문왕이 문(文)이 된 소이가 순수함이 또한 그치지 않음을 말한 것이다." 하셨다. 하늘이 하늘 된 소이를 알고 또 문왕이 문(文)이 된 소이를 안다면 하늘과 덕(德)이 같음을 말할 수 있을 것이다. 이 시(詩)는 맨먼저 '문왕이 위에 있어 하늘에 밝게 계심과 문왕의 오르내림이 상제의 좌우에 있음'을 말하였고, 여기에서는 이것으로써 끝마쳤으니, 그 뜻이 깊도다.

文王七章이니 章八句라
〈문왕(文王)〉은 7장이니, 장마다 8구이다.
東萊呂氏曰 呂氏春秋에 引此詩하고 以爲周公所作이라하니 味其詞意컨대 信非周公이면 不能作也니라
동래 여씨(東萊呂氏)가 말하였다. 《여씨춘추(呂氏春秋)》에 이 시(詩)를 인용하고 이르기를 '주공(周公)이 지은 것이다.' 하였으니, 그 말한 뜻을 음미해 보건대 진실로 주공이 아니면 지을 수 없다."

······
5 子思子曰······純亦不已 : 이 내용은 《중용장구》 제 26장에 보인다.

○ 今按此詩컨대 一章은 言文王有顯德而上帝有成命也요 二章은 言天命集於文王하니 則不唯尊榮其身이라 又使其子孫으로 百世爲天子、諸侯也요 三章은 言命周之福이 不唯及其子孫이라 而又及其羣臣之後嗣也요 四章은 言天命旣絕於商하니 則不唯誅罰其身이라 又使其子孫으로 亦來臣服于周也요 五章은 言絕商之禍 不唯及其子孫이라 而又及其羣臣之後嗣也요 六章은 言周之子孫臣庶 當以文王爲法而以商爲監也요 七章은 又言當以商爲監而以文王爲法也니 其於天人之際、興亡之理에 丁寧反覆이 至深切矣라 故로 立之樂官하여 而因以爲天子、諸侯朝會之樂하니 蓋將以戒乎後世之君臣이요 而又以昭先王之德於天下也라 國語에 以爲兩君相見之樂이라하니 特擧其一端而言耳라 然이나 此詩之首章은 言文王之昭于天하고 而不言其所以昭하며 次章은 言其令聞不已하고 而不言其所以聞하며 至於四章然後에 所以昭明而不已者를 乃可得而見焉이라 然이나 亦多詠歎之言하고 而語其所以爲德之實은 則不越乎敬之一字而已하니 然則後章所謂修厥德而儀刑之者를 豈可以他求哉리오 亦勉於此而已矣니라

○ 이제 이 시를 살펴보건대 1장은 문왕이 드러난 덕(德)이 있어서 상제(上帝)가 이룬 명(命)이 있음을 말하였고, 2장은 천명이 문왕에게 모이니 오직 그 몸(문왕)만 높이고 영화롭게 할 뿐만 아니라, 또 그 자손들로 하여금 백세(百世)토록 천자와 제후가 되게 함을 말하였고, 3장은 주나라를 명(命)한 복이 오직 그 자손에게 미칠 뿐만 아니라, 또 그 군신(羣臣)의 후사(後嗣)에게까지 미침을 말하였고, 4장은 천명이 이미 상(商)나라에서 끊기니 오직 그 몸을 주벌(誅罰)할 뿐만 아니라, 또 그 자손으로 하여금 또한 와서 주나라에 신하로 복종하게 함을 말하였고, 5장은 상나라에서 천명을 끊은 화가 오직 그 자손에게 미칠 뿐만 아니라, 또 그 군신의 후사에게까지 미침을 말하였고, 6장은 주나라의 자손과 신서(臣庶)들이 마땅히 문왕을 법으로 삼고 상나라를 거울로 삼아야 함을 말하였고, 7장은 또 마땅히 상나라를 거울로 삼고 문왕을 법으로 삼아야 함을 말하였으니, 그 천(天)·인(人)의 즈음과 흥(興)·망(亡)의 이치에 대하여 정녕(丁寧)하고 반복(反覆)함이 지극히 깊고 간절하다. 그러므로 이것을 악관(樂官)에 세우고 인하여 천자와 제후가 조회하는 음악으로 삼은 것이니, 장차 후세의 군주와 신하를 경계하고, 또 선왕(先王)의 덕을 천하에 밝히려고 한 것이다.

《국어(國語)》〈노어(魯語)〉에 이 시를 "두 군주가 서로 만날 때에 사용하는 음악(악장)이다." 하였으니, 이는 다만 그 일단(一端)을 들어 말했을 뿐이다. 그러나 이

시의 수장(首章)은 문왕이 하늘에 밝게 계신 것만을 말하고 그 밝게 되신 소이(所以)는 말하지 않았으며, 차장(次章)은 훌륭한 명성이 그치지 않음만을 말하고 그 명성이 나게 된 소이는 말하지 않았으며, 4장에 이른 뒤에야 소명(昭明)하고 그치지 않게 된 소이를 비로소 볼 수 있다. 그러나 또한 영탄(詠歎)하는 말이 많고 그 덕이 되는 소이의 실제를 말한 것은 경(敬)의 한 글자에 지나지 않으니, 그렇다면 후장(後章)에 이른바 "그 덕을 닦아 의형(儀刑:모범으로 삼음)한다."는 것을 어찌 다른 것에서 구하리오. 또한 이 경(敬)을 힘쓸 뿐인 것이다.

【毛序】 文王은 文王이 受命作周也니라

〈문왕(文王)〉은 문왕이 천명을 받아 주(周)나라를 일으킴을 읊은 시(詩)이다.

【鄭註】 受命은 受天命而王天下하여 制立周邦하니라

수명(受命)은 천명을 받아서 천하에 왕 노릇 하여 주나라를 세운 것이다.

【辨說】 受命은 受天命也요 作周는 造周室也라 文王之德이 上當天心하고 下爲天下所歸往하여 三分天下에 而有其二하시니 則已受命而作周矣요 武王繼之하여 遂有天下하시니 亦率文王之功而已라 然漢儒惑於讖緯하여 始有赤雀丹書之說[6]하고 又謂文王因此하여 遂稱王而改元이라하니 殊不知所謂天之所以爲天者理而已矣라 理之所在는 衆人之心而已矣니 衆人之心의 是非、向背가 若出於一하여 而無一毫私意雜於其間이면 則是理之自然하여 而天之所以爲天者 不外是矣라 今天下之心이 旣以文王爲歸矣면 則天命將安往哉아 書所謂天視自我民視하며 天聽自我民聽과 所謂天聰明自我民聰明하며 天明畏(威)自我民明威가 皆謂此耳라 豈必赤雀丹書而稱王改元哉아 稱王改元之說을 歐陽公、蘇氏、游氏辨之已詳하니 去此而論이면 則此序本亦得詩之大旨로대 而於其曲折之意에 有所未盡하니 已論於本篇矣로라

수명(受命)은 천명(天命)을 받은 것이요, 작주(作周)는 주나라 왕실을 만든 것이다. 문왕의 덕이 위로 천심(天心)에 합당하고 아래로 천하 백성들의 귀의하는 바

---

6 赤雀丹書之說 : 적작(赤雀)은 붉은 새이고 단서(丹書)는 붉은 글씨로 쓴 책이다. 주나라 문왕(文王)이 서백(西伯)일 때에 붉은 새가 단서를 물고 왔는데, 이것을 살펴보니 '희창(姬昌:문왕)이 은나라를 멸망시키고 제왕이 될 것이다.'라고 하였는데, 뒤에 아들 무왕(武王)이 과연 상(商)나라를 멸하고 주(周) 왕조를 세웠다고 하는 참위설을 말한다.

가 되어[歸往] 천하를 셋으로 나눔에 3분의 2를 소유하였으니, 그렇다면 이미 천명을 받아서 주나라를 만드신 것이요, 무왕(武王)이 그 뒤를 이어서 마침내 천하를 소유하셨으니, 이 또한 문왕의 공(功)을 따랐을 뿐이다.

그러나 한대(漢代)의 유자(儒者;정현 등을 가리킴)들은 참위설(讖緯說)에 혹하여 처음으로 '붉은 참새가 붉은 책을 물고 왔다[赤雀丹書]'는 설이 있고, 또 문왕이 이로 인하여 마침내 왕을 칭하고 개원(改元)했다고 말하였으니, 이는 여기에서 말한 하늘이 하늘이 된 소이가 리(理)일 뿐임을 전혀 알지 못한 것이다. 리가 있는 곳은 여러 사람의 마음일 뿐이니, 여러 사람의 마음에 옳게 여기고 그르게 여기고 향하고 등지는 것이 만약 한 사람에게서 나온 듯하여 일호(一毫)라도 사사로운 생각이 그 사이에 뒤섞임이 없다면 이는 자연스러운 리여서 하늘이 하늘이 된 소이가 여기에서 벗어나지 않는 것이다.

지금 천하 사람의 마음이 이미 문왕에게 귀의하였다면 천명이 장차 어디로 가겠는가. 《서경》〈고요모(皐陶謨)〉에 이른바 '하늘의 봄이 우리 백성을 통하여 보며 하늘의 들음이 우리 백성을 통하여 듣는다.'는 것과 이른바 '하늘이 귀 밝게 듣고 눈 밝게 봄이 우리 백성을 통하여 귀 밝게 듣고 눈 밝게 보며, 하늘이 선한 자를 밝혀주고 악한 자를 두렵게 함이 우리 백성을 통하여 밝혀주고 두렵게 한다.'는 것이 모두 이를 말한 것이다. 어찌 반드시 붉은 참새가 붉은 책을 물고 와서 문왕이 왕을 칭하고 개원했다고 하겠는가.

문왕이 왕을 칭하고 개원했다는 말은 구양공(歐陽公)과 소씨(蘇氏)와 유씨(游氏)가 이미 자세히 변론하였으니, 〈시서〉에 이것(붉은 참새가 붉은 책을 물고 왔다는 것과 왕을 칭하고 개원했다는 설)을 빼고 논하면 이 〈서(序)〉 또한 시의 대지(大旨)를 얻었다고 할 수 있으나 그 곡절(曲折)의 뜻에 있어서는 미진한 바가 있으니, 이미 본편에서 이것을 논하였다.

2. 대명(大明)

① 明明在下, 赫赫在上[叶辰羊反]. 天難忱[市林反]斯, 不易[以豉反]維王. 天位殷適[音的], 使不挾[子變反]四方.

明明在下_{하면}	밝고 밝은 덕이 아래에 있으면
赫赫在上_{이니라}	빛나고 빛나는 명이 위에 있느니라
天難忱(침)斯_라	하늘은 믿기 어려운지라
不易維王_{이니}	쉽지 않은 것이 왕 노릇함이니
天位殷適_을	천자의 지위에 있던 은나라의 적손(嫡孫)을
使不挾四方_{하시니라}	사방을 소유하지 못하게 하시니라

賦也라 明明은 德之明也요 赫赫은 命之顯也라 忱은 信也라 不易는 難也라 天位는 天子之位也요 殷適은 殷之適(嫡)嗣也라 挾은 有也라

○ 此亦周公戒成王之詩라 將陳文武受命이라 故로 先言在下者有明明之德이면 則在上者有赫赫之命하여 達于上下하여 去就無常하니 此는 天之所以難忱이요 而爲君之所以不易也라 紂居天位하여 爲殷嗣어늘 乃使之不得挾四方而有之는 蓋以此爾니라

부(賦)이다. '명명(明明)'은 덕(德)의 밝음이요, '혁혁(赫赫)'은 명(命)의 드러남이다. '침(忱)'은 믿음이다. '불이(不易)'는 어려움이다. '천위(天位)'는 천자의 지위요, '은적(殷適)'은 은나라의 적사(嫡嗣)이다. '협(挾)'은 소유(所有)함이다.

○ 이 또한 주공이 성왕을 경계한 시(詩)이다. 〈4장과 6장에〉 장차 문왕, 무왕이 천명을 받음을 말하려 하였다. 그러므로 먼저 아래에 있는 자가 밝고 밝은 덕이 있으면 위에 있는 분이 빛나고 빛나는 명을 내려서 상하(上下)에 통달하여 천명의 거취(去就)가 무상함을 말씀하였으니, 이는 하늘은 믿기 어렵고, 인군 노릇하기가 쉽지 않은 까닭이다. 주(紂)가 천자의 지위에 거하여 은나라의 적사(嫡嗣)가 되었는데, 마침내 사방을 차지하여 소유하지 못하게 한 것은 이 때문이다.

② 摯〔音至〕仲氏任〔音壬〕, 自彼殷商, 來嫁于周, 曰嬪〔毗申反〕于京〔叶居良反〕. 乃及王季, 維德之行〔叶戶郎反〕. 大〔音泰〕任有身〔叶戶羊反〕, 生此文王.

摯仲氏任_이	지(摯)나라의 둘째 따님인 태임(太任)이
自彼殷商_{으로}	저 은상(殷商)으로부터
來嫁于周_{하사}	주나라에 시집오사
曰嬪于京_{하시니}	주나라 서울에 신부가 되시니

··· 忱 : 믿을 침 挾 : 낄 협 摯 : 공경할 지 嬪 : 부인 빈, 시집갈 빈

乃及王季로	이에 왕계와 더불어
維德之行이샷다	덕(德)을 행하셨다
大(太)任有身(娠)하사	태임이 임신하사
生此文王하시니라	이 문왕을 낳으시니라

賦也라 摯는 國名이요 仲은 中女也라 任은 摯國姓也라 殷商은 商之諸侯也라 嬪은 婦也요 京은 周京也니 曰嬪于京은 疊言以釋上句之意니 猶曰 釐(리)降二女于嬀汭(규예)하여 嬪于虞也라 王季는 文王父也라 身은 懷孕也라

○ 將言文王之聖에 而追本其所從來者如此하니 蓋曰 自其父母而已然矣니라

부(賦)이다. '지(摯)'는 국명(國名)이요, '중(仲)'은 중녀(中女)이다. '임(任)'은 지(摯)나라의 국성(國姓)이다. '은상(殷商)'은 상나라의 제후이다. '빈(嬪)'은 부인이요, '경(京)'은 주나라의 서울이니, 왈빈우경(曰嬪于京)은 거듭 말하여 상구(上句;來嫁于周)의 뜻을 해석한 것이니, "두 딸을 치장하여 규예(嬀汭)로 내려서 우순(虞舜)에게 시집보냈다."고 말한 것과 같다. '왕계(王季)'는 문왕의 아버지이다. '신(身)'은 아기를 배는 것이다.

○ 장차 문왕의 성(聖)스러움을 말하려 하면서 그 소종래(所從來)를 추본(推本)함이 이와 같으니, 이는 그 부모로부터 이미 그러했음을 말한 것이다.

③ 維此文王, 小心翼翼. 昭事上帝, 聿懷多福[叶筆力反]. 厥德不回, 以受方國[叶越逼反].

維此文王이	이 문왕이
小心翼翼하사	조심하고 공경하고 공경하사
昭事上帝하사	상제를 밝게 섬기시어
聿懷多福하시니	많은 복(福)을 오게 하시니
厥德不回하사	그 덕(德)이 간사하지 않으사
以受方國하시니라	사방의 나라를 받으시니라

賦也라 小心翼翼은 恭愼之貌니 卽前篇之所謂敬也니 文王之德이 於此爲盛이라 昭는 明이요 懷는 來요 回는 邪也라 方國은 四方來附之國也라

··· 身 : 애밸 신 摯 : 다스릴 리 嬪 : 성 규 汭 : 물가 예 懷 : 임신할 회 孕 : 잉태할 잉 回 : 간사할 회

부(賦)이다. '소심익익(小心翼翼)'은 공손하고 삼가는 모양이니, 바로 전편(前篇)의 이른바 '경(敬)'이란 것이니, 문왕의 덕이 이에 성(盛)하였다. '소(昭)'는 밝음이요, '회(懷)'는 옴이요, '회(回)'는 간사함이다. '방국(方國)'은 사방에서 와 따르는 나라이다.

④ 天監在下, 有命旣集〔叶昨合反〕. 文王初載, 天作之合. 在洽之陽, 在渭之涘〔音士 叶羽己反〕. 文王嘉止, 大邦有子〔叶獎禮反〕.

天監在下_{하사}	하늘의 굽어보심이 아래에 계시어
有命旣集_{이라}	천명이 이미 모인지라
文王初載_에	문왕의 초년에
天作之合_{하시니}	하늘이 배필을 내리시니
在洽之陽_{하며}	흡수(洽水)의 북쪽에 있으며
在渭之涘 _{(사)하여}	위수(渭水)의 가에 있어
文王嘉止_에	문왕이 가례(嘉禮)할 때에
大邦有子_{샷다}	큰 나라에서 따님을 두셨도다

賦也라 監은 視요 集은 就요 載는 年이요 合은 配也라 洽은 水名이니 本在今同州郃(흡)陽、夏陽縣이러니 今流已絶이라 故로 去水而加邑하니 渭水亦逕此入河也라 嘉는 婚禮也라 大邦은 莘國也라 子는 太姒也라
○ 將言武王伐商之事라 故로 此又推其本而言하되 天之監照가 實在於下하여 其命이 旣集於周矣라 故로 於文王之初年에 而默定其配하시니 所以洽陽、渭涘에 當文王將昏之期하여 而大邦有子也라하니 蓋曰 非人之所能爲矣니라

부(賦)이다. '감(監)'은 봄이요, '집(集)'은 이룸이요, '재(載)'는 년(年)이요, '합(合)'은 배필이다. '흡(洽)'은 물 이름이니, 본래 지금의 동주(同州) 흡양현(郃陽縣)과 하양현(夏陽縣)에 있었는데, 지금은 물이 이미 끊겼으므로 수(水)를 떼고 읍(邑)을 가하였으니, 위수(渭水) 또한 이를 경유하여 황하로 들어간다. '가(嘉)'는 혼례(婚禮)이다. '대방(大邦)'은 신(莘)나라이다. '자(子)'는 태사(太姒)이다.

○ 장차 무왕이 상나라를 정벌한 일을 말하려 하였다. 그러므로 이는 또 그 근본을 미루어 말씀하기를 "하늘의 굽어보심이 실로 아래에 있어서 그 명(命)이 이

••• 載 : 해 재 洽 : 물이름 흡 涘 : 물가 사(애) 郃 : 땅이름 흡 逕 : 지날 경 莘 : 나라이름 신

미 주나라에 모였다. 그러므로 문왕의 초년에 묵묵히 그 배필을 정하시니, 이 때문에 흡수의 남쪽, 위수의 가에 문왕이 장차 혼인할 시기를 당하여 큰나라〔大邦〕에서 훌륭한 따님을 두셨다." 하였으니, 이는 인력으로 할 수 있는 바가 아님을 말한 것이다.

⑤ 大邦有子, 俔〔牽遍反〕天之妹. 文定厥祥, 親迎〔魚敬反〕于渭. 造舟爲梁, 不顯其光.

大邦有子하니	큰 나라에서 따님을 두셨으니
俔(견)天之妹로다	하늘에 비길 만한 여인이로다
文定厥祥하시고	예(禮)로 그 길함을 정하시고
親迎于渭하사	위수에서 친영하사
造舟爲梁하시니	배를 만들어 다리를 놓으시니
不顯其光가	그 빛이 드러나지 아니할까

賦也라 俔은 磬也라 韓詩에 作磬하니 說文云 俔은 譬也라하고 孔氏曰 如今俗語에 譬喩物曰磬作然也라하니라 文은 禮요 祥은 吉也니 言卜得吉하여 而以納幣之禮로 定其祥也라 造는 作이요 梁은 橋也니 作船於水하고 比之而加版於其上하여 以通行者니 卽今之浮橋也라 傳曰 天子는 造舟하고 諸侯는 維舟하고 大夫는 方舟하고 士는 特舟라하니라 張子曰 造舟爲梁은 文王所制어늘 而周世에 遂以爲天子之禮也하니라

부(賦)이다. '견(俔)'은 비유함이다. 《한시(韓詩)》에는 경(磬)으로 되어 있는데, 《설문해자》에는 "견(俔)은 비유함이다." 하였고, 공씨(孔氏)는 "지금 속어(俗語)에 물건을 비유하는 것을 경작연(磬作然)이라고 말하는 것과 같다." 하였다. '문(文)'은 예(禮)요 '상(祥)'은 길함이니, 점을 쳐 길함을 얻고서 납폐(納幣)의 예(禮)로써 그 길함을 정함을 말한 것이다. '조(造)'는 만듦이요, '양(梁)'은 다리이니, 물 위에서 배를 만들고 이것을 나란히 늘어놓은 다음 판자를 그 위에 가(加)해서 통행하게 한 것이니, 바로 지금의 부교(浮橋)이다. 《모전(毛傳)》에 이르기를 "천자는 배〔舟〕를 나란히 하여 다리를 만들어 사용하고, 제후는 배를 동여매어 다리를 만들고, 대부는 두 척의 배를 나란히 하여 만들고, 사(士)는 배 한 척으로 만든다." 하였다.

··· 俔 : 비유할 견 梁 : 다리 량 比 : 나란할 비 維 : 맬 유 方 : 나란할 방 特 : 하나 특

장자(張子)가 말씀하였다. "배를 나란히 하여 다리를 놓은 것은 문왕이 처음 창제(創制)한 것인데, 주대(周代)에 마침내 천자의 예로 삼은 것이다."

⑥ 有命自天, 命此文王. 于周于京〔叶居良反〕, 纘〔子管反〕女維莘〔所巾反〕. 長〔丁丈反〕子維行〔叶戶郎反〕, 篤生武王. 保右〔音祐〕命爾, 燮伐大商.

有命自天이라	천명이 하늘로부터 내린지라
命此文王을	이 문왕에게 명하시기를
于周于京이어시늘	주나라의 경사(京師)에서 다스리게 하시자
纘女維莘이	여사(女事)를 이을 자를 신(莘)나라에서
長子維行하니	장녀(長女)로 시집보내오니
篤生武王하사	돈독히 무왕을 낳으시고는
保右(佑)命爾하사	보우(保佑)하고 명령하사
燮伐大商하시니라	천명을 순종하여 상(商)나라를 정벌하시니라

賦也라 纘은 繼也라 莘은 國名이요 長子는 長女太姒也라 行은 嫁요 篤은 厚也니 言旣生文王하고 而又生武王也라 右는 助요 燮은 和也라
○ 言天旣命文王於周之京矣라 而克纘大(太)任之女事者 維此莘國이 以其長女로 來嫁于我也라 天又篤厚之하여 使生武王하시고 保之, 助之, 命之하여 而使之順天命以伐商也시니라

부(賦)이다. '찬(纘)'은 계승함이다. '신(莘)'은 국명(國名)이요, '장자(長子)'는 장녀인 태사(太姒)이다. '행(行)'은 시집옴이요, '독(篤)'은 후(厚)함이니, 이미 문왕을 낳고 또 무왕을 낳게 함을 말한 것이다. '우(右)'는 도움이요, '섭(燮)'은 화함이다.

○ 하늘이 이미 문왕을 주나라의 경사(京師)에 명하였다. 그리하여 능히 태임(太任)의 여사(女事)를 이을 자를 이 신(莘)나라에서 그 장녀로써 우리 주나라에 시집보내온 것이다. 하늘이 또다시 독후(篤厚)히 하여 무왕을 낳게 하시고는 보호하고 돕고 명하여 그로 하여금 천명을 순히 해서 상나라를 정벌하게 하신 것이다.

⑦ 殷商之旅, 其會如林. 矢于牧野, 維予侯興〔叶音歆〕. 上帝臨女〔音汝〕, 無貳爾心.

··· 纘 : 이을 찬 右 : 도울 우 燮 : 화할 섭

殷商之旅	은상(殷商)의 군대가
其會如林하여	그 모임이 숲처럼 많아서
矢于牧野하니	목야에 진을 치니
維予侯興이로다	우리 군대가 흥기(興起)하도다
上帝臨女(汝)하시니	상제가 그대에게 임하셨으니
無貳爾心이어다	그대의 마음에 의심하지 말지어다

賦也라 如林은 言衆也니 書曰 受率其旅若林이라하니라 矢는 陳也라 牧野는 在朝歌南七十里하니라 侯는 維요 貳는 疑也라 爾는 武王也라

○ 此章은 言武王伐紂之時에 紂衆이 會集如林하여 以拒武王하되 而皆陳于牧野하니 則維我之師 爲有興起之勢耳라 然이나 衆心에 猶恐武王以衆寡之不敵이라하사 而有所疑也라 故로 勉之曰 上帝臨女하시니 毋貳爾心하라하니 蓋知天命之必然하여 而贊其決也라 然이나 武王이 非必有所疑也요 設言以見(현)衆心之同하여 非武王之得已耳시니라

부(賦)이다. '숲과 같음[如林]'은 많음을 말한 것이니, 《서경》〈무성(武成)〉에 이르기를 "수(受 ; 주(紂))가 그 군대를 거느리되 숲처럼 많았다." 하였다. '시(矢)'는 진을 치는 것이다. '목야(牧野)'는 조가(朝歌)의 남쪽 70리 지점에 있다. '후(侯)'는 유(維)요, '이(貳)'는 의심함이다. '이(爾 ; 너)'는 무왕이다.

○ 이 장(章)은 무왕이 주(紂)를 정벌할 때에 주의 군대가 숲처럼 많이 모여 무왕을 막았는데 모두 목야에 진을 치니, 우리의 군대가 흥기하는 기세(氣勢)가 있었다. 그러나 여러 사람들의 마음에는 아직도 무왕이 중과부적(衆寡不敵)이라 하시어 의심하는 바가 있을까 염려하였다. 그러므로 권면하기를 "상제가 그대에게 임하셨으니, 그대의 마음에 의심하지 말라."고 한 것이니, 이는 천명의 필연(적)을 알아 그 결단을 도운 것이다. 그러나 무왕이 반드시 의심한 바가 있었던 것이 아니요, 가설하여 말해서 여러 사람의 마음이 똑같아 무왕이 정벌을 그만둘 수 있는 것이 아님을 나타냈을 뿐이다.

⑧ 牧野洋洋, 檀車煌煌, 駟騵[音元]彭彭[叶鋪郎反]. 維師尙父, 時維鷹揚, 涼[音亮]彼武王, 肆伐大商. 會朝淸明[叶謨郎反].

··· 矢 : 진열할 시 貳 : 의심할 이

牧野洋洋하니	목야가 넓고 넓으니
檀車煌煌하며	박달나무 수레가 선명하며
駟騵彭(방)彭이로다	네 필의 원마(騵馬)가 건장하도다
維師尙父(보)	태사(太師)인 상보가
時維鷹揚하여	때로 매가 날듯이 하여
涼(亮)彼武王하여	저 무왕을 도와서
肆伐大商하니	군대를 풀어 상나라를 정벌하니
會朝淸明이로다	회전(會戰)하는 날 아침 날씨가 청명하도다

賦也라 洋洋은 廣大之貌라 檀은 堅木이니 宜爲車者也라 煌煌은 鮮明貌라 騵馬白腹曰騵이라 彭彭은 强盛貌라 師尙父는 太公望이 爲大(太)師而號尙父也라 鷹揚은 如鷹之飛揚而將擊이니 言其猛也라 涼은 漢書에 作亮하니 佐助也라 肆는 縱兵也라 會朝는 會戰之旦也라

○ 此章은 言武王師衆之盛과 將帥之賢하여 伐商以除穢濁하되 不崇(終)朝而天下淸明하니 所以終首章之意也니라

부(賦)이다. '양양(洋洋)'은 광대한 모양이다. '단(檀:박달나무)'은 단단한 나무이니, 수레를 만들기에 적합하다. '황황(煌煌)'은 선명한 모양이다. 검은 말(월다말)에 배가 흰 것을 '원(騵)'이라 한다. '방방(彭彭)'은 강성한 모양이다. '사상보(師尙父)'는 태공 망(太公望)이 태사(太師)가 되어 상부(尙父)라고 호한 것이다. '응양(鷹揚)'은 매가 날아서 장차 치려고 함과 같으니, 그 맹렬함을 말한 것이다. '량(涼)'은 《한서(漢書)》〈왕망전(王莽傳)〉에 량(亮)으로 되어 있으니, 돕는 것이다. '사(肆)'는 군대를 풀어놓는 것이다. '회조(會朝)'는 회전하는 날 아침이다.

○ 이 장(章)은 무왕의 군대가 많음과 장수가 현명하여 상나라를 공격해서 더럽고 혼탁한 것을 제거하되 하루아침이 못되어 천하가 청명(淸明)해짐을 말하였으니, 수장(首章)의 뜻을 끝맺은 것이다.

大明八章이니 四章은 章六句요 四章은 章八句라

〈대명(大明)〉은 8장이니, 네 장은 장마다 6구이고 네 장은 장마다 8구이다.

名義는 見小旻篇하니라 一章은 言天命無常하여 惟德是與요 二章은 言王季、太任之德하여 以及文王이요 三章은 言文王之德이요 四章,五章,六章은 言文王、太姒

··· 檀 : 박달나무 단 騵 : 배희고갈기검은말 원 鷹 : 매 응 涼 : 도울 량 肆 : 풀어놓을 사 駟 : 월다말 류
崇 : 마칠 종

之德하여 以及武王이요 七章은 言武王伐紂요 八章은 言武王克商하여 以終首章之
意하니라 其章이 以六句、八句相間하고 又國語에 以此及下篇을 皆爲兩君相見之
樂이라하니 說見上篇하니라

　　편명(篇名)의 뜻은 〈소민(小旻)〉편에 보인다. 1장은 천명이 무상하여 오직 덕
(德)이 있는 이에게 줌을 말하였고, 2장은 왕계(王季)와 태임(太任)의 덕을 말하여
문왕에게 미쳤고, 3장은 문왕의 덕을 말하였고, 4장, 5장, 6장은 문왕과 태사(太
姒)의 덕을 말하여 무왕에 미쳤고, 7장은 무왕이 주(紂)를 정벌함을 말하였고, 8장
은 무왕이 상나라를 이김을 말하여 수장(首章)의 뜻을 끝마쳤다. 그 장(章)은 6구
와 8구가 서로 번갈아 사이하였으며, 또 《국어(國語)》〈노어(魯語)〉에는 이 편 및
하편(下篇)을 모두 두 나라 군주가 서로 만나보는 음악이라 하였으니, 해설이 상
편(上篇)에 보인다.

【毛序】　大明은 文王有明德이라 故로 天復命武王也니라
　　〈대명(大明)〉은 문왕이 밝은 덕(德)을 소유하셨기 때문에 하늘이 다시 무왕에게
명함을 읊은 시(詩)이다.
【鄭註】　二聖相承하여 其明德이 日以廣大라 故曰大明이라하니라
　　두 성왕(聖王)이 서로 계승해서 그 밝은 덕이 날마다 광대해졌다. 그러므로 대
명(大明)이라 한 것이다.
【辨說】　此詩는 言王季、大(太)任、文王、大姒、武王이 皆有明德而天命之니
非必如序說也니라
　　이 시는 왕계(王季)와 태임(太任), 문왕과 태사(太姒), 무왕이 모두 밝은 덕이 있
어서 하늘이 명함을 말한 것이요, 반드시 〈서설〉과 같은 것은 아니다.

　　## 3. 면(緜)

① 緜緜瓜瓞〔田節反〕. 民之初生, 自土沮〔七余反〕漆〔音七〕. 古公亶〔都但反〕
父〔音甫〕, 陶〔音桃〕復〔音福〕陶穴〔吐戶橘反〕, 未有家室.

　　緜緜瓜瓞(과질)이여　　　　면면히 이어진 오이 덩굴이여

⋯　間 : 번갈아들 간　瓞 : 작은오이 질

民之初生이　　　주(周)나라에 사람이 처음 삶이
自土沮漆하니　　저수(沮水)와 칠수(漆水)에 터전을 잡음으로부터이니
古公亶父(보)　　고공 단보(古公亶父)가
陶復(복)陶穴하여　기와가마 구들과 이중 구들이며 토실(土室)에 거처하여
未有家室이러시니라　아직 실가가 없으셨느니라

比也라 緜緜은 不絶貌라 大曰瓜요 小曰瓞이니 瓜之近本初生者는 常小하고 其蔓
不絶하여 至末而後大也라 民은 周人也라 自는 從이요 土는 地也라 沮, 漆은 二水名
이니 在豳地하니라 古公은 號也요 亶父는 名也니 或曰 字也라하니 後乃追稱大(太)
王焉하니라 陶는 窰竈(요조)也요 復은 重窰也요 穴은 土室也라 家는 門內之通名也
라 豳地近西戎而苦寒이라 故로 其俗如此하니라
○ 此亦周公戒成王之詩라 追述大(太)王始遷岐周以開王業하니 而文王因之以
受天命也라 此其首章이니 言瓜之先小後大하여 以比周人始生於漆、沮之上하고
而古公之時에 居於窰竈、土室之中하여 其國甚小러니 至文王而後大也하니라

　　비(比)이다. '면면(緜緜)'은 끊이지 않는 모양이다. 오이가 큰 것을 '과(瓜)'라 하
고 작은 것을 '질(瓞)'이라 하니, 오이 덩굴이 처음 나와 뿌리에 가까울 때에 처음
열매가 맺히는 것은 항상 작고, 그 덩굴이 끊기지 아니하여 끝에 이른 뒤에야 커
진다. '민(民)'은 주(周)나라 사람이다. '자(自)'는 부터요, '토(土)'는 땅(거주함)이다.
'저(沮)'와 '칠(漆)'은 두 물 이름이니, 빈(豳) 땅에 있었다. '고공(古公)'은 호(號)요
'단보(亶父)'는 이름이니, 혹자는 자(字)라고 하니, 뒤에 추존하여 태왕(太王)이라고
칭하였다. '도(陶)'는 기와가마요, '복(復)'은 이중 구들이요, '혈(穴)'은 토실(土室)이
다. '가(家)'는 문 안의 통칭이다. 빈(豳) 땅은 서융(西戎)에 가까워 매우 추웠다. 그
러므로 그 풍속이 이와 같은 것이다.
　　○ 이 또한 주공이 성왕을 경계한 시(詩)이다. 태왕이 처음 기주(岐周)로 천도
(遷都)하여 왕업(王業)을 여시니, 문왕이 이로 인하여 천명을 받음을 추술(追述)한
것이다. 이는 그 수장(首章)이니, 오이 덩굴이 먼저는 작고 뒤에는 커짐을 말해서
주나라 사람이 처음에는 칠(漆)·저(沮)의 가에 살았고, 고공(古公)의 때에는 요조
(窰竈)와 토실의 가운데에 거처하여 그 나라가 매우 작았었는데, 문왕에 이른 뒤
에야 커짐을 비유한 것이다.

② 古公亶父, 來朝走馬﹝叶滿補反﹞. 率西水滸﹝呼五反﹞, 至于岐下﹝叶後五反﹞.
爰及姜女, 聿來胥宇.

古公亶父	고공 단보가
來朝走馬하여	아침에 말을 달려와서
率西水滸(호)하사	서쪽 물가를 따라
至于岐下하시니	기산(岐山) 아래에 이르시니
爰及姜女로	이에 강녀와 더불어
聿來胥宇하시니라	와서 집터를 보시니라

賦也라 朝는 早也요 走馬는 避狄難也라 滸는 水厓也니 漆、沮之側也라 岐下는 岐山之下也라 姜女는 大(太)王妃也라 胥는 相이요 宇는 宅也라 孟子曰 大王居邠(豳)하실새 狄人侵之어늘 事之以皮幣、珠玉、犬馬라도 而不得免한대 乃屬(촉)其耆老而告之曰 狄人之所欲者는 吾土地也라 吾聞之也호니 君子는 不以其所以養人者害人이라하니 二三子는 何患乎無君이리오 我將去之하리라하시고 去邠하여 踰梁山하사 邑于岐山之下하여 居焉하신대 邠人曰 仁人也라 不可失也라하고 從之者如歸市라하니라

부(賦)이다. '조(朝)'는 이른 아침이요, '주마(走馬:말을 달려옴)'는 적인(狄人)의 난(難)을 피해 온 것이다. '호(滸)'는 물가이니, 칠수(漆水)와 저수(沮水)의 곁이다. '기하(岐下)'는 기산(岐山)의 아래이다. '강녀(姜女)'는 태왕(太王)의 비(妃)이다. '서(胥)'는 봄이요, '우(宇)'는 집이다.

《맹자(孟子)》〈양혜왕 하(梁惠王下)〉에 말하였다. "태왕이 빈(邠) 땅에 거주할 적에 적인(狄人)들이 침략하자 피폐(皮幣)와 주옥(珠玉)과 견마(犬馬)로써 섬겨도 침략 당함을 면치 못하였다. 이에 그 노인들을 모아놓고 말씀하기를 '적인들이 탐하는 것은 우리의 토지이다. 나는 들으니, 군자는 인민을 기르는 토지로써 인민을 해치지 않는다 하니, 이삼자(二三子:여러분)는 어찌 군주가 없음을 염려하리오. 내 장차 이 곳을 떠나겠다.' 하시고, 빈(邠) 땅을 떠나 양산(梁山)을 넘어서 기산의 아래에 도읍을 정하여 거주하셨는데, 빈 땅 사람들이 말하기를 '인인(仁人)이다. 놓쳐서는 안 된다.' 하고 따라오는 자가 시장에 돌아가는 것과 같았다."

··· 滸 : 물가 호 胥 : 볼 서 邠 : 나라이름 빈(豳同) 屬 : 모을 촉 踰 : 넘을 유

③ 周原膴膴〔音武〕, 菫〔音謹〕荼如飴〔音移〕. 爰始爰謀〔叶謨悲反〕, 爰契〔苦計
反〕我龜. 曰止曰時, 築室于茲〔叶津之反〕.

周原膴(무)膴하니	주(周) 땅의 언덕이 기름지고 비옥하니
菫荼如飴(이)로다	오두(烏頭)와 여뀌도 엿처럼 달도다
爰始爰謀하시며	이에 시작하고 이에 도모하시며
爰契我龜하사	이에 우리 거북껍질을 지져서
曰止曰時하여	이곳에 거주하여
築室于茲라하시니라	이곳에 집을 지으라 하시니라

賦也라 周는 地名이니 在岐山之南하니라 廣平曰原이라 膴膴는 肥美貌라 菫은 烏頭
也요 荼는 苦菜니 蓼(료)屬也라 飴는 餳(당)也라 契는 所以然火而灼龜者也니 儀禮
所謂楚焞[7]이 是也라 或曰 以刀刻龜甲欲鑽之也라하니라
○ 言 周原土地之美하여 雖物之苦者라도 亦甘이라 於是에 大王이 始與豳(빈)人
之從己者로 謀居之하고 又契龜而卜之하여 旣得吉兆라 乃告其民曰 可以止於是
而築室矣라하시니라 或曰 時는 謂土功之時也라하니라

부(賦)이다. '주(周)'는 지명(地名)이니, 기산(岐山)의 남쪽에 있었다. 광평(廣平)
한 곳을 '원(原)'이라 한다. '무무(膴膴)'는 비옥하고 아름다운 모양이다. '근(菫)'은
오두(烏頭;바곳의 뿌리)요, '도(荼)'는 쓴나물이니, 여뀌의 등속이다. '이(飴)'는 엿이
다. '계(契)'는 불을 태워 거북껍질을 지지는 것이니,《의례(儀禮)》〈사상례(士喪禮)〉
에 이른바 '초돈(楚焞)'이라는 것이 이것이다. 혹자는 칼로써 거북 껍질에 뚫고자
하는 곳을 새기는 것이라 한다.
　○ "주(周) 땅 언덕은 토지가 아름다워(좋아) 비록 자라는 식물 중에 쓴 것도 또
한 감미(甘味)로웠다. 이에 태왕이 처음으로 자기를 따르는 빈(豳) 땅 사람들과 더
불어 거처할 곳을 도모하였고, 또 거북껍질을 지져 점을 쳐서 이미 길조(吉兆)를
얻었다. 이에 그 백성들에게 말씀하기를 '이곳에 머물러(거주하여) 집을 지을 수 있
겠다.' 하셨다."라고 말한 것이다. 혹자는 말하기를 "시(時)는 토공(土功)하는 때를

••••••
7 楚焞 : 초돈(楚焞)은 가시나무 불씨로, 옛날 거북점을 칠 때에 이것을 사용하여 거북껍질을 지
졌는바,《의례(儀禮)》〈사상례(士喪禮)〉에 "楚焞置于燋, 在龜東."이라고 보인다.

••• 膴 : 아름다울 무 菫 : 씀바귀 근, 오두(烏頭) 근 荼 : 씀바귀 도 飴 : 엿 이 契 : 불사를 설 蓼 : 여뀌 료
餳 : 엿 당 焞 : 거북등지지는홰 돈 鑽 : 뚫을 찬 兆 : 조짐 조, 점 조

이른다."고 한다.

④ 迺慰迺止, 迺左迺右〔마羽己反〕. 迺疆迺理, 迺宣迺畝〔마滿彼反〕. 自
西徂東, 周爰執事〔마上止反〕.

迺(乃)慰迺止하며	이에 편안하게 하고 거주하게 하며
迺左迺右하며	이에 좌우로 나열하며
迺疆迺理하며	이에 큰 경계를 구획하고 작은 조리를 만들며
迺宣迺畝하니	흩어져 살게 하고 이랑을 만드니
自西徂東하여	서쪽으로부터 동쪽으로 가서
周爰執事하니라	두루 일을 집행하였느니라

賦也라 慰는 安이요 止는 居也라 左右는 東西列之也라 疆은 謂畫其大界요 理는 謂
別其條理也라 宣은 布散而居也니 或曰 導其溝洫(혁)也라하니라 畝는 治其田疇也
라 自西徂東은 自西水滸而徂東也라 周는 徧也니 言靡事不爲也라

　　부(賦)이다. '위(慰)'는 편안하게 함이요, '지(止)'는 거주함이다. '좌우'는 동(東)
·서(西)로 나열함이다. '강(疆)'은 그 큰 경계를 구획함을 이르고, '리(理)'는 그 작
은 조리를 분별함을 이른다. '선(宣)'은 퍼지고 흩어져 사는 것이니, 혹자는 "도랑
을 내는 것"이라 한다. '무(畝)'는 밭두둑을 다스리는 것이다. '자서조동(自西徂東)'
은 서쪽 물가로부터 동쪽으로 간 것이다. '주(周)'는 두루함이니, 일마다 하지 않
음이 없음을 말한 것이다.

⑤ 乃召司空, 乃召司徒, 俾立室家〔마古胡反〕. 其繩則直, 縮〔色六反〕版以
載〔마節力反〕, 作廟翼翼.

乃召司空하며	이에 사공을 부르며
乃召司徒하여	이에 사도를 불러
俾立室家하니	실가를 세우게 하니
其繩則直이어늘	그 먹줄이 곧기도 하자
縮版以載하니	판자(板子)를 묶어 이어가니

••• 迺 : 이에 내 疆 : 경계 강 畫 : 그을 획 洫 : 도랑 혁 疇 : 밭두둑 주 繩 : 먹줄 승 縮 : 묶을 축 載 : 이을 재

作廟翼翼이로다　　　　　지은 사당이 엄정(嚴正)하도다

賦也라 司空은 掌營國邑하고 司徒는 掌徒役之事하니라 繩은 所以爲直이니 凡營度(탁)位處에 皆先以繩正之하여 旣正이면 則束版而築也라 縮은 束也요 載는 上下相承也니 言以索(삭)束版하여 投土築訖이면 則升下而上하여 以相承載也라 君子將營宮室이면 宗廟爲先이요 廐(구)庫爲次요 居室爲後라 翼翼은 嚴正也라

　부(賦)이다. '사공(司空)'은 국읍(國邑)을 경영함을 관장하고, '사도(司徒)'는 도역(徒役)의 일을 관장한다. '승(繩;먹줄)'은 곧게 만드는 것이니, 무릇 위치를 경영하고 헤아릴 때에는 모두 먼저 먹줄로써 바로잡아서 이미 바루어지면 판자를 묶어 흙을 쌓는다. '축(縮)'은 묶음이요, '재(載)'는 상하가 서로 이어지게(맞물리게) 하는 것이니, 새끼줄로 판자를 묶어 흙을 던져 넣어 다지기를 마치면 아래에서 위로 올라가 서로 받들어 잇닿게 함을 말한다. 군자가 장차 궁실(宮室)을 경영하게 되면 종묘(宗廟)가 최우선이요, 마굿간과 창고가 그 다음이요, 거실이 맨 뒤이다. '익익(翼翼)'은 엄정(嚴正)함이다.

⑥ 捄〔音俱〕之陾陾〔耳升反〕, 度〔待洛反〕之薨薨, 築之登登, 削屢馮馮〔扶冰反〕, 百堵〔丁古反〕皆興, 鼛〔音臯〕鼓弗勝〔音升〕.

捄之陾(응)陾하며　　　　　그릇에 흙을 담기를 많이 하며
度(탁)之薨薨하며　　　　　흙을 판자에 던져 넣는 소리 떠들썩하며
築之登登하며　　　　　　　담장을 다지기를 영차영차 하며
削屢馮馮하여　　　　　　　중복된 곳을 깎는 소리 탕탕 울리며
百堵皆興하니　　　　　　　많은 담을 모두 일으키니
鼛(고)鼓弗勝이로다　　　　고고(鼛鼓)가 감당하지 못하도다

賦也라 捄는 盛土於器也라 陾陾은 衆也라 度은 投土於版也라 薨薨은 衆聲也요 登登은 相應聲이라 削屢는 墻成而削治重複也라 馮馮은 墻堅聲이라 五版爲堵요 興은 起也니 此는 言治宮室也라 鼛鼓는 長一丈二尺이니 以鼓役事라 弗勝者는 言其樂事勸功하여 鼓不能止也라

　부(賦)이다. '구(捄)'는 그릇에 흙을 담는 것이다. '응응(陾陾)'은 많음이다. '탁

··· 索 : 노끈 삭　訖 : 마칠 흘　廐 : 마굿간 구　捄 : 흙파올릴 구　陾 : 담찧는소리 응(잉)　度 : 던질 탁　薨 : 많을 훙
屢 : 겹칠 루　馮 : 기댈 빙　鼛 : 역사북 고　盛 : 담을 성

(度)'은 판자에 흙을 던져 넣는 것이다. '홍홍(薨薨)'은 여러 사람의 소리이고, '등등(登登)'은 서로 응하는 소리이다. '삭루(削屢)'는 담장이 이루어지면 중복된 곳을 깎아 다듬는 것이다. '빙빙(馮馮)'은 담이 단단한 소리이다. 다섯 판자를 '도(堵)'라 하고, '흥(興)'은 일어남이니, 이는 궁실을 다스림을 말한 것이다. '고고(鼛鼓)'는 길이가 1장(丈) 2척(尺)이니, 역사(役事)할 때에 치는 북이다. 감당하지 못한다는 것은 백성들이 일을 즐거워하고 공(功;공사)을 권면하여 북치기를 그칠 수 없음을 말한 것이다.

⑦ 迺立皐門, 皐門有伉[苦浪反 叶苦郎反]. 迺立應門, 應門將將[七羊反]. 迺立冢土, 戎醜攸行[叶戶郎反].

迺立皐門하니   이에 고문을 세우니
皐門有伉(항)하며   고문이 높기도 하며
迺立應門하니   이에 응문을 세우니
應門將將하며   응문이 엄정하기도 하며
迺立冢土하니   이에 총토를 세우니
戎醜攸行이로다   큰 무리가 출행하리로다

賦也라 傳曰 王之郭門曰皐門이라 伉은 高貌라 王之正門曰應門이라 將將은 嚴正(也)[貌]라 大(太)王之時에 未有制度하여 特作二門하고 其名如此러니 及周有天下하여 遂尊以爲天子之門하여 而諸侯不得立焉하니라 冢土는 大(太)社也니 亦大王所立이러니 而後因以爲天子之制也라 戎醜는 大衆也라 起大事, 動大衆엔 必有事乎社而後出하니 謂之宜라

부(賦)이다. 《모전(毛傳)》에 이르기를 "왕의 성문을 고문(皐門;궁문 밖에 있음)이라 한다." 하였다. '항(伉)'은 높은 모양이다. 왕의 정문(正門)을 '응문(應門;조회하는 문)'이라 한다. '장장(將將)'은 엄정한 모양이다. 태왕의 때에는 아직 제도가 없어서 다만 두 문을 만들고 그 이름이 이와 같았는데, 주(周)나라가 천하를 소유하게 되자, 마침내 이것을 높여 천자의 문으로 삼아서 제후들은 세우지 못하게 하였다. '총토(冢土)'는 태사(太社)이니, 또한 태왕이 세운 것인데 뒤에 인하여 천자의 제도로 삼은 것이다. '융추(戎醜)'는 대중(大衆)이다. 대사를 일으키고 대중을 동원할 때에는

··· 皐 : 높을 고 伉 : 우뚝할 항 冢 : 무덤 총 醜 : 무리 추

반드시 사(社)에 제사한 뒤에 출동하니, 이것을 의(宜)제사라 이른다.

⑧ 肆不殄〔田典反〕厥慍〔紆問反〕, 亦不隕〔韻敏反〕厥問. 柞〔子洛反〕棫〔音域〕拔〔蒲貝反〕矣, 行道兌〔吐外反〕矣. 混〔音昆〕夷駾〔徒對反〕矣, 維其喙〔吁貴反〕矣.

肆不殄厥慍하시나	끝내 오랑캐들의 성냄을 끊지 못하셨으나
亦不隕厥問(聞)하시니	또한 그 명성을 실추하지 않으시니
柞棫拔(작역패)矣라	갈참나무와 떡갈나무가 쑥쑥 뻗어 올라가
行道兌(태)矣하니	다니는 길이 통하니
混(昆)夷駾(태)矣하여	곤이들이 도망하여
維其喙(훼)矣로다	숨만 쉴 뿐이로다

賦也라 肆는 故今也니 猶言遂也니 承上起下之辭라 殄은 絶이요 慍은 怒요 隕은 墜也라 問은 聞通이니 謂聲譽也라 柞은 櫟(력)也니 枝長葉盛하고 叢生有刺라 棫은 白桵(유)也니 小木이요 亦叢生有刺라 拔은 挺拔而上하여 不拳曲蒙(密)〔蔽〕也라 兌는 通也니 始通道於柞棫之間也라 駾는 突이요 喙는 息也라
○ 言大(太)王이 雖不能殄絶混夷之慍怒나 亦不隕墜己之聲聞하니 蓋雖聖賢이나 不能必人之不怒己요 但不廢其自修之實耳라 然이나 大王이 始至此岐下之時에는 林木深阻하고 人物鮮少러니 至於其後生齒漸繁하고 歸附日衆하여는 則木拔道通하니 混夷畏之하여 而奔突竄伏하여 維其喙息而已라 言德盛而混夷自服也니 蓋已爲文王之時矣니라

　　부(賦)이다. '사(肆)'는 '그러므로 이제'란 뜻이니, 수(遂;마침내)란 말과 같으니, 위(앞)를 잇고 아래를 일으키는 말이다. '진(殄)'은 끊음이요, '온(慍)'은 노함이요, '운(隕)'은 실추함이다. '문(問)'은 문(聞)과 통하니, 성예(聲譽:명성)를 이른다. '작(柞)'은 갈참나무이니, 가지가 길고 잎이 무성하며 총생하고 가시가 있다. '역(棫)'은 흰 상수리나무(일설에는 졸참나무라고도 함)이니, 나무가 작고 또한 총생하며 가시가 있다. '패(拔)'는 나무가 위로 쭉 뻗어 올라가서 굽거나 덮이고 가려지지 않는 것이다. '태(兌)'는 통함이니, 비로소 작역(柞棫)의 사이에 길이 통한 것이다. '태(駾)'는 도망함이요, '훼(喙)'는 숨쉼이다.
　　○ 태왕이 비록 곤이(混夷)의 성냄을 끊지는 못했으나 또한 자기의 명성을 떨

... 殄 : 다할 진(전) 慍 : 성낼 온 隕 : 떨어질 운 柞 : 갈참나무 작 棫 : 떡갈나무 역 拔 : 우거질 패 兌 : 통할 태
駾 : 말달릴 태 喙 : 숨쉴 훼 櫟 : 상수리나무 력 桵 : 무리참나무 유 挺 : 곧을 정 拳 : 주먹 권 阻 : 막을 조
竄 : 숨을 찬

어뜨리지 않았다. 비록 성현이라도 사람들이 자기에게 노여워하지 않기를 기필할 수는 없고, 다만 스스로 닦는 실제를 폐하지 않을 뿐이다. 그러나 태왕이 처음이 기산(岐山) 아래에 이르렀을 때에는 숲과 나무가 깊이 막혀 있고 사람과 물건이 매우 적었는데, 그 뒤에 생치(生齒;인구)가 점점 많아지고 귀부(歸附)하는 자가 날로 많아짐에 이르러는 나무가 위로 쭉쭉 뻗어 올라가서 〈그 밑으로〉 길이 통하니, 곤이들이 두려워하여 도망하고 숨어 엎드려서 오직 숨만 쉴 뿐이었다. 이는 덕(德)이 성(盛)함에 곤이가 스스로 복종함을 말한 것이니, 이는 이미 문왕의 때가 된 것이다.

⑨ 虞芮〔如銳反〕質厥成, 文王蹶〔居衛反〕厥生〔叶桑經反〕. 予曰有疏附〔叶上聲〕, 予曰有先〔息薦反〕後〔胡豆反 叶下五反〕, 予曰有奔奏〔與走通 叶宗五反〕, 予曰有禦侮.

虞芮(예)質厥成이어늘	우(虞)와 예(芮)가 분쟁을 질정하러 오자
文王蹶(궤)厥生하시니	문왕이 그 흥기할 기세를 진동하시니
予曰有疏附며	내 말하기를 아랫사람 거느리고 따르는 자가 있으며
予曰有先後며	내 말하기를 앞뒤에서 인도하는 자가 있으며
予曰有奔奏(走)며	내 말하기를 덕을 알리는 자가 있으며
予曰有禦侮라하노라	내 말하기를 적을 막는 자가 있다 하노라

賦也라 虞、芮는 二國名이라 質은 正이요 成은 平也라 傳曰[8] 虞、芮之君이 相與爭田하여 久而不平이라 乃相與朝周하여 入其境하니 則耕者讓畔하고 行者讓路하며 入其邑하니 男女異路하고 斑白者不提挈(설)하며 入其朝하니 士讓爲大夫하고 大夫讓爲卿이어늘 二國之君이 感而相謂曰 我等은 小人이니 不可以履君子之境이라하고 乃相讓하여 以其所爭田으로 爲閒田而退하니 天下聞之而歸者 四十餘國이라하니라 蘇氏曰 虞는 在陝(섬)之平陸하고 芮는 在同之馮(풍)翊이라 平陸에 有閒原焉하

· · · · · ·
8 傳曰 : 이 내용은 《공자가어(孔子家語)》〈호생(好生)〉편과 《설원(說苑)》에 보인다.

··· 芮 : 나라이름 예 質 : 물을 질 成 : 화해할 성 蹶 : 넘어질 궤(궐) 禦 : 막을 어 挈 : 끌 설 陝 : 땅이름 섬
馮 : 성 풍 翊 : 도울 익

니 則虞、芮之所讓也라하니라 蹶生은 未詳其義라 或曰 蹶는 動而疾也요 生은 猶起也라하니라 子는 詩人自子也라 率下親上曰疏附요 相道(導)前後曰先後요 喻德宣譽曰奔奏요 武臣折衝曰禦侮라

부(賦)이다. '우(虞)'와 '예(芮)'는 두 나라의 이름이다. '질(質)'은 질정함이요, '성(成)'은 분쟁을 화평(和解)하는 것이다. 〈전(傳)〉에 다음과 같이 말하였다.

"우(虞)와 예(芮)의 군주가 서로 토지를 다투어 오래되어도 분쟁을 해결하지 못하였다. 이에 서로 함께 주나라에 조회하려고 그 국경에 들어가니, 밭 가는 자들은 밭두둑을 사양하고 길 가는 자들은 길을 사양하며, 읍(邑)에 들어가니 남녀가 서로 길을 달리하고 반백(斑白)이 된 자가 짐을 들거나 끌지 않으며, 조정에 들어가니 사(士)는 대부가 되기를 사양하고 대부는 경(卿)이 되기를 사양하였다. 이에 두 나라의 군주가 감동하여 서로 이르기를 '우리들은 소인이니, 군자 나라의 국경을 밟을 수 없다.' 하고는 서로 사양하여 다투던 바의 토지로써 한전(閒田;묵밭)을 만들고 물러갔다. 천하에서는 이 말을 듣고 주나라로 귀의한 것이 40여국(國)이었다."

소씨(蘇氏)가 말하였다. "우(虞)는 섬주(陝州)의 평륙(平陸)에 있고, 예(芮)는 동주(同州)의 풍익(馮翊)에 있었다. 평륙에 한원(閒原;묵밭)이 있으니, 이것이 우(虞)와 예(芮)가 사양한 곳이다." 하였다.

'궤생(蹶生)'은 그 뜻이 상세하지 않다. 혹자는 말하기를 "궤(蹶)는 동하여 빠름이요, 생(生)은 기(起)와 같다." 한다. '여(子)'는 시인 자신이다. 아랫사람을 거느려 윗사람을 친히 함을 '소부(疏附)'라 하고, 서로 앞뒤에서 인도함을 '선후(先後)'라 하고, 덕(德)으로 효유(曉喩)하고 성예(聲譽)를 폄을 '분주(奔奏)'라 하고, 무신(武臣)이 적의 예봉(銳鋒)을 꺾음을 '어모(禦侮)'라 한다.

○ 言昆夷旣服하고 而虞、芮來質其訟之成하니 於是에 諸侯歸周者衆하여 而文王由此하여 動其興起之勢하시니 是雖其德之盛이나 然亦由有此四臣之助而然이라 故로 各以子曰起之하여 其辭繁而不殺(쇄)者는 所以深歎其得人之盛也니라

○ 곤이(昆夷)가 이미 복종하고 우(虞)·예(芮)가 와서 송사(분쟁)의 해결을 질정하자, 이에 제후로서 주나라로 귀의한 자가 많아져서 문왕이 이로 말미암아 그 흥기하는 기세를 진동함을 말하였으니, 이는 비록 그 덕(德)이 성(盛)하기 때문이었으나 또한 이 네 신하의 도움이 있어서 그러한 것이다. 그러므로 각기 여왈(子曰)

••• 衝 : 찌를 충, 충돌할 충

로써 일으켜서 그 말이 번거롭고 줄이지 않았으니, 이는 인재를 많이 얻음을 깊이 탄식한 것이다.

綿九章이니 章六句라
　　〈면(綿)〉은 9장이니, 장마다 6구이다.
一章은 言在豳이요 二章은 言至岐요 三章은 言定宅이요 四章은 言授田居民이요 五章은 言作宗廟요 六章은 言治宮室이요 七章은 言作門社요 八章은 言至文王而服混夷요 九章은 遂言文王受命之事하니라 餘는 說見上篇하니라
　　1장은 빈(豳) 땅에 있을 때를 말하였고, 2장은 기산(岐山) 아래에 이름(옴)을 말하였고, 3장은 집터를 정함을 말하였고, 4장은 토지를 나누어주고 백성들을 살게 함을 말하였고, 5장은 종묘를 지음을 말하였고, 6장은 궁실을 다스림을 말하였고, 7장은 궁문(宮門)과 태사(太社)를 지음을 말하였고, 8장은 문왕에 이르러 곤이를 복종시킴을 말하였고, 9장은 마침내 문왕이 천명(天命)을 받은 일을 말하였다. 나머지는 설명이 상편(上篇)에 보인다.

【毛序】　綿은 文王之興이 本由大王也라
　　〈면(綿)〉은 문왕의 일어남이 본래 태왕(太王)으로부터 말미암았음을 읊은 시(詩)이다.

4. 역복(棫樸)

① 芃芃〔薄紅反〕棫〔雨逼反〕樸〔音卜〕, 薪之槱〔音酉〕之. 濟濟〔子禮反〕辟〔音壁〕王, 左右趣〔叶此苟反〕之.

芃芃棫樸(봉봉역복)을(이여)	무성한 떡갈나무를
薪之槱(유)之로다	섶으로 베어 쌓도다
濟濟辟王이여	아름다운 군왕이여
左右趣(趨)之로다	좌우에서 달려오도다

••• 社 : 땅귀신 사　芃 : 무성할 봉　棫 : 떡갈나무 역　樸 : 더부룩하게날 복　槱 : 쌓을 유　辟 : 임금 벽　趣 : 달릴 추

興也라 芃芃은 木盛貌라 樸은 叢生也니 言根枝迫迮(착)相附著(착)也라 槱는 積也
라 濟濟는 容貌之美也라 辟은 君也니 君王은 謂文王也라

○ 此亦以詠歌文王之德이라 言芃芃棫樸은 則薪之槱之矣요 濟濟辟王은 則左
右趣之矣니 蓋德盛而人心歸附趣向之也니라

홍(興)이다. '봉봉(芃芃)'은 나무가 무성한 모양이다. '복(樸)'은 총생(叢生)함이
니, 뿌리와 가지가 바짝 붙어 있음을 말한 것이다. '유(槱)'는 쌓음이다. '제제(濟
濟)'는 용모가 아름다움이다. '벽(辟)'은 군왕이니, 군왕은 문왕을 이른다.

○ 이 또한 이로써 문왕의 덕(德)을 영가(詠歌)한 것이다. 무성한 역복(棫樸)은
섶을 만들어 쌓으며 제제(濟濟)한 군왕은 좌우에서 보고 달려옴을 말하였으니, 덕
이 성(盛)하여 인심이 귀부(歸附)하고 취향(趨向)한 것이다.

② 濟濟辟王, 左右奉璋. 奉璋峨峨〔玉歌反〕, 髦士攸宜〔따牛何反〕.

濟濟辟王이여	아름다운 군왕이여
左右奉璋이로다	좌우에서 장찬(璋瓚)을 받들어 올리도다
奉璋峨峨하니	장찬을 높이 받들어 올리니
髦士攸宜로다	준걸스런 선비의 마땅한 바로다

賦也라 半圭曰璋이라 祭祀之禮에 王祼(관)以圭瓚이어든 諸臣助之하고 亞祼以璋
瓚이어든 左右奉之하나니 其判在內하여 亦有趣向之意⁹라 峨峨는 盛壯也라 髦는 俊
也라

부(賦)이다. 반규(半圭)를 '장(璋)'이라 한다. 제사하는 예(禮)에 왕(王)이 규찬(圭
瓚)으로써 강신(降神)하면 여러 신하들이 제사를 돕고, 장찬(璋瓚)으로써 두 번째
강신을 하면 좌우의 신하들이 받들어 올리니. 그 반으로 갈라진 부분이 안에 있어
서 또한 달려와 향하는 뜻이 있다. 아아(峨峨)는 성장(盛壯)함이다. 모(髦)는 준걸
스러움이다.

......

9 其判在內 亦有趣向之意 : 판(判)은 규(圭)를 반으로 갈라놓은 부분을 이르는데, 장(璋)의 갈라
진 부분이 술을 부어 강신(降神)하는 사람을 향하고 있으므로 말한 것이다.

··· 迮 : 좁을 착 著 : 붙일 착 璋 : 옥잔 장 峨 : 높을 아 髦 : 뛰어날 모 祼 : 강신제지낼 관 瓚 : 큰홀 찬, 옥잔 찬
   判 : 가를 판

③ 淠〔匹世反〕彼涇〔音經〕舟, 烝徒楫〔音接 叶籍入反〕之. 周王于邁, 六師及之.

淠(비)彼涇舟를	떠가는 저 경수(涇水)의 배를
烝徒楫(집)之로다	여러 사람들이 노를 젓도다
周王于邁하시니	주왕이 행차하시니
六師及之로다	육사가 따라가도다

興也라 淠는 舟行貌라 涇은 水名이라 烝은 衆이요 楫은 櫂(도)요 于는 往이요 邁는 行也라 六師는 六軍也라
○ 言淠彼涇舟는 則舟中之人이 無不楫之하고 周王于邁하면 則六師之衆이 追而及之하니 蓋衆歸其德하여 不令而從也라

홍(興)이다. '비(淠)'는 배가 떠가는 모양이다. '경(涇)'은 물 이름이다. '증(烝)'은 무리요, '집(楫)'은 노요, '우(于)'는 감이요, '매(邁)'는 행차이다. '육사(六師)'는 육군(六軍)이다.

○ 떠가는 저 경수의 배는 배 안에 있는 사람들이 모두 노를 저으며, 주왕이 행차하시면 육사(六師)의 무리가 좇아 따라감을 말하였으니, 여러 사람들이 그 덕에 귀의하여 명령하지 않아도 따르는 것이다.

④ 倬〔陟角反〕彼雲漢, 爲章于天〔叶鐵因反〕. 周王壽考, 遐不作人.

倬(탁)彼雲漢이여	큰 저 운한이여
爲章于天이로다	하늘에 문장이 되었도다
周王壽考하시니	주왕이 수고를 누리시니
遐(何)不作人이시리오	어찌 사람을 진작시키지 않으시리오

興也라 倬은 大也라 雲漢은 天河也니 在箕、斗二星之間하여 其長竟天이라 章은 文章也라 文王이 九十七乃終이라 故로 言壽考라 遐는 與何同이라 作人은 謂變化鼓舞之也라

홍(興)이다. '탁(倬)'은 큼이다. '운한(雲漢)'은 하늘의 은하(銀河)이니, 기성(箕星)과 두성(斗星) 두 별 사이에 있어서 그 길이가 하늘 끝까지이다. '장(章)'은 문장(문

... 淠:배떠날 비(폐) 涇:물이름 경 烝:무리 증 楫:노 집(즙) 于:갈 우 櫂:노 도 倬:클 탁 箕:키 기

43
大雅 棫樸

채)이다. 문왕이 97세에 별세하셨다. 그러므로 '수고(壽考)'라고 말한 것이다. '하(遐)'는 하(何)와 같다. '작인(作人)'은 사람을 변화시키고 고무시킴을 말한다.

⑤ 追[對廻反]琢[陟角反]其章, 金玉其相. 勉勉我王, 綱紀四方.

追琢(퇴탁)其章이요	잘 다듬어놓은 그 문장이요
金玉其相이로다	금옥과 같은 그 바탕이로다
勉勉我王이여	힘쓰고 힘쓰는 우리 왕이시여
綱紀四方이로다	사방의 강기(綱紀)가 되시도다

興也라 追는 雕也라 金曰雕요 玉曰琢이라 相은 質也라 勉勉은 猶言不已也라 凡網罟는 張之爲綱이요 理之爲紀라
○ 追之琢之면 則所以美其文者至矣요 金之玉之면 則所以美其質者至矣며 勉勉我王은 則所以綱紀乎四方者至矣니라

　　흥(興)이다. '퇴(追)'는 다듬음이다. 금(金)을 다듬는 것을 조(雕)라 하고, 옥(玉)을 다듬는 것을 '탁(琢)'이라 한다. '상(相)'은 바탕이다. '면면(勉勉)'은 불이(不已: 그치지 않음)라는 말과 같다. 무릇 그물은 펴는 것을 '강(綱)'이라 하고, 다스리는 것(거두어 둠)을 '기(紀)'라 한다.
　　○ 다듬고 쪼았다면 이는 그 문채를 아름답게 함이 지극한 것이요, 금과 같고 옥과 같다면 이는 그 바탕을 아름답게 함이 지극한 것이요, 힘쓰고 힘쓰는 우리 왕은 곧 사방에 강기가 되심이 지극한 것이다.

棫樸五章이니 章四句라
　　〈역복(棫樸)〉은 5장이니, 장마다 4구이다.
此詩는 前三章은 言文王之德이 爲人所歸요 後二章은 言文王之德이 有以振作綱紀天下之人而人歸之라 自此以下至假樂은 皆不知何人所作이나 疑多出於周公也로라
　　이 시(詩)는 앞의 세 장은 문왕의 덕이 사람들이 귀의(歸依)하는 바가 됨을 말하였고, 뒤의 두 장은 문왕의 덕이 천하의 사람들을 진작시키고 강기가 되어 사람들이 귀의함을 말한 것이다. 이로부터 이하로 〈가락(假樂)〉에 이르기까지는 모두 어

··· 追 : 갈 퇴　相 : 바탕 상　罟 : 그물 고

느 사람이 지은 것인지 알 수 없으나, 의심컨대 주공에게서 나온 것이 많은 듯하다.

【毛序】 棫樸은 文王이 能官人也라

〈역복〉은 문왕(文王)이 훌륭한 인물을 관직에 임용하였음을 읊은 시이다.

【辨說】 序誤라

〈서〉가 잘못되었다.

5. 한록(旱麓)

① 瞻彼旱麓〔音鹿〕, 榛楛〔音戶〕濟濟〔子禮反〕. 豈弟君子, 干祿豈弟.

瞻彼旱麓컨대	저 한산(旱山)의 기슭을 보건대
榛楛(호)濟濟로다	개암나무와 싸리나무가 많고도 많도다
豈弟(愷悌)君子여	개제한 군자여
干祿豈弟로다	복록(福祿)을 구함이 개제(화락)하도다

興也라 旱은 山名이요 麓은 山足也라 榛은 似栗而小하고 楛는 似荊而赤이라 濟濟는 衆多也라 豈弟는 樂易(락이)也라 君子는 指文王也라

○ 此亦以詠歌文王之德이라 言旱山之麓은 則榛楛濟濟然矣요 豈弟君子는 則其干祿也豈弟矣라 干祿豈弟는 言其干祿之有道니 猶曰其爭也君子[10]云爾니라

흥(興)이다. '한(旱)'은 산 이름이요, '록(麓)'은 산 기슭이다. '진(榛:개암)'은 밤과 비슷한데 작고, '호(楛:싸리나무)'는 가시나무와 비슷한데 붉다. '제제(濟濟)'는 많음이다. '개제(豈弟)'는 즐겁고 화평(和平)함이다. '군자'는 문왕을 가리킨다.

○ 이 또한 문왕의 덕(德)을 영가(詠歌)한 것이다. 한산의 기슭에는 개암나무와

••••••

10 其爭也君子 : 이 내용은 《논어(論語)》〈팔일(八佾)〉에 보이는바, "군자는 다투는 바가 없으나 반드시 활쏘기에서는 다툰다. 읍하고 사양하고 당(堂) 위로 올라가고 내려왔다가 〈패한 자가〉 올라가 벌주를 마시니, 그 다툼이 군자답다.〔君子無所爭, 必也射乎, 揖讓而升, 下而飮, 其爭也君子.〕"라고 하였다.

… 麓 : 산기슭 록 榛 : 개암나무 진 楛 : 싸리나무 호 豈 : 화락할 개

싸리나무가 많고도 많으며 개제한 군자는 그 복록을 구함이 개제하다고 말한 것이다. 간록개제(干祿豈弟)는 복록을 구함에 방도가 있음을 말한 것이니, "그 다툼이 군자답다."는 말과 같은 것이다.

② 瑟〔所乙反〕彼玉瓚〔才旱反〕, 黃流在中. 豈弟君子, 福祿攸降〔叶呼攻反〕.

<table>
<tr><td>瑟彼玉瓚에</td><td>치밀한 저 옥찬에</td></tr>
<tr><td>黃流在中이로다</td><td>누런 술이 이 가운데 들어 있도다</td></tr>
<tr><td>豈弟君子여</td><td>개제한 군자여</td></tr>
<tr><td>福祿攸降이로다</td><td>복록이 내리는 바로다</td></tr>
</table>

興也라 瑟은 縝(진)密貌라 玉瓚은 圭瓚也니 以圭爲柄하고 黃金爲勺하여 靑金爲外而朱其中也라 黃流는 鬱鬯也니 釀秬黍爲酒하고 築鬱金[11]하여 煮而和之하여 使芬芳條鬯하여 以瓚酌而祼之也라 攸는 所요 降은 下也라

○ 言瑟然之玉瓚엔 則必有黃流在其中이요 豈弟之君子는 則必有福祿下其躬이라 明寶器不薦於褻(설)味하고 而黃流不注於瓦缶하니 則知盛德必享於祿壽요 而福澤不降於淫人矣니라

흥(興)이다. '슬(瑟)'은 치밀한 모양이다. '옥찬(玉瓚)'은 규찬(圭瓚)이니, 규(圭)로 국자자루를 만들고 황금으로 국자를 만들어 청금(靑金)으로 밖을 만들(꾸미)고 그 안을 붉게 칠한 것이다. '황류(黃流)'는 울창주(鬱鬯酒)이니, 검은 기장을 빚어 술을 만들고 울금초(鬱金草)를 다져넣고 달여서 섞어 향기가 퍼지게 하여, 규찬(圭瓚)으로 술을 떠서 강신(降神)하는 것이다. '유(攸)'는 바요, '강(降)'은 내림이다.

○ 치밀하게 꾸민 옥찬에는 반드시 황류(黃流)가 이 가운데 들어있고, 개제한 군자는 반드시 복록이 자기 자신에 내림이 있음을 말한 것이다. 보기(寶器)에는 하찮은 맛을 〈담아〉 올리지 않고, 황류는 질장군에 담지 않음을 밝힌 것이니, 그렇다면 성(盛)한 덕은 반드시 록(祿)과 수(壽)를 누리고, 복과 은택은 음탕한 사람에게 내려지지 않음을 알 것이다.

••••••
11 築鬱金 : 축(築)은 잎을 쌓아 다지는 것으로, 《주례》〈우인(牛人)〉의 주에 "열 잎을 관(貫)이라 하고 120관을 축(築)이라 한다." 하였다. 《詳說》

••• 縝 : 치밀할 진　勺 : 술잔 작　釀 : 술빚을 양　秬 : 검은기장 거　煮 : 삶을 자　祼 : 강신제지낼 관　褻 : 설만할 설
缶 : 질장구 부

③ 鳶[戈專反]飛戾天[叶鐵因反], 魚躍于淵[叶一均反]. 豈弟君子, 遐不作人.

鳶飛戾天이어늘	솔개는 날아 하늘에 이르는데
魚躍于淵이로다	물고기는 연못에서 뛰놀도다
豈弟君子여	개제한 군자여
遐(何)不作人이리오	어찌 사람을 진작시키지 않으리오

興也라 鳶은 鴟(치)類요 戾는 至也라 李氏曰 抱朴子[12]曰 鳶之在下엔 無力이라가 及至乎上하여는 聳(용)身直翅(시)而已라하니 蓋鳶之飛 全不用力하여 亦如魚躍하여 怡然自得而不知其所以然也라 遐는 何通이라

○ 言鳶之飛則戾于天矣요 魚之躍則出于淵矣니 豈弟君子而何不作人乎리오하니 言其必作人也라

　　홍(興)이다. '연(鳶)'은 솔개의 종류요, '려(戾)'는 이름이다. 이씨(李氏)가 말하기를 "《포박자(抱朴子)》에 '솔개가 아래에 있을 때에는 힘이 없다가 상공(上空)에 이르게 되면 몸을 솟구쳐 날개를 곧게 펼 뿐이다.' 하였으니, 솔개가 나는 것은 전혀 힘을 쓰지 않아 또한 물고기가 〈연못에서〉 뛰어노는 것과 같아 이연(怡然)히 자득(自得)하여 그 소이연(所以然)을 알 수 없는 것이다." 하였다. '하(遐)'는 하(何)와 통한다.

　　○ "솔개가 날면 하늘에 이르고, 물고기가 뛰놀면 연못에서 나오니, 개제한 군자가 어찌 사람을 진작시키지 않으리오." 하였으니, 이는 반드시 사람을 진작시킴을 말한 것이다.

④ 淸酒旣載[叶節力反], 騂[息營反]牡旣備[叶蒲北反]. 以享以祀[叶逸織反], 以介景福[叶筆力反].

淸酒旣載하며	청주를 이미 술동이에 담으며
騂牡(성무)旣備하니	붉은 희생을 이미 구비하니

------

12 抱朴子 : 《포박자(抱朴子)》는 진(晉)나라의 도사(道士)인 갈홍(葛弘)이 지은 책으로 양생술(養生術)에 관한 내용이다.

··· 鳶 : 솔개 연　戾 : 이를 려　鴟 : 솔개 치　聳 : 높이솟을 용　翅 : 날개 시　騂 : 붉을 성

以享以祀_{하여} 이것으로 향사(享祀)하여
以介景福_{이로다} 큰 복을 크게 받으리로다

賦也라 載는 在尊(樽)也요 備는 全具也라 承上章하여 言有豈弟之德이면 則祭必受福也라

부(賦)이다. '재(載)'는 술동이에 있는 것이요, '비(備)'는 완전히 구비한 것이다. 상장(上章)을 이어서 개제한 덕(德)이 있으면 제사에 반드시 복을 받음을 말한 것이다.

⑤ 瑟彼柞棫, 民所燎〔力召反〕矣. 豈弟君子, 神所勞〔力報反〕矣.

瑟彼柞棫_은 무성한 저 갈참나무와 떡갈나무는
民所燎矣_{로다} 백성들이 불 때는 것이로다
豈弟君子_는 개제(豈弟)한 군자는
神所勞矣_{로다} 신이 위로하는 것이로다

興也라 瑟은 茂密貌라 燎는 爨(찬)也니 或曰 燠燎(희료)除其旁草하여 使木茂也라 하니라 勞는 慰撫也라

흥(興)이다. '슬(瑟)'은 무성하고 빽빽한 모양이다. '료(燎)'는 불을 때는 것이니, 혹자(정전(鄭箋))는 말하기를 "불을 놓아 곁에 있는 풀을 제거해서 나무가 무성하게 하는 것이다." 한다. '노(勞)'는 위로함이다.

⑥ 莫莫葛藟〔九軌反〕, 施〔以豉反〕于條枚〔莫回反〕. 豈弟君子, 求福不回.

莫莫葛藟(류)_여 무성한 칡넝쿨이여
施(이)于條枚_{로다} 나뭇가지에 뻗어 있도다
豈弟君子_여 개제(豈弟)한 군자여
求福不回_{로다} 복록을 구함이 간사하지 않도다

興也라 莫莫은 盛貌라 回는 邪也라

‥‥ 介 : 클 개 尊 : 술단지 준 柞 : 갈참나무 작 棫 : 떡갈나무 역 燎 : 태울 료 勞 : 위로할 로 爨 : 불땔 찬
燠 : 풀베어불놓을 희 藟 : 덩쿨풀 류 施 : 뻗칠 이 枚 : 가지 매

흥(興)이다. '막막(莫莫)'은 무성한 모양이다. '회(回)'는 간사함이다.

旱麓六章이니 章四句라
　〈한록(旱麓)〉은 6장이니, 장마다 4구이다.

【毛序】 旱麓은 受祖也라 周之先祖 世修后稷、公劉之業하여 大王、王季申以百福干祿焉하니라
　〈한록〉은 선조(先祖)의 공업(功業)을 이어받았음을 읊은 시(詩)이다. 주나라의 선조가 대대로 후직(后稷)과 공류(公劉)의 업(業)을 닦아 태왕(太王)과 왕계(王季)가 백복(百福)을 받음과 녹(祿)을 구함을 거듭한 것이다.

【辨說】 序大誤요 其曰百福干祿者는 尤不成文理하니라
　〈서〉가 크게 잘못되었고 '백복간록(百福干祿)'이라고 말한 것은 더욱 문리(文理)를 이루지 못하였다.

6. 사재(思齊)

① 思齊[側皆反]大[音泰]任, 文王之母[莫後反], 思媚[美記反]周姜, 京室之婦[房九反]. 大[同上]姒嗣徽音, 則百斯男[叶尼心反].

思齊(재)大(太)任이	엄숙한 태임이
文王之母시니	문왕의 어머니이시니
思媚周姜[13]하사	주강(周姜)을 사랑하사
京室之婦러시니	경실의 며느리가 되시더니
大(太)姒嗣徽音하시니	태사가 그 명성을 이으시니

......
13 思媚周姜 : 《언해》에는 《집전》의 '實能媚于周姜'을 근거하여 '주강(周姜)께 미(媚)하사'로 되어 있어 '주강(周姜)에게 사랑을 받는다.'로 보았으나, 문리가 순하지 않으므로 '주강을 사랑하다'로 해석하였다. 아래의 미우천자(媚于天子), 미우서인(媚于庶人), 미자일인(媚兹一人)의 경우도 그러하다.

··· 媚 : 사랑할 미　徽 : 아름다울 휘

則百斯男_{이샷다}　　　　아들이 백 명이나 되시도다

賦也라 思는 語辭라 齊는 莊이요 媚는 愛也라 周姜은 大王之妃大(太)姜也라 京은 周也라 大姒는 文王之妃也라 徽는 美也라 百男은 擧成數而言其多也라

○ 此詩는 亦歌文王之德이니 而推本言之曰 此莊敬之太任은 乃文王之母시니 實能媚于周姜하여 而稱其爲周室之婦요 至於太姒하여는 又能繼其美德之音하여 而子孫衆多라하니라 上有聖母라 所以成之者遠이요 內有賢妃라 所以助之者深也니라

부(賦)이다. '사(思)'는 어조사이다. '재(齊)'는 장경(莊敬)함이요, '미(媚)'는 사랑함이다. '주강(周姜)'은 태왕(太王)의 비(妃)인 태강(太姜)이다. '경(京)'은 주(周)나라이다. '태사(太姒)'는 문왕의 비(妃)이다. '휘(徽)'는 아름다움이다. 백 명의 아들은 성수(成數)를 들어 그 많음을 말한 것이다.

○ 이 시(詩) 또한 문왕의 덕을 노래한 것이니, 근본을 미루어 말하기를 "이 장경(莊敬)한 태임은 바로 문왕의 어머니이시니, 실로 주강(周姜)을 사랑하여 주실(周室)의 며느리가 되기에 걸맞았고, 또 태사에 이르러는 그 아름다운 덕의 명성을 계승하여 자손이 매우 많다." 하였다. 위에 성모(聖母)가 계시므로 이 때문에 이룬 것이 원대하고, 안에 현비(賢妃)가 있으므로 이 때문에 내조(內助)한 것이 깊은 것이다.

② 惠于宗公, 神罔時怨, 神罔時恫〔音通〕. 刑于寡妻, 至于兄弟, 以御〔牙嫁反〕于家邦〔叶卜工反〕.

惠于宗公_{하사}　　　　종묘의 선공(先公)들에게 순히 하사
神罔時怨_{하며}　　　　신(神)이 이에 원망함이 없으며
神罔時恫(통)_은　　　 신이 이에 애통함이 없음은
刑于寡妻_{하사}　　　　과처(寡妻)에게 법이 되사
至于兄弟_{하사}　　　　형제에 이르러
以御(迓)于家邦_{이실새니라}　집과 나라를 다스리셨기 때문이니라

賦也라 惠는 順也라 宗公은 宗廟先公也라 恫은 痛也라 刑은 儀法也라 寡妻는 猶言寡小君也라 御는 迎也라

··· 恫 : 슬플 통　刑 : 본받을 형

○ 言文王順于先公하사 而鬼神歆之하여 無怨恫者는 其儀法이 內施於閨門하여 而至于兄弟하여 以御于家邦也일새라 孔子曰 家齊而後國治[14]라하시고 孟子曰 言擧斯心하여 加諸彼而已[15]라하시니라 張子曰 言接神人에 各得其道也니라

부(賦)이다. '혜(惠)'는 순함이다. '종공(宗公)'은 종묘(宗廟)의 선공(先公)이다. '통(恫)'은 애통함이다. '형(刑)'은 의법(儀法:의표와 법도)이다. '과처(寡妻)'는 과소군(寡小君)이라는 말과 같다. '아(御)'는 맞이하여 다스림이다.

○ 문왕이 선공(先公)에게 순하사 귀신이 흠향해서 원망함과 애통함이 없는 것은, 그 의법(儀法)이 안으로 규문(閨門)에 베풀어져 형제에 이르고 이것으로 집안과 나라를 다스렸기 때문이라고 말한 것이다. 공자께서 말씀하시기를 "집안이 가지런한 뒤에야 나라가 다스려진다." 하셨고, 맹자가 말씀하시기를 "이 마음을 들어 저기에 가할 뿐임을 말한 것이다." 하셨다.

장자(張子)가 말씀하였다. "신(神)과 사람을 접함에 각각 그 도리를 얻음을 말한 것이다."

③ 雝雝[於容反]在宮, 肅肅在廟[마音貌]. 不顯亦臨, 無射[音亦]亦保[마音鮑].

雝(옹)雝在宮하시며	온화하게 궁중(宮中)에 계시며
肅肅在廟하시며	엄숙히 사당에 계시며
不顯亦臨하시며	드러나지 않은 곳에서도 임한 듯이 하시며
無射(역)亦保[16]하시니라	싫어함이 없을 때에도 또한 보전하시니라

賦也라 雝雝은 和之至也요 肅肅은 敬之至也라 不顯은 幽隱之處也라 射은 與斁同

------

14 孔子曰 家齊而後國治:이 내용은 《대학장구》 경(經) 1장에 보이는 바, 정자(程子)와 주자(朱子)는 《대학》의 경 1장을 공자의 말씀을 증자(曾子)가 기술한 것으로 보았으므로 이것을 공자의 말씀이라 한 것이다.

15 孟子曰 言擧斯心 加諸彼而已:이 내용은 《맹자》 〈양혜왕 상(梁惠王上)〉에 보이는 바, 집안에서의 효(孝)·제(悌)의 행실을 나라에 베풀면 나라가 다스려짐을 말한 것이다.

16 無射亦保:역(射)은 염권(厭倦), 즉 싫증이 나고 게을러지는 것으로, 성현은 염권을 느낄 때에 더욱 마음을 가다듬어 용공(用功)하기 때문에 마음을 보전하기가 쉬우며, 싫증이 나지 않을 때에 마음을 보전하기가 도리어 어렵다 한다.

••• 歆 : 흠향할 흠 雝 : 화락할 옹 射 : 싫을 역 斁 : 싫을 역

하니 厭也라 保는 守也라

○ 言文王在閨門之內면 則極其和하시고 在宗廟之中이면 則極其敬하시며 雖居幽隱이나 亦常若有臨之者하시고 雖無厭射이나 亦常有所守焉하시니 其純亦不已 蓋如是하시니라

부(賦)이다. '옹옹(雝雝)'은 화(和)함이 지극한 것이요, '숙숙(肅肅)'은 공경함이 지극한 것이다. '불현(不顯)'은 그윽하고 숨겨진 곳이다. '역(射)'은 역(斁)과 같으니, 싫어함이다. '보(保)'는 지킴이다.

○ 문왕이 규문의 안에 계시면 그 화(和)함을 지극히 하시고, 종묘의 가운데에 계시면 그 공경을 지극히 하셨으며, 비록 그윽하고 숨겨진 곳에 거처할지라도 또 항상 상제가 임(臨)함이 있는 듯이 하시고, 비록 싫어함이 없을 때라도 항상 지키는 바가 있으셨으니, 그 순수함이 또한 그치지 않음이 이와 같으셨다.

④ 肆戎疾不殄, 烈假〔古雅反〕不暇. 不聞亦式, 不諫亦入〔此與下章用韻未詳〕.

肆戎疾不殄하시나	이러므로 큰 난을 끊지 못하셨으나
烈假不暇(瑕)하시며	빛나고 위대하여 하자가 없으셨으며
不聞亦式하시며	미리 듣지 않아도 법도에 맞으시며
不諫亦入하시나라	간(諫)하지 않아도 선(善)에 드시나라

賦也라 肆는 故今也라 戎은 大也요 疾은 猶難也니 大難은 如羑(유)里之囚와 及昆(混)夷、玁狁(험윤)之屬也라 殄은 絶이요 烈은 光이요 假는 大요 瑕는 過也라 此兩句는 與不殄厥慍, 不隕厥問(聞)으로 相表裏하니라 聞은 前聞也라 式은 法也라

○ 承上章하여 言文王之德如此라 故로 其大難을 雖不殄絶이나 而光大亦無玷缺하며 雖事之無所前聞者라도 而亦無不合於法度하고 雖無諫諍之者라도 而亦未嘗不入於善하시니 傳所謂性與天合이 是也니라

부(賦)이다. '사(肆)'는 '그러므로 이제'이다. '융(戎)'은 큼이요, '질(疾)'은 난(難)과 같으니, 대난(大難)은 〈문왕이〉 유리(羑里)에 갇힘과 곤이(昆夷)와 험윤(玁狁)의 침공을 당한 것과 같은 것이다. '진(殄)'은 끊음이요, '열(烈)'은 광(光)이요, '가(假)'는 큼이요, '하(瑕)'는 허물(하자, 결함)이다. 이 두 글귀는 《〈면(緜)〉편의》'그 성냄을 끊지 못하셨으나 그 명성을 실추시키지 않았다.'는 것과 서로 표리(表裏)가 된

··· 戎:클 융 殄:다할 진 假:클 가 瑕:흠 하 羑:권할 유 玁:오랑캐 험 狁:오랑캐 윤 玷:옥티 점
諍:간할 쟁

다. '문(聞)'은 미리 들음이다. '식(式)'은 법(法)이다.

○ 상장(上章)을 이어 말하기를 "문왕의 덕이 이와 같았다. 그러므로 그 대난(大難)을 비록 끊지는 못하셨으나 광대(光大)하여 또한 결함이 없으셨으며, 비록 미리 들은 바가 없는 일이라도 법도에 합하지 않음이 없었고, 비록 간쟁(諫諍)하는 자가 없더라도 일찍이 선(善)에 들지 않음이 없으셨다." 하였으니, 《모전(毛傳)》에 이른바 "성(性)이 천도(天道)와 더불어 합치한다."는 것이 이것이다.

⑤ 肆成人有德, 小子有造. 古之人無斁[音亦], 譽髦斯士.

肆成人有德하며	이러므로 성인들은 덕이 있으며
小子有造하니	소자들은 일함이 있으니
古之人無斁이라	옛사람이 싫어함이 없는지라
譽髦斯士샷다	선비들을 칭찬하여 준걸스럽게 하셨도다

賦也라 冠以上을 爲成人이라 小子는 童子也라 造는 爲也라 古之人은 指文王也라 譽는 名이요 髦는 俊也라

○ 承上章하여 言文王之德見(현)於事者如此라 故로 一時人材 皆得其所成就하니 蓋由其德純而不已라 故로 令此士皆有譽於天下하여 而成其俊乂之美也니라

부(賦)이다. 관례(冠禮) 이상을 성인(成人)이라 한다. '소자'는 동자이다. '조(造)'는 함이다. '옛사람[古之人]'은 문왕을 가리킨다. '예(譽)'는 명예요, '모(髦)'는 준걸스러움이다.

○ 상장(上章)을 이어 말하기를 "문왕의 덕이 일에 나타남이 이와 같았다. 그러므로 일시(一時)의 인재가 모두 성취하는 바를 얻었으니, 이는 덕이 순수하여 그치지 않았기 때문에 이 선비들로 하여금 모두 천하에 명예를 소유하여 그 준예(俊乂)의 아름다움을 이루게 하였다." 한 것이다.

思齊五章이니 二章은 章六句요 三章은 章四句라

〈사재(思齊)〉는 5장이니, 두 장은 장마다 6구이고 세 장은 장마다 4구이다.

【毛序】 思齊는 文王所以聖也니라

〈사재〉는 문왕이 성인이 된 소이(所以)를 읊은 시(詩)이다.

【鄭註】 言非但天性이요 德有所由成이니라

다만 천성(天性) 뿐이 아니요, 덕(德)이 말미암아 이루어진 바가 있음을 말한 것이다.

7. 황의(皇矣)

① 皇矣上帝, 臨下有赫〔叶黑各反〕. 監觀四方, 求民之莫. 維此二國, 其政不獲〔叶胡郭反〕. 維彼四國, 爰究爰度〔待洛反〕. 上帝耆之, 憎其式廓. 乃眷西顧, 此維與宅〔叶達各反〕.

皇矣上帝	위대하신 상제가
臨下有赫하사	아래를 굽어봄이 밝으사
監觀四方하사	사방을 관찰하시어
求民之莫이시니	백성의 안정을 구하시니
維此二國이	하(夏)와 상(商) 이 두 나라가
其政不獲일새	그 정사가 도리에 맞지 않기에
維彼四國에	저 사방 나라에서
爰究爰度(탁)하시니	이에 찾고 이에 헤아리시니
上帝耆之인댄(는)	상제가 이루고자 하시면
憎(增)其式廓이라	국경의 규모를 증대(增大)시키시므로
乃眷西顧하사	이에 권연(眷然)히 서쪽 땅을 돌아보사
此維與宅하시니라	이곳을 주시어 거처하게 하시니라

賦也라 皇은 大요 臨은 視也라 赫은 威明也라 監亦視也라 莫은 定也라 二國은 夏、商也라 不獲은 謂失其道也라 四國은 四方之國也라 究는 尋이요 度은 謀也라 耆憎式廓은 未詳其義라 或曰 耆는 致也요 憎은 當作增이요 式廓은 猶言規模也라하니라 此는 謂岐周之地也라

○ 此詩는 敍大王、大(太)伯、王季之德하여 以及文王伐密伐崇之事也라 此其

··· 莫 : 정할 막　耆 : 이룰 기　廓 : 외성 곽　眷 : 돌아볼 권　尋 : 찾을 심

首章이니 先言天之臨下甚明하여 但求民之安定而已라 彼夏、商之政이 旣不得矣라 故로 求於四方之國하시니 苟上帝之所欲致者인댄 則增大其疆境之規模라 於是에 乃眷然顧視西土하사 以此岐周之地로 與大王하여 爲居宅也니라

부(賦)이다. '황(皇)'은 큼이요, '림(臨)'은 굽어봄이다. '혁(赫)'은 위엄이 있고 밝은 것이다. '감(監)' 또한 봄이다. '막(莫)'은 정(定)함이다. '이국(二國)'은 하(夏)와 상(商)이다. '불획(不獲)'은 그 도(道)를 잃음을 이른다. '사국(四國)'은 사방의 나라이다. '구(究)'는 찾음이요, '탁(度)'은 도모함이다. '기증식곽(耆憎式廓)'은 그 뜻이 상세하지 않다. 혹자는 말하기를 "기(耆)는 이룸이요, 증(憎)은 마땅히 증(增)이 되어야 하며, 식곽(式廓)은 규모(規模)라는 말과 같다."고 한다. '차(此)'는 기주(岐周)의 땅을 이른다.

○ 이 시(詩)는 태왕(太王)·태백(太伯)·왕계(王季)의 덕(德)을 서술하여 문왕이 밀(密)나라를 정벌하고 숭(崇)나라를 정벌한 일에 미친 것이다. 이는 그 수장(首章)이니, 먼저 "하늘이 아래를 굽어보심이 심히 밝아서 다만 백성의 안정을 구할 뿐이다. 저 하(夏)·상(商)의 정사가 이미 도리를 얻지 못하였기 때문에 사방의 나라에서 〈안정시킬 이를〉 구하였으니, 만일 상제가 이루고자 하는 바이면 그 강경(疆境:강토)의 규모를 증대시키신다. 이에 권연(眷然)히 서쪽 땅을 돌아보사, 이 기주(岐周)의 땅을 태왕에게 주시어 거주할 집으로 삼게 했다."고 말한 것이다.

② 作之屛[必領反]之, 其菑[莊持反]其翳[一計反]. 修之平之, 其灌其栵[音例]. 啓之辟[婢亦反]之, 其檉[丑貞反]其椐[羌居反 叶紀庶反]. 攘之剔[它歷反]之, 其檿[烏劍反]其柘[章夜反 叶都故反]. 帝遷明德, 串[古患反]夷載路. 天立厥配, 受命旣固.

作之屛之하니	뽑아 버리고 제거하니
其菑(치)其翳(예)며	서서 죽은 나무와 말라 죽은 나무며
修之平之하니	닦고 평평히 하니
其灌其栵(례)며	관목(灌木)과 늘어진 가지며
啓之辟之하니	개간하고 제거하니
其檉(정)其椐(거)며	능수버들과 가물태나무며
攘之剔(척)之하니	제거하고 베어버리니

··· 屛 : 물리칠 병 菑 : 마른나무 치 翳 : 마른나무 예 栵 : 늘어설 례 辟 : 열 벽 檉 : 능수버들 정
柜 : 가물태나무 거 攘 : 물리칠 양, 제거할 양 剔 : 벨 척

其檿(염)其柘(자)로다　　　산뽕나무와 꾸지뽕나무로다
帝遷明德이라　　　　　상제가 명덕의 군주를 옮긴지라
串(관)夷載路어늘　　　　곤이(混夷)가 길 가득히 도망가거늘
天立厥配하시니　　　　하늘이 그 배필을 세우시니
受命旣固샸다　　　　　천명(天命)을 받음이 견고하시도다

賦也라 作은 拔起也요 屛은 去之也라 菑는 木立死者也요 翳는 自斃者也라 或曰 小木蒙密蔽翳者也라하니라 修, 平은 皆治之하여 使疏密正直得宜也라 灌은 叢生者也요 栵는 行(항)生者也라 啓, 辟은 芟(삼)除也라 檉은 河柳也니 似楊이요 赤色이며 生河邊이라 椐는 樻(궤)也니 腫節이 似扶老하여 可爲杖者也라 攘, 剔은 謂穿剔去其繁冗하여 使成長也라 檿은 山桑也니 與柘皆美材라 可爲弓榦이요 又可蠶也라 明德은 謂明德之君이니 卽大(太)王也라 串夷載路는 未詳이라 或曰 串夷는 卽混夷요 載路는 謂滿路而去니 所謂混夷駾(태)矣者也라하니라 配는 賢妃也니 謂大(太)姜이라

　부(賦)이다. '작(作)'은 뽑아 올라감이요, '병(屛)'은 제거함이다. '치(菑)'는 나무가 서서 말라 죽은 것이요, '예(翳)'는 저절로 죽은 것이다. 혹자는 작은 나무가 〈큰 나무에〉 빽빽이 덮여서 가리워진 것이라 한다. '수(修)'와 '평(平)'은 이것들을 모두 다스려서 성김과 빽빽함, 바름과 곧음이 마땅함을 얻게 하는 것이다. '관(灌)'은 총생(叢生)하는 것이요, '례(栵)'는 길가에 난 것이다. '계(啓)'와 '벽(辟)'은 베어 제거함이다. '정(檉)'은 물가의 버들이니, 양(楊)과 비슷하고 적색(赤色)이며 물가에 잘 자란다. '거(椐)'는 가물태나무이니, 마디가 튀어나와서 부로(扶老:대나무의 한 종류)와 비슷한데 지팡이를 만들 수 있다. '양(攘)'과 '척(剔)'은 잡목을 뚫고 베어내어 그 번잡함을 제거해서 성장(成長)하게 함을 이른다. '염(檿)'은 산뽕나무이니, 꾸지뽕나무〔柘〕와 함께 모두 아름다운 재목이어서 활의 몸통을 만들 수 있고, 또 누에를 먹일 수 있다.

　'명덕(明德)'은 덕(德)을 밝히는 군주를 이르니, 바로 태왕(太王)이다. '관이재로(串夷載路)'는 미상이다. 혹자는 말하기를 "관이(串夷)는 바로 곤이(昆夷)요, 재로(載路)는 길에 가득히 도망가는 것을 이르니, 위 〈면(緜)〉편에 이른바 곤이가 도망했다는 것이다."라고 한다. '배(配)'는 어진 배필이니, 태강(太姜)을 이른다.

···　檿 : 산뽕나무 염　柘 : 꾸지뽕나무 자　串 : 익힐 관　斃 : 죽을 폐　芟 : 벨 삼　樻 : 가물태나무 궤　腫 : 부르틀 종
冗 : 잡될 용　駾 : 말달릴 태

○ 此章은 言大王遷於岐周之事라 蓋岐周之地는 本皆山林險阻하여 無人之境이요 而近於昆夷어늘 大王居之에 人物漸盛하니 然後에 漸次開闢如此라 乃上帝遷此明德之君하여 使居其地하여 而昆夷遠遁하고 天又爲之立賢妃以助之라 是以로 受命堅固하여 而卒成王業也라

○ 이 장(章)은 태왕이 기주(岐周)로 천도(遷都)한 일을 말한 것이다. 기주의 땅은 본래 모두 산림이 막혀 있어서 무인지경(無人之境)이었고 곤이(昆夷)와 가까웠는데, 태왕이 거주하자 사람과 물건이 점점 성(盛)해지니, 그런 뒤에 점차 이와 같이 개벽(開闢:개척)한 것이다. 이에 상제가 이 명덕(明德)의 군주를 옮겨서 이 땅에 거주하게 하여 곤이가 멀리 도망갔고, 하늘이 또 그를 위하여 어진 후비(后妃)를 세워 돕게 하였다. 이 때문에 천명을 받음이 견고하여 마침내 왕업(王業)을 이룬 것이다.

③ 帝省〔息井反〕其山, 柞棫斯拔〔蒲貝反〕, 松柏斯兌〔徒外反〕. 帝作邦作對, 自大〔音泰〕伯王季. 維此王季 因心則友〔叶羽己反〕. 則友其兄〔叶虛王反〕, 則篤其慶〔叶祛羊反〕. 載錫之光, 受祿無喪〔息浪反 叶平聲〕, 奄有四方.

帝省其山하시니	상제(上帝)가 그 산(山)을 살펴보시니
柞棫斯拔(패)하며	갈참나무와 떡갈나무가 위로 뻗어 올라가며
松柏斯兌어늘	소나무와 측백나무 사이에 길이 통하거늘
帝作邦作對하시니	상제가 나라를 만들고 담당할 자를 세우시니
自大(太)伯王季샷다	태백과 왕계로부터 하셨도다
維此王季	이 왕계가
因心則友하사	마음 속으로부터 우애하사
則友其兄하사	그 형과 우애하여
則篤其慶하사	그 복경(福慶)을 돈독히 하사
載錫之光하시니	영광을 형(兄)에게 주시니
受祿無喪하여	복록을 받아 상실함이 없어
奄有四方이샷다	곧 사방을 소유하셨도다

賦也라 拔, 兌는 見緜篇하니 此亦言其山林之間道路通也라 對는 猶當也니 作對는

⋯ 柞 : 갈참나무 작 棫 : 떡갈나무 역 兌 : 통할 태 友 : 우애할 우 奄 : 문득 엄

言擇其可當此國者하여 以君之也라 大伯은 大王之長子요 王季는 大王之少子也
라 因心은 非勉强也라 善兄弟曰友라 兄은 謂大伯也라 篤은 厚요 載는 則也라 奄字
之義는 在忽、逐之間하니라

　부(賦)이다. '패(拔)'와 '태(兌)'는 위 〈면(緜)〉편에 보이니, 이 또한 산림의 사이
에 도로가 개통됨을 말한 것이다. 대(對)는 당(當)과 같으니, '작대(作對)'는 이 나
라를 담당할 만한 자를 가려 군주 노릇하게 함을 말한 것이다. 태백(太伯)은 태왕
의 장자(長子)요, 왕계(王季)는 태왕의 소자(少子:작은 아들)이다. '인심(因心)'은 억지
로 힘쓴 것이 아니다. 형제간에 잘하는 것을 '우(友)'라고 한다. 형은 태백을 이른
다. '독(篤)'은 후(厚)함이요, '재(載)'는 즉(則:곧)이다. 엄(奄) 자의 뜻은 홀(忽:갑자기)
과 수(逐:마침내)의 중간에 있다.

○ 言帝省其山하사 而見其木拔(패)道通하니 則知民之歸之者益衆矣라 於是에 旣
作之邦하고 又與之賢君하여 以嗣其業하시니 蓋自其初生大伯、王季之時而已定
矣라 於是에 大伯이 見王季生文王하고 又知天命之有在라 故로 適吳不反이러니 大
王沒而國傳於王季하여 及文王而周道大興也라 然이나 以大伯而避王季면 則王季
疑於不友라 故로 又特言王季所以友其兄者 乃因其心之自然이요 而無待於勉强
이라 旣受大伯之讓하여는 則益修其德하여 以厚周家之慶하사 而與其兄以讓德之
光하시니 猶日彰其知人之明이요 不爲徒讓耳라 其德如是라 故로 能受天祿而不失
하여 至于文、武하여 而奄有四方也니라

　○ 상제가 그 산을 살펴보사 나무가 위로 뻗어 올라가 〈그 밑으로〉 길이 개통
됨을 보았으니, 그렇다면 백성들이 귀의하는 자가 더욱 많아짐을 알 수 있다. 이
에 이미 나라를 만들고 또 어진 군주(왕계)를 주어서 그 기업(基業)을 계승하게 하
셨으니, 이는 처음 태백과 왕계를 낳을 때로부터 이미 정해진 것이다. 이때에 태
백은 왕계가 문왕을 낳으신 것을 보고는 또 천명이 여기(문왕)에 있음을 알았다.
그러므로 오(吳)나라로 가서 돌아오지 않았는데, 태왕이 죽음에 나라가 왕계에게
전해져서 문왕에 미쳐 주(周)나라의 도(道)가 크게 일어난 것이다. 그러나 장자(長
子)인 태백으로서 소자(少子)인 왕계를 피했으면 왕계가 그 형과 우애하지 않았는
가 의심받을 수 있다. 그러므로 또 특별히 왕계가 그 형에게 우애한 것은 그 마음
의 자연스러움에서 우러나온 것이요, 면강(勉强)을 기다린 것이 아님을 말하였다.
　왕계가 이미 태백의 사양을 받고서는 더욱 그 덕(德)을 닦아 주가(周家)의 복경

… 沒:죽을 몰 彰:드러낼 창

58

詩經集傳 下

(福慶)을 두터이 하사 그 형에게 사양한 겸덕(謙德)의 영광을 주셨으니, "그 사람을 알아본 밝은 지혜를 드러낸 것이요, 한갓 사양함이 될 뿐이 아니다."라고 말한 것과 같다. 그 덕이 이와 같았기 때문에 능히 천록(天祿)을 받아 잃지 않아서 문왕·무왕에 이르러 곧 사방을 소유하게 된 것이다.

④ 維此王季, 帝度〔待洛反〕其心, 貊〔武伯反〕其德音. 其德克明, 克明克類, 克長〔丁丈反〕克君. 王〔如字 或于況反〕此大邦, 克順克比〔必里反〕. 比〔毗至反〕于文王, 其德靡悔〔叶虎洧反〕. 旣受帝祉〔音恥〕, 施〔以豉反〕于孫子〔叶獎里反〕.

維此王季를	이 왕계(王季)를
帝度(탁)其心하시고	상제께서 그의 마음이 의리에 맞게 하시고
貊(莫)其德音하시니	그 덕음을 청정(淸靜)하게 하시니
其德克明이샷다	그 덕(德)이 능히 밝으셨다
克明克類하시며	시비를 살피고 선악을 분류하시며
克長克君하시며	어른 노릇 하시고 군주 노릇 하시며
王此大邦하사	이 대국(大國)에 왕 노릇 하사
克順克比러시니	능히 순하고 친하시더니
比于文王하사	문왕에 이르러
其德靡悔하시니	그 덕에 여한이 없으시니
旣受帝祉하사	이미 상제의 복을 받아
施(이)于孫子샷다	자손에게 뻗치셨도다

賦也라 度은 能度物制義也라 貊은 春秋傳、樂記에 皆作莫하니 謂其莫然淸靜也라 克明은 能察是非也요 克類는 能分善惡也라 克長은 敎誨不倦也요 克君은 賞慶刑威也니 言其賞不僭故로 人以爲慶하고 刑不濫故로 人以爲威也라 順은 慈和徧服也요 比는 上下相親也라 比于는 至于也라 悔는 遺恨也라
○ 言上帝制王季之心하여 使有尺寸하여 能度義하시고 又淸靜其德音하여 使無非間之言이라 是以로 王季之德이 能此六者하시고 至於文王하여는 而其德尤無遺恨이라 是以로 旣受上帝之福하여 而延及于子孫也니라
　　부(賦)이다. '탁(度)'은 사물을 헤아려 의(義)에 맞게 하는 것이다. '맥(貊)'은 《춘

... 貊 : 조용할 맥 比 : 친할 비, 이를 비 祉 : 복 지 施 : 뻗칠 이 僭 : 참란할 참

추좌씨전》소공(昭公) 28년과 《예기》〈악기(樂記)〉에 모두 막(莫)으로 되어 있으니, 막연(莫然)히 청정(淸靜)함을 이른다. '극명(克明)'은 능히 시비를 살피는 것이요, '극류(克類)'는 능히 선악을 분별하는 것이다. '극장(克長)'은 가르치기를 게을리 하지 않음이요, '극군(克君)'은 상(賞)을 주어 경하하고 형벌을 내려 두렵게 하는 것이니, 상(賞)이 문란하지 않기 때문에 사람들이 경사로 여기고, 형(刑)이 남용되지 않기 때문에 사람들이 위엄으로 여김을 말한 것이다. '순(順)'은 인자(仁慈)하고 온화하여 두루 복종함이요, '비(比)'는 상하가 서로 친함이다. '비우(比于)'는 지우(至于:…에 이름)이다. '회(悔)'는 유한(여한)이다.

○ 상제가 왕계의 마음을 제재하여 척촌(尺寸:법도)을 두어서 능히 의(義)에 맞게 하셨고, 또 그 덕음(德音)을 청정(淸靜)히 하여 비난하는 말이 없게 하셨다. 이 때문에 왕계의 덕이 이 여섯 가지에 능하셨고, 문왕에 이르러는 그 덕이 더욱 유한(遺恨)이 없으셨다. 이 때문에 이미 상제의 복(福)을 받아 자손에게까지 뻗쳐 미침을 말한 것이다.

⑤ 帝謂文王, 無然畔援〔于願反〕, 無然歆羨〔餞面反〕, 誕先登于岸〔叶魚戰反〕. 密人不恭, 敢距大邦〔叶卜攻反〕, 侵阮〔魚宛反〕徂共〔音恭〕. 王赫斯怒〔叶暖五反〕, 爰整其旅, 以按〔音遏〕徂旅, 以篤于周祜〔侯五反〕, 以對于天下〔叶後五反〕.

帝謂文王하시되	상제께서 문왕에게 이르시기를
無然畔援하며	그렇게 이것(옳음)을 버리고 저것을 잡지 말며
無然歆羨(흠선)하여	그렇게 물욕을 흠모하고 부러워하지 말아
誕先登于岸이라하시다	먼저 도(道)의 경지에 오르라 하시니라
密人不恭이라	밀(密)나라 사람이 불공한지라
敢距大邦하여	감히 대방인 주나라를 항거해서
侵阮(완)徂共이어늘	완(阮)나라를 침공하려 공(共) 땅에 가거늘
王赫斯怒하사	왕께서 혁연(赫然)히 노여워하사
爰整其旅하사	이에 그 군대를 정돈하여
以按(遏)徂旅하사	침략하러 가는 무리들을 막아서
以篤于周祜(호)하사	주나라의 복(福)을 돈독히 하사
以對于天下하시니라	천하의 기대에 부응하시니라

··· 畔 : 배반할 반　援 : 당길 원　歆 : 부러워할 흠　羨 : 부러워할 선　誕 : 클 탄　岸 : 언덕 안　阮 : 나라이름 완(원)
按 : 막을 알

賦也라 帝謂文王은 設爲天命文王之詞니 如下所言也라 無然은 猶言不可如此也
라 畔(叛)은 離畔也요 援은 攀援也니 言舍此而取彼也라 歆은 欲之動也요 羨은 愛
慕也니 言肆情以徇物也라 岸은 道之極至處也라 密은 密須氏也니 姞姓之國이니
在今寧州하니라 阮은 國名이니 在今涇州하니라 徂는 往也라 共은 阮國之地名이니
今涇州之共池是也라 其旅는 周師也라 按은 遏也라 徂旅는 密師之往共者也라 祜
는 福이요 對는 答也라

○ 人心이 有所畔援하고 有所歆羨이면 則溺於人欲之流하여 而不能以自濟하나니
文王은 無是二者라 故로 獨能先知先覺하여 以造道之極至하시니 蓋天實命之요 而
非人力之所及也라 是以로 密人不恭하여 敢違其命하고 而擅興師旅以侵阮하여 而
往至于共이어늘 則赫怒整兵하여 而往遏其衆하사 以厚周家之福하여 而答天下之
心하시니 蓋亦因其可怒而怒之요 初未嘗有所畔援歆羨也라 此는 文王征伐之始
也니라

　　부(賦)이다. '상제가 문왕에게 일렀다'는 것은 하늘이 문왕에게 명하신 말로 가
설한 것이니, 아래에서 말한 바와 같다. '무연(無然)'은 이와 같이 해서는 안 된다
는 말과 같다. '반(畔)'은 이반(離畔)함이요, '원(援)'은 끌어당김이니, 이것(이반함)
을 버리고 저것(끌어당김)을 취함을 말한 것이다. '흠(歆)'은 욕망이 동함이요, '선
(羨)'은 사랑하고 사모함이니, 정(情)을 풀어놓아(욕망을 따라) 사물을 따름을 말한
것이다. '안(岸)'은 도(道)의 지극한 곳이다. '밀(密)'은 밀수씨(密須氏)로, 길성(姞姓)
의 나라이니, 지금의 영주(寧州)에 있었다. '완(阮)'은 국명(國名)이니, 지금의 경주
(涇州)에 있었다. '조(徂)'는 감이다. '공(共)'은 완(阮)나라의 지명이니, 지금 경주(涇
州)의 공지(共池)가 이곳이다. '기려(其旅)'는 주나라의 군대이다. '알(按)'은 막음이
다. '조려(徂旅)'는 공(共) 땅으로 가는 밀(密)나라의 군사이다. '호(祜)'는 복(福)이
요, '대(對)'는 답(부응)함이다.

　　○ 인심(人心)이 반원(畔援)하는 바가 있고 흠선(歆羨)하는 바가 있으면 인욕(人
欲)의 흐름에 빠져 스스로 구제하지 못하는데, 문왕은 이 두 가지가 없으셨다. 그
러므로 홀로 능히 먼저 알고 먼저 깨달아 도(道)의 지극한 경지에 나아가셨으니,
이는 하늘이 실로 명한 것이요 인력(人力)으로 미칠 수 있는 바가 아니다. 이 때문
에 밀(密)나라 사람이 불공하여 감히 그 명을 어기고는 멋대로 군대를 일으켜 완
(阮)나라를 침략하기 위해 가서 공(共) 땅에 이르거늘, 문왕이 혁연히 노하시어 군
대를 정돈하여 가서 그 무리를 막아 주나라의 복을 돈독히 하여 천하의 마음에 보

　　••• 攀:당길 반 姞:성 길 遏:막을 알

답하신 것이다. 이 또한 노여워할 만한 것으로 인하여 노여워한 것이요, 애당초 〈마음에〉 일찍이 반원하고 흠선한 바가 있었던 것이 아니었다. 이는 문왕이 정벌한 시초이다.

⑥ 依其在京〔叶居良反〕, 侵自阮疆, 陟我高岡. 無矢我陵, 我陵我阿. 無飲我泉, 我泉我池〔叶徒何反〕. 度〔待洛反〕其鮮〔息淺反〕原, 居岐之陽, 在渭之將. 萬邦之方, 下民之王.

依其在京이어시늘	문왕께서 편안히 서울에 계시거늘
侵自阮疆하여	주나라 군대가 완(阮)나라의 국경에서 밀(密)나라를 침략하여
陟我高岡하니	우리가 높은 언덕에 올라가니
無矢我陵이라	우리 구릉에 진치는 자가 없는지라
我陵我阿며	우리의 구릉이요 우리의 언덕이며
無飲我泉이라	우리 샘물을 마시는 자가 없는지라
我泉我池로다 (어늘)	우리의 샘물이요 우리의 못이로다
度(탁)其鮮原하사	그 좋은 언덕을 헤아려
居岐之陽하여	기산(岐山)의 남쪽에 거주하여
在渭之將하시니	위수(渭水)의 곁에 계시니
萬邦之方이며	만방이 향해 오는 바이며
下民之王이삿다	하민의 왕(王)이시도다

賦也라 依는 安貌라 京은 周京也라 矢는 陳이요 鮮은 善이요 將은 側이요 方은 鄕也라 ○ 言文王安然在周之京이어시늘 而所整之兵이 旣遏密人하고 遂從阮疆하여 而出以侵密하니 所陟之岡이 卽爲我岡하여 而人無敢陳兵於陵하고 飲水於泉하여 以拒我也라 於是에 相其高原而徙都焉하니 所謂程邑也라 其地는 於漢에 爲扶風安陵하니 今在京兆府咸陽縣하니라

부(賦)이다. '의(依)'는 편안한 모양이다. '경(京)'은 주나라의 호경(鎬京)이다. '시(矢)'는 진을 침이요, '선(鮮)'은 좋음이요, '장(將)'은 곁이요, '방(方)'은 향함이다.
○ 문왕이 편안히 주나라의 서울에 계시는데, 정돈한 바의 군대가 이미 밀(密)

나라 군대를 저지하고 마침내 완(阮)나라의 국경에서 진격하여 밀나라를 침공하였다. 올라간 바의 높은 언덕이 곧바로 우리의 언덕이 되어서 사람들이 감히 구릉에 군대를 진치거나 샘물을 마셔 우리에게 항거하는 이가 없었다. 이에 그 높은 언덕을 살펴보아 도읍을 옮겼으니, 이른바 정읍(程邑)이란 곳이다. 그 땅은 한(漢)나라 때에는 부풍(扶風)의 안릉(安陵)이 되었으니, 지금의 경조부(京兆府) 함양현(咸陽縣)에 있었다.

⑦ 帝謂文王, 予懷明德, 不大聲以色, 不長〔丁丈反〕夏以革. 不識不知, 順帝之則. 帝謂文王, 詢爾仇方, 同爾兄弟, 以爾鉤援〔音爰〕, 與爾臨衝, 以伐崇墉.

帝謂文王하사되	상제께서 문왕에게 이르시기를
予懷明德의	나는 명덕의
不大聲以色하며	소리와 안색을 대단하게 여기지 않으며
不長夏以革[17]하고	잘난 체하고 변혁함을 훌륭하게 여기지 않고
不識不知하여	사사로운 지식을 쓰지 아니하여
順帝之則이라하시다	상제의 법칙을 따르는 자를 사랑한다 하셨다
帝謂文王하사되	상제께서 문왕에게 이르시기를
詢爾仇方하며	너의 원수 나라에게 물으며
同爾兄弟하여	너의 형제국과 함께하여
以爾鉤援과	너의 구원(鉤援)과
與爾臨衝으로	너의 임거(臨車)와 충거(衝車)로써
以伐崇墉하라하시다	숭(崇)나라의 성을 치라 하시도다

賦也라 子는 設爲上帝之自稱也라 懷는 眷念也라 明德은 文王之明德也라 以는 猶

•••••••
17 不長夏以革 : 주자의 《집전》에는 미상이라 하였고, 동래 여씨는 하(夏)를 치대(侈大: 잘난체함)로, 혁(革)을 변혁으로 보아 위와 같이 해석하였으나, 하(夏)는 하초(夏楚)로 회초리이고 혁(革)은 편(鞭: 채찍)으로 보아, 백성을 다스릴 때에 '회초리와 채찍으로 형벌함을 크게(제일로) 여기지 않는다.'는 해석이 더 타당할 듯하다. 하(夏)는 하(榎)와 통하는 바, 회초리이다.

••• 夏 : 클 하, 회초리 하 詢 : 물을 순 鉤 : 갈고리 구 墉 : 담 용 眷 : 돌아볼 권

與也라 夏, 革은 未詳이라 則은 法也라 仇方은 讐國也요 兄弟는 與國也라 鉤援은 鉤梯也니 所以鉤引上城이니 所謂雲梯者也라 臨은 臨車也니 在上臨下者也요 衝 은 衝車也니 從旁衝突者也니 皆攻城之具也라 崇은 國名이니 在今京兆府鄠(호)縣 하니라 墉은 城也라 史記에 崇侯虎譖西伯於紂한대 紂囚西伯於羑里어늘 西伯之臣 閎夭之徒가 求美女奇物善馬하여 以獻紂하니 紂乃赦西伯하고 賜之弓矢鈇鉞하여 得專征伐하고 曰 譖西伯者는 崇侯虎也라하니라 西伯歸三年에 伐崇侯虎而作豐 邑하니라

○ 言上帝眷念文王하사 而言其德之深微하여 不暴(폭)著其形迹하고 又能不作聰 明[18]하여 以循天理라 故로 又命之以伐崇也라 呂氏曰 此는 言文王德不形而功無 迹하여 與天同體而已니 雖興兵以伐崇이나 莫非順帝之則而非我也니라

부(賦)이다. '여(子)'는 상제의 자칭으로 가설한 것이다. '회(懷)'는 돌아보고 생 각함이다. '명덕'은 문왕의 밝은 덕이다. '이(以)'는 여(與:밎)와 같다. '하(夏)'와 '혁 (革)'은 뜻이 자세하지 않다. '칙(則)'은 법칙이다. '구방(仇方)'은 원수의 나라이고, '형제'는 여국(與國:동맹국)이다. '구원(鉤援)'은 구제(鉤梯)이니, 갈고리를 걸어 끌어 올려 성(城) 위로 올라가게 하는 것이니, 이른바 운제(雲梯)라는 것이다. '임(臨)'은 임거(臨車)이니 위에 있으면서 아래를 굽어보는 것이요, '충(衝)'은 충거(衝車)이니 곁에서 성(城)을 충돌하는 것이니, 모두 성(城)을 공격하는 기구이다.

'숭(崇)'은 국명이니, 지금 경조부(京兆府) 호현(鄠縣)에 있었다. '용(墉)'은 성(城) 이다. 《사기(史記)》〈주기(周紀)〉에 "숭후(崇侯) 호(虎)가 서백(西伯:문왕)을 주(紂)에 게 참소하자, 주가 서백을 유리(羑里)라는 곳의 옥(獄)에 가두었는데, 서백의 신하 인 굉요(閎夭)의 무리가 미녀와 기이한 물건과 좋은 마필을 구하여 주(紂)에게 바 치니, 주가 이에 서백을 사면하고 궁시(弓矢)와 부월(鈇鉞)을 주어 정벌을 전단(專 斷)할 수 있게 하고, 말하기를 '서백을 참소한 자는 숭후(崇侯) 호(虎)이다.' 하였다. 서백이 주나라로 돌아온 지 3년 만에 숭후 호를 정벌하고 그 곳에 풍읍(豐邑)을 만 들었다." 하였다.

○ 상제가 문왕을 돌아보고 생각하시어 말씀하시기를 "그 덕(德)이 깊고 은미 하여 형적(形迹)을 드러내지 않고, 또 능히 스스로 사사로운 총명을 쓰지 아니하

......
18 不作聰明 : 작(作)은 일으키다, 쓰다의 뜻인바, 자신의 사사로운 지혜나 총명을 쓰지 않음을 이 른다.

··· 梯 : 사다리 제 鄠 : 땅이름 호 閎 : 클 굉 鈇 : 도끼 부 鉞 : 도끼 월

여 천리(天理)를 따랐다. 그러므로 또 명하여 숭(崇)나라를 정벌하게 했다."고 한 것이다.

　여씨(呂氏)가 말하였다. "이는 문왕의 덕(德)이 드러나지 않고 공(功)이 자취가 없어서 하늘과 더불어 체(體)를 같이 할 뿐이니, 비록 군대를 일으켜 숭나라를 정벌했으나 모두가 상제의 법칙을 순히 따른 것이요 문왕 자신이 한 것이 아님을 말한 것이다."

⑧ 臨衝閑閑〔叶胡員反〕, 崇墉言言. 執訊〔音信〕連連, 攸馘〔古獲反〕安安〔叶於肩反〕. 是類是禡〔馬嫁反 叶滿補反〕, 是致是附〔叶上聲〕. 四方以無侮. 臨衝茀茀〔音弗 叶分聿反〕, 崇墉仡仡〔魚乞反〕. 是伐是肆, 是絕是忽〔叶虛屈反〕. 四方以無拂〔叶分聿反〕.

臨衝閑閑하니	임거와 충거가 느릿느릿 움직이니
崇墉言言이로다	숭나라 성(城)이 높고도 크도다
執訊連連하며	신문할 자를 잡기를 계속하며
攸馘(괵)安安이로다	귀를 베어 바치기를 천천히 하도다
是類是禡하여	이에 류(類)제사를 지내고 마(禡)제사를 지내어
是致是附하시니	이에 오게 하며 따르게 하시니
四方以無侮로다	사방에서 업신여기는 이가 없도다
臨衝茀(불)茀하니	임거와 충거가 강성하니
崇墉仡(흘)仡이로다	숭나라 성이 견고하도다
是伐是肆하며	이에 정벌하고 이에 군대를 풀어놓으며
是絕是忽하시니	이에 끊고 이에 멸망시키시니
四方以無拂이로다	사방에서 어기는 이가 없도다

賦也라 閑閑은 徐緩也요 言言은 高大也요 連連은 屬續狀이라 馘은 割耳也라 軍法에 獲者不服이면 則殺而獻其左耳라 安安은 不輕暴也라 類는 將出師에 祭上帝也

··· 馘 : 왼쪽귀베어바칠 괵　禡 : 진터제사 마　茀 : 성할 불　仡 : 날랠 흘　肆 : 풀어놓을 사　忽 : 다할 홀, 멸할 홀
拂 : 어길 불

요 禡는 至所征之地하여 而祭始造軍法者니 謂黃帝及蚩(치)尤也[19]라 致는 致其至也요 附는 使之來附也라 茀茀은 强盛貌요 仡仡은 堅壯貌라 肆는 縱兵也라 忽은 滅이요 拂은 戾也라 春秋傳曰 文王伐崇에 三旬不降(항)이어늘 退修敎而復伐之하신대 因壘而降이라하니라

부(賦)이다. '한한(閑閑)'은 느림이요, '언언(言言)'은 높고 큼이요, '연련(連連)'은 연속하는 모양이다. '괵(馘)'은 귀를 벰이다. 군법(軍法)에 사로잡힌 자가 항복하지 않으면 죽이고는 그 왼쪽 귀를 바친다. '안안(安安)'은 경솔하거나 포학하지 않음이다. '류(類)'는 장차 출군(出軍)하려 할 적에 상제에게 제사하는 것이요, '마(禡)'는 정벌할 지역에 이르러 처음 군법을 만든 자에게 제사하는 것이니, 황제(黃帝)와 치우(蚩尤)를 이른다. '치(致)'는 그가 오게 하는 것이요, '부(附)'는 그로 하여금 내부(來附)하게 하는 것이다. '불불(茀茀)'은 강성한 모양이요, '흘흘(仡仡)'은 견장(堅壯)한 모양이다. '사(肆)'는 군대를 풀어놓는 것이다. '홀(忽)'은 멸망함이요, '불(拂)'은 어김이다. 《춘추좌씨전》 희공(僖公) 19년에 "문왕이 숭(崇)나라를 정벌할 적에 30일이 되어도 항복하지 않자, 물러가 덕교(德敎)를 닦고 다시 정벌하시자, 옛 진터를 그대로 둔채 항복받았다." 하였다.

○ 言文王伐崇之初에 緩攻徐戰하여 告祀羣神하고 以致附來者하시니 而四方無不畏服이요 及終不服하여는 則縱兵以滅之하여 而四方無不順從也라 夫始攻之緩과 戰之徐也는 非力不足也요 非示之弱也라 將以致附而全之也며 及其終不下而肆之也는 則天誅를 不可以留요 而罪人을 不以不得故也니 此所謂文王之師也니라

○ 문왕이 숭나라를 정벌하시던 초기에 공격을 늦추고 싸움을 천천히 하고서 여러 신(神)에게 고유(告由)하고 제사하였으며, 오는 자들을 오게 하고 따르게 하시니, 사방에서 두려워 복종하지 않는 이가 없었으며, 끝내 복종하지 않음에 이르러는 군대를 풀어 놓아서 멸망시켜 사방에 순종하지 않는 이가 없었음을 말한 것이다. 처음에 공격을 늦춘 것과 싸움을 천천히 한 것은 힘이 부족해서가 아니고 약함을 보이려 해서가 아니라, 장차 오게 하고 따르게 해서 온전히 보전하고자 해서였으며, 끝내 항복하지 않음에 미쳐 군대를 풀어놓은 것은 하늘의 토벌을 멈출

......
19 禡至所征之地……謂黃帝及蚩尤也:이 내용은《사기(史記)》〈한고조본기(漢高祖本紀)〉에 보인다.

··· 蚩 : 어리석을 치 壘 : 진 루

수가 없고, 죄인(罪人)을 잡지 않을 수가 없기 때문이니, 이것이 이른바 문왕의 군대라는 것이다.

皇矣八章이니 章十二句라

　〈황의(皇矣)〉는 8장이니, 장마다 12구이다.

一章, 二章은 言天命大王이요 三章, 四章은 言天命王季요 五章, 六章은 言天命文王伐密이요 七章, 八章은 言天命文王伐崇하니라

　1장과 2장은 하늘이 태왕(太王)에게 명(命)함을 말하였고, 3장과 4장은 하늘이 왕계(王季)에게 명함을 말하였고, 5장과 6장은 하늘이 문왕에게 밀(密)나라를 정벌하도록 명함을 말하였고, 7장과 8장은 하늘이 문왕에게 숭(崇)나라를 정벌하도록 명함을 말하였다.

【毛序】　皇矣는 美周也라 天監代殷하니 莫若周요 周世世修德이 莫若文王이니라

　〈황의〉는 주(周)나라를 찬미한 시(詩)이다. 하늘이 은(殷)나라를 대신할 나라를 살펴보니 주나라 만한 나라가 없었고, 주나라에 대대로 덕을 닦은 분은 문왕만한 분이 없었다.

【鄭註】　監은 視也니 天視四方에 可以代殷王天下者는 維有周爾요 世世修行道德은 維有文王盛爾니라

　감(監)은 굽어봄이니, 하늘이 사방을 굽어봄에 은(殷)나라를 대신하여 천하에 왕 노릇할 만한 자는 오직 주(周)나라가 있을 뿐이었고, 대대로 도덕(道德)을 닦고 행함은 오직 문왕의 성(盛)함이 있었던 것이다.

8. 령대(靈臺)

① 經始靈臺[叶田飴反], 經之營之. 庶民攻之, 不日成之. 經始勿亟[居力反], 庶民子來.

| 經始靈臺하여 | 령대를 헤아리고 시작해서 |
| 經之營之하시니 | 경영하고 위치를 표시하시니 |

庶民攻之라　　　　서민들이 일하는지라
不日成之로다　　　하루가 못 되어 완성하도다
經始勿亟(극)하시나　경영하여 시작함을 빨리하지 말라 하시나
庶民子來로다　　　서민들이 자식처럼 오도다

賦也라 經은 度(탁)也라 靈臺는 文王所作이니 謂之靈者는 言其倏(숙)然而成하여 如神靈之所爲也라 營은 表요 攻은 作也라 不日은 不終日也라 亟은 急也라
○ 國之有臺는 所以望氛祲(분침)하여 察災祥하고 時觀游하여 節勞佚也라 文王之 臺를 方其經度營表之際하여 而庶民已來作之하니 所以不終日而成也라 雖文王 心恐煩民하여 戒令勿亟하시나 而民心樂之하여 如子趣(추)父事하여 不召自來也라 孟子曰 文王以民力爲臺爲沼하시나 而民歡樂之하여 謂其臺曰靈臺라하고 謂其沼 曰靈沼[20]라하시니 此之謂也니라

부(賦)이다. '경(經)'은 헤아림이다. '령대(靈臺)'는 문왕이 지은 것이니, 령(靈) 이라고 말한 것은 별안간 이루어져서 신령이 만든 것과 같음을 말한 것이다. '영 (營)'은 〈위치를〉 표시함이요, '공(攻)'은 일함이다. '불일(不日)'은 종일(終日)이 못 된(하루를 끝마치지 않은) 것이다. '극(亟)'은 급함이다.

○ 나라에 대(臺)를 둠은 상서로운 기운과 나쁜 기운을 관망하여 재앙과 상서 를 살피고, 때로 구경하고 놀아 수고로움과 편안함을 조절하기 위해서이다. 문왕 의 대(臺)를 막 경탁(經度)하고 영표(營表)하는 즈음에 서민들이 이미 와서 일하니, 이 때문에 하루가 못되어 완성된 것이다. 비록 문왕은 마음에 백성들을 번거롭게 할까 염려해서 급히 하지 말라고 경계하셨으나, 백성들이 마음에 이것을 즐거워 하여 자식이 아버지의 일에 달려오듯이 하여 부르지 않아도 스스로 온 것이다. 맹 자(孟子)가 말씀하시기를 "문왕이 백성의 힘을 써서 대(臺)를 만들고 소(沼)를 만드 셨으나 백성들이 이것을 기뻐하고 즐거워하여 그 대(臺)를 일러 령대(靈臺)라 하 고, 그 소(沼)를 일러 령소(靈沼)라 하였다." 하셨으니, 이것을 말한 것이다.

② 王在靈囿[叶音郁], 麀[音憂]鹿攸伏, 麀鹿濯濯[直角反], 白鳥翯翯[戶角

• • • • • •
20 孟子曰……謂其沼曰靈沼 : 이 내용은 《맹자》 〈양혜왕 상(梁惠王上)〉에 보인다.

••• 亟 : 빠를 극　氛 : 재앙 분　祲 : 상서 침　佚 : 편안할 일

反〕. 王在靈沼〔叶音灼〕, 於〔音鳥〕牣〔音刃〕魚躍.

王在靈囿하시니	왕이 령유에 계시니
麀(우)鹿攸伏이로다	암사슴과 사슴이 그 자리에 엎드려 있도다
麀鹿濯濯이어늘	암사슴과 사슴은 살찌고 윤택하거늘
白鳥翯(학)翯이로다	백조는 깨끗하고도 희도다
王在靈沼하시니	왕이 령소에 계시니
於牣(오인)魚躍이로다	아, 물고기들이 가득히 뛰놀도다

賦也라 靈囿는 臺之下有囿하니 所以域養禽獸也라 麀는 牝鹿也라 伏은 言安其所處하여 不驚擾也라 濯濯은 肥澤貌요 翯翯은 潔白貌라 靈沼는 囿之中有沼也라 牣은 滿也니 魚滿而躍은 言多而得其所也라

부(賦)이다. 령유(靈囿)는 령대(靈臺) 아래에 유(囿)가 있으니, 구역을 정하여 금수(禽獸)를 기르는 곳이다. '우(麀)'는 암사슴이다. '복(伏)'은 그 머무는 바에 편안히 있어서 놀라거나 소요하지 않는 것이다. '탁탁(濯濯)'은 살찌고 윤택한 모양이요, '학학(翯翯)'은 깨끗하고 흰 모양이다. '령소'는 령유 안에 있는 것이다. '인(牣)'은 가득함이니, '물고기가 가득히 뛴다'는 것은 많으면서도 그 살 곳을 얻었음을 말한 것이다.

③ 虡〔音巨〕業維樅〔七凶反〕, 賁〔扶云反〕鼓維鏞〔音庸〕. 於論〔盧門反〕鼓鍾, 於樂〔音洛〕辟〔音璧〕廱.

虡(거)業維樅(종)이요	종틀 설주에 업(業)과 종(樅)이 있고
賁(분)鼓維鏞이로소니	큰 북과 큰 종이 있으니
於論(오륜)鼓鍾이여	아, 질서정연하게 종을 침이여
於樂辟廱(오락벽옹)이로다	아, 즐거운 벽옹(辟廱)에서 하도다

賦也라 虡는 植(치)木以懸鍾磬이니 其橫者曰栒(순)이요 業은 栒上大版이니 刻之捷

... 麀 : 암사슴 우 濯 : 살찔 탁 翯 : 함치르르할 학 牣 : 가득할 인 虡 : 종틀설주 거 業 : 종다는널판 업
樅 : 들쭉날쭉할 종, 칠 종 賁 : 클 분 鏞 : 종용, 쇠북 용 廱 : 화할 옹

業하여 如鋸齒者也라 樅은 業上懸鍾磬處니 以綵色爲崇牙[21]하여 其狀樅樅然者也라 賁은 大鼓也니 長八尺이요 鼓四尺이며 中圍加三之一이라 鏞은 大鍾也라 論은 倫也니 言得其倫理也라 辟은 璧通이요 廱은 澤也라 辟廱은 天子之學이니 大射行禮之處也니 水旋丘如璧[22]하여 以節觀者라 故로 曰辟雍이라하니라

부(賦)이다. '거(虡)'는 나무를 세워 종(鍾)과 경쇠[磬]를 매다는 틀이니, 가로 댄 나무를 순(栒)이라 하며, '업(業)'은 순(栒) 위에 있는 큰 판자이니, 판자에 조각하기를 서로 어긋나게[捷] 하여 톱니와 같게 한 것이다. '종(樅)'은 업(業) 위에 종(鍾)과 경쇠를 매다는 곳이니, 채색으로 숭아(崇牙)를 만들어서 그 모양이 종종(樅樅:들쭉날쭉)한 것이다. '분(賁)'은 큰 북이니, 길이가 8척(尺)이고 북의 면(面)은 4척(尺)이며, 중간 둘레는 〈북 면의 둘레보다〉 3분의 1이 더 크다. '용(鏞)'은 큰 종이다. '륜(論)'은 륜리(倫理:조리)이니, 그 질서를 얻음을 말한 것이다. '벽(辟)'은 벽(璧)과 통하고, '옹(廱)'은 못이다. 벽옹(辟廱)은 천자의 학궁(學宮)으로, 대사례(大射禮)를 행하는 곳이니, 물이 언덕을 빙 돌아 벽옥(璧玉) 모양과 같아서 구경하는 자를 조절(제한)한다. 그러므로 벽옹이라 한 것이다.

④ 於論鼓鍾, 於樂辟廱. 鼉[徒何反]鼓逢逢[薄紅反], 矇[音蒙]瞍[音叟]奏公.

於論鼓鍾이여　　　　　아, 질서정연하게 종을 침이여
於樂辟廱이로다　　　　아, 즐거운 벽옹에서 하도다
鼉(타)鼓逢逢하니　　　악어 가죽으로 만든 북이 조화롭게 울리니
矇瞍(몽수)奏公이로다　악사(樂師)들이 일(음악)을 아뢰도다

賦也라 鼉는 似蜥蜴(석역)하니 長丈餘요 皮可冒鼓라 逢逢은 和也라 有眸子而無見曰矇이요 無眸子曰瞍라 古者에 樂師를 皆以瞽者爲之하니 以其善聽而審於音也라 公은 事也라 聞鼉鼓之聲하고 而知矇瞍方奏其事也라

‥‥‥
21　崇牙 : 숭아(崇牙)는 악기(樂器)의 꾸밈으로, 아래의 〈주송(周頌) 유고(有瞽)〉에 "업을 설치하고 거를 설치하니 숭아에 깃털을 꽂아 놓았다.〔設業設虡, 崇牙樹羽.〕"라고 보인다.
22　水旋丘如璧 : 벽(辟)은 벽(璧)과 통하는 바, 천자의 학궁(學宮)인 벽옹(辟廱)은 사방 주위에 물을 둘러놓아 벽옥의 모양과 같기 때문에 이름한 것이며, 제후의 학궁인 반궁(泮宮)은 동(東)·서(西)·남(南) 세 곳에만 물이 있어 모양이 반벽(半璧)과 같기 때문에 반궁(泮宮)이라 한다.

‥‥　逢 : 화할 봉　矇 : 소경 몽　瞍 : 소경 수　蜥 : 도마뱀 석　蜴 : 도마뱀 역　冒 : 덮을 모　眸 : 눈동자 모

부(賦)이다. '타(鼉:악어)'는 도마뱀과 비슷하니, 길이가 한 길이 넘고 가죽은 북을 메울 수 있다. '봉봉(逢逢)'은 조화로움이다. 눈동자가 있으나 보지 못하는 것을 '몽(矇)'이라 하고, 눈동자가 없는 것을 '수(瞍)'라 한다. 옛날에는 악사들을 모두 장님(봉사)으로 시켰으니, 이는 듣기를 잘하여 음(音)을 잘 살피기 때문이었다. '공(公)'은 일이다. 타고(鼉鼓)의 소리를 듣고는 몽수(矇瞍)가 막 그 일(음악)을 아룀을 안 것이다.

靈臺四章이니 二章은 章六句요 二章은 章四句라

〈령대(靈臺)〉는 4장이니, 두 장은 장마다 6구이고 두 장은 장마다 4구이다.

東萊呂氏曰 前二章은 樂文王有臺池鳥獸之樂也요 後二章은 樂文王有鍾鼓之樂也니 皆述民樂之詞也니라

동래 여씨(東萊呂氏)가 말하였다. "앞의 두 장(章)은 문왕이 대지(臺池)와 조수(鳥獸)의 락(樂)을 소유함을 즐거워한 것이요, 뒤의 두 장(章)은 문왕이 종고(鍾鼓)의 락(樂)을 소유함을 즐거워한 것이니, 모두 백성이 즐거워한 말을 기술한 것이다."

【毛序】 靈臺는 民始附也라 文王受命에 而民樂其有靈德하여 以及鳥獸昆蟲焉하니라

〈령대〉는 백성들이 처음 귀부(歸附)함을 읊은 시(詩)이다. 문왕이 천명(天命)을 받자, 백성들은 문왕이 신령스러운 덕(德)을 간직하여 조수(鳥獸)와 곤충(昆蟲)에까지 미침을 즐거워한 것이다.

【鄭註】 民者는 冥也니 其見仁道遲라 故於是乃附也라 天子有靈臺者는 所以觀祲象[23]하여 察氣之妖祥也라 文王이 受命而作邑於豐하고 立靈臺라 春秋傳曰 公既視朔하고 遂登觀臺하여 以望而書雲物은 爲備故也라하니라

민(民)이란 어둡다는 뜻이니, 그 인(仁)의 도(道)를 봄이 더디므로 이때에야 비로소 문왕을 따른 것이다. 천자가 령대(靈臺)를 두는 것은 침상(祲象)을 관찰하여 기운의 요망함과 상서로움을 살피는 것이다. 문왕이 천명을 받고는 풍(豐)에 도읍

------

23 祲象 : 침상(祲象)은 음(陰)과 양(陽)의 기운이 서로 침범하여 물건의 상을 나타내는 조짐인 바, 《주례(周禮)》 〈춘관(春官) 보장씨(保章氏)〉에 "다섯 가지 구름의 빛깔로 길과 흉, 가뭄과 홍수로 풍년과 흉년의 조짐을 분별하였다.〔以五雲之物, 辨吉凶水旱降豐荒之祲象.〕"라고 보인다.

을 만들고 령대를 세웠다. 《춘추좌씨전》 희공(僖公) 5년에 "공(公)이 이미 곡삭례
(告朔禮)를 행하고 마침내 관대(觀臺)에 올라가서 바라보고 구름을 쓴 것은 이에 대
비하기 위해서이다." 하였다.

【辨說】 文王作靈臺之時에 民之歸周也久矣니 非至此而始附也라 其日有靈德
者도 亦非命名之本意니라

　　문왕이 령대를 지을 적에 백성들이 주나라에 귀의한 지가 오래이니, 이때에
이르러 처음으로 주나라에 귀부(歸附)한 것이 아니다. 그 신령스러운 덕이 있다고
말한 것 또한 령대를 명명(命名)한 본의(本意)가 아니다.

9. 하무(下武)

① 下武維周, 世有哲王. 三后在天, 王配于京〔叶居良反〕.

下武維周에	문왕과 무왕의 주나라에
世有哲王이샷다	대대로 현철(賢哲)하신 왕이 계셨도다
三后在天이어시늘	세 임금이 하늘에 계시거늘
王配于京이샷다	무왕이 호경(鎬京)에서 대하시도다

賦也라 下義는 未詳이라 或曰 字當作文이니 言文王、武王實造周也라하니라 哲王
은 通言大王、王季也요 三后는 大王、王季、文王也라 在天은 旣沒에 而其精神
이 上與天合也라 王은 武王也라 配는 對也니 謂繼其位하여 以對三后也라 京은 鎬京
也니라

○ 此章은 美武王能纘大王、王季、文王之緖하여 而有天下也니라

　　부(賦)이다. '하(下)'의 뜻은 자세하지 않다. 혹자는 말하기를 "하(下) 자는 마땅
히 문(文) 자가 되어야 하니, 문왕과 무왕이 실로 주나라를 창건함을 말한 것이
다."라고 한다. '철왕(哲王)'은 태왕(太王)·왕계(王季)를 통틀어 말한 것이다. '삼후
(三后)'는 태왕·왕계·문왕이다. 하늘에 있다는 것은 이미 별세하여, 그 정신(영
혼)이 위로 하늘과 더불어 합한 것이다. '왕'은 무왕이다. '배(配)'는 대함이니, 그
지위를 계승하여 세 임금을 대함을 말한 것이다. '경(京)'은 호경(鎬京)이다.

••• 纘 : 이을 찬

○ 이 장(章)은 무왕이 태왕·왕계·문왕의 전통을 이어 천하를 소유함을 찬미한 것이다.

② 王配于京, 世德作求. 永言配命, 成王之孚〔바孚尤反〕.

王配于京하시니	무왕이 호경(鎬京)에서 대하시니
世德作求샷다	〈선왕의〉 덕을 계속하여 구하셨도다
永言配命하사	길이 천명에 짝하시어
成王之孚샷다	왕자의 신(信)을 이루셨도다

賦也라 言武王이 能繼先王之德하여 而長言合於天理라 故로 能成王者之信於天下也라 若暫合而遽離하고 暫得而遽失이면 則不足以成其信矣리라

부(賦)이다. 무왕이 능히 선왕의 덕을 계승하여 길이 천리(天理)에 합하였다. 그러므로 능히 왕자의 믿음을 천하에 이룸을 말한 것이다. 만일 잠시 합하였다가 갑자기 떠나가고, 잠시 얻었다가 갑자기 잃는다면 그 신(信)을 이룰 수가 없을 것이다.

③ 成王之孚, 下土之式. 永言孝思, 孝思維則.

成王之孚하사	왕자의 신(信)을 이루사
下土之式은	하토의 법칙이 되심은
永言孝思라	효사(효심)를 길이 생각하시는지라
孝思維則이시니라	효사가 법칙이 되시기 때문이니라

賦也라 式、則은 皆法也라
○ 言武王所以能成王者之信하여 而爲四方之法者는 以其長言孝思而不忘이라 是以로 其孝可爲法耳라 若有時而忘之면 則其孝者僞耳니 何足法哉리오

부(賦)이다. '식(式)'과 '칙(則)'은 모두 법칙이다.

○ 무왕이 왕자의 신(信)을 이루어 사방의 법칙이 된 소이(所以)는 효사를 길이 생각하여 잊지 않으셨기 때문이다. 이러므로 그 효(孝)가 법칙이 될 수 있었음을 말한 것이다. 만일 때로 잊음이 있다면 그 효도는 거짓이니, 어찌 족히 법칙이 될

··· 孚 : 믿을 부 遽 : 급할 거

수 있겠는가.

④ 媚玆一人, 應侯順德. 永言孝思, 昭哉嗣服〔叶蒲北反〕.

媚玆一人이라 　　　이 한 사람을 사랑하는지라
應侯順德하니 　　　응하기를 순한 덕으로 하니
永言孝思하사 　　　효사를 길이 생각하사
昭哉嗣服이샷다 　　　밝게 선왕(先王)의 일을 이으셨도다

賦也라 媚는 愛也라 一人은 謂武王이라 應은 如丕應徯志之應[24]이라 侯는 維요 服은
事也라
○ 言天下之人이 皆愛戴武王以爲天子하고 而所以應之를 維以順德하니 是는 武
王이 能長言孝思하사 而明哉其嗣先王之事也일새니라

　부(賦)이다. '미(媚)'는 사랑함이다. '일인(一人)'은 무왕을 이른다. '응(應)'은 '크
게 응하여 임금의 뜻을 기다린다.〔丕應徯志〕'의 응(應)과 같다. '후(侯)'는 유(維)
요, '복(服)'은 일이다.
　○ 천하의 사람들이 모두 무왕을 사랑하고 추대하여 천자로 삼고 순한 덕으로
써 응하였으니, 이는 무왕이 능히 효사를 길이 생각하여 밝게 선왕의 일을 이으셨
기 때문이라고 말한 것이다.

⑤ 昭玆來許, 繩其祖武. 於萬斯年, 受天之祜〔候古反〕.

昭玆(哉)來許 　　　밝은지라 래세(來世)에서
繩其祖武면 　　　그 선조의 발자취를 계승한다면
於(오)萬斯年에 　　　아, 만년토록
受天之祜리라 　　　하늘의 복을 받으리라

‥‥‥‥
24 丕應徯志之應 : 비응혜지(丕應徯志)는 군주가 무슨 일을 하려 할 적에 신하들이 크게 호응하
여 군주의 뜻을 기다림을 말한 것으로, 이 내용은 《서경》〈익직(益稷)〉에 보인다.

‥‥ 媚 : 사랑할 미　服 : 일 복　丕 : 클 비　徯 : 기다릴 혜　戴 : 일 대　許 : 곳 허　繩 : 이을 승　武 : 발자취 무

74
詩經集傳　下

賦也라 昭茲는 承上句而言이라 茲, 哉는 聲相近하니 古蓋通用也라 來는 後世也라 許는 猶所也라 繩은 繼요 武는 迹也라

○ 言武王之道 昭明如此하시니 來世能繼其迹이면 則久荷天祿而不替矣리라

　　부(賦)이다. '소자(昭茲)'는 위 구(句)를 이어 말한 것이다. 자(茲)와 재(哉)는 음(音)이 서로 비슷하니, 옛날에 아마도 통용한 듯하다. '래(來)'는 후세이다. '허(許)'는 소(所)와 같다. '승(繩)'은 계승함이요, '무(武)'는 자취이다.

　　○ 무왕의 도(道)가 밝음이 이와 같으니, 래세에서 능히 그 자취를 계승한다면 오랫동안 천록(天祿)을 누리고 폐하지 않음을 말한 것이다.

⑥ 受天之祜, 四方來賀. 於萬斯年, 不遐有佐.

受天之祜하시니	하늘의 복을 받으시니
四方來賀로다	사방에서 와서 하례하도다
於(오)萬斯年에	아, 만년토록
不遐(하)有佐아	어찌 돕는 이가 있지 않겠는가

賦也라 賀는 朝賀也라 周末에 秦强하여 天子致胙(조)하면 諸侯皆賀[25]하니라 遐는 何通이요 佐는 助也니 蓋曰豈不有助乎云爾니라

　　부(賦)이다. '하(賀)'는 조회하여 하례함[朝賀]이다. 주나라 말기에 진(秦)나라가 강성하여 천자가 제사고기를 보내주면 제후들이 모두 가서 하례하였다. '하(遐)'는 하(何)와 통하고, '좌(佐)'는 도움이니, 어찌 도움이 있지 않겠느냐고 말한 것이다.

下武六章이니 章四句라

　　〈하무(下武)〉는 6장이니, 장마다 4구이다.

或疑此詩有成王字하니 當爲康王以後之詩라 然이나 考尋文意컨대 恐當只如舊

‥‥‥‥
25　周末……諸侯皆賀:이 내용은《사기》〈진기(秦紀) 상군열전(商君列傳)〉에 "五年, 秦人富彊, 天子致胙於孝公, 諸侯畢賀."라고 보인다.

‥‥　荷 : 멜 하　替 : 폐할 체　胙 : 제사고기 조

說[26]이요 且其文體 亦與上下篇血脈通貫하니 非有誤也니라

혹자는 의심하기를 "이 시(詩)에 '성왕(成王)'이란 글자가 있으니, 마땅히 강왕(康王) 이후의 시가 되어야 한다."고 한다. 그러나 글 뜻을 상고해 보면 다만 마땅히 구설(舊說)과 같이 해야 할 듯하고, 또 문체가 상하편(上下篇)과 혈맥(血脈;문맥)이 관통되니, 구설에 잘못이 있는 것이 아니다.

【毛序】 下武는 繼文也라 武王이 有聖德하여 復受天命하여 能昭先人之功焉하니라
〈하무〉는 무왕이 문왕을 계승함을 읊은 시(詩)이다. 무왕이 성덕(聖德)을 간직하여 다시 천명을 받아 선인(先人)의 공(功)을 밝힌 것이다.
【鄭註】 繼文者는 繼文王之王業而成之라 昭는 明也라
'계문(繼文)'이란 문왕의 왕업을 이어 이룬 것이다. 소(昭)는 밝음이다.
【辨說】 下字는 恐誤하니 說見本篇하니라
하무(下武)의 하(下) 자는 오자(誤字)인 듯하니, 해설이 본편에 보인다.

10. 문왕유성(文王有聲)

① 文王有聲, 遹[尹橘反]駿[音峻]有聲. 遹求厥寧, 遹觀厥成, 文王烝哉.

文王有聲이여(이)	문왕께서 명성을 두심이여
遹(율)駿有聲이삿다	크게 명성을 두셨도다
遹求厥寧하사	천하의 편안함을 구하사
遹觀厥成하시니	그 성공을 보시니
文王烝哉삿다	문왕께서 훌륭한 군주이시도다

賦也라 遹은 義未詳하니 疑與聿同하니 發語詞라 駿은 大요 烝은 君也라
○ 此詩는 言 文王遷豐, 武王遷鎬之事니 而首章推本之曰 文王之有聲也여 甚大

••••••

••• 遹 : 좇을 율, 이에 율   駿 : 클 준   烝 : 임금다울 증

乎其有聲也로다 蓋以求天下之安寧하여 而觀其成功耳라 文王之德如是하시니 信乎其克君也哉신저

부(賦)이다. '율(遹)'은 뜻이 자세하지 않으니, 의심컨대 율(聿)과 같은 듯하니, 발어사(發語詞)이다. '준(駿)'은 큼이요, '증(烝)'은 군주이다.

○ 이 시(詩)는 문왕이 풍(豐)으로 천도(遷都)하고 무왕이 호경(鎬京)으로 천도한 일을 말하였으니, 수장(首章)에서는 근본을 미루어 말하기를 "문왕께서 명성을 두심이여! 심히 크게 그 명성을 두셨도다. 이는 천하의 안녕(安寧)함을 구하여 그 성공을 보시려고 하신 것이다. 문왕의 덕(德)이 이와 같으시니, 진실로 능히 그 군주다우시다."라고 한 것이다.

② 文王受命, 有此武功. 旣伐于崇, 作邑于豐. 文王烝哉.

文王受命하사 　문왕이 천명을 받으사
有此武功하샸다 　이 무공을 소유하셨도다
旣伐于崇하시고 　이미 숭(崇)나라를 정벌하시고
作邑于豐하시니 　풍(豐)에 도읍을 만드시니
文王烝哉샸다 　문왕께서 훌륭한 군주이시도다

賦也라 伐崇事는 見皇矣篇하니라 作邑은 徙都也라 豐은 卽崇國之地니 在今鄠(호)縣杜陵西南하니라

부(賦)이다. 숭(崇)나라를 정벌한 일은 위 〈황의(皇矣)〉편에 보인다. '작읍(作邑)'은 도읍을 옮긴 것이다. '풍(豐)'은 바로 숭나라의 땅이니, 지금의 호현(鄠縣) 두릉(杜陵)의 서남쪽에 있었다.

③ 築城伊淢〔況域反〕, 作豐伊匹. 匪棘〔居力反〕其欲〔禮記作猶〕, 遹追來孝〔마許六反 或呼侯反〕, 王后烝哉.

築城伊淢(역)하시고 　성을 쌓되 옛 도랑을 그대로 따르시고
作豐伊匹하시니 　풍읍(豐邑)을 만들되 성에 걸맞게 하시니
匪棘其欲이라 　그 욕망을 급히 달성하려고 하신 것이 아니라

··· 鄠 : 땅이름 호 淢 : 도랑 역 棘 : 빠를 극

遹追來孝시니　　　　　선인의 뜻을 따라 효(孝)를 따르시니
王后烝哉샷다　　　　　왕후(문왕)께서 훌륭한 군주이시도다

賦也라 減은 城溝也라 方十里爲成이요 成間有溝하니 深廣各八尺이라 匹은 稱이요
棘은 急也라 王后는 亦指文王也라
○ 言文王營豐邑之城에 因舊溝爲限而築之하시고 其作邑居에 亦稱其城而不侈
大하시니 皆非急成己之所欲也요 特追先人之志하여 而來致其孝耳시니라
　　부(賦)이다. '역(減)'은 성의 도랑이다. 사방 10리(里)를 '성(成)'이라 하며, 성의
사이에는 도랑〔溝〕이 있으니, 〈도랑의〉 깊이와 넓이가 각각 8척이다. '필(匹)'은
걸맞음이요, '극(棘)'은 급함이다. '왕후'는 또한 문왕을 가리킨다.
　　○ 문왕이 풍읍(豐邑)의 성(城)을 경영하실 적에 옛 도랑을 따라 한계를 삼아
구축하셨고, 읍거(邑居)를 만들 적에도 그 성에 걸맞게 하고 너무 크게 하지 않으
셨으니, 이는 모두 자신의 하고자 하는 바를 급히 이루고자 한 것이 아니요, 다만
선인의 뜻을 따라서 그 효(孝)를 다하셨을 뿐임을 말한 것이다.

④ 王公伊濯〔直角反〕, 維豐之垣〔音袁〕. 四方攸同, 王后維翰〔叶胡田反〕. 王
后烝哉.

王公伊濯은　　　　　문왕의 공(功)이 빛나심은
維豐之垣이니라　　　　풍읍에 담을 쌓으셨기 때문이니라
四方攸同하여　　　　사방이 함께 모여
王后維翰(榦)하니　　　왕후를 정간(楨榦)으로 삼으니
王后烝哉샷다　　　　왕후께서 훌륭한 군주이시도다

賦也라 公은 功也요 濯은 著明也라
○ 王之功이 所以著明者는 以其能築此豐之垣故爾라 四方이 於是來歸하여 而以
文王爲楨榦也니라
　　부(賦)이다. '공(公)'은 공(功)이요, '탁(濯)'은 저명(著明)함이다.
　　○ 왕(王)의 공(功)이 저명하신 까닭은 능히 이 풍읍에 담을 쌓으셨기 때문이
다. 사방이 이에 돌아와서 문왕을 정간(楨榦)으로 삼은 것이다.

••• 濯 : 깨끗할 탁　垣 : 담 원　翰 : 줄기 한

⑤ 豐水東注, 維禹之績. 四方攸同, 皇王維辟. 皇王烝哉.

豐水東注하니　　　　　　풍수가 동쪽으로 흐르니
維禹之績이로다　　　　　우(禹) 임금의 공적이로다
四方攸同하여　　　　　　사방이 함께 모여
皇王維辟하니　　　　　　황왕(무왕)을 군주로 삼으니
皇王烝哉샷다　　　　　　황왕께서 훌륭한 군주이시도다

賦也라 豐水는 東北流하여 徑豐邑之東하여 入渭而注于河라 績은 功也라 皇王은
有天下之號니 指武王也라 辟은 君也라
○ 言豐水東注는 由禹之功이라 故로 四方得以來同於此하여 而以武王爲君하니
此는 (天)[武]王未作鎬京時也니라
　　　부(賦)이다. 풍수(豐水)는 동북으로 흘러 풍읍의 동쪽을 지나 위수(渭水)로 들어
가서 황하로 주입한다. '적(績)'은 공(功)이다. '황왕(皇王)'은 천하를 소유한 칭호이
니, 무왕을 가리킨다. '벽(辟)'은 군주이다.
　　　○ 풍수가 동쪽으로 주입함은 우(禹) 임금이 치수(治水)한 공을 따른 것이다. 그
러므로 사방에서 이곳에 와서 함께 모여 무왕을 군주로 삼음을 말하였으니, 이는
무왕이 아직 호경(鎬京)을 만들지 않았을 때이다.

⑥ 鎬京辟廱, 自西自東. 自南自北, 無思不服〔叶薄北反〕. 皇王烝哉.

鎬京辟廱에　　　　　　　호경의 벽옹에
自西自東하며　　　　　　서쪽에서 동쪽에서
自南自北하여　　　　　　남쪽에서 북쪽에서
無思不服²⁷하니　　　　　생각하여 복종하지 않는 이가 없으니
皇王烝哉샷다　　　　　　황왕께서 훌륭한 군주이시도다

･･････
27　無思不服:《언해》를 따라 사(思)를 '생각하다'로 풀이하였으나 조사로 보아도 무방할 듯하다.
주자 역시 '무사불복(無思不服)'을 마음으로 복종하는 것으로 풀이하였다.

･･･ 注 : 물댈 주

賦也라 鎬京은 武王所營也라 在豐水東하니 去豐邑二十五里하니라 張子曰 周家
自后稷居邰하고 公劉居豳하고 大王邑岐라가 而文王則遷于豐하고 至武王하여 又
居于鎬하시니 當是時하여 民之歸者日衆하여 其地有不能容하여 不得不遷也니라
辟廱은 說見前篇하니라 張子曰 靈臺辟廱은 文王之學也요 鎬京辟廱은 武王之學
也니 至此하여 始爲天子之學矣라 無思不服은 心服也라 孟子曰 天下不心服而王
者 未之有也[28]라하시니라

○ 此는 言武王徙居鎬京하여 講學行禮하니 而天下自服也니라

　　부(賦)이다. '호경(鎬京)'은 무왕이 경영한 도성이다. 풍수(豐水)의 동쪽에 있었
으니, 풍읍(豐邑)과 25리 떨어져 있었다.

　　장자(張子)가 말씀하였다. "주나라는 후직(后稷)으로부터 태(邰) 땅에 거주하였
고 공류(公劉)는 빈(豳)에 거주하였고, 태왕(太王)은 기산(岐山)에 도읍하였으며, 문
왕이 풍읍(豐邑)으로 천도하였고, 무왕에 이르러는 또다시 호경에 거주하였으니,
이 때를 당하여 백성들 중에 귀의하는 자들이 날로 많아져서 그 땅이 백성들을 수
용할 수가 없어 옮기지 않을 수 없었기 때문이었다."

　　'벽옹(辟廱)'은 해설이 전편(前篇)에 보인다. 장자(張子)가 말씀하였다. "령대의
벽옹은 문왕의 학궁(學宮:태학)이요, 호경의 벽옹은 무왕의 학궁이니, 이 때에 이
르러 비로소 천자의 학궁이 된 것이다." '무사불복(無思不服)'은 마음으로 복종한
것이다. 맹자(孟子)가 말씀하시기를 "천하가 마음으로 복종하지 않고 왕노릇하는
자는 있지 않다." 하셨다.

　　○ 이는 무왕이 호경으로 천도하여 강학(講學)하고 예(禮)를 행하니, 천하 사람
들이 스스로 복종함을 말한 것이다.

⑦ 考卜維王, 宅是鎬京[叶居良反]. 維龜正[叶諸盈反]之, 武王成之. 武王
烝哉.

考卜維王이　　　　　　　점을 살펴보신 무왕께서
宅是鎬京이샷다　　　　　이 호경에 거주하셨도다

● ● ● ● ● ●
28　孟子曰 天下不心服而王者 未之有也：이 내용은《맹자》〈공손추 상(公孫丑上)〉에 보인다.

維龜正之_{어늘}	거북점이 결정해주자

維龜正之_{어늘}   거북점이 결정해주자
武王成之_{하시니}   무왕이 완성하시니
武王烝哉_{샀다}   무왕께서 훌륭한 군주이시도다

賦也라 考는 稽요 宅은 居요 正은 決也라 成之는 作邑居也라 張子曰 此擧諡者는 追述其事之言也니라

부(賦)이다. '고(考)'는 상고함이요, '택(宅)'은 거함이요, '정(正)'은 결정함이다. '성지(成之)'는 읍거(邑居)를 만든 것이다.

장자(張子)가 말씀하였다. "여기에 무왕의 시호(諡號)를 든 것은 〈무왕이 돌아가신 뒤에〉 그 일을 추술(追述)한 말이다."

⑧ 豐水有芑, 武王豈不仕〔鉏里反〕. 詒厥孫謀, 以燕翼子〔叶奬里反〕. 武王烝哉.

豐水有芑_(기)하니   풍수에도 기(芑)풀이 있으니
武王豈不仕_{시리오}   무왕이 어찌 이곳에서 일하지 않으시리오
詒厥孫謀_{하사}   후손에게 계책을 남겨 주시어
以燕翼子_{하시니}   공경하는 아들(성왕)을 편안하게 하시니
武王烝哉_{샀다}   무왕께서 훌륭한 군주이시도다

興也라 芑는 草名이라 仕는 事요 詒는 遺요 燕은 安이요 翼은 敬也라 子는 成王也라 ○ 鎬京이 猶在豐水下流라 故로 取以起興하여 言豐水猶有芑하니 武王이 豈無所事乎시리오 詒厥孫謀하여 以燕翼子하시니 則武王之事也라 謀及其孫이면 則子可以無事矣리라 或曰 賦也니 言豐水之傍에 生物繁茂하니 武王이 豈不欲有事於此哉시리오마는 但以欲遺孫謀하여 以安翼子라 故로 不得而不遷耳라하니라

흥(興)이다. '기(芑)'는 풀 이름이다. '사(仕)'는 일함이요, '이(詒)'는 줌이요, '연(燕)'은 편안함이요, '익(翼)'은 공경함이다. '자(子)'는 성왕이다.

○ 호경이 오히려 풍수의 하류에 있었다. 그러므로 취하여 기흥(起興)해서 말하기를 "풍수에도 오히려 기(芑)풀이 있으니, 무왕이 어찌 일하시는 바가 없으시리오. 후손에게 계책을 남겨주시어 공경하는 아들을 편안하게 하셨다." 하였으니,

··· 芑 : 풀이름 기 詒 : 줄 이 燕 : 편안할 연 翼 : 공경할 익

이는 무왕의 일이다. 계책이 그 손자에게 미친다면 아들은 일이 없을 수 있을 것
이다. 혹자는 말하기를 "부(賦)이니, 풍수의 곁에 생물이 번성하니, 무왕이 어찌
이곳에서 일함이 있고자 하지 않으시리오마는 다만 후손들에게 계책을 남겨주어
공경하는 아들을 편안하게 하고자 하셨기 때문에 호경으로 옮기지 않을 수 없었
다."고 한다.

文王有聲八章이니 章五句라

〈문왕유성(文王有聲)〉은 8장이니, 장마다 5구이다.

此詩는 以武功稱文王하고 至于武王하여는 則言皇王維辟, 無思不服而已니 蓋文
王旣造其始면 則武王續而終之 無難也일새라 又以見(현)文王之文은 非不足於武
요 而武王之有天下는 非以力取之也시니라

이 시(詩)는 무공(武功)으로써 문왕을 칭하였고, 무왕에 이르러는 '황왕이 훌륭
한 군주이시도다. 사람들이 생각하여 복종하지 않는 이가 없다.〔皇王維辟, 無思
不服.〕'라고만 말하였을 뿐이니, 이는 문왕이 이미 그 시작을 창조하였으면 무왕
이 이를 계속하여 끝냄은 무난하기 때문이다. 또 문왕의 문(文)이 무(武)에 부족한
것이 아니요, 무왕이 천하를 소유함이 힘으로써 취한 것이 아님을 나타낸 것이다.

【毛序】 文王有聲은 繼伐也하여 武王이 能廣文王之聲하여 卒其伐功也하시니라

〈문왕유성〉은 〈문왕이 숭(崇)을 정벌함을 계승하여, 무왕이 은(殷)나라를〉 정벌
함을 읊은 시(詩)이다. 무왕이 문왕의 명성을 넓혀 정벌하는 공(功)을 끝마치신 것
이다.

【鄭註】 繼伐者는 文王伐崇하고 而武王伐紂니라

계벌(繼伐)은 문왕이 숭(崇)나라를 정벌하고 무왕(武王)이 주(紂)를 정벌한 것
이다.

【辨說】 鄭譜之誤는 已見本篇하니라

정보(鄭譜;정현의《시보》)의 잘못됨은 해설이 본편에 보인다.

文王之什은 十篇이니 六十六章이요 四百一十四句라

〈문왕지십(文王之什)〉은 10편이니, 66장이고 414구이다.

鄭譜[29]엔 此以上을 爲文武時詩라하고 以下를 爲成王周公時詩라하나 今按 文王首句에 卽云文王在上하니 則非文王之詩矣요 又曰 無念爾祖[30]아하니 則非武王之詩矣며 大明, 有聲에 幷言文武者非一이니 安得爲文武之時所作乎아 蓋正雅는 皆成王、周公以後之詩라 但此什이 皆爲追述文武之德이라 故로 譜因此而誤耳니라

정현(鄭玄)의 《시보(詩譜)》에는 이 이상을 문왕, 무왕 때의 시(詩)라 하고, 이하를 성왕, 주공 때의 시라 하였다. 그러나 이제 상고해 보건대, 〈문왕〉편의 수구(首句)에 "문왕이 〈별세하여〉 위에 계시다."라고 말했으니, 그렇다면 문왕 때의 시가 아닌 것이요, 또 "너의 할아버지를 생각하지 않겠는가." 하였으니, 이는 무왕 때의 시가 아닌 것이며, 〈대명(大明)〉편과 〈문왕유성(文王有聲)〉편에 문왕과 무왕을 함께 말한 것이 한두 번이 아니니, 어찌 문왕·무왕 때에 지은 것이라고 할 수 있겠는가. 정아(正雅;정소아(正小雅)와 정대아(正大雅))는 모두 성왕·주공 이후의 시이다. 다만 이 〈문왕지십(文王之什)〉은 모두 문왕과 무왕의 덕(德)을 추술(追述)하였기 때문에 《시보》가 이로 인하여 잘못되었을 뿐이다.

•••••••
29 鄭譜 : 정보(鄭譜)는 정현의 《시보》로, 〈주남소남보(周南召南譜)〉를 비롯하여 십삼열국(十三列國)에 대한 〈십삼국보(十三國譜)〉가 있으며, 다음은 〈소대아보(小大雅譜)〉, 〈주송보(周頌譜)〉, 〈노송보(魯頌譜)〉, 〈상송보(商頌譜)〉의 순서로 나열되어 있다.

30 無念爾祖 : 여기의 할아버지는 문왕을 가리킨 것으로, 성왕의 시(詩)임을 밝힌 것이다.

〈생민지십(生民之什)〉 3-2[三之二]

1. 생민(生民)

① 厥初生民, 時維姜嫄〔音原 叶魚倫反〕. 生民如何, 克禋〔音因〕克祀〔叶養里反〕, 以弗無子〔叶獎里反〕. 履帝武敏〔叶母鄙反〕, 歆攸介攸止, 載震載夙〔叶相卽反〕, 載生載育〔叶日逼反〕, 時維后稷.

厥初生民이	맨 처음 주나라 사람을 낳은 것은
時維姜嫄이시니	이 강원(姜嫄)이시니
生民如何오	사람을 낳기를 어떻게 하였는고
克禋克祀하사	정결히 제사하고 교매(郊禖)에 제사하사
以弗(祓)無子하시고	자식이 없음을 제액(除厄)하시고
履帝武敏하사	상제 발자국의 엄지발가락을 밟으사
歆攸介攸止하사	크게 여기고 멈춘 바에 흠동(歆動)하여
載震(娠)載夙(肅)하사	임신하고 조심하시어
載生載育하시니	낳고 키우시니
時維后稷이시니라	이가 후직이시니라

賦也라 民은 人也니 謂周人也라 時는 是也라 姜嫄은 炎帝後니 姜姓이요 有邰氏女며 名嫄이니 爲高辛之世妃라 精意以享을 謂之禋이라 祀는 祀郊禖(매)也라 弗之言은 祓也니 祓無子하여 求有子也라 古者에 立郊禖하니 蓋祭天於郊하고 而以先媒配也라 變媒言禖者는 神之也니 其禮以玄鳥至之日에 用大(太)牢祀之라 天子親往이어든 后率九嬪御하여 乃禮天子所御하고 帶以弓韣(독)하고 授以弓矢[31]하되 于郊禖之前也라 履는 踐也라 帝는 上帝也라 武는 迹이요 敏은 拇(무)라 歆은 動也니 猶驚異也라 介는 大也라 震은 娠也요 夙은 肅也니 生子者及月辰이면 居側室也라

......

31 帶以弓韣 授以弓矢 : 활과 활집〔韣〕과 화살은 남자(男子)가 장성하여 사방을 정벌할 때에 쓰는 것이므로 생남(生男)을 기원하는 뜻에서 이러한 물건을 주어 차게 하는 것이다.

··· 嫄 : 계집이름 원 禋 : 제사지낼 인 弗 : 재액할 불 武 : 발자취 무 敏 : 엄지발가락 민 介 : 클 개 震 : 애밸 신 夙 : 삼갈 숙 邰 : 나라이름 태 禖 : 매제사 매 祓 : 재액할 불 牢 : 희생 뢰 嬪 : 부인 빈 韣 : 활전대 독(촉) 踐 : 밟을 천 拇 : 엄지발가락 무

育은 養也라

　부(賦)이다. '민(民)'은 사람이니, 주나라 사람을 이른다. '시(時)'는 이것이다. '강원(姜嫄)'은 염제(炎帝)의 후손이니, 강성(姜姓)이요 유태씨(有邰氏)의 딸이며 이름이 원(嫄)이니, 고신씨(高辛氏:제곡(帝嚳))의 세비(世妃)가 되었다. 뜻(마음)을 정결하게 하여 제향함을 '인(禋)'이라 한다. '사(祀)'는 교매(郊禖)에 제사함이다. '불(弗)'이란 말은 제액(除厄)함이니, 자식이 없음을 제액하여 자식이 있기를 바라는 것이다. 옛날에 교매(郊禖)를 세웠으니, 이는 교(郊)에서 하늘에 제사하면서 〈자녀의 생육을 관장하는〉 선매(先媒)로써 배향한 것이다. 매(媒:중매)를 변하여 매(禖)라고 말한 것은 신(神)으로 여긴 것이니, 그 예(禮)는 현조(玄鳥:제비)가 이르는 날(삼짓날)에 태뢰(太牢)를 사용하여 제사한다. 천자가 친히 제사하는 장소로 가면 후비(后妃)가 구빈(九嬪)을 거느리고 제사하는 곳으로 행차하여 천자가 총애하는 여인에게 경례하고, 활과 활집을 채워주고 활과 화살을 주되 교매의 앞에서 한다. '리(履)'는 밟음이다. '제(帝)'는 상제이다. '무(武)'는 발자국이요, '민(敏)'은 엄지발가락이다. '흠(歆)'은 마음이 동(動)함이니, 경이(驚異)와 같다. '개(介)'는 큼이다. '진(震)'은 임신함이요, '숙(夙)'은 엄숙함이니, 자식을 낳는 자는 낳을 달에 이르면 측실(側室)에서 거처한다. '육(育)'은 기름이다.

○ 姜嫄이 出祀郊禖라가 見大人迹而履其拇(무)하니 遂歆歆然如有人道之感이라 於是에 即其所大所止之處하여 而震動有娠하니 乃周人所由以生之始也라 周公制禮에 尊后稷以配天이라 故로 作此詩하여 以推本其始生之祥하여 明其受命於天이 固有以異於常人也라 然이나 巨迹之說을 先儒或頗疑之로되 而張子曰 天地之始에 固未嘗先有人也하니 則人固有化而生[32]者矣니 蓋天地之氣生之也라하시고 蘇氏亦曰 凡物之異於常物者는 其取天地之氣常多라 故로 其生也或異하니 麒麟之生이 異於犬羊이요 蛟龍之生이 異於魚鼈하니 物固有然者矣라 神人之生에 而有以異於人을 何足怪哉리오하니 斯言이 得之矣로다
　○ 강원(姜嫄)이 나가 교매에 제사하다가 대인(大人:거대한 사람)의 발자국을 보고는 그 엄지발가락을 밟으니, 마침내 흠흠연(歆歆然)히 인도(人道)의 느낌(부부간에

· · · · · ·
32 化而生:화이생(化而生)은 수컷과 암컷의 교접에 의하지 않고 천지의 기운이 뭉쳐 저절로 태어나는 것을 이른다.

· · · 蛟 : 교룡 교 鼈 : 자라 별

교접하는 성감(性感))이 있는 듯하였다. 이에 그것을 크게 여기고 멈춘 바의 곳에 나아가 진동하여 임신함이 있었으니, 이것이 바로 주나라 사람이 말미암아 태어나게 된 시초였다. 주공이 예(禮)를 제작할 적에 후직(后稷)을 높여 하늘에 배향하였다. 그러므로 이 시를 지어 그 처음 태어날 때의 상서로움을 미루어 근본하여 하늘에서 명(命)을 받음이 진실로 보통사람과 다름이 있음을 밝힌 것이다.

그러나 거인의 발자국에 대한 말을 선유(先儒)들은 혹 자못 의심하였는데, 장자(張子)는 말씀하기를 "천지의 시초에 일찍이 먼저 사람이 있지 않았으니, 그렇다면 사람은 진실로 천지의 기운으로 화생(化生)한 자가 있었을 것이니, 이는 천지의 기운이 낳은 것이다." 하였고, 소씨(蘇氏) 또한 말하기를 "모든 물건 중에 보통의 물건과 다른 것은 천지의 기운을 취함이 항상 많다. 그러므로 그 태어남이 혹 다르니, 기린(麒麟)의 태어남이 개나 양과 다르고, 교룡(蛟龍)의 태어남이 물고기나 자라와 다르니, 물건은 진실로 이러함이 있는 것이다. 신인(神人)이 태어남에 보통사람과 다름이 있음을 어찌 괴이하게 여길 것이 있겠는가." 하였으니, 이 말이 맞다.

② 誕彌厥月, 先生如達〔他末反〕. 不坼〔敕宅反〕不副〔孚逼反 叶孚迫反〕, 無菑〔音災〕無害〔叶音曷〕. 以赫厥靈. 上帝不寧, 不康禋祀〔叶養里反〕, 居然生子〔叶獎里反〕.

誕彌厥月하여	산월(産月)인 열 달을 채워
先生如達하시니	첫아기를 낳되 염소처럼 쉽게 낳으시니
不坼(탁)不副(복)하시며	터지지도 않고 쪼개지지도 않으시며
無菑(災)無害하사	재앙도 없고 해로움도 없으사
以赫厥靈하시니	그 신령스러움을 빛내시니
上帝不寧가	상제가 편안하지 않으시랴
不康禋祀아	정결한 제사를 편안히 즐기지 않으시랴
居然生子샷다	그대로(쉽게) 아들을 낳으셨도다

賦也라 誕은 發語辭라 彌는 終也니 終十月之期也라 先生은 首生也라 達은 小羊也니 羊子易生하여 無留難也라 坼, 副는 皆裂也라 赫은 顯也라 不寧은 寧也요 不康은

··· 彌 : 마칠 미 達 : 작은양 달 坼 : 찢을 탁 副 : 가를 복(픽) 菑 : 재앙 재 裂 : 찢을 렬

康也라 居然은 猶徒然也라

○ 凡人之生에 必坼副災害其母로되 而首生之子尤難하나니 今姜嫄은 首生后稷호되 如羊子之易하여 無坼副災害之苦하니 是는 顯其靈異也라 上帝豈不寧乎아 豈不康我之禋祀乎아 而使我無人道而徒然生是子也라

부(賦)이다. '탄(誕)'은 발어사(發語辭)이다. '미(彌)'는 마침이니, 열 달의 기한을 마친 것이다. '선생(先生)'은 첫 번째로 낳은 것이다. '달(達)'은 작은 양(염소)이니, 양새끼는 쉽게 태어나서 머뭇거리거나 어려움이 없다. '탁(坼)'과 '복(副)'은 모두 찢음이다. '혁(赫)'은 드러냄이다. '불녕(不寧)'은 편안함이요, '불강(不康)'은 편안히 흠향함이다. '거연(居然)'은 도연(徒然;아무 일 없음)이라는 말과 같다.

○ 무릇 사람이 태어날 때에는 반드시 그 어머니의 배를 찢고 해로움을 입히는데, 첫 번째로 낳는 자식은 더더욱 어렵다. 그런데 이제 강원(姜嫄)은 첫 번째로 후직을 낳았으나 양새끼를 낳는 것처럼 쉽게 낳아서 탁복(坼副)하고 해로움을 입는 고통이 없었으니, 이는 그 영이(靈異)로움을 드러낸 것이다. 상제가 어찌 편안하지 않으시겠는가. 어찌 우리의 정결한 제사를 편안히 흠향하지 않으시겠는가. 그리하여 우리로 하여금 인도(人道)가 없이 도연(徒然)히 이 아들을 낳게 한 것이다.

③ 誕寘之隘[於懈反]巷, 牛羊腓[符非反]字之. 誕寘之平林, 會伐平林. 誕寘之寒冰, 鳥覆[敷救反]翼[叶音異]之. 鳥乃去矣, 后稷呱[叶去聲]矣, 實覃實訏[叶去聲], 厥聲載路.

誕寘(置)之隘巷한대	〈아기를〉 좁은 골목에 버려두자
牛羊腓(비)字之하며	소와 양이 비호하고 사랑해 주며
誕寘之平林한대	숲 속에 버려두자
會伐平林하며	마침 나무를 베러온 자가 거두어주며
誕寘之寒冰한대	찬 얼음 위에 버려두자
鳥覆(부)翼之로다	새가 날개로 덮어주고 깔아주도다
鳥乃去矣어늘	새가 떠나가자
后稷呱(고)矣하시니	후직이 고고(呱呱)히 우시니
實覃(담)實訏하사	울음소리가 실로 길고 커서
厥聲載路러시니라	그 소리가 길에 가득하셨느니라

··· 寘 : 둘 치 隘 : 좁을 애 腓 : 덮을 비 字 : 사랑할 자 呱 : 아이울 고 覃 : 넓을 담 訏 : 클 우

賦也라 隘는 狹이요 腓는 芘요 字는 愛라 會는 值也니 值人伐木而收之라 覆는 蓋요 翼은 藉也니 以一翼覆之하고 以一翼藉之也라 呱는 啼聲也라 覃은 長이요 訏는 大라 載는 滿也니 滿路는 言其聲之大也라

○ 無人道而生子하니 或者以爲不祥이라 故로 棄之而有此異也라 於是에 始收而養之하니라

부(賦)이다. '애(隘)'는 좁음이요, '비(腓)'는 비호(庇護)함이요, '자(字)'는 사랑함이다. '회(會)'는 만남이니, 나무를 베러 온 사람(나무꾼)을 만나 거두어준 것이다. '부(覆)'는 덮어줌이요, '익(翼)'은 깔아줌이니, 새가 한 날개로 덮어주고 한 날개로 깔아준 것이다. '고(呱)'는 우는 소리이다. '담(覃)'은 깊이요, '우(訏)'는 큼이다. '재(載)'는 가득함이니, 길에 가득하다는 것은 울음소리가 큼을 말한 것이다.

○ 인도(人道)가 없이 아들을 낳으니, 혹자가 불길하다고 하였다. 그러므로 아들을 버렸는데, 이러한 기이함이 있었으므로 이에 비로소 거두어 기른 것이다.

④ 誕實匍〔音蒲〕匐〔蒲北反〕, 克岐克嶷〔魚極反〕, 以就口食. 蓺之荏〔而甚反〕菽, 荏菽旆旆, 禾役穟穟〔音遂〕, 麻麥幪幪〔莫孔反〕, 瓜瓞唪唪〔布孔反〕.

誕實匍匐하사	실로 엉금엉금 기어가사
克岐克嶷(억)이러시니	능히 숙성(夙成)하시더니
以就口食하사	스스로 밥을 먹게 되자
蓺(예)之荏(임)菽하시니	콩을 심으시니
荏菽旆(패)旆하며	콩 가지가 깃발처럼 펄럭이며
禾役穟(수)穟하며	벼의 열이 아름다우며
麻麥幪(몽)幪하며	깨와 보리가 무성하며
瓜瓞(질)唪(봉)唪하더니라	오이가 주렁주렁 달렸더니라

賦也라 匍匐은 手足竝行也라 岐、嶷은 峻茂之狀이라 就는 向也요 口食은 自能食也니 蓋六七歲時也라 蓺는 樹也라 荏菽은 大豆也라 旆旆는 枝旟(여)揚起也라 役은 列也라 穟穟는 苗美好之貌也라 幪幪然茂密也요 唪唪然多實也라

○ 言后稷能食時로 已有種殖之志하니 蓋其天性然也라 史記曰 棄爲兒時에 其遊戲에 好種殖麻麥하여 麻麥美하고 及爲成人에 遂好耕農이러니 堯擧以爲農師라하

••• 芘 : 덮을 비 藉 : 깔 자 啼 : 울 제 匍 : 기어갈 포 匐 : 기어갈 복 岐 : 높을 기 嶷 : 성숙할 억, 클 억
蓺 : 심을 예 荏 : 들깨 임, 콩 임 旆 : 펄럭일 패 役 : 줄지을 역, 늘어설 역 穟 : 고갱이나올 수 幪 : 무성할 몽
瓞 : 작은오이 질 唪 : 열매많이달릴 봉 旟 : 기 여 殖 : 심을 식

88

詩經集傳 下

부(賦)이다. '포복(匍匐)'은 손과 발로 함께 기어가는 것이다. '기(岐)'와 '억(嶷)'은 크고 무성한 모양이다. '취(就)'는 향함이요, '구식(口食)'은 스스로 밥 먹을 수 있는 것이니, 6~7세 때인 것이다. '예(蓺)'는 심음이다. '임숙(荏菽)'은 대두(大豆)이다. '패패(旆旆)'는 콩가지가 깃발처럼 휘날리는 것이다. '역(役)'은 열(列)이다. '수수(穟穟)'는 묘(苗)가 아름답고 좋은 모양이다. 몽몽연(幪幪然)히 무성하고 빽빽하며, 봉봉연(唪唪然)히 열매가 많은 것이다.

○ 후직이 능히 밥을 먹을 때로부터 이미 곡식을 씨 뿌리고 번식시키려는 뜻이 있었으니, 이는 그 천성(天性)이 그러한 것이다. 《사기(史記)》〈주기(周紀)〉에 "기(棄;후직의 이름)는 아이였을 때에 놀고 장난할 적에 깨와 보리를 씨 뿌리고 가꾸기를 좋아하여 깨와 보리가 아름다웠으며, 성인(成人)이 되어서는 마침내 밭 갈고 농사짓는 것을 좋아하였는데, 요(堯) 임금이 등용하여 농사(農師)로 삼았다." 하였다.

⑤ 誕后稷之穡, 有相〔息亮反〕之道〔叶徒口反〕. 茀〔音弗〕厥豐草〔叶此苟反〕, 種〔去聲〕之黃茂〔叶莫口反〕. 實方實苞〔叶蒲苟反〕, 實種〔上聲〕實襃〔叶徐久反〕, 實發實秀〔叶思久反〕, 實堅實好〔叶許口反〕, 實穎〔營井反〕實栗. 卽有邰〔他來反〕家室.

誕后稷之穡이	후직의 농사는
有相之道로다	도와주어 재배하는 방법이 있도다
茀(불)厥豐草하고	무성한 풀을 제거하고
種之黃茂하니	아름다운 곡식을 심으니
實方實苞하며	씨앗을 물에 담궈 싹이 트려고 하며
實種實襃(유)하며	씨를 뿌려 점점 자라며
實發實秀하며	발육하고 이삭이 패며
實堅實好하며	단단하고 아름다우며
實穎實栗하더니	이삭이 늘어지고 알차더니
卽有邰家室하시니라	태(邰)나라에 나아가 집안을 정하시니라

賦也라 相은 助也니 言盡人力之助也라 茀은 治也라 種은 布之也라 黃茂는 嘉穀也

••• 穡 : 거둘 색, 농사 색 茀 : 제거할 불 襃 : 자랄 유 秀 : 이삭팰 수 穎 : 이삭 영 邰 : 나라이름 태

라 方은 房也요 苞는 甲而未坼也니 此는 漬(지)其種也라 種은 甲坼而可爲種也요
褎는 漸長也라 發은 盡發也요 秀는 始穟也라 堅은 其實堅也요 好는 形味好也라 穎
은 實繁碩而垂末也라 栗은 不秕也니 旣收成에 見其實皆栗栗然不秕也라 邰는 后
稷之母家也니 豈其或滅或遷하여 而遂以其地封后稷與아

○ 言后稷之稼如此라 故로 堯以其有功於民이라하사 封於邰하여 使卽其母家而居
之하여 以主姜嫄之祀라 故로 周人亦世祀姜嫄焉하니라

부(賦)이다. '상(相)'은 도움이니, 인력의 도와줌을 다함을 말한 것이다. '불(茀)'
은 다스림이다. '종(種)'은 펴는(파종하는) 것이다. '황무(黃茂)'는 아름다운 곡식이
다. '방(方)'은 방(房;씨앗이 물에 젖어 커짐)이요, '포(苞)'는 껍질이 아직 터지지 않은
것이니, 이는 그 씨앗을 물에 담근 것이다. '종(種)'은 껍질이 터져 씨앗으로 삼을
수 있는 것이요, '유(褎)'는 점점 자라는 것이다. '발(發)'은 다 큰 것이요, '수(秀)'
는 이삭이 처음 패는 것이다. '견(堅)'은 그 열매가 단단한 것이요, '호(好)'는 모양
과 맛이 좋은 것이다. '영(穎)'은 열매가 많고 커서 이삭의 끝이 늘어진 것이다. '율
(栗)'은 쭉정이가 없는 것이니, 이미 성숙한 것을 거둠에 그 열매가 밤알처럼 단단
하여 쭉정이가 없음을 나타낸 것이다. '태(邰)'는 후직의 모가(母家;외가)였는데, 아
마도 혹 멸망하였거나 혹 옮겨가서 마침내 이 땅으로써 후직을 봉했나보다.

○ 후직의 농사가 이와 같았다. 그러므로 요(堯) 임금은 후직이 백성에게 공
(功)이 있다 하여 태(邰)나라에 봉해서 그 모가에 나아가 거처하면서 강원(姜嫄)의
제사를 주관하게 하셨다. 그러므로 주나라 사람 또한 대대로 강원을 제사함을 말
한 것이다.

⑥ 誕降嘉種, 維秬[音巨]維秠[字鄙反], 維穈[音門]維芑[音起]. 恒[古鄧反]之
秬秠, 是穫是畝[叶滿洧反]. 恒之穈芑, 是任[音壬]是負[叶扶委反]. 以歸肇
祀[叶養里反].

誕降嘉種하니   아름다운 종자를 내려주시니
維秬(거)維秠(비)며   작은 검은 기장과 큰 검은 기장이며
維穈(문)維芑(기)로다   붉은 차조와 흰 차조로다
恒(긍)之秬秠하니   검은 기장을 두루 심으니
是穫是畝하며   이에 수확하고 이랑에 쌓아놓으며

••• 坼 : 터질 탁 漬 : 담글 지 秕 : 검은기장 비 秬 : 검은기장 거 秠 : 검은기방 비 穈 : 조 문 芑 : 흰차조 기
恒 : 두루할 긍

恒之穈芑하니 　　붉은 차조와 흰 차조를 두루 심으니
是任是負하여 　　이에 어깨에 메고 등짐에 져서
以歸肇祀하시니라 　　돌아와 비로소 제사하시니라

賦也라 降은 降是種於民也니 書曰 稷降播種이 是也라 秬는 黑黍也요 秠는 黑黍니 一稃二米者也라 穈은 赤粱粟也요 芑는 白粱粟也라 恒은 徧也니 謂徧種之也라 任은 肩任也요 負는 背負也라 旣成則穫而棲之於畝라가 任負而歸하여 以供祭祀也라 秬秠言穫畝하고 穈芑言任負는 互文[33]耳라 肇는 始也니 稷始受國爲祭主라 故로 曰肇祀라하니라

부(賦)이다. '강(降)'은 이 씨앗을 백성에게 내려주신 것이니, 《서경》〈여형(呂刑)〉에 "후직이 씨앗을 내려주어 파종하게 했다."는 것이 이것이다. '거(秬)'는 검은 기장이요 '비(秠)'는 검은 기장인데, 왕겨는 하나이고 쌀알은 두 개인 것이다. '문(穈)'은 붉은 차조요 '기(芑)'는 흰 차조이다. '긍(恒)'은 두루이니, 두루 심음을 이른다. '임(任)'은 어깨에 메는 것이요 '부(負)'는 등에 지는 것이다. 곡식이 이미 성숙하면 베어서 이랑에 쌓아놓았다가 어깨에 메고 등에 지고서 돌아와 제사에 바치는 것이다. 거비(秬秠)에는 베어 가리질한다고 말하고, 문기(穈芑)에는 어깨에 메고 등에 진다고 말한 것은 호문(互文)이다. '조(肇)'는 비로소이니, 후직이 처음 나라를 받아 제주(祭主)가 된 것이다. 그러므로 조사(肇祀;처음 제사함)라고 말한 것이다.

⑦ 誕我祀如何, 或舂[傷容反]或揄[音由], 或簸[波我反]或蹂[音柔]. 釋之叟叟[所留反], 烝之浮浮. 載謀載惟, 取蕭祭脂, 取羝[都禮反]以軷[蒲末反 叶蒲昧反]. 載燔載烈[如字 叶力制反], 以興嗣歲[叶音雪 又如字].

誕我祀如何오 　　우리 후직의 제사를 어떻게 지내셨는고
或舂(용)或揄(유)하며 　　혹은 방아 찧고 혹은 절구에서 퍼내며

• • • • • •
33 互文 : 호문(互文)은 똑같은 내용을 모두 쓰지 않고 각각 한 가지씩만을 나열하는 것으로, 위의 거비(秬秠)와 문기(穈芑)가 모두 성숙하면 베어 가리질하고 어깨나 등으로 지고 오는데, 이를 한 가지씩 나누어 말했음을 이른다.

••• 任 : 멜 임　負 : 질 부　肇 : 비롯할 조　稃 : 왕겨 부　棲 : 쌓아놓을 서　舂 : 절구질할 용
　　 揄 : 절구질할 유, 퍼낼 유

或簸(파)或蹂(유)하며 　　혹은 까부르고 혹은 절구에 당겨 넣으며
釋之叟叟하며 　　쌀을 싹싹 씻으며
烝之浮浮하며 　　쪄서 김이 뭉게뭉게 오르며
載謀載惟하며 　　택일하고 재계하며
取蕭祭脂하며 　　쑥을 취하여 기름 묻혀 태워 강신제를 올리며
取羝(저)以軷(발)하며 　　숫양을 취하여 노제(路祭)를 지내며
載燔載烈하여 　　고기를 불에 굽고 꼬치에 끼워 구워서
以興嗣歲로다 　　새해를 일으키고 지난해를 잇도다

賦也라 我祀는 承上章而言后稷之祀也라 揄는 抒(서)臼也라 簸는 揚去糠也요 蹂는 蹂禾取穀以繼之也라 釋은 淅(석)米也라 叟叟는 聲也요 浮浮는 氣也라 謀는 卜日擇士也요 惟는 齊(齋)戒具脩也라 蕭는 蒿也요 脂는 膟膋(률료)니 宗廟之祭에 取蕭合膟膋爇(설)之하여 使臭達牆屋也라 羝는 牡(무)羊也라 軷은 祭行道之神也라 燔은 傅諸火也요 烈은 貫之而加于火也라 四者는 皆祭祀之事니 所以興來歲而繼往歲也니라

부(賦)이다. '우리 제사'라는 것은 상장(上章)을 이어 후직의 제사를 말한 것이다. '유(揄)'는 절구에서 퍼내는 것이다. '파(簸)'는 까불러서 겨를 버리는 것이요, '유(蹂)'는 벼를 끌어당겨 곡식을 가져다가〈절구에〉계속 넣는 것이다. '석(釋)'은 쌀을 깨끗이 씻는 것이다. '수수(叟叟)'는 쌀을 씻는 소리요, '부부(浮浮)'는 김이 뭉개뭉개 올라가는 것이다. '모(謀)'는 날짜를 점치고 제사할 사람을 가려 뽑는 것이요, '유(惟)'는 재계(齋戒)하고 제수를 장만하고 청소하는 것이다. '소(蕭)'는 쑥이요, '지(脂)'는 희생의 발 기름과 창자 기름이니, 종묘의 제사에 쑥을 취해서 발 기름과 창자 기름을 합하여 태워서 냄새가 담장과 지붕에 도달하게 하는 것이다. '저(羝)'는 숫양이다. '발(軷)'은 길의 신(神)에게 제사하는 것이다. '번(燔)'은 불에 올려 굽는 것이요, '열(烈)'은 꼬치에 꿰어서 불에 올려놓는 것이다. 네 가지는 모두 제사하는 일이니, 오는 해를 일으키고 가는 해를 잇는 것이다.

⑧ 卬[五郎反]盛[音成]于豆, 于豆于登. 其香始升, 上帝居歆[下與今叶]. 胡臭亶時[叶上止反], 后稷肇祀[叶養里反], 庶無罪悔[叶呼委反], 以迄[許乙反]于今[上與歆叶].

卬(앙)盛于豆하니	내가 제수를 제기(祭器)에 담으니
于豆于登이로다	나무그릇과 질그릇에 담도다
其香始升하니	그 향내음이 비로소 올라가니
上帝居歆이샷다	상제가 편안히 흠향하시도다
胡臭亶時리오	어찌 향내음이 때에 알맞을 뿐이리오
后稷肇祀로(하시므로)	후직이 처음 제사함으로부터
庶無罪悔하여	거의 죄와 뉘우침이 없어서
以迄(흘)于今이샷다	지금에 이르셨도다

賦也라 卬은 我也라 木曰豆니 以薦菹醢(저해)也요 瓦曰登이니 以薦大(太)羹[34]也라 居는 安也라 鬼神食氣曰歆이라 胡는 何요 臭는 香이요 亶은 誠也라 時는 言得其時也라 庶는 近이요 迄은 至也라

○ 此章은 言其尊祖配天之祭에 其香始升하여 而上帝已安而饗之하시니 言應之疾也라 此何但芳臭之薦이 信得其時哉리오 蓋自后稷之肇祀로 則庶無罪悔하여 而至于今矣라 曾氏曰 自后稷肇祀以來로 前後相承하여 兢兢業業하여 惟恐一有罪悔하여 獲戾于天하여 閱數百年而此心不易이라 故로 曰 庶無罪悔하여 而迄于今이라하니 言周人世世用心이 如此也니라

부(賦)이다. '앙(卬)'은 나이다. 나무 그릇을 '두(豆)'라 하니 여기에 김치와 젓갈을 올리고, 질그릇을 '등(登)'이라 하니 여기에 태갱(太羹)을 올린다. '거(居)'는 편안함이다. 귀신이 기(氣:내음)를 먹는 것을 '흠향[歆]'이라 한다. '호(胡)'는 어찌요, '취(臭)'는 향내음이요, '단(亶)'은 진실로이다. '시(時)'는 제때를 얻음을 말한 것이다. '서(庶)'는 가까움(거의)이요, '흘(迄)'은 이름[至]이다.

○ 이 장(章)은 선조(先祖)를 높여 하늘에 배향하는 제사에 그 향내음이 처음 올라가 상제가 이미 편안히 흠향하심을 말했으니, 응하기를 빨리함을 말한 것이다. 이 어찌 단지 향기로운 제향을 올림이 진실로 제때에 알맞을 뿐이리오. 후직이 처음 제사하심으로부터 거의 죄와 뉘우침이 없어 지금에 이른 것이다.

증씨(曾氏)가 말하였다. "후직이 처음 제사한 이래로 전후(前後)에 서로 계승하

......
34 大(太)羹 : 태갱(太羹)은 종묘(宗廟) 제사에 올리는 쇠고기국을 이른다.

··· 卬:나 앙 盛:담을 성 登:그릇 등 亶:진실로 단 迄:이를 흘 菹:김치 저 醢:육장 해 閱:지낼 열

여 조심하고 두려워해서, 행여 한 번이라도 죄와 뉘우침이 있어 하늘에 죄를 얻을까 두려워하여 수백 년이 지나도록 이 마음이 변치 않았다. 그러므로 말하기를 '거의 죄와 뉘우침이 없어 지금에 이르렀다.'고 한 것이니, 주나라 사람이 대대로 마음을 씀이 이와 같았음을 말한 것이다."

生民八章이니 四章은 章十句요 四章은 章八句라

〈생민(生民)〉은 8장이니, 네 장은 10구이고 네 장은 8구이다.

此詩는 未詳所用하니 豈郊祀之後에 亦有受釐(禧)頒胙(조)之禮也歟아 舊說에 第三章八句요 第四章十句라하니 今按 第三章은 當爲十句요 第四章은 當爲八句니 則去﹑呱﹑訏﹑路는 音韻諧協하고 呱聲載路는 文勢通貫하며 而此詩八章이 皆以十句﹑八句로 相間爲次하고 又二章以後, 七章以前엔 每章章之首에 皆有誕字하니라

이 시(詩)는 어디에 쓴 것인지 자세하지 않으니, 아마도 교사(郊祀)를 지낸 뒤에 또한 복(福)을 받고 음복(飮福) 고기를 나누어주는 예(禮)가 있었나보다. 구설(舊說)에 '제3장(章)은 8구(句)이고 제4장은 10구'라 하였다. 그런데 이제 살펴보건대 제 3장은 마땅히 10구가 되어야 하고 제4장은 마땅히 8구가 되어야 하니, 거(去)﹒고(呱)﹒우(訏)﹒로(路)는 음운(音韻)이 맞으며, '우는 소리가 길에 가득하다'는 것은 문세(文勢)가 관통된다. 그리고 이 시는 여덟 장이 모두 10구와 8구로써 서로 번갈아 차례를 하였고, 또 제2장 이후와 제7장 이전에는 매 장마다 장 첫머리에 모두 탄(誕) 자가 있다.

【毛序】 生民은 尊祖也라 后稷은 生於姜嫄하고 文武之功은 起於后稷이라 故로 推以配天焉하니라

〈생민〉은 선조를 높인 시이다. 후직은 강원(姜嫄)에게서 태어났고, 문왕과 무왕의 공(功)은 후직에게서 일어났다. 그러므로 미루어 하늘에 배향한 것이다.

2. 행위(行葦)

① 敦[徒端反]彼行葦, 牛羊勿踐履, 方苞方體, 維葉泥泥[乃禮反]. 戚戚兄

··· 釐 : 복 희 頒 : 나눌 반 胙 : 제사고기 조

弟〔待禮反〕, 莫遠具爾, 或肆之筵, 或授之几.

敦(단)彼行葦를	싹이 우북한 저 길가의 갈대를
牛羊勿踐履면	소와 양이 밟지 않게 하면
方苞方體하여	막 움트며 형체를 이루어
維葉泥(녜)泥리라	잎이 부드럽고 윤택하리라
戚戚兄弟를	가깝고 가까운 형제들을
莫遠具爾(邇)면	멀리하지 말고 모두 가까이한다면
或肆之筵이며	혹(잔치를 열어) 자리를 펴며
或授之几리라	혹 궤(안석)를 주리라

興也라 敦은 聚貌니 勾萌之時也라 行은 道也라 勿은 戒止之詞也라 苞는 甲而未坼也요 體는 成形也라 泥泥는 柔澤貌요 戚戚은 親也라 莫은 猶勿也라 具는 俱也라 爾는 與邇同이라 肆는 陳也라

○ 疑此祭畢而燕父兄耆老之詩라 故로 言敦彼行葦를 而牛羊勿踐履면 則方苞方體하여 而葉泥泥矣요 戚戚兄弟를 而莫遠具爾면 則或肆之筵하며 而或授之几矣라 此는 方言其開燕設席之初로되 而懇懃篤厚之意가 藹(애)然已見(현)於言語之外矣니 讀者詳之니라

○ 흥(興)이다. '단(敦)'은 모인 모양이니, 싹이 움트는 때이다. '행(行)'은 길이다. '물(勿)'은 경계하여 그치게 하는 말이다. '포(苞)'는 껍질이 아직 터지지 않은 것이요, '체(體)'는 형체를 이룬 것이다. '녜녜(泥泥)'는 부드럽고 윤택한 모양이요, '척척(戚戚)'은 친함이다. '막(莫)'은 물(勿)과 같다. '구(具)'는 모두이다. '이(爾)'는 이(邇;가까움)와 같다. '사(肆)'는 폄이다.

○ 의심컨대 이는 제사를 마치고 부형과 기로(耆老)를 잔치하는 시(詩)인 듯하다. 그러므로 말하기를 "싹이 우북한 저 길가의 갈대를 소와 양이 밟지 말면 막 움이 트고 형체를 이루어 잎이 부드럽고 윤택할 것이요, 가까운 형제들을 멀리하지 말고 모두 가까이한다면 혹은 자리를 펴고 혹은 궤를 줄 것이다."라고 한 것이다. 이는 잔치를 열어 자리를 펴는 초기를 말했는데, 은근(간곡)하고 독후(篤厚)한 뜻이 애연(藹然)히 이미 언어의 밖에 나타나니, 읽는 자가 자세히 살펴보아야 할 것이다.

··· 敦 : 우북할 단 葦 : 갈대 위 泥 : 아들아들할 녜 戚 : 가까울 척 筵 : 자리 연 几 : 안석 궤 勾 : 굽을 구
　　殷 : 간곡할 은 懃 : 간곡할 근 藹 : 성할 애

② 肆筵設席[叶祥勺反], 授几有緝御[叶魚駕反]. 或獻或酢[才洛反], 洗爵奠斝[古雅反 叶居訝反]. 醓[他感反]醢以薦[叶卽略反], 或燔或炙[叶陟略反]. 嘉殽脾[婢支反]臄[渠略反], 或歌或咢[五洛反].

肆筵設席하니　　　　　자리를 펴고 다시 자리를 이중으로 펴니
授几有緝御로다　　　　궤를 주고 계속하여 모시는 이가 있도다
或獻或酢(작)하며　　　혹은 술잔을 올리고 혹은 권하며
洗爵奠斝(가)하며　　　술잔을 씻고 잔을 올리며
醓醢(담해)以薦하며　　육장과 젓갈을 올리며
或燔或炙(적)하며　　　혹은 불고기를 올리고 혹은 산적을 올리며
嘉殽脾臄(각)이며　　　좋은 안주에 지라와 입술고기가 있으며
或歌或咢(악)이로다　　혹은 노래하고 혹은 북 치도다

賦也라 設席은 重席也라 緝은 續이요 御는 侍也니 有相續代而侍者는 言不乏使也라 進酒於客曰獻이요 客答之曰酢이라 主人又洗爵醻客이어든 客受而奠之하고 不舉也[35]라 斝는 爵也니 夏曰琖(잔)이요 殷曰斝요 周曰爵이라 醓은 醢(醢)之多汁者也라 燔用肉하고 炙用肝이라 臄은 口上肉也라 歌者는 比於琴瑟也요 徒擊鼓曰咢이라

○ 言侍御、獻醻、飲食、歌樂之盛也라

　　부(賦)이다. '설석(設席)'은 자리를 이중으로 펴는 것이다. '집(緝)'은 계속함이요 '어(御)'는 모심이니, 서로 계속하여 교대로 모시는 자가 있음은 심부름할 사람이 끊기지 않음을 말한 것이다. 손님에게 술잔을 올림을 '헌(獻)'이라 하고, 손님이 답하여 올림을 '작(酢)'이라 한다. 주인이 다시 술잔을 씻어 손님에게 권하면 손님은 받아서 놓아두고 들지(마시지) 않는다. '가(斝)'는 술잔이니, 하(夏)나라에서는 잔(琖)이라 하고, 은(殷)나라에서는 가(斝)라 하고, 주(周)나라에서는 작(爵)이라 하

35　進酒於客曰獻……不舉也 : 이것을 '일헌지례(一獻之禮)'라 한다. 즉 주인이 술잔을 손님에게 올리는 것을 헌(獻)이라 하고, 손님이 술잔을 받아 마시고 답례로 주인에게 술잔을 올리는 것을 작(酢)이라 하며, 주인이 또다시 술잔을 씻어 손님에게 권하거든 손님이 술잔을 받아서 놓아두고 마시지 않는 것이다. 醻는 酬로도 쓴다.

···　緝 : 이을 집　酢 : 술따를 작　爵 : 술잔 작　斝 : 옥잔 가　醓 : 육장담　醢 : 육장 해　薦 : 올릴 천　脾 : 자라 비
　　臄 : 윗입술 각　咢 : 두드릴 악　醻 : 보답할 수　琖 : 술잔 잔　醢 : 육장 혜

96
詩經集傳 下

였다. '담(醓)'은 젓갈 중에 즙이 많은 것이다. 굽는 것은 고기를 쓰고, 산적은 간(肝)을 쓴다. '걱(膫)'은 입가의 살(고기)이다. '가(歌)'는 거문고와 비파에 맞추어 부르는 것이요, 다만 북만 치는 것을 '악(咢)'이라 한다.

○ 모시고 술잔을 올리며 음식을 먹고 노래하고 음악을 연주함이 성대함을 말한 것이다.

③ 敦〔音雕 下同〕弓旣堅〔叶古因反〕, 四鍭〔音侯〕旣鈞, 舍〔音捨〕矢旣均, 序賓以賢〔叶下珍反〕. 敦弓旣句〔古候反 叶古侯反〕, 旣挾〔子叶反〕四鍭, 四鍭如樹〔叶上主反〕, 序賓以不侮.

敦(조)弓旣堅하며	아로새긴 활이 이미 견고하며
四鍭(후)旣鈞이어늘	네 화살이 이미 고르거늘
舍(捨)矢旣均하니	화살을 발사하자 모두 적중하니
序賓以賢이로다	손님을 차례하되 화살을 맞힘으로써 하도다
敦弓旣句(彀)하며	아로새긴 활을 가득히 당기며
旣挾四鍭하여	이미 네 개의 화살촉을 쏘아
四鍭如樹하니	네 화살촉이 꽂아놓은 듯이 한 곳에 꽂히니
序賓以不侮로다	손님을 차례하되 업신여기지 않음으로써 하도다

賦也라 敦는 雕通이니 畫也니 天子雕弓이라 堅은 猶勁也라 鍭는 金鏃이니 翦羽矢也라 鈞은 參(참)亭也니 謂三分之하여 一在前하고 二在後하니 三訂之而平者는 前有鐵重也라 舍는 釋也니 謂發矢也라 均은 皆中也라 賢은 射多中也라 投壺曰 某賢於某若干純(전)이라하고 奇則曰奇요 均則曰左右均[36]이라하니 是也라 句는 彀通이니 謂引滿也라 射禮에 搢三挾一이라하니 旣挾四鍭면 則徧釋矣라 如樹는 如手就樹之니 言貫革而堅正也라 不侮는 敬也니 令弟子辭에 所謂無憮(호)無敖, 無偝(배)

••••••
36 某賢於某若干純……均則曰左右均 : 현(賢)은 '낫다(많이 맞추다)'의 뜻이며 '純'은 전(全)으로 읽는데, 화살 두 개를 1전(全)으로 계산한다. 예를 들어 명중한 화살수가 서로 같아 2, 4, 6, 8, 10이면 전(全)으로 계산하고, 1, 3, 5, 7, 9의 기수(奇數)이면 기(奇)로 계산한다. 균(均)은 모두 맞힘이다.

••• 敦 : 아로새길 조 鍭 : 화살촉 후 句 : 활당길 구 勁 : 굳셀 경 鏃 : 화살촉 촉 翦 : 자를 전 亭 : 고를 정
訂 : 바로잡을 정 壺 : 병 호 純 : 온전할 전 彀 : 활당길 구 搢 : 꽂을 진 憮 : 거만할 호 偝 : 등질 배

立, 無踰言者也라 或曰 不以中病不中者也니 射以中多爲雋(俊)이요 以不侮爲德이
라하니라

○ 言旣燕而射하여 以爲樂也라

부(賦)이다. '조(敦)'는 조(雕)와 통하니, 활에 그림을 그린 것이니, 천자는 아
로새겨 꾸민 활을 사용한다. '견(堅)'은 경(勁:굳셈)과 같다. '후(鍭)'는 쇠 화살촉이
니, 깃털을 잘라 만든 화살이다. '균(鈞)'은 화살을 참작하여 맞게 함이니, 셋으로
나누어 3분의 1은 앞에 있고 3분의 2는 뒤에 있음을 이르니, 3등분하여 조정해
서 고르게 되는 것은 앞에 쇠가 있어서 무겁기 때문이다. '사(舍)'는 놓음이니, 화
살을 발사함을 이른다. '균(均)'은 모두 맞힘이다. '현(賢)'은 활을 쏘아 많이 맞힘
이다. 《예기》〈투호(投壺)〉에 "아무개가 아무개보다 약간 전(純)을 더 많이 맞혔다
〔賢〕 하고, 기(奇)이면 기(奇)라고 하고, 같으면〔均〕 좌우가 같다고 한다." 한 것이
이것이다. '구(句)'는 구(彀)와 통하니, 활을 가득히 당김을 이른다. 《의례》〈향사례
(鄕射禮)〉에 "화살촉 세 개를 화살통에 꽂고 하나를 잡는다." 하였으니, 이미 네 화
살촉을 잡았다면 모두 발사한 것이다. '여수(如樹)'는 손으로 가서 과녁판에 꽂아
놓은 것과 같은 것이니, 가죽을 뚫되 견고하고 바름을 말한 것이다. '불모(不侮)'는
공경함이니, 《예기》〈투호〉에 자제(子弟)에게 명령한 말에 이른바 "거만하지 말고
오만하지 말고 등지고 서지 말고 넘어가 말하지 말라"는 것이다. 혹자는 말하기를
"화살을 맞혔다 하여 맞히지 못한 자에게 폐해를 입히지 않는 것이니, 화살을 쏠
때에는 많이 맞히는 것을 준(雋:뛰어남)으로 여기고, 남을 업신여기지 않음을 덕
(德)으로 여긴다." 하였다.

○ 이미 잔치하고 활을 쏘아 즐거워함을 말한 것이다.

④ 曾孫維主〔如字 或叶當口反〕, 酒醴維醹〔如主反 或叶奴口反〕. 酌以大斗〔叶腫
庾反 或如字〕, 以祈黃耈〔叶果五反 或如字〕. 黃耈台〔湯來反〕背〔叶必墨反〕, 以引以
翼. 壽考維祺〔音其〕, 以介景福〔叶筆力反〕.

曾孫維主하니   증손이 주인이니
酒醴維醹(유)로다   술과 단술이 맛이 진하도다
酌以大斗하여   큰 말로 떠서
以祈黃耈로다(하놋다)   노인들의 장수를 기원하도다

··· 雋 : 뛰어날 준 醹 : 전국술 유 耈 : 늙을 구

黃耇台(鮐)背	복어 등과 같은 분이
以引以翼하여	인도하고 보익(輔翼)해서
壽考維祺하여	장수와 강녕을 빌어
以介景福이로다	큰 복을 크게 받으리도다

賦也라 曾孫은 主祭者之稱이니 今祭畢而燕故로 因而稱之也라 醹는 厚也라 大斗는 柄長三尺이라 祈는 求也요 黃耇는 老人之稱이니 以祈黃耇는 猶日以介眉壽云耳라 古器物款識(관지)云 用蘄(기)萬壽, 用蘄眉壽, 永命多福, 用蘄眉壽, 萬年無疆[37]이라하니 皆此類也라 台는 鮐也니 大老則背有鮐文이라 引은 導요 翼은 輔요 祺는 吉也라

○ 此는 頌禱之詞니 欲其飮此酒而得老壽하고 又相引導輔翼하여 以享壽祺, 介景福也라

부(賦)이다. '증손'은 제사를 주관하는 자의 칭호이니, 이제 제사가 끝나고 잔치하기 때문에 인하여 증손을 칭한 것이다. '유(醹)'는 후(厚:술맛이 진함)함이다. '대두(大斗:큰 말)'는 자루 길이가 3척(尺)이다. '기(祈)'는 구함(바람)이요, '황구(黃耇)'는 노인의 칭호이니, '이기황구(以祈黃耇)'는 이개미수(以介眉壽;장수를 크게 누림)라는 말과 같다. 《고기물관지(古器物款識)》에 "용기만수(用蘄萬壽), 용기미수(用蘄眉壽), 영명다복(永命多福), 용기미수(用蘄眉壽), 만년무강(萬年無疆)"이라 하였으니, 모두 이러한 따위이다. '태(台)'는 복어[鮐]이니, 사람이 매우 늙으면 등에 복어 무늬가 있게 된다. '인(引)'은 인도함이요, '익(翼)'은 보익(輔翼)함이요, '기(祺)'는 길(吉)함이다.

○ 이는 송도(頌禱)하는 말이니, 이 술을 마시고 노수(老壽:장수)를 얻으며, 또 서로 인도하고 보익해서 수기(壽祺:장수와 안락)를 누리고 큰 복을 크게 받고자 한 것이다.

行葦四章이니 章八句라

------

37 用蘄萬壽……萬年無疆:기(蘄)는 기원하는 것으로 만수(萬壽)와 미수(眉壽), 영명(永命)과 만년(萬年)은 모두 장수하기를 바라는 말인데, 위의 내용은 모두 《고고도(考古圖)》에 보이나 기물(器物)에 대한 명문(銘文)이 달라서 '용기미수(用蘄萬壽)'가 중복된 것으로 보인다.

••• 台 : 복어 태 祺 : 복 기 款 : 정성 관 識 : 기록할지 蘄 : 구할 기 鮐 : 복어 태

〈행위(行葦)〉는 4장이니, 장마다 8구이다.

毛는 七章이니 二章은 章六句요 五章은 章四句라하고 鄭은 八章章四句라하고 毛는 首章以四句興二句라하나 不成文理요 二章은 又不協韻이며 鄭은 首章有起興이라 하나 而無所興하니 皆誤라 今正之如此하노라

모씨(毛氏:모형과 모장)는 "7장이니, 두 장은 장마다 6구이고, 다섯 장은 장마다 4구이다." 하였고, 정씨(鄭氏:정현)는 "여덟 장에 장마다 4구이다." 하였다. 모씨는 "수장(首章)은 4구로써 2구를 흥(興)했다." 하였는데 문리(文理)를 이루지 못하고, 〈6구이면〉 두 장은 또 운(韻)이 맞지 않으며, 정씨는 "수장(首章)에 기흥(起興)이 있다." 하였는데 흥(興)한 바가 없으니, 모두 잘못이다. 이제 바로잡기를 이와 같이 하노라.

【毛序】　行葦는 忠厚也라 周家忠厚하여 仁及草木이라 故로 能內睦九族하고 外尊事黃耇하며 養老乞言하여 以成福祿焉하니라

〈행위〉는 충후(忠厚)함을 읊은 시(詩)이다. 주나라가 충후하여 인덕(仁德)이 초목에게까지 미쳤다. 그러므로 안으로 구족(九族)을 화목하고 밖으로 황구(黃耇)를 높이고 섬기며, 노인을 봉양하고 좋은 말씀을 간청하여 복록(福祿)을 이룬 것이다.

【鄭註】　九族은 自己로 上至高祖하고 下至玄孫之親也라 黃은 黃髮也요 耇는 凍(黎)[梨]也라 乞言은 從求善言可以爲政者니 敦史受之라

'구족'은 자기로부터 위로 고조(高祖)에 이르고 아래로 현손(玄孫:고손)에 이르는 친족이다. '황(黃)'은 황색의 머리털이요, '구(耇)'는 얼굴이 언 배빛[凍梨]인 것이다. '걸언(乞言)'은 선언(善言) 중에 정사(政事)를 할 만한 것을 따라 구하여 돈사(敦史:훌륭한 사관)가 받아 기록하는 것이다.

【辨說】　此詩는 章句本甚分明이로되 但以說者不知比興之體와 音韻之節하여 遂不復得全詩之本意하고 而碎讀之하여 逐句自生意義하여 不暇尋繹血脈하고 照管前後하여 但見勿踐行葦하고 便謂仁及草木이라하고 但見戚戚兄弟하고 便謂親睦九族이라하고 但見黃耇台背하고 便謂養老라하고 但見以祈黃耇하고 便謂乞言이라하고 但見介爾景福하고 便謂成其福祿이라하여 隨文生義하여 無復倫理라 諸序之中에 此失尤甚하니 覽者詳之니라

이 시는 장(章)과 구(句)가 본래 매우 분명한데, 다만 해설하는 자가 비흥(比興)의 체(體)와 음운(音韻)의 절(節:리듬)을 알지 못하여, 마침내 다시는 전시(全詩)의

본의를 알지 못하고 자잘하게 나누어 읽어서 구(句)마다 자기 멋대로 의의(意義)를 만들어 내어 문맥을 찾고 전후(前後)를 조관(照管)할 겨를이 없었다. 그리하여 다만 '길가의 갈대를 밟지 말라.〔勿踐行葦〕'란 구를 보고는 곧바로 '인이 초목에 미쳤다.〔仁及草木〕'하고, 다만 '척척형제(戚戚兄弟)'란 구를 보고는 곧바로 '구족을 친목했다.〔親睦九族〕'고 하고, 다만 '황구태배(黃耇台背)'란 구를 보고는 곧바로 '양로(養老)'라고 말하고, 다만 '이기황구(以祈黃耇)'란 구를 보고는 곧바로 '걸언(乞言)'이라 이르고, 다만 '개이경복(介爾景福)'이란 구를 보고는 곧바로 '그 복록을 이루었다.〔成其福祿〕'고 말해서 글에 따라 의의를 만들어 내어서 다시는 윤리(倫理; 조리)가 없다. 여러 〈서〉 가운데 이 편의 잘못이 더욱 심하니, 보는 자가 자세히 살펴야 한다.

3. 기취(旣醉)

① 旣醉以酒, 旣飽以德. 君子萬年, 介爾景福〔叶筆力反〕.

旣醉以酒요	이미 술로써 취하고
旣飽以德하니	이미 은덕으로써 배부르니
君子萬年에	군자가 만년토록
介爾景福이로다	너의 큰 복을 크게 받으리로다

賦也라 德은 恩惠也라 君子는 謂王也라 爾亦指王也라
○ 此는 父兄所以答行葦之詩라 言享其飮食恩意之厚하고 而願其受福如此也라
　부(賦)이다. '덕(德)'은 은혜이다. '군자'는 왕을 말한 것이다. '이(爾;너)' 또한 왕을 가리킨다.
　○ 이는 부형이 〈행위(行葦)〉에 답한 시이다. 그 음식과 은혜로운 뜻의 후함을 누리고, 그 이와 같이 복을 받기를 원한다고 말한 것이다.

② 旣醉以酒, 爾殽旣將. 君子萬年, 介爾昭明〔叶謨郎反〕.

旣醉以酒_요	이미 술로써 취하고
爾殽旣將_{하니}	네 안주를 이미 올리니
君子萬年_에	군자가 만년토록
介爾昭明_{이로다}	너의 소명함을 크게 하리로다

賦也라 殽는 俎實也라 將은 行也니 亦奉持而進之意라 昭明은 猶光大也라

부(賦)이다. '효(殽)'는 도마에 담아놓은 안주이다. '장(將)'은 행함이니, 또한 받들어 올리는 뜻이다. '소명(昭明)'은 광대(光大)함과 같다.

③ 昭明有融, 高朗令終. 令終有俶〔尺六反〕, 公尸嘉告〔叶姑沃反〕.

昭明有融_{하니}	소명함이 매우 밝으니
高朗令終_{이로다}	고명(高明)하여 끝마침을 잘하리로다
令終有俶_{하니}	끝마침을 잘하려면 시작이 좋아야 하니
公尸嘉告(곡)_{이로다}	공시가 좋은 말로 고(告)하도다

賦也라 融은 明之盛也니 春秋傳曰 明而未融이라하니라 朗은 虛明也라 令終은 善終也니 洪範所謂考終命이요 古器物銘에 所謂令終, 令命이 是也라 俶은 始也라 公尸는 君尸也라 周稱王이어늘 而尸但曰公尸[38]는 蓋因其舊니 如秦已稱皇帝로되 而其男女猶稱公子、公主也라 嘉告는 以善言告之니 謂嘏辭也라 蓋欲善其終者는 必善其始하나니 今固未終也나 而旣有其始矣라 於是에 公尸以此告之하니라

부(賦)이다. '융(融)'은 밝음의 성함이니, 《춘추좌씨전》 소공(昭公) 5년에 "날이 밝았으나 아직 크게 밝지는〔融〕 못하다." 하였다. '랑(朗)'은 허명(虛明)함이다. '영종(令終)'은 끝마침(죽음)을 잘하는 것이니, 《서경》〈홍범(洪範)〉에 이른바 "고종명(考終命)"이라는 것이요, 《고기물명(古器物銘)》에 이른바 "영종(令終), 영명(令命)"이라는 것이 이것이다. '숙(俶)'은 비로소이다. '공시(公尸)'는 군시(君尸:군주의 시동)이

······
38 而尸但曰公尸 : 당시 왕(王)은 천자를 지칭하고 공(公)은 제후를 지칭하였는바, 주나라는 이미 천하를 통일하여 왕을 칭하였으니, 마땅히 '왕시(王尸)'라고 하여야 할 터인데, '공시(公尸)'라고 칭한 것은 옛부터 불러오던 칭호를 그대로 인습하였음을 밝힌 것이다.

··· 殽 : 안주 효 融 : 밝을 융 朗 : 밝을 랑 令 : 좋을 령 俶 : 비로소 숙 嘏 : 복 가

다. 주(周)나라는 왕이라 칭하였는데 시(尸)를 다만 공시라고 한 것은 아마도 옛것을 따른 듯하니, 진(秦)나라가 황제라고 칭하였으나 그 아들과 딸을 여전히 공자(公子), 공주(公主)라고 칭한 것과 같다. '가곡(嘉告)'은 좋은 말로 고하는 것이니 가사(嘏辭;조상이 복을 내리는 말)를 이른다. 그 끝마침을 잘하고자 하는 자는 반드시 그 시작을 잘해야 하니, 이제 진실로 아직 끝마치지 않았으나 이미 그 시작이 있는 것이다. 이에 공시가 이로써 고(告)한 것이다.

④ 其告維何, 籩豆靜嘉〔叶居何反〕. 朋友攸攝, 攝以威儀〔叶牛何反〕.

其告維何오   그 고함은 무엇인고
籩豆靜嘉어늘   변두가 정갈하고 아름답거늘
朋友攸攝이   제사를 돕는 이들의 검속(檢束)함이
攝以威儀로다   위의로써 검속하도다

◎

大雅

旣醉

賦也라 靜嘉는 淸潔而美也라 朋友는 指賓客助祭者니 說見楚茨篇하니라 攝은 檢也라
○ 公尸告以汝之祭祀에 籩豆之薦이 旣靜嘉矣요 而朋友相攝佐者 又皆有威儀하여 當神意也라 自此至終篇은 皆述尸告之辭하니라

부(賦)이다. '정가(靜嘉)'는 정갈하고 아름다움이다. '붕우'는 빈객(賓客)으로서 제사를 돕는 자를 가리키니, 해설이 위 〈초자(楚茨)〉편에 보인다. '섭(攝)'은 검속함이다.

○ 공시가 고하기를 '너의 제사에 올린 변두(籩豆)의 음식이 이미 정갈하고 아름다웠고, 붕우로서 서로 검속하고 돕는 자가 또 모두 위의가 있어 신(神)의 뜻에 합당하다.'고 한 것이다. 이로부터 종편(終篇)까지는 모두 시동(尸童)이 고하는 말을 기술한 것이다.

⑤ 威儀孔時〔叶上止反〕, 君子有孝子〔叶獎里反〕. 孝子不匱〔求位反〕, 永錫爾類.

威儀孔時어늘   위의가 심히 제때에 맞거늘

··· 籩 : 제기 변 攝 : 검속(檢束)할 섭

君子有孝子로다　　　　　군자가 효자를 두었도다
孝子不匱(궤)하니　　　　　효자가 다하지 아니하니
永錫爾類로다　　　　　　　길이 너에게 좋음을 주리로다

賦也라 孝子는 主人之嗣子也라 儀禮에 祭祀之終에 有嗣擧奠이라 匱는 竭이요 類는 善也라

○ 言汝之威儀 旣得其宜하고 又有孝子以擧奠하니 孝子之孝 誠而不竭이면 則宜永錫爾以善矣라 東萊呂氏曰 君子旣孝而嗣子又孝하니 其孝可謂源源不竭矣로다

　　부(賦)이다. '효자'는 주인의 사자(嗣子:큰아들)이다. 《의례》〈특생궤사례(特牲饋食禮)〉에 제사를 마침에 사자가 올린 술잔을 드는 예(禮)가 있다. '궤(匱)'는 다함이요, '류(類)'는 좋음이다.

　　○ 너의 위의가 이미 마땅함을 얻었고, 또 효자가 있어 제수를 들어 올리니, 효자의 효(孝)가 정성스럽고 다하지 않으면 마땅히 길이 너에게 좋음을 주겠다고 말한 것이다.

　　동래 여씨(東萊呂氏)가 말하였다. "군자가 이미 효도하였는데 사자(嗣子)가 또 효도하니, 그 효도가 원원(源源)히 이어져 다하지 않는다고 이를 만하도다."

⑥ 其類維何, 室家之壼〔苦本反 叶苦俊反〕. 君子萬年, 永錫祚〔才故反〕胤〔羊刃反〕.

其類維何오　　　　　　　그 좋음은 무엇인고
室家之壼(곤)이로다　　　실가가 심원하고 엄숙하도다
君子萬年에(을)　　　　　군자가 만년토록
永錫祚胤이로다　　　　　길이 복록과 자손을 주리로다

賦也라 壼은 宮中之巷也니 言深遠而嚴肅也라 祚는 福祿也요 胤은 子孫也니 錫之以善이 莫大於此하니라

　　부(賦)이다. '곤(壼)'은 궁중의 골목이니, 심원(深遠)하고 엄숙함을 말한 것이다. '조(祚)'는 복록이요 '윤(胤)'은 자손이니, 좋음을 줌이 이보다 큰 것이 없다.

･･･ 匱 : 다할 궤 類 : 착할 류 壼 : 대궐안길 곤 祚 : 복 조

⑦ 其胤維何, 天被[皮寄反]爾祿. 君子萬年, 景命有僕.

其胤維何오　　　　　　그 자손은 무엇인고
天被爾祿하여　　　　　하늘이 너에게 복록을 내려
君子萬年에(을)　　　　군자가 만년토록
景命有僕이로다　　　　큰 명(命)이 따르리로다

賦也라 僕은 附也라
○ 言將使爾有子孫者로 先當使爾被天祿하여 而爲天命之所附屬하고 下章에 乃言子孫之事하니라
　부(賦)이다. '복(僕)'은 따름이다.
　○ 장차 자손을 둔 너로 하여금 먼저 마땅히 너에게 천록(天祿)을 입혀 주어 천명(天命)이 따르는 바가 되게 함을 말하였고, 하장(下章)에 비로소 자손의 일을 말하였다.

⑧ 其僕維何, 釐[力之反]爾女士[鉏里反]. 釐爾女士, 從以孫子[叶獎里反].

其僕維何오　　　　　　그 따름은 무엇인고
釐爾女士로다　　　　　너에게 훌륭한 여사를 줌이로다
釐爾女士요　　　　　　너에게 훌륭한 여사를 주고
從以孫子로다　　　　　훌륭한 자손으로써 따르게 하리로다

賦也라 釐는 予也라 女士는 女之有士行者니 謂生淑媛하여 使爲之妃(配)也라 從은 隨也니 謂又生賢子孫也라
　부(賦)이다. '리(釐)'는 줌이다. '여사(女士)'는 여자 중에 선비의 행실이 있는 자이니, 정숙한 미녀를 낳아 배필이 되게 함을 이른다. '종(從)'은 따름이니, 또 어진 자손을 낳음을 이른다.

旣醉八章이니 章四句라
　〈기취(旣醉)〉는 8장이니, 장마다 4구이다.

··· 胤 : 자손 윤 僕 : 붙을 복 釐 : 줄 리 媛 : 미녀 원 妃 : 짝 배

【毛序】 旣醉는 太平也니 醉酒飽德하여 人有士君子之行焉하니라

〈기취〉는 태평(太平)함을 읊은 시(詩)이니, 〈많은 신하들이 왕의〉 술에 취하고 덕(德)을 충분히 보유하여 〈이를 본받은〉 백성들이 사군자(士君子)의 행실이 있었다.

【鄭註】 成王祭宗廟하고 旅醻(酬)하여 下遍羣臣하여 至于無筭爵이라 故云醉焉이라 乃見十倫[39]之義하여 志意充滿하니 是謂之飽德이니라

성왕(成王)이 종묘에 제사하고 여수(旅醻)하여 아래로 여러 신하에까지 두루 미쳐서 일정한 숫자가 없는 술잔에 이르렀다. 그러므로 취(醉)라고 말한 것이다. 이는 바로 십륜(十倫)의 의리를 보아서 의지가 충만하니, 이것을 일러 '덕으로 배부르다.' 하는 것이다.

【辨說】 序之失은 如上篇하니 蓋亦爲孟子斷章所誤爾[40]리라

〈서〉의 잘못됨은 상편과 같으니, 아마도 또한 《맹자》〈고자 상(告子上)〉의 단장취의(斷章取義)에 잘못된 바가 된 듯하다.

4. 부예(鳧鷖)

① 鳧[音扶]鷖[於鷄反]在涇, 公尸來燕來寧. 爾酒旣淸, 爾殽旣馨, 公尸燕飮, 福祿來成.

鳧鷖(부예)在涇이어늘	오리와 갈매기가 경수(涇水)에 있거늘
公尸來燕來寧이로다	공시가 와서 잔치하며 와서 편안하시도다
爾酒旣淸하며	네 술이 이미 맑으며

......

39 十倫 : 십륜(十倫)에 대한 내용은 《예기》〈제통(祭統)〉에 보인다.

40 序之失 如上篇 蓋亦爲孟子斷章所誤爾 : 〈기취(旣醉)〉는 본래 음식과 은혜로운 뜻의 후함을 누리고 복을 받기를 원한 시인데, 〈모서(毛序)〉에는 '술에 취하고 덕을 충분히 보유하여 이를 본받은 백성들이 사군자(士君子)의 행실이 있었다.'고 하였다. 이는 《맹자》〈고자 상(告子上)〉에 〈기취〉를 인용하면서 "《시경》에 이르기를 '이미 술로 취하고 이미 덕으로 충족한다.' 하였으니, 인의(仁義)에 충족함을 말한 것이다. 이 때문에 남의 고량지미(膏粱之味)를 원하지 않는 것이며, 좋은 명성과 넓은 명예가 몸에 베풀어져 있다. 이 때문에 남의 문수(文繡)를 원하지 않음을 말한 것이다."라고 한 것이 단장취의(斷章取義)에 불과한데, 〈시서〉를 지은 자가 맹자의 말씀에 잘못된 바가 됨을 말한 것이다.

··· 鳧 : 오리 부 鷖 : 갈매기 예

爾殽旣馨(형)이로다(이어늘)　네 안주가 이미 향기롭도다
公尸燕飮하니　공시가 잔치에서 술을 마시니
福祿來成이로다　복록(福祿)이 와서 이루어지도다

興也라 鳧는 水鳥니 如鴨者요 鷖는 鷗也라 涇은 水名이라 爾는 自歌工而指主人也라 馨은 香之遠聞也라
○ 此는 祭之明日에 繹而賓尸之樂이라 故로 言鳧鷖則在涇矣요 公尸則來燕來寧矣라 酒淸殽馨하니 則公尸燕飮而福祿來成矣라하니라

　홍(興)이다. '오리〔鳧〕'는 수조(水鳥)이니 오리와 같고, '예(鷖)'는 갈매기이다. '경(涇)'은 물 이름이다. '이(爾:너)'는 노래하는 악공(樂工)의 입장에서 주인을 가리킨 것이다. '형(馨)'은 향기가 멀리 풍기는 것이다.
　○ 이는 제사한 다음날에 역(繹)제사를 하여 시(尸)에게 손님의 예(禮)로 잔치하는 음악이다. 그러므로 말하기를 "오리와 갈매기는 경수에 있고, 공시는 와서 잔치하고 와서 편안하시도다. 술이 맑고 안주가 향기로우니, 공시가 잔치에 술을 마셔 복록이 와서 이루어진다."고 한 것이다.

② 鳧鷖在沙〔叶桑何反〕, 公尸來燕來宜〔叶牛何反〕. 爾酒旣多, 爾殽旣嘉〔叶何居反〕, 公尸燕飮, 福祿來爲〔叶吾禾反〕.

鳧鷖在沙어늘　오리와 갈매기가 모래에 있거늘
公尸來燕來宜로다　공시가 와서 잔치하며 와서 마땅해 하도다
爾酒旣多하며　네 술이 이미 많으며
爾殽旣嘉로다(어늘)　네 안주가 이미 아름답도다
公尸燕飮하니　공시가 잔치에서 술을 마시니
福祿來爲로다　복록이 와서 돕도다

興也라 爲는 猶助也라
　홍(興)이다. '위(爲)'는 조(助:도와줌)와 같다.

… 馨 : 향기 형 鴨 : 오리 압 鷗 : 갈매기 구 聞 : 맡을 문 繹 : 제사이름 역

③ 鳧鷖在渚, 公尸來燕來處. 爾酒既湑〔息汝反〕, 爾殽伊脯, 公尸燕飲, 福祿來下〔叶後五反〕.

鳧鷖在渚어늘	오리와 갈매기가 모래섬에 있거늘
公尸來燕來處로다	공시가 와서 잔치하며 와서 거처하시도다
爾酒既湑(서)하며	네 술이 이미 걸러졌으며
爾殽伊脯로다(어늘)	네 안주가 저 포(脯)로다
公尸燕飲하니	공시가 잔치에서 술을 마시니
福祿來下로다	복록이 와서 내리도다

興也라 渚는 水中高地也라 湑는 酒之沛(자)者也라

흥(興)이다. '저(渚)'는 물 가운데의 높은 땅이다. '서(湑)'는 술을 거르는 것이다.

④ 鳧鷖在潨〔在公反〕, 公尸來燕來宗. 既燕于宗, 福祿攸降〔叶乎攻反〕. 公尸燕飲, 福祿來崇.

鳧鷖在潨(종)이어늘	오리와 갈매기가 물 모인 곳에 있거늘
公尸來燕來宗이로다	공시가 와서 잔치하며 와서 높이 계시도다
既燕于宗하니	이미 종묘에서 잔치하니
福祿攸降이로다	복록이 내리는 바로다
公尸燕飲하니	공시가 잔치에서 술을 마시니
福祿來崇이로다	복록이 와서 높이 쌓이도다

興也라 潨은 水會也라 來宗之宗은 尊也요 于宗之宗은 廟也라 崇은 積而高大也라

흥(興)이다. '종(潨)'은 물이 모임이다. '래종(來宗)'의 종(宗)은 높임이요, '우종(于宗)'의 종(宗)은 종묘이다. '숭(崇)'은 쌓여서 높고 큰 것이다.

⑤ 鳧鷖在亹〔音門〕, 公尸來止熏熏〔叶眉貧反〕. 旨酒欣欣, 燔炙芬芬〔叶豊与反〕. 公尸燕飲, 無有後艱〔叶居銀反〕.

··· 渚 : 물가 저 湑 : 술거를 서 脯 : 포 포 潨 : 술거를 자 潨 : 물모일 종(총)

鳧鷖在亹(문)이어늘	오리와 갈매기가 물 어귀에 있거늘
公尸來止熏(훈)熏이로다	공시가 와서 머물러 훈훈하도다
旨酒欣欣하며	맛있는 술이 즐거우며
燔炙芬芬이로다(이어늘)	불고기와 산적이 향기롭도다
公尸燕飮하니	공시가 잔치에서 술을 마시니
無有後艱이로다	뒤에 어려움이 없으리로다

興也라 亹은 水流峽中하여 兩岸如門也라 熏熏은 和說(열)也요 欣欣은 樂(락)也요 芬芬은 香也라

　흥(興)이다. '문(亹)'은 물이 협중(峽中:산골짝 가운데)으로 흘러 두 강안(江岸)이 문(門)과 같은 것이다. '훈훈(熏熏)'은 화(和)하고 기쁨이요, '흔흔(欣欣)'은 즐거움이요, '분분(芬芬)'은 향기로움이다.

鳧鷖五章이니 章六句라

　〈부예(鳧鷖)〉는 5장이니, 장마다 6구이다.

【毛序】　鳧鷖는 守成也라 太平之君子 能持盈守成하니 神祇(기)祖考 安樂之也라

　〈부예〉는 수성(守成:성공을 지킴)함을 읊은 시(詩)이다. 태평성대의 군자(성왕)가 가득함을 유지하고 성공을 지키니, 천신(天神)과 지기(地祇)와 조(祖)와 고(考)가 편안히 여기고 즐거워한 것이다.

【鄭註】　君子는 斥成王也니 言君子者는 太平之時則皆然이요 非獨成王也라

　군자는 성왕(成王)을 지적한 것이니, 군자라고 말한 것은 태평의 시대에는 다 그러하고 유독 성왕만이 아닌 것이다.

【辨說】　同上이라 (序失이라)

　해설이 위와 같다. (〈서〉가 잘못되었다.《詳說》)

5. 가락(假樂)

① 假[春秋傳皆作嘉 今當作嘉] 樂[音洛]君子[叶音則], 顯顯令德. 宜民宜人, 受

··· 亹 : 골짝어귀 문　熏 : 화할 훈　芬 : 향기날 분　峽 : 골짜기 협

祿于天〔叶鐵因反〕. 保右〔音又〕命〔叶彌幷反〕之, 自天申之.

假(嘉)樂君子여	아름답고 즐거운 군자여
顯顯令德이로다	드러나고 드러난 훌륭한 덕이로다
宜民宜人이라	백성에게 마땅하고 신하에게 마땅한지라
受祿于天이로다	하늘에서 복록을 받도다
保右(佑)命之하시고	보우하고 명하시고
自天申之샷다	하늘로부터 거듭하시도다

賦也라 嘉는 美也라 君子는 指王也라 民은 庶民也요 人은 在位者也라 申은 重也라
○ 言王之德이 旣宜民人而受天祿矣어늘 而天之於王에 猶反覆眷顧之不厭하여
旣保之右之命之하고 而又申重之也라 疑此卽公尸之所以答鳧鷖者也로라

부(賦)이다. '가(嘉)'는 아름다움이다. '군자'는 왕을 가리킨다. '민(民)'은 서민
(庶民)이요, '인(人)'은 지위에 있는 자이다. '신(申)'은 거듭함이다.

○ 왕의 덕(德)이 이미 백성과 신하에게 마땅하여 하늘의 복록을 받았는데, 하
늘이 왕에 대하여 아직도 반복하여 돌아보시기를 싫어하지 않으시어 이미 보우
해주고 명하고 또 거듭함을 말한 것이다. 의심컨대 이는 공시(公尸)가 〈부예(鳧
鷖)〉에 답한 것인 듯하다.

② 干祿百福〔叶筆力反〕, 子孫千億. 穆穆皇皇, 宜君宜王. 不愆不忘, 率
由舊章.

干祿百福이라	복록을 구하여 백복을 얻으시니
子孫千億이로다	자손이 천(千)이며 억(億)이로다
穆穆皇皇하여	공경하고 아름다워
宜君宜王이라	제후에게 마땅하고 천자에게 마땅한지라
不愆不忘하여	잘못하지 않으며 잊지 아니하여
率由舊章이로다	옛 전장(典章)을 따르도다

賦也라 穆穆은 敬也요 皇皇은 美也라 君은 諸侯也요 王은 天子也라 愆은 過요 率은
循也라 舊章은 先王之禮樂政刑也라

○ 言王者干祿而得百福이라 故로 其子孫之蕃이 至于千億하여 適爲天子하고 庶
爲諸侯하여 無不穆穆皇皇以遵先王之法者니라

　부(賦)이다. '목목(穆穆)'은 공경함이요, '황황(皇皇)'은 아름다움이다. '군(君)'은
제후요, '왕(王)'은 천자이다. '건(愆)'은 허물(잘못)이요, '솔(率)'은 따름이다. '구장
(舊章)'은 선왕(先王)의 예악(禮樂)과 정형(政刑)이다.

　　○ 왕자가 복록을 구하여 백복(百福)을 얻었다. 그러므로 그 자손의 번성함이
천(千)과 억(億)에 이르러 적자(嫡子)는 천자가 되고 서자(庶子)는 제후가 되어서 공
경하고 아름다워 선왕의 법(法)을 따르지 않는 자가 없음을 말한 것이다.

③ 威儀抑抑, 德音秩秩. 無怨無惡〔烏路反〕, 率由羣匹. 受福無疆, 四方
之綱.

威儀抑抑하며	위의가 치밀하며
德音秩秩하고	덕음이 떳떳하고
無怨無惡(오)하여	원망함이 없으며 미워함이 없어
率由羣匹하니	여러 동류들을 등용하니
受福無疆이라	복을 받음이 무궁한지라
四方之綱이로다	사방의 기강(紀綱)이로다

賦也라 抑抑은 密也요 秩秩은 有常也라 匹은 類也라

○ 言有威儀聲譽之美하고 又能無私怨惡하여 以任衆賢이라 是以로 能受無疆之
福하여 爲四方之綱이라 此與下章은 皆稱願其子孫之辭也라 或曰 無怨無惡는 不
爲人所怨惡也라하니라

　부(賦)이다. '억억(抑抑)'은 치밀함이요, '질질(秩秩)'은 떳떳함이 있는 것이다.
'필(匹)'은 동류(同類)이다.

　　○ 위의와 명예[聲譽;덕음]의 아름다움이 있고, 또 원망과 미움을 사사로이
함이 없어 여러 현자들을 임용(任用)하였다. 이 때문에 능히 무궁한 복(福)을 받아
사방의 기강이 되었다고 말한 것이다. 이 장(章)과 아랫장은 모두 자손을 칭원(稱

願)하는 말이다. 혹자는 말하기를 "무원무오(無怨無惡)는 남에게 미움과 원망을 받지 않는 것이다." 한다.

④ 之綱之紀, 燕及朋友〔叶羽己反〕. 百辟卿士〔鉏里反〕, 媚〔眉備反〕于天子〔叶獎里反〕. 不解〔佳賣反〕于位, 民之攸墍〔許旣反〕.

之綱之紀하여	그 강이 되며 그 기가 되어
燕及朋友면	편안함이 붕우에 미치면
百辟卿士	여러 제후와 경사들이
媚于天子하여	천자를 사랑하여
不解(懈)于位하여	지위에 태만하지 않아
民之攸墍(게)리라	백성들이 편안히 쉬게 되리라

賦也라 燕은 安也라 朋友는 亦謂諸臣也라 解는 惰요 墍는 息也라
○ 言人君이 能綱紀四方하여 而臣下賴之以安이면 則百辟卿士 媚而愛之하여 維欲其不解于位하여 而爲民所安息也라 東萊呂氏曰 君燕其臣하고 臣媚其君은 此上下交而爲泰[41]之時也라 泰之時에 所憂者는 怠荒而已니 此詩所以終於不解于位, 民之攸墍也라 方嘉之하고 又規之者는 蓋皐陶賡(갱)歌[42]之意也니라 民之勞逸在下로되 而樞機在上하니 上逸則下勞矣요 上勞則下逸矣니 不解于位는 乃民之所由休息也니라

부(賦)이다. '연(燕)'은 편안함이다. '붕우' 또한 여러 신하를 이른다. '해(解)'는 게으름이요, '게(墍)'는 쉼이다.

......

41 上下交而爲泰 : 태(泰)는 통태(通泰)한다는 뜻으로 《주역》의 괘(卦) 이름이기도 하다. 《주역》의 태괘(泰卦 ䷊)는 높은 하늘〔天 ☰〕이 아래에 있고 낮은 땅〔地 ☷〕이 위에 있는 바, 이는 위와 아래가 서로 사귀는 것으로 태평(泰平)한 때가 된다.

42 皐陶賡歌 : 갱가(賡歌)는 앞 사람의 시가(詩歌)를 이어서 다시 지어 부르는 것으로, 《서경》〈익직(益稷)〉에 "순 임금이 노래를 지어 부르시기를 '고굉의 대신(大臣)이 기뻐하여 일하면 원수(임금)가 흥기되어 백관(百官)의 공이 넓혀질 것이다.〔帝庸作歌曰 股肱喜哉, 元首起哉, 百工熙哉.〕'라고 하자, 고요(皐陶)가 뒤를 이어 노래하기를 '원수가 현명하시면 고굉(대신)이 어질어서 여러 일이 편안할 것입니다.〔皐陶乃賡載歌曰 元首明哉, 股肱良哉, 庶事康哉.〕'"라고 하였는바, 이것을 가리킨 것이다.

••• 墍 : 쉴 게 規 : 타이를 규 賡 : 이을 갱

○ 인군이 능히 사방의 기강이 되어 신하들이 그에게 의뢰하여 편안하면 백벽(百辟;여러 제후)과 경사(卿士)가 〈천자를〉 사랑하여 그 지위에 태만하지 않아서 백성들이 편안히 쉬는 바가 되고자 함을 말한 것이다.

동래 여씨(東萊呂氏)가 말하였다. "군주는 그 신하를 편안히 해주고 신하는 그 군주를 사랑함은 이는 상하(上下)가 사귀어 태(泰)가 되는 때이다. 태(泰)의 때에 근심스러운 것은 태황(怠荒)일 뿐이니, 이 시(詩)가 이 때문에 지위에 태만하지 않아 백성들이 편안히 쉬게 되리라는 말로 끝맺은 것이다. 막 아름답게 여기고 또 타이른 것은 고요(皐陶)의 갱가(賡歌)의 뜻이다. 백성들의 수고로움과 편안함은 아래에 있으나 추기(樞機;관건)는 위에 달려 있으니, 위가 편안하면(태만하면) 아래가 수고롭고, 위가 수고로우면 아래가 편안하다. 윗사람이 지위에 태만하지 않음은 바로 백성들이 말미암아 편안히 휴식하는 것이다."

假樂四章이니 章六句라

〈가락(假樂)〉은 4장이니, 장마다 6구이다.

【毛序】 假樂은 嘉成王也라

〈가락〉은 성왕(成王)을 아름답게 여긴 시(詩)이다.

【辨說】 假本嘉字나 然非爲嘉成王也니라

가(假)는 본래 가(嘉) 자이나 성왕을 아름답게 여긴 것이 아니다.

6. 공류(公劉)

① 篤公劉, 匪居匪康, 迺場〔音易〕迺疆, 迺積迺倉. 迺裹〔音果〕餱〔音侯〕糧〔音良〕, 于橐〔他洛反〕于囊〔乃郎反〕, 思輯〔音集〕用光, 弓矢斯張, 干戈戚揚, 爰方啓行〔叶戶郎反〕.

篤公劉	후덕(厚德)하신 공류께서
匪居匪康하사	편안히 거처하지 않으사
迺場(내역)迺疆하여	이에 밭두둑을 다스리고 경계를 다스려

... 場 : 밭두둑 역

大雅
公劉

迺積迺倉이어늘 　　노적(露積)을 쌓고 창고에 쌓거늘

迺裏餱(후)糧을 　　말린 밥과 볶은 밥을 싸기를

于橐(탁)于囊하여 　　전대와 자루에 하고서

思輯用光하사 　　인민을 화합시켜 국가를 빛낼 것을 생각하사

弓矢斯張하며 　　활과 화살을 장만하며

干戈戚揚으로 　　간과(干戈)와 척양(戚揚)으로

爰方啓行하시니라 　　이에 비로소 길을 떠나시니라

賦也라 篤은 厚也라 公劉는 后稷之曾孫也니 事見豳風하니라 居는 安이요 康은 寧也라 場、疆은 田畔也라 積은 露積也라 餱는 食이요 糧은 糗也라 無底曰橐(탁)이요 有底曰囊이라 輯은 和라 戚은 斧요 揚은 鉞이라 方은 始也라

○ 舊說에 召康公이 以成王將涖政하니 當戒以民事라 故로 詠公劉之事以告之라 하니라 曰 厚哉라 公劉之於民也여 其在西戎에 不敢寧居하사 治其田疇하고 實其倉廩하여 旣富且强이라 於是에 裏其餱糧하여 思以輯和其民人하여 而光顯其國家라 然後에 以其弓矢斧鉞之備로 爰始啓行하여 而遷都於豳焉하니 蓋亦不出其封內也라

부(賦)이다. '독(篤)'은 후덕함이다. '공류(公劉)'는 후직(后稷)의 증손이니, 이 일이 위 〈빈풍(豳風)〉에 보인다. '거(居)'는 편안히 거처함이요, '강(康)'은 편안함이다. '역(場)'과 '강(疆)'은 밭두둑이다. '적(積)'은 노적(露積)이다. '후(餱)'는 말린 밥이요, '양(糧)'은 볶은 밥이다. 자루가 밑이 없는 것을 '탁(橐:전대)'이라 하고, 밑이 있는 것을 '낭(囊:포대)'이라 한다. '집(輯)'은 화(和)함이다. '척(戚)'은 부(斧:날이 아래로 굽은 도끼)요, '양(揚)'은 월(鉞:날이 위로 솟은 도끼)이다. '방(方)'은 비로소이다.

○ 구설(舊說)에 "소 강공(召康公)은 성왕(成王)이 장차 정사에 임하려 하니, 마땅히 민사(民事:농사)로써 경계해야 하므로 공류의 일을 읊어 고(告)하였다." 하였다. 후덕하시다. 공류가 백성의 일에 대함이여! 저 서융(西戎)에 계실 때에 감히 편안히 거처하지 못하사 전주(田疇)를 다스리고 창름(倉廩)을 충실하게 하여 이미 부유해지고 또 강해졌다. 이에 말린 밥과 볶은 밥을 싸서 민인(民人)을 화합하여 그 국가를 빛낼 것을 생각하였다. 그런 뒤에 궁시(弓矢)와 부월(斧鉞)의 장비로써 이에 비로소 길을 떠나 빈(豳) 땅에 천도(遷都)한 것이니, 이는 또한 그 봉내(封內:경내(境內))를 벗어나지 않은 것이다.

··· 裏:쌀 과 餱:마른밥 후 糧:양식 량 橐:전대 탁 囊:주머니 낭 輯:화할 집 戚:도끼 척 揚:도끼 양

露:드러날 로 糗:밥 후 涖:임할 리 疇:밭두둑 주 廩:창고 름

② 篤公劉, 于胥斯原, 旣庶旣繁〔叶紛乾反〕, 旣順迺宣, 而無永嘆〔他安反〕. 陟則在巘〔魚輦反 叶魚軒反〕, 復降在原. 何以舟〔叶之遙反〕之, 維玉及瑤〔音遙〕, 鞞〔必頂反〕琫〔必孔反〕容刀〔叶徒招反〕.

篤公劉	후덕하신 공류께서
于胥斯原하시니	이 언덕을 보시니
旣庶旣繁하며	이미 거주하는 자들이 많으며
旣順迺宣하여	이미 편안하고 두루 퍼져 있어
而無永嘆이로다	길이 탄식함이 없도다
陟則在巘(헌)하시며	올라가 산마루에 계시며
復降在原하시니	다시 내려와 언덕에 계시니
何以舟之오	무엇을 허리에 찼는고
維玉及瑤와	패물과 아름다운 옥과
鞞琫容刀로다	병봉(鞞琫)에 장식한 칼이로다

賦也라 胥는 相也라 庶, 繁은 謂居之者衆也라 順은 安이라 宣은 徧也니 言居之徧也라 無永嘆은 得其所하여 不思舊也라 巘은 山頂也라 舟는 帶也라 鞞는 刀鞘(삭)也요 琫은 刀上飾也요 容刀는 容飾之刀也라 或曰 容刀는 如言容臭니 謂鞞琫之中에 容此刀耳라하니라

○ 言公劉至豳하여 欲相土以居할새 而帶此劍佩하여 以上下於山原也라 東萊呂氏曰 以如是之佩服으로 而親如是之勞苦하니 斯其所以爲厚於民也歟인저

부(賦)이다. '서(胥)'는 살펴봄이다. '서(庶)'와 '번(繁)'은 거주하는 자가 많음을 이른다. '순(順)'은 편안함이다. '선(宣)'은 두루 퍼져 있음이니, 거주함이 두루함을 말한다. 길이 탄식함이 없다는 것은 살 곳을 얻어서 옛날의 고향을 생각하지 않는 것이다. '헌(巘)'은 산마루이다. '주(舟)'는 허리에 차는 것이다. '병(鞞)'은 칼집이요, '봉(琫)'은 칼 위의 꾸밈이요, '용도(容刀)'는 용식(容飾:아름답게 꾸밈)한 칼이다. 혹자는 말하기를 "용도는 용취(容臭;향주머니)라는 말과 같으니, 병봉의 가운데에 이 칼을 용납함을 말한 것이다." 한다.

○ 공류가 빈(豳) 땅에 이르러 토지를 살펴보아 거주하고자 할 적에 이 칼과 패물을 차고서 산과 언덕을 오르내림을 말한 것이다.

··· 胥 : 볼 서 巘 : 산봉우리 헌 舟 : 띠에매달 주 瑤 : 옥돌 요 鞞 : 칼집 병 琫 : 칼집장식 봉 鞘 : 칼집 삭

동래 여씨(東萊呂氏)가 말하였다. "이와 같은 패물과 복식으로써 이와 같은 수고를 친히 하였으니, 이것이 그 백성에게 후함이 되는 소이(所以)일 것이다."

③ 篤公劉, 逝彼百泉, 瞻彼溥[音普]原, 迺陟南岡, 乃覯于京[叶居良反].
京師之野[叶上與反], 于時處處, 于時廬旅, 于時言言, 于時語語.

篤公劉	후덕하신 공류께서
逝彼百泉하사	저 백천에 가시어
瞻彼溥(보)原하시고	저 너른 언덕을 살펴 보시고
迺陟南岡하사	남쪽 등성이에 오르사
乃覯(구)于京하시니	경구(京丘)를 살펴 보시니
京師之野일새	언덕이 높고 많은 사람이 살 만한 들이기에
于時處處하며	이에 집에 거처하며
于時廬旅하며	이에 나그네들을 붙여 살게 하며
于時言言하며	이에 말할 것을 말하며
于時語語하시니라	이에 논란할 것을 논란하시니라

賦也라 溥는 大요 覯는 見也라 京은 高丘也요 師는 衆也니 京師는 高山而衆居也라
董氏曰 所謂京師者는 蓋起於此하니 其後世에 因以所都爲京師也라하니라 時는 是
也라 處處는 居室也라 廬는 寄也요 旅는 賓旅也라 直言曰言이요 論難曰語라
○ 此章은 言營度(탁)邑居也라 自下觀之하면 則往百泉而望廣原이요 自上觀之하
면 則陟南岡而覯于京이라 於是에 爲之居室하고 於是에 廬其賓旅하며 於是에 言
其所言하고 於是에 語其所語하여 無不於斯焉이니라

부(賦)이다. '보(溥)'는 큼이요, '구(覯)'는 봄이다. '경(京)'은 높은 언덕이요 '사
(師)'는 많음이니, 경사(京師)는 산이 높아 많은 사람이 거주할 만한 곳이다. 동씨
(董氏)가 말하였다. "이른바 경사라는 것은 아마도 여기에서 기인(起因)한 듯하니,
후세에 인하여 도읍하는 곳을 경사라 한듯하다." '시(時)'는 시(是:이곳)이다. '처처
(處處)'는 집에 거처함이다. '려(廬)'는 붙여 살게 하는 것이요, '려(旅)'는 손님과 나
그네이다. 곧바로 말함을 '언(言)'이라 하고, 논란함을 '어(語)'라 한다.

○ 이 장(章)은 읍거(邑居:도읍할 곳)를 경영하여 헤아림을 말한 것이다. 낮은 곳

••• 溥 : 넓을 보(부) 京 : 언덕 경 時 : 이 시

에서 관찰할 적에는 백천(百泉)에 가서 너른 언덕을 바라보고, 높은 곳에서 관찰할 적에는 남쪽 등성이에 올라가 큰 언덕을 살펴본 것이다. 이에 이곳에 거처할 집을 만들어 살게 하고 이곳에 빈려(賓旅)들이 붙여 살게 하며 이에 말할 것을 말하고 이에 논란할 것을 논란해서 여기에서 하지 않음이 없는 것이다.

④ 篤公劉, 于京斯依〔叶於豈反〕. 蹌蹌〔七羊反〕濟濟〔子禮反〕, 俾筵俾几, 旣登乃依〔同上〕. 乃造〔七到反〕其曹, 執豕于牢, 酌之用匏〔步交反〕. 食〔音嗣〕之飮〔於鴆反〕之, 君之宗之〔就用之字爲韻〕.

篤公劉	후덕하신 공류께서
于京斯依하시니	경구(京丘)에 편안히 계시니
蹌(창)蹌濟濟어늘	신하들이 모두 위의(威儀)가 있거늘
俾筵俾几하니	자리를 펴고 궤(几)를 베풀게 하니
旣登乃依로다	이미 자리에 오르고 궤에 의지하도다
乃造其曹하여	이에 가축을 기르는 우리에 가서
執豕于牢하며	우리에서 돼지를 잡으며
酌之用匏하니	술을 따르되 바가지를 사용하니
食(사)之飮(임)之하며	밥을 먹이고 술을 마시게 하며
君之宗之로다	군주로 받들고 종(宗)으로 높이도다

賦也라 依는 安也라 蹌蹌, 濟濟는 羣臣有威儀貌라 俾는 使也니 使人爲之設筵几也라 登은 登筵也요 依는 依几也라 曹는 羣牧之處也라 以豕爲殽하고 用匏爲爵은 儉以質也라 宗은 尊也, 主也니 嫡子孫主祭祀에 而族人尊之以爲主也라
○ 此章은 言宮室旣成而落之할새 旣以飮食勞其羣臣하고 而又爲之君, 爲之宗焉하니라 東萊呂氏曰 旣饗燕而定經制하여 以整屬其民하여 上則皆統於君하고 下則各統於宗하니 蓋古者에 建國立宗이 其事相須라 楚執戎蠻子하고 而致邑立宗하여 以誘其遺民[43]이 卽其事也니라

부(賦)이다. '의(依)'는 편안함이다. '창창(蹌蹌)'과 '제제(濟濟)'는 신하들이 위의 (威儀)가 있는 모양이다. '비(俾)'는 하여금이니, 사람으로 하여금 자리와 궤(几)를 설치하게 한 것이다. '등(登)'은 자리에 오름이요, '의(依)'는 궤(几)에 의지함이다. '조(曹)'는 여러 짐승을 먹이는 곳(우리)이다. 돼지고기로 안주를 만들고 바가지를 사용하여 술잔으로 사용함은 검소하고 질박한 것이다. '종(宗)'은 높이고 주인으로 삼는 것이니, 적자손(嫡子孫)이 제사를 주관함에 족인(族人)들이 높여 주인으로 삼는 것이다.

○ 이 장(章)은 궁실(宮室)이 이미 이루어져 낙성(落成)할 적에 이미 〈공류가〉 음식으로써 신하들을 위로하였고 또 군주로 삼고 종주로 삼았음을 말한 것이다.

동래 여씨(東萊呂氏)가 말하였다. "이미 연향을 베풀고는 경제(經制:제도)를 정하여 그 백성들을 정돈하고 소속시켜, 위로는 모두 군주에게 통솔시키고 아래로는 각기 종(宗:종통(宗統))에 통솔되게 하였으니, 옛날에 나라를 세우고 종통(宗統)을 세움은 그 일이 서로 필요로 하였다. 초(楚)나라가 융만자(戎蠻子)를 잡고는 읍(邑)을 주고 종(宗)을 세워 그 유민(遺民)들을 유도한 것이 바로 이러한 일이다."

⑤ 篤公劉, 卽溥旣長, 旣景迺岡, 相〔息亮反〕其陰陽, 觀其流泉, 其軍三單〔音丹 叶多涓反〕. 度〔待洛反〕其隰原, 徹田爲糧, 度〔同上〕其夕陽, 豳居允荒.

篤公劉	후덕하신 공류께서
卽溥旣長이어늘	토지가 이미 너르고 길거늘
旣景(영)迺岡하여	해그림자를 살펴보고 산등성이에 올라가
相其陰陽하며	그 음지와 양지를 살펴보며
觀其流泉하니	그 흐르는 물을 관찰하니
其軍三單이로다	그 군대가 삼단(三單)이로다
度(탁)其隰原하여	습지와 언덕을 헤아려
徹田爲糧하며	밭을 통하여 양식을 장만하며
度其夕陽하니	그 석양(夕陽)을 헤아리니
豳居允荒이로다	빈(豳) 땅에 거주함이 진실로 광대하도다

··· 景 : 그림자 영(影通) 徹 : 통할 철 荒 : 클 황

賦也라 溥는 廣也니 言其芟(삼)夷墾辟(闢)하여 土地旣廣而且長也라 景은 考日景
以正四方也요 岡은 登高以望也라 相은 視也라 陰陽은 向背寒暖之宜也요 流泉은
水泉灌漑之利也라 三單은 未詳이라 徹은 通也라 一井之田은 九百畝니 八家皆私
百畝하여 同養公田하여 耕則通力而作하고 收則計畝而分也라 周之徹法이 自此始
하니 其後에 周公이 蓋因而修之耳시니라 山西日夕陽이라 允은 信이요 荒은 大也라
○ 此는 言辨土宜하여 以授所徙之民하고 定其軍賦與其稅法하며 又度(탁)山西之
田以廣之하니 而豳人之居 於此益大矣라

부(賦)이다. '보(溥)'는 넓음이니, 잡초를 베어내고 개간(開墾)하여 토지가 이미
넓고 또 긺을 말한 것이다. '영(景)'은 해 그림자를 관찰하여 사방을 바루는 것이
요, '강(岡)'은 높은 곳에 올라가 바라보는 것이다. '상(相)'은 살펴봄이다. '음(陰)'
·'양(陽)'은 향배(向背)와 한난(寒暖)의 마땅함이요, '유천(流泉)'은 수천(水泉)의 관
개(灌漑)하는 이로움이다. '삼단(三單)'은 자세하지 않다. '철(徹)'은 통(通)함이다.
〈철이란〉 일정(一井)의 토지가 9백 무(畝)이니, 여덟 가호가 모두 백 무씩을 사전
(私田)으로 갖고 공전(公田) 백 무를 공동으로 가꾸어 경작할 때에는 노동력을 통
하여 일하고, 수확하게 되면 이랑 수를 계산하여 나누는 것이다. 주(周)나라의 철
법(徹法)이 이로부터 시작되었는데, 그 뒤에 주공(周公)이 이것을 인습하여 닦으신
것이다. 산의 서쪽을 '석양'이라 한다. '윤(允)'은 진실로요, '황(荒)'은 큼이다.

○ 이는 토지의 마땅함을 분별하여 이주해온 백성들에게 나누어 주고 그 군부
(軍賦)와 세법(稅法)을 정하며, 또 산의 서쪽 토지를 헤아려 넓히니, 빈(豳) 땅 사람
의 거주가 이에 더욱 커짐을 말한 것이다.

⑥ 篤公劉, 于豳斯館〔叶古玩反〕. 涉渭爲亂, 取厲取鍛〔丁亂反〕. 止基迺
理, 爰衆爰有〔叶羽己反〕. 夾其皇澗, 遡其過〔古禾反〕澗. 止旅迺密, 芮鞫
〔居六反〕之卽.

篤公劉	후덕하신 공류께서
于豳斯館하사	빈(豳) 땅에 관사(館舍)를 정하사
涉渭爲亂하여	위수를 가로질러 건너가서
取厲(礪)取鍛하여	숫돌과 쇠를 취해 와
止基迺理하니	살 터를 정하고 경계를 다스리시니

··· 芟 : 벨 삼 夷 : 평할 이 亂 : 가로건널 란 厲 : 숫돌 려 鍛 : 쇠 단

爰衆爰有_{하여}　　　　인민이 많고 재물이 풍족하여

夾其皇澗_{하며}　　　　황간을 끼고 좌우로 늘어서 살며

遡其過澗_{하여(하며)}　　과간을 거슬러 올라가 살기도 하여

止旅迺密_{이어늘(하여)}　거주하는 무리가 조밀하거늘

芮鞫之卽_{이로다}　　　예수(芮水)의 가에 나아가 살게 하였도다

賦也라 館은 客舍也라 亂은 舟之截流橫渡者也라 厲는 砥_(지)요 鍛은 鐵이라 止는 居요 基는 定也라 理는 疆理也라 衆은 人多也요 有는 財足也라 遡는 鄕_(向)也라 皇, 過는 二澗名이라 芮는 水名이니 出吳山西北하여 東入涇하니 周禮職方에 作汭하니라 鞫은 水外也라

○ 此章은 又總敍其始終이라 言其始來未定居之時에 涉渭取材하여 而爲舟以來往하고 取厲取鍛하여 而成宮室하며 旣止基於此矣라 乃疆理其田野하니 則日益繁庶富足하여 其居有夾澗者하며 有遡澗者하여 其止居之衆이 日以益密이어늘 乃復卽芮鞫而居之하니 而豳地日以廣矣니라

부(賦)이다. '관(館)'은 객사(客舍)이다. '란(亂)'은 배로 물을 가로질러 건너가는 것이다. '려(厲)'는 숫돌이요, '단(鍛)'은 쇠이다. '지(止)'는 거주함이요, '기(基)'는 집터를 정함이다. '리(理)'는 강리(疆理:경계를 다스림)이다. '중(衆)'은 인민이 많은 것이요, '유(有)'는 재물이 풍족한 것이다. '소(遡)'는 향함이다. '황(皇)'과 '과(過)'는 두 시냇물의 이름이다. '예(芮)'는 물 이름이니, 오산(吳山) 서쪽에서 발원하여 동쪽 경수(涇水)로 들어가는데, 《주례(周禮)》〈하관(夏官) 직방(職方)〉에는 예(汭)로 되어 있다. '국(鞫)'은 물 밖이다.

○ 이 장(章)은 또 그 시(始)와 종(終)을 총괄하여 서술한 것이다. 처음 와서 아직 거처를 정하지 못하였을 때에는 위수를 건너가 재목을 취해서 배를 만들어 왕래하고, 숫돌과 쇠를 취하여 궁실을 만들어 이미 여기에 살 터를 정하였다. 이에 그 전야(田野)를 강리(疆理)하니, 날로 더욱 인민(人民)이 많아지고 재물이 풍족해져서 그 거주함에 냇물을 끼고 있는 자도 있으며, 냇물을 거슬러 올라간 자도 있어서 그 거주하는 무리가 날로 더욱 조밀해졌다. 이에 다시 예수(芮水)의 가에 나아가 거주하게 하니, 빈(豳) 땅이 날로 더욱 광대해졌음을 말한 것이다.

··· 爰 : 이에 원　澗 : 시내 간　芮 : 물가 예　鞫 : 언덕 국　截 : 끊을 절　涇 : 물이름 경　汭 : 물구비 예

公劉六章이니 章十句라

〈공류(公劉)〉는 6장이니, 장마다 4구이다.

【毛序】 公劉는 召康公이 戒成王也라 成王이 將涖政한대 戒以民事하여 美公劉之厚於民하여 而獻是詩也라

〈공류〉는 소 강공(召康公)이 성왕(成王)을 경계한 시(詩)이다. 성왕이 장차 친정(親政)하려 하자, 민사(民事:농사)를 가지고 경계하면서 공류가 백성들에게 후덕하게 함을 찬미하여 이 시를 올린 것이다.

【鄭註】 公劉者는 后稷之曾孫也라 夏之始衰에 見迫逐하여 遷於豳하여 而有居民之道하다 成王始幼少하여 周公居攝政이러니 及歸之에 成王將涖政하니 召公與周公이 相成王爲左右라 召公이 懼成王尙幼稚하여 不留意於治民之事라 故作詩하여 美公劉以深戒之也시니라

공류(公劉)는 후직(后稷)의 증손이다. 하(夏)나라가 처음 쇠약해지자 공류가 압박을 받아 축출되어서 빈(豳)으로 옮겨 백성을 거주하게 하는 방도가 있었다. 성왕이 처음 어려서 주공(周公)이 섭정(攝政)하는 자리에 있었는데, 정권을 돌려주자 성왕이 장차 정사에 임하게 되니, 소공(召公)과 주공이 성왕을 도와 좌우의 정승이 되었다. 소공은 성왕이 아직도 어려서 백성을 다스리는 일에 유념하지 못할까 두려워하였으므로 이 시(詩)를 지어서 공류를 찬미하여 깊이 경계한 것이다.

【辨說】 召康公은 名奭이라 成王이 卽位年幼하니 周公攝政이라가 七年而歸政焉이라 於是에 成王이 始將涖政호되 而召公爲太保하고 周公爲太師하여 以相之라 然이나 此詩는 未有以見其爲康公之作이로되 意其傳授或有自來耳라 後篇召穆公、凡伯、仍叔도 放此하니라

소 강공(召康公)은 이름이 석(奭)이다. 성왕이 즉위할 때에 나이가 어리니, 주공이 섭정을 하였다가 7년 뒤에 정사를 돌려주었다. 이때 성왕이 장차 처음으로 정사에 임하게 되었는데, 소공이 태보(太保)가 되고 주공이 태사(太師)가 되어서 성왕을 도왔다. 그러나 이 시는 소 강공이 지은 것임을 볼 수가 없으나, 짐작컨대 그 전수(傳授)함이 혹 유래가 있는 듯하다. 뒷편의 소 목공(召穆公)과 범백(凡伯), 잉숙(仍叔)도 이와 같다.

7. 형작(泂酌)

① 泂〔音逈〕酌彼行潦〔音老〕, 挹〔音揖〕彼注茲, 可以餴〔甫云反〕饎〔尺志反 叶昌里反〕. 豈弟君子, 民之父母〔叶滿彼反〕.

泂酌彼行潦(로)하여 　　　멀리 저 길가의 빗물을 떠서
挹(읍)彼注茲라도 　　　저것을 떠다가 여기에 주입하더라도
可以餴饎(분치)로다 　　　선밥과 술밥을 만들 수 있도다
豈弟(愷悌)君子여 　　　개제(화락)한 군자여
民之父母로다 　　　백성의 부모로다

興也라 泂은 遠也라 行潦는 流潦也라 餴은 烝米一熟하고 而以水沃之하여 乃再烝也라 饎는 酒食(사)也라 君子는 指王也라
○ 舊說에 以爲召康公戒成王이라하니라 言遠酌彼行潦하여 挹之於彼하여 而注之於此라도 尙可以餴饎어든 況豈弟之君子 豈不爲民之父母乎아 傳曰"豈以强敎之하고 弟以悅安之면 民皆有父之尊하고 有母之親이라하며 又曰 民之所好를 好之하고 民之所惡를 惡之가 此之謂民之父母라하니라

홍(興)이다. '형(泂)'은 멀다. '행로(行潦)'는 길 위에 흐르는 빗물이다. '분(餴)'은 쌀을 쪄서 한 번 익히고 물을 부어서, 마침내 다시 찌는 것이다. '치(饎)'는 술밥이다. '군자'는 왕(王)을 가리킨다.

○ 구설(舊說)에 "소 강공(召康公)이 성왕을 경계한 것이다." 하였다. "멀리 저 길가의 빗물을 떠서 저기에서 떠다가 여기에 주입하더라도 오히려 선밥과 술밥을 만들 수 있는데, 하물며 개제한 군자가 어찌 백성의 부모가 되지 않겠는가."라고 말한 것이다. 전(傳)에 이르기를 "화(和)함으로써 힘써 가르치고 공경함으로써 기쁘게 하고 편안하게 하면 백성들이 모두 아버지처럼 높임이 있고 어머니처럼 친함이 있다." 하였으며, 또 이르기를 "백성이 좋아하는 바를 좋아하고 백성이 싫어하는 바를 싫어하는 것 이것을 백성의 부모라 이른다." 하였다.

· · · · · ·
44　傳曰 : 전(傳)은 옛 책으로 앞의 내용은 《예기(禮記)》〈표기(表記)〉에 보이며, '우왈(又曰)'의 내용은 《대학(大學)》에 보인다.

· · ·　泂 : 멀 형　潦 : 장마물 로　挹 : 뜰 읍　注 : 물댈 주　餴 : 선밥 분　饎 : 술밥 치　烝 : 찔 증　沃 : 물댈 옥

② 泂酌彼行潦, 挹彼注茲, 可以濯罍〔音雷〕. 豈弟君子, 民之攸歸〔叶古回反〕.

泂酌彼行潦하여　　　멀리 저 길가의 빗물을 떠서
挹彼注茲라도　　　저기에서 떠다가 여기에 주입하더라도
可以濯罍(탁뢰)로다　　술잔을 씻을 수 있도다
豈弟君子여　　　　개제한 군자여
民之攸歸로다　　　백성의 귀의하는 바로다

興也라 濯은 滌也라
　　홍(興)이다. '탁(濯)'은 씻음이다.

③ 泂酌彼行潦, 挹彼注茲, 可以濯漑〔古愛反 叶古氣反〕. 豈弟君子, 民之攸塈〔許旣反〕.

泂酌彼行潦하여　　　멀리 저 길가의 빗물을 떠서
挹彼注茲라도　　　저기에서 떠다가 여기에 주입하더라도
可以濯漑로다　　　그릇을 씻을 수 있도다
豈弟君子여　　　　개제한 군자여
民之攸塈(게)로다　　백성이 편안히 쉬는 바로다

興也라 漑亦滌也라 塈는 息也라
　　홍(興)이다. '개(漑)' 또한 씻음이다. '게(塈)'는 쉼이다.

泂酌三章이니 章五句라
　　〈형작(泂酌)〉은 3장이니, 장마다 5구이다.

【毛序】 泂酌은 召康公이 戒成王也니 言皇天이 親有德하고 饗有道也라
　　〈형작〉은 소 강공이 성왕을 경계한 시(詩)이니, 황천(皇天)은 덕(德)이 있는 자를 친히 하고 도(道)가 있는 자의 제사를 흠향함을 말한 것이다.

··· 罍 : 술그릇 뢰　滌 : 씻을 척　漑 : 씻을 개　塈 : 쉴 게

【辨說】 序無大失이나 然語意亦疎하니라

〈서〉는 크게 잘못된 것이 없으나 말뜻이 또한 소략하다.

8. 권아(卷阿)

① 有卷〔音權〕者阿〔與歌叶〕, 飄風自南〔叶尼心反〕. 豈弟君子, 來游來歌〔與阿叶〕, 以矢其音.

有卷者阿에	굽은 저 언덕에
飄風自南이로다	회오리바람이 남쪽에서 불어오도다
豈弟君子	개제한 군자가
來游來歌하여	와서 놀며 노래하여
以矢其音이로다	그 소리를 베풀도다

賦也라 卷은 曲也요 阿는 大陵也라 豈弟君子는 指王也라 矢는 陳也라
○ 此詩는 舊說에 亦召康公作이라하니 疑公從成王하여 游歌於卷阿之上이라가 因王之歌하여 而作此以爲戒하니 此章은 總敍以發端也라

부(賦)이다. '권(卷)'은 굽음이요, '아(阿)'는 큰 구릉이다. 개제한 군자는 왕을 가리킨다. '시(矢)'는 베풂이다.

○ 이 시는 구설(舊說)에 "또한 소 강공이 지은 것이다." 하였으니, 의심컨대 소 강공이 성왕을 따라 권아의 위에서 놀고 노래하다가 왕의 노래를 인하여 이를 지어 경계한 듯하니, 이 장(章)은 총서(總敍)하여 단서를 일으킨 것이다.

② 伴〔音判〕奐〔音喚〕爾游矣, 優游爾休矣. 豈弟君子, 俾爾彌爾性, 似先公酋〔在由反〕矣.

伴奐(판환)爾游矣며	한가로이 그대가 놀며
優游爾休矣로다	우유히 (여유롭게) 그대가 쉬도다
豈弟君子아	개제한 군자야

··· 卷 : 굽을 권 矢 : 진열할 시 伴 : 한가할 판 奐 : 클 환

124
詩經集傳 下

俾爾彌爾性하여 　　　　그대의 성명(性命:생명)을 잘 마쳐서
似先公酋(추)矣리로다 　　선공의 마침과 같게 하리로다

賦也라 伴奐、優游는 閑暇之意라 爾、君子는 皆指王也라 彌는 終也요 性은 猶命也라 酋는 終也라

○ 言爾旣伴奐優游矣라하고 又呼而告之하여 言使爾終其壽命하여 似先君善始而善終也라 自此至第四章은 皆極言壽考福祿之盛하여 以廣王心而歆動之하고 五章以後에 乃告以所以致此之由也하니라

　　부(賦)이다. '판환(伴奐)'과 '우유(優游)'는 한가한 뜻이다. '그대〔爾〕'와 '군자'는 모두 왕을 가리킨다. '미(彌)'는 마침이요, '성(性)'은 명(命:생명)과 같다. '추(酋)'는 마침이다.

　　○ "그대가 이미 판환(伴奐)하고 우유(優游)했다."고 말하고, 또다시 불러 고(告)해서 "그대로 하여금 그 수명(壽命)을 잘 마쳐서 선군(先君)과 같이 시작을 잘하고 끝마침을 잘하게 하라"고 말한 것이다. 이로부터 제4장까지는 모두 수고(壽考)와 복록(福祿)의 성함을 극언(極言)해서 왕의 마음을 넓혀 흠동(歆動:감동)하게 하였고, 5장 이후에야 이것(수고와 복록)을 이루게 된 이유를 말하였다.

③ 爾土宇昄〔符版反〕章, 亦孔之厚〔叶狼口下主二反〕矣. 豈弟君子, 俾爾彌爾性, 百神爾主〔叶當口腫庚二反〕矣.

爾土宇昄(판)章하니 　　　그대의 사는 강토가 크게 밝으니
亦孔之厚矣로다 　　　　또한 심히 후하도다
豈弟君子아 　　　　　　개제한 군자여!
俾爾彌爾性하여 　　　　그대의 생명을 잘 마쳐서
百神爾主矣로다 　　　　온갖 신들이 그대를 주인으로 삼게 하리로다

賦也라 昄章은 大明也라 或曰 昄은 當作版이니 版章은 猶版圖也라하니라

○ 言爾土宇昄章하여 旣甚厚矣요 又使爾終其身토록 常爲天地山川鬼神之主也라

　　부(賦)이다. '판장(昄章)'은 크게 밝음이다. 혹자는 말하기를 "판(昄)은 마땅히 판(版)이 되어야 하니, 판장(版章)은 판도(版圖)와 같다." 한다.

⋯ 彌 : 마칠 미 酋 : 마칠 추 歆 : 움직일 흠 昄 : 밝을 판

○ 그대의 사는 강토가 크게 밝아 이미 심히 후하고, 또 그대로 하여금 몸을 마치도록 항상 천지 산천(天地山川)의 귀신의 주인이 되게 하리라고 말한 것이다.

④ 爾受命長矣, 第〔芳弗反〕祿爾康矣. 豈弟君子, 俾爾彌爾性, 純嘏爾常矣.

爾受命長矣니	그대가 천명을 받음이 장구하니
第(불)祿爾康矣로다	복록으로 그대가 편안하도다
豈弟君子아	개제한 군자여
俾爾彌爾性하여	그대의 생명을 잘 마쳐서
純嘏(가)爾常矣리로다	큰 복을 그대가 항상 누리게 하리로다

賦也라 第, 嘏는 皆福也라 常은 常享之也라
부(賦)이다. '불(第)'과 '가(嘏)'는 모두 복이다. '상(常)'은 항상 누림이다.

⑤ 有馮〔符冰反〕有翼, 有孝有德, 以引以翼. 豈弟君子, 四方爲則.

有馮(빙)有翼하며	의지할 자와 보익(輔翼)할 자가 있으며
有孝有德하여	효도하는 이와 덕이 있는 이도 있어
以引以翼하면	인도하고 보익하면
豈弟君子를	개제한 군자를
四方爲則(칙)하리라	사방에서 법으로 삼으리라

賦也라 馮은 謂可爲依者요 翼은 謂可爲輔者라 孝는 謂能事親者요 德은 謂得於己者라 引은 導其前也요 翼은 相其左右也라 東萊呂氏曰 賢者之行이 非一端이어늘 必曰有孝有德은 何也오 蓋人主常與慈祥篤實之人處면 其所以興起善端하고 涵養德性하여 鎭其躁而消其邪하여 日改月化가 有不在言語之間者矣리라
○ 言得賢以自輔如此면 則其德日修하여 而四方以爲則矣라 自此章以下는 乃言所以致上章福祿之由也하니라
부(賦)이다. '빙(馮)'은 의지할 만한 자를 이르고, '익(翼)'은 보익할 만한 자를

••• 第:복불 嘏:복가 馮:의지할빙 鎭:진정할진 躁:조급할조

이른다. '효(孝)'는 어버이를 잘 섬기는 자를 이르고, '덕(德)'은 〈도(道)를 행하여〉 자기 몸에 얻은 자를 이른다. '인(引)'은 그 앞에서 인도함이요, '익(翼)'은 그 좌우에서 돕는 것이다.

동래 여씨(東萊呂氏)가 말하였다. "현자(賢者)의 행실이 한 가지가 아닌데, 반드시 '유효(有孝), 유덕(有德)'이라고 말한 것은 어째서인가? 군주가 항상 자상(慈祥; 인자함)하고 독실한 사람과 거처하면 선(善)한 단서(마음)를 흥기하고 덕성(德性)을 함양하여, 조급한 성질을 진정하고 간사한 마음을 사라지게 해서 날로 고치고 다달이 변화함이 언어(言語)의 사이에 있지 않을 것이다."

○ 현자를 얻어 스스로 보익(輔翼)하기를 이와 같이 하면 그 덕이 날로 닦아져서 사방에서 법칙으로 삼을 것이라고 말한 것이다. 이 장(章)으로부터 이하는 바로 상장(上章)의 복록을 이루게 된 이유를 말하였다.

⑥ 顒顒卬卬, 如圭如璋, 令聞[音問]令望[마無方反]. 豈弟君子, 四方爲綱.

顒(옹)顒卬卬하며	존귀하고 엄숙하며
如圭如璋하며	규(圭)와 같고 장(璋)과 같으며
令聞令望이라	훌륭한 명예와 위의(威儀)가 있는지라
豈弟君子를	개제한 군자를
四方爲綱하리라	사방에서 기강으로 삼으리라

賦也라 顒顒、卬卬은 尊嚴也요 如圭、如璋은 純潔也라 令聞은 善譽也요 令望은 威儀可望法也라

○ 承上章하여 言得馮翼孝德之助면 則能如此하여 而四方以爲綱矣니라

부(賦)이다. '옹옹(顒顒)'과 '앙앙(卬卬)'은 존엄(尊嚴)함이요, '여규(如圭)'와 여장(如璋)'은 순수하고 깨끗함이다. '영문(令聞)'은 좋은 명예요, '영망(令望)'은 위의가 바라볼 만하고 법 받을 만한 것이다.

○ 상장(上章)을 이어 의지하고 보익하고 효도하고 덕이 있는 자의 도움을 얻으면 능히 이와 같이 되어 사방에서 강기(綱紀)로 삼을 것이라고 말한 것이다.

··· 顒 : 클 옹 卬 : 우러러볼 앙 璋 : 홀 장

⑦ 鳳凰于飛, 翽翽﹝呼會反﹞其羽, 亦集爰止. 藹藹王多吉士﹝鉏里反﹞, 維君子使, 媚于天子.

鳳凰于飛하니	봉황이 날아가니
翽(홰)翽其羽라	그 깃을 퍼덕여
亦集爰止로다	또한 그칠 데에 앉도다
藹(애)藹王多吉士하시니	왕에게 길사가 많으시니
維君子使라	군자가 부리는지라
媚于天子로다	천자를 사랑하도다

興也라 鳳凰은 靈鳥也니 雄曰鳳이요 雌曰凰이라 翽翽는 羽聲也라 鄭氏以爲因時鳳凰至라 故로 以爲喻라하니 理或然也라 藹藹는 衆多也라 媚는 順愛也라

○ 鳳凰于飛면 則翽翽其羽하여 而集於其所止矣요 藹藹王多吉士면 則維王之所使하여 而皆媚于天子矣라 旣曰君子라하고 又曰天子라하니 猶曰王于出征하여 以佐天子[45]云爾라

흥(興)이다. 봉황은 영특한 새이니, 수컷을 봉(鳳)이라 하고, 암컷을 황(凰)이라 한다. '홰홰(翽翽)'는 날개치는 소리이다. 정씨(鄭氏)가 이르기를 "이 때에 봉황이 마침 이르렀기 때문에 인하여 비유로 삼은 것이다." 하였으니, 이치상 혹 옳을 듯하다. '애애(藹藹)'는 많음이다. '미(媚)'는 순(順)하고 사랑함이다.

○ 봉황이 날면 그 깃을 퍼덕여 그칠 데에 앉으며, 애애(藹藹)히 왕에게 길사가 많으면 왕이 부리는 바여서 모두 천자를 사랑한다. 이미 군자라 하고 또 천자라 말했으니, 이는 "왕명(王命)으로 출정(出征)하여 천자를 돕는다."는 말과 같은 것이다.

⑧ 鳳凰于飛, 翽翽其羽, 亦傅﹝音附﹞于天﹝叶鐵因反﹞. 藹藹王多吉人, 維君子命﹝叶彌幷反﹞, 媚于庶人.

鳳凰于飛하니	봉황이 날아가니

• • • • • •

45 王于出征 以佐天子 : 이 내용은 위의 〈소아(小雅) 유월(六月)〉에 보인다.

••• 翽 : 훨훨날 홰　集 : 앉을 집　藹 : 성할 애　媚 : 사랑할 미

翩翩其羽라	그 깃을 퍼덕여
亦傅于天이로다	또한 하늘에 이르도다
藹藹王多吉人하시니	왕에게 길인이 많으시니
維君子命이라	군자가 명하시는지라
媚于庶人이로다	서민(庶民)들을 사랑하도다

興也라 媚于庶人은 順愛于民也라

　　흥(興)이다. '미우서인(媚于庶人)'은 백성들을 순(順)히 하고 사랑하는 것이다.

⑨ 鳳凰鳴矣, 于彼高岡. 梧桐生矣, 于彼朝陽. 菶菶〔布孔反〕萋萋〔七西反〕, 雝雝喈喈〔叶居奚反〕.

鳳凰鳴矣니	봉황이 우니
于彼高岡이로다	저 높은 뫼에서 울도다
梧桐生矣니	오동나무가 자라니
于彼朝陽이로다	저 아침해가 뜨는 동산에 있도다
菶(봉)菶萋(처)萋하니	오동나무가 무성하니
雝(옹)雝喈(개)喈로다	봉황의 울음소리가 화(和)하도다

比也요 又以興下章之事也라 山之東曰朝陽이라 鳳凰之性은 非梧桐不棲하고 非竹實不食이라 菶菶、萋萋는 梧桐生之盛也요 雝雝、喈喈는 鳳凰鳴之和也라

　　비(比)이고, 또 하장(下章)의 일을 흥(興)하였다. 산의 동쪽을 '조양(朝陽)'이라 한다. 봉황의 성질은 오동나무가 아니면 깃들지 않고, 죽실(竹實:대나무 열매)이 아니면 먹지 않는다. '봉봉(菶菶)'과 '처처(萋萋)'는 오동나무가 무성하게 자라는 것이요, '옹옹(雝雝)'과 '개개(喈喈)'는 봉황이 울기를 화(和)하게 하는 것이다.

⑩ 君子之車, 旣庶且多. 君子之馬, 旣閑且馳〔叶唐何反〕. 矢詩不多, 維以遂歌.

君子之車	군자의 수레가

··· 傅 : 이를 부　菶 : 무성할 봉　萋 : 무성할 처　雝 : 화락할 옹　喈 : 새소리 개

旣庶且多_{하며}	이미 많고 또 많으며
君子之馬	군자의 말이
旣閑且馳_{로다}	이미 길들고 또 달리도다
矢詩不多_라	시를 많이 아뢰려는 것이 아니라
維以遂歌_{니라}	왕의 노래를 이어 노래하는 것이니라

賦也_니 承上章之興也_라 菶菶萋萋_면 則離離喈喈矣_요 君子之車馬_는 則旣衆多而閑習矣_{라하니} 其意若曰 是亦足以待天下之賢者_{하여} 而不厭其多矣_라 遂歌_는 蓋繼王之聲而遂歌之_니 猶書所謂賡_(갱)載歌[46]也_라

부(賦)이니, 상장(上章)의 흥(興)을 이은 것이다. 오동나무가 봉봉(菶菶)하고 처처(萋萋)하게 자라면 봉황의 울음소리가 옹옹(離離)하고 개개(喈喈)하고, 군자의 거마(車馬)가 이미 많고 잘 길들었다 하였으니, 그 뜻은 천하의 현자를 충분히 대우할 만하니, 그 많음을 싫어하지 않는다고 한 것이다. '수가(遂歌)'는 왕의 노랫소리를 뒤이어 마침내 노래한 것이니, 《서경》에 이른바 "노래를 이어 한다."는 것과 같은 것이다.

卷阿十章_{이니} 六章_은 章五句_요 四章_은 章六句_라
〈권아(卷阿)〉는 10장이니, 여섯 장은 장마다 5구이고 네 장은 장마다 6구이다.

【毛序】 卷阿_는 召康公_이 戒成王也_니 言求賢用吉士也_라
〈권아〉는 소 강공(召康公)이 성왕을 경계한 시(詩)이니, 현자(賢者)를 구하여 길사(吉士)를 등용하라고 말한 것이다.
【鄭註】 吉_은 猶善也_라
길(吉)은 선(善)과 같다.
【辨說】 求賢用吉士_는 本用詩文_{이나} 而言固爲不切_{이라} 然亦未必分爲兩事_{어늘} 後之說者 旣誤認豈弟君子爲賢人_{하여} 遂分賢人吉士爲兩等_{하니} 彌失之矣_라 夫洞酌之豈弟君子_는 方爲成王_{이어늘} 而此詩遽爲所求之賢人_은 何哉_오

• • • • • •
46 賡載歌 : 뒤이어 노래하는 것으로 《서경》〈익직(益稷)〉에 보이는바, 앞의 〈가락(假樂)〉 제4장 주(註) 참조.

••• 閑 : 익숙할 한 矢 : 진열할 시 賡 : 이을 갱 載 : 이을 재

'현자를 구하여 길사를 등용하였다.〔求賢用吉士〕'는 것은 본래 시의 글을 그대로 따른 것이나 말은 진실로 간절하지 못하다. 그러나 〈서〉가 본래 반드시 〈현자와 길사를〉 나누어 두 가지 일로 삼은 것은 아닌데, 뒤에 해설하는 자(공영달)가 이미 '개제군자(豈弟君子)'를 오인(誤認)하여 현인(賢人)이라고 해서 마침내 현인과 길사를 나누어 두 등급으로 삼았으니, 더욱 잘못되었다. 〈형작(泂酌)〉의 '개제군자'는 막 성왕을 가리킨 것인데, 이 시가 갑자기 성왕이 구한 바의 현인이라고 함은 어째서인가.

9. 민로(民勞)

① 民亦勞止, 汔〔許乙反〕可小康. 惠此中國, 以綏四方. 無縱詭〔居毁反〕隨, 以謹無良. 式遏寇虐, 憯〔七感反〕不畏明〔叶謨郎反〕. 柔遠能邇, 以定我王.

民亦勞止라	백성들이 또한 수고로운지라
汔(흘)可小康이니	조금이라도 편안하게 해야 할 것이니
惠此中國하여	이 중국(서울)을 사랑하여
以綏四方이어다	사방을 편안히 할지어다
無縱詭(궤)隨하여	함부로 바르지 못한 사람을 따르지 말아
以謹無良하며	불량한 사람을 단속하며
式遏寇虐이	구학(寇虐)하는 자가
憯(참)不畏明이라야	명명(明命)을 두려워하지 않음을 막아야
柔遠能邇하여	먼 자를 편안하게 하고 가까운 자를 길들여
以定我王이라라	우리 왕실을 안정시키리라

賦也라 汔은 幾也라 中國은 京師也요 四方은 諸夏也니 京師는 諸夏之根本也라 詭隨는 不顧是非而妄隨人也라 謹은 斂束之意라 憯은 曾也라 明은 天之明命也라 柔는 安也요 能은 順習也라
○ 序說에 以此爲召穆公刺厲王之詩라하니 以今考之컨대 乃同列相戒之詞耳요

··· 汔 : 거의 흘 詭 : 속일 궤 遏 : 막을 알 憯 : 일찍 참

未必專爲刺王而發이라 然이나 其憂時感事之意를 亦可見矣니라 蘇氏曰 人未有無故而妄從人者로되 維無良之人이 將悅其君而竊其權하여 以爲寇虐이면 則爲之라 故로 無縱詭隨면 則無良之人肅하고 而寇虐無畏之人止하리니 然後柔遠能邇하여 而王室定矣라하니라 穆公은 名虎니 康公之後요 厲王은 名胡니 成王七世孫也[47]라

부(賦)이다. '흘(汔)'은 거의(행여)이다. '중국'은 경사(京師)요 '사방'은 제하(諸夏)이니, 경사는 제하의 근본이다. '궤수(詭隨)'는 시비(是非)를 돌아보지 않고 망령되이 남을 따르는 것이다. '근(謹)'은 염속(斂束)의 뜻이다. '참(憯)'은 일찍이다. '명(明)'은 하늘의 명명(明命)이다. '유(柔)'는 편안함이요, '능(能)'은 순하고 익숙함이다.

○〈서설(序說)〉에는 이것을 소 목공(召穆公)이 여왕(厲王)을 풍자한 시(詩)라 하였는데, 지금 상고해 보건대 이것은 바로 동렬(同列)이 서로 경계한 말이요, 반드시 오로지 왕을 풍자하기 위하여 말한 것은 아니다. 그러나 그 세상을 걱정하고 일에 감동한 뜻을 또한 볼 수 있다.

소씨(蘇氏)가 말하였다. "사람은 연고 없이 망령되이 남을 따르는 자가 없으나 오직 불량한 사람이 장차 그 군주를 기쁘게 하여 권력을 도둑질해서 구학(寇虐)을 하려 하면 이런 짓을 한다. 그러므로 함부로 부정함을 따르지 않는다면 불량한 사람이 자숙(自肅)하게 되고, 구학(寇虐)하여 두려움이 없는 사람이 그칠 것이니, 그런 뒤에야 멀리 있는 자를 편안하게 하고 가까이 있는 자를 길들여 왕실이 안정되는 것이다."

목공은 이름이 호(虎)니, 강공(康公;이름은 석(奭))의 후손이요, 여왕(厲王)은 이름이 호(胡)니, 성왕(成王)의 7세손(世孫)이다.

② 民亦勞止, 汔可小休. 惠此中國, 以爲民逑. 無縱詭隨, 以謹惽怓
〔女交反 叶尼猶反〕. 式遏寇虐, 無俾民憂. 無棄爾勞, 以爲王休.

民亦勞止라   백성들이 또한 수고로운지라

‧‧‧‧‧‧
47 穆公名虎……成王七世孫也 : 이 내용은 〈시서〉의 주이다. 이 시가 여왕(厲王)의 세대에 있었기 때문에 '변대아(變大雅)'의 시초가 되는 것이다.《詳說》

汔可小休니	조금이라도 쉬게 해야 할 것이니
惠此中國하여	이 중국을 사랑하여
以爲民逑어다	백성들이 모이게 할지어다
無縱詭隨하여	함부로 바르지 못한 사람을 따르지 말아
以謹惛怓(혼노)하며	시끄럽게 떠드는 사람을 단속하며
式遏寇虐하여	구학하는 자를 막아
無俾民憂라	백성들이 근심하게 하지 말라
無棄爾勞하여	너의 옛 공(功)을 버리지 말아
以爲王休어다	왕실을 아름답게 할지어다

賦也라 逑는 聚也라 惛怓는 猶讙譁(훤화)也라 勞는 猶功也니 言無棄爾之前功也라 休는 美也라

부(賦)이다. '구(逑)'는 모임이다. '혼노(惛怓)'는 훤화(讙譁;시끄럽게 떠듦)와 같다. '로(勞)'는 공(功)과 같으니, 너의 예전의 공로를 버리지 말라고 한 것이다. '휴(休)'는 아름다움이다.

③ 民亦勞止, 汔可小息. 惠此京師, 以綏四國〔叶于逼反〕. 無縱詭隨, 以謹罔極. 式遏寇虐, 無俾作慝〔吐得反〕. 敬愼威儀, 以近有德.

民亦勞止라	백성들이 또한 수고로운지라
汔可小息이니	조금이라도 쉬게 해야 할 것이니
惠此京師하여	이 경사를 사랑하여
以綏四國이어다	사방 나라를 편안히 할지어다
無縱詭隨하여	함부로 바르지 못한 사람을 따르지 말아
以謹罔極하며	망극한 사람을 단속하며
式遏寇虐하여	구학하는 자를 막아
無俾作慝(특)이요	간특함을 짓게 하지 말고
敬愼威儀하여	위의를 공경하고 삼가서
以近有德하라	덕이 있는 사람을 가까이 하라

••• 逑 : 모일 구 惛 : 혼미할 혼 怓 : 심란할 노 勞 : 공로 로 讙 : 떠들 훤 譁 : 떠들 화 慝 : 간사할 특

賦也라 罔極은 爲惡無窮極之人也라 有德은 有德之人也라

부(賦)이다. '망극(罔極)'은 악(惡)을 함이 궁극함(끝)이 없는 사람이다. '유덕(有德)'은 덕이 있는 사람이다.

④ 民亦勞止, 汔可小愒[起例反]. 惠此中國, 俾民憂泄[以世反]. 無縱詭隨, 以謹醜厲. 式遏寇虐, 無俾正敗[叶蒲寐反]. 戎雖小子, 而式弘大[叶持計反].

民亦勞止라	백성들이 또한 수고로운지라
汔可小愒(게)니	조금이라도 쉬게 해야 할 것이니
惠此中國하여	이 중국을 사랑하여
俾民憂泄(예)어다	백성들의 근심이 제거되게 할지어다
無縱詭隨하여	함부로 바르지 못한 사람을 따르지 말아
以謹醜厲하며	추악한 사람을 단속하며
式遏寇虐하여	구학하는 자를 막아
無俾正敗하라	정도(正道)가 파괴되게 하지 말라
戎雖小子나	네 비록 소자이나
而式弘大하니라	하는 일은 매우 크니라

賦也라 愒는 息이요 泄는 去요 厲는 惡也라 正敗는 正道敗壞也라 戎은 汝也라 言汝雖小子나 而其所爲甚廣大하니 不可不謹也라

부(賦)이다. '게(愒)'는 쉼이요, '예(泄)'는 제거함이요, '려(厲)'는 악함이다. '정패(正敗)'는 정도가 파괴되는 것이다. '융(戎)'은 너이다. 네 비록 소자이나 그 하는 바가 심히 광대(廣大)하니, 삼가지 않으면 안 된다고 말한 것이다.

⑤ 民亦勞止, 汔可小安. 惠此中國, 國無有殘. 無縱詭隨, 以謹繾綣. 式遏寇虐, 無俾正反. 王欲玉女[音汝], 是用大諫[春秋傳 荀子書竝作簡 音簡].

民亦勞止라	백성들이 또한 수고로운지라
汔可小安이니	조금이라도 편안하게 해야 할 것이니

··· 愒 : 쉴 게 泄 : 제거할 예 厲 : 악할 려 戎 : 너 융

惠此中國하여	이 중국을 사랑하여
國無有殘이어다	나라가 쇠잔함이 없게 할지어다
無縱詭隨하여	함부로 바르지 못한 사람을 따르지 말아
以謹繾綣하며	견권(繾綣:아부함)하는 사람을 단속하며
式遏寇虐하여	구학하는 자를 막아
無俾正反하라	정도에 위반되게 하지 말라
王欲玉女(汝)실새니	왕이 너를 옥으로 만들려 하시기에
是用大諫하노라	이 때문에 크게 간하노라

賦也라 繾綣은 小人之固結其君者也라 正反은 反於正也라 玉은 寶愛之意라 言王
欲以女爲玉而寶愛之라 故로 我用王之意하여 大諫正於女라하니 蓋託爲王意以相
戒也라

부(賦)이다. '견권(繾綣)'은 소인으로서 그 군주에게 굳게 결탁한 자이다. '정반
(正反)'은 정도에 위반됨이다. '옥(玉)'은 보배로 여기고 사랑하는 뜻이다. 왕이 너
를 옥으로 여겨 보배로 여기고 사랑하고자 하신다. 이 때문에 내가 왕의 뜻을 가
지고 너에게 크게 간(諫)하여 바로잡는다고 말한 것이니, 왕의 뜻을 칭탁하여 서
로 경계한 것이다.

民勞五章이니 章十句라

〈민로(民勞)〉는 5장이니, 장마다 10구이다.

【毛序】 民勞는 召穆公이 刺厲王也라

〈민로〉는 소 목공(召穆公)이 여왕(厲王)을 풍자한 시(詩)이다.

【鄭註】 厲王은 成王七世孫也라 時賦斂重數(삭)하고 繇(요)役煩多하니 人民勞苦
하여 輕爲姦宄(귀)하여 彊淩弱하고 衆暴寡하여 作寇害라 故穆公以刺之하니라

여왕은 성왕의 7세손이다. 이때 부세(賦稅)를 거둠이 거듭되고 부역이 번거롭
고 많으니, 인민(人民)이 노고하여 가볍게 간귀(姦宄)한 짓을 하여, 강한 자가 약한
자를 능멸하고 많은 자가 적은 자를 모질게 대하여 구해(寇害)가 되었다. 그러므
로 목공(穆公)이 이로써 풍자한 것이다.

··· 繾 : 곡진할 견 綣 : 정다울 권

10. 판(板)

① 上帝板板, 下民卒瘝〔當簡反〕, 出話不然, 爲猶不遠. 靡聖管管, 不實於亶. 猶之未遠, 是用大諫〔마음簡〕.

上帝板板이라	상제가 상도(常道)를 뒤집은지라
下民卒瘝(단)이어늘	하민들이 모두 병들거늘
出話不然하며	말을 냄이 옳지 못하며
爲猶(猷)不遠하여	계책을 함이 원대하지 못하여
靡聖管管하며	성인이 없다 여겨 의거함이 없으며
不實於亶하나니	성실함에 진실하지 못하니
猶之未遠이라	계책이 원대하지 못한지라
是用大諫하노라	이 때문에 크게 간하노라

賦也라 板板은 反也라 卒은 盡이요 瘝은 病이요 猶는 謀也라 管管은 無所依也라 亶은 誠也라

○ 序에 以此爲凡伯刺厲王之詩라하니 今考其意컨대 亦與前篇相類[48]요 但責之益深切耳라 此章은 首言天反其常道하여 而使民盡病矣어늘 而女(汝)之出言이 皆不合理하고 爲謀又不久遠하여 其心以爲無復聖人이라하여 但恣己妄行하여 而無所依據하며 又不實之於誠信하니 豈其謀之未遠而然乎아 世亂은 乃人所爲어늘 而曰上帝板板者는 無所歸咎之詞耳니라

부(賦)이다. '판판(板板)'은 뒤집어짐이다. '졸(卒)'은 모두요, '단(瘝)'은 병듦이요, '유(猶)'는 계책이다. '관관(管管)'은 의거하는 바가 없는 것이다. '단(亶)'은 성실함이다.

○ 〈모서(毛序)〉에 이것을 범백(凡伯)이 여왕(厲王)을 풍자한 시(詩)라 하였는데, 이제 그 뜻을 살펴보건대 또한 전편(前篇)과 서로 유사하고, 다만 꾸짖기를 더욱 깊고 간절하게 했을 뿐이다. 이 장(章)은 첫 번째로 '하늘이 그 상도(常道)를 뒤집

······
48 亦與前篇相類 : 전편(前篇)은 바로 위의 〈민로(民勞)〉를 가리킨 것으로, 주자는 왕을 풍자한 시가 아니고 동렬(同列)들이 서로 경계한 내용으로 보았다.

··· 板 : 배반할 판 瘝 : 병들 단 亶 : 진실로 단

어서 백성들로 하여금 모두 병들게 하였는데, 네가 말을 냄이 모두 이치에 합하지 못하고 계책을 함이 또 구원(久遠)하지 못하여, 그 마음에 생각하기를 다시는 성인이 없다고 여겨서 다만 자기 멋대로 망령되이 행하여 의거하는 바가 없으며, 또 성실함에 진실하지 못하니, 아마도 그 계책이 원대하지 못하여 그런 것이 아니겠는가.'라고 말한 것이다. 세상이 어지러움은 바로 사람이 한 것인데, 상제가 판판했다고 말한 것은 허물을 돌릴 곳이 없어서 한 말이다.

② 天之方難〔叶泥涓反〕, 無然憲憲〔叶虛言反〕. 天之方蹶〔俱衛反〕, 無然泄泄〔以世反〕. 辭之輯〔音集 叶祖合反〕矣, 民之洽矣. 辭之懌〔叶弋灼反〕矣, 民之莫矣.

天之方難이시니	하늘이 어려움을 내리시니
無然憲憲이어다	그렇게 흔흔(欣欣)하지 말지어다
天之方蹶(궤)시니	하늘이 막 진동하시니
無然泄(예)泄어다	그렇게 느긋해 하지 말지어다
辭之輯矣면	말을 화(和)하게 하면
民之洽矣며	백성들이 화합할 것이며
辭之懌(역)矣면	말을 기쁘게 하면
民之莫矣라	백성들이 안정되리라

賦也라 憲憲은 欣欣也라 蹶는 動也라 泄泄는 猶沓沓也니 蓋弛緩之意라 孟子曰 事君無義하고 進退無禮하며 言則非先王之道者 猶沓沓也라하니라 輯은 和요 洽은 合이요 懌은 悅이요 莫은 定也라 辭輯而懌이면 則言必以先王之道矣니 所以民無不合, 無不定也니라

부(賦)이다. '헌헌(憲憲)'은 흔흔(欣欣)함이다. '궤(蹶)'는 동함이다. '예예(泄泄)'는 답답(沓沓)과 같으니, 풀어지고 느슨한 뜻이다. 《맹자》〈이루 상(離婁上)〉에 "군주를 섬김에 의(義)가 없고 나아가고 물러감에 예(禮)가 없으며, 말하면 선왕의 도(道)를 비난하는 자가 답답(예예)과 같다." 하였다. '집(輯)'은 화(和)함이요, '흡(洽)'은 화합함이요, '역(懌)'은 기쁨이요, '막(莫)'은 안정함이다. 말을 화하게 하고 기쁘게 하면 말을 반드시 선왕의 도로써 할 것이니, 이 때문에 백성들이 화합하지 않는 이가 없고 안정되지 않는 이가 없는 것이다.

••• 然 : 옳을 연 蹶 : 넘어질 궤(궐) 泄 : 느릴 예 輯 : 화할 집 洽 : 화할 흡 懌 : 기쁠 역 莫 : 정할 막

③ 我雖異事, 及爾同僚. 我卽爾謀, 聽我囂囂[許驕反]. 我言維服, 勿以
爲笑[叶·思邀反]. 先民有言, 詢于芻[初俱反]蕘[如謠反].

我雖異事나	내 비록 맡은 일이 다르나
及爾同僚로라	너와 더불어 동료로라
我卽爾謀하니	내가 너에게 가서 상의하니
聽我囂(효)囂하다	내 말을 건성으로 듣는구나
我言維服이니	내 말은 당장 시급한 일이니
勿以爲笑하라	비웃음거리로 삼지 말라
先民有言호되	선현들이 말씀하기를
詢于芻蕘(추요)라하니라	나뭇꾼에게도 물으라 하시니라

詩經集傳 下

賦也라 異事는 不同職也요 同僚는 同爲王臣也라 春秋傳曰 同官爲僚라하니라 卽은
就也라 囂囂는 自得不肯受言之貌라 服은 事也니 猶曰我所言者는 乃今之急事也
라 先民은 古之賢人也라 芻蕘는 采薪者라 古人은 尚詢及芻蕘하니 況其僚友乎아

부(賦)이다. '이사(異事)'는 직책이 똑같지 않은 것이요, '동료'는 함께 왕의 신
하가 된 것이다. 《춘추좌씨전》 문공(文公) 7년에 "함께 벼슬함[同官]을 료(僚)라 한
다." 하였다. '즉(卽)'은 나아감이다. '효효(囂囂)'는 자득(自得:의기양양)하여 남의 말
을 받아들이려고 하지 않는 모양이다. '복(服)'은 일이니, 내가 말하는 것은 바로
지금 당장에 시급한 일이라고 말함과 같은 것이다. '선민(先民)'은 옛 현인(賢人)이
다. '추요(芻蕘)'는 땔나무를 채취하는 자이다. 옛 사람은 오히려 물음이 나무꾼에
게도 미쳤으니, 하물며 그 료우(僚友)에 있어서랴.

④ 天之方虐, 無然謔謔[虛虐反]. 老夫灌灌, 小子蹻蹻[其略反]. 匪我言
耄[莫報反 叶毛博反], 爾用憂謔. 多將熇熇[叶許各反], 不可救藥.

天之方虐이시니	하늘이 포악하시니
無然謔謔이어다	그렇게 희학(戲謔)하지 말지어다
老夫灌灌이어늘	늙은 지아비는 정성을 다하여 말하는데
小子蹻(갹)蹻이로다	소자는 교만하고 교만하도다

··· 囂 : 시끄러울 효 服 : 일 복 芻 : 꼴 추 蕘 : 나무할 요 謔 : 희롱할 학 蹻 : 거만할 갹

匪我言耄어늘　　　내 말이 노망해서 하는 말이 아닌데도
爾用憂謔하나니　　너는 걱정할 일을 농담으로 여기니
多將熇(학)熇하여　　근심스러운 일이 많아지면 장차 치성해서
不可救藥이리라　　구원하고 치료할 수 없으리라

賦也라 謔은 戲侮也라 老夫는 詩人自稱이라 灌灌은 款款也요 蹻蹻은 驕貌라 耄는
老而昏也라 熇熇은 熾盛也라

○ 蘇氏曰 老者知其不可하고 而盡其款誠以告之어늘 少者不信而驕之라 故로 曰
非我老耄而妄言이어늘 乃汝以憂爲戲耳라하니라 夫憂未至而救之면 猶可爲也어
니와 苟俟其益多면 則如火之盛하여 不可復救矣리라

부(賦)이다. '학(謔)'은 희롱하고 업신여기는 것이다. '노부(老夫)'는 시인이 자신
을 칭한 것이다. '관관(灌灌)'은 정성스러움이요, '갹갹(蹻蹻)'은 교만한 모양이다.
'모(耄)'는 늙어서 혼몽한 것이다. '학학(熇熇)'은 치성(熾盛)함이다.

○ 소씨(蘇氏)가 말하였다. "늙은 자가 그 불가함을 알고 정성을 다하여 말하는
데 젊은 자가 믿지 않고 교만을 떨었다. 그러므로 말하기를 '내 노혼(老昏)해서 망
언(妄言)하는 것이 아닌데 마침내 너는 근심할 일을 농담으로 여긴다.'고 한 것이
다. 근심이 이르기 전에 구원하면 오히려 다스릴 수 있지만 만일 그 더욱 많아지
기를 기다린다면 불이 치성함과 같아서 다시는 구원할 수 없을 것이다."

⑤ 天之方懠〔音齊 叶箋西反〕, 無爲夸〔苦花反〕毗. 威儀卒迷, 善人載尸. 民
之方殿屎〔許伊反〕, 則莫我敢葵. 喪〔息浪反〕亂蔑資〔叶箋西反〕, 曾莫惠我師
〔叶霜夷反〕.

天之方懠(제)시니　　　하늘이 노하고 계시니
無爲夸毗(과비)하여　　잘난 체하거나 빌붙어서
威儀卒迷하며　　　　　위의를 모두 어지럽히며
善人載尸어다　　　　　선인을 시동(尸童)처럼 되게 하지 말지어다
民之方殿屎(히)어늘　　백성들이 신음하고 있는데
則莫我敢葵(揆)하나니　우리를 감히 헤아려주는 이가 없으니
喪亂蔑資(咨)라　　　　상란을 당하여 멸망하게 됨이 서글픈지라

··· 耄 : 늙은이 모　熇 : 성할 학　款 : 정성스러울 관　懠 : 성낼 제　夸 : 큰소리칠 과　毗 : 붙을 비, 굽신거릴 비
屎 : 신음할 히　葵 : 헤아릴 규

曾莫惠我師로다　　　　　　일찍이 우리들을 사랑하는 이가 없도다

賦也라 懠는 怒라 夸는 大요 毗는 附也니 小人之於人에 不以大言夸之면 則以諛言
毗之也라 尸는 則不言不爲하고 飮食而已者也라 殿屎는 呻吟也라 葵는 揆也라 蔑
은 猶滅也라 資는 與咨同하니 嗟歎聲也라 惠는 順이요 師는 衆也라
○ 戒小人毋得夸毗하여 使威儀迷亂하며 而善人不得有所爲也라 又言民方愁苦
呻吟이어늘 而莫敢揆度(탁)其所以然者라 是以로 至於散亂滅亡이로되 而卒無能惠
我師者也라

　　부(賦)이다. '제(懠)'는 노함이다. '과(夸)'는 큰소리침이요, '비(毗)'는 빌붙음이
니, 소인은 사람에 대하여 큰소리쳐서 〈자신을〉 과시하지 않으면 아첨하는 말로
빌붙는다. '시(尸:시동)'는 말하지 않고 일하지 않고 음식만 먹을 뿐인 자이다. '전
히(殿屎)'는 신음이다. '규(葵)'는 헤아림이다. '멸(蔑)'은 멸(滅)과 같다. '자(資)'는
자(咨)와 같으니, 차탄(嗟歎)하는 소리이다. '혜(惠)'는 순함이요, '사(師)'는 무리이다.
　　○ 소인들이 큰소리치고 빌붙어서 위의(威儀)를 미란(迷亂)하게 하며 선인(善人)
이 〈직책을 맡지 못하여〉 하는 바가 있지 못하게 하지 말라고 경계한 것이다. 또
말하기를 "백성들이 시름에 잠기고 고통에 빠져서 신음하고 있는데 감히 그 소이
연(所以然)을 헤아리는 자가 없다. 이 때문에 나라가 산란(散亂)하고 멸망함에 이르
렀는데도 끝내 우리 무리들을 사랑해 주는 자가 없다."고 한 것이다.

⑥ 天之牖民, 如壎[許元反]如篪[晉池], 如璋如圭, 如取如攜. 攜無日益,
牖民孔易[以豉反 叶夷益反]. 民之多辟[匹亦反 下同], 無自立辟.

天之牖民이　　　　　　　하늘이 백성을 열어 밝혀줌이
如壎(훈)如篪(지)하며　　　질나발과 같고 젓대(피리)와 같으며
如璋如圭하며　　　　　　장(璋)과 같고 규(圭)와 같으며
如取如攜(휴)하니　　　　취함과 같고 쥐어 잡음과 같으니
攜無日益이라　　　　　　쥠에 더 보탤것이 없는지라
牖(유)民孔易하니라　　　백성을 열어줌이 매우 쉬우니라
民之多辟(僻)이니　　　　백성들이 사벽(邪僻)함이 많으니
無自立辟이어다　　　　　스스로 사벽함을 세우지 말지어다

••• 咨 : 탄식할 자 牖 : 깨우칠 유 壎 : 질나팔 훈 篪 : 젓대 지 攜 : 들 휴 辟 : 간사할 벽

賦也라 牖는 開明也니 猶言天啓其心也라 壎唱而篪和하고 璋判而圭合하며 取求攜得而無所費하니 皆言易也라 辟은 邪也라

○ 言天之開民이 其易如此하여 以明上之化下 其易亦然이라 今民旣多邪辟(僻)矣니 豈可又自立邪辟以道(導)之邪아

부(賦)이다. '유(牖)'는 열어 밝힘이니, "하늘이 그 마음을 열어주었다."고 말함과 같다. 질나팔이 선창(先唱)하면 젓대가 화답하고, 장(璋)은 갈라졌는데 규(圭)는 합쳐졌으며, 취하여 구하고 쥐어 잡아 얻음에 허비하는 바가 없으니, 이는 모두 쉬움을 말한 것이다. '벽(辟)'은 사벽(邪僻)함이다.

○ 하늘이 백성을 열어줌이 그 쉬움이 이와 같음을 말해서 윗사람이 아랫사람을 교화함이 그 쉬움이 또한 그러함을 밝힌 것이다. 이제 백성들이 사벽함이 이미 많은데, 어찌 또다시 스스로 사벽함을 세워서 인도한단 말인가.

⑦ 价〔音介〕人維藩〔叶分邅反〕, 大師維垣, 大邦維屛, 大宗維翰〔叶胡田反〕, 懷德維寧, 宗子維城, 無俾城壞〔叶胡罪胡威二反〕, 無獨斯畏〔叶紆會於非二反〕.

价人維藩이며	대덕(大德)의 사람은 나라의 울타리이며
大師維垣이며	많은 무리는 나라의 담장이며
大邦維屛이며	큰 제후국은 나라의 병풍이며
大宗維翰(榦)이며	대종은 나라의 정간(楨榦)이며
懷德維寧이며	덕으로 은혜로움은 나라를 편안히 하는 이이며
宗子維城이니	종자는 나라의 성(城)이니
無俾城壞하여	성이 파괴되게 하지 말아서
無獨斯畏하라	혼자되어 이에 두려워하게 하지 말라

賦也라 价는 大也니 大德之人也라 藩은 籬요 師는 衆이요 垣은 牆也라 大邦은 强國也라 屛은 樹也니 所以爲蔽也라 大宗은 强族也라 翰은 榦也라 宗子는 同姓也라
○ 言是六者는 皆君之所恃以安이요 而德其本也라 有德이면 則得是五者之助요 不然이면 則親戚叛之而城壞라 城壞면 則藩、垣、屛、翰이 皆壞而獨居리니 獨居而所可畏者至矣리라

··· 价:클 개 藩:울타리 번 翰:줄기 간

부(賦)이다. '개(价)'는 큼이니, 대덕(大德)의 사람이다. '번(藩)'은 울타리요, '사(師)'는 무리요, '원(垣)'은 담장이다. '대방(大邦)'은 강한 나라이다. '병(屛)'은 병풍이니, 가리개 역할을 하는 것이다. '대종(大宗)'은 강성한 종족이다. '한(翰)'은 정간(楨榦)이다. '종자(宗子)'는 동성(同姓)이다.

○ 이 여섯 가지는 모두 군주가 믿어 편안할 수 있는 것인데, 덕(德)이 그 근본이다. 〈군주가〉 덕이 있으면 이 다섯 가지의 도움을 얻을 것이요, 그렇지 못하면 친척이 이반하여 성(城)이 파괴될 것이다. 성이 파괴되면 울타리와 담장과 병풍과 정간이 모두 무너져 홀로 거하게 될 것이니, 홀로 거하면 두려워할 만한 일이 이를 것이라고 말한 것이다.

⑧ 敬天之怒, 無敢戲豫, 敬天之渝〔用朱反〕, 無敢馳驅. 昊天曰明〔叶謨郎反〕, 及爾出王〔音往 叶如字〕, 昊天曰旦〔叶得絹反〕, 及爾游衍〔叶怡戰反〕.

敬天之怒하여	하늘의 노여움을 공경하여
無敢戲豫하며	감히 안일하지 말며
敬天之渝(유)하여	하늘의 변함(노여워함)을 공경하여
無敢馳驅어다	감히 멋대로 놀지 말지어다
昊天曰明하사	호천이 매우 밝으사
及爾出王(往)하시며	너의 나가고 왕래함에 미치시며
昊天曰旦하사	호천이 매우 밝으사
及爾游衍하시나니라	너의 유연(游衍:놀고 즐김)함에 미치시느니라

賦也라 渝는 變也라 王은 往通이니 言出而有所往也라 旦亦明也라 衍은 寬縱之意라
○ 言天之聰明이 無所不及하니 不可以不敬也라 板板也, 難也, 蹶也, 虐也, 僭也는 其怒而變也甚矣어늘 而不之敬也하니 亦知其有日監在玆[49]者乎아 張子曰 天體物而不遺는 猶仁體事而無不在也라 禮儀三百과 威儀三千이 無一事而非仁也며 昊天曰明하사 及爾出王하며 昊天曰旦하사 及爾游衍이 無一物之不體也니라

‥‥‥
49 日監在玆 : 밝으신 하늘이 날마다 강림하여 여기에 계시므로 사람이 함부로 하지 못한다는 뜻으로 아래 〈주송(周頌) 경지(敬止)〉에 보인다.

⋯ 渝 : 변할 유(투) 衍 : 넉넉할 연

부(賦)이다. '유(渝)'는 변함이다. '왕(王)'은 왕(往)과 통하니, 나가서 갈 곳이 있음을 말한 것이다. '단(旦)' 또한 밝음이다. '연(衍)'은 관종(寬縱:너그럽게 풀어줌)의 뜻이다.

○ 하늘의 총명(聰明)함이 미치지 못하는 바가 없으니, 공경하지 않을 수 없음을 말한 것이다. 판판(板板:번복함)함과 어려움과 동(動)함과 포학함과 노여워함은 그 노하여 변함이 심한데도 공경하지 않으니, 또한 '그 날로 보심이 이곳에 있다.〔日監在玆〕'는 것을 알 수 있겠는가.

장자(張子)가 말씀하였다. "하늘이 사물의 체(體:근간)가 되어 〈어떤 사물이든〉 빠뜨리지 않음은, 마치 인(仁)이 일의 체가 되어 〈어떤 일에든〉 있지 않음이 없는 것과 같은 것이다. 예의(禮儀) 3백 가지와 위의(威儀) 3천 가지가 한 가지 일도 인(仁) 아님이 없으며, 호천(昊天)이 매우 밝으사 너의 출왕(出往)하는데 미치며, 호천이 매우 밝으사 너의 유연(游衍)하는데 미침이 한 가지 사물도 체가 되지 않음이 없는 것이다."

板八章이니 章八句라

〈판(板)〉은 8장이니, 장마다 8구이다.

【毛序】 板은 凡伯이 刺厲王也라

〈판〉은 범백(凡伯)이 여왕(厲王)을 풍자한 시(詩)이다.

【鄭註】 凡伯은 周同姓이니 周公之胤也니 入爲王卿士하니라

범백(凡伯)은 주(周)나라와 동성(同姓)으로 주공의 후손이니, 주나라에 들어가 왕의 경사(卿士)가 되었다.

生民之什은 十篇이니 六十一章이요 四百三十三句라

〈생민지십(生民之什)〉은 10편이니, 61장이고 433구이다.

〈탕지십(蕩之什)〉 3-3[三之三]

1. 탕(蕩)

① 蕩蕩上帝, 下民之辟〔必亦反〕. 疾威上帝, 其命多辟〔匹亦反〕. 天生烝
民, 其命匪諶〔市林反 或叶市隆反〕. 靡不有初, 鮮克有終〔叶諸深反 或如字〕.

蕩蕩上帝는	광대하신 상제는
下民之辟이시니	하민의 군주이시니
疾威上帝는	지금 포학한 상제는
其命多辟(僻)이로다	그 명에 사벽(邪僻)함이 많도다
天生烝民하시니	하늘이 뭇 백성을 내셨는데
其命匪諶(심)은	그 명을 믿을 수 없음은
靡不有初나	처음에는 선(善)하지 않음이 없으나
鮮克有終일새니라	선으로 끝마침이 적기 때문이니라

賦也라 蕩蕩은 廣大貌라 辟은 君也라 疾威는 猶暴虐也라 多辟은 多邪僻也라 烝은
衆이요 諶은 信也라
○ 言此蕩蕩之上帝는 乃下民之君也어늘 今此暴虐之上帝 其命乃多邪僻者는 何
哉오 蓋天生衆民하시니 其命有不可信者는 蓋其降命之初엔 無有不善이나 而人少
能以善道自終이라 是以로 致此大亂하여 使天命亦罔克終하여 如疾威而多僻也라
蓋始爲怨天之辭라가 而卒自解之如此하니라 劉康公曰 民受天地之中以生하니 所
謂命也라 能者는 養之以福하고 不能者는 敗以取禍[50]라하니 此之謂也니라

　　부(賦)이다. '탕탕(蕩蕩)'은 광대한 모양이다. '벽(辟)'은 군주이다. '질위(疾威)'
는 포학과 같다. '다벽(多辟)'은 사벽(邪僻)함이 많은 것이다. '증(烝)'은 무리요, '심

......
50　劉康公曰……敗以取禍 : 유(劉)는 봉읍(封邑)이고 강(康)은 시호로 유 강공은 주 정왕(周定
王)의 동모제(同母弟)인데 왕계자(王季子)로 알려져 있다. 이 내용은《춘추좌씨전》성공(成公)
13년과《소학(小學)》〈계고(稽古)〉에 보인다.

···　烝 : 많을 증　諶 : 믿을 심

（諶）'은 믿음이다.

○ 이 탕탕한 상제는 바로 하민의 군주이신데, 지금 이 포학한 상제가 그 명(命)에 마침내 사벽함이 많음은 어째서인가? 하늘이 뭇 백성을 내시니 그 명에 믿을 수 없는 것이 있음은, 명을 내린 초기에는 불선(不善)함이 없었으나 사람들이 선(善)한 도(道)로써 스스로 끝마치는 사람이 적어서이다. 이 때문에 이 대란(大亂)을 불러 천명 또한 능히 끝마치지 못하게 되어, 마치 포학하고 사벽함이 많은 듯한 것이다. 처음에는 하늘을 원망하는 말을 하다가 끝내는 스스로 이와 같이 해명한 것이다.

유강공(劉康公)이 말하기를 "사람이 천지(天地)의 중(中;이치)을 받아 태어나니, 이른바 명(命)이라는 것이다. 능한 자는 명을 길러 복(福)을 받고 능하지 못한 자는 이를 패하여(무너뜨려) 화(禍)를 취한다." 하였으니, 이것을 말한 것이다.

② 文王曰咨, 咨女〔音汝〕殷商. 曾是彊禦, 曾是掊〔蒲侯反〕克, 曾是在位, 曾是在服〔叶蒲北反〕. 天降慆〔他刀反〕德, 女興是力.

文王曰咨라	문왕이 말씀하시기를 아!
咨女(汝)殷商아	슬프다 너 은상아
曾是彊禦와	일찍이 포학한 자와
曾是掊(부)克이	가렴주구하는 자들이
曾是在位하며	일찍이 높은 자리에 있으며
曾是在服은	일찍이 용사(用事)하는 자리에 있음은
天降慆(도)德이나	하늘이 나쁜 덕을 내려서이나
女興是力일새니라	실은 네가 흥기하여 이에 힘쓰기 때문이니라

賦也라 此는 設爲文王之言也라 咨는 嗟也라 殷商은 紂也라 彊禦는 暴虐之臣也요 掊克은 聚斂之臣也라 服은 事也라 慆는 慢이요 興은 起也라 力은 如力行之力이라
○ 詩人이 知厲王之將亡이라 故로 爲此詩하여 託於文王所以嗟嘆殷紂者하여 言此暴虐聚斂之臣이 在位用事는 乃天降慆慢之德而害民이라 然非其自爲之也요 乃汝興起此人而力爲之耳라하니라

부(賦)이다. 이는 문왕의 말씀으로 가설한 것이다. '자(咨)'는 아! 하고 탄식한

··· 咨 : 탄식할 자 掊 : 거둘 부 服 : 일할 복 慆 : 거만할 도

것이다. '은상(殷商)'은 주(紂)이다. '강어(彊禦)'는 포학한 신하요, '부극(掊克)'은 취렴(聚斂;가렴주구)하는 신하이다. '복(服)'은 일함이다. '도(慆)'는 태만함이요, '흥(興)'은 일어남이다. '역(力)'은 역행(力行)의 역(力;힘씀)과 같다.

○ 시인(詩人)은 여왕(厲王)이 장차 망할 줄을 알았다. 그러므로 이 시를 지어 문왕이 은주(殷紂)를 차탄(嗟嘆)하는 것으로 가탁하여, 이 포학하고 취렴하는 신하들이 높은 지위에 있고 용사(用事;권력을 행사함)함은 바로 하늘이 도만(慆慢)한 덕(德)을 내려 백성을 해쳐서이다. 그러나 이는 하늘이 스스로 한 것이 아니요, 바로 네가 이 사람들을 흥기시켜 힘써 이런 짓을 하게 한 때문이라고 말한 것이다.

③ 文王曰咨, 咨女殷商. 而秉義類, 彊禦多懟〔直類反〕. 流言以對, 寇攘式內. 侯作〔側慮反〕侯祝〔周救反〕, 靡屆靡究.

文王曰咨라	문왕이 말씀하시기를 아!
咨女(汝)殷商아	슬프다 너 은상아
而秉義類어늘	네 선(善)한 부류들을 써야 할 터인데
彊禦多懟(대)로	포학하여 원망이 많은 자로 하여금
流言以對하나니	근거 없는 말로 대응하게 하나니
寇攘式內라	도둑질하는 자가 안에 있는지라
侯作(詛)侯祝(주)	이 때문에 저주(詛祝)함이
靡屆(계)靡究로다	끝이 없고 다함이 없도다

賦也라 而亦女(汝)也라 義는 善이요 懟는 怨也라 流言은 浮浪不根之言也라 侯는 維也라 作은 讀爲詛니 詛祝(저주)는 怨謗也라
○ 言汝當用善類어늘 而反任此暴虐多怨之人하여 使用流言以應對하니 則是爲寇盜攘竊而反居內矣라 是以로 致怨謗之無極也라

부(賦)이다. '이(而)' 또한 너이다. '의(義)'는 선(善)이요, '대(懟)'는 원망함이다. '유언(流言)'은 부랑(浮浪)하여 근거 없는 말이다. '후(侯)'는 유(維;발어사)이다. '저(作)'는 저(詛)로 읽으니, '저주(詛祝)'는 원망하고 비방하는 것이다.

○ 네 마땅히 선한 부류들을 등용해야 할 터인데 도리어 포학하고 원망이 많은 사람을 임용하여 근거 없는 유언(流言)으로써 응대하게 하니, 이것은 구도(寇

••• 懟 : 원망할 대 攘 : 훔칠 양 屆 : 이를 계 詛 : 저주할 저

盜)하고 양절(攘竊)하는데도 도리어 안에 있게 한 것이다. 이 때문에 〈이들이〉 끝없는 원망과 비방을 부른 것이다.

④ 文王曰咨, 咨女殷商. 女炰〔白交反〕烋〔火交反〕于中國〔叶于逼反〕, 斂怨以爲德. 不明爾德. 時無背〔布內反〕無側. 爾德不明, 以無陪〔蒲回反〕無卿.

<table>
<tr><td>文王曰咨라</td><td>문왕이 말씀하시기를 아!</td></tr>
<tr><td>咨女殷商아</td><td>슬프다 너 은상아</td></tr>
<tr><td>女炰烋(포효)于中國하여</td><td>네 중국(서울)에서 기세등등하여</td></tr>
<tr><td>斂怨以爲德하나니</td><td>원망을 쌓는 것을 덕으로 여기나니</td></tr>
<tr><td>不明爾德이라</td><td>네 덕을 밝히지 않는지라</td></tr>
<tr><td>時無背無側하며</td><td>뒤와 곁에서 돕는 자가 없으며</td></tr>
<tr><td>爾德不明이라</td><td>네 덕이 밝지 못한지라</td></tr>
<tr><td>以無陪(배)無卿이로다</td><td>배신(陪臣)이 없고 경(卿)이 없도다</td></tr>
</table>

賦也라 炰烋는 氣健貌라 斂怨以爲德은 多爲可怨之事하고 而反自以爲德也라 背는 後요 側은 傍이요 陪는 貳也니 言前後左右公卿之臣이 皆不稱其官하여 如無人也니라

부(賦)이다. '포효(炰烋)'는 기세가 건장한 모양이다. '원망스러울만한 일을 거두어 덕(德)으로 여긴다.'는 것은 원망스러울만한 일을 많이 하고 도리어 스스로 덕으로 여기는 것이다. '배(背)'는 뒤요, '측(側)'은 곁이요, '배(陪)'는 이(貳)이니, 전후 좌우(前後左右)에 있는 공경(公卿)의 신하들이 모두 그 관직에 걸맞지 못하여 사람이 없는 것과 같다고 말한 것이다.

⑤ 文王曰咨, 咨女殷商. 天不湎〔面善反〕爾以酒, 不義從式〔叶式吏反〕. 旣愆爾止, 靡明靡晦〔叶乎洧反〕. 式號式呼〔火故反〕, 俾晝作夜〔叶羊茹反〕.

<table>
<tr><td>文王曰咨라</td><td>문왕이 말씀하시기를 아!</td></tr>
<tr><td>咨女殷商아</td><td>슬프다 너 은상아</td></tr>
<tr><td>天不湎(면)爾以酒어시늘</td><td>하늘이 너를 술에 빠지게 하지 않으셨는데</td></tr>
</table>

··· 炰 : 까불거릴 포 烋 : 건장할 효 湎 : 술에빠질 면

不義從式이로다	의롭지 못한 일을 따라 쓰도다
旣愆爾止하여	이미 네 행동거지를 잘못하여
靡明靡晦하며	밝음도 없고 어둠도 없으며
式號式呼하여	고함치고 소리쳐서
俾晝作夜로다	낮을 밤으로 삼도다

賦也라 湎은 飮酒變色也요 式은 用也라 言天不使爾沈湎於酒어늘 而惟不義를 是從而[是]用也라 止는 容止也라

부(賦)이다. '면(湎)'은 술을 마셔 얼굴빛이 변한 것이요, '식(式)'은 씀이다. 하늘이 너로 하여금 술에 빠지게 하지 않으셨는데, 오직 의롭지 못한 일을 따라서 이것을 씀을 말한 것이다. '지(止)'는 용지(容止:행동거지)이다.

⑥ 文王曰咨, 咨女殷商. 如蜩如螗〔音唐〕, 如沸如羹〔叶盧當反〕. 小大近喪〔息浪反 叶平聲〕, 人尙乎由行〔叶戶郎反〕. 內奰〔皮器反〕于中國, 覃及鬼方.

文王曰咨라	문왕이 말씀하시기를 아!
咨女殷商아	슬프다 너 은상아
如蜩(조)如螗(당)하며	매미와 같이 시끄러우며
如沸(비)如羹하여	끓는 물과 같고 끓는 국과 같아서
小大近喪이어늘	낮은 자와 높은 자가 망함에 가깝거늘
人尙乎由行하여	사람들은 아직도 잘못을 그대로 행하여
內奰(비)于中國하여	안으로는 중국에서 노여움을 받아
覃及鬼方이로다	뻗쳐 귀방에 이르도다

賦也라 蜩、螗은 皆蟬(선)也라 如蟬鳴, 如沸羹은 皆亂意也라 小者大者 幾於喪亡矣어늘 尙且由此而行하여 不知變也라 奰는 怒요 覃은 延也요 鬼方은 遠夷之國也니 言自近及遠히 無不怨怒也라

부(賦)이다. '조(蜩)'와 '당(螗)'은 모두 매미이다. '매미의 울음과 같고 끓는 국과 같다.'는 것은 모두 어지러운 뜻이다. 벼슬이 낮은 자와 높은 자가 상망(喪亡)에 가까운데, 아직도 이것을 그대로 따라 행하여 변할 줄을 알지 못한 것이다. '비

··· 蜩:매미 조 螗:주발매미 당 沸:끓을 비 奰:성낼 비 覃:뻗칠 담

(嘆)'는 노함이요, '담(覃)'은 뻗침이요, '귀방(鬼方)'은 먼 오랑캐의 나라이니, 가까운 데로부터 먼 곳에 이르기까지 원망하고 노여워하지 않는 이가 없음을 말한 것이다.

⑦ 文王曰咨, 咨女殷商. 匪上帝不時〔叶上止反〕, 殷不用舊〔叶巨己反〕. 雖無老成人, 尙有典刑. 曾是莫聽〔湯經反〕, 大命以傾.

文王曰咨라	문왕이 말씀하시기를 아!
咨女殷商아	슬프다 너 은상아
匪上帝不時라	상제가 나쁜 때를 만드시려는 것이 아니라
殷不用舊니라	은나라가 옛 신하를 쓰지 않기 때문이니라
雖無老成人이나	비록 노성한 사람이 없으나
尙有典刑이어늘	그래도 떳떳한 법이 있거늘
曾是莫聽이라	마침내 들어주지 않는지라
大命以傾이로다	대명(大命)이 이 때문에 기울도다

賦也라 老成人은 舊臣也요 典刑은 舊法也라
○ 言非上帝爲此不善之時요 但以殷不用舊하여 致此禍爾라 雖無老成人與圖先王舊政이나 然典刑尙在하여 可以循守어늘 乃無聽用之者라 是以로 大命傾覆하여 而不可救也니라

부(賦)이다. '노성인(老成人)'은 옛 신하요, '전형(典刑)'은 옛 법이다.

○ 상제가 이 불선(不善:좋지 못한)한 때를 만들려는 것이 아니라, 다만 은(殷)나라가 옛 신하를 등용하지 아니하여 이 화(禍)를 이루었을 뿐이다. 비록 더불어 선왕의 옛 정사를 도모할 만한 노성한 사람이 없으나 전형이 아직도 남아 있어서 따라 지킬 수 있는데, 마침내 이것을 받아들여 쓰는 자가 없다. 이 때문에 큰 명이 경복(傾覆)되어 구원할 수가 없음을 말한 것이다.

⑧ 文王曰咨, 咨女殷商. 人亦有言, 顚沛之揭〔紀竭去例二反〕. 枝葉未有害〔許葛暇憩二反〕, 本實先撥〔蒲末反 叶方吠筆烈二反〕. 殷鑑不遠, 在夏后之世〔叶始制私列二反〕.

文王曰咨라　　　　　문왕이 말씀하시기를 아!
咨女殷商아　　　　　슬프다 너 은상아
人亦有言호되　　　　사람들이 또한 말하기를
顚沛(전패)之揭에　　　나무가 쓰러져 넘어짐에
枝葉未有害나(라)　　지엽은 폐해가 없으나
本實先撥(발)이라하나다　뿌리가 실로 먼저 끊긴다 하도다
殷鑒(鑑)不遠하여　　　은나라에서 살펴볼 것이 멀리 있지 않아
在夏后之世하니라　　하후(하나라의 걸)의 세대에 있었느니라

賦也라 顚沛는 仆(부)拔也라 揭는 本根蹶(궐)起之貌라 撥은 猶絶也라 鑒은 視也라 夏后는 桀也라

○ 言大木揭然將蹶에 枝葉未有折傷이나 而其根本之實이 已先絶하나니 然後에 此木乃相隨而顚拔爾니라 蘇氏曰 商周之衰에 典刑未廢하고 諸侯未畔(반)하고 四夷未起어늘 而其君이 先爲不義하여 以自絶於天하여 莫可救止하니 正猶此爾라하니라 殷鑒在夏는 蓋爲文王歎紂之辭라 然이나 周鑒之在殷을 亦可知矣니라

부(賦)이다. '전패(顚沛)'는 넘어지고 뽑힘이다. '게(揭)'는 나무 뿌리가 움직여 일어나는(뽑히는) 모양이다. '발(撥)'은 절(絶)과 같다. '감(鑒)'은 살펴봄이다. '하후(夏后)'는 걸(桀)이다.

○ 큰 나무가 게연(揭然)히 장차 쓰러지려 할 적에는 지엽(枝葉)은 꺾이고 상함이 없으나 그 근본의 실제는 이미 먼저 끊겨 있으니, 그런 뒤에야 이 나무가 마침내 서로 따라 넘어지고 뽑힘을 말한 것이다.

소씨(蘇氏)가 말하기를 "상(商)·주(周)가 쇠망했을 적에 전형(典刑)이 아직 폐(廢)해지지 않았고 제후가 아직 배반하지 않았고 사방 오랑캐들이 아직 일어나지 않았는데, 그 군주가 먼저 의롭지 못한 일을 하여 스스로 하늘을 끊어서 구원하여 그치게 할 수 없었으니, 바로 이와 같다." 하였다.

은나라에서 살펴볼 것이 하(夏)나라에 있다고 한 것은 문왕이 주(紂)를 탄식한 말씀으로 한 것이다. 그러나 주나라가 살펴볼 것이 은나라에 있음을 또한 알 수 있는 것이다.

蕩八章이니 章八句라

〈탕(蕩)〉은 8장이니, 장마다 8구이다.

【毛序】 蕩은 召穆公이 傷周室大壞也라 厲王無道하니 天下蕩蕩하여 無綱紀文章이라 故로 作是詩也니라

〈탕〉은 소 목공(召穆公)이 주나라가 크게 무너짐을 서글퍼한 시(詩)이다. 여왕(厲王)이 무도(無道)하니, 천하가 탕탕(蕩蕩;방탕)하여 기강과 문장(文章)이 없기 때문에 이 시를 지은 것이다.

【辨說】 蘇氏曰 蕩之名篇은 以首句有蕩蕩上帝耳니 序說云云은 非詩之本意也니라

소씨가 말하였다. "탕(蕩)이라고 편명을 지은 것은 수구(首句)에 '탕탕상제(蕩蕩上帝)'란 구가 있기 때문일 뿐이니, 〈서설〉에서 이리이리 말한 것은 시의 본의가 아니다.

2. 억(抑)

① 抑抑威儀, 維德之隅. 人亦有言, 靡哲不愚. 庶人之愚, 亦職維疾〔叶集二反〕. 哲人之愚, 亦維斯戾.

抑抑威儀는	치밀한 위의는
維德之隅니라	덕의 모서리(단면)이니라
人亦有言호되	사람들 또한 말하기를
靡哲不愚라하나니	현철하고서 어리석지 않은 이 없다 하나니
庶人之愚는	서인들의 어리석음은
亦職維疾이어니와	또한 기품(氣稟)의 병통 때문이지만
哲人之愚는	철인의 어리석음은
亦維斯戾로다	이 상도(常道)에 위반되도다

賦也라 抑抑은 密也요 隅는 廉角也라 鄭氏曰 人密審於威儀者는 是其德必嚴正也라 故로 古之賢者는 道行心平하여 可外占而知內하니 如宮室之制에 內有繩直이면

... 職 : 주장할 직

則外有廉隅也라 哲은 知(智)요 庶는 衆이요 職은 主요 戾는 反也라

○ 衛武公이 作此詩하여 使人日誦於其側以自警이라 言抑抑威儀는 乃德之隅니 則有哲人之德者는 固必有哲人之威儀矣어늘 而今之所謂哲者는 未嘗有其威儀하니 則是無哲而不愚矣라 夫衆人之愚는 蓋有稟賦之偏이라 宜有是疾이니 不足爲怪어니와 哲人而愚는 則反戾其常矣니라

부(賦)이다. '억억(抑抑)'은 치밀함이요. '우(隅)'는 염각(廉角;모서리)이다. 정씨(鄭氏)가 말하기를 "사람이 위의를 치밀히 하고 살피는 자는 그 덕(德)이 반드시 엄정(嚴正)하다. 그러므로 옛 현자(賢者)들은 도(道)가 행해지고 마음이 화평하여 외면을 점쳐 내면을 알 수 있었으니, 궁실의 제도에 안에 먹줄을 따른 곧음이 있으면 밖에 모서리가 있는 것과 같다." 하였다.

'철(哲)'은 지혜요, '서(庶)'는 무리요, '직(職)'은 주장함이요, '려(戾)'는 위반됨이다.

○ 위 무공(衛武公)이 이 시를 지어서 사람들로 하여금 날마다 곁에서 이 시를 외우게 하여 스스로 경계하였다. "치밀한 위의는 바로 덕의 단면이니, 그렇다면 철인(哲人)의 덕이 있는 자는 진실로 반드시 철인의 위의가 있는 것이다. 그런데 지금에 이른바 철인이란 자들은 일찍이 그 위의가 있지 않으니, 이는 철인치고 어리석지 않은 이가 없는 것이다. 중인(衆人)의 어리석음은 부여받은 기품(氣稟)에 편벽됨이 있어서이다. 이러한 병통이 있는 것이 마땅하니 괴이하게 여길 것이 못되지만 철인으로서 어리석음은 그 상도(常道)에 어긋나는 것이다."라고 말한 것이다.

② 無競維人, 四方其訓之. 有覺德行〔下孟反〕, 四國順之. 訏〔況于反〕謨定命, 遠猶辰告〔叶古得反〕. 敬愼威儀, 維民之則.

無競維人이면	이보다 더 강함이 없는 사람이면
四方其訓之하며	사방이 그를 법으로 삼으며
有覺德行이면	정직한 덕이 있으면
四國順之하나니	사방 나라가 순종하나니
訏(후)謨定命하며	계책을 크게 하고 명령을 살펴 정하며
遠猶辰(신)告하며	도모함을 장구히 하고 때로 고하며
敬愼威儀라야	위의를 공경하고 삼가야

··· 稟 : 받을 품 競 : 굳셀 경 覺 : 곧을 각 訏 : 클 후 猶 : 꾀 유 辰 : 때 신

維民之則이리라   백성의 모범이 되리라

賦也 競은 强也라 覺은 直大也라 訏는 大요 謨는 謀也니 大謨는 謂不爲一身之謀
而有天下之慮也라 定은 審定不改易也요 命은 號令也라 猶는 圖也니 遠謀는 謂不
爲一時之計而爲長久之規也라 辰은 時요 告는 戒也니 辰告는 謂以時播告也라 則
은 法也라
○ 言天地之性에 人爲貴라 故로 能盡人道면 則四方皆以爲訓이요 有覺德行이면
則四國皆順從之라 故로 必大其謀하고 定其命하며 遠圖時告하고 敬其威儀니 然後
에 可以爲天下法也니라

　　부(賦)이다. '경(競)'은 강함이다. '각(覺)'은 곧고 큼이다. '후(訏)'는 큼이요 '모
(謨)'는 계책이니, 큰 계책이란 일신(一身)을 위한 계책을 하지 않고 천하에 대한
우려가 있음을 이른다. '정(定)'은 살펴 정해서 고치거나 바꾸지 않음이요, '명(命)'
은 호령이다. '유(猶)'는 도모함이니, 원대한 도모란 일시적인 도모를 하지 않고
장구한 도모를 함을 말한다. '신(辰)'은 때요 '고(告)'는 경계함이니, 신고(辰告)는
때에 따라 펴서 고함을 이른다. '칙(則)'은 법이다.
　　○ 천지(天地)의 성(性;이치)이 있는 것 가운데 사람이 귀하다. 그러므로 능히 인
도(人道)를 다하면 사방에서 모두 법으로 삼고, 정직한 덕행이 있으면 사방 나라
가 모두 순종하는 것이다. 이 때문에 반드시 그 계책을 원대하게 하고 그 호령을
정하며, 도모를 장구히 하고 때에 따라 고(告)하며 그 위의를 공경하여야 하니, 이
렇게 한 뒤에야 천하의 법(法)이 될 수 있음을 말한 것이다.

③ 其在于今〔叶音經〕, 興迷亂于政〔叶音征〕. 顚覆厥德, 荒湛〔都南反 下同〕于
酒〔叶子小反〕. 女〔音汝〕雖湛樂〔音洛〕從, 弗念厥紹〔市沼反〕. 罔敷求先主, 克
共〔九勇反〕明刑〔叶胡光反〕.

其在于今하여는　　　　그 지금에 있어서는
興迷亂于政하여　　　　정사에 미란함을 숭상하여
顚覆厥德이요　　　　　그 덕을 전복하고
荒湛(담)于酒하나다　　술에 빠지고 즐거워하는구나
女(汝)雖湛樂從하나　　네 비록 술에 빠져 즐거워하더라도

••• 荒 : 빠질 황　湛 : 즐길 담

弗念厥紹아	그 전통을 생각하지 않는가
罔敷求先王하여	널리 선왕의 도를 구하여
克共(拱)明刑하나다	밝은 법을 집행하지 않는구나

賦也라 今은 武公이 自言己今日之所爲也라 興은 尙也라 女는 武公이 使人誦詩而命己之詞也니 後凡言女, 言爾, 言小子者 放此하니라 湛樂從은 言惟湛樂之是從也라 紹는 謂所承之緖也라 敷求先王은 廣求先王所行之道也라 共은 執이요 刑은 法也라

부(賦)이다. '금(今)'은 무공이 자기가 금일에 하는 바를 스스로 말한 것이다. '흥(興)'은 숭상함이다. '여(女:너)'는 무공이 사람들로 하여금 시를 외우게 하면서 자기를 명한 말이니, 뒤에 무릇 여(汝)라 하고, 이(爾)라 하고, 소자(小子)라 말한 것은 이와 같다. '담락종(湛樂從)'은 오직 담락(湛樂)만을 따름을 말한다. '소(紹)'는 계승한 바의 전통을 이른다. 선왕을 널리 구한다는 것은 선왕이 행하던 바의 도(道)를 널리 구하는 것이다. '공(共)'은 집행함이요, '형(刑)'은 법이다.

④ 肆皇天弗尙[叶平聲], 如彼泉流, 無淪胥以亡. 夙興夜寐, 洒掃廷內, 維民之章. 修爾車馬, 弓矢戎兵[叶晡亡反]. 用戒戎作, 用逷[他歷反]蠻方.

肆皇天弗尙이시니	그러므로 황천이 가상히 여기지 않으시니
如彼泉流라	저 흐르는 물과 같은지라
無淪胥以亡가	빠져서 서로 망하지 않겠는가
夙興夜寐하여	일찍 일어나고 밤늦게 자서
洒(灑)掃廷(庭)內하여	뜰 안을 물 뿌리고 청소하여
維民之章이며	백성의 의표가 되며
修爾車馬와	너의 거마와
弓矢戎兵하여	궁시와 병기들을 수선하여
用戒戎作하여	병란이 일어날 것을 경계해서
用逷(逖)蠻方이어다	먼 오랑캐에게까지 미칠지어다

賦也라 弗尙은 厭棄之也라 淪은 陷이요 胥는 相이요 章은 表요 戒는 備요 戎은 兵이요

··· 紹 : 이을 소 共 : 잡을 공 緖 : 실마리 서 淪 : 빠질 륜 胥 : 서로 서 洒 : 물뿌릴 쇄(灑同) 逷 : 멀 적

作은 起요 邊은 遠也라

○ 言天所不尙이면 則無乃淪陷相與而亡이 如泉流之易乎아 是以로 內自庭除之近으로 外及蠻方之遠하며 細而寢興洒掃之常으로 大而車馬戎兵之變에 慮無不周하고 備無不飭也라 上章所謂訏謨定命, 遠猶辰告者를 於此見矣니라

부(賦)이다. '불상(弗尙)'은 싫어하고 버림이다. '륜(淪)'은 빠짐이요, '서(胥)'는 서로요, '장(章)'은 의표요, '계(戒)'는 대비함이요, '융(戎)'은 병란(兵亂)이요, '작(作)'은 일어남이요, '적(邊)'은 멂이다.

○ "하늘이 가상하게 여기지 않으면 빠져서 서로 함께 망함이 샘물이 흘러가는 것처럼 쉽지 않겠는가. 이 때문에 안으로는 정제(庭除:뜰)의 가까움으로부터 밖으로는 만방(蠻方)의 멂에 미치며, 작게는 자고 일어나며 물 뿌리고 청소하는 일상생활로부터 크게는 거마(車馬)와 융병(戎兵)의 변고(變故)에 이르기까지 생각이 두루하지 않음이 없고 대비가 삼가지 않음이 없다."고 말한 것이다. 상장(上章)에 이른바 계책을 원대하게 하고 호령을 정하며, 도모를 장구히 하고 때로 고한다는 것〔訏謨定命, 遠猶辰告.〕을 여기에서 볼 수 있다.

⑤ 質爾人民, 謹爾侯度, 用戒不虞〔叶元具反〕. 愼爾出話, 敬爾威儀〔叶牛何反〕, 無不柔嘉〔叶居何反〕. 白圭之玷〔丁簞反〕, 尙可磨也. 斯言之玷, 不可爲〔叶吾禾反〕也.

質爾人民하며	네 인민을 안정시키며
謹爾侯度하여	네 제후의 법도를 조심하여
用戒不虞요	불우(비상사태)를 경계하고
愼爾出話하며	네가 내는 말을 삼가며
敬爾威儀하여	너의 위의를 공경하여
無不柔嘉어다	모두 편안하고 선(善)하게 할지어다
白圭之玷(점)은	백규의 흠은
尙可磨也어니와	오히려 갈아 없앨 수 있지만
斯言之玷은	이 말의 결함은
不可爲也니라	다스릴 수 없느니라

··· 虞 : 헤아릴 우 玷 : 옥티 점

賦也라 質은 成也, 定也라 侯度는 諸侯所守之法度也라 虞는 慮요 話는 言이요 柔는 安이요 嘉는 善이요 玷은 缺也라

○ 言旣治民守法하여 防意外之患矣요 又當謹其言語라 蓋玉之玷缺은 尙可磨鑢 (려)使平이어니와 言語一失이면 莫能救之하니 其戒深切矣라 故로 南容이 一日三復 此章이어늘 而孔子以其兄之子妻之[51]하시니라

부(賦)이다. '질(質)'은 이룸이요 정함이다. '후도(侯度)'는 제후로서 지켜야 할 바의 법도이다. '우(虞)'는 〈비상사태를〉 우려함이요, '화(話)'는 말이요, '유(柔)'는 편안함이요, '가(嘉)'는 선(善)이요, '점(玷)'은 결함이다.

○ 이미 백성을 다스리고 법도를 지켜 의외의 환난(患難)을 막고, 또 마땅히 그 언어를 삼가야 함을 말하였다. 옥(玉)의 결함은 그래도 줄로 갈아서 평평하게 할 수 있지만 언어는 한 번 잘못하면 능히 구원할 수가 없다고 말하였으니, 그 경계함이 깊고 간절하다. 그러므로 남용(南容)이 하루에 세 번 이 장(章)을 반복하여 읽자, 공자(孔子)께서 그 형(兄)의 딸(조카딸)을 그에게 시집보내신 것이다.

⑥ 無易〔以豉反〕由言, 無曰苟矣〔此二句不用韻〕. 莫捫〔音門〕朕舌, 言不可逝 〔叶音折 與舌叶〕矣. 無言不讐〔叶市又反〕, 無德不報〔叶蒲救反〕. 惠于朋友〔叶羽己 反〕, 庶民小子〔叶獎里反〕, 子孫繩繩, 萬民靡不承.

無易(이)由言하여	내는 말을 함부로 하지 말아
無曰苟矣어다	구차하게 하지 말지어다
莫捫(문)朕舌이라	내 혀를 잡아주는 이가 없으니
言不可逝矣니라	말을 함부로 해버려서는 안 되느니라
無言不讐며	말에 답하지 않음이 없으며
無德不報니	덕에 보답하지 않음이 없나니
惠于朋友과	붕우와
庶民小子면	서민과 소자들에게 순히 하면
子孫繩繩하여	자손들이 대대로 이어가서

. . . . . .
51 南容……而孔子以其兄之子妻之 : 남용(南容)은 남궁괄(南宮适)로 이 내용은 《논어(論語)》 〈공야장(公冶長)〉과 〈선진(先進)〉에 보인다.

··· 鑢 : 줄 려 捫 : 잡을 문 讐 : 갚을 수(讎同)

萬民靡不承하리라　　　만민이 떠받들지 않음이 없으리라

賦也라 易는 輕이요 捫은 持요 逝는 去요 讐는 答이요 承은 奉也라

○ 言不可輕易其言이니 蓋無人爲我執持其舌者라 故로 言語由己하여 易致差失하니 常當執持요 不可放去也라 且天下之理 無有言而不讐하며 無有德而不報者하니 若爾能惠于朋友、庶民、小子면 則子孫繩繩하여 而萬民靡不承矣리니 皆謹言之效也라

　　부(賦)이다. '이(易)'는 가벼움(함부로 함)이요, '문(捫)'은 잡아줌이요, '서(逝)'는 말해버림(말함)이요, '수(讐)'는 답함이요, '승(承)'은 받듦이다.

　　○ 그 말을 함부로 하고 가볍게 하지 말지니, 사람들 중에 나를 위하여 이 혀를 잡아주는 이가 없다. 그러므로 언어는 자신에게서 말미암아 차실(差失;잘못)을 이루기가 쉬우니, 항상 마땅히 혀를 잡아 지킬 것이요, 함부로 해서는 안 된다. 또 천하의 이치는 말에 답하지 않음이 없으며 덕에 보답하지 않음이 없으니, 만일 네가 〈경·대부의〉 붕우(朋友)와 서민(庶民)과 소자(小子)들에게 순(順)하게 하면 자손들이 대대로 이어가서 만민이 떠받들지 않는 이가 없을 것이니, 이는 모두 말을 삼간 효험이다.

⑦ 視爾友君子, 輯〔音集〕柔爾顔〔叶魚堅反〕, 不遐有愆. 相〔息亮反〕在爾室, 尙不愧于屋漏, 無日不顯, 莫予云覯. 神之格〔叶剛鶴反〕思, 不可度〔待洛反〕思, 矧可射〔音亦 叶弋灼反〕思.

視爾友君子한대	네가 군자를 벗함을 보건대
輯柔爾顔하여	네 얼굴빛을 온화하고 유순하게 하여
不遐(何)有愆가하나다	어떤 잘못도 있지 않은가 하는구나
相在爾室한대	네가 방 안에 있을 때를 보건대
尙不愧于屋漏니	거의 옥루에 부끄럽지 않게 할지니
無日不顯이라	밝게 드러나지 않은지라
莫予云覯라하라	나를 보는 이가 없다고 말하지 말라
神之格思	신(神)의 이름은
不可度(탁)思온	헤아릴 수가 없는데

･･･ 輯 : 화할 집 相 : 볼 상 漏 : 모퉁이 루 覯 : 만날 구 格 : 이를 격 矧 : 하물며 신 射 : 싫을 역

矧(신)可射(역)思아　　　　하물며 신을 싫어할 수 있겠는가

賦也라 輯은 和也라 遹는 何通이라 愆은 過也라 尙은 庶幾也라 屋漏는 室西北隅也
라 覯는 見也라 格은 至요 度은 測이요 矧은 況也라 射은 斁通이니 厭也라

　　부(賦)이다. '집(輯)'은 화(和)함이다. '하(遹)'는 하(何)와 통한다. '건(愆)'은 허물
이다. '상(尙)'은 서기(庶幾;행여)이다. '옥루(屋漏)'는 방의 서북쪽 귀퉁이이다. '구
(覯)'는 봄이다. '격(格)'은 이름이요, '탁(度)'은 헤아림이요, '신(矧)'은 하물며이다.
'역(射)'은 역(斁)과 통하니, 싫어함이다.

○ 言視爾友於君子之時하니 和柔爾之顔色하여 其戒懼之意 常若自省하야 曰豈
不至於有過乎아하니 蓋常人之情은 其修於顯者 無不如此라 然이나 視爾獨居於
室之時에도 亦當庶幾不愧于屋漏니 然後可爾라 無曰此非明顯之處라 而莫予見
也라하라 當知鬼神之妙 無物不體하여 其至於是를 有不可得而測者니 不顯亦臨하
여 猶懼有失이어든 況可厭射而不敬乎아 此는 言不但修之於外라 又當戒謹恐懼
乎其所不睹不聞也라 子思子曰 君子는 不動而敬하며 不言而信이라하시고 又曰 夫
微之顯이니 誠之不可揜이 如此[52]라하시니 此는 正心誠意之極功[53]이어늘 而武公及
之하니 則亦聖賢之徒矣로다

　　○ "네가 군자와 벗할 때를 보니, 네 얼굴빛을 온화하고 유순히 하여 그 계구
(戒懼)하는 뜻이 항상 마치 스스로 살피기를 '어찌 허물이 있음에 이르지 않겠는
가.'라고 하는 듯하니, 상인(常人)의 정(情)은 그 드러날 때에 닦음이 이와 같지 않
음이 없다. 그러나 네가 홀로 방 안에 거처할 때를 봄에도 마땅히 거의 옥루(屋漏)
에 부끄럽지 않게 해야 하니, 그런 뒤에야 가(可)한 것이다. '이곳은 밝게 드러난
곳이 아니어서 나를 보는 이가 없다.'고 말하지 말라. 마땅히 귀신의 묘함은 사물
마다 본체(本體)가 되지 않음이 없어서 여기에 이름을 헤아릴 수 없음을 알아야

......
52　子思子曰……如此 : 이 내용은 《중용장구》 33장과 16장에 보인다.
53　此 正心誠意之極功 : 위의 '戒謹恐懼乎其所不睹不聞'은 《중용장구》 1장의 "군자는 자기가 보
지 않을 때에도 경계하고 삼가며 자기가 듣지 않을 때에도 조심한다.〔君子戒愼乎其所不睹, 恐懼乎
其所不聞.〕"를 축약한 것으로, 이는 정(靜)할 때의 미발(未發) 공부로서 《대학》의 정심(正心)에 해
당하며, 위의 '불괴우옥루(不愧于屋漏)'는 동(動)할 때의 신독(愼獨) 공부로서 《대학》의 성의(誠
意)에 해당함을 말한 것이다.

•••　斁 : 싫을 역 睹 : 볼 도

한다. 드러나지 않을 때에도 임한 듯이 하여 행여 잃음(실수)이 있을까 두려워해야 하는데, 하물며 신(神)을 싫어하여 공경하지 않을 수 있겠는가." 한 것이다.

이는 단지 외면에 닦을 뿐만 아니라 또 마땅히 그 보지 않고 듣지 않는 데에서도 계근(戒謹)하고 공구(恐懼)해야 함을 말한 것이다. 자사자(子思子)가 말씀하시기를 "군자는 동(動)하지 않을 때에도 공경하며 말하지 않을 때에도 믿게 한다." 하셨고, 또 말씀하시기를 "은미(隱微)한 것이 드러나니, 성(誠:진실한 이치)을 가릴 수 없음이 이와 같다."라고 하셨으니, 이는 정심(正心), 성의(誠意)의 지극한 공부인데, 무공(武公)이 여기에 미쳤으니, 그 또한 성현(聖賢)의 무리인 것이다.

⑧ 辟爾爲德, 俾臧俾嘉〔叶居何反〕. 淑愼爾止, 不愆于儀〔叶牛何反〕. 不僭不賊, 鮮〔息淺反〕不爲則. 投我以桃, 報之以李. 彼童而角, 實虹〔戶公反〕小子〔叶獎里反〕.

辟爾爲德을	군주여 네가 덕을 행하기를
俾臧俾嘉니	선(善)하게 하고 아름답게 할 것이니
淑愼爾止하여	네 용지(容止)를 선(善)하게 하고 삼가서
不愆于儀어다	위의에 잘못이 없게 할지어다
不僭不賊이면	어긋나지 않고 해치지 않으면
鮮不爲則이	법칙이 되지 않음이 적은 것이
投我以桃에	나에게 복숭아를 던져줌에
報之以李니	오얏으로 보답하는 것과 같으니
彼童而角이라	저 뿔 없는 짐승에 뿔을 구하는 격이라
實虹(홍)小子니라	실로 소자를 어지럽히느니라

賦也라 辟은 君也니 指武公也라 止는 容止也라 僭은 差요 賊은 害요 則은 法也라 無角曰童이라 虹은 潰(궤)亂也라
○ 旣戒以修德之事하고 而又言爲德而人法之는 猶投桃報李之必然也라 彼謂不必修德而可以服人者는 是牛羊之童者而求其角也니 亦徒潰亂汝而已라 豈可得哉리오.
부(賦)이다. '벽(辟)'은 군주이니, 무공(武公)을 가리킨다. '지(止)'는 용지(容止:행

··· 辟 : 임금 벽 臧 : 착할 장 淑 : 착할 숙 愆 : 어그러질 건 僭 : 어그러질 참 賊 : 해칠 적 童 : 민둥민둥할 동
虹 : 어지러울 홍 潰 : 어지러울 궤

동거지)이다. '참(僭)'은 어긋남이요, '적(賊)'은 해침이요, '칙(則)'은 법이다. 짐승이 뿔이 없는 것을 '동(童)'이라 한다. '홍(虹)'은 어지러움이다.

　　○ 이미 덕을 닦는 일로써 경계하였고, 또 말하기를, "덕을 행하여 사람들이 본받음은 복숭아를 던져주면 오얏으로 갚음의 필연(必然)인 것과 같다. 저들이 굳이 덕을 닦지 않고도 남을 복종시킬 수 있다고 말하는 자는 바로 뿔이 없는 소와 양에 그 뿔을 구하는 격이니, 또한 다만 너를 궤란(潰亂:혼란)시킬 뿐이다. 어찌 될 수 있겠는가." 한 것이다.

⑨　荏〔而甚反〕染〔而漸反〕柔木, 言緡之絲〔叶新夷反〕. 溫溫恭人, 維德之基. 其維哲人, 告之話言, 順德之行〔與言叶〕. 其維愚人, 覆謂我僭〔叶七尋反〕. 民各有心.

荏染(임염)柔木에	야들야들한 부드러운 나무에
言緡(민)之絲니라	줄을 매어 활을 만드느니라
溫溫恭人은	온순하고 온순한 공인(恭人)은
維德之基니라	덕의 터전이니라
其維哲人은	그 철인들은
告之話言에	옛날의 좋은 말을 고해줌에
順德之行이어든	덕을 순히 하여 행하는데
其維愚人은	그 어리석은 사람들은
覆謂我僭하나니	도리어 나더러 거짓말한다 이르나니
民各有心이로다	사람들이 각기 딴 마음이 있도다

興也라 荏染은 柔貌라 柔木은 柔忍(韌)之木也라 緡은 綸也니 被之綸以爲弓也라 話言은 古之善言也라 覆은 猶反也라 僭은 不信也라 民各有心은 言人心不同하여 愚智相越之遠也니라

　　흥(興)이다. '염(染)'은 부드러운 모양이다. '유목(柔木)'은 부드럽고 질긴 나무이다. '민(緡:줄)'은 실을 꼬아 만든 것이니, 꼬아 만든 줄을 입혀 활을 만드는 것이다. '화언(話言)'은 옛날의 좋은 말이다. '복(覆)'은 반(反:도리어)과 같다. '참(僭)'은 신실하지 못한 것이다. 사람들이 각기 딴 마음이 있다는 것은 인심이 똑같지 않아

··· 荏 : 부드러울 임　染 : 부드러울 염　緡 : 맬 민　覆 : 도리어 복　僭 : 참소 참, 거짓 참

지우(智愚)의 간격(차이)이 서로 멂을 말한 것이다.

⑩ 於〔音烏〕乎〔音呼〕小子〔叶獎里反〕, 未知臧否〔音鄙〕. 匪手攜之, 言示之事〔叶上止反〕. 匪面命之, 言提其耳. 借曰未知, 亦旣抱子〔同上〕. 民之靡盈, 誰夙知而莫〔音慕〕成.

於(오)乎小子아	아, 소자(小子)여!
未知臧否(비)아	좋고 나쁨을 알지 못하는가
匪手攜(휴)之라	손으로 잡아줄 뿐만 아니라
言示之事며	일로 보여주며
匪面命之라	대면하여 가르쳐줄 뿐만 아니라
言提其耳호라	그 귀를 잡고 말해주노라
借曰未知나	설령 지식이 없다 하나
亦旣抱子엇다	또한 이미 자식을 안고 있도다
民之靡盈이면	사람들이 자만(自滿)하지 않는다면
誰夙知而莫(暮)成이리오	누가 일찍 알고도 늦게 이루리오

賦也라 非徒手攜之也라 而又示之以事하며 非徒面命之也라 而又提其耳하니 所以喩之者 詳且切矣라 假令言汝未有知識이라도 則汝旣長大而抱子하니 宜有知矣라 人若不自盈滿하여 能受敎戒면 則豈有旣早知而反晚成者乎리오

부(賦)이다. 다만 손으로 잡아줄 뿐만 아니라 또 일로써 보여주며, 다만 대면하여 가르쳐줄 뿐만 아니라 또 그 귀를 잡고 말해주니, 말해주는 것이 상세하고 또 간절한 것이다. 가령 네가 지식이 없다고 하나 네가 이미 장성하여 자식을 안고 있으니, 마땅히 지식이 있을 것이다. 사람들이 만일 스스로 가득한 체하거나 자만하지 아니하여 남의 가르침과 경계를 받아들인다면 어찌 이미 일찍 알고서도 도리어 늦게 이루는 자가 있겠는가.

⑪ 昊天孔昭〔叶音灼〕, 我生靡樂〔音洛〕. 視爾夢夢〔莫公反〕, 我心慘慘〔當作懆七到反 叶七各反〕. 誨爾諄諄〔之純反〕, 聽我藐藐〔美角反〕. 匪用爲敎〔叶入聲〕, 覆用爲虐. 借曰未知, 亦聿旣耄〔叶音莫〕.

··· 攜:끌 휴, 들 휴 提:끌 제

昊天孔昭하시니	호천이 매우 밝으시니
我生靡樂(락)이로다	우리 삶이 즐겁지 않도다
視爾夢夢이요	너의 밝지 못함을 보고
我心慘慘(懆懆)호라	내 마음 서글퍼지노라
誨爾諄諄호니	너를 가르치기를 간곡히 하는데도
聽我藐(막)藐하나다	너는 내 말을 건성으로 듣는구나
匪用爲教요	가르쳐준다고 여기지 않고
覆用爲虐하나다	도리어 사납다고 여기는구나
借曰未知나	설령 아는 것이 없다 하나
亦聿既耄엇다	또한 이미 늙었도다

賦也라 夢夢은 不明이니 亂意也요 慘慘(懆懆)는 憂貌라 諄諄은 詳熟也요 藐藐은 忽略貌라 耄는 老也니 八十九十日耄라 左史所謂年九十有五時也[54]라

부(賦)이다. '몽몽(夢夢)'은 밝지 못함이니 어지러운 뜻이요, '조조(懆懆)'는 근심하는 모양이다. '순순(諄諄)'은 상세하고 익숙함이요, '막막(藐藐)'은 소홀히 여기고 간략히(건성으로) 여기는 모양이다. '모(耄)'는 늙음이니, 80세와 90세를 모(耄)라 한다. 좌사(左史)가 이른바 나이가 95세의 때라는 것이다.

⑫ 於乎小子〔見上章〕, 告爾舊止. 聽用我謀, 庶無大悔〔叶虎委反〕. 天方艱難, 曰喪〔息浪反〕厥國〔叶于逼反〕. 取譬不遠, 昊天不忒〔他得反〕. 回遹〔于橘反〕其德, 俾民大棘.

於(오)乎小子아	아, 소자여!
告爾舊止하노라	너에게 옛 법을 말해주노라
聽用我謀면	내 계책을 들어 쓴다면
庶無大悔리라	거의 큰 후회가 없으리라
天方艱難이라	천운이 막 어려운지라

......
54 左史所謂年九十有五時也 : 좌사(左史)는 의상(倚相)으로 이 내용은 아래 〈억(抑)〉편 장하주(章下註) 뒤의 해설에 자세히 보인다.

... 懆 : 근심할 조 諄 : 지성스러울 순 藐 : 작을 막(묘) 耄 : 늙은이 모

日喪厥國이로소니	그 나라를 망하게 하려 하니
取譬不遠이라	취하여 비유함이 멀지 않아
昊天不忒이어늘	하늘의 이치가 어긋나지 않거늘
回遹(율)其德하여	그 덕(마음)을 사벽(邪僻)하게 하여
俾民大棘하나다	백성들로 하여금 크게 곤궁하게 하는구나

賦也라 舊는 舊章也니 或曰 久也라하니라 止는 語詞라 庶는 幸이요 悔는 恨이요 忒은 差요 遹은 僻이요 棘은 急也라

○ 言天運이 方此艱難하여 將喪厥國矣니 我之取譬가 夫豈遠哉리오 觀天道禍福之不差忒이면 則知之矣어늘 今汝乃回遹其德하여 而使民至於困急하니 則喪厥國也必矣로다

부(賦)이다. '구(舊)'는 옛 법이니, 혹자는 오램이라고 한다. '지(止)'는 어조사이다. '서(庶)'는 행여요, '회(悔)'는 한(恨)함이요, '특(忒)'은 어긋남이요, '율(遹)'은 사벽(邪僻)함이요, '극(棘)'은 급함이다.

○ "천운(天運)이 막 어려운 때를 당하여 장차 그 나라를 망하게 하니, 내가 취하여 비유함이 어찌 멀겠는가. 천도(天道)가 악(惡)한 자에게 화(禍)를 내리고 선(善)한 자에게 복(福)을 내림이 어긋나지 않음을 본다면 이것을 알 것이다. 그런데 지금 너는 마침내 그 덕(德)을 사벽하게 하여 백성들로 하여금 곤궁하고 위급한 지경에 이르게 하니, 그 나라를 망칠 것이 틀림없다."라고 한 것이다.

抑十二章이니 三章은 章八句요 九章은 章十句라
〈억(抑)〉은 12장이니, 세 장은 장마다 8구이고 아홉 장은 장마다 10구이다.
楚語에 左史倚相曰 昔衛武公이 年數九十五矣로되 猶箴儆於國하여 曰 自卿以下로 至于師、長、士히 苟在朝者는 無謂我老耄而舍我하고 必恭恪於朝夕하여 以交戒我하라하여 在輿에 有旅賁[55]之規하고 位宁(저)에 有官師之典하고 倚几에 有誦訓之諫하고 居寢에 有褻(설)御之箴하고 臨事에 有瞽史之道하고 宴居에 有師工之誦하여 史不失書하고 矇不失誦하여 以訓御之라 於是에 作懿(억)戒以自儆이러니 及

......
55 旅賁: 여분(旅賁)은 관명(官名)으로 창과 방패를 잡고 임금이 탄 수레의 좌우에서 호위하는 임무를 맡았는바, 《주례(周禮)》〈하관(夏官)〉에 보인다.

... 忒 : 어그러질 특　遹 : 간사할 율　棘 : 빠를 극　倚 : 기댈 의　儆 : 경계할 경　賁 : 날랠 분　宁 : 조회받는곳 저
　　褻 : 가까이모실 설　矇 : 봉사 몽　睿 : 밝을 예

其沒也에 謂之睿聖武公이라하니라 韋昭曰 懿는 讀爲抑이니 卽此篇也라하고 董氏
曰 侯包[56]言 武公行年九十有五로되 猶使人日誦是詩하여 而不離於其側이라하니
然則序說爲刺厲王者誤矣니라

《국어(國語)》〈초어(楚語)〉에 좌사(左史) 의상(倚相)이 말하기를 "옛날 위 무공(衛
武公)이 나이가 95세였는데도 오히려 국내에 경계하여 말하기를 '경(卿)으로부터
이하로 사(師)·장(長)·사(士;중사(中士)와 하사(下士))에 이르기까지 진실로 조정(朝
廷)에 있는 자들은 내가 늙었다 하여 나를 버리지 말고, 반드시 아침저녁으로 공
손히 하고 조심하여 서로 나를 경계하라.'라고 하여, 수레에 있을 때에는 여분(旅
賁)의 경계가 있고 저위(宁位;조회에 군주가 신하들을 접견하는 곳)에 있을 때에는 관사
(官師)의 법(法)이 있으며, 궤(几)에 의지해 있을 때에는 훈송(訓誦)하는 간관(諫官)
이 있고 거침(居寢)에는 가까이 모시는 자들의 경계가 있으며, 일을 임해서는 고
사(瞽史;악사)의 인도함이 있고 편안히 거처할 때에는 악공(樂工)의 시를 외움이 있
었다. 그리고 〈군주의 언행(言行)을〉 사관(史官)이 하나도 빠뜨리지 않고 기록하
고, 악관(樂官)들이 한 시도 그치지 않고 좋은 말로써 외워 가르치고 인도하였다.
이에 억계(懿戒)를 지어 스스로 경계하였는데, 그가 죽자 그를 예성무공(睿聖武公)
이라고 시호(諡號)했다." 하였다.

이에 대한 주에 위소(韋昭)는 말하기를, "懿는 억(抑)으로 읽으니, 바로 이 편이
다." 하였고, 동씨(董氏)는 말하기를, "후포(侯包)가 이르기를 '무공(武公)은 나이가
95세였는데도, 오히려 사람들로 하여금 날로 이 시(詩)를 외우게 하여 그 곁에서
떠나지 않게 했다.'라고 하였다." 하였으니, 그렇다면 〈서설(序說)〉에 '여왕(厲王)'을
풍자했다.'고 한 것은 잘못이다.

【毛序】 抑은 衛武公이 刺厲王이요 亦以自警也니라
〈억(抑)〉은 위(衛)나라 무공이 여왕을 풍자한 시이고, 또한 스스로 경계한 것
이다.
【鄭註】 自警者는 如彼泉流하여 無淪胥以亡之言也라
스스로 경계했다는 것은 '저 샘물이 흐르듯 하여 서로 빠져 망하지 않겠느냐.'

......
56 侯包:후포(侯包)는 사람의 성명으로, 여릉 나씨(廬陵羅氏)는 "후포는《한시익요(韓詩翼要)》
1편을 지었다.〔包撰韓詩翼要一篇〕" 하였다.《大全本》

는 말과 같은 것이다.

【辨說】 此詩之序는 有得有失이라 蓋其本例以爲非美非刺라하면 則詩無所爲而作이요 又見此詩之次가 適出於宣王之前이라 故直以爲刺厲王之詩라하고 又以國語에 有左史之言故로 又以爲亦以自警이라하니 以詩考之하면 則其曰刺厲王者는 失之요 而曰自警者는 得之也라 夫曰刺厲王之所以爲失者는 史記에 衛武公이 卽位于宣王之三十六年하여 不與厲王同時가 一也요 詩以小子目其君而爾汝之면 無人臣之禮하여 與其所謂敬威儀、愼出話者로 自相背戾가 二也요 厲王無道에 貪虐爲甚이어늘 詩不以此箴(침)其膏肓(황)하고 而徒以威儀詞令으로 爲諄切之戒하여 緩急失宜가 三也요 詩詞倨慢하여 雖仁厚之君이라도 有所不能容者하니 厲王之暴 何以堪之리오 四也요 或以史記之年不合이라하여 而以爲追刺者라하면 則詩所謂聽用我謀하면 庶無大悔는 非所以望于旣往之人이 五也니라

이 시의 〈서〉는 맞는 것이 있고 잘못된 것이 있다. 그 준례에 근본하여 찬미한 것도 아니고 풍자한 것도 아니라고 한다면 시를 지을 이유가 없게 되고, 또 이 시의 차례가 마침 선왕(宣王)의 앞에서 나옴을 보았으므로 곧바로 여왕을 풍자한 시라고 하였다. 또《국어(國語)》〈초어(楚語)〉에 좌사(左史) 의상(倚相)의 말이 있으므로 또한 '스스로 경계하였다.〔自警〕'고 한 것이니, 시의 내용을 가지고 참고해 보면 여왕을 풍자했다고 한 것은 잘못이고 스스로 경계했다고 한 것은 맞는다.

저 여왕을 풍자했다고 한 것이 잘못인 이유는,《사기(史記)》〈십이제후년표(十二諸侯年表)〉에 의하면 위(衛)나라 무공(武公)이 선왕(宣王)의 36년에 즉위하여 여왕과 동시대가 아닌 것이 첫 번째요, 시에 '소자(小子)'로써 그 군주를 지목하여 '너〔爾·汝〕'라고 했다면 이는 인신(人臣)의 예(禮)가 없어서 이 시에 이른바 위의(威儀)를 공경하고 내는 말을 삼간다는 것과 본래 서로 위배되는 것이 두 번째요, 여왕이 무도(無道)한 중에 탐욕스럽고 포악함이 심하였는데, 시에 이것을 가지고 그의 고황(膏肓;병통)을 경계하지 않고, 다만 위의와 사령(詞令)을 가지고 자세하고 간절한 경계로 삼아서 완급(緩急)에 마땅함을 잃은 것이 세 번째요, 시의 내용이 거만해서 비록 인후(仁厚)한 군주라도 능히 포용할 수 없는 점이 있으니 포악한 여왕이 어떻게 이것을 감내하겠는가. 이것이 네 번째요, 혹은《사기》의 연도와 부합하지 않는다 해서 추후에 여왕을 풍자했다고 한다면 시에서 말한 '나의 계책을 들으면 거의 큰 후회가 없다.〔聽用我謀, 庶無大悔.〕'는 것은 이미 지나간 사람(여왕)에게 말할 수 있는 바가 아닌 것이 다섯 번째이다.

••• 肓 : 고황 황

日 自警之所以爲得者는 國語左史之言이 一也요 詩曰 謹爾侯度가 二也요 又曰
日喪厥國이 三也요 又曰 亦孔旣耄가 四也요 詩意所指가 與淇奧所美와 賓筵所
悔로 相表裏가 五也라 二說之得失이 其驗明白이 如此하니 必去其失而取其得然
後에 此詩之義明이어늘 今序者乃欲合而一之하니 則其失者固已失之요 而其得者
도 亦未足爲全得也라 然此는 猶自其詩之外而言之也니 若但卽其詩之本文하여
而各以其一說로 反復讀之하면 則其訓義之顯晦疎密과 意味之厚薄淺深이 可以
不待考證이요 而判然於胸中矣리라 此又讀詩之簡要直訣이니 學者不可以不知也
니라

그리고 스스로 경계함이 맞음이 되는 이유는, 《국어》에 좌사의 말이 첫 번째
요, 이 시에 '너의 제후의 법도를 삼가라.〔謹爾侯度〕'고 한 것이 두 번째요, 또 '그
나라를 망하게 한다.〔喪厥國〕'고 말한 것이 세 번째요, '또한 이미 늙었다.〔亦孔旣
耄〕'고 말한 것이 네 번째요, 시의 뜻에 가리킨 바가 〈기욱(淇奧)〉에서 찬미한 것
과 〈빈지초연(賓之初筵)〉에서 후회한다는 것과 서로 표리(表裏)가 되는 것이 다섯
번째이다.

두 가지 설의 득과 실이 그 징험이 이와 같이 분명하니, 반드시 잘못된 것을 버
리고 그 맞는 것을 취한 뒤에야 이 시의 본뜻이 밝아질 터인데, 지금 〈서〉를 지은
자는 마침내 두 가지를 합하여 하나로 만들고자 하였으니, 그 잘못된 것은 진실로
잘못되었고 그 맞는 것도 또한 온전히 맞는 것이 되지 못한다.

그러나 이것은 그래도 시의 외면(外面)을 가지고 말한 것이니, 만약 다만 시의
본문(本文)에 나아가서 각각 그(나의) 일설(一說)을 가지고 반복해 읽어본다면 그
훈의(訓義)의 드러나고 어두움〔顯晦〕과 소략하고 치밀함〔疎密〕과 의미의 후박(厚
薄)과 천심(淺深)이 고증(考證)하기를 기다리지 않아도 가슴 속에 판연(判然)히 알
수 있을 것이다. 이는 또 시를 읽음에 간결하고 요긴한 직결(直訣:직설적인 분명한 말
씀)이니, 배우는 자가 이것을 알지 않으면 안 된다.

3. 상유(桑柔)

① 菀〔音鬱〕彼桑柔〔與劉憂叶 篇內多放此〕, 其下侯旬. 捋〔力活反〕采其劉, 瘼〔音

莫〕此下民. 不殄心憂, 倉〔初亮反〕兄〔與怳同〕塡〔舊說古塵字〕兮. 倬彼昊天〔叶鐵因反〕, 寧不我矜.

菀(울)彼桑柔여	무성한 저 부드러운 뽕나무여
其下侯旬이러니	그 아래에 그늘이 두루 덮여 있더니
捋(랄)采其劉하여	그 잎을 한 번에 다 채취하여
瘼(막)此下民이로다	이 백성들을 병들게 하도다
不殄心憂하여	마음에 근심을 끊지 못하여
倉兄(愴怳)塡兮호니	서글퍼하기를 오랫동안 하니
倬(탁)彼昊天은	밝은 저 호천은
寧不我矜고	어찌하여 우리를 불쌍히 여기시지 않는고

比也라 菀은 茂요 旬은 徧이요 劉는 殘이요 殄은 絶也라 倉兄은 與愴怳同하니 悲閔之意也라 塡은 未詳이라 舊說에 與陳、塵同이라하니 蓋言久也요 或疑與瘨(전)字同이라하니 爲病之義라 但召旻篇內에 二字竝出하니 又恐未然하니 今姑闕之하노라 倬은 明貌라

○ 舊說에 此爲芮(예)伯刺厲王而作이라하고 春秋傳에 亦曰芮良夫之詩라하니 則其說是也라 以桑爲比者는 桑之爲物이 其葉最盛이나 然及其采之也엔 一朝而盡하여 無黃落之漸이라 故로 取以比周之盛時에 如葉之茂하여 其陰無所不徧이러니 至於厲王하여 肆行暴虐하여 以敗其成業한대 王室忽焉凋弊하니 如桑之旣采에 民失其蔭하여 而受其病이라 故로 君子憂之不絶於心하여 悲閔之甚而至於病하여 遂號天而訴之也니라

비(比)이다. '울(菀)'은 무성함이요, '순(旬)'은 두루함이요, '류(劉)'는 쇠잔함이요, '진(殄)'은 끊음이다. '창형(倉兄)'은 창황(愴怳)과 같으니, 슬퍼하고 근심하는 뜻이다. '진(塡)'은 자세하지 않다. 구설(舊說)에 "진(陳), 진(塵)과 같다." 하였으니 오램을 말한 것이요, 혹은 의심하기를 "전(瘨) 자와 같다." 하니, 병든다는 뜻이다. 다만 〈소민(召旻)〉편 안에 진(塡)과 전(瘨) 두 글자가 함께 나오니, 이것도 옳지 않을 듯하니, 이제 우선 빼놓는다. '탁(倬)'은 밝은 모양이다.

○ 구설(舊說:모서)에 "이는 예백(芮伯)이 여왕(厲王)을 풍자하기 위하여 지은 것

菀 : 무성할 울　旬 : 두루미칠 순　捋 : 뽑을 랄　劉 : 쇠잔할 류　瘼 : 병들 막　殄 : 끊을 진　塡 : 오랠 진

倬 : 밝을 탁　愴 : 슬플 창　怳 : 실심할 황　瘨 : 병들 전　芮 : 성예　凋 : 시들 조　蔭 : 그늘 음

이다." 하였고, 《춘추좌씨전》 문공(文公) 원년에도 "예량부(芮良夫)의 시(詩)이다." 하였으니, 그 말이 옳다. 뽕나무로써 비유한 것은 뽕나무라는 물건은 그 잎이 가장 무성하지만 뽕잎을 채취함에 이르러는 하루아침에 다 채취해서 잎이 누래져서 떨어지는 점점함이 없다. 그러므로 이것을 취하여 주(周)나라가 성하였을 때에는 뽕잎이 무성함과 같아서 그 그늘이 덮여지지 않는 바가 없었는데, 여왕에 이르러 함부로 포학한 짓을 자행하여 그 이루어 놓은 기업(基業)을 무너뜨리자 왕실이 갑자기 조폐(凋弊)됨을 비유하였으니, 뽕잎을 채취함에 백성들이 그 그늘을 잃어서 폐해를 받은 것과 같은 것이다. 그러므로 군자가 근심함을 마음에 끊지 못하여 슬퍼하고 근심함이 심해서 병듦에 이르러 마침내 하늘에 부르짖어 하소연한 것이다.

② 四牡騤騤, 旟旐有翩〔叶批賓反〕. 亂生不夷, 靡國不泯〔叶彌隣反〕. 民靡有黎, 具禍以燼〔叶咨辛反〕. 於〔音烏〕乎〔音呼〕有哀〔叶音依〕, 國步斯頻.

四牡騤(규)騤하니	네 필의 수말이 건장하니
旟旐有翩(여조유편)이로다	여러 깃발이 펄럭이도다
亂生不夷하여	난이 생겨나 평화롭지 못하여
靡國不泯이며	나라가 멸하지 않음이 없으며
民靡有黎하여	백성 중에 살아남은 이가 없어서
具禍以燼이로다	모두 화(禍)를 입어 불타 없어지리도다
於(오)乎有哀하니	아! 가련하도다
國步斯頻(빈)이로다	국운(國運)이 위급하도다

賦也라 夷는 平이요 泯은 滅이라 黎는 黑也니 謂黑首也라 具는 俱也라 燼은 灰燼(신)也라 步는 猶運也라 頻은 急蹙也라
○ 厲王之亂에 天下征役不息이라 故로 其民이 見其車馬旌旗而厭苦之하니 自此至第四章은 皆征役者之怨辭也니라

부(賦)이다. '이(夷)'는 평화로움이요, '민(泯)'은 멸함이다. '려(黎)'는 검음이니, 검은 머리의 백성을 이른다. '구(具)'는 모두이다. '신(燼)'은 불에 타 재가 되는 것이다. '보(步)'는 운(運)과 같다. '빈(頻)'은 위급하고 쭈그러드는 것이다.

··· 騤 : 달릴 규, 건장할 규 旟 : 기 여 旐 : 기 조 翩 : 나부낄 편 夷 : 평평할 이 黎 : 검을 려 燼 : 불탈 신
頻 : 쭈그러질 빈 蹙 : 쭈그러질 축

○ 여왕(厲王)의 난(亂)에 천하의 정역(征役:정벌에 따른 부역)이 그치지 않았다. 그러므로 그 백성들이 거마(車馬)와 깃발을 보고는 이를 싫어하고 괴롭게 여겼으니, 이로부터 제4장까지는 모두 정역(征役)간 자가 원망한 말이다.

③ 國步蔑資, 天不我將[叶子兩反]. 靡所止疑[魚乞反 叶如字], 云徂何往, 君子實維, 秉心無競[叶其兩反]. 誰生厲階[叶居奚反], 至今爲梗[古杏反 叶古蕩反].

國步蔑資(자)라	국운이 멸망하여 서글픈지라
天不我將하사	하늘이 우리들을 길러주지 않으시어
靡所止疑(을)이로소니	그쳐 정할 곳이 없으니
云徂何往고	간들 어디로 가리오
君子實維	군자가 실제로
秉心無競이어시니	다투려는 마음이 없는데
誰生厲階하여	누가 화(禍)의 계제(階梯)를 만들어
至今爲梗(경)고	지금에 병들게 하였는고

賦也라 蔑은 滅이요 資는 咨요 將은 養也라 疑는 讀如儀禮疑立之疑니 定也라 徂亦往也라 競은 爭이요 厲는 怨이요 梗은 病也라
○ 言國將危亡이라 天不我養하여 居無所定하고 徂所無往이라 然이나 非君子之有爭心也어니 誰實爲此禍階하여 使至今爲病乎아하니 蓋曰禍有根原하여 其所從來也遠矣니라

부(賦)이다. '멸(蔑)'은 멸함이요, '자(資)'는 서글퍼함이요, '장(將)'은 기름이다. '을(疑)'은 《의례(儀禮)》〈사혼례(士昏禮)〉의 을립(疑立)이라는 을(疑) 자와 같이 읽으니, 정(定)함이다. '조(徂)' 또한 감이다. '경(競)'은 다툼이요, '려(厲)'는 원망(화(禍))이요, '경(梗)'은 병듦이다.

○ "나라가 장차 위태롭고 망하게 되었으므로, 하늘이 우리들을 길러주지 않으시어 삶에 정할 곳이 없게 하고 감에 갈 곳이 없게 하였다. 그러나 군자는 다투는 마음이 있지 않은데 누가 실로 이 화(禍)의 계제(階梯)를 만들어 지금에 병들게 하였는고."라고 한 것이니, 화가 근원이 있어서 그 소종래(所從來)가 멂(오래되었음)

··· 蔑 : 멸할 멸 資 : 탄식할 자(咨同) 將 : 기를 장 疑 : 바로설 을(의) 競 : 다툴 경 厲 : 원망할 려 梗 : 병들 경

을 말한 것이다.

④ 憂心慇慇, 念我土宇. 我生不辰, 逢天僤〔都但反〕怒〔叶暖五反〕. 自西徂東〔叶音丁〕, 靡所定處. 多我覯痻〔武巾反〕, 孔棘我圉.

憂心慇慇하여	마음에 근심하기를 괴로이 하여
念我土宇하노라	우리 토우(나라)를 생각하노라
我生不辰(신)이라	내 태어남이 좋은 때가 아닌지라
逢天僤(탄)怒호라	하늘의 심한 노여움을 만났노라
自西徂東히	서쪽에서 동쪽으로 감에
靡所定處로소니	정처(定處)가 없으니
多我覯痻(민)이며	많도다 나의 폐해를 받음이며
孔棘我圉(어)로다	심히 급하도다 우리 변방이여

賦也라 土는 鄕이요 宇는 居요 辰은 時요 僤은 厚요 覯는 見이요 痻는 病이요 棘은 急이라 圉는 邊也니 或日禦也라하니라 多矣라 我之見病也여 急矣라 我之在邊也여

부(賦)이다. '토(土)'는 시골이요, '우(宇)'는 사는 곳이요, '신(辰)'은 때요, '탄(僤)'은 두터움이요, '구(覯)'는 봄이요, '민(痻)'은 병듦이요, '극(棘)'은 급함이다. '어(圉)'는 변방이니, 혹자는 적의 침공을 막음〔禦〕이라 한다. 많도다, 나의 폐해를 받음이여. 급하도다, 나의 변방에 있음이여.

⑤ 爲謀爲毖〔叶音必〕, 亂況斯削. 告爾憂恤, 誨爾序爵. 誰能執熱, 逝不以濯. 其何能淑, 載胥及溺〔叶奴學反〕.

爲謀爲毖(비)나	도모하고 신중히 하나
亂況斯削이로다	난이 불어나 나라가 침삭(侵削)되도다
告爾憂恤하며	그대에게 근심해야 할 일을 말해주며
誨爾序爵하노라	인재에 따라 관작을 서열함을 가르치노라
誰能執熱하여	누가 뜨거운 물건을 쥐고서
逝不以濯이리오	달려가서 손을 물에 씻지 않으리오

• • • 慇 : 근심할 은 僤 : 도타울 탄 痻 : 병들 민 圉 : 변방 어 毖 : 삼갈 비 況 : 불어날 황 濯 : 씻을 탁

其何能淑고   그 어찌 잘할 수 있겠는가
載胥及溺이로다   서로 빠짐에 미칠 뿐이로다

賦也라 毖는 愼이요 況은 滋也라 序爵은 辨別賢否之道也라 執熱은 手執熱物也라
○ 蘇氏曰 王이 豈不謀且愼哉리오마는 然而不得其道하니 適所以長亂而自削耳라
故로 告之以其所當憂하고 而誨之以序爵하며 且曰 誰能執熱而不濯者리오 賢者
之能已亂은 猶濯之能解熱耳라 不然이면 則其何能善哉리오 相與入於陷溺而已라
하니라

부(賦)이다. '비(毖)'는 삼감이요, '황(況)'은 불어남이다. 관작(품계)으로 차례함
[序爵]은 인물의 현부(賢否)를 변별하는 방도이다. '집열(執熱)'은 손으로 뜨거운
물건을 잡는 것이다.

○ 소씨(蘇氏)가 말하였다. "왕이 어찌 도모하고 또 신중히 하지 않으리오. 그
러나 그 방도를 얻지 못하니, 다만 난을 조장하여 스스로 침삭(侵削)될 뿐이다. 그
러므로 그 마땅히 근심해야 할 바를 말해주고 인재에 따라 관작을 차례할 것을 가
르쳐주며, 또 말하기를 '누군들 뜨거운 물건을 쥐고서 손을 물에 씻지 않으리오.
현자(賢者)가 난(亂)을 그치게 함은 손을 물에 씻음이 뜨거움을 해결함과 같다. 이
렇게 하지 않는다면 그 어찌 잘할 수 있겠는가. 서로 함께 함닉(陷溺)에 들어갈 뿐
이다.'라고 한 것이다."

⑥ 如彼遡風[叶孚音反], 亦孔之僾[音愛]. 民有肅心, 荓[普耕反]云不逮. 好
[呼報反]是稼穡, 力民代食. 稼穡維寶, 代食維好.

如彼遡(소)風이라   저 바람을 향해 선 듯한지라
亦孔之僾(애)로다   또한 심히 숨이 막히도다
民有肅心이나   백성들이 벼슬길에 진출하려는 마음이 있으나
荓(병)云不逮라하여   세상의 어려움에 내가 미칠 수 없다 하여
好是稼穡하여   이 농사짓는 것을 좋아하여
力民代食이로소니   백성들과 힘써서 녹식(祿食)을 대신하노니
稼穡維寶며   농사짓는 것이 보배로우며
代食維好로다   녹식을 대신함이 좋은 일이로다

··· 溺 : 빠질 닉 適 : 마침 적, 다만 적 遡 : 거슬러올라갈 소 僾 : 흑흑느낄 애 荓 : 부릴 병

賦也라 遡는 鄕(向)이요 僾는 唈(읍)이요 肅은 進이요 拜은 使也라

○ 蘇氏曰 君子視厲王之亂하고 悶然如遡風之人하여 唈而不能息하니 雖有欲進
之心이나 皆使之曰 世亂矣라 非吾所能及也라하니라 於是에 退而稼穡하여 盡其筋
力하여 與民同事하여 以代祿食而已라 當是時也하여 仕進之憂가 甚於稼穡之勞라
故로 曰 稼穡維寶며 代食維好라하니 言雖勞而無患也라

부(賦)이다. '소(遡)'는 향함이요, '애(僾)'는 흐느끼며 숨 쉬는 것이요, '숙(肅)'은
나아가 벼슬함이요, '병(拜)'은 하여금이다.

○ 소씨(蘇氏)가 말하였다. "군자가 여왕(厲王)의 난을 보고 민망히 여겨 마치
바람을 향해 선 사람과 같아서 흐느껴 숨을 쉬지 못하니, 비록 나아가 벼슬하고자
하는 마음이 있으나 모두 말하기를 '세상이 혼란하니, 내 능히 미칠 수 있는 바가
아니다.'라고 하였다. 이에 물러가 농사를 지어 그 근력을 다해서 백성들과 일을
함께 하여 녹식을 대신할 뿐이었다. 이 때를 당하여 사진(仕進)의 근심스러움이
농사짓는 수고로움보다 심하였다. 그러므로 말하기를 '농사짓는 것이 보배로우며
녹식을 대신함이 좋은 일이다.' 하였으니, 비록 수고로우나 걱정이 없음을 말한
것이다."

⑦ 天降喪〔息浪反〕亂, 滅我立王. 降此蟊賊, 稼穡卒痒〔音羊〕. 哀恫〔音通〕
中國, 具贅〔之芮反〕卒荒. 靡有旅力, 以念穹蒼.

天降喪亂이라	하늘이 상란을 내린지라
滅我立王이요	우리들이 세운 왕을 멸망시키고
降此蟊(모)賊하여	이 해충들을 내려서
稼穡卒痒(양)이로다	농사를 모두 병들게 하였도다
哀恫(통)中國이	애통하게도 중국이
具贅(췌)卒荒이로소니	모두 위태로워 다 황폐하였으니
靡有旅(膂)力이	여력(膂力)이 없어
以念穹蒼이로다	하늘의 화를 생각할 수 없도다

賦也라 恫은 痛이요 具는 俱也라 贅는 屬也니 言危也라 春秋傳曰 君若綴(贅)旒然
이라하니 與此贅同이라 卒은 盡이요 荒은 虛也라 旅는 與膂同이라 穹蒼은 天也니 穹

••• 唈 : 숨흐느껴쉴 읍 蟊 : 뿌리잘라먹는벌레 모 痒 : 병들 양 恫 : 슬플 통 贅 : 붙을 췌 旅 : 힘쓸 려(膂通)
穹 : 하늘 궁 綴 : 매달 철(체) 旒 : 깃술 류

은 言其形이요 蒼은 言其色이라

○ 言天降喪亂하여 固已滅我所立之王矣요 又降此蟊賊하여 則我之稼穡又病하여
而不得以代食矣라 哀此中國이 皆危盡荒이라 是以로 危困之極하여 無力以念天
禍也라 此詩之作은 不知的在何時나 其言滅我立王하니 則疑在共和之後[57]也로라

부(賦)이다. '통(恫)'은 아픔(애통함)이요, '구(具)'는 모두이다. '췌(贅)'는 매달
려있는 것이니, 위태로움을 말한다. 《춘추공양전(春秋公羊傳)》 양공(襄公) 16년에
"〈대부가 독단으로 취량(溴梁)에서 맹약을 맺었으니〉 인군이 매달려 있는 기(旗)의
술[綴旒]과 같다." 하였으니, 체(綴)는 이 췌(贅)와 같다. '졸(卒)'은 모두요, '황(荒)'
은 빔(황폐함)이다. '려(旅)'는 려(膂)와 같다. '궁창(穹蒼)'은 하늘이니, 궁(穹;높음)은
그 형체를 말한 것이요, 창(蒼;푸름)은 그 색깔을 말한 것이다.

○ "하늘이 상란(喪亂)을 내려서 진실로 이미 우리들이 세운 왕을 멸하였고, 또
이 해충들을 내려서 우리 농사가 또 병들어 녹식(祿食)을 대신할 수 없게 하였다.
애통한 이 중국이 모두 위태롭고 다 황폐하다. 이 때문에 위곤(危困)이 지극하여
하늘의 화(禍)를 생각할 여력이 없다."라고 한 것이다. 이 시(詩)가 지어진 것이 어
느 때에 있었는지는 분명히 알 수 없으나, 그 '우리들이 세운 왕을 멸했다.'고 말
했으니, 의심컨대 공화(共和)의 뒤에 있었던 듯하다.

⑧ 維此惠君, 民人所瞻[叶側羨反]. 秉心宣猶, 考愼其相[息亮反 叶平聲]. 維
彼不順, 自獨俾臧. 自有肺腸, 俾民卒狂.

維此惠君의   도리를 순히 따르는 군주를
民人所瞻은   백성들이 우러러봄은
秉心宣猶(猷)하사   마음을 잡아 계책을 두루 세워

‥‥‥‥
57 共和之後 : 공화지후(共和之後)는 여왕(厲王)이 축출된 이후를 뜻한다. 공화는 재상들이 서로
화(和)하게 상의하여 정사함을 이르는바, 《사기(史記)》〈주본기(周本紀)〉에는 "여왕이 포악한 정사
를 하다가 쫓겨나자, 주공(周公;주정공(周定公))과 소공(召公;소목공(召穆公))이 정사를 하고 공
화(共和)라 했다." 하였는데, 《죽서기년(竹書紀年)》에는 "여왕이 즉위한 12년에 왕이 축출되었으며,
다음해 공백(共伯) 화(和)가 천자의 일을 대행했다." 하여 공화를 인명(人名)으로 기록하였다. 공
화의 시기는 여왕이 국민 폭동에 의하여 쫓겨난 BC.841년부터 여왕의 태자인 선왕(宣王)이 즉위
한 해인 BC.828까지 약 14년간이다.

考慎其相이니라 　　　그 보상(輔相;정승)을 신중히 등용해서이니라
維彼不順은 　　　저 도리에 순종하지 않는 자는
自獨俾臧하며 　　　스스로 홀로 하고 잘한다고 하며
自有肺腸하여 　　　스스로 폐장(肺腸;사견)을 두어서
俾民卒狂하나다 　　　백성들을 모두 미치게 하는구나

賦也라 惠는 順也니 順於義理也라 宣은 徧이요 猶는 謀요 相은 輔요 狂은 惑也라 ○言彼順理之君이 所以爲民所尊仰者는 以其能秉持其心하여 周徧謀度(탁)하여 考擇其輔相하여 必衆以爲賢而後用之요 彼不順理之君은 則自以爲善하여 而不考衆謀하고 自有私見하여 而不通衆志하니 所以使民眩惑하여 致於狂亂也니라

　　　부(賦)이다. '혜(惠)'는 순(順)함이니, 의리에 순함이다. '선(宣)'은 두루함이요, '유(猶)'는 계책이요, '상(相)'은 보상(輔相)이요, '광(狂)'은 혹(惑)함이다.

　　　○ 저 도리를 순히 따르는 군주가 백성들에게 존경과 우러름을 받는 까닭은 능히 그 마음을 잘 지켜서 계책을 두루하여 그 보상(輔相)할 자를 상고하고 가려 써서 반드시 여러 사람이 어질다고 한 뒤에 등용하기 때문이다. 그리고 저 도리를 순히 따르지 않는 군주는 자기가 스스로 잘한다고 하여 여러 사람의 계책을 상고하지 않고, 스스로 사견(私見)을 두어서 여러 사람의 뜻을 통하지 않으니, 이 때문에 백성들이 현혹되어 광란(狂亂)함에 이르게 하는 것이다.

⑨ 瞻彼中林, 甡甡〔所巾反〕其鹿. 朋友已譖〔子念反 叶子林反〕, 不胥以穀. 人亦有言, 進退維谷.

瞻彼中林한대 　　　저 숲 속을 보건대
甡(신)甡其鹿이어늘 　　　사슴 무리가 떼지어 가거늘
朋友已譖하여 　　　붕우들이 이미 참소하여
不胥以穀이로다 　　　서로 좋게 하지 않도다
人亦有言호되 　　　사람들이 또한 말하기를
進退維谷이라하나다 　　　진퇴유곡이라 하니라

興也라 甡甡은 衆多竝行之貌라 譖은 不信也라 胥는 相이요 穀은 善이요 谷은 窮也

··· 徧 : 두루미칠 변(편) 眩 : 미혹할 현 甡 : 많은모양 신 譖 : 거짓 참 穀 : 착할 곡 谷 : 막힐 곡

라 言朋友相譖하여 不能相善하니 曾鹿之不如也라

○ 言上無明君하고 下有惡俗이라 是以로 進退皆窮也라

　흥(興)이다. '신신(甡甡)'은 많은 무리가 함께 가는 모양이다. '참(譖)'은 불신(不信:거짓말로 모함함)이다. '서(胥)'는 서로요, '곡(穀)'은 선(善)함(좋음)이요, '곡(谷)'은 궁(窮)함이다. 붕우가 서로 참소하여 능히 좋게 하지 못하니, 일찍이 사슴만도 못한 것이다.

　○ 위에는 명군(明君)이 없고 아래에는 나쁜 풍속이 있었기 때문에 나아가고 물러남에 모두 곤궁함을 말한 것이다.

⑩ 維此聖人, 瞻言百里. 維彼愚人, 覆狂以喜. 匪言不能, 胡斯畏忌〔叶巨己反〕.

維此聖人은	이 성스러운 사람은
瞻言百里어늘	보고 말하는 것이 백 리 밖을 보거늘
維彼愚人은	저 어리석은 사람은
覆狂以喜하나니	도리어 미쳐서 화(禍)를 좋아하나니
匪言不能이어니	내가 말을 잘하지 못하는 것이 아니거니
胡斯畏忌오	어찌하여 이렇게 두려워하게 하는고

賦也라 聖人은 炳於幾先하여 所視而言者 無遠而不察이어늘 愚人은 不知禍之將至하여 而反狂以喜하니 今用事者蓋如此라 我非不能言也어늘 如此畏忌는 何哉오 言王暴虐하여 人不敢諫也라

　부(賦)이다. 성인은 기미(幾微)의 전조(前兆)를 미리 밝게 알아서 보고 말하는 것이 먼 곳까지 살피지 않음이 없는데, 어리석은 사람은 화(禍)가 장차 이르는 것도 알지 못하여 도리어 미쳐서 화를 좋아하니, 지금 용사(用事)하는 자들이 이와 같다. 내가 말을 잘하지 못하는 것이 아닌데도 이와 같이 두려워함은 어째서인가. 왕이 포학하여 사람들이 감히 간(諫)하지 못함을 말한 것이다.

⑪ 維此良人, 弗求弗迪〔叶徒沃反〕. 維彼忍心, 是顧是復〔房六反〕. 民之貪亂, 寧爲荼毒.

··· 炳 : 밝을 병

維此良人을	이 선량한 사람들을
弗求弗迪하고	구하여 등용하지 않고
維彼忍心을	저 잔인한 마음을 가진 자를
是顧是復(복)하나니	이에 생각하고 이에 거듭하니
民之貪亂이여	백성들이 난을 탐함이여
寧爲荼毒이로다	차라리 도독(荼毒)을 편안히 여기도다

賦也라 迪은 進也라 忍은 殘忍也라 顧는 念이요 復은 重也라 荼는 苦菜也니 味苦氣辛하여 能殺物이라 故로 謂之荼毒也라

○ 言不求善人而進用之하고 其所顧念重復而不已者는 乃忍心不仁之人이라 民不堪命하니 所以肆行貪亂而安爲荼毒也니라

부(賦)이다. '적(迪)'은 진용(進用)함이다. '인(忍)'은 잔인함이다. '고(顧)'는 생각함이요, '복(復)'은 거듭함이다. '도(荼)'는 쓴 나물(여뀌)이니, 맛이 쓰고 기(氣:냄새)가 매워서 물건(물고기)을 죽일 수 있다. 그러므로 도독(荼毒)이라 이른 것이다.

○ 선인(善人)을 구하여 진용(進用)하지 않음을 말하고, 그 생각하고 거듭하여 마지않는 자는 바로 잔인한 마음을 가진 불인(不仁)한 사람이었다. 백성들이 〈그의〉 포악한 명령을 견뎌내지 못하니, 이 때문에 멋대로 행동하고 변란(變亂)을 탐하여 도독(荼毒)을 편안히 여기는 것이다.

⑫ 大風有隧[音遂], 有空大谷. 維此良人, 作爲式穀. 維彼不順, 征以中垢[古口反 叶居六反].

大風有隧(수)하니	대풍의 불어옴이 길이 있으니
有空大谷이로다	빈 큰 골짝이로다
維此良人은	이 선량한 사람은
作爲式穀이어늘	행하기를 선(善)으로써 하거늘
維彼不順은	저 도리를 순종하지 않는 자는
征以中垢(구)로다	행하기를 음흉한 더러움으로써 하도다

興也라 隧는 道요 式은 用이요 穀은 善也라 征以中垢는 未詳其義라 或曰 征은 行也

••• 迪 : 나아갈 적 忍 : 잔인할 인 荼 : 씀바귀 도 堪 : 견딜 감 隧 : 구멍 수, 길 수 征 : 갈 정 垢 : 때 구

요 中은 隱暗也요 垢는 汙穢也라하니라

○ 大風之行有隧하여 蓋多出於空谷之中하니 以興下文君子小人所行이 亦各有道耳니라

흥(興)이다. '수(隧)'는 길이요, '식(式)'은 씀이요, '곡(穀)'은 선(善)이다. '정이중구(征以中垢)'는 뜻이 자세하지 않다. 혹자는 "정(征)은 행함이요, 중(中)은 숨겨지고 어두움이요, 구(垢)는 더러움이다."라 한다.

○ 대풍(大風)이 불어옴에는 길이 있으니 대부분 빈 골짝의 가운데에서 나온다. 이로써 하문(下文)에 군자와 소인의 행하는 바가 또한 각기 길이 있음을 흥(興)한 것이다.

⑬ 大風有隧, 貪人敗類. 聽言則對, 誦言如醉. 匪用其良, 覆俾我悖〔叶蒲寐反〕.

大風有隧하니	대풍이 지나감에 길이 있으니
貪人敗類로다	탐욕스런 사람들이 무리를 해치도다
聽言則對나	말을 들어줄까 하여 대답하나
誦言如醉하니	내가 말을 하고는 마음에 취한 듯하니
匪用其良하여	선량한 사람을 등용하지 않아
覆俾我悖로다	도리어 나로 하여금 노망들게 하도다

興也라 敗類는 猶言圮(비)族[58]也라 王使貪人爲政하니 我以其或能聽我之言而對之나 然亦知其不能聽也라 故로 誦言而中心如醉하니 由王不用善人하여 而反使我至此悖眊(모)也라 厲王이 說(열)榮夷公[59]한대 芮良夫日 王室其將卑乎인저 夫榮公은 好專利而不備大難하니이다 夫利는 百物之所生也요 天地之所載也어늘 而或專之면 其害多矣라하니 此詩所謂貪人은 其榮公也與인저 芮伯之憂가 非一日矣니라

••••••
58 圮族 : 비족(圮族)은 여러 사람들과 불화(不和)하며 해치는 것으로, 《서경(書經)》〈요전(堯典)〉에 "왕명을 거역하고 무리를 해친다.〔方命圮族〕"라고 보인다.

59 榮夷公 : 이 내용은 《사기(史記)》〈주본기(周本紀)〉에 보이는바, 여왕은 예 량부(芮良夫)의 간언(諫言)을 물리치고 영 이공(榮夷公)을 경사(卿士)로 임명하여 정사를 맡겼다. 영(榮)은 국명(國名)이다.

••• 圮 : 무너질 비 眊 : 눈어두울 모

흥(興)이다. '패류(敗類)'는 비족(比族)이라는 말과 같다. 왕이 탐욕스러운 사람으로 하여금 정사를 하게 하니, 나는 왕이 혹시나 나의 말을 들어줄까 하여 대답하였다. 그러나 또한 능히 들어주지 못함을 알았다. 그러므로 나는 말을 하고는 마음이 술에 취한 듯하였으니, 〈이는〉 왕이 선인(善人)을 등용하지 아니하여 도리어 나로 하여금 이 패모(悖眊:노망)함에 이르게 한 것이다.

여왕(厲王)이 영 이공(榮夷公)을 좋아하자, 예 량부(芮良夫)가 간(諫)하기를 "왕실이 장차 침체될 것입니다. 영공(榮公)은 이익을 독점하기를 좋아하고 대난(大難)을 대비하지 않습니다. 이익은 온갖 물건이 살아가는 것이요 천지(天地)가 싣고 있는 것인데, 혹 이것을 독점하면 그 폐해가 많을 것입니다." 하였으니, 이 시(詩)에 이른바 탐인(貪人)이라는 것은 아마도 영공일 것이다. 예백(芮伯)의 걱정함이 하루이틀이 아니었다.

178

⑭ 嗟爾朋友, 子豈不知而作. 如彼飛蟲, 時亦弋獲〔叶胡郭反〕. 既之陰〔于鳩反〕女〔音汝〕, 反予來赫〔叶黑各反〕.

嗟爾朋友아	슬프다, 너희 붕우들아
子豈不知而作이리오	내 어찌 알지 못하고 행동(말)하리오
如彼飛蟲을	저 날아가는 벌레를
時亦弋(익)獲이라	때로는 또한 주살로 잡을 때가 있는 것과 같은지라
既之陰女(汝)하니	이미 가서 그대를 비호해 주려 하였는데
反予來赫하나다	도리어 나에게 와서 노여워하는구나

賦也라 如彼飛蟲을 時亦弋獲은 言己之[所]言이 或亦有中이니 猶日千慮而一得也[60]라 之는 往이요 陰은 覆(부)也라 赫은 威怒之貌라 我以言告女는 是往陰覆(부)於女어늘 女反來加赫然之怒於己也라 張子曰 陰往密告於女어늘 反謂我來恐動也라하니 亦通이니라

부(賦)이다. '저 날아가는 벌레도 때로는 주살로 잡는 것과 같다.〔如彼飛蟲, 時

······

60 猶日千慮而一得也 : 어리석은 자도 천 번 생각하면 한번은 맞는다는 뜻으로, 《사기》〈회음후열전(淮陰侯列傳)〉에 보이는 이좌거(李左車)의 말이다.

··· 弋 : 주살 익 陰 : 덮어줄 음, 몰래 음 赫 : 성낼 혁

亦弋獲〕'는 것은 자기 말이 간혹 또한 맞음이 있음을 말한 것이니, 천 번 생각하면 한 번은 맞는다는 말과 같다. '지(之)'는 감이요, '음(陰)'은 덮어줌(비호해줌)이다. '혁(赫)'은 위엄을 보이고 노여워하는 모양이다. 내가 말로써 너에게 고함은 이는 가서 너를 비호해 주려는 것인데, 너는 도리어 와서 나에게 혁연(赫然)한 노여움을 가하는 것이다. 장자(張子)가 말씀하기를 "몰래 가서 은밀히 너에게 고하는데 도리어 나에게 와서 공동(恐動:공갈쳐서 놀래킴)시키는 것이다." 하였으니, 또한 통(通)한다.

⑮ 民之罔極, 職涼善背〔叶必墨反〕. 爲民不利, 如云不克. 民之回遹, 職競用力.

民之罔極은	백성들이 난을 그치지 않음은
職涼(諒)善背니라	이들이 오로지 성실한 척 하나 잘 배반하기 때문이니라
爲民不利하되	이들이 백성들에게 불리한 짓을 하되
如云不克하나다	이기지 못할 듯이 하기 때문이다
民之回遹(율)은	백성들이 사벽(邪僻)함은
職競用力이니라	이들이 오로지 다투어 힘을 쓰기 때문이니라

賦也라 職은 專也라 涼은 義未詳이라 傳曰 涼은 薄也라하고 鄭讀作諒하니 信也라하니 疑鄭說爲得之라 善背는 工爲反覆也라 克은 勝也라 回遹은 邪僻也라
○ 言民之所以貪亂而不知所止者는 專由此人이 名爲直諒이나 而實善背요 又爲民所不利之事를 如恐不勝而力爲之也라 又言民之所以邪僻者는 亦由此輩專競用力而然也라하니 反覆其言은 所以深惡(오)之也니라

부(賦)이다. '직(職)'은 오로지이다. '량(涼)'은 뜻이 자세하지 않다. 《모전(毛傳)》에는 "량(涼)은 박함이다." 하였고, 정씨(鄭氏)는 "량(諒)으로 읽으니, 믿음이다." 하였으니, 정씨의 설이 맞는 듯하다. '선패(善背)'는 번복을 잘하는 것이다. '극(克)'은 이김이다. '회율(回遹)'은 사벽(邪僻)함이다.

　○ '백성들이 난(亂)을 탐하여 그칠 줄을 알지 못하는 까닭은 오로지 이 사람이 겉으로는 정직하고 성실한 체하지만 실제로는 잘 배반하기 때문이요, 또 백성들

··· 職 : 오로지 직 諒 : 성실할 량 遹 : 속일 율, 간사할 율

에게 불리한 일을 하기를 마치 이루 다하지 못할까 두려워하듯이 힘써 하기 때문'
임을 말한 것이다. 또 말하기를 "백성들이 사벽한 까닭은 또한 이 무리들이 오로
지 다투어 힘을 쓰기 때문에 그렇다."고 하였으니, 이 말을 되풀이한 것은 깊이 미
워하기 때문이다.

⑯ 民之未戾, 職盜爲寇. 涼曰不可, 覆背善詈〔力智反〕. 雖曰匪予, 旣作
爾歌〔叶韻未詳〕.

民之未戾는	백성들이 안정하지 못함은
職盜爲寇니라	도적질하는 신하들이 괴롭히기 때문이니라
涼曰不可라하나	네가 성실할 때에는 소인을 불가하다 하나
覆背善詈(리)하나니	돌아서면 나쁜 말을 하여 군자를 꾸짖나니
雖曰匪予라하나	비록 네가 내 말이 아니라고 하나
旣作爾歌로라	내 이미 너의 실정을 읊은 노래를 지었노라

賦也라 戾는 定也라 民之所以未定者는 由有盜臣爲之寇也라 蓋其爲信也엔 亦以
小人爲不可矣라가 及其反背也엔 則又工爲惡言하여 以詈君子하니 是其色厲內
荏(임)이니 眞可謂穿窬(천유)之盜矣[61]라 然其人이 又自文飾하여 以爲此非我言也
라하나 則我已作爾歌矣라 言得其情하고 且事已著明하여 不可揜覆(엄부)也니라
　부(賦)이다. 려(戾)는 정(定)함이다. 백성들이 안정하지 못하는 이유는 도적질
하는 신하가 괴롭히기 때문이다. 그 성실할 때에는 또한 소인을 불가하다고 하다
가 등을 돌림에 미쳐서는 또 나쁜 말을 잘하여 군자를 꾸짖으니, 이는 그 얼굴빛
은 점잖으나 내면은 나약한 것이니, 참으로 담을 뚫거나 넘어가는 좀도둑이라 할
만하다. 그러나 그 사람이 또 스스로 문식(文飾)하여 이르기를 "이는 나의 말이 아

· · · · · ·
61　是其色厲內荏 眞可謂穿窬之盜矣 : 색려내임(色厲內荏)은 사람이 겉으로 보기에는 엄숙해 보
이나 내심(內心)은 그렇지 못하여 무척 나약함을 이른다.《논어》〈양화(陽貨)〉에 "얼굴빛은 엄숙하
나 내심이 나약하니, 소인에게 비유하건대 담을 뚫거나 넘어가 도둑질하는 것과 같은 것이다.〔色厲
而內荏, 譬諸小人, 其猶穿窬之盜也與.〕"라고 보이는데, 이는 위정자(爲政者)들의 이러한 행위는
백성에게 비유하면 남의 집 담을 넘어가거나 뚫고 들어가 물건을 훔친 다음 남들이 이를 알까 두
려워하는 것과 같은 것이다.

· · ·　戾 : 안정할 려　詈 : 꾸짖을 리　厲 : 엄할 려　荏 : 부드러울 임　穿 : 뚫을 천　窬 : 뚫을 유

니다."라고 하나, 내 이미 너의 노래를 지었다는 것이다. 〈이는〉 그 실정을 알고 또 일이 이미 드러나고 밝아서 가리고 덮을 수가 없음을 말한 것이다.

桑柔十六章이니 八章은 章八句요 八章은 章六句라
　　〈상유(桑柔)〉는 16장이니, 여덟 장은 장마다 8구이고 여덟 장은 장마다 6구이다.

【毛序】　桑柔는 芮伯이 刺厲王也라
　　〈상유〉는 예백(芮伯)이 여왕(厲王)을 풍자한 시(詩)이다.
【鄭註】　芮伯은 畿內諸侯로 王卿士也니 字良夫라
　　예백은 기내(畿內)의 제후로 왕의 경사(卿士)이니, 자(字)는 량부(良夫)이다.
【辨說】　序는 與春秋傳合이니라
　　〈서(序)〉는 《춘추좌씨전》 문공(文公) 원년과 부합한다.

4. 운한(雲漢)

① 倬彼雲漢, 昭回于天〔叶鐵因反〕. 王曰於〔音烏〕乎〔音呼〕, 何辜今之人. 天降喪〔息浪反〕亂, 饑饉薦〔在甸反〕臻. 靡神不舉, 靡愛斯牲〔叶桑經反〕. 圭璧既卒, 寧莫我聽〔吐丁反〕.

倬(탁)彼雲漢이여	밝은 저 은하(銀河)여
昭回于天이로다	빛이 하늘을 따라 돌도다
王曰於(오)乎라	왕이 말씀하시기를 아!
何辜今之人고	지금 사람에게 무슨 죄가 있는가
天降喪亂하여	하늘이 상란(喪亂)을 내리시어
饑饉薦(천)臻일새	기근이 거듭 이르기에
靡神不舉하며	신(神)에게 제사하지 않음이 없으며
靡愛斯牲하여	이 희생을 아끼지 아니하여
圭璧既卒이어늘	규벽을 이미 모두 올렸는데
寧莫我聽고	어찌하여 내 말을 들어주시지 않는가

••• 倬 : 밝을 탁　辜 : 허물 고　薦 : 거듭 천　臻 : 이를 진　寧 : 어찌 녕

賦也라 雲漢은 天河也라 昭는 光이요 回는 轉也니 言其光隨天而轉也라 薦은 荐通이니 重也라 臻은 至也라 靡神不擧는 所謂國有凶荒이면 則索鬼神而祭之也[62]라 圭璧은 禮神之玉也라 卒은 盡이라 寧은 猶何也라

○ 舊說에 以爲宣王承厲王之烈하여 內有撥亂之志하고 遇災而懼하여 側身修行[63]하여 欲消去之하니 天下喜於王化復行하고 百姓見憂라 故로 仍叔이 作此詩以美之라하니라 言雲漢者는 夜晴則天河明이라 故로 述王仰訴於天之詞如此也라

부(賦)이다. '운한(雲漢)'은 하늘의 은하(銀河)이다. '소(昭)'는 밝은 빛이요 '회(回)'는 돎이니, 그 빛이 하늘을 따라 돎을 말한 것이다. '천(薦)'은 천(荐)과 통하니, 거듭함이다. '진(臻)'은 이름이다. '미신불거(靡神不擧)'는 이른바 '나라에 흉년이 들면 귀신을 찾아 제사한다.'는 것이다. '규(圭)'와 '벽(璧)'은 신(神)에게 예(禮:제사)할 때 사용하는 옥이다. '졸(卒)'은 모두이다. '녕(寧)'은 하(何:어찌)와 같다.

○ 구설(舊說)에〈모서〉에 "선왕(宣王)이 여왕(厲王)의 포학한 정사의 뒤를 이어 안으로는 난(亂)을 평정하려는 뜻이 있었으며, 재앙을 만나〈더욱〉두려워하여 잠시도 자신을 편안히 하지 못하고 행실을 닦아 재앙을 사라지게 하려고 하자, 천하 사람들이 왕화(王化)가 다시 행해지고 백성들이 임금의 걱정해줌을 받게 되었음을 기뻐하였다. 그러므로 잉숙(仍叔)이 이 시를 지어 찬미한 것이다." 하였다. 운한을 말한 것은 밤에 날씨가 쾌청하면 은하가 밝게 보인다. 그러므로 왕이 하늘을 우러러 하소연한 말씀을 기술함이 이와 같은 것이다.

② 旱旣大〔音泰〕甚, 蘊隆蟲蟲, 不殄禋祀, 自郊徂宮, 上下奠瘞, 靡神不宗, 后稷不克, 上帝不臨〔叶力中反〕. 耗斁〔丁故反〕下土, 寧丁我躬.

旱旣大(太)甚하여　　　가뭄이 너무도 심하여

蘊隆蟲蟲일새　　　열기가 가득 쌓이며 성하기에

不殄禋祀하여　　　인사(禋祀)를 그치지 아니하여

自郊徂宮하여　　　교제(郊祭)로부터 종묘에 가서

......

62 所謂國有凶荒 則索鬼神而祭之也 : 이 내용은 모형(毛亨)이〈운한(雲漢)〉2장의 전(傳)에서 한 말이다.《毛詩正義》

63 側身修行 : 측신(側身)은 몸을 뒤척여 편안하지 못함을 이른다.

... 荐 : 거듭 천　撥 : 다스릴 발　災 : 재앙 재　消 : 사라질 소　晴 : 갤 청　蘊 : 쌓일 온　殄 : 끊을 진
　　禋 : 제사지낼 인

上下奠瘞(예)하며	상하에 제사하여 예물을 올리고 묻으며
靡神不宗하니	신(神)을 높이지 않음이 없으니
后稷不克이시며	후직도 이겨내지 못하시며
上帝不臨이샷다	상제가 흠향하지 않으시도다
耗斁(두)下土	하토에 폐해를 입히고 패하게 함이
寧丁我躬고	어찌하여 내 몸에 당하였는고

賦也라 蘊은 蓄이요 隆은 盛也라 蟲蟲은 熱氣也라 殄은 絕也라 郊는 祀天地也요 宮은 宗廟也니 上祭天하고 下祭地하여 奠其禮하고 瘞其物이라 宗은 尊也라 克은 勝也니 言后稷欲救此旱災而不能勝也라 臨은 享也라 稷은 以親言이요 帝는 以尊言也라 斁는 敗요 丁은 當也니 何以當我之身而有是災也라 或曰 與其耗斁下土론 寧使災害當我身也라하니 亦通이니라

부(賦)이다. '온(蘊)'은 쌓임이요, '륭(隆)'은 성(盛)함이다. '충충(蟲蟲)'은 열기(熱氣)이다. '진(殄)'은 끊음이다. '교(郊)'는 천지(天地)에 제사함이요 '궁(宮)'은 종묘이니, 위로는 하늘에 제사하고 아래로는 땅에 제사하여, 그 예물을 올리고 그 물건(폐백)을 땅에 묻는 것이다. '종(宗)'은 높임이다. '극(克)'은 이김이니, 후직이 이 한재(旱災)를 구원하고자 하였으나 능히 이겨내지 못한 것이다. '림(臨)'은 강림하여 흠향함이다. 후직은 친(親:할아버지)으로써 말하였고, 제(帝)는 높음으로써 말하였다. '두(斁)'는 패함이요 '정(丁)'은 당함이니, '어찌하여 내 몸에 당하여 이러한 재앙이 있는고.'라고 한 것이다. 혹자는 말하기를 "그 하토에 폐해를 입히고 패하게 하기보다는 차라리 재해로 하여금 내 몸에 당하게 하라 한 것이다." 하니, 또한 통한다.

③ 旱旣大甚, 則不可推〔吐雷反〕. 兢兢業業, 如霆如雷. 周餘黎民, 靡有子遺〔叶夷回反 下同〕. 昊天上帝, 則不我遺. 胡不相畏, 先祖于摧〔在雷反〕.

旱旣太甚이라	가뭄이 너무 심한지라
則不可推(퇴)로다	밀쳐낼 수가 없도다
兢兢業業하여	조심하고 두려워하여
如霆如雷호라	천둥소리처럼 여기고 벼락처럼 여기노라

··· 瘞 : 묻을 예 耗 : 덜 모 斁 : 패할 두 丁 : 당할 정 業 : 위태할 업 霆 : 벼락 정

周餘黎民이	주나라에 남은 백성들이
靡有孑(혈)遺어늘	반쪽 〈몸〉도 남은 이가 없거늘
昊天上帝	호천 상제가
則不我遺샷다	나를 남겨두지 않으시도다
胡不相畏리오	어찌 서로 두려워하지 않으리오
先祖于摧로다(혼저)	선조의 제사가 끊기게 되었도다

賦也라 摧는 去也라 兢兢은 恐也요 業業은 危也라 如霆如雷는 言畏之甚也라 孑은
無右臂貌라 遺는 餘也라 言大亂之後에 周之餘民이 無復有半身之遺者어늘 而上
天又降旱災하여 使我亦不見遺라 摧는 滅也니 言先祖之祀 將自此而滅也니라

부(賦)이다. '퇴(摧)'는 밀쳐 제거함이다. '긍긍(兢兢)'은 두려워함이요, '업업(業業)'은 위태로움이다. '여정 여뢰(如霆如雷)'는 두려워함이 심함을 말한 것이다. '혈(孑)'은 오른쪽 팔이 없는 모양이다. '유(遺)'는 남음이다. 대란(大亂)의 뒤에 주(周)나라의 여민(餘民)들이 다시는 반쪽 〈몸〉도 남은 자가 없는데, 상천이 또 한재(旱災)를 내려서 나로 하여금 또한 남겨줌을 받지 못하게 하였음을 말한 것이다. '최(摧)'는 멸함이니, 선조의 제사가 장차 이로부터 멸하게(끊기게) 됨을 말한 것이다.

④ 旱旣大甚, 則不可沮〔在呂反〕. 赫赫炎炎, 云我無所. 大命近止, 靡瞻
靡顧〔叶果五反〕. 羣公先正, 則不我助〔叶牀所反〕. 父母先祖, 胡寧忍予〔叶演
女反〕.

旱旣太甚이라	가뭄이 너무 심한지라
則不可沮로다	저지할 수가 없도다
赫赫炎炎하여	열기가 혁혁하고 뜨거워서
云我無所로다	내 용납될 곳이 없도다
大命近止라	죽음이 가까운지라
靡瞻靡顧호라	우러러볼 곳과 돌아볼 곳이 없노라
羣公先正은	군공과 선정들은
則不我助어니와	나를 도와주지 않거니와
父母先祖는	부모와 선조께서는

詩經集傳 下

••• 黎 : 검을 려 孑 : 반쪽 혈 摧 : 멸할 최 臂 : 팔뚝 비 沮 : 막을 저

胡寧忍予오　　　　　어찌하여 나를 차마 버리시는가

賦也라 沮는 止也라 赫赫은 旱氣也요 炎炎은 熱氣也라 無所는 無所容也라 大命近
止는 死將至也라 瞻은 仰이요 顧는 望也라 羣公、先正[64]은 月令所謂雩(우)祀百辟
卿士之有益於民者하여 以祈穀實者也라 於羣公、先正엔 但言其不見助하고 至
父母、先祖하여는 則以恩望之矣니 所謂垂涕泣而道之[65]也니라

　　부(賦)이다. '저(沮)'는 저지함이다. '혁혁(赫赫)'은 가뭄의 기운이요, '염염(炎炎)'
은 열기(熱氣)이다. '무소(無所)'는 용납될 곳이 없는 것이다. '대명근지(大命近止)'
는 죽음이 장차 이른 것이다. '첨(瞻)'은 우러러봄이요, '고(顧)'는 바라봄이다. '군
공(羣公;여러 선공(先公))과 선정(先正;선현)'은 《예기》〈월령(月令)〉에 이른바 "백벽(百
辟;여러 제후)과 경사(卿士) 중에 백성에게 유익한 자(신(神))에게 기우제를 올려서
곡식이 잘 영글기를 기원한다."는 것이다. 군공과 선정에게는 다만 도움을 받지
못하였다고 말하고 부모와 선조에 이르러는 은혜로써 그를 바랐으니, 〈《맹자》에〉
이른바 눈물을 떨구면서 말한다는 것이다.

⑤ 旱旣大甚, 滌滌〔徒歷反〕山川〔叶樞倫反〕. 旱魃〔蒲末反〕爲虐, 如惔〔音談〕如
焚〔叶符分反〕. 我心憚暑, 憂心如熏. 羣公先正, 則不我聞〔叶微分反〕. 昊天
上帝, 寧俾我遯〔叶徒分反〕.

旱旣太甚이라　　　　　가뭄이 너무 심한지라
滌滌山川이로다　　　　산천을 씻어낸 듯하도다
旱魃(발)爲虐하여　　　한발이 사나워서
如惔(담)如焚이로다　　속이 타는 듯하며 불을 놓은 듯하도다
我心憚暑하여　　　　　이내 마음 더위를 두려워하여
憂心如熏호라　　　　　마음에 근심함이 태우는 듯하노라

•••••••
64 羣公先正:군공(羣公)은 여러 선공(先公;돌아가신 제후)이고, 선정(先正)은 별세한 선현(先
賢)을 이른다.

65 垂涕泣而道之:수체읍이도지(垂涕泣而道之)는 눈물을 떨구며 간곡히 타이르는 것으로 《맹
자》〈고자 하(告子下)〉에 보이며, 앞의 〈소반(小弁)〉편 〈모서(毛序)〉에도 인용되었다.

••• 忍 : 차마할 인　雩 : 기우제 우　滌 : 씻을 척　魃 : 가물 발　惔 : 애태울 담　憚 : 수고로울 탄　熏 : 태울 훈

羣公先正이	군공과 선정들이
則不我聞이로소니	내 말을 들은 체하지 않으니
昊天上帝는	호천 상제는
寧俾我遯고	어찌 나를 도망하게 하지 않으시는고

賦也라 滌滌은 言山無木, 川無水하여 如滌而除之也라 魃은 旱神也라 惔은 燎之也라 憚은 勞也, 畏也라 熏은 灼이라 遯은 逃也니 言天又不肯使我得逃遯而去也라

부(賦)이다. '척척(滌滌)'은 산에 나무가 없고 내에 물이 없어서 마치 씻어서 제거함과 같음을 말한 것이다. '발(魃)'은 가뭄의 신이다. '담(惔)'은 불태움이다. '탄(憚)'은 수고로움이요 두려워함이다. '훈(熏)'은 지짐이다. '둔(遯)'은 도망함이니, 하늘이 또 나로 하여금 도망하여 떠나가게 하고자 하지 않음을 말한 것이다.

⑥ 旱旣大甚, 黽勉畏去. 胡寧瘨〔都田反〕我以旱, 憯〔七感反〕不知其故. 祈年孔夙, 方社不莫〔音慕〕. 昊天上帝, 則不我虞〔叶尤具反〕. 敬恭明神, 宜無悔怒.

旱旣太甚이라	가뭄이 너무 심한지라
黽(민)勉畏去호라	민면(억지로 힘씀)하여 떠나감을 두려워하노라
胡寧瘨(전)我以旱고	어찌 나를 병들게 하되 가뭄으로써 하는고
憯(참)不知其故로다	일찍이 그 연고를 알지 못하겠도다
祈年孔夙하며	풍년을 기원하기를 심히 일찍하였으며
方社不莫(暮)하니	사방과 사(社:토신)의 제사를 늦추지 않았으니
昊天上帝	호천 상제가
則不我虞샷다	나의 마음을 헤아려주시지 않으시도다
敬恭明神으론	내가 신명을 공경한 것으로 보아서는
宜無悔怒니라	마땅히 후회와 노여움이 없어야 할 것이니라

賦也라 黽勉畏去는 出無所之也라 瘨은 病이요 憯은 曾也라 祈年은 孟春에 祈穀于

••• 遯:숨을 둔(돈) 灼:불사를 작 黽:힘쓸 민 瘨:병들 전 憯:일찍 참 虞:헤아릴 우

上帝하고 孟冬⁶⁶에 祈來年于天宗이 是也라 方은 祭四方也요 社는 祭土神也라 虞는 度(탁)이요 悔는 恨也니 言天曾不度我之心하시니 如我之敬事明神으로는 宜可以無恨怒也라

부(賦)이다. '민면외거(黽勉畏去)'는 나감에 갈 곳이 없는 것이다. '전(瘨)'은 병듦이요, '참(憯)'은 일찍이다. '기년(祈年)'은 맹춘(孟春)에 상제에게 곡식이 풍년들기를 기원하고 맹동(孟冬)에 천종(天宗:일(日)·월(月)·성신(星辰))에게 풍년을 기원하는 것이 이것이다. '방(方)'은 사방에 제사함이요, '사(社)'는 토신(土神)에게 제사함이다. '우(虞)'는 헤아림이요, '회(悔)'는 한함이다. 하늘이 일찍이 내 마음을 헤아려주지 않으시니, 내가 신명을 공경히 섬긴 것으로 보아서는 마땅히 한노(恨怒)가 없어야 할 것이라고 말한 것이다.

⑦ 旱旣大甚, 散無友紀. 鞫〔居六反〕哉庶正, 疚哉冢宰〔叶獎里反〕. 趣〔七口反〕馬師氏, 膳夫左右〔叶羽己反〕. 靡人不周, 無不能止. 瞻卬〔音仰〕昊天, 云如何里.

旱旣太甚이라	가뭄이 너무 심한지라
散無友紀로다	흩어져 기강이 없도다
鞫哉庶正이며	곤궁한 서정이며
疚哉冢宰며	병든 총재며
趣馬師氏와	추마와 사씨와
膳夫左右에	선부와 좌우에 있는 신하들
靡人不周(賙)하여	사람마다 백성을 구원하지 않는 이가 없어
無不能止로다	능하지 못하다 하여 그치는 이가 없도다
瞻卬(仰)昊天하니	하늘을 우러러보니
云如何里(俚)오	근심에 어찌할까

......
66 孟春 祈穀于上帝 孟冬:옛날 음력은 하정(夏正)을 기준하여 정월은 맹춘(孟春) 2월은 중춘(仲春) 3월은 계춘(季春)이고, 4월은 맹하(孟夏) 5월은 중하(仲夏) 6월은 계하(季夏)이며, 7월은 맹추(孟秋) 8월은 중추(仲秋) 9월은 계추(季秋)이고, 10월은 맹동(孟冬) 11월은 중동(仲冬) 12월은 계동(季冬)이다. 하정은 지금의 음력을 이른다.

··· 鞫:궁할 국 疚:병들 구 冢:클 총 周:구휼할 주 里:근심할 리

187

大雅
雲漢

賦也라 友紀는 猶言綱紀也라 或曰 友는 疑作有라하니라 鞠은 窮也요 庶正은 衆官
之長也라 疚는 病也요 冢宰는 又衆長之長也라 趣馬는 掌馬之官이요 師氏는 掌以
兵守王門者라 膳夫는 掌食之官也라 歲凶하여 年穀不登이면 則趣馬不秣하며 師氏
弛其兵하고 馳道不除하며 祭事不縣(懸)하고 膳夫徹膳하고 左右布而不修하며 大
夫不食粱하고 士飮酒不樂[67]이라 周는 救也니 無不能止는 言諸臣無有一人不周救
百姓者하여 無有自言不能而遂止不爲也라 里는 憂也니 與漢書無俚之俚同하니
聊賴之意也라

부(賦)이다. '우기(友紀)'는 강기(綱紀)라는 말과 같다. 혹자는 "우(友)는 의심컨
대 유(有)가 되어야 한다."고 한다. '국(鞠)'은 궁함(힘이 다함)이요, '서정(庶正)'은 여
러 관원의 장(長)이다. '구(疚)'는 병듦이요, '총재(冢宰)'는 또 여러 장관의 우두머
리이다. '추마(趣馬)'는 말을 관장하는 관원이요, '사씨(師氏)'는 병사로써 왕문(王
門;궁문)을 지키는 일을 관장하는 자이다. '선부(膳夫)'는 음식을 관장하는 관원이
다. 해가 흉년이 들어 연곡(年穀)이 성숙하지 못하면 추마는 말에게 곡식을 먹이
지 않고, 사씨는 병사를 풀어 놓고 달리는 길을 청소하지 않으며, 제사에는 악기
를 매달지 않으며, 선부는 왕(王)의 반찬을 줄이고, 좌우의 관원들은 자리에 포진
하기만 하고 수조(修造)하지 않으며, 대부는 고량진미(膏粱珍味)를 먹지 않고, 사
(士)는 술을 마실 적에 음악을 즐기지 않는다. '주(周)'는 구원함이니, '무불능지
(無不能止)'는 제신(諸臣) 중에 한 사람도 백성을 구원하지 않는 자가 없어서 스스
로 능하지 못하다고 말하고는 마침내 그치고 하지 않는 이가 없음을 말한 것이다.
'리(里)'는 근심함이니, 《한서(漢書)》〈계포전(季布傳)〉에 무리(無俚)의 리(俚) 자와
같으니, 요뢰(聊賴;힘입음)의 뜻이다.

⑧ 瞻卬昊天, 有嘒[呼惠反]其星. 大夫君子, 昭假[音格]無贏[音盈]. 大命
近止, 無棄爾成. 何求爲[于僞反]我, 以戾庶正[叶諸盈反]. 瞻卬昊天, 曷
惠其寧.

瞻卬昊天한대   하늘을 우러러보니

有嘒(혜)其星이로다	밝은 그 별이로다
大夫君子	대부와 군자들이 〈정성으로 도와서〉
昭假(격)無贏(영)이로다	천신을 남김없이 이르게 하였도다
大命近止나	죽음이 가까이 왔으나
無棄爾成이어다	너의 전공(前功)을 버리지 말지어다
何求爲我리오	어찌 나 한 몸을 위함을 구하리오
以戾庶正이니라	여러 관원들을 안정시키려 해서이니라
瞻卬昊天하노니	호천을 우러러보니
曷惠其寧고	언제나 그 편안함을 내려주시려는가

賦也라 嘒는 明貌라 昭는 明이요 假은 至也라

○ 久旱而仰天以望雨하니 則有嘒然之明星하여 未有雨徵也라 然이나 羣臣이 竭其精誠而助王하여 以昭假于天者 已無餘矣라 雖今死亡將近이나 而不可以棄其前功이요 當益求所以昭假者而修之니 固非求爲我之一身而已요 乃所以定衆正也라 於是語終에 又仰天而訴之曰 果何時而惠我以安寧乎아하니라 張子曰 不敢斥言雨者는 畏懼之甚이요 且不敢必云爾니라

부(賦)이다. '혜(嘒)'는 밝은 모양이다. '격(假)'은 이름(강림함)이다.

○ 오랜 가뭄에 하늘을 우러러 비를 바라는데, 밝은 별이 있어서 비올 징조가 있지 않았다. 그러나 군신(羣臣)들이 정성을 다하여 왕을 도와서 하늘의 신(神)을 밝게 이르게 함이 이미 남김이 없었다. 비록 지금 죽음이 장차 가까울지라도 전공(前功)을 버려서는 안 될 것이요, 마땅히 더욱 밝게 이르게(강림하게) 할 바를 구하여 닦아야 할 것이니, 진실로 내 한 몸을 위하기를 구할 뿐이 아니요, 바로 여러 장관[庶正]들을 안정시키려는 것이다. 이에 말(시어(詩語))을 끝마침에 또 하늘을 우러러 하소연하기를 "과연 어느 때에나 나에게 안녕을 내려 주시려는가." 한 것이다.

장자(張子)가 말씀하였다. "감히 비를 지척(指斥)하여 말하지 못한 것은 두려워함이 심하고 또 감히 기필(期必)할 수가 없기 때문이다."

雲漢八章이니 章十句라
〈운한(雲漢)〉은 8장이니, 장마다 10구이다.

··· 嘒 : 반짝거릴 혜 假 : 이를 격 贏 : 남을 영 戾 : 안정할 려

【毛序】 雲漢은 仍叔이 美宣王也라 宣王이 承厲王之烈하여 內有撥亂之志하고 遇
菑(災)而懼하여 側身修行하여 欲銷去之하니 天下嘉於王化復行하고 百姓見憂라
故로 作是詩也라

　　〈운한〉은 잉숙(仍叔)이 선왕(宣王)을 찬미한 시(詩)이다. 선왕이 여왕(厲王)의 포
학한 정사의 뒤를 이어 안으로는 난(亂)을 평정하려는 뜻이 있었고, 다시 재앙을
만나 〈더욱〉 두려워하여 잠시도 몸을 편안히 하지 않고 행실을 닦아 재앙을 사라
지게 하려고 하자, 천하 사람들은 왕화(王化)가 다시 행해지고 백성들이 임금의
걱정해 줌을 받게 되었음을 기뻐하였다. 그러므로 이 시를 지은 것이다.

【鄭註】 仍叔은 周大夫也니 春秋魯桓公五年夏에 天王이 使仍叔之子來聘하니라
烈은 餘也라

　　잉숙은 주(周)나라 대부(大夫)이니, 《춘추》의 노 환공(魯桓公) 5년 여름에 천왕
(天王)이 잉숙의 아들로 하여금 노(魯)나라에 와서 빙문하게 하였다. '열(烈)'은 나
머지이다.

【辨說】 此序는 有理라

　　이 〈서〉는 조리가 있다.

5. 숭고(崧高)

① 崧〔息中反〕高維嶽, 駿〔音峻〕極于天〔叶鐵因反〕. 維嶽降神, 生甫及申. 維
申及甫, 維周之翰〔叶胡干反〕. 四國于蕃〔叶分遭反〕, 四方于宣.

崧(숭)高維嶽이	크고 높은 산악이
駿(峻)極于天이로다	높아서 하늘에 이르도다
維嶽降神하여	산악에서 신을 내려
生甫及申이로다	보후(甫侯)와 신후(申侯)를 내셨도다
維申及甫	신후와 보후는
維周之翰(榦)이라	주나라의 정간(楨榦)이라
四國于蕃이며	사방 나라에 번병(藩屛)이며
四方于宣이로다	사방 나라에 덕택을 베풀도다

••• 崧 : 높을 숭 駿 : 높을 준 極 : 이를 극 翰 : 줄기 한, 기둥 한 蕃 : 울타리 번

賦也라 山大而高曰崧이라 嶽은 山之尊者니 東岱, 南霍, 西華, 北恒이 是也라 駿은
大也라 甫는 甫侯也니 卽穆王時作呂刑者라 或曰 此是宣王時人으로 而作呂刑者
之子孫也라하니라 申은 申伯也니 皆姜姓之國也라 翰은 榦이요 蕃은 蔽也라

○ 宣王之舅申伯이 出封于謝한대 而尹吉甫作詩以送之라 言嶽山高大하여 而降
其神靈和氣하여 以生甫侯、申伯하니 實能爲周之楨榦屛蔽하여 而宣其德澤於天
下也라 蓋申伯之先은 神農之後로 爲唐、虞四嶽하여 總領方嶽諸侯하여 而奉嶽
神之祭하니 能修其職하여 嶽神享之라 故로 此詩에 推本申伯之所以生하여 以爲嶽
降神而爲之也라하니라

부(賦)이다. 산이 크고 높은 것을 '숭(崧)'이라 한다. '악(嶽)'은 산 중에 높은 것
이니, 동쪽은 대산(岱山:태산), 남쪽은 곽산(霍山), 서쪽은 화산(華山), 북쪽은 항산
(恒山)이 이것이다. '준(駿)'은 큼이다. '보(甫)'는 보후(甫侯)이니, 바로 목왕(穆王)
때에 〈여형(呂刑)〉을 지은 자이다. 혹자는 말하기를 "이는 선왕 때 사람으로서 〈여
형〉을 지은 자의 자손이다." 한다. '신(申)'은 신백(申伯)이니, 〈보(甫)와 신(申)은〉 모
두 강성(姜姓)의 나라이다. '한(翰)'은 정간(楨榦)이요, '번(蕃)'은 가리움(울타리)이다.

○ 선왕의 외숙인 신백(申伯)이 〈도성에서〉 나가 사읍(謝邑)에 봉해지자, 윤길
보(尹吉甫)가 시(詩)를 지어 그를 전송하였다. 악산(嶽山)이 높고 커서 그 신령스러
움과 화기(和氣)를 내려 보후와 신백을 내니, 실제로 주(周)나라의 정간(楨榦)과 번
병(藩屛)이 되어서 그 덕택을 천하에 베풂을 말한 것이다. 신백의 선대는 신농씨
(神農氏)의 후예로 당(唐)·우(虞)의 사악(四嶽)이 되어서 방악(方嶽)의 제후들을 총
령(總領)하여 악신(嶽神)의 제사를 받들었는데, 그 직책을 잘 수행하여 악신이 흠
향하였다. 그러므로 이 시에 신백이 태어나게 된 이유를 미루어 근본하여 악(嶽)
에서 신(神)을 내려 이렇게 했다고 말한 것이다.

② 亹亹申伯, 王纘〔祖管反〕之事. 于邑于謝, 南國是式〔叶失吏反〕. 王命召
伯〔叶逋莫反〕, 定申伯之宅〔叶達各反〕. 登是南邦〔叶卜工反〕, 世執其功.

亹(미)亹申伯을	부지런히 힘쓰는 신백을
王纘之事하사	왕이 선대의 일을 계승시키사
于邑于謝하여	사(謝)에 도읍을 만들어
南國是式케하시다	남국이 본받게 하셨도다

··· 岱 : 대산 대 霍 : 성곽 楨 : 기둥 정 亹 : 힘쓸 미 纘 : 이을 찬

191

大雅
崧高

王命召伯_{하사}	왕이 소백을 명하사

王命召伯_{하사}　　왕이 소백을 명하사
定申伯之宅_{하사}　　신백의 집을 정하사
登是南邦_{하시니}　　이 남방을 이루게 하시니
世執其功_{이로다}　　대대로 그 공을 지키게 하시도다

賦也라 亹亹는 强勉之貌라 纘은 繼也니 使之繼其先世之事也라 邑은 國都之處也
라 謝는 在今鄧州南陽縣하니 周之南土也라 式은 使諸侯以爲法也라 召伯은 召穆
公虎也라 登은 成也라 世執其功은 言使申伯後世常守其功也라 或曰 大封之禮는
召公之世職也라하니라

부(賦)이다. '미미(亹亹)'는 힘쓰는 모양이다. '찬(纘)'은 계속함이니, 그로 하여
금 선대의 일을 계속하게 한 것이다. '읍(邑)'은 국도(國都)가 있는 곳이다. '사(謝)'
는 지금의 등주(鄧州) 남양현(南陽縣)에 있었으니, 주나라의 남쪽 땅이다. '식(式)'
은 제후들로 하여금 법(法)으로 삼게 한 것이다. '소백(召伯)'은 소 목공(召穆公) 호
(虎)이다. '등(登)'은 이룸이다. '대대로 그 공을 잡게 했다'는 것은 신백의 후대로
하여금 항상 그 공(功)을 지키게 한 것이다. 혹자는 말하기를 "크게 봉해주는 예
(禮)는 소공(召公)이 대대로 맡아온 직책이다." 한다.

③ 王命申伯, 式是南邦〔叶卜功反〕. 因是謝人, 以作爾庸. 王命召伯, 徹
申伯土田〔叶地因反〕. 王命傅御, 遷其私人.

王命申伯_{하사}　　왕이 신백을 명하사
式是南邦_{하시고}　　이 남방에 법(모범)이 되게 하시고
因是謝人_{하여사}　　사읍(謝邑)의 사람을 인하여
以作爾庸(墉)_{하시다}　　너의 성을 만들게 하셨도다
王命召伯_{하사}　　왕이 소백을 명하사
徹申伯土田_{하시고}　　신백의 토지를 구획하게 하시고
王命傅御_{하사}　　왕이 부어(가신의 우두머리)를 명하사
遷其私人_{하시다}　　그 사인들을 옮기라 하셨다

賦也라 庸은 城也니 言因謝邑之人而爲國也라 鄭氏曰 庸은 功也니 爲國以起其功

••• 登 : 이룰 등　庸 : 성 용

也라하니라 徹은 定其經界하고 正其賦稅也라 傅御는 申伯家臣之長也라 私人은 家人이요 遷은 使就國也라 漢明帝送侯印하여 與東平王蒼諸子할새 而以手詔로 賜其國中傅⁶⁸하니 蓋古制如此하니라

부(賦)이다. '용(庸)'은 성(城)이니, 사읍(謝邑)의 사람을 인하여 나라를 만듦을 말한 것이다. 정씨는 말하기를 "용(庸)은 공(功)이니, 나라를 만들어 그 공을 일으키게 한 것이다." 하였다. '철(徹)'은 경계를 정하고 부세(賦稅)를 바로잡는 것이다. '부어(傅御)'는 신백의 가신(家臣)의 우두머리이다. '사인(私人)'은 가인(家人:집안 식구)이요, '천(遷)'은 자기 나라로 나아가게 한 것이다. 한(漢)나라 명제(明帝)가 후(侯)의 인(印)을 보내어 동평왕(東平王) 유창(劉蒼)의 여러 아들에게 줄 적에 수조(手詔:황제가 직접 쓴 조서)로 그 국중(國中)의 사부(師傅)에게 하사하였으니, 옛 제도가 이와 같았다.

④ 申伯之功, 召伯是營. 有俶[尺叔反]其城, 寢廟旣成. 旣成藐藐, 王錫申伯[叶逋各反], 四牡蹻蹻[渠略反], 鉤膺濯濯.

申伯之功을	신백의 공(功)을
召伯是營이로다	소백이 경영하도다
有俶其城하니	그 축성(築城)을 시작하니
寢廟旣成하여	침묘가 이미 완성되어
旣成藐(막)藐이어늘	이미 완성됨에 깊고 깊거늘
王錫申伯하시니	왕이 신백에게 주시니
四牡蹻(각)蹻하며	네 필의 수말이 건장하며
鉤膺濯濯이로다	갈고리와 가슴걸이가 선명하도다

賦也라 俶은 始作也라 藐藐은 深貌요 蹻蹻은 壯貌요 濯濯은 光明貌라

••••••
68 漢明帝送侯印……賜其國中傅:이 내용은 《후한서(後漢書)》〈동평왕열전(東平王列傳)〉에 보인다. 동평왕은 이름이 창(蒼)으로 광무제(光武帝) 유수(劉秀)의 여덟 번째 아들인데, 풍채가 좋고 경학(經學)에 밝아 한나라의 표기장군(驃騎將軍)이 되었으며 명제(明帝)가 몹시 사랑하고 존경하였다.

••• 俶:비로소 숙 藐:깊을 막 蹻:건장할 각 鉤:갈고리 구

부(賦)이다. '숙(俶)'은 시작함이다. '막막(貘貘)'은 깊은 모양이요, '갹갹(蹻蹻)'
은 건장한 모양이요, '탁탁(濯濯)'은 광명(光明)한 모양이다.

⑤ 王遺申伯, 路車乘〔繩證反〕馬〔叶滿補反〕. 我圖爾居, 莫如南土. 錫爾介
圭, 以作爾寶〔叶音補〕. 往近〔鄭音記 按說文從辵從丌 今從斤 誤〕[69]王舅, 南土是保
〔叶音補〕.

王遺申伯하시니	왕이 신백을 보내시니
路車乘馬로다	노거와 네 필의 말이로다
我圖爾居호니	내 너의 거처할 곳을 도모해 보니
莫如南土로다	남쪽 땅만한 곳이 없도다
錫爾介圭하여	너에게 개규를 하사하여
以作爾寶하노니	네 보물로 만들게 하노니
往近(迍)王舅아	가거라 외숙이여!
南土是保어다	이 남쪽 땅을 보전할 지어다

賦也라 介圭는 諸侯之封圭也라 近(迍)는 辭也라

부(賦)이다. '개규(介圭)'는 제후를 처음 봉(封)할 때 주는 서옥(瑞玉)이다. '기
(迍)'는 어조사(語助辭)이다.

⑥ 申伯信邁, 王餞〔賤淺反〕于郿〔芒悲反〕. 申伯還南, 謝于誠歸. 王命召
伯, 徹申伯土疆, 以峙〔直里反〕其粻〔音張〕, 式遄〔市專反〕其行〔叶戶郎反〕.

申伯信邁어늘	신백이 진실로 자기 나라로 가거늘
王餞于郿하시다	왕이 미 땅에서 전송하시도다
申伯還南하니	신백이 남쪽으로 돌아가니
謝于誠歸로다	사읍으로 진실로 돌아가도다

······
69 鄭音記……誤 : 정현(鄭玄)은 "근(近)은 음이 기(記)이다." 하였다. "살펴보건대 《설문(說文)》
에 '착(辵)을 따르고 기(丌)를 따른다.' 하였는데, 지금 근(斤)을 따랐으니 잘못이다."

··· 介 : 클 개 迍 : 어조사 기, 바칠 기 邁 : 갈 매 餞 : 전별할 전 郿 : 땅이름 미

王命召伯_{하사}	왕이 소백을 명하사
徹申伯土疆_{하여}	신백의 땅에서 부세를 거두어
以峙(치)其糧(장)_{하니}	그 양식을 쌓게 하시니
式遄(천)其行_{이로다}	그 감을 빨리 하도다

賦也라 郿는 在今鳳翔府郿縣_{하니} 在鎬京之西, 岐周之東_{이요} 而申在鎬京之東南_{이라} 時에 王在岐周故로 餞于郿也라 言信邁, 誠歸는 以見(현)王之數(삭)留_{하여} 疑於行之不果故也라 峙는 積_{이요} 糧은 糧_{이요} 遄은 速也라 召伯之營謝也에 則已斂其稅賦_{하여} 積其餱糧_{하여} 使廬市有止宿之委積(자)라 故로 能使申伯無留行也니라

부(賦)이다. '미(郿)'는 지금의 봉상부(鳳翔府) 미현(郿縣)에 있었으니, 호경(鎬京)의 서쪽, 기주(岐周)의 동쪽에 있었고, '신(申)'은 호경의 동남쪽에 있었다. 이 때에 왕이 기주에 있었으므로 미(郿) 땅에서 전송한 것이다. 진실로 가고 진실로 돌아갔다고 말한 것은 이로써 왕이 자주 만류하여 가기를 결단하지 못할까 의심함을 나타낸 것이다. '치(峙)'는 쌓음이요, '장(糧)'은 말린 양식(밥)이요, '천(遄)'은 빠름이다. 소백(召伯)이 사읍을 경영할 적에 이미 부세를 거두어 후량(餱糧)을 쌓아서 여막(廬幕)과 시장에 묵고 유숙할 만한 위자(委積;물자)가 있게 하였다. 그러므로 신백으로 하여금 걸음을 멈춤이 없게 할 수 있었던 것이다.

⑦ 申伯番番〔音波 叶分遄反〕, 旣入于謝, 徒御嘽嘽〔吐丹反〕. 周邦咸喜, 戎有良翰〔叶胡千反〕. 不顯申伯, 王之元舅, 文武是憲〔叶虛言反〕.

申伯番(파)番_{하니}	신백이 건장하니
旣入于謝_{하여}	이미 사읍에 들어가서
徒御嘽(탄)嘽_{하니}	도어(도보로 걷거나 수레를 탄)가 많고 많으니
周邦咸喜_{하여}	주나라 사람들이 모두 기뻐하여
戎有良翰_{이라하도다}	그대(왕을 가리킴) 훌륭한 정간(楨榦)을 두었다 하도다
不顯_가 申伯_{이여}	드러나지 않을까 신백이여
王之元舅_{로소니}	왕의 큰 외숙이로소니
文武是憲_{이로다}	문무의 신하들이 법으로 삼도다

··· 峙 : 쌓을 치 糧 : 양식 장 遄 : 빠를 천 積 : 저축할 자 番 : 굳셀 파 嘽 : 성할 탄 戎 : 너 융

賦也라 番番는 武勇貌라 嘽嘽은 衆盛也라 戎은 女(汝)也라 申伯이 旣入于謝에 周
人이 皆以爲喜而相謂曰 汝今有良翰矣라하니라 元은 長이요 憲은 法也니 言文武之
士皆以申伯爲法也라 或曰 申伯이 能以文王武王爲法也라하니라

　　부(賦)이다. '파파(番番)'는 무용이 있는 모양이다. '탄탄(嘽嘽)'은 많음이다. '융
(戎)'은 그대(汝)이다. 신백이 이미 사읍에 들어가니, 주나라 사람이 모두 기뻐하여
서로 이르기를 "그대가 지금 훌륭한 정간을 두셨다." 한 것이다. '원(元)'은 으뜸
(큼)이요 '헌(憲)'은 법이니, 문무(文武)의 선비들이 모두 신백을 법으로 삼음을 말
한 것이다. 혹자는 말하기를 "신백이 문왕과 무왕을 법으로 삼은 것이다." 한다.

⑧ 申伯之德, 柔惠且直. 揉〔汝又反〕此萬邦, 聞〔音問〕于四國〔叶于逼反〕. 吉
甫作誦, 其詩孔碩, 其風肆好, 以贈申伯.

申伯之德이여	신백의 덕이여
柔惠且直이로다	유순하고 또 정직하도다
揉此萬邦하여	이 만방을 다스려
聞于四國이로다	사방 나라에 알려지도다
吉甫作誦하니	길보가 송시(誦詩)를 지으니
其詩孔碩이로다	그 시가 심히 훌륭하도다
其風肆好하니	그 소리가 마침내 아름다우니
以贈申伯하노라	이것을 신백에게 주노라

賦也라 揉는 治也라 吉甫는 尹吉甫니 周之卿士라 誦은 工師所誦之詞也라 碩은 大
요 風은 聲이요 肆는 遂也라

　　부(賦)이다. '유(揉)'는 다스림이다. '길보'는 윤길보(尹吉甫)이니, 주(周)나라의
경사(卿士)이다. '송(誦)'은 악공(樂工)과 악사(樂師)들이 외우는 가사이다. '석(碩)'
은 큼이요, '풍(風)'은 소리요, '사(肆)'는 마침내이다.

崧高八章이니 章八句라
　　〈숭고(崧高)〉는 8장이니, 장마다 8구이다.

--- 揉 : 바로잡을 유 聞 : 알려질 문 肆 : 드디어 사

【毛序】 崧高는 尹吉甫美宣王也라 天下復平하여 能建國親諸侯하여 褒賞申伯焉하니라

〈숭고〉는 윤길보가 선왕(宣王)을 찬미한 시(詩)이다. 천하가 다시 평화로워 제후국을 세우고 제후들을 친히 하여 신백을 포상한 것이다.

【鄭註】 尹吉甫, 申伯은 皆周之卿士也니 尹은 官氏요 申은 國名이라

윤길보와 신백(申伯)은 모두 주나라의 경사(卿士)이니, 윤(尹)은 관원의 씨(氏)이고, 신(申)은 나라 이름이다.

【辨說】 此는 尹吉甫送申伯之詩니 因可以見宣王中興之業耳니 非專爲美宣王而作也라 下三篇放此하니라

이는 윤길보가 신백을 전송한 시이다. 인하여 선왕이 왕업(王業)을 중흥(中興)한 것을 볼 수 있으니, 오로지 선왕을 찬미하기 위해서 지은 것이 아니다. 아래 세 편도 이와 같다.

6. 증민(烝民)

① 天生烝民, 有物有則. 民之秉彝〔音夷〕, 好〔呼報反〕是懿德. 天監有周, 昭假〔音格〕于下〔叶後五反〕, 保茲天子, 生仲山甫.

天生烝民하시니	하늘이 여러 백성을 내시니
有物有則(칙)이로다	사물이 있으면 법칙이 있도다
民之秉彝라	백성이 떳떳한 성품을 갖고 있는지라
好是懿德이로다	이 아름다운 덕을 좋아하도다
天監有周하시니	하늘이 주나라를 굽어보시니
昭假(격)于下일새	밝은 덕으로 아래에서 하늘을 감동시키기에
保茲天子하사	이 천자를 보우하사
生仲山甫샷다	중산보를 낳으셨도다

賦也라 烝은 衆이요 則은 法이요 秉은 執이요 彝는 常이요 懿는 美요 監은 視요 昭는 明이요 假은 至요 保는 祐也라 仲山甫는 樊侯之字也라

••• 彝 : 떳떳할 이 假 : 감동시킬 격 樊 : 울타리 번

부(賦)이다. '증(烝)'은 무리요, '칙(則)'은 법칙이요, '병(秉)'은 잡음이요, '이(彝)'는 떳떳함이요, '의(懿)'는 아름다움이요, '감(監)'은 굽어봄이요, '소(昭)'는 밝음이요, '격(假)'은 이름(강림함)이요, '보(保)'는 도움이다. 중산보(仲山甫)는 번후(樊侯)의 자(字)이다.

○ 宣王이 命樊侯仲山甫하여 築城于齊한대 而尹吉甫作詩以送之라 言天生衆民에 有是物이면 必有是則하니 蓋自百骸、九竅、五臟으로 而達之君臣、父子、夫婦、長幼、朋友에 無非物也로되 而莫不有法焉[70]이라 如視之明, 聽之聰, 貌之恭, 言之順, 君臣有義, 父子有親之類 是也니 是乃民所執之常性이라 故로 其情이 無不好此美德者라 而況天之監視有周하시니 能以昭明之德으로 感格于下라 故로 保祐之하사 而爲之生此賢佐하니 曰仲山甫焉이니 則所以鍾其秀氣而全其德美者 又非特如凡民而已也라 昔에 孔子讀詩라가 至此而贊之曰 爲此詩者 其知道乎인저 故로 有物이면 必有則이니 民之秉彝也라 故로 好是懿德이라하신대 而孟子引之[71]하사 以證性善之說하시니 其旨深矣라 讀者其致思焉이니라

○ 선왕(宣王)이 번후인 중산보를 명하여 제(齊)나라에 성을 쌓게 하였는데, 윤길보가 시(詩)를 지어 그를 전송하였다. 하늘이 여러 백성을 냄에 이 사물이 있으면 반드시 이 법칙이 있으니, 〈한 몸의〉 백해(百骸)와 구규(九竅), 오장(五臟)으로부터 〈만민(萬民)의〉 군신(君臣), 부자(父子), 부부(夫婦), 장유(長幼), 붕우(朋友)에 이르기까지 사물 아닌 것이 없으며 여기에는 법칙이 있지 않은 것이 없다. 예컨대 봄에 눈밝음과 들음에 귀밝음과 모양에 공손함과 말함에 순함과 군신간에 의(義)가 있음과 부자간에 친(親)함이 있는 따위가 이것이니, 이는 바로 백성(사람)들이 가지고 있는 바의 떳떳한 성(性)이다. 그러므로 그 정(情)이 이 아름다운 덕을 좋아하지 않는 자가 없는 것이다.

••••••

70 蓋自百骸九竅五臟……而莫不有法焉 : 백해(百骸)는 사람의 온갖 몸을 가리키며, 구규(九竅)는 아홉 가지 구멍으로 두 눈과 두 귀, 두 콧구멍과 입, 그리고 소변이 나오는 구멍과 대변이 나오는 항문을 이른다. 오장(五臟)은 다섯 가지 장기로 간장, 심장, 비장, 폐장, 신장이다. 호산(壺山)은 "물은 기이고 칙은 리이다.〔物氣而則理也〕" 하고, 뒤이어 서산 진씨(西山眞氏)의 "하늘과 땅 사이에 가득한 것이 모두 물(物)이니, 사람 또한 물이요 일 또한 물이니, 이 물이 있으면 이치를 갖추고 있다.〔盈天地之間, 莫非物也. 人亦物也; 事亦物也. 有此物, 則具此理.〕"한 것을 인용하였다. 《詳說》

71 孔子讀詩……而孟子引之 : 이 내용은 《맹자》〈고자 상(告子上)〉에 보인다.

••• 骸 : 뼈 해 竅 : 구멍 규

더구나 하늘이 주(周)나라를 굽어보시니, 선왕이 능히 소명(昭明)한 덕(德)으로써 아래에서 하늘을 감동시킴이 있었다. 그러므로 하늘이 주나라를 보우(保祐)하사 그를 위해 이 어진 보좌를 내셨으니, 그가 중산보이니, 그 빼어난 기(氣)를 모아 그 아름다운 덕을 온전하게 한 것이 또 다만 범민(凡民)과 같을 뿐만이 아닌 것이다.

옛날에 공자께서 《시경》을 읽으시다가 이에 이르러 찬미(贊美)하시기를 "이 시를 지은 자는 아마도 도(道)를 알았을 것이다. 그러므로 사물이 있으면 반드시 법칙이 있는 것이니, 사람들이 떳떳한 성(性;법칙)을 갖고 있는지라 이 아름다운 덕을 좋아한다." 하셨는데, 맹자가 이것을 인용하여 성선(性善)의 말씀을 증명하셨으니, 그 뜻이 깊다. 읽는 자는 그 생각을 다해야 할 것이다.

② 仲山甫之德, 柔嘉維則. 令儀令色, 小心翼翼. 古訓是式, 威儀是力. 天子是若, 明命使賦〔叶韻若賦 未詳〕.

仲山甫之德이	중산보의 덕이
柔嘉維則이라	유순하고 아름다움이 법칙이 된지라
令儀令色이며	위의가 훌륭하고 안색이 훌륭하며
小心翼翼하며	조심하여 공경하고 공경하며
古訓是式하며	옛 교훈을 이에 법 받으며
威儀是力하며	위의를 힘쓰며
天子是若하며	천자를 순히 하며
明命使賦로다	밝은 명을 사방에 펴도다

賦也라 嘉는 美요 令은 善也라 儀는 威儀也요 色은 顔色也라 翼翼은 恭敬貌라 古訓은 先王之遺典也라 式은 法이요 力은 勉이요 若은 順이요 賦는 布也라
○ 東萊呂氏曰 柔嘉維則은 不過其則也니 過其則이면 斯爲弱이니 不得謂之柔嘉矣라 令儀令色, 小心翼翼은 言其表裏柔嘉也요 古訓是式, 威儀是力은 言其學問進修也요 天子是若, 明命使賦는 言其發而措之事業也니 此章은 蓋備擧仲山甫之德이니라

부(賦)이다. '가(嘉)'는 아름다움이요, '령(令)'은 좋음이다. '의(儀)'는 위의(威儀)

... 翼 : 공경할 익 若 : 순할 약 賦 : 펼 부

요, '색(色)'은 안색(顔色)이다. '익익(翼翼)'은 공경하는 모양이다. '고훈(古訓)'은 선왕이 남긴 법이다. '식(式)'은 법(法)이요, '력(力)'은 힘씀이요, '약(若)'은 순(順)함이요, '부(賦)'는 폄이다.

○ 동래 여씨(東萊呂氏)가 말하였다. "'유순하고 아름다움이 법칙이 된다.〔柔嘉維則〕'는 것은 그 법칙을 넘지 않는 것이니, 그 법칙을 넘으면 이는 약함이 되니, 유가(柔嘉)라고 이를 수 없다. '위의가 훌륭하고 안색이 훌륭하며, 조심하여 공경하고 공경한다.〔令儀令色, 小心翼翼.〕'는 것은 표리(表裏:겉모습과 속마음)가 유순하고 아름다움을 말한 것이요, '옛 교훈을 법 받으며 위의를 힘쓴다.〔古訓是式, 威儀是力.〕'는 것은 학문의 진수(進修)를 말한 것이요, '천자를 순히 하며 밝은 명을 사방에 편다.〔天子是若, 明命使賦.〕'는 것은 드러내어 사업에 시행함을 말한 것이니, 이 장(章)은 중산보의 덕을 자세히 든 것이다."

③ 王命仲山甫, 式是百辟〔音璧 無韻 未詳〕. 纘戎祖考, 王躬是保. 出納王命, 王之喉舌. 賦政于外, 四方爰發〔吀方月反〕.

王命仲山甫하사	왕이 중산보를 명하사
式是百辟하며	이 백벽(百辟)에 법이 되게 하며
纘戎祖考하여	네 조고를 계승하여
王躬是保케하시다	왕의 몸을 보호하게 하시도다
出納王命하니	왕명을 출납하니
王之喉舌이며	왕의 후설(喉舌)이며
賦政于外하니	밖에 정사를 베푸니
四方爰發이로다	사방이 이에 호응하도다

賦也라 式은 法이요 戎은 女(汝)也라 王躬是保는 所謂保其身體者也니 然則仲山甫蓋以冢宰兼太保니 而太保抑其世官也與인저 出은 承而布之也요 納은 行而復(복)之也라 喉舌은 所以出言也[72]라 發은 發而應之也라

......

72 喉舌 所以出言也:후(喉)는 목구멍이고 설(舌)은 혀로 후설은 말을 내는 것인바, 왕명을 출납하는 조선조의 승지(承旨)와 같은 임무를 이른다.

··· 喉 : 목구멍 후 冢 : 클 총

○ 東萊呂氏曰 仲山甫之職이 外則總領諸侯하고 內則輔養君德하며 入則典司政本하고 出則經營四方하니 此章은 蓋備擧仲山甫之職이니라

부(賦)이다. '식(式)'은 법이요, '융(戎)'은 너이다. '왕의 몸을 보호한다.〔王躬是保〕'는 것은 《대대례(大戴禮)》에 이른바 '그 신체를 보호한다.'는 것이니, 그렇다면 중산보는 총재(冢宰)로서 태보(太保)를 겸한 것이니, 태보는 그 집안에 대대로 맡아온 관직일 것이다. '출(出)'은 왕명을 받들어 폄이요, '납(納)'은 행하고 복명(復命)하는 것이다. '후설(喉舌;목구멍과 혀)'은 말을 내는 것이다. '발(發)'은 발하여 호응하는 것이다.

○ 동래 여씨(東萊呂氏)가 말하였다. "중산보의 직책이 밖으로는 제후들을 총령(總領)하고 안으로는 군주의 덕을 보양(輔養)하며, 〈조정에〉 들어와서는 정사의 근본을 맡고 나가서는 사방을 경영하였으니, 이 장(章)은 중산보의 직책을 자세히 든 것이다."

④ 肅肅王命, 仲山甫將之. 邦國若否〔音鄙〕, 仲山甫明〔叶謨郎反〕之. 旣明且哲, 以保其身. 夙夜匪解〔佳賣反〕, 以事一人.

肅肅王命을	엄숙한 왕명을
仲山甫將之하며	중산보가 받들어 행하며
邦國若否(비)를	나라의 잘하고 잘못함을
仲山甫明之로다	중산보가 밝히도다
旣明且哲하여	이미 도리에 밝고 또 일을 살펴서
以保其身이며	그 몸을 잘 보호하며
夙夜匪解(懈)하여	밤낮으로 게을리하지 않아
以事一人이로다	천자 한 사람을 섬기도다

賦也라 肅肅은 嚴也라 將은 奉行也라 若은 順也니 順否는 猶臧否(비)也라 明은 謂明於理요 哲은 謂察於事라 保身은 蓋順理以守身이요 非趨利避害하여 而偸(투)以全軀之謂也라 解는 怠也라 一人은 天子也라

부(賦)이다. '숙숙(肅肅)'은 엄숙함이다. '장(將)'은 받들어 행함이다. '약(若)'은 순함이니, 순비(順否)는 위〈억(抑)〉편의 장비(臧否;잘하고 잘못함)라는 말과 같다.

··· 領 : 거느릴 령 將 : 받들 장 否 : 나쁠 비 偸 : 구차할 투 軀 : 몸 구

'명(明)'은 이치에 밝음을 이르고, '철(哲)'은 일을 살핌을 이른다. 몸을 지키는 것은 이치를 순히 하여 몸을 지키는 것이요, 이(利)를 따르고 해(害)를 피하여 구차하게 몸을 온전히 함을 말한 것이 아니다. '해(解)'는 게으름이다. '일인(一人)'은 천자이다.

⑤ 人亦有言, 柔則茹〔忍與反〕之, 剛則吐之. 維仲山甫, 柔亦不茹, 剛亦不吐, 不侮矜〔古頑反〕寡〔叶果五反〕, 不畏彊禦.

人亦有言호되	사람들이 또한 말하기를
柔則茹之요	부드러우면 삼키고
剛則吐之라하나니	강하면 뱉는다 하나니
維仲山甫는	중산보는
柔亦不茹하며	부드러워도 삼키지 않으며
剛亦不吐하여	강해도 뱉지 아니하여
不侮矜(鰥)寡하며	홀아비와 과부를 업신여기지 않으며
不畏彊禦로다	강포한 자를 두려워하지 않도다

賦也라 人亦有言은 世俗之言也라 茹는 納也라
○ 不茹柔故로 不侮矜寡하고 不吐剛故로 不畏彊禦하니 以此觀之하면 則仲山甫之柔嘉는 非軟美之謂요 而其保身은 未嘗枉道以徇人을 可知矣로다

부(賦)이다. '사람이 또한 말이 있다.〔人亦有言〕'는 것은 세속의 말이다. '여(茹)'는 입에 넣는(삼키는) 것이다.

○ 부드러운 것을 삼키지 않기 때문에 홀아비와 과부를 업신여기지 않고, 강한 것을 뱉지 않기 때문에 강포한 자를 두려워하지 않는 것이니, 이로써 보면 중산보의 〈덕이〉 유순하고 아름다움은 연약한 아름다움을 이름이 아니요, 그가 자기 몸을 보전한 것은 도(道)를 굽혀 남을 따를 따름이 아님을 알 수 있다.

⑥ 人亦有言, 德輶〔羊久反〕如毛, 民鮮〔息淺反〕克舉之. 我儀圖〔叶丁五反〕之, 維仲山甫舉之, 愛莫助〔叶牀五反〕之. 袞職有闕, 維仲山甫補之.

••• 茹 : 먹을 여, 삼킬 여   矜 : 홀아비 환   軟 : 부드러울 연   徇 : 따를 순

人亦有言호되	사람들이 또한 말하기를
德輶(유)如毛나	덕이 가볍기가 털과 같으나
民鮮克舉之라하나니	사람들이 덕을 거행하는 이가 적다 하나니
我儀圖之하니	내 헤아려 보고 도모해 보건대
維仲山甫舉之로소니	오직 중산보만이 덕을 거행하노니
愛莫助之로다	사랑하여도 도와줄 수가 없도다
袞(곤)職有闕이어든	왕의 직책에 결함이 있거든
維仲山甫補之로다	중산보가 보전(補塡)하도다

賦也라 輶는 輕이요 儀는 度(탁)이요 圖는 謀也라 袞職은 王職也라 天子는 龍袞이니 不敢斥言王闕이라 故로 曰袞職有闕也라하니라

○ 言人皆言德甚輕而易舉나 然人莫能舉也라 我於是에 謀度其能舉之者하니 則惟仲山甫而已라 是以로 心誠愛之하나 而恨其不能有以助之라 蓋愛之者는 秉彝好德之性也요 而不能助者는 能舉與否 在彼而已니 固無待於人之助며 而亦非人之所能助也일새라 至於王職有闕失하여도 亦維仲山甫獨能補之하니 蓋惟大人然後能格君心之非니 未有不能自舉其德하고 而能補君之闕者也니라

부(賦)이다. '유(輶)'는 가벼움이요, '의(儀)'는 헤아림이요, '도(圖)'는 꾀함이다. '곤직(袞職)'은 왕의 직책이다. 천자는 용을 그린 도포[龍袍]를 입으니, 감히 왕의 결함을 지척하여 말할 수가 없기 때문에 곤직에 결함이 있다고 말한 것이다.

○ 사람들이 모두 말하기를 "덕이 심히 가벼워 거행하기가 쉬우나 사람들이 능히 거행하는 이가 없다."고 한다. 내 이에 능히 거행할 자를 도모해 보고 헤아려 보니, 오직 중산보 뿐이었다. 이 때문에 마음에 진실로 그를 사랑하나 도와줌이 있지 못함을 한(恨)하였다. 〈덕이 있는 자를〉 사랑하는 것은 병이(秉彝)의 덕을 좋아하는 본성(本性)이요, 돕지 못하는 것은 거행함의 여부가 저(중산보)에게 달려있을 뿐이니, 진실로 남의 도움을 기다릴 필요가 없고 또한 남이 도울 수 있는 것이 아니다. 왕의 직책에 궐실(闕失)이 있음에 이르러도 오직 중산보만이 홀로 능히 보전(補塡)할 수 있었으니, 오직 대인(大人)인 뒤에야 군주의 마음에 그릇된(잘못된) 것을 바로잡을 수 있는 것이니, 스스로 자기의 덕을 거행하지 못하고서 능히 인군의 잘못을 보전한 자는 있지 않았다.

··· 輶 : 가벼울 유 儀 : 헤아릴 의 袞 : 곤룡포 곤

大雅 烝民

⑦ 仲山甫出祖, 四牡業業, 征夫捷捷〔在接反〕, 每懷靡及〔叶極業反〕. 四牡彭彭〔叶鋪郎反〕, 八鸞鏘鏘〔七羊反〕. 王命仲山甫, 城彼東方.

仲山甫出祖하니	중산보가 나가 노제(路祭)를 지내니
四牡業業하며	네 필의 수말이 건장하며
征夫捷捷하니	정부(부역가는 부하)들이 민첩하고 민첩하니
每懷靡及이로다	매양 생각에 미치지 못할 듯이 여기도다
四牡彭(방)彭하며	네 필의 수말이 건장하며
八鸞鏘(장)鏘하니	여덟 개의 방울이 쟁쟁히 울리니
王命仲山甫하사	왕이 중산보를 명하사
城彼東方이샷다	저 동방에 축성(築城)하게 하시도다

賦也라 祖는 行祭也라 業業은 健貌요 捷捷은 疾貌라 東方은 齊也라 傳曰 古者諸侯之居逼隘면 則王者遷其邑而定其居라하니 蓋去薄姑而遷於臨菑(치)也라 孔氏曰 史記齊獻公元年에 徙薄姑都하여 治臨菑라하니 計獻公이 當夷王之時하여 與此傳不合하니 豈徙於夷王之時요 至是而始備其城郭之守歟아

부(賦)이다. '조(祖)'는 행제(行祭:노제)이다. '업업(業業)'은 건장한 모양이요, '서서(捷捷)'는 빠른 모양이다. '동방(東方)'은 제(齊)나라이다. 《모전(毛傳)》에 "옛날에 제후의 거처가 너무 좁으면 왕자가 그 도읍을 옮겨 그 거처를 정해 준다." 하였으니, 아마도 박고(薄姑)를 떠나 임치(臨菑)로 옮겼을 것이다. 공씨(孔氏:공영달(孔穎達))가 말하기를 "《사기(史記)》〈제세가(齊世家)〉에 '제 헌공(齊獻公) 원년(元年)에 박고(薄姑)의 도읍을 옮겨 임치를 치소(治所)로 삼았다.' 하였으니, 헌공을 계산해 보건대 이왕(夷王)의 때에 해당하여 이 〈모전〉과 부합하지 않으니, 아마도 이왕 때에 도읍은 옮겼고 이때에 이르러 비로소 그 성곽의 수비를 갖추었나보다."

⑧ 四牡騤騤〔求龜反〕, 八鸞喈喈〔音皆 叶居奚反〕. 仲山甫徂齊, 式遄其歸. 吉甫作誦, 穆如清風〔叶孚愔反〕. 仲山甫永懷, 以慰其心.

四牡騤(규)騤하며	네 필의 수말이 건장하며

··· 祖 : 노제지낼 조 鸞 : 방울 란 鏘 : 패옥소리 장 逼 : 좁을 핍 隘 : 좁을 애 菑 : 따비밭 치, 밭일굴 치
騤 : 건장할 규

八鸞喈(개)喈로다(하니)   여덟 개의 방울이 조화롭게 울리도다

仲山甫徂齊하나니   중산보가 제나라에 가니

式遄(천)其歸로다   그 돌아옴을 빨리하리로다

吉甫作誦하니   길보가 송시(誦詩)를 지으니

穆如淸風이로다   의미심장함이 청풍과 같도다

仲山甫永懷라   중산보가 길이 생각하는지라

以慰其心하노라   그 마음을 위로하노라

賦也라 式遄其歸는 不欲其久於外也라 穆은 深長也라 淸風은 淸微之風이니 化養萬物者也라 以其遠行而有所懷思라 故로 以此詩慰其心焉하니라 曾氏曰 賦政于外가 雖仲山甫之職이나 然保王躬, 補王闕이 尤其所急이니 城彼東方에 其心永懷라 蓋有所不安者를 尹吉甫深知之하고 作誦而告以遄歸하니 所以安其心也니라

부(賦)이다. '그 돌아옴을 빨리한다.〔式遄其歸〕'는 것은 밖에 오래 있지 않고자 한 것이다. '목(穆)'은 심장(深長)함이다. '청풍(淸風)'은 시원하고 작은(약한) 바람이니, 만물을 화양(化養)하는 것이다. 중산보가 원행(遠行)함에 감회가 있었다. 그러므로 이 시(詩)로써 그의 마음을 위로한 것이다.

증씨(曾氏)가 말하였다. "정사를 밖에 펴는 것이 비록 중산보의 직책이나 왕의 몸을 보호하고 왕의 잘못을 보전하는 것이 더욱 시급한 바이니, 저 동방(東方)에 축성하러 감에 그 마음에 길이 도성을 생각한 것이다. 그의 마음에 불안한 바가 있음을 윤길보가 깊이 알고는 이 송시(誦詩)를 지어 빨리 돌아오라고 하였으니, 그 마음을 위안한 것이다."

烝民八章이니 章八句라

〈증민(烝民)〉은 8장이니, 장마다 8구이다.

【毛序】 烝民은 尹吉甫美宣王也니 任賢使能하여 周室中興焉하니라

〈증민〉은 윤길보가 선왕(宣王)을 찬미한 시이니, 어진 사람에게 정사를 맡기고 능력이 있는 자를 부려 주나라가 중흥(中興)하였다.

【辨說】 同上이라

해설이 위와 같다.

··· 喈 : 화할 개 遄 : 빠를 천

7. 한혁(韓奕)

① 奕奕梁山, 維禹甸之, 有倬其道〔下與考叶〕. 韓侯受命, 王親命之, 纘 戎祖考〔上與道叶〕. 無廢朕命, 夙夜匪解〔音懈 叶訖力反〕. 虔共爾位, 朕命不 易. 榦〔古旦反〕不庭方, 以佐戎辟〔音璧〕.

奕奕梁山을	크고 큰 양산을
維禹甸之샷다	우 임금이 다스리셨도다
有倬(탁)其道에	밝은 그 길에
韓侯受命이로다	한후가 명을 받았도다
王親命之하시되	왕이 친히 명하시되
纘戎祖考하노니	너의 조고의 뒤를 이으라 하노니
無廢朕命하여	짐의 명을 폐하지 말아서
夙夜匪解(懈)하여	밤낮으로 게을리하지 말아
虔共(恭)爾位하라	네 지위를 공경히 수행하라
朕命不易호리라	짐의 명은 변치 않으리라
榦不庭方하여	조회오지 않는 방국(方國)들을 바로잡아서
以佐戎辟하라	네 군주를 도우라

賦也라 奕奕은 大也라 梁山은 韓之鎭也니 今在同州韓城縣하니라 甸은 治也라 倬 은 明貌라 韓은 國名이요 侯爵이니 武王之後也라 受命은 蓋卽位除喪하여 以士服入 見(현)天子而聽命也라 纘은 繼요 戎은 女(汝)也니 言王錫命之하여 使繼世而爲諸 侯也라 虔은 敬이요 易은 改요 榦은 正也라 不庭方은 不來庭之國이라 辟은 君也라 此又戒之以修其職業之詞也라

○ 韓侯初立來朝하여 始受王命而歸한대 詩人이 作此以送之라 序에 亦以爲尹吉 甫作이라하나 今未有據라 下篇云召穆公、凡伯者放此하니라

　　부(賦)이다. '혁혁(奕奕)'은 큼이다. 양산(梁山)은 한(韓)나라의 진산(鎭山)이니, 지금 동주(同州)의 한성현(韓城縣)에 있다. '전(甸)'은 다스림이다. '탁(倬)'은 밝은 모양이다. '한(韓)'은 국명(國名)으로 후작(侯爵)이니, 무왕(武王)의 후손이다. '명

(命)을 받았다'는 것은 아마도 즉위(卽位)하여 상(喪)을 마치고서 선비〔士〕의 복장으로 천자국에 들어가 천자를 뵙고 명령을 들은 듯하다. '찬(纘)'은 이음이요 '융(戎)'은 너이니, 왕이 명령을 내려서 대를 이어 제후가 되게 함을 말한 것이다. '건(虔)'은 경건함이요, '역(易)'은 고침(변함)이요, '간(榦)'은 바로잡음이다. '불정방(不庭方)'은 조정에 조회하러 오지 않는 나라이다. '벽(辟)'은 군주이다. 이는 또 그 직업(직책)을 닦을 것을 경계한 말이다.

○ 한후(韓侯)가 처음 즉위하여 내조(來朝)해서 비로소 왕명을 받고 돌아가자, 시인이 이 시를 지어서 그를 전송한 것이다. 〈모서(毛序)〉에 또한 "윤길보(尹吉甫)가 지었다." 하였으나, 이제 분명한 근거가 있지 않다. 하편(下篇)에 소 목공(召穆公)과 범백(凡伯)이 지었다고 한 것도 이와 같다.

② 四牡奕奕, 孔脩且張. 韓侯入覲, 以其介圭, 入覲于王. 王錫韓侯, 淑旂綏章, 簟茀錯衡〔叶戶郎反〕, 玄袞赤舃, 鉤膺鏤〔音漏〕錫〔音羊〕, 鞹〔苦郭反〕鞃〔苦弘反〕淺幭〔莫歷反〕, 鞗〔音條〕革金厄〔叶於栗反〕.

四牡奕(혁)奕하니	네 필의 수말이 크고 크니
孔脩且張이로다	키가 심히 크고 또 크도다
韓侯入覲하니	한후가 들어와 뵈니
以其介圭로	개규(介圭)를 잡고서
入覲于王이로다	들어와 왕을 뵙도다
王錫韓侯하시니	왕께서 한후에게 물건을 내려주시니
淑旂綏(수)章과	좋은 기(旂)와 수장(綏章)과
簟茀(점불)錯衡과	화문석으로 만든 가리개와 빛나는 형(衡)과
玄袞赤舃(석)과	검은 곤룡포와 붉은 신과
鉤膺鏤錫(루양)과	말의 갈고리와 가슴걸이와 조각한 당로(當盧)와
鞹鞃淺幭(곽굉천멱)과	털 없는 가죽고삐와 호피로 만든 덮개와
鞗(조)革金厄(軛)이로다	가죽고삐와 쇠고리로 묶은 것이로다

賦也라 脩는 長이요 張은 大也라 介圭는 封圭니 執之爲贄하여 以合瑞于王也라 淑은 善也라 交龍曰旂라 綏章은 染鳥羽어나 或旄牛尾爲之하여 注於旂竿之首하여

··· 脩 : 길 수 張 : 클 장 覲 : 뵐 근 淑 : 착할 숙 旂 : 기 기 綏 : 편안할 수(유) 茀 : 수레휘장 불 錯 : 아롱질 착
舃 : 신 석 鉤 : 갈고리 구 膺 : 가슴 응 鏤 : 새길 루 錫 : 당로 양 鞹 : 털없는가죽 곽 鞃 : 차앞턱에맨고삐 굉
淺 : 얇을 천 幭 : 수레뚜껑 멱(면) 鞗 : 고삐 조 厄 : 묶을 액 旄 : 기 모

爲表章者也라 鏤는 刻金也라 馬眉上飾曰鍚이니 今當盧也라 鞹은 去毛之革也라
軾은 式(軾)中也니 謂兩較(각)之間에 橫木可憑者니 以鞹持之하여 使牢固也라 淺
은 虎皮也라 幦은 覆(부)式也라 字一作幭(멱)하고 又作幎(명)하니 以有毛之皮로 覆
式上也라 鞗革은 轡首也라 金厄은 以金爲環하여 纏搤(전액)轡首也라

　　부(賦)이다. '수(脩)'는 긺이요, '장(張)'은 큼이다. '개규(介圭)'는 봉규(封圭:큰 규)
이니, 이것을 잡고 폐백으로 삼아 왕과 서옥(瑞玉)을 맞추는 것이다. '숙(淑)'은 좋
음이다. 교룡(交龍:용 두 마리가 서로 마주함)인 것을 '기(旂)'라 한다. '수장(綏章)'은 새
의 깃털을 물들이거나, 또는 들소 꼬리로 만들어서 깃대의 위에 달아 〈귀천(貴賤)
의〉 표장(表章)으로 삼는 것이다. '루(鏤)'는 쇠를 조각한 것이다. 말의 눈썹 위의
꾸밈을 '양(鍚)'이라 하니, 지금의 당로(當盧)이다. '곽(鞹)'은 털을 제거한 가죽이
다. '굉(軾)'은 식(式)의 중앙이니, 두 각(較)의 사이에 나무를 가로대어 기댈 수 있
게 만든 것을 이르니, 가죽끈으로써 이것을 잡아매어 견고하게 하는 것이다. '천
(淺)'은 호피(虎皮)이다. '멱(幦)'은 식(式)을 덮는 것이다. 글자를 멱(幭)으로도 쓰
고 또 명(幎)으로도 쓰니, 털이 있는 가죽으로 식(式)의 위를 덮는 것이다. '조혁(鞗
革)'은 고삐의 머리이다. '금액(金厄)'은 쇠로 고리를 만들어 고삐 머리를 묶어매는
것이다.

③ 韓侯出祖, 出宿于屠. 顯父〔音甫〕餞之, 淸酒百壺. 其殽維何, 炰〔白交
反〕鼈鮮魚. 其蔌〔音速〕維何, 維筍〔怵尹反〕及蒲. 其贈維何, 乘〔繩證反〕馬路
車. 籩豆有且〔子余反〕, 侯氏燕胥.

韓侯出祖하니	한후가 나가 노제(路祭)를 지내니
出宿于屠로다	나가 도(屠) 땅에서 유숙하도다
顯父(보)餞之하니	현보가 전송하니
淸酒百壺로다	청주가 백 병이로다
其殽維何오	그 안주는 무엇인고
炰鼈(포별)鮮魚로다	삶은 자라와 민물생선이로다
其蔌(속)維何오	그 나물은 무엇인고
維筍及蒲로다	죽순과 포약나물이로다
其贈維何오	그 선물은 무엇인고

　··· 較 : 수레귀퉁이 각　憑 : 의지할 빙　牢 : 굳을 뢰　幭 : 수레뚜껑 멱　幎 : 수레뚜껑 명　纏 : 얽어맬 전　搤 : 쥘 액
　　屠 : 무찌를 도　餞 : 전송할 전　壺 : 병호　炰 : 구울 포　鼈 : 자라 별　蔌 : 나물 속　筍 : 죽순 순

乘馬路車_{로다}	네 필의 말과 노거로다

乘馬路車_{로다}   네 필의 말과 노거로다
籩豆有且(저)_{하니}   변두가 많기도 하니
侯氏燕胥_{로다}   제후들이 서로 잔치하도다

賦也라 旣覲而反國에 必祖者는 尊其所往이니 去則如始行焉[73]이라 屠는 地名이니 或曰卽杜也라하니라 顯父는 周之卿士也라 薪은 茭骰也라 筍은 竹萌也요 蒲는 蒲蒻(약)也라 且는 多貌라 侯氏는 覲禮에 諸侯來朝者之稱이라 胥는 相也니 或曰語辭라

부(賦)이다. 이미 뵙고 나라로 돌아갈 적에 반드시 노제를 지내는 것은 그가 가는 곳을 높이는 것이니, 그 곳에서 떠나오게 되면 처음 갈 때와 똑같이 제사하는 것이다. '도(屠)'는 지명이니, 혹자는 "바로 두(杜) 땅이다." 한다. '현보(顯父)'는 주나라의 경사(卿士)이다. '속(薪)'은 나물로 만든 안주이다. '순(筍)'은 죽순이요, '포(蒲)'는 포약(蒲蒻)나물이다. '저(且)'는 많은 모양이다. 후씨(侯氏)는 《의례》의 〈근례(覲禮)〉에 "제후로서 내조(來朝)한 자들의 칭호이다." 하였다. '서(胥)'는 서로이니, 혹자는 어조사라 한다.

④ 韓侯取〔七住反〕妻, 汾〔符云反〕王之甥, 蹶〔俱衛反〕父〔音甫〕之子〔叶獎里反〕. 韓侯迎〔魚覲反〕止, 于蹶之里. 百兩〔音亮 又如字〕彭彭〔叶鋪郎反〕, 八鸞鏘鏘, 不顯其光. 諸娣〔大計反〕從之, 祁祁〔巨移反〕如雲. 韓侯顧之, 爛其盈門〔叶眉貧反〕.

韓侯取(娶)妻_{하니}   한후가 아내를 취하니
汾王之甥_{이요}   분왕의 생질이요
蹶父(궤보)之子_{로다}   궤보의 따님이로다
韓侯迎止_{하니}   한후가 맞이하니
于蹶之里_{로다}   궤(蹶)의 마을에서 하도다
百兩彭(방)彭_{하며}   수레 백 대가 많기도 하며

......

73 尊其所往 去則如始行焉 : 거(去)는 갔던 곳에서 떠나옴을 뜻하는바, 원래 노제(路祭)는 처음 길을 떠날 때에 가는 곳을 높이기 위하여 지내는 제사인데, 돌아올 때에 다시 노제를 지내어 처음 떠날 때와 똑같게 하므로 말한 것이다.

··· 且 : 많을 저 胥 : 서로 서 蒻 : 부들속 약, 구약나물 약 汾 : 물이름 분 蹶 : 넘어질 궤

八鸞鏘(장)鏘하니	여덟 방울이 쟁쟁히 울리니
不顯其光가	그 광채가 드러나지 않는가
諸娣從之하니	여러 여동생들이 따라 시집오니
祁祁如雲이로다	얌전하고 구름처럼 많도다
韓侯顧之하니	한후가 이들을 돌아보니
爛其盈門이로다	찬란히 문에 가득하도다

賦也라 此는 言韓侯旣覲而還하여 遂以親迎也라 汾王은 厲王也라 厲王流于彘(체)하니 在汾水之上이라 故로 時人以目王焉하니 猶言莒郊公, 黎比公也라 蹶父는 周之卿士니 姞(길)姓也라 諸娣는 諸侯一娶九女[74]하여 二國媵(잉)之하니 皆有娣姪也라 祁祁는 徐靚(정)也요 如雲은 衆多也라

부(賦)이다. 이는 한후(韓侯)가 이미 천자를 뵙고 돌아와서 마침내 친영(親迎)함을 말한 것이다. '분왕(汾王)'은 여왕(厲王)이다. 여왕이 체(彘) 땅으로 쫓겨나니, 분수(汾水)의 가에 있었다. 그러므로 당시 사람이 이로써 왕을 지목한 것이니, 거교공(莒郊公)과 여 비공(黎比公)이라고 말한 것과 같다. '궤보(蹶父)'는 주나라의 경사(卿士)이니, 길성(姞姓)이다. '제제(諸娣)'는 제후가 한 번 장가들면 아홉 여자를 데려오는데 이 때에 두 나라가 잉첩(媵妾)을 보내오니, 모두 여동생과 조카딸이 있었다. '기기(祁祁)'는 느리고 단장함이요, '여운(如雲)'은 많음이다.

⑤ 蹶父孔武, 靡國不到. 爲[于僞反]韓姞[其一反]相[息亮反]攸, 莫如韓樂[音洛 叶力告反]. 孔樂韓土, 川澤訏訏[況甫反], 魴鱮甫甫, 麀鹿噳噳[愚甫反], 有熊有羆, 有貓[苗茅二音]有虎. 慶旣令居[叶斤御斤於二反], 韓姞燕譽[叶羊茹羊諸二反].

蹶父孔武하여	궤보가 매우 건장하여
靡國不到하여	나라마다 이르지 않은 곳이 없어서

......

74 諸侯一娶九女 : 구녀(九女)는 아홉 명의 여자로, 적처(嫡妻)의 여동생과 조카딸이 있으며, 두 동성국(同姓國)에서 잉첩을 보내는데, 이들 역시 각각 여동생과 조카딸이 있어 아홉 명의 여인(女人)을 얻게 되는 것이다.

··· 娣 : 손아래누이 제 祁 : 성할 기 彘 : 땅이름 체 莒 : 성려 黎 : 검을 려 姞 : 성 길 媵 : 잉첩 잉 靚 : 단장할 정

爲韓姞相攸하니	한길을 위해 시집보낼 만한 곳을 보니
莫如韓樂(락)이로다	한나라보다 즐거운 곳이 없도다
孔樂韓土여	심히 즐거운 한나라 땅이여
川澤訏(후)訏하며	천택이 매우 크고 너르며
魴鱮(방서)甫甫하며	방어와 연어가 크기도 하며
麀(우)鹿噳(우)噳하며	암사슴과 사슴이 우글거리며
有熊有羆(비)하며	곰도 있고 큰 곰도 있으며
有貓(묘)有虎로다	살쾡이도 있고 범도 있도다
慶旣令居하니	이미 좋은 거처를 소유함을 기뻐하니
韓姞燕譽로다	한길이 편안하고 즐겁도다

賦也라 韓姞은 蹶父之子니 韓侯妻也라 相攸는 擇可嫁之所也라 訏訏, 甫甫는 大也요 噳噳는 衆也라 貓는 似虎而淺毛라 慶은 喜요 令은 善也니 喜其有此善居也라 燕은 安이요 譽는 樂也라

부(賦)이다. 한길은 궤보(蹶父)의 자식(따님)이니, 한후의 아내이다. '상유(相攸)'는 시집보낼 만한 곳을 가림이다. '후후(訏訏)'와 '보보(甫甫)'는 큼이요, '우우(噳噳)'는 많음이다. '묘(貓;살쾡이)'는 범과 같은데, 털이 짧다. '경(慶)'은 기뻐함이요, '령(令)'은 좋음이니, 이 좋은 거처를 소유함을 기뻐한 것이다. '연(燕)'은 편안함이요, '예(譽)'는 즐거움이다.

⑥ 溥彼韓城, 燕〔因肩反〕師所完. 以先祖受命, 因時百蠻. 王錫韓侯, 其追其貊〔母伯反〕, 奄受北國, 因以其伯. 實墉實壑, 實畝實籍, 獻其貔〔音毗〕皮, 赤豹黃羆.

溥(보)彼韓城이여	큰 저 한나라의 성이여
燕師所完이로다	연나라 군대가 완전하게 해준 바로다
以先祖受命이	선조의 명령을 받음이
因時百蠻으로	이 여러 오랑캐를 인했으므로
王錫韓侯하시니	왕께서 한후에게 내려주시니
其追其貊(맥)이로다	그 추(追)와 맥(貊)이로다

••• 訏 : 클 후 鱮 : 연어 서 甫 : 클 보 麀 : 암사슴 우 噳 : 사슴우글거릴 우 羆 : 큰곰 비 貓 : 살쾡이 묘
譽 : 즐거울 예 溥 : 클 보(부) 追 : 오랑캐 추 貊 : 오랑캐 맥

奄受北國_{하여}	문득 북쪽 나라를 받아서
因以其伯(패)_{하니}	인하여 그 패자가 되니
實墉實壑(학)_{하며}	실로 성을 쌓고 해자를 파며
實畝實籍_{하고}	실로 이랑을 다스리고 부세를 받으며
獻其貔(비)皮_와	그 비휴(貔貅) 가죽과
赤豹黃羆(비)_{로다}	붉은 표범과 누런 곰의 가죽을 바치도다

賦也라 溥는 大也요 燕은 召公之國也라 師는 衆也라 追、貊은 夷狄之國也라 墉은
城이요 壑은 池요 籍은 稅也라 貔는 猛獸名이라
○ 韓初封時에 召公爲司空이러니 王命以其衆爲築此城하니 如召伯營謝, 山甫城
齊와 春秋諸侯城邢、城楚丘之類也⁷⁵라 王以韓侯之先이 因是百蠻而長之라 故로
錫之追、貊하여 使爲之伯하여 以修其城池하고 治其田畝하며 正其稅法하여 而貢
其所有於王也라

부(賦)이다. '보(溥)'는 큼이요, '연(燕)'은 소공(召公)의 나라이다. '사(師)'는 무리
이다. '추(追)'와 '맥(貊)'은 이적(夷狄)의 나라이다. '용(墉)'은 성(城)이요, '학(壑)'은
못(해자)이요, '적(籍)'은 장부에 기재하여 부세를 받는 것이다. '비(貔)'는 맹수(猛
獸)의 이름이다.

○ 한나라가 처음 봉해질 때에 소공(召公)이 사공(司空)이 되었는데, 왕이 명하
여 그 무리로써 한후를 위하여 이 성(城)을 쌓아주게 하였으니, 소백이 사읍(謝邑)
을 경영하고 중산보(仲山甫)가 제(齊)나라에 성을 쌓은 것과 《춘추좌씨전》에 제후
들이 형(邢)나라에 성을 쌓고, 초구(楚丘)의 땅에 성을 쌓은 것과 같은 따위이다.
왕은 한후의 선대가 이 백만(百蠻)으로 인하여 으뜸이 되었으므로 추(追)와 맥(貊)
을 내려주어서 패자가 되게 하고는, 그 성지(城池)를 다스리고 전무(田畝)를 다스
리며 세법(稅法)을 바로잡아 그 소유한 바를 왕에게 바치게 한 것이다.

‥‥‥
75 如召伯營謝……城楚丘之類也 : 소백(召伯)은 소목공 호(召穆公虎)로, '소백이 사읍(謝邑)을
경영한 것'은 위 〈숭고(崧高)〉에 보이고 '중산보(仲山甫)가 제(齊)나라에 성을 쌓은 것'은 〈증민(烝
民)〉에 보이며, 제후들이 축성한 내용은 《춘추좌씨전(春秋左氏傳)》 희공(僖公) 원년과 희공 2년에
각각 보인다.

‥‥ 墉 : 성 용 貔 : 비휴짐승 비 邢 : 나라이름 형

韓奕六章이니 章十二句라

　〈한혁(韓奕)〉은 6장이니, 장마다 12구이다.

【毛序】　韓奕은 尹吉甫美宣王也니 能錫命諸侯하니라

　〈한혁〉은 윤길보(尹吉甫)가 선왕(宣王)을 찬미한 시(詩)이니, 선왕이 제후들에게 명(命)을 내려준 것이었다.

【鄭註】　梁山은 於韓國之山에 最高大하여 爲國之鎭하여 所望祀焉이라 故美大其貌奕奕然하여 謂之韓奕也라 梁山은 今在左馮翊夏陽西北이라 韓은 姬姓之國也니 後爲晉所滅이라 故大夫韓氏以爲邑名焉이라 幽王九年에 王室始騷어늘 鄭桓公이 問於史伯曰 周衰하니 其孰興乎아 對曰 武實昭文之功하니 文之祚盡이면 武其嗣乎인저 武王之子應韓不在하니 其在晉乎[76]인저하니라

　양산(梁山)은 한(韓)나라 산 중에 가장 높고 커서 나라의 진산(鎭山)이 되어 바라보고 제사하는 곳이다. 그러므로 그 모양이 혁혁(奕奕)함을 찬미하고 훌륭하게 여겨서 한혁(韓奕)이라 한 것이다. 양산은 지금 좌풍익(左馮翊) 하양현(夏陽縣) 서북(西北)에 있다. 한(韓)은 희성(姬姓)의 나라이니, 뒤에 진(晉)나라에게 멸망을 당하였다. 그러므로 대부(大夫) 한씨(韓氏)가 이를 식읍의 이름으로 삼은 것이다. 유왕(幽王) 9년에 왕실이 처음 소란하자, 정(鄭)나라 환공(桓公)이 사백(史伯)에게 묻기를 '주(周)나라가 쇠하니, 그 누가 일어나겠는가.' 하니, 대답하기를 '무왕이 실로 문왕의 공(功)을 밝혔으니, 문왕의 복이 다하면 무왕의 후손이 그 뒤를 이을 것입니다. 무왕의 후손인 응(應)나라와 한(韓)나라가 있지 않으니, 그 진(晉)나라에 있을 것입니다.' 하였다.

【辨說】　同上이라 其曰尹吉甫者는 未有據하니 下二篇同이라 其曰能錫命諸侯는 則尤淺陋無理矣라 旣爲天子하여 錫命諸侯는 乃其常事라 春秋、戰國之時에도 猶有能行之者하니 亦何足爲美哉리오

　해설이 위와 같다. 그 윤길보라고 말한 것은 근거가 있지 못하니, 아래 두 편도 이와 같다. 그리고 '능히 제후들에게 명을 내려주었다.〔能錫命諸侯〕'고 말한 것은 더욱 천박하고 누추해서 무리(無理)하다. 이미 천자가 되어서 제후들에게 명을 내

‥‥‥‥
76　鄭桓公‥‥‥其在晉乎 : 이 내용은 《국어(國語)》〈정어(鄭語)〉에 보인다.

려줌은 바로 그 일상적인 일이다. 춘추시대와 전국시대에도 오히려 능히 이것을
행한 자가 있었으니, 이것이 또한 어찌 아름다움이 될 만하겠는가.

8. 강한(江漢)

① 江漢浮浮, 武夫滔滔〔叶他侯反〕. 匪安匪遊, 淮夷來求. 既出我車, 既
設我旟. 匪安匪舒, 淮夷來鋪.

江漢浮浮하니	강한(장강과 한수)이 넘실넘실 흐르니
武夫滔滔로다	무부들이 배를 타고 도도히 내려가도다
匪安匪遊라	편안하며 한가히 놀려는 것이 아니라
淮夷來求니라	회이를 와서 평정하려 함이니라
既出我車하며	이미 내 수레를 출동하며
既設我旟(여)하니	이미 나의 깃발을 설치하니
匪安匪舒라	편안하며 느슨하려는 것이 아니라
淮夷來鋪니라	회이를 와서 정벌하려 함이니라

賦也라 浮浮는 水盛貌요 滔滔는 順流貌라 淮夷는 夷之在淮上者也라 鋪는 陳也니
陳師以伐之也라
○ 宣王이 命召穆公하여 平淮南之夷한대 詩人美之하니 此章은 總序其事라 言行
者皆莫敢安徐하여 而日 吾之來也는 惟淮夷是求是伐耳라하니라

부(賦)이다. '부부(浮浮)'는 물이 성한 모양이요, '도도(滔滔)'는 물결을 따라 순
히 흐르는 모양이다. '회이(淮夷)'는 오랑캐 중에 회수(淮水)가에 있는 자들이다.
'포(鋪)'는 진열함이니, 군대를 진열하여 정벌하는 것이다.

○ 선왕(宣王)이 소 목공(召穆公)을 명하여 회수 남쪽의 오랑캐를 평정하게 하
자 시인(詩人)이 찬미하였으니, 이 장(章)은 그 일을 총괄하여 서술한 것이다. 출정
가는 자들이 모두 감히 편안하고 느슨히 하지 못하면서 말하기를 "우리가 온 것은
오직 회이를 찾아 정벌하려 해서이다."라고 말한 것이다.

••• 旟 : 기 여 鋪 : 펄 포

② 江漢湯湯〔書羊反〕, 武夫洸洸〔音光〕. 經營四方, 告成于王. 四方旣平,
王國庶定〔叶唐丁反〕. 時靡有爭〔叶甾陘反〕, 王心載寧.

江漢湯(상)湯하니	강한이 넘실넘실 흐르니
武夫洸(광)洸이로다	무부가 굳세고 굳세도다
經營四方하여	사방을 경영하여
告成于王이로다	왕께 성공을 아뢰도다
四方旣平하니	사방이 이미 평정되니
王國庶定이로다	왕국이 거의 안정되리로다
時靡有爭하니	이에 다툼이 없으니
王心載寧이샷다	왕의 마음이 곧 편안하시도다

賦也라 洸洸은 武貌라 庶는 幸也라
○ 此章은 言旣伐而成功也라
　부(賦)이다. '광광(洸洸)'은 굳센 모양이다. '서(庶)'는 거의(행여)이다.
　○ 이 장(章)은 이미 정벌하여 성공함을 말한 것이다.

③ 江漢之滸〔音虎〕, 王命召虎, 式辟〔音闢〕四方, 徹我疆土. 匪疚匪棘,
王國來極. 于疆于理, 至于南海〔叶虎委反〕.

江漢之滸(호)에	강한의 물가에
王命召虎하사	왕께서 소호에게 명하사
式辟(闢)四方하여	사방을 개척하여
徹我疆土하심은	우리 강토를 구획하심은
匪疚匪棘이라	폐해를 입히고 위급하게 하려는 것이 아니라
王國來極하시니	왕국에 와서 법칙을 취하게 하심이니
于疆于理하여	큰 경계를 다스리고 작은 조리를 다스려서
至于南海로다	남해에 이르셨도다

··· 湯 : 물세차게흐를 상　洸 : 굳셀 광　滸 : 물가 호　辟 : 열 벽　疚 : 병들 구　極 : 표준 극

賦也라 虎는 召穆公名也라 辟은 與闢同이라 徹은 井其田也라 疚는 病이요 棘은 急也라 極은 中之表也니 居中而爲四方所取正也라

○ 言江漢旣平이어늘 王又命召公하사 闢四方之侵地하여 而治其疆界하시니 非以病之요 非以急之也라 但使其來取正於王國而已라 於是에 遂疆理之하여 盡南海而止也니라

부(賦)이다. '호(虎)'는 소 목공(召穆公)의 이름이다. '벽(辟)'은 벽(闢)과 같다. '철(徹)'은 토지를 정전(井田)으로 만드는 것(철법(徹法))이다. '구(疚)'는 병듦이요, '극(棘)'은 급함이다. '극(極)'은 중앙의 표지이니, 중앙에 처하여(표준이 되어) 사방에서 바름을 취하는 바가 되는 것이다.

○ 강한이 이미 평정되자, 왕께서 또 소공(召公)을 명하사 사방 오랑캐에게 침략한 땅을 개척해서 강계(疆界)를 다스리게 하시니, 이는 폐해를 입히려는 것이 아니요 급하게 하려는 것이 아니라, 다만 왕국에 와서 바름을 취하게 하려고 해서일 뿐이었다. 이에 마침내 큰 경계를 다스리고 작은 조리를 다스려 남해에 이르러 그친 것이다.

④ 王命召虎, 來旬來宣. 文武受命, 召公維翰〔叶胡千反〕. 無曰予小子〔叶獎里反〕, 召公是似〔叶養里反〕. 肇敏戎公, 用錫爾祉.

王命召虎하사	왕께서 소호에게 명하사
來旬來宣하시다	와서 두루하며 와서 베풀게 하시다
文武受命이실새	문왕과 무왕께서 천명을 받으실 적에
召公維翰이러니	소공(소강공)이 정간(楨榦)이 되었으니
無曰予小子어다	나 소자 때문이라고 말하지 말고
召公是似(嗣)어다	소공의 업적을 계승할 지어다
肇敏戎公이면	네 공(功)을 열어 민첩히 하면
用錫爾祉호리라	너에게 복을 내려주리라

賦也라 旬은 徧이요 宣은 布也라 自江漢之滸言之故로 曰來라 召公은 召康公奭也라 翰은 榦也라 予小子는 王自稱也라 肇는 開요 戎은 女(汝)요 公은 功也라

○ 又言王命召虎하사 來此江漢之滸하여 徧治其事하여 以布王命하시고 而曰 昔文

武受命에 惟召公爲楨榦하니 今女(汝)無日以予小子之故也라하고 但自爲嗣女召公之事耳라 能開敏女功이면 則我當錫女以祉福이라하니 如下章所云也라

부(賦)이다. '순(旬)'은 두루함이요, '선(宣)'은 폄이다. 강한의 물가로부터 말했기 때문에 '래(來)'라고 한 것이다. '소공(召公)'은 소 강공(召康公) 석(奭)이다. '간(榦)'은 정간(楨榦)이다. '여소자(予小子)'는 왕이 자신을 칭한 것이다. '조(肇)'는 엶이요, '융(戎)'은 너요, '공(公)'은 공(功)이다.

○ 또 말하였다. "왕이 소호(召虎)를 명하사 이 강한의 물가에 와서 그 일을 두루 다스려 왕명을 펴게 하시고 이르시기를 '옛날 문왕과 무왕께서 천명을 받으실 적에 소공(召公)이 정간(楨榦)이 되었으니, 지금 너는 여소자(予小子)라고 말하지 말고, 다만 스스로 너의 선조인 소강공의 일을 계승하도록 하라. 그리하여 네 공(功)을 열어 민첩히 하면 내 마땅히 너에게 복을 내려 줄 것이다.'고 말했으니, 하장(下章)에서 말한 바와 같은 것이다."

217

⑤ 釐〔力之反〕爾圭瓚〔才旱反〕, 秬〔音巨〕鬯〔救亮反〕一卣〔音酉 無韻未詳〕. 告于文人, 錫山土田〔叶地因反〕. 于周受命〔叶滿幷反 下同〕, 自召祖命. 虎拜稽首, 天子萬年〔叶彌因反〕.

大雅 江漢

釐(리)爾圭瓚과	너에게 규찬(옥술잔)과
秬鬯一卣(거창일유)하며	검은 기장술 한 동이를 내려주며
告于文人하여	문인(문왕)에게 아뢰어
錫山土田하노니	산천과 토지를 하사하노니
于周受命하여	기주(岐周)에서 명을 받아서
自召祖命하노라	소조(召祖)가 명을 받았던 곳으로부터 하노라
虎拜稽首하니	소호(召虎)가 절하고 머리를 조아리니
天子萬年이소서	천자께서 만년을 누리소서

賦也라 釐는 賜요 卣는 尊(준)也라 文人은 先祖之有文德者니 謂文王也라 周는 岐周也라 召祖는 穆公之祖康公也라

○ 此는 序王賜召公策命之詞라 言錫爾圭瓚秬鬯者는 使之以祀其先祖요 又告于文人하여 而錫之山川土田하여 以廣其封邑이라 蓋古者爵人에 必於祖廟하니 示不

··· 釐 : 줄 리 瓚 : 옥잔 찬 秬 : 검은기장 거 鬯 : 울금초 창 卣 : 술통 유 尊 : 술단지 준

敢專也라 又使往受命於岐周하여 從其祖康公受命於文王之所하여 以寵異之한대 而召公拜稽首하여 以受王命之策書也라 人臣受恩에 無可以報謝者요 但言使君 壽考而已니라

부(賦)이다. '리(釐)'는 줌이요, '유(卣)'는 술동이이다. '문인(文人)'은 선조 중에 문덕(文德)이 있는 자이니, 문왕을 이른다. '주(周)'는 기주(岐周)이다. '소조(召祖)' 는 목공(穆公)의 선조인 강공(康公)이다.

○ 이는 왕이 소공(召公)에게 책명(策命)을 내려주는 말씀을 기술한 것이다. "너 에게 규찬과 검은 기장술(울창주)을 내려준 것은 너로 하여금 그 선조에게 제사하 도록 하고, 또다시 문인(文人)에게 고하여 산천과 토전(土田)을 내려주어서 그 봉 읍(封邑)을 넓히려 함임을 말하였다. 옛날에 남에게 관작을 내릴 적에는 반드시 그 선조의 사당에서 하였으니, 이는 감히 자기 마음대로 오로지하지 못함을 보이 기 위해서였다. 또 기주에 가서 명을 받게 하였으니, 이는 그 선조이신 강공(康公) 이 문왕에게 명을 받았던 곳인 기주에 가서 명을 받게 하여 특별히 영광스럽게 하 고 특이하게 대우하자, 소공이 절하고 머리를 조아려 왕명(王命)의 책서(策書)를 받은 것이다. 인신(人臣)이 은혜를 받음에 보답하여 사례할 만한 것이 없으므로 단지 군주로 하여금 수고(壽考)하시라고 말하였을 뿐이다.

⑥ 虎拜稽首, 對揚王休〔叶虛久反〕, 作召公考〔叶去久反〕, 天子萬壽〔叶殖酉 反〕. 明明天子〔叶獎里反〕, 令聞〔音問〕不已, 矢其文德, 洽此四國〔叶越逼反〕.

虎拜稽首하여	소호(召虎)가 절하고 머리를 조아려
對揚王休하여	왕의 아름다운 명에 답하여 칭송해서
作召公考하니	소공의 종묘의 제기를 이루니
天子萬壽하소서	천자께서 만수를 누리소서
明明天子	밝고 밝으신 천자께서
令聞不已하시며	훌륭한 명성이 그치지 않으시며
矢其文德하사	그 문덕을 베푸사
洽此四國하소서	이 사방 나라를 흡족하게 하소서

賦也라 對는 答이요 揚은 稱이요 休는 美요 考는 成이요 矢는 陳也라

••• 休 : 아름다울 휴 考 : 이룰 고 矢 : 베풀 시 洽 : 두루미칠 흡

○ 言穆公旣受賜하고 遂答稱天子之美命하여 作康公之廟器하고 而勒王策命之
詞하여 以考其成하며 且祝天子以萬壽也라 古器物銘云 郉(변)이 拜稽首하여 敢對
揚天子休命하여 用作朕皇考龏(공)伯尊敦(준대)하노니 郉其眉壽하여 萬年無疆[77]이
라하니 語正相類라 但彼自祝其壽요 而此祝君壽耳라 旣又美其君之令聞하여 而進
之以不已하고 勸其君以文德하여 而不欲其極意於武功하니 古人愛君之心을 於此
可見矣로다

　　부(賦)이다. '대(對)'는 답함이요, '양(揚)'은 칭송함이요, '휴(休)'는 아름다움이
요, '고(考)'는 이룸이요, '시(矢)'는 베풂이다.

　　○ 소 목공(召穆公)이 이미 하사를 받고는 마침내 천자의 아름다운 명에 답하여
칭송해서 소 강공(召康公)의 종묘 제기를 만들고 여기에 왕의 책명(策命)한 말씀을
새겨 그 이룸을 완성하였으며, 또 천자에게 만수(萬壽)를 축원한 것이다.

　　《고기물명(古器物銘)》에 "변(郉)은 절하고 머리를 조아려 감히 아름다운 천자의
명을 대양(對揚)하여 짐(朕)의 황고(皇考)인 공백(龏伯)의 술동이와 대접을 만들었
사오니, 변(郉)이 미수(眉壽)를 누려 만수무강(萬壽無疆)하게 하소서." 하였으니, 말
이 바로 이와 유사하다. 다만 저것(《고기물명》)은 그 스스로 자기의 장수를 축원한
것이요, 여기는 군주의 장수를 축원했을 뿐이다. 이미 또 그 군주의 훌륭한 명예
를 찬미하여 그치지 않음으로써 나아가게 하고, 그 군주를 문덕(文德)으로써 권하
여 무공(武功)에 뜻을 지극히 않고자 하였으니, 고인(古人)이 군주를 사랑하는 마
음을 여기에서 볼 수 있다.

江漢六章이니 章八句라
　　〈강한(江漢)〉은 6장이니, 장마다 8구이다.

【毛序】 江漢은 尹吉甫美宣王也니 能興衰撥亂하여 命召公平淮夷하니라
　　〈강한〉은 윤길보(尹吉甫)가 선왕(宣王)을 찬미한 시(詩)이니, 쇠망(衰亡)한 나라
를 일으키고 난(亂)을 다스려, 소공(召公)에게 명해서 회이(淮夷)를 평정하게 한 것
이다.

‥‥‥‥
77　古器物銘云‥‥‥萬年無疆：변(郉)은 주나라 대부로 이 내용은《고고도(考古圖)》에 보인다.

… 勒 : 새길 륵　郉 : 땅이름 변　龏 : 공손 공　敦 : 그릇 대

【鄭註】 召公은 召穆公也니 名虎라

　　소공은 소 목공(召穆公)이니, 이름이 호(虎)이다.

【辨說】 吉甫는 見上이요 他說은 得之라

　　윤길보는 위에 보이고, 다른 설은 맞다.

9. 상무(常武)

① 赫赫明明, 王命卿士〔叶·音所〕, 南仲大〔音泰 下同〕祖, 大師皇父〔音甫〕. 整我六師, 以修我戎〔叶音汝〕. 旣敬旣戒〔叶訖力反〕, 惠此南國〔叶越逼反〕.

赫赫明明히	혁혁하고 명명하게
王命卿士	왕께서 경사 중에
南仲大(太)祖인	남중을 태조로 하는
大師皇父(보)하사	태사 황보를 명하사
整我六師하여	우리 육군(六軍)을 정돈하여
以修我戎하여	우리 병기를 수선해서
旣敬旣戒하여	이미 공경하고 이미 경계하여
惠此南國하시다	이 남국을 은혜롭게 하셨도다

賦也라 卿士는 卽皇父之官也라 南仲은 見(현)出車[78]篇하니라 大(太)祖는 始祖也라 大(太)師는 皇父之兼官也라 我는 爲宣王之自我也라 戎은 兵器也라
○ 宣王自將以伐淮北之夷할새 而命卿士之謂南仲爲大祖하고 兼大師而字皇父者하여 整治其從行之六軍하여 修其戎事하여 以除淮夷之亂하여 而惠此南方之國하니 詩人作此以美之라 必言南仲大祖者는 稱其世功하여 以美大之也니라

　　부(賦)이다. '경사(卿士)'는 바로 황보(皇父)의 벼슬이다. '남중(南仲)'은 〈소아(小雅) 출거(出車)〉편에 보인다. '태조(太祖)'는 시조이다. '태사(太師)'는 황보의 겸직

......

78 南仲見出車：〈출거〉 3절에 "왕이 남중을 명하사 가서 방(方:삭방(朔方))에 성을 쌓으라 하시니〔王命南仲, 往城于方.〕"라고 보이는데,《집전》에 "남중은 이때의 대장(大將)이다."라고 풀이하였다.

••• 將：거느릴 장

(兼職)이다. '아(我)'는 선왕(宣王) 자신이다. '융(戎)'은 병기이다.

○ 선왕이 직접 군대를 거느려 회수(淮水) 북쪽의 오랑캐를 정벌할 적에 경사 중에 남중을 태조(太祖)로 삼고 태사(太師)를 겸직하였으며 자(字)를 황보라 하는 자를 명해서 수행하는 육군(六軍)을 정돈하여 다스려서 병사(兵事)를 닦아 회이(淮夷)의 난을 제거하여 이 남방의 나라를 은혜롭게 하니, 시인(詩人)이 이 시를 지어서 찬미한 것이다. 반드시 남중 태조라고 말한 것은 대대로 내려오는 공(功)을 일컬어서 그를 찬미하고 훌륭히 여긴 것이다.

② 王謂尹氏, 命程伯休父. 左右陳行〔戶郎反〕, 戒我師旅. 率彼淮浦, 省此徐土. 不留不處, 三事就緒〔象呂反〕.

王謂尹氏하사	왕이 윤씨에게 이르사
命程伯休父(보)하여	정백휴보를 명하여
左右陳行(항)하여	좌우로 행렬을 벌여
戒我師旅하고(하여)	우리 사려(師旅)들을 경계하고
率彼淮浦하여	저 회수 물가를 따라
省此徐土하시니	이 서주(徐州) 땅을 살피시니
不留不處하여	머물지 않으며 편안히 거처하지 않아서
三事就緒로다	삼사가 실마리를 찾게 되었도다

賦也라 尹氏는 吉甫也니 蓋爲內史하여 掌策命卿大夫也라 程伯休父는 周大夫라 三事는 未詳이라 或曰三農之事也라하니라
○ 言王詔尹氏하여 策命程伯休父爲司馬하여 使之左右陳其行列하고 循淮浦而省徐州之土하니 蓋伐淮北徐州之夷也라 上章에 旣命皇父하고 而此章에 又命程伯休父者는 蓋王親命大(太)師하여 以三公治其軍事하고 而使內史命司馬하여 以六卿副之耳니라

부(賦)이다. '윤씨(尹氏)'는 길보(吉甫)이니, 아마도 내사(內史)가 되어 경, 대부를 책명(策命)함을 관장한 듯하다. '정백휴보(程伯休父)'는 주나라의 대부이다. '삼사(三事)'는 자세하지 않다. 혹자는 "삼농(三農:상농(上農), 중농(中農), 하농(下農))의 일이다." 한다.

⋯ 浦 : 물가 포

○ 왕이 윤씨에게 명하사 정백휴보를 책명하여 사마(司馬)를 삼아서 그로 하여금 좌우로 항렬을 진열하고 회포(淮浦)를 따라 서주(徐州)의 땅을 살피게 하였으니, 이는 회수(淮水) 북쪽에 있는 서주의 오랑캐를 정벌한 것이다. 상장(上章)에서 이미 황보에게 명하고, 이 장에서는 또다시 정백휴보를 명한 것은 왕이 친히 태사에게 명하여 삼공(三公)으로서 군사(軍事)를 다스리게 하고 내사(內史)로 하여금 사마를 명하여 육경(六卿)을 부관(副官)으로 삼게 한 것이다.

③ 赫赫業業〔叶宜却反〕, 有嚴天子. 王舒保作, 匪紹匪遊, 徐方繹騷〔叶蘇侯反〕. 震驚徐方, 如雷如霆, 徐方震驚.

赫赫業業하니	혁혁하고 웅대(雄大)하니
有嚴天子샷다	위엄이 있는 천자시도다
王舒保作하사	왕이 천천히 편안하게 출동하사
匪紹匪遊하시니	급히 하지도 않으며 한가로이 놀지도 않으시니
徐方繹騷로다	서방이 연속하여 소요하도다
震驚徐方하니	서방을 진동하니
如雷如霆하여	우레와 같고 벼락과 같아서
徐方震驚이로다	서방이 진동하도다

賦也라 赫赫은 顯也요 業業은 大也라 嚴은 威也니 天子自將이면 其威可畏也라 王舒保作은 未詳其義라 或曰 舒는 徐요 保는 安이요 作은 行也니 言王師舒徐而安行也라하니라 紹는 糾緊也요 遊는 遨遊也라 繹은 連絡也요 騷는 擾動也라
○ 夷、厲以來로 周室衰弱이러니 至是而天子自將하여 以征不庭할새 其師始出에 不疾不徐하니 而徐方之人이 皆已震動하여 如雷霆作於其上하여 不遑安矣니라

부(賦)이다. '혁혁(赫赫)'은 드러남이요, '업업(業業)'은 큼이다. '엄(嚴)'은 위엄이니, 천자가 직접 군대를 거느리면 그 위엄이 두려울 만하다. '왕서보작(王舒保作)'은 그 뜻이 자세하지 않다. 혹자는 "서(舒)는 서서히 함이요 보(保)는 편안함이요 작(作)은 감이니, 왕사(王師)가 서서히 출동하고 느긋하여 편안히 감을 말한다." 한다. '소(紹)'는 급함이요, '유(遊)'는 오유(遨遊:한가로이 놂)이다. '역(繹)'은 연락함(이어짐)이요, '소(騷)'는 소동이다.

••• 紹:얽어맬 소 繹:이을 역 騷:시끄러울 소 糾:얽을 규 絡:이을 락 疾:빠를 질 遑:겨를 황

○ 이왕(夷王)과 여왕(厲王) 이래로 주나라가 쇠약하였는데, 이 때에 이르러 천자가 직접 군대를 거느리고 조회오지 않는 나라를 정벌하였는데, 그 군대가 처음 출동함에 빠르지도 않고 느리지도 않으니, 서방(徐方)의 사람들이 모두 이미 진동하여 우레와 벼락이 그 위에서 일어나는 듯이 여겨서 편안할 겨를이 없었던 것이다.

④ 王奮厥武, 如震如怒﹝叶暖五反﹞. 進厥虎臣, 闞﹝呼檻反﹞如虓﹝火交反﹞虎. 鋪﹝普吳反﹞敦淮濆﹝符云反﹞, 仍執醜虜. 截彼淮浦, 王師之所.

王奮厥武하시니	왕이 그 무용(武勇)을 뽐내시니
如震如怒로다	벼락 치는 듯하며 노한 듯하도다
進厥虎臣하시니	북을 쳐서 범 같은 신하들을 진출시키시니
闞(함)如虓(효)虎로다	포효함이 성난 범과 같도다
鋪敦淮濆(분)하여	회수 가에 진을 쳐 병력을 집중시켜
仍執醜虜하니	나아가 큰 오랑캐를 잡으니
截(절)彼淮浦여	절연(截然)한 저 회포여
王師之所로다	왕사(王師)가 계신 곳이로다

賦也라 進은 鼓而進之也라 闞은 奮怒之貌라 虓는 虎之自怒也라 鋪는 布也니 布其師旅也라 敦은 厚也니 厚集其陳也라 仍은 就也니 老子曰 攘臂而仍之라하니라 截은 截然不可犯之貌라

부(賦)이다. '진(進)'은 북을 쳐서 군대를 전진시키는 것이다. '함(闞)'은 노기(怒氣)를 뽐내는 모양이다. '효(虓)'는 범이 스스로 노여워하는 것이다. '포(鋪)'는 폄이니, 그 사려(師旅)를 펼치는 것이다. '돈(敦)'은 두터움이니, 그 진(陳)에 병력을 두터이 모으는 것이다. '잉(仍)'은 나아감이니, 《노자(老子)》에 "팔뚝을 걷어붙이고 나아간다." 하였다. '절(截)'은 절연(截然:엄숙함)하여 범할 수 없는 모양이다.

⑤ 王旅嘽嘽﹝吐丹反﹞, 如飛如翰, 如江如漢, 如山之苞﹝叶鋪鉤反﹞, 如川之流, 緜緜翼翼, 不測不克, 濯征徐國﹝叶越逼反﹞.

... 闞 : 범의포효소리 함 虓 : 범고함지를 효 鋪 : 펼 포 濆 : 물가 분 仍 : 나아갈 잉 攘 : 걷을 양 臂 : 팔뚝 비

王旅嘽(탄)嘽하니	왕의 군대가 많고 많으니
如飛如翰(한)하며	나는 듯하고 활개치는 듯하며
如江如漢하며	장강(長江)과 같고 한수(漢水)와 같으며
如山之苞하며	산의 밑동과 같고
如川之流하며	내의 흐름과 같으며
緜緜翼翼하며	면면히 이어지고 질서정연하며
不測不克하여	측량할 수 없고 감당할 수 없어서
濯征徐國이로다	서국(서주(徐州))을 크게 정벌하도다

賦也라 嘽嘽은 衆盛貌라 翰은 羽요 苞는 本也라 如飛如翰은 疾也요 如江如漢은 衆也라 如山은 不可動也요 如川은 不可禦也라 緜緜은 不可絶也요 翼翼은 不可亂也라 不測은 不可知也요 不克은 不可勝也라 濯은 大也라

부(賦)이다. '탄탄(嘽嘽)'은 많은 모양이다. '한(翰)'은 깃(깃으로 활개침)이요, '포(苞)'는 뿌리이다. '나는 듯하고 활개치는 듯하다.〔如飛如翰〕'는 것은 빠름이요, '장강(長江)과 같고 한수(漢水)와 같다.〔如江如漢〕'는 것은 많음이다. '산과 같다.〔如山〕'는 것은 동요할 수 없음이요, '내와 같다.〔如川〕'는 것은 막을 수 없음이다. '면면(緜緜)'은 끊을 수 없음이요, '익익(翼翼)'은 어지럽힐 수 없음이다. '측량할 수 없다.〔不測〕'는 것은 알 수 없음이요, '감당할 수 없다.〔不克〕'는 것은 승리할 수 없음이다. '탁(濯)'은 큼이다.

⑥ 王猶允塞, 徐方旣來〔叶六直反〕. 徐方旣同, 天子之功. 四方旣平, 徐方來庭. 徐方不回, 王曰還歸〔叶古回反〕.

王猶(猷)允塞하시니	왕의 도(道)가 진실로 충실하시니
徐方旣來로다	서방(서주)이 이미 와서 복종하도다
徐方旣同하니	서방이 이미 함께 하니
天子之功이삿다	이는 천자의 공(功)이시도다
四方旣平하니	사방이 이미 평정되니
徐方來庭이로다	서방이 와서 조회하도다
徐方不回어늘	서방이 어기지 않거늘

••• 嘽 : 많을 탄 翰 : 날개 한

王曰還歸_{라하시다} 왕께서 회군(回軍)하라 하시도다

賦也라 猶는 道요 允은 信이요 塞은 實이요 庭은 朝요 回는 違也라 還歸는 班師而歸也라

○ 前篇은 召公이 帥師以出이라가 歸告成功이라 故로 備載其褒賞之詞하고 此篇은 王實親行이라 故로 於卒章에 反復其詞하여 以歸功於天子하니 言王道甚大하여 而遠方懷之요 非獨兵威然也니 序所謂因以爲戒者是也니라

부(賦)이다. '유(猶)'는 도(道)요, '윤(允)'은 진실로요, '색(塞)'은 충실함이요, '정(庭)'은 조회옴이요, '회(回)'는 어김이다. '환귀(還歸)'는 군대를 돌려 돌아오는 것이다.

○ 전편(前篇)에는 소공(召公)이 군대를 거느리고 나갔다가 돌아와 성공을 아뢰었으므로 포상(褒賞)하는 말을 자세히 기재하였고, 이 편(篇)은 왕(王)이 실로 친히 출정하였으므로 마지막 장(章)에 그 말을 반복해서 천자에게 공(功)을 돌렸으니, 왕의 도(道)가 심히 커서 먼 지방이 회유된 것이요, 단지 군대의 위엄으로 그런 것이 아님을 말하였으니, 〈모서(毛序)〉에 이른바 인하여 경계로 삼았다는 것이 이것이다.

常武六章이니 章八句라
〈상무(常武)〉는 6장이니, 장마다 8구이다.

【毛序】 常武는 召穆公이 美宣王也라 有常德以立武事하니 因以爲戒然하니라
〈상무〉는 소 목공(召穆公)이 선왕(宣王)을 찬미한 시(詩)이다. 떳떳한 덕이 있어 무사(武事)를 세우니, 인하여 경계로 삼은 것이다.

【鄭註】 戒者는 王舒保作하여 匪紹匪遊하니 徐方繹騷라
경계했다는 것은 왕이 서서히 편안히 출동해서 급히 하지도 않고 느리지도 않으니, 서방(徐方)이 계속하여 소요한 것이다.

【辨說】 召穆公은 見上이라 所解名篇之意는 未知其果然否나 然於理亦通이니라
소 목공(소호((召虎))은 위에 보인다. 편명을 지은 뜻을 해석한 바는 과연 옳은지 알 수 없으나 이치에 있어 또한 통한다.

10. 첨앙(瞻卬)

① 瞻卬〔音仰〕昊天, 則不我惠. 孔塡〔舊說古塵字〕不寧, 降此大厲. 邦靡有定, 士民其瘵〔側界反 叶側例反〕. 蟊〔音牟〕賊蟊疾, 靡有夷屆〔音戒 叶居氣反〕. 罪罟不收, 靡有夷瘳〔敕留反〕.

瞻卬(仰)昊天호니	하늘을 우러러보니
則不我惠라	나에게 은혜를 내리지 않는지라
孔塡(진)不寧하여	심히 오랫동안 편치 못하여
降此大厲삿다	이 큰 난을 내리셨도다
邦靡有定하여	나라가 안정됨이 없어
士民其瘵(체)하니	선비와 백성들이 병드니
蟊(모)賊蟊疾이	모적(蟊賊)의 해침이
靡有夷屆(계)하며	평정되어 끝날 때가 없으며
罪罟(고)不收하여	죄망(罪網)을 거두지 않아
靡有夷瘳(추)로다	평정되어 나음이 없도다

賦也라 塡은 久요 厲는 亂이요 瘵는 病也라 蟊賊은 害苗之蟲也라 疾은 害요 夷는 平이요 屆는 極이요 罟는 網也라

○ 此는 刺幽王嬖褒姒, 任奄人하여 以致亂之詩라 首言昊天不惠而降亂은 無所歸咎之詞也라 蘇氏曰 國有所定이면 則民受其福이요 無所定이면 則受其病이라 於是에 有小人爲之蟊賊하고 刑罪爲之網罟하니 凡此皆民之所以病也니라

부(賦)이다. '진(塡)'은 오램이요, '려(厲)'는 난(亂)이요, '체(瘵)'는 병듦이다. '모적(蟊賊)'은 묘(苗)를 해치는 벌레이다. '질(疾)'은 해침이요, '이(夷)'는 평(平)함이요, '계(屆)'는 이름이요, '고(罟)'는 그물이다.

○ 이는 유왕(幽王)이 포사(褒姒)를 총애하고 엄인(奄人:환관)을 임용하여 난(亂)을 이룬 것을 풍자한 시(詩)이다. 첫머리에 호천(昊天)이 은혜롭지 아니하여 난(亂)을 내림을 말한 것은 허물을 돌릴 곳이 없어서 한 말이다.

소씨(蘇氏)가 말하였다. "나라가 안정된 바가 있으면 백성들이 그 복을 받고 안

··· 塡 : 오랠 진 瘵 : 앓을 체 蟊 : 뿌리잘라먹는벌레 모 屆 : 이를 계 罟 : 그물 고 夷 : 평평할 이 瘳 : 나을 추
奄 : 내시 엄

정된 바가 없으면 그 폐해를 받는다. 이에 소인들이 모적이 되고 형벌과 죄로 법
망을 만들었으니, 이것은 다 백성들이 병(폐해)을 받는 것이다."

② 人有土田, 女〔音汝〕反有〔酉由二音〕之. 人有民人, 女覆奪〔徒活反〕之. 此
宜無罪, 女反收〔殖酉殖由二反〕之. 彼宜有罪, 女覆說〔音脫〕之.

人有土田을	남이 소유한 토지를
女(汝)反有之하며	네가 도리어 소유하며
人有民人을	남이 소유한 민인을
女覆奪之하며	네가 도리어 빼앗으며
此宜無罪를	이 죄가 없는 사람을
女反收之하며	네가 도리어 구속하며
彼宜有罪를	저 죄가 있는 사람을
女覆說(脫)之로다	네가 도리어 놓아주도다

賦也라 反은 覆이요 收는 拘요 說은 赦也라
　부(賦)이다. '반(反)'은 도리어요, '수(收)'는 구속함이요, '탈(說)'은 놓아줌이다.

③ 哲夫成城, 哲婦傾城. 懿厥哲婦, 爲梟〔古堯反〕爲鴟〔處之反〕. 婦有長
舌, 維厲之階〔叶居奚反〕. 亂匪降自天〔叶鐵因反〕, 生自婦人. 匪敎匪誨〔叶呼
位反〕, 時維婦寺.

哲夫成城이어든	명철한 지아비는 나라를 이루거늘
哲婦傾城하나니라	명철한 부인은 나라를 뒤엎느니라
懿厥哲婦	아름다운 저 명철한 부인이
爲梟(효)爲鴟(치)로다	올빼미가 되고 수리부엉이가 되도다
婦有長舌이여	부인이 말을 많이 함이여
維厲之階로다	다난(亂)의 계제(階梯)로다
亂匪降自天이라	난이 하늘에서 내려오는 것이 아니라
生自婦人이니라	부인으로부터 생기느니라

··· 覆 : 도리어 복 說 : 벗어날 탈 梟 : 올빼미 효 鴟 : 수리부엉이 치 厲 : 재앙 려 階 : 층계 계

匪敎匪誨는　　　　　　　　교훈이 못되며 가르칠 말이 못됨은
時維婦寺(시)니라　　　　이 부인과 내시(內侍)의 말이니라

賦也라 哲은 知(智)也라 城은 猶國也라 哲婦는 蓋指褒姒也라 傾은 覆이요 懿는 美
也라 梟、鴟는 惡聲之鳥也라 長舌은 能多言者也라 階는 梯也라 寺는 奄人也라
○ 言男子正位乎外하여 爲國家之主라 故로 有知則能立國이어니와 婦人은 以無非
無儀[79]爲善하여 無所事哲하니 哲則適以覆國而已라 故로 此懿美之哲婦가 而反爲
梟、鴟하니 蓋以其多言而能爲禍亂之梯也라 若是면 則亂豈眞自天降하여 如首
章之說哉아 特由此婦人而已라 蓋其言雖多나 而非有敎誨之益者는 是惟婦人與
奄人耳니 豈可近哉리오 上文엔 但言婦人之禍하고 末句엔 兼以奄人爲言하니 蓋二
者常相倚而爲奸하니 不可不幷以爲戒也라 歐陽公이 嘗言 宦者之禍 甚於女寵이
라하니 其言이 尤爲深切하니 有國家者 可不戒哉아

부(賦)이다. '철(哲)'은 지혜이다. '성(城)'은 국(國)과 같다. '철부(哲婦:명철한 부
인)'는 아마도 포사(褒姒)를 가리킨 듯하다. '경(傾)'은 뒤엎음이요, '의(懿)'는 아름
다움이다. '효(梟:올빼미)'와 '치(鴟:수리부엉이)'는 〈울음〉소리가 나쁜 새이다. '장설
(長舌)'은 말을 많이 하는 자이다. '계(階)'는 계제(階梯)이다. '시(寺:내시)'는 엄인(奄
人)이다.

　　○ 남자는 밖에서 자리를 바로하여 국가의 주인이 된다. 그러므로 지혜가 있
으면 나라를 세울 수 있지만, 부인은 잘못함도 없고 잘함도 없음을 훌륭하게 여겨
서 명철(明哲)함을 일삼는 바가 없으니, 명철하면 다만 나라를 전복시킬 뿐이다.
그러므로 이 아름다운 철부(哲婦)가 도리어 치(鴟)·효(梟)가 되는 것이니, 이는 말
을 많이 하여 화란(禍亂)의 계제가 되기 때문이다. 이와 같다면 어찌 참으로 난(亂)
이 하늘에서 내려온다는 수장(首章)의 말과 같겠는가. 다만 이 부인에게서 말미암
았을 뿐이다. 그 말이 비록 많으나 교회(敎誨)의 유익함이 있지 않은 것은 이 부인
과 엄인(奄人)일 뿐이니, 그들을 어찌 가까이 할 수 있겠는가.

　　상문(上文)에는 다만 부인의 화(禍)를 말하였고 말구(末句)에는 엄인을 겸하여

・・・・・・
79　無非無儀:무비무의(無非無儀)는 잘못하는 일도 없고 크게 잘하는 일도 없는 것으로, 위
〈사간(斯干)〉에 "이에 딸아이를 낳으니……잘못함도 없고 잘함도 없어서 오직 술과 밥을 의논한
다.〔乃生女子……無非無儀, 唯酒食是議.〕"라고 보인다.

・・・　誨:가르칠 회　寺:내시 시　適:다만 적

말했으니, 이 둘은 항상 서로 의지하여 간악한 짓을 하니, 아울러 경계하지 않을 수 없는 것이다. 구양공(歐陽公)이 일찍이 말씀하기를 "환자(宦者)의 화가 여총(女寵:총애하는 여자)보다 심하다." 하였으니, 그 말씀이 더욱 깊고 간절하다. 국가를 소유한 자가 경계하지 않을 수 있겠는가.

④ 鞫人忮〔之豉反〕忒, 譖〔子念反〕始竟背〔音佩 叶必墨反〕. 豈曰不極, 伊胡爲慝. 如賈〔音古〕三倍, 君子是識. 婦無公事, 休其蠶織.

229

大雅
瞻卬

鞫人忮忒(기특)하여	사람을 곤궁하게 하여 남을 해치고 변화무쌍하여
譖始竟背어든	참언(譖言:거짓말)으로 시작해서 마침내 틀리거든
豈曰不極이리오	어찌 자기 말의 방자함이 끝이 없다 이르리오
伊胡爲慝고하나니	이것이 어찌 죄악이 되는고 우기나니
如賈(고)三倍를	마치 장사꾼이 세 배의 이익을 보는 것을
君子是識이라	군자가 알려고 하는 것과 같은지라
婦無公事어늘	부인은 조정의 일이 없는데
休其蠶織이로다	누에치고 베 짜는 것을 버리도다

賦也라 鞫은 窮이요 忮는 害요 忒은 變也라 譖은 不信也라 竟은 終이요 背는 反이요 極은 已요 慝은 惡也라 賈는 居貨者也라 三倍는 獲利之多也라 公事는 朝廷之事요 蠶織은 婦人之業이라

○ 言婦寺能以其知(智)辯으로 窮人之言하여 其心忮害而變詐無常하여 旣以譖妄으로 倡始於前이라가 而終或不驗於後어든 則亦不復自謂其言之放恣無所極已하고 而反曰是何足爲慝乎아하니 夫商賈之利는 非君子之所宜識이니 如朝廷之事는 非婦人之所宜與也라 今賈三倍를 而君子識其所以然하고 婦人無朝廷之事어늘 而舍其蠶織以圖之하면 則豈不爲慝哉리오

부(賦)이다. '국(鞫)'은 궁(窮)함이요, '기(忮)'는 해침이요, '특(忒)'은 변함이다. '참(譖)'은 불신(不信:거짓말)이다. '경(竟)'은 마침내요, '배(背)'는 위반함이요, '극(極)'은 그침(끝)이요, '특(慝)'은 사악(邪惡)함이다. '고(賈)'는 화물을 쌓아 놓고 파는 자(상인)이다. '삼배(三倍)'는 이익을 얻기를 많이 하는 것이다. '공사(公事)'는 조정의 일이요, '누에치고 베짜는 것〔蠶織〕'은 부인의 직업이다.

… 鞫:곤궁할 국 忮:해칠 기 忒:변할 특 譖:참소할 참 慝:사특할 특 賈:장사 고

○ 부인과 내시가 그 지혜와 변설(辯說)로써 사람의 말을 곤궁하게 하여 그 마음이 남을 해치고 변사(變詐)가 무상(無常)하다. 이미 참망(譖妄:터무니없는 거짓말)으로써 앞에서 시작하였다가 마침내 혹 뒤에서 맞지 않게 되면 또한 다시 스스로 그 말이 방자하여 끝이 없다고 말하지 않고, 도리어 말하기를 "이 어찌 사악함이 되리오." 한다. 상고(商賈)의 이익은 마땅히 군자가 알 바가 아니니, 조정의 일은 부인이 참여할 바가 아닌 것과 같다. 〈그런데〉 이제 장사꾼이 세 배의 이익을 보는 것을 군자가 그 이유를 알고, 부인은 조정의 일이 없는데도 누에치고 베짜는 일을 버리고서 조정의 일을 도모하니, 그렇다면 어찌 사악함이 되지 않겠는가.

⑤ 天何以刺[叶音砌], 何神不富[叶方味反]. 舍[音捨]爾介狄, 維子胥忌. 不弔不祥, 威儀不類. 人之云亡, 邦國殄瘁.

230

天何以刺(자)하며	하늘은 어찌하여 왕을 꾸짖으며
何神不富오	신은 어찌하여 왕을 부유하게 하지 않는고
舍(捨)爾介狄이요	저 큰 오랑캐를 버려두고
維子胥忌하나다	도리어 나를 서로 꺼리는구나
不弔不祥하며	불상함을 가엾게 여기지 않으며
威儀不類하며	위의가 좋지 못하며
人之云亡이니	보좌하는 선인(善人)이 없으니
邦國殄瘁로다	나라가 끊기고 병들리로다

賦也라 刺는 責이요 介는 大요 胥는 相이요 弔는 閔也라
○ 言天何用責王이며 神何用不富王哉아 凡以王信用婦人之故也라 是必將有夷狄之大患이어늘 今王이 舍(捨)之不忌하고 而反以我之正言不諱爲忌는 何哉오 夫天之降不祥은 庶幾王懼而自修어늘 今王이 遇災而不恤하고 又不謹其威儀하며 又無善人以輔之하니 則國之殄瘁宜矣라 或曰 介狄은 卽指婦寺니 猶所謂女戎者也라하니라

부(賦)이다. '자(刺)'는 책(責)함이요, '개(介)'는 큼이요, '서(胥)'는 서로요, '조(弔)'는 민망히(가엾게) 여김이다.
○ 하늘은 어찌하여 왕을 책하며, 신(神)은 어찌하여 왕을 부유하게 하지 않는

... 刺 : 꾸짖을 자 介 : 클 개 殄 : 다할 진 瘁 : 병들 췌 諱 : 숨길 휘, 꺼릴 휘

가. 이는 모두 왕이 부인을 신용(信用)한 때문이다. 이는 반드시 장차 이적(夷狄)의 큰 환(患)이 있을 것인데, 이제 왕은 이를 버려두어 꺼리지 않고, 도리어 내가 바른 말을 하여 숨기지 않는 것을 꺼림은 어째서인가. 하늘이 불상(不祥)을 내림은 행여 왕이 두려워하여 스스로 닦기를 바라서인데, 지금 왕은 재앙을 만나고도 걱정하지 않고, 또 그 위의(威儀)를 삼가지 않으며, 또 선인(善人)으로써 보필하게 함이 없으니, 그렇다면 나라가 끊기고 병듦이 당연하다. 혹자는 "개적(介狄)은 바로 부시(婦寺)를 가리킨 것이니, 이른바 여융(女戎:여자의 난)이라는 것과 같다." 한다.

⑥ 天之降罔, 維其優矣. 人之云亡, 心之憂矣. 天之降罔, 維其幾矣. 人之云亡, 心之悲矣.

天之降罔(網)이여　　　하늘이 죄망(罪網)을 내림이여
維其優矣로다　　　　그 많기도 하도다
人之云亡이여　　　　보좌하는 선인(善人)이 없음이여
心之憂矣로다　　　　마음에 근심하도다
天之降罔이여　　　　하늘이 죄망을 내림이여
維其幾矣로다　　　　그 시기가 가까웠도다
人之云亡이여　　　　선인이 없음이여
心之悲矣로다　　　　마음에 서글퍼하도다

賦也라 罔은 罟요 優는 多요 幾는 近也라 蓋承上章之意而重言之하여 以警王也라
부(賦)이다. '망(罔)'은 그물(죄망)이요, '우(優)'는 많음이요, '기(幾)'는 가까움이다. 상장(上章)의 뜻을 이어 거듭 말하여 왕을 경계한 것이다.

⑦ 觱〔音必〕沸〔音弗〕檻〔胡覽反〕泉, 維其深矣. 心之憂矣, 寧自今矣. 不自我先, 不自我後〔叶下五反〕. 藐藐昊天, 無不克鞏〔叶音古〕. 無忝皇祖, 式救爾後〔同上〕.

觱沸(필불)檻泉이여　　　용솟음쳐 나오는 함천이여
維其深矣로다　　　　　그 깊기도 하도다

··· 罔:그물 망　觱:용솟음칠 필　沸:용솟음칠 불

231

大雅
瞻印

心之憂矣여	마음에 근심함이여
寧自今矣리오	어찌 지금부터이리오
不自我先이며	나로부터 먼저도 아니며
不自我後로다	나로부터 뒤도 아니로다
藐(막)藐昊天이나	하늘이 아득히 머나
無不克鞏이시니	공고히 하지 못함이 없으시니
無忝皇祖면	황조를 욕되게 하지 않는다면
式救爾後리라	그대의 후일을 구원해주리라

興也라 觱沸은 泉湧貌라 檻泉은 泉正出者라 藐藐은 高遠貌라 鞏은 固也라
○ 言泉水濆(분)湧上出은 其源深矣니 我心之憂 亦非適今日然也라 然而禍亂之
極이 適當此時하니 蓋已無可爲者라 惟天高遠하여 雖若無意於物이나 然其功用이
神明不測하여 雖危亂之極이라도 亦無不能鞏固之者하니 幽王이 苟能改過自新하
여 而不忝其祖하면 則天意可回요 來者猶必可救하여 而子孫亦蒙其福矣라

　　흥(興)이다. '필불(觱沸)'은 샘이 용솟음쳐 나오는 모양이다. '함천(檻泉)'은 샘물
이 바로 나오는 것이다. '막막(藐藐)'은 높고 먼 모양이다. '공(鞏)'은 공고함이다.
　　○ 샘물이 흩어져 용솟음쳐 위로 나옴은 그 근원이 깊기 때문이니, 내 마음의
근심 또한 오직 오늘만 그런 것이 아니다. 그러나 화란(禍亂)의 극(極)이 마침 이
때를 당했으니, 이미 어떻게 해볼 수가 없는 것이다. 하늘이 고원(高遠)하여 비록
사물에 뜻이 없는 듯하나, 그 공용(功用)이 신명하여 측량할 수 없어서 비록 위란
(危亂)이 극에 달하더라도 또한 공고히 하지 못함이 없으니, 유왕(幽王)이 만일 잘
못을 고치고 스스로 새로워져서 그 선조를 욕되게 하지 않는다면 하늘의 뜻을 돌
릴 수 있고 앞으로 오는 것(화란)을 오히려 반드시 구원할 수가 있어서 자손들 또
한 그 복을 입게 될 것이다.

瞻卬七章이니 三章은 章十句요 四章은 章八句라
　　〈첨앙(瞻卬)〉은 7장이니, 세 장은 장마다 10구이고 네 장은 장마다 8구이다.

【毛序】 瞻卬은 凡伯이 刺幽王大壞也라
　　〈첨앙〉은 범백(凡伯)이, 유왕이 주나라의 도(道)를 크게 무너뜨림을 풍자한 시

··· 藐 : 멀 막　鞏 : 굳을 공　忝 : 욕될 첨　湧 : 물솟을 용　濆 : 흩어질 분

(詩)이다.

【鄭註】 凡伯은 天子大夫也니 春秋魯隱公七年冬에 天王이 使凡伯來聘하니라

　　범백은 천자의 대부이니,《춘추》노 은공(魯隱公) 7년 겨울에 천왕(天王)이 범백
으로 하여금 노(魯)나라에 와서 빙문하게 하였다.

【辨說】 凡伯은 見上이라

　　범백은 해설이 위에 보인다.

11. 소민(召旻)

① 旻天疾威, 天篤降喪〔息浪反 叶桑郎反〕. 瘨〔都田反〕我饑饉, 民卒流亡. 我居圉〔魚呂反〕卒荒.

旻天疾威라	하늘이 포학한지라
天篤降喪하사	하늘이 두터이(크게) 상란(喪亂)을 내려서
瘨(전)我饑饉하여	나를 기근으로 오랫동안 곤궁하게 하여
民卒流亡하여	백성들이 모두 유망(流亡)해서
我居圉(어)卒荒이로다	우리 서울과 변방이 모두 황폐하도다

賦也라 篤은 厚요 瘨은 病이요 卒은 盡也라 居는 國中也요 圉는 邊陲(수)也라
○ 此는 刺幽王任用小人하여 以致饑饉侵削之詩也라

　　부(賦)이다. '독(篤)'은 후함이요, '전(瘨)'은 병듦이요, '졸(卒)'은 모두이다. '거
(居)'는 국중(國中)이요, '어(圉)'는 변방이다.

　　○ 이는 유왕(幽王)이 소인을 임용하여 기근과 침삭(侵削)을 초래함을 풍자한
시(詩)이다.

② 天降罪罟, 蟊賊內訌〔戶工反〕, 昏椓〔丁角反〕靡共〔音恭〕. 潰潰回遹, 實靖夷我邦〔叶卜攻反〕.

天降罪罟하사	하늘이 죄망을 내리사

··· 瘨 : 병들 전　圉 : 변방 어　陲 : 변방 수

蟊賊內訌(홍)하며　　　모적들이 안에서 난(亂)을 일으키며
昏椓靡共(恭)하여　　　혼탁한 자들이 공손하지 않아
潰(궤)潰回遹(율)이어늘　늘 혼란하고 혼란하여 사벽(邪僻)하거늘
實靖夷我邦이로다　　　실로 우리나라를 다스리게 하도다

賦也라 訌은 潰也라 昏椓은 昏亂椓喪之人也라 共은 與恭同이라 一說에 與供同하
니 謂供其職也라하니라 潰潰는 亂也라 回遹은 邪僻也라 靖은 治요 夷는 平也라
○ 言此蟊賊昏椓者 皆潰亂邪僻之人이어늘 而王乃使之治平我邦하니 所以致亂
也니라
　　부(賦)이다. '홍(訌)'은 어지러움이다. '혼탁(昏椓)'은 혼란하여 나라를 탁상(椓
喪:망하게 함)하는 사람이다. '공(共)'은 공(恭)과 같다. 일설(一說)에는 "공(供)과 같
으니, 그 직분을 수행함을 이른다." 한다. '궤궤(潰潰)'는 어지러움이다. '회율(回
遹)'은 사벽(邪僻)함이다. '정(靖)'은 다스림이요, '이(夷)'는 평(平)함이다.
　　○ 이 모적(蟊賊)과 혼탁(昏椓)하는 자들은 모두 궤란(潰亂)하고 사벽한 사람인
데, 왕이 마침내 이들로 하여금 우리나라를 치평(治平)하게 하니, 이 때문에 난(亂)
을 초래함을 말한 것이다.

③ 皐皐訿訿〔音紫〕, 曾不知其玷〔丁險反〕. 兢兢業業, 孔塡〔已見上篇〕不寧,
我位孔貶.

皐皐訿(자)訿는(란)　　교만하고 비방하는 이는
曾不知其玷(점)하고　　〈왕이〉 일찍이 그 결함을 알지 못하고
兢兢業業하여　　　　　조심하고 두려워하여
孔塡(진)不寧은(하니야)　심히 오랫동안 편치 못한 이는
我位孔貶(폄)이로다　　오히려 지위가 심하게 폄출(貶黜)되도다

賦也라 皐皐는 頑慢之意요 訿訿는 務爲謗毀也라 玷은 缺也라 塡은 久也라
○ 言小人在位하여 所爲如此어늘 而王不知其缺하고 至於戒敬恐懼하여 甚久而不
寧者하여는 其位乃更見貶黜하니 其顚倒錯亂之甚이 如此하니라
　　부(賦)이다. '고고(皐皐)'는 완강하고 거만한 뜻이요, '자자(訿訿)'는 힘써 훼방하

··· 訌 : 어지러울 홍　椓 : 칠 탁　潰 : 어지러울 궤　遹 : 간사할 율　靖 : 다스릴 정　皐 : 느릴 고　訿 : 헐뜯을 자
　玷 : 옥티 점　業 : 위태로울 업　塡 : 오랠 진　貶 : 깎아내릴 폄　黜 : 내칠 출

는 것이다. '점(玷)'은 결함이다. '진(塡)'은 오램이다.

○ 소인이 지위에 있어 하는 바가 이와 같은데도 왕은 그 결함을 알지 못하고, 계경(戒敬)하고 공구(恐懼)하여 심히 오랫동안 편치 못한 자에 이르러는 그 지위가 다시 폄출을 당하니, 그 전도(顚倒)되고 착란(錯亂)함의 심함이 이와 같음을 말한 것이다.

④ 如彼歲旱, 草不潰〔集注作遂〕茂. 如彼棲〔音西〕苴〔七如反〕. 我相〔息亮反〕此邦, 無不潰止〔叶韻未詳〕.

如彼歲旱에	저 해가 가뭄이 듦에
草不潰(遂)茂하며	풀이 무성하지 못함과 같으며
如彼棲苴(차)하니	저 물 위에 깃든 부평초(浮萍草)와 같으니
我相此邦한대	내가 이 나라를 보건대
無不潰止로다	혼란하지 않음이 없도다

賦也라 潰는 遂也라 棲苴는 水中浮草로 棲於水上者니 言枯槁無潤澤也라 相은 視요 潰는 亂也라

부(賦)이다. '궤(潰)'는 이룸이다. '서차(棲苴)'는 물 가운데 떠 있는 풀로 물 위에 서식하니, 말라빠져 윤택함이 없음을 말한 것이다. '상(相)'은 봄이요, '궤(潰)'는 어지러움이다.

⑤ 維昔之富, 不如時, 維今之疚, 不如茲. 彼疏斯粺〔薄賣反〕, 胡不自替, 職兄〔音況〕斯引〔叶韻未詳〕.

維昔之富에	옛날 부유할 때에는
不如時하며	이와 같지 않았으며
維今之疚도	이제 병들었을 때에도
不如茲로다	지금처럼 심한 적은 없었도다
彼疏斯粺(패)어늘	저(소인)는 거친 쌀이요 이(군자)는 정한 쌀이거늘
胡不自替오	어찌하여 스스로 폐출하지 않는고

... 潰 : 이룰 궤 苴 : 마른풀 차(저) 槁 : 마를 고 疚 : 병들 구 疏 : 거칠 소 粺 : 정한쌀 패 替 : 폐할 체

職兄(怳)斯引호라　　　　이에 창황(愴怳)하여 한숨을 길게 늘이노라

賦也라 時는 是요 疚는 病也라 疏는 糲(려)也요 粺則精矣라 替는 廢也라 兄은 怳同
이라 引은 長也라
○ 言昔之富엔 未嘗若是之疚也요 而今之疚도 又未有若此之甚也라 彼小人之與
君子는 如疏與粺하여 其分審矣어늘 而曷不自替以避君子乎아 而使我心專爲此
故하여 至於愴怳引長而不能自已也라

　　부(賦)이다. '시(時)'는 이것이요, '구(疚)'는 병듦이다. '소(疏)'는 거친 쌀이요,
'패(粺)'는 정한 쌀이다. '체(替)'는 폐(廢)함이다. '형(兄)'은 황(怳:슬픔)과 같다. '인
(引)'은 길게 늘임이다.
　　○ 옛날 부유할 때에는 일찍이 이와 같이 병들지 않았고, 지금의 병듦도 또 이
와 같이 심한 적은 있지 않았다. 〈비유하건대〉 저 소인과 군자는 거친 쌀과 정한
쌀과 같아서 그 분별이 분명하거늘 어찌 스스로 폐출하여 군자를 피하지 않는가.
그리하여 내 마음으로 하여금 오로지 이 때문에 창황(愴怳:슬프고 실심함)하여 길게
늘여서 스스로 그칠 수 없음에 이르게 하였음을 말한 것이다.

⑥ 池之竭矣, 不云自頻. 泉之竭矣, 不云自中〔叶諸仍反〕. 溥斯害矣, 職
兄斯弘, 不烖我躬〔叶姑弘反〕.

池之竭矣를　　　　　　못이 마름을
不云自頻(瀕)하며　　　물가로부터 한다 말하지 않으며
泉之竭矣를　　　　　　샘물이 마름을
不云自中하나다　　　　가운데로부터 한다 말하지 않는구나
溥(보)斯害矣라　　　　이 폐해가 큰지라
職兄斯弘호니　　　　　이 때문에 창황함이 크노니
不烖(災)我躬가　　　　재앙이 내 몸에 미치지 않을 수 있겠는가

賦也라 頻은 厓(涯)요 溥는 廣이요 弘은 大也라
○ 池는 水之鍾也요 泉은 水之發也라 故로 池之竭은 由外之不入이요 泉之竭은 由
內之不出이니 言禍亂有所從起어늘 而今不云然也라 此其爲害 亦已廣矣니 是使我

···　兄 : 슬플 황 糲 : 굿은쌀 려 怳 : 실심할 황 審 : 자세할 심 頻 : 물가 빈(瀕通) 溥 : 넓을 보 烖 : 재앙 재
　　厓 : 물가 애

心專爲此故하여 至於愴怳日益弘大하여 而憂之日 是豈不災及我躬也乎아하니라

부(賦)이다. '빈(頻)'은 물가요, '보(溥)'는 넓음이요, '홍(弘)'은 '큼이다.

○ 못은 물이 모이는 곳이요, 샘은 물이 나오는 곳이다. 그러므로 못이 마름은 밖에서 물이 들어가지 않기 때문이요, 샘물이 다함은 안에서 물이 나오지 않기 때문이니, 화란(禍亂)이 따라서 일어난 이유가 있는데 지금 그렇다고 말하지 않음을 말한 것이다. 그 폐해됨이 또한 이미 넓으니, 내 마음으로 하여금 오로지 이 때문에 창황함이 날로 더욱 커짐에 이르러 근심하여 말하기를 "이 어찌 재앙이 내 몸에 미치지 않겠는가."라고 한 것이다.

⑦ 昔先王受命, 有如召公, 日辟〔音闢〕國百里. 今也日蹙〔子六反〕國百里. 於〔音烏〕乎〔音呼〕哀哉, 維今之人, 不尙有舊〔따巨己反〕.

昔先王受命엔	옛날 선왕이 천명을 받을 적에는
有如召公의	소공과 같은 분이 있어
日辟(闢)國百里러니	날마다 나라를 백 리씩 개척하였는데
今也日蹙國百里로다	지금엔 날마다 나라가 백 리씩 쭈그러들도다
於(오)乎哀哉라	아, 슬프다
維今之人은	지금 사람들 중에는
不尙有舊아	그래도 옛 덕이 있는 자가 있지 않은가

賦也라 先王은 文武也요 召公은 康公也라 辟은 開요 蹙은 促也라
○ 文王之世에 周公治內하고 召公治外라 故로 周人之詩를 謂之周南이라하고 諸侯之詩를 謂之召南이라하니라 所謂日辟國百里云者는 言文王之化 自北而南하여 至於江漢之間하여 服從之國이 日以益衆하고 及虞芮(예)質成하여 而其旁諸侯聞之하고 相帥(솔)歸周者 四十餘國焉이라 今은 謂幽王之時라 促國은 蓋犬戎內侵하고 諸侯外畔也라 又歎息哀痛而言호되 今世雖亂이나 豈不猶有舊德可用之人哉아하니 言有之而不用耳니라

부(賦)이다. '선왕(先王)'은 문왕·무왕이요, '소공(召公)'은 강공(康公)이다. '벽(辟)'은 개척함이요, '축(蹙)'은 쭈그러듦이다.

○ 문왕의 세대에 주공(周公)은 안을 다스리고 소공(召公)은 밖을 다스렸다. 그

··· 辟 : 열 벽 蹙 : 줄어들 축 促 : 쭈그러들 촉 帥 : 거느릴 솔

러므로 주나라 사람의 시(詩)를 주남(周南)이라 이르고, 제후의 시를 소남(召南)이라 일렀다. 이른바 날마다 나라를 백 리씩 개척했다는 것은 문왕의 교화가 북쪽으로부터 남쪽에 미쳐서 강(江)·한(漢)의 사이에 이르러 복종하는 나라가 날로 더욱 많아졌고, 우(虞)·예(芮)가 분쟁을 질정(質正)함에 미쳐서는 그 옆에 있던 제후들이 이 말을 듣고는 서로 거느리고 주나라로 돌아온 자가 40여 국이 되었음을 말한 것이다. '금(今)'은 유왕의 때를 이른다. 나라가 쭈그러들었다는 것은 견융(犬戎)이 안으로 침략하고 제후가 밖으로 배반한 것이다. 또 탄식하고 애통해하여 말하기를 "지금 세상이 비록 혼란하나 어찌 아직도 옛 덕을 간직한 쓸만한 사람이 있지 않겠는가." 하였으니, 〈훌륭한 사람이〉 있어도 쓰지 못함을 말한 것이다.

召旻七章이니 四章은 章五句요 三章은 章七句라

　　〈소민(召旻)〉은 7장이니, 네 장은 장마다 5구이고 세 장은 장마다 7구이다.

因其首章稱旻天하고 卒章稱召公이라 故로 謂之召旻하여 以別小旻也니라

　　수장(首章)에 민천(旻天)이라 칭하고 졸장(卒章；마지막 장)에 소공(召公)이라 칭함을 인하였다. 그러므로 〈소민〉이라 일러서 〈소아(小雅)〉의 〈소민(小旻)〉과 구별한 것이다.

【毛序】　召旻은 凡伯이 刺幽王大壞也라 旻은 閔也니 閔天下無如召公之臣也라

　　〈소민〉은 범백(凡伯)이 유왕의 정사가 크게 무너짐을 풍자한 시이다. 민(旻)은 민망히 여기는 뜻이니, 천하에 소공과 같은 신하가 없음을 민망히 여긴 것이다.

【鄭註】　閔은 病也라

　　민(閔)은 병으로 여기는 것이다.

【辨說】　凡伯은 見上이라 旻閔以下는 不成文理라

　　범백은 위에 보인다. 민민(旻閔) 이하는 문리를 이루지 못한다.

蕩之什은 十一篇이니 九十二章이요 七百六十九句라

　　〈탕지십(蕩之什)〉은 11편이니, 92장이고 769구이다.

송頌 사四

송(頌) 사(四)

頌者는 宗廟之樂歌니 大序[80]所謂美盛德之形容하여 以其成功告于神明者也라 蓋
頌與容은 古字通用이라 故로 序에 以此言之하니라 周頌三十一篇은 多周公所定이
요 而亦或有康王以後之詩라 魯頌四篇, 商頌五篇을 因亦以類附焉하니 凡五卷이라

　　송(頌)은 종묘의 악가(樂歌)이니, 〈대서(大序)〉에 이른바 "성덕(盛德)의 형용을 찬
미하여 그 성공을 신명에게 고했다."는 것이다. 송(頌)과 용(容)은 고자(古字)에 통
용되었다. 그러므로 〈대서〉에 이렇게 말한 것이다. 〈주송(周頌)〉 31편은 주공(周公)
이 정한 것이 많고, 또한 혹 강왕(康王) 이후의 시(詩)도 있다. 〈노송(魯頌)〉 4편과
〈상송(商頌)〉 5편을 인하여 또한 같은 류(類)로 붙였으니, 모두 5권이다.

••••••
80 大序:《모시(毛詩)》의 〈주남(周南) 관저(關雎)〉편의 서(序) 일부를 가리킨 것으로, 여기에는
〈관저〉 편의 뜻에만 국한하지 않고 《시경》 육의(六義)의 전체 뜻을 풀이하였기 때문에 '대서(大序)'
라 칭하며, 그 나머지는 모두 그 편의 뜻만 풀이하였으므로 '소서(小序)'라 칭한다.

〈청묘지십(清廟之什)〉 4-1[四之一]

1. 청묘(清廟)

① 於[音烏]穆清廟, 肅雝顯相[息亮反]. 濟濟[子禮反]多士, 秉文之德. 對越在天, 駿奔走在廟. 不顯不承. 無射[音亦 與斁同]於人斯[81].

於(오)穆清廟에	아, 심원(深遠)한 청묘에
肅雝(옹)顯相이며	공경하고 온화한 훌륭한 상(相)이며
濟濟多士	많고 많은 선비들이
秉文之德하여	문왕의 덕(德)을 잡아
對越在天이요	하늘에 계신 분(문왕)을 대하고
駿奔走在廟하나니	사당에 계신 신주를 매우 분주히 받드니
不顯不承가	문왕의 덕 드러나지 않을까 떠받들지 않을까
無射(역)於人斯샀다	사람들에게 싫어함을 받음이 없으시도다

賦也[82]라 於는 歎辭라 穆은 深遠也요 清은 清靜也라 肅은 敬이요 雝은 和요 顯은 明이라 相은 助也니 謂助祭之公卿諸侯也라 濟濟는 衆也라 多士는 與祭執事之人也라 越은 於也라 駿은 大而疾也라 承은 尊奉也라 斯는 語辭라
○ 此는 周公이 旣成洛邑而朝諸侯하고 因率之以祀文王之樂歌라 言 於穆哉라 此 清靜之廟여 其助祭之公侯 皆敬且和하고 而其執事之人이 又無不執行文王之德하여 旣對越其在天之神하고 而又駿奔走其在廟之主하니 如此면 則是文王之德이 豈不顯乎아 豈不承乎아 信乎其無有厭斁(역)於人也니라

......
81 無射於人斯 : 이 구(句)는 운이 맞지 않는바, 호산은 "〈주송〉은 운(韻)이 맞지 않는 것이 많으니, 그 설(이유)은 자세하지 않다.〔周頌多不叶韻, 未詳其說.〕" 하였다. 《詳說》
82 賦也 : 호산(壺山)은 "〈상송(商頌)〉과 〈주송(周頌)〉 두 송은 신을 섬김을 오로지 말하여 그 가사가 질박하므로 흥과 비가 없다.'고 한다.〔商周二頌, 專於事神, 其詞質, 故無興與比云.〕" 하였다. 《詳說》

··· 雝 : 화할 옹 相 : 도울 상 射 : 싫어할 역

부(賦)이다. '오(於)'는 감탄사이다. '목(穆)'은 심원(深遠)함이요, '청(淸)'은 깨끗하고 고요함이다. '숙(肅)'은 공경함이요, '옹(雝)'은 온화함이요, '현(顯)'은 밝게 드러남이다. '상(相)'은 도움이니, 제사를 돕는 공경(公卿)과 제후를 이른다. '제제(濟濟)'는 많음이다. '다사(多士)'는 제사에 참여하여 집사(執事)하는 사람이다. '월(越)'은 이에이다. '준(駿)'은 매우 빨리하는 것이다. '승(承)'은 높이고 받듦이다. '사(斯)'는 어조사이다.

○ 이는 주공(周公)이 이미 낙읍(洛邑)을 이루어 제후들에게 조회 받고 인하여 제후들을 거느리고서 문왕을 제사한 악가(樂歌)이다. "아! 심원하다. 이 깨끗하고 고요한 사당이여. 제사를 돕는 공후(公侯)들이 모두 공경하고 또 온화하며, 집사하는 사람들도 문왕의 덕을 잡아 행하지 않는 이가 없었다. 그리하여 이미 하늘에 계신 〈문왕의〉 신(神)을 대하였고, 또 사당에 계신 〈문왕의〉 신주(神主)를 매우 분주히 받드니, 이와 같다면 문왕의 덕이 어찌 드러나지 않겠는가. 어찌 떠받들지 않겠는가. 진실로 그 사람에게 싫어함을 받음이 없다."고 말한 것이다.

淸廟一章[83]이니 八句라
〈청묘(淸廟)〉는 1장이니, 8구이다.
書에 稱王在新邑하여 烝祭하시니 歲라 文王에 騂牛一이요 武王에 騂牛一이라하니 實周公攝政之七年이니 而此其升歌之辭也라 書大傳[84]曰 周公이 升歌淸廟할새 苟在廟中하여 嘗見文王者하시고 愀然如復見(부현)文王焉이라하니라 樂記曰 淸廟之瑟은 朱弦而疏越(활)하며 壹倡而三歎하여 有遺音者矣라한대 鄭氏曰 朱弦은 練朱弦이니 練則聲濁이요 越은 瑟底孔也니 疏之하여 使聲遲也라 倡은 發歌句也요 三歎은 三人從歎之耳라하니라 漢因秦樂하여 乾豆上하고 奏登歌호되 獨上歌하여 不以筦(管)絃亂人聲하여 欲在位者徧聞之하니 猶古淸廟之歌也니라

······
83 淸廟一章 : 일장(一章)에 대하여 호산은 "송(頌)은 질박함을 숭상하고 문채를 숭상하지 않아서 시가 모두 1장에 그친 것이다. 〈상송(商頌)〉의 〈장발〉과 〈은무〉는 또 별다른 체이다.〔頌, 尙質不尙文, 故詩皆止一章. 商頌之長發、殷武, 又別體之.〕" 하였다. 《詳說》〈주송(周頌)〉은 장을 나누지 않아 모두 1장에 그친 반면, 〈노송(魯頌)〉과 〈상송(商頌)〉의 〈장발〉과 〈은무〉는 장을 나누었다. 다만 호산이 〈노송〉은 들지 않고 〈상송〉의 두 편만을 든 것은 의문이다.

84 書大傳 : 호산은 "《서대전(書大傳)》은 《상서대전(尙書大傳)》으로 3권이니, 한(漢)나라 때 제남(濟南) 사람 복승(伏勝)이 찬(撰)한 것이다." 하였다. 《詳說》

《서경》〈낙고(洛誥)〉에 "왕(성왕)이 새 도읍에 계시면서 증제(烝祭)를 올리시니, 해마다 올리는 제사였으니, 문왕에게는 붉은 소 한 마리요 무왕에게도 붉은 소 한 마리였다." 하였으니, 실로 주공이 섭정(攝政)한 7년이니, 이것은 그 승가(升歌; 당(堂)에 올라가 노래함)한 내용이다. 《상서대전(尙書大傳)》에 "주공이 당에 올라가서 〈청묘〉를 노래할 적에 사당 안에 계시면서 일찍이 문왕을 어렴풋이 보시고는 추연(愀然)히 다시 문왕을 보신 듯이 했다.〔周公升歌淸廟, 苟在廟中, 嘗見文王者, 愀然如復見文王矣.〕" 하였다.

《예기》〈악기(樂記)〉에는 "〈청묘〉에 연주하는 비파는 붉은 줄을 마전하고 비파 밑바닥의 구멍을 성글게 뚫은 것을 사용하며, 한 사람이 창(倡)하면 세 사람만이 화답하여 남은 음(音)이 있다.〔淸廟之瑟, 朱絃而疏越, 壹倡而三歎, 有遺音者矣.〕" 하였는데, 정씨(鄭氏)는 말하기를 "주현(朱弦)은 붉은 줄을 마전한 것이니 마전하면 현악기 소리가 탁해지고, 활(越)은 비파 밑의 구멍이니 구멍을 성글게 뚫어서 소리를 더디게 하는 것이다. 창(倡)은 노래의 구(句)를 선창하는 것이요, 삼탄(三歎)은 세 사람만이 따라서 화답하는 것이다."라고 주(註)하였다.

한(漢)나라는 진(秦)나라의 음악을 인습하여 건두(乾豆; 마른 제수인 포(脯) 따위를 나무제기에 올림)를 올리고는 등가(登歌; 승가(升歌))를 연주하였는데, 한 사람만이 홀로 올라가 노래하여 관현악(管絃樂)으로 사람의 소리를 어지럽히지 아니하여 자리에 있는 자들로 하여금 두루 듣게 하고자 하였으니, 이는 옛 〈청묘〉의 노래와 같은 것이다.

【毛序】 淸廟는 祀文王也라 周公이 旣成洛邑하시고 朝諸侯하여 率以祀文王焉하시니라

〈청묘〉는 문왕을 제사한 시(詩)이다. 주공은 낙읍(洛邑)을 완성하고 제후들에게 조회를 받은 다음 제후들을 거느리고 문왕에게 제사하신 것이다.

【鄭註】 淸廟者는 祭有淸明之德者之宮也니 謂祭文王也라 天德淸明이어늘 文王象焉이라 故祭之而歌此詩也라 廟之言은 貌也니 死者精神을 不可得而見이요 但以生時之居로 立宮室하여 象貌爲之耳라 成洛邑은 居攝五年時라

〈청묘〉는 청명(淸明)한 덕을 소유한 자의 사당에 제사한 것이니, 문왕에게 제사함을 이른다. 하늘의 덕이 청명한데 문왕이 이를 형상하였다. 그러므로 제사하면서 이 시를 노래한 것이다. 묘(廟)란 말은 모양이란 뜻이니, 죽은 자의 영혼을 볼

수가 없고 다만 살았을 때의 거처에 따라 궁실을 세워서 그 모양을 형상하여 만들었다. 낙읍을 이룬 것은 주공이 거섭(居攝)하던 5년의 때이다.

2. 유천지명(維天之命)

①-① 維天之命, 於〔音烏〕穆不已. 於〔同上〕乎〔音呼〕不顯, 文王之德之純.

維天之命이	하늘의 명(命)이
於(오)穆不已시니	아, 심원(深遠)하여 그치지 않으시니
於乎不顯가	아, 드러나지 않으실까
文王之德之純이여	문왕의 덕의 순수함이여

賦也라 天命은 卽天道也라 不已는 言無窮也라 純은 不雜也라
○ 此亦祭文王之詩라 言天道無窮이어늘 而文王之德이 純一不雜하여 與天無間이라하여 以贊文王之德之盛也라 子思子曰 維天之命[85]이 於穆不已는 蓋曰天之所以爲天也요 於乎不顯가 文王之德之純이여하니 蓋曰文王之所以爲文也 純亦不已라하시니라 程子曰 天道不已어늘 文王純於天道하여 亦不已하시니 純則無二無雜이요 不已則無間斷先後니라

부(賦)이다. 하늘의 명(命)은 바로 하늘의 도(道)이다. '불이(不已)'는 다함이(그침이) 없음을 말한다. '순(純)'은 잡되지 않음이다.

○ 이 또한 문왕을 제사한 시(詩)이다. 천도(天道)가 끝이 없는데 문왕의 덕이 순일(純一)하고 잡되지 아니하여 하늘과 간격이 없음을 말해서 문왕의 덕(德)의 성대(盛大)함을 찬미한 것이다. 자사자(子思子)가 말씀하시기를 "하늘의 명(命)이 아! 심원하여 그치지 않는다.'는 것은 하늘이 하늘이 된 소이(所以)를 말한 것이요,

· · · · · · ·

85 子思子曰 維天之命 : 이 내용은 《중용장구(中庸章句)》 26장에 보이는바, 호산은 "무릇 송시는 한 장 가운데 글 뜻이 혹 끊기는 곳이 있으므로 또 장 가운데에 나아가 절을 나누기를 《논어》와 《맹자》의 준례와 같이 하였다.〔凡頌詩, 一章中文義或有斷處, 又就章中分節, 如論孟之例.〕" 하였다. ○ "윗절에 이어서 또 다시 부(賦)라고 말하지 않았으니, 뒤도 모두 이와 같다.〔蒙上節而不復言賦也, 後皆放此.〕"《詳說》

'아! 드러나지 않을까. 문왕의 덕의 순수함이여.' 하였으니, 이는 문왕의 문왕이 된 소이가 순수함이 또한 그치지 않은 것이다." 하셨다.

정자(程子)가 말씀하였다. "천도가 그치지 않는데 문왕이 천도에 순일(純一)하여 또한 그치지 않으셨으니, 순수하면 두 가지로 함이(변함이) 없고 잡됨이 없으며, 그치지 않으면 간단(間斷)과 선후(先後)가 없게 된다."

①-② 假〔春秋傳作何〕以溢〔春秋傳作恤〕我, 我其收之. 駿惠我文王, 曾孫篤之.

假(何)以溢(恤)我오	무엇으로써 나를 아껴주실까
我其收之하여	내 이것을 받아서
駿惠我文王하리니	우리 문왕께 크게 순히 하리니
曾孫篤之어다	증손들은 돈독히 힘쓸지어다

何之爲假는 聲之轉也요 恤之爲溢은 字之訛也라 收는 受요 駿은 大요 惠는 順也라 曾孫은 後王也라 篤은 厚也라
○ 言文王之神이 將何以恤我乎아 有則我當受之하여 以大順文王之道하리니 後王이 又當篤厚之而不忘也니라

하(何)가 가(假)가 됨은 음이 바뀐 것이요, 휼(恤)이 일(溢)이 됨은 글자가 잘못된 것이다. '수(收)'는 받음이요, '준(駿)'은 큼이요, '혜(惠)'는 순(順)함이다. '증손(曾孫)'은 후왕(後王)이다. '독(篤)'은 두터움이다.

○ 문왕의 신(神)이 장차 무엇으로써 나를 아껴 주실까. 아껴주심이 있다면 내 마땅히 이것을 받아서 문왕의 도를 크게 순히 할 것이니, 후왕들은 또 마땅히 독후(篤厚)히 하여 잊지 말라고 말한 것이다.

維天之命一章이니 八句라
〈유천지명(維天之命)〉은 1장이니, 8구이다.

【毛序】 維天之命은 大(太)平을 告文王也라
〈유천지명〉은 태평을 문왕에게 아뢴 시(詩)이다.
【鄭註】 告大平者는 居攝五年之末也라 文王受命이나 不卒而崩이러니 今天下大

平이라 故承其意而告之하니 明六年制禮作樂하니라

　태평을 고했다는 것은 주공이 거섭(居攝)한 지 5년의 끝에 있었던 일이다. 문왕이 천명(天命)을 받았으나 끝마치지 못하고 붕(崩)하셨는데 지금 천하가 태평하다. 그러므로 그 뜻을 이어서 고하였으니 6년에 예악(禮樂)을 제정함을 밝힌 것이다.

【辨說】 詩中에 未見告太平之意로라

　시 가운데 태평을 고한 뜻을 볼 수 없다.

3. 유청(維淸)

①維淸緝熙, 文王之典. 肇禋〔音因〕, 迄〔許乞反〕用有成, 維周之禎.

維淸緝熙는	청명(淸明)하게 하여 이어 밝힐 것은
文王之典이시니라	문왕의 법이시니라
肇禋으로	처음 제사함으로부터
迄(흘)用有成하니	지금 이룸이 있음에 이르렀으니
維周之禎이로다	주나라의 상서(祥瑞)로다

賦也라 淸은 淸明也라 緝은 續이요 熙는 明이요 肇는 始요 禋은 祀요 迄은 至也라

○ 此亦祭文王之詩라 言所當淸明而緝熙者 文王之典也라 故로 自始祀로 至今有成하니 實維周之禎祥也라 然이나 此詩는 疑有闕文焉이로라

　부(賦)이다. '청(淸)'은 청명(淸明)함이다. '집(緝)'은 이음(계속함)이요 '희(熙)'는 밝음이요, '조(肇)'는 비로소요 '인(禋)'은 제사요, '흘(迄)'은 이름이다.

　○ 이 또한 문왕을 제사한 시(詩)이다. 마땅히 청명하게 하여 이어 밝힐 것은 문왕의 법이다. 그러므로 처음 제사함으로부터 지금 이룸이 있음에 이르렀으니, 실로 주(周)나라의 상서라고 말한 것이다. 그러나 이 시는 의심컨대 빠진 글이 있는 듯하다.

維淸一章이니 五句라

　〈유청(維淸)〉은 1장이니, 5구이다.

··· 肇 : 비롯할 조 禋 : 제사지낼 인 迄 : 이를 흘 禎 : 상서 정

【毛序】 維淸은 奏象舞라

　　〈유청〉은 상무(象舞)를 연주한 것이다.

【鄭註】 象舞는 象用兵時刺(척)伐之舞니 武王制焉하시니라

　　상무는 용병(用兵)할 때에 적을 찌르고 치는 것을 형상한 춤이니, 무왕(武王)이
만드셨다.

【辨說】 詩中에 未見奏象舞之意로라

　　시 가운데 상무를 연주하는 뜻을 볼 수 없다.

4. 열문(烈文)

①-① 烈文辟〔音璧 下同〕公, 錫茲祉福. 惠我無疆, 子孫保之.

烈文辟公이	빛나는 문채의 제후들이
錫茲祉福하니	이 복(福)을 주니
惠我無疆하여	나를 사랑하기를 끝없이 하여
子孫保之로다	자손들로 하여금 보존하게 하리로다

賦也라 烈은 光也라 辟公은 諸侯也라

○ 此는 祭於宗廟하고 而獻助祭諸侯之樂歌라 言諸侯助祭하여 使我獲福하니 則
是諸侯錫此祉福하여 而惠我以無疆하여 使我子孫保之也니라

　　부(賦)이다. '열(烈)'은 빛남이다. '벽공(辟公)'은 제후이다.

　　○ 이는 종묘에서 제사하고는 제사를 도운 제후들에게 올리는 악가(樂歌)이다.
제후들이 제사를 도와서 나로 하여금 복(福)을 받게 하였으니, 이것은 제후들이
이 복을 내려주어 나를 사랑하기를 끝없이 하여 나의 자손으로 하여금 보존하게
하였다고 말한 것이다.

①-② 無封靡于爾邦, 維王其崇之. 念茲戎功, 繼序其皇之.

| 無封靡于爾邦이면 | 너의 나라에서 가렴주구하거나 사치함이 없으면 |

維王其崇之_며　　　　왕이 너를 높여 줄 것이며
念玆戎功_{이라}　　　　너의 이 큰 공을 생각하여
繼序其皇之_{리라}　　　 대를 이어 크게 하리라

封靡之義는 未詳이라 或曰 封은 專利以自封殖也요 靡는 汏侈也라하니라 崇은 尊尙
也라 戎은 大요 皇은 大也라
○ 言汝能無封靡于汝邦이면 則王當尊汝며 又念汝有此助祭錫福之大功하여 則
使汝之子孫으로 繼序而益大之也라

　　'봉미(封靡)'의 뜻은 자세하지 않다. 혹자는 말하기를 "봉(封)은 이익을 독점하
여 자기 재산만 증식하는 것이요, '미(靡)'는 방자하고 사치함이다." 하였다. '숭
(崇)'은 높이고 숭상함이다. '융(戎)'은 큼이요, '황(皇)'은 큼이다.
　　○ 네가 능히 네 나라에서 재산을 증식하거나 사치스러움이 없으면 왕이 마땅
히 너를 높여 줄 것이며, 또 네가 제사를 도와 복을 내려준 큰 공(功)이 있음을 생
각하여 너의 자손들로 하여금 대를 이어 더욱 크게 할 것이라고 말한 것이다.

①-③ 無競維人, 四方其訓之. 不顯維德, 百辟其刑之. 於〔音烏〕乎〔音呼〕
前王不忘.

無競維人_을　　　　　 더 강할 수 없는 사람(선왕)을
四方其訓之_{하며}　　　　사방에서 교훈으로 삼으며
不顯維德_을　　　　　 더 드러날 수 없는 덕을
百辟其刑之_{하나니}　　　여러 제후들이 법 받나니
於(오)乎라 前王不忘_{이로다}　아, 전왕을 잊지 못하리로다

又言莫强於人하고 莫顯於德하니 先王之德을 所以人不能忘者는 用此道也라하니
此는 戒飭而勸勉之也라 中庸에 引不顯惟德 百辟其刑之하고 而曰 故로 君子篤恭
而天下平이라하고 大學에 引於乎前王不忘하고 而曰君子는 賢其賢而親其親하고
小人은 樂其樂而利其利하니 此以沒世不忘也라하니라

　　또 말하기를 "이 사람보다 더 강한 자가 없고 이 덕보다 더 드러남이 없으니,
선왕의 덕을 사람들이 잊지 못하는 까닭은 이 도(道)를 따랐기 때문이다." 하였으

••• 汏 : 사치할 태, 방자할 태　競 : 다툴 경

니, 이는 경계하고 권면(勸勉)한 것이다."

《중용장구》33장에 '불현유덕(不顯惟德) 백벽기형지(百辟其刑之)'를 인용하고 말하기를 "그러므로 군자가 공손함을 돈독히 함에 천하가 평해진다." 하였고,《대학》에 '오호전왕불망(於乎前王不忘)'을 인용하고 말하기를 "군자(정치가)는 그(선왕)의 어진 덕을 어질게 여기고 그가(선왕이) 친히 함을 친히 여기며, 소인(백성들)은 그가 즐겁게 해준 것을 즐거워하고 그가 이롭게 해준 것을 이롭게 여기니, 이 때문에 세상에 없어도 잊지 못하는 것이다." 하였다.

烈文一章이니 十三句라

〈열문(烈文)〉은 1장이니, 13구이다.

此篇은 以公疆兩韻相叶하니 未審從何讀이니 意亦可互用也로라

이 편(篇)은 공(公)·강(疆) 두 운(韻)을 가지고 서로 운을 맞추었으니, 마땅히 무엇을 따라 읽어야 할지 알 수 없다. 짐작컨대 또한 서로 통용(通用)할 수 있을 듯하다.

【毛序】 烈文은 成王卽政에 諸侯助祭也라

〈열문〉은 성왕(成王)이 정사를 친히 다스림에 제후들이 제사를 도운 것을 읊은 시(詩)이다.

【鄭註】 新王卽政이면 必以朝享之禮로 祭於祖考하여 告嗣位也라

새로운 왕이 정사에 나아가면 반드시 조향(朝享:종묘의 큰 제사)하는 예(禮)로 조고(祖考)에 제사해서 지위를 이었음을 고한다.

【辨說】 詩中에 未見卽政之意라

시 가운데 성왕이 정사에 나아간 뜻을 볼 수 없다.

5. 천작(天作)

①天作高山, 大〔音泰〕王荒之. 彼作矣, 文王康之. 彼徂矣岐, 有夷之行〔叶戶郎反〕, 子孫保之.

··· 叶 : 화할 협

天作高山이어시늘	하늘이 높은 산을 만드시자
大(太)王荒之샷다	태왕이 다스리셨도다
彼作矣어시늘	저 태왕이 만드시자
文王康之라	문왕이 편안히 여기신지라
彼徂(岨)矣岐에	저 험한 기산(岐山)에
有夷之行하니	평탄한 길이 있으니
子孫保之어다	자손들은 이것을 보전할지어다

賦也라 高山은 謂岐山也라 荒은 治요 康은 安也라 岨는 險僻之意也라 夷는 平이요 行은 路也라

○ 此는 祭大(太)王之詩라 言天作岐山이어늘 而大王始治之하고 大王旣作이어시늘 而文王又安之라 於是에 彼險僻之岐山에 人歸者衆하여 而有平易之道路하니 子孫當世世保守而不失也니라

부(賦)이다. '고산(高山)'은 기산(岐山)을 이른다. '황(荒)'은 다스림이요, '강(康)'은 편안함이다. '조(岨)'는 험하고 궁벽한 뜻이다. '이(夷)'는 평탄함이요, '행(行)'은 길이다.

○ 이는 태왕을 제사한 시(詩)이다. 하늘이 기산을 만드시자 태왕이 처음 다스리셨고, 태왕이 이미 만드시자 문왕이 또다시 편안히 여기셨다. 이에 저 험하고 궁벽한 기산에 돌아오는 사람들이 많아져서 평탄한 도로가 있게 되었으니, 자손들은 마땅히 대대로 이것을 보존하여 지키고 잃지 않아야 함을 말한 것이다.

※ 원래 《집전》에는 '피조의기(彼徂矣岐)' 아래에 소자쌍행(小字雙行)의 주(註)가 있는데, 편의상 이것을 다음에 싣고 국역(國譯)하여 참고(參考)하게 하는 바이다.

沈括曰 後漢書西南夷傳에 作彼岨者岐라하니 今按彼書컨대 岨但作徂하고 而引韓詩薛君章句에도 亦但訓爲往이요 獨矣는 正作者하여 如沈氏說이라 然이나 其註末에 復云 岐雖阻僻이라하니 則似又有岨意라 韓子亦云 彼岐有岨라하니 疑或別有所據라 故로 今從之하여 而定讀岐字絶句하노라

심괄(沈括)은 "《후한서(後漢書)》〈서남이전(西南夷傳)〉에 '피조자기(彼岨者岐)'로 되어 있다." 하였는데, 이제 저 《후한서》를 상고해보니, 조(岨)는 다만 조(徂)로 되

··· 荒 : 다스릴 황 岨 : 험한산길 조

어 있고, 주에 인용한 〈한시(韓詩)〉의 설군(薛君)의 장구(章句)에도 다만 '왕(往)'으로 풀이하였고, 다만 의(矣) 자는 바로 자(者) 자로 표기되어 심씨(沈氏)의 설과 같았다. 그러나 그 주(註)의 끝에 또다시 이르기를 "기산이 비록 막혀 있고 궁벽하나" 하였으니, 그렇다면 조(徂)는 또 조(岨:막히고 궁벽함)의 뜻이 있는 듯하다. 한자(韓子:한유) 또한 "피기유조(彼岐有岨)"라 하였으니, 혹 별도로 근거가 있는 듯하다. 그러므로 이제 구두(句讀)를 정함에 있어 이것을 따라 〈피조의(彼徂矣)에서 구(句)를 떼지 않고〉 기(岐) 자에서 구를 떼었다.

天作一章이니 七句라

　〈천작(天作)〉은 1장이니, 7구이다.

【毛序】 天作은 祀先王、先公也라

　〈천작〉은 선왕(先王)과 선공(先公)을 제사한 시(詩)이다.

【鄭註】 先王은 謂大(太)王已下요 先公은 謂諸盩[86]已上至不窋(줄)이니라

　선왕은 태왕(太王) 이하를 이르고, 선공은 제주(諸盩) 이상 불줄(不窋)까지를 이른다.

6. 호천유성명(昊天有成命)

①昊天有成命, 二后受之. 成王不敢康, 夙夜基命宥密. 於[音烏]緝熙, 單厥心. 肆其靖之.

　　昊天有成命이어시늘　　　호천이 이룬 명(命)이 있으사

‥‥‥‥

86　諸盩 : 제주(諸盩)에 대해서는 《예기집설(禮記集說)》 권129의 정현(鄭玄)의 주에 "조감(組紺)은 태왕(太王)의 아버지이니, 일명은 제주(諸盩)이다. 《주본기(周本紀)》에 '아어(亞圉)가 죽자 아들 태공 숙류(太公叔類)가 즉위했고, 태공이 죽자 아들 고공단보(古公亶父)가 즉위했다.〔亞圉卒, 子大公叔類立, 大公卒, 子古公亶父立.〕' 하였고, 또 《세본(世本)》에는 '아어 운(亞圉雲)이 태공 조감 제주(太公組紺諸盩)를 낳았다.〔亞圉雲生大公組紺諸盩〕' 하였으니, 그렇다면 숙류(叔類), 조감(組紺), 제주(諸盩)가 한 사람이다."라고 한 말이 보인다.

二后受之하시니라　　　　　문왕과 무왕 두 임금께서 받으시니라

成王不敢康하사　　　　　　성왕께서 감히 편안히 계시지 못하사

夙夜基命宥密하사　　　　　밤낮으로 명을 다지기를 크고 치밀히 하사

於(오)緝熙하사　　　　　　아, 계속하여 밝혀

單厥心하시니　　　　　　　그 마음을 다하시니

肆其靖之시니라　　　　　　이러므로 천하를 안정시키시니라

賦也라 二后는 文武也라 成王은 名誦이니 武王之子也라 基는 積累于下하여 以承藉乎上者也라 宥는 宏深也요 密은 靜密也라 於는 歎詞라 靖은 安也라

○ 此詩는 多道成王之德하니 疑祀成王之詩也라 言天祚周以天下하여 旣有定命이어시늘 而文武受之矣라 成王繼之하사 又能不敢康寧하여 而其夙夜積德하여 以承藉天命者 又宏深而靜密하시니 是能繼續光明文武之業하여 而盡其心이라 故로 今能安靖天下하여 而保其所受之命也라 國語에 叔向이 引此詩하고 而言曰 是道成王之德也라 成王은 能明文昭, 定武烈者也라하니 以此證之하면 則其爲祀成王之詩 無疑矣니라

부(賦)이다. '이후(二后:두 임금)'는 문왕과 무왕이다. 성왕(成王)은 이름이 송(誦)이니, 무왕의 아들이다. '기(基)'는 아래에 터전을 많이 쌓아 위의 것을 이어 받드는 것이다. '유(宥)'는 크고 깊음이요, '밀(密)'은 고요하고 치밀함이다. '오(於)'는 감탄사이다. '정(靖)'은 편안함이다.

○ 이 시(詩)는 성왕의 덕을 많이 말하였으니, 의심컨대 성왕을 제사한 시인 듯하다. 하늘이 주나라에게 복을 내리시되 천하로써 하여 이미 정한 명(命)이 있으시자 문왕과 무왕이 이것을 받으셨다. 성왕이 그 뒤를 이어 또다시 감히 편안히 계시지 못하여 밤낮으로 덕을 쌓아 천명을 이어받은 것이 또 크고 깊고 조용하시니, 이 문왕과 무왕의 기업(基業)을 계속 밝혀 그 마음을 다하신 것이다. 그러므로 지금 천하를 안정시켜 그 받은 바의 명을 보존했다고 말한 것이다.

《국어(國語)》〈진어(晉語)〉에 숙향(叔向)이 이 시를 인용하고 말하기를 "이는 성왕의 덕을 말한 것이다. 성왕은 능히 문왕의 밝음을 밝히고 무왕의 공렬(功烈)을 정한 분이다." 하였으니, 이로써 증거해 보면 그 성왕을 제사한 시가 됨이 의심할 것이 없다.

··· 宥 : 용서할 유 單 : 다할 탄

昊天有成命一章이니 七句라

〈호천유성명(昊天有成命)〉은 1장이니, 7구이다.

此는 康王以後之詩라

이는 강왕(康王) 이후의 시이다.

【毛序】 昊天有成命은 郊祀天地也라

〈호천유성명〉은 하늘과 땅에 교사(郊祀)한 시이다.

【辨說】[87] 此詩는 詳考經文하고 而以國語證之하면 其爲康王以後에 祀成王之詩가 無疑어늘 而毛、鄭舊說은 定以頌爲成王之時周公所作이라 故로 凡頌中에 有成王及成康字者하면 例皆曲爲之說하여 以附己意하니 其迂滯僻澀(삽)하여 不成文理를 甚不難見이어늘 而古今諸儒 無有覺其謬者라 獨歐陽公이 著時世論以斥之하니 其辨이 明矣라 然이나 讀者狃(뉴)於舊聞하여 亦未遽肯深信也라 小序엔 又以此詩篇首에 有昊天二字라하여 遂定以爲郊祀天地之詩하니 諸儒往往亦襲其誤하여 殊不知其首言天命者 止於一句하고 次言文武受之者 亦止一句요 至於成王以下然後에야 詳說不敢康寧、緝熙安靜之意하고 乃至五句而後已하니 則其不爲祀天地而爲祀成王이 無可疑者니라

이 시는 경문(經文)을 자세히 상고해 보고 《국어》〈진어(晉語)〉를 가지고 증거해 보면 강왕 이후에 성왕에게 제사하는 시가 됨이 의심할 것이 없는데, 모공(毛公)과 정현(鄭玄)의 구설(舊說)은 송(頌)을 성왕의 때에 주공(周公)이 지은 것이라고 단정하였다. 그러므로 모든 송(頌) 가운데 성왕과 성강(成康:성왕과 강왕)이라는 글자가 있으면 의례히 모두 굽게(올바르지 못하게) 해설하여서 자기 뜻을 덧붙였으니, 그 우활하고 막히고 편벽되고 난삽하여 문리를 이루지 못함을 알기가 그리 어렵지 않은데, 고금의 여러 학자들이 그 잘못됨을 깨달은 자가 있지 못하였다. 홀로 구양공(歐陽公)이 〈시세론(時世論)〉을 지어서 이것(《소서》의 설)을 배척하였으니, 그 변론이 분명하다. 그러나 독자들은 옛날 들은 것에 익숙해서 또한 대번에 깊이 믿으려고 하지 않는다.

······
87 辨說 : 이 변설은 내용이 복잡한바, 주자가 〈모서〉와 정현·위소(韋昭)의 《국어(國語)》 주가 모두 잘못됨을 밝힌 내용이므로 지루한 감이 없지 않으나, 주자의 뛰어난 견해와 시론(詩論)의 정치(精緻)함을 볼 수 있는 내용이므로 전문을 거의 그대로 다 실었으니 참고하기 바란다.

··· 澀 : 난삽할 삽 狃 : 익숙할 뉴

그리고 〈소서(小序)〉에는 또 이 시의 편 머리에 호천(昊天) 두 글자가 있다 하여 마침내 교제(郊祭)에 하늘과 땅에 제사한 시라고 단정하였는데, 여러 학자들은 왕왕 또한 그 오류를 인습해서 그 첫 번째에 천명을 말한 것이 한 구(句)에 그치고, 다음에 문왕과 무왕이 받았다고 말한 것이 또한 한 구에 그치고, 성왕 이하에 이른 뒤에야 감히 편안하게 지내지 못해서 계속하여 넓혀 안정(安靜)하게 한 뜻을 자세히 말하고 마침내 오구(五句)에 이른 뒤에 그쳤음을 전혀 알지 못했으니, 그렇다면 그 하늘과 땅을 제사하기 위하여 지은 것이 아니고 성왕을 제사하기 위하여 지었음이 의심할 것이 없다.

又況古昔聖王이 制爲祭祀之禮에 必以象類라 故로 祀天於南하고 祭地於北이요 而其壇壝、樂舞、器幣之屬도 亦各不同이라 若曰合祭天地於圜(원)丘라하면 則古者에 未嘗有此瀆亂厖(방)雜之禮요 若曰一詩而兩用하여 如所謂冬薦魚、春獻鮪[88]者라하면 則此詩는 專言天而不及地요 若於澤中方丘奏之[89]라하면 則於義에 何所取乎아 序說之云은 反覆推之에 皆有不通하니 其謬無可疑者라 故로 今特上據國語하고 旁釆歐陽하여 以定其說하노니 庶幾有以不失此詩之本指耳리라

또 더구나 옛날 성왕(聖王)들이 제사의 예(禮)를 제정할 적에 반드시 같은 류(類)를 형상하였다. 그러므로 하늘을 양방(陽方)인 남쪽에서 제사하고 땅을 음방(陰方)인 북쪽에서 제사하였고, 그 제단(祭壇)과 담장, 음악과 춤, 기물과 폐백의 등속도 또한 각기 똑같지 않았다. 만약 원구(圜丘)에서 하늘과 땅을 합하여 제사

• • • • • • •

88 冬薦魚 春獻鮪 : 이 내용은 《예기》〈월령(月令)〉에 보이는바, "천자는 기장과 함도(含桃:앵두)를 중하(仲夏)에 올리고 삼(깨)을 중추(仲秋)에 올리니 모두 가운데 달(중하와 중추)로써 하였고, 그 나머지는 계춘(季春)에 상어를 올리고 맹추(孟秋)에 곡식을 올리고 계추(季秋)에 벼를 올리고 계동(季冬)에 물고기를 올리니 모두 가운데 달이 아니다. 어찌 천자의 예가 대부와 사서인(士庶人)과 다름이 있겠는가.〔天子薦黍及含桃於仲夏, 薦麻於仲秋, 皆以仲月; 其餘季春薦鮪, 孟秋薦穀, 季秋薦稻, 季冬薦魚, 皆非仲月, 豈天子之禮, 與大夫士庶有異歟.〕"라고 보이며, 아래 〈신공지십(臣工之什)〉 잠(潛)의 〈모서〉에도 이를 말하였다.

89 澤中方丘奏之 : 《주례(周禮)》〈춘관(春官) 대사악(大司樂)〉에 "하지(夏至)에 택중 방구(澤中方丘)에서 연주한다." 하였는데, 가공언(賈公彦)의 소(疏)에 "택중 방구라고 한 것은, 낮은 곳을 인하여 땅을 섬긴다. 그리하여 택중(澤中)에서 제사한 것이다. 방구(方丘)를 취한 것은 물이 모인 곳을 택(澤)이라 하는데 수중(水中)에서 제사할 수 없으므로 자연의 방구를 취한 것이니, 모난 땅을 상징한 것이다."라고 하였다. 여기서는 방구가 땅에 제사하는 곳으로, 하늘만을 말한 이 시(〈호천유성명〉)에서는 방구의 의미를 찾을 수 없다는 뜻이다.

••• 厖 : 뒤섞일 방

했다고 말한다면 옛날에 일찍이 이처럼 혼란하고 뒤섞인 예(禮)가 있지 않았고, 만약 한 시(詩)를 가지고 하늘과 땅을 제사함에 사용하여 이른바 '겨울에 물고기를 올리고 봄에 상어를 올렸다.'는 것과 같다고 한다면 이 시에는 오로지 하늘만 말하고 땅을 말하지 않았으며, 만약 못 가운데〔澤中〕 방구(方丘)에서 이 시를 연주했다고 한다면 뜻에 있어 무엇을 취함이 되겠는가.

〈서설〉의 말은 반복하여 미루어 봄에 모두 통하지 못하니, 그 잘못됨이 의심할 만한 것이 없다. 그러므로 이제 다만 위로 《국어》를 근거하고 옆으로 구양공의 설(說)을 채택해서 그 설을 정하노니, 이렇게 하면 거의 이 시의 본지(本指)를 잃지 않을 수 있을 것이다.

或曰 國語所謂始於德讓하고 中於信寬하고 終於固龢(和)라 故曰成者는 其語成字 不爲王誦之諡요 而韋昭之注도 大略亦如毛鄭之說矣니 此又何耶아 曰 叔向이 蓋言成王之所以爲成은 以是三者니 正猶子思所謂文王之所以爲文이요 班固所謂尊號曰昭[90]가 不亦宜乎者耳라 韋昭何以知其必謂文武以是成其王道하여 而不爲王誦之諡乎아 蓋其爲說이 本出毛鄭이어늘 而不悟其非者가 今欲一滌千古之謬로되 而不免於以誤而證誤하니 則亦將何時而已耶[91]아

• • • • • •

90 子思所謂文王之所以爲文 班固所謂尊號曰昭:《중용장구》 26장에 "《시경》에 이르기를 '하늘의 명(命)이 아, 심원(深遠)하여 그치지 않는다.' 하였으니, 이는 하늘이 하늘이 된 소이(所以)를 말한 것이요, '아, 드러나지 않겠는가. 문왕의 덕의 순수함이여.' 하였으니, 이는 문왕이 문(文)이 되신 소이를 말하였으니, 순수함이 또한 그치지 않은 것이다."라고 보이고, 반고(班固)가 지은 《전한서(前漢書)》 〈소제기(昭帝紀)〉의 찬(贊)에 "시원(始元)과 원봉(元鳳) 연간에 흉노가 화친하고 백성들이 충실하며, 현량(賢良)과 문학(文學)을 등용하고 백성들의 고통을 물어서 염철(鹽鐵)을 의논하고 각고(榷酤:국가에서 술을 전매함)를 중지하였으니, 소(昭)라고 존호를 올림이 당연하지 않은가."라고 보인다.

91 或曰……則亦將何時而已耶:《국어(國語)》 〈주어 하(周語下)〉에 "진(晉)나라 양설힐(羊舌肸:숙향)이 주(周)나라에 빙문가서 여러 대부와 선정공(單靖公)에게 폐백(예물)을 나누어 주었다. 선정공이 양설힐에게 연향을 베풀어 줄 때에 검소하면서도 공경하였으며 잔치 자리에서 나눈 말은 《시경》의 〈호천유성명(昊天有成命)〉에 대한 내용이었다. 선정공의 가신이 양설힐을 전송하자, 양설힐이 그 가신에게 선정공의 훌륭한 점을 극구 칭찬하고, 그가 이야기한 〈호천유성명〉의 시는 주나라 성왕의 훌륭한 덕을 칭송한 것이다. 이 시에 이르기를 '하늘이 이미 정한 천명(天命)이 있기에 문왕과 무왕 두 분이 받아서 개국(開國)하였다. 성왕(成王)이 감히 편안히 지내지 못하여 밤낮으로 천명을 크고 정밀히 다져, 아! 계속해 밝혀서 그 마음을 후(厚)하게 하시니, 이 때문에 천하를 안정시켰다.'라고 하였다. 이는 성왕의 덕을 말한 것이니, 성왕이 능히 문왕의 빛나는 덕을 밝히고 무왕의 무공(武功)을 이룬 분인데, 이미 정해진 천명을 말하면서 호천(昊天)이라고 일컬은 것

• • • 龢 : 화할 화

혹자가 말하기를 "《국어》에 '이른바 덕양(德讓)에서 시작하고 신관(信寬)을 중간에 하고 고화(固龢)에서 끝마쳤기 때문에 성(成)이라고 했다.'는 것은, 이 성(成)자를 말한 것이 성왕(成王) 송(誦)의 시호가 되지 않음을 말한 것이요, 위소(韋昭)의 주(注)도 대략 또한 모공과 정현의 설(說)과 같으니, 이는 또 어째서입니까?" 하였다.

이에 내(주자)가 말하였다. "숙향(叔向)은 아마도 성왕의 시호가 성왕이 된 이유가 이 세 가지(덕양(德讓), 신관(信寬), 고화(固龢)) 때문이라고 여겼을 것이니, 이는 바로 자사(子思)가 말씀한 '문왕이 문(文)이 되었다.'는 것이요, 반고(班固)가 이른바 '소(昭)라고 존호(尊號)한 것이 마땅하지 않은가.'라고 한 것과 바로 똑같을 뿐이다.

위소가 그 반드시 문왕과 무왕이 이로써 그 왕의 도(道)를 이룬〔成〕 것이라고 반드시 말하여 성왕 송의 시호가 되지 않음을 어찌 알았겠는가. 그가 해설함은 본래 모공과 정현에게서 나왔는데, 그의 잘못을 깨닫지 못한 자(위소)가 지금 천고(千古)의 오류를 한 번 깨끗이 씻고자 하였으나 오류로써 오류를 증명함을 면치 못하였으니, 그렇다면 이 또한 장차 어느 때에나 그치겠는가."

或者又曰 蘇氏最爲不信小序로되 而於此詩에 無異詞하고 且又以爲周公制作所定이니 後王은 不容復有改易이요 成王은 非創業之主니 不應得以基命稱之라하

• • • • • •

은 상천(上天)을 공경함이요, 문왕과 무왕 두 분이 받았다는 것은 덕이 있는 분에게 사양함이요, 성왕이 감히 편안히 지내지 못했다는 것은 백관(百官)을 공경함이다……이 시는 첫머리에는 덕이 있는 이에게 겸양하고 중간에는 성신하고 관대하며 마지막에는 화함을 견고히 하였다. 그러므로 성(成)이라 한 것이다.〔晉羊舌肹聘於周, 發幣於大夫及單靖公. 靖公享之, 儉而敬……語說昊天有成命. 單之老送叔向, 叔向告之曰……且其語說昊天有成命, 頌之盛德也. 其詩曰; 昊天有成命, 二后受之. 成王不敢康, 夙夜基命宥密, 於緝熙亶厥心, 肆其靖之, 是道成王之德也. 成王能明文昭, 能定武烈者也. 夫道成命者而稱昊天, 翼其上也; 二后受之, 讓於德也; 成王不敢康, 敬百姓也……始於德讓, 中於信寬, 終於固龢, 故曰成.〕라고 하였다. 이는 성왕을 칭송한 것으로, 《집전》과 크게 다르지 않다. 그러나 《국어》에 주를 단 위소(韋昭)는 편의 제목인 '호천유성명(昊天有成命)'의 성(成) 자에 집착하여 '성왕불감녕(成王不敢寧)'을 성왕으로 보지 않고 왕업(王業)을 이루는 것으로 해석하여, '成王不敢寧' 아래에 "이는 호천이 성명(成命)한 바가 있어 문왕과 무왕이 능히 받은 것이니, 몸을 닦고 스스로 부지런히 하여 그 왕의 공을 이루었음을 말한 것이요 주나라 성왕의 몸을 말한 것이 아니다.〔言昊天有所成命, 文武則能受之, 謂修己自勤, 以成其王功, 非謂周成王身也.〕" 하였는데, 이는 이 시가 성왕 생전에 지어진 것이어서 '성왕'이라는 시호가 나오기 이전에 지어졌다는 정현 등의 주장을 따라 잘못된 것이다. 본문을 보면 성왕을 칭송한 것이 틀림없다.

니 此又何耶오 曰 蘇氏之不信小序는 固未嘗見其不可信之實也라 愚於漢廣之篇에 已嘗論之하니 不足援以爲據也[92]라 夫周公制作은 亦及其當時之事而止耳니 若乃後王之廟所奏之樂은 自當隨時附益이라 若商之玄鳥를 作於武丁孫子之世하고 漢之廟樂도 亦隨時而更(경)定焉하니 豈有周之後王은 乃獨不得褒顯其先王之功德하여 而必以改周公爲嫌耶아 基者는 非必造之於始요 亦承之於下之謂也라 如曰邦家之基가 豈必謂太王、王季之臣乎아 以是爲說은 亦不得而通矣라 況其所以爲此는 實未能忘北郊集議之餘忿[93]이니 今固不得而取也니라

혹자가 또 말하기를 "소씨(蘇氏)가 가장 〈소서〉를 믿지 않았으나, 이 시에 있어서는 다른 말(비판하는 말)이 없었고, 또 이르기를 '주공이 예악을 제작할 적에 정한 것이니 후왕(後王)은 이것을 다시 바꿀 수 없으며, 성왕은 창업한 군주가 아니니 기명(基命)이라고 칭해서는 안 된다.'고 한 것은 이는 또 어째서입니까?" 하기에, 내가 대답하였다.

"소씨가 〈소서〉를 믿지 않은 것은 진실로 그 믿을 수 없는 실제를 본 것이 아니다. 내가 〈주남(周南) 한광(漢廣)〉의 편에서 이미 일찍이 이것을 논하였으니, 소씨의 설을 원용(援用)하여 근거로 삼을 수 없다. 주공이 예악을 제정함은 또한 그

......

92 愚於漢廣之篇 已嘗論之 不足援以爲據也 : 위 〈주남(周南) 한광(漢廣)〉에 대한 〈소서〉에 "〈한광〉은 덕택이 널리 미침을 읊은 시이다. 문왕의 도가 남쪽 나라에 입혀져 아름다운 교화가 강(江)·한(漢)의 지역에 행해졌다.〔漢廣, 德廣所及也. 文王之道, 被于南國, 美化行乎江漢之域.〕" 하였는데, 주자의 〈변설(辨說)〉에 "이 시는 편 안에 '한수가 넓다.〔漢之廣〕'는 한 구(句)가 있으므로 〈한지광(漢之廣)〉이라는 편명을 얻었는데, 〈서〉를 지은 자가 잘못하여 마침내 '덕택이 널리 미쳤다.'고 말하였으니, 잘못됨이 크다. 그러나 그 아래의 글(문왕의 도……)은 도리어 시의 뜻에 맞는다.〔此詩, 有漢之廣矣一句得名, 而序者謬誤, 乃以漢廣所及爲言, 失之遠矣. 然其下文, 復得詩意.〕" 하였으며, 뒤이어 "소씨는 도리어 으레 수구(首句)를 취하고 그 아래의 글을 버렸으니, 이러한 종류에 있어서는 두 가지를 모두 잘못하였다.〔蘇氏乃例取首句而去其下文, 則於此類兩失之矣.〕"라고 비판하였으므로 이것을 가리켜 말한 것이다.

93 北郊集議之餘忿 : 여분(餘忿)은 남은 분노로, 원(元)나라 양익(梁益)이 편찬한 《시서방통(詩序旁通)》에 "송(宋)나라 원우(元祐;철종(哲宗)) 8년에 예부상서(禮部尙書) 소식(蘇軾)이 '옛날에 하늘과 땅을 합제(合祭)하여 상제(上帝)에게 제사하면서 땅의 신까지 같이 제사하였다.' 하고 한(漢)·위(魏)와 당(唐)나라의 합제한 사실을 낱낱이 거론하였는데, 그의 아우 소철(蘇轍)도 의견을 같이 하였다. 그런데 당시 제가(諸家)는 모두 남교(南郊)인 원구(圓丘)에서 동지(冬至)에 제천(祭天)하고 북교(北郊)인 방구(方丘)에서 하지(夏至)에 제지(祭地)하여야 한다고 말하였다. 이것이 '소식북교집의지설(蘇軾北郊集議之說)'이다.〔宋元祐八年, 禮部尙書蘇軾, 言古者合祭天地, 以爲祀上帝則幷祭地祇, 歷擧漢魏及唐合祭之說, 其弟轍亦同其議, 諸家皆言南郊圓丘冬至祭天, 北郊方丘夏至祭地, 此蘇氏北郊集議之說也.〕"라고 보인다. 여분(餘忿)은 그 당시 소식의 주장이 채택되지 않은데 대한 남은 분노를 이른다.

당시의 일에 그쳤을 뿐이니, 후왕(後王)의 사당에 연주하는 풍악으로 말하면 본래 마땅히 때에 따라 덧붙여야 하는 것이다. 예컨대 〈상송(商頌)〉의 〈현조(玄鳥)〉를 무정(武丁)의 손자 시대에 지었고 한(漢)나라 무제(武帝)의 종묘악(宗廟樂)도 때에 따라 바꾸어 정하였으니, 어찌 주나라의 후왕은 도리어 홀로 그 선왕(先王)의 공덕을 표창하고 현양(顯揚)할 수가 없어서 반드시 주공이 지은 것을 고쳤다는 것을 가지고 협의하겠는가. 기(基)라는 것은 반드시 시작에서 만든 것이 아니요, 또한 아래에서 계승함을 이른다. 예컨대 〈소아(小雅) 남산유대(南山有臺)〉에 '방가지기(邦家之基)'라고 말한 것이 어찌 반드시 태왕(太王)과 왕계(王季)의 신하임을 말한 것이겠는가. 이것을 가지고 말함은 또한 통할 수가 없는 것이다. 더구나 소씨가 이런 말을 한 것은 실로 〈북교집의(北郊集議)〉의 남은 분노를 잊지 못한 것이니, 이제 진실로 그의 말을 취할 수가 없는 것이다."

7. 아장(我將)

①-① 我將我享, 維羊維牛, 維天其右〔따音由〕之.

我將我享이	내 받들어 올리며 내 제향함이
維羊維牛니	양과 소이니
維天其右之아	하느님이 그 오른쪽에 높이 계실까

賦也라 將은 奉이요 享은 獻이라 右는 尊也니 神坐(座)東向하여 在饌之右하니 所以尊之也라

○ 此는 宗祀文王於明堂하여 以配上帝之樂歌라 言奉其牛羊하여 以享上帝하고 而日 天庶其降而在此牛羊之右乎아하니 蓋不敢必也라

부(賦)이다. '장(將)'은 받듦이요, '향(享)'은 올림이다. '우(右)'는 높임이니, 신(神)의 자리가 동향(東向)하여 제찬(祭饌)의 오른쪽에 있으니, 이것은 신을 높인 것이다.

○ 이는 문왕을 명당(明堂)에 높여 제사하여 상제(上帝)에 배향한 악가(樂歌)이다. 소와 양을 받들어 상제에게 제향하고 말하기를 "하늘이 행여 강림하시어 이

⋯ 右 : 높을 우

소와 양의 오른쪽에 계실까." 하였으니, 감히 기필할 수 없는 것이다.

①-② 儀式刑文王之典, 日靖四方. 伊嘏〔古雅反〕文王, 既右享〔叶虛良反〕之.

儀式刑文王之典하여	문왕의 법을 본받아
日靖四方하면	날로 사방을 안정시키면
伊嘏(가)文王이	복을 내리시는 문왕께서
既右享之하시리라	이미 오른쪽에 계셔 흠향하시리라

儀、式、刑은 皆法也라 嘏는 錫福也라
○ 言我儀式刑文王之典하여 以靖天下하면 則此能錫福之文王이 既降而在此之右하사 以享我祭하여 若有以見其必然矣라
'의(儀)'・'식(式)'・'형(刑)'은 모두 법받음이다. '가(嘏)'는 복(福)을 내려주는 것이다.
○ 내가 문왕의 법을 본받아 천하를 안정시키면 이 복을 내리시는 문왕이 이미 강림하시어 이 〈제찬의〉 오른쪽에 계시어 내 제사를 흠향하실 것이라고 말해서 그 반드시 그러함을 보는 듯한 것이다.

①-③ 我其夙夜, 畏天之威, 于時保之.

我其夙夜에	내 밤낮으로
畏天之威하여	하늘의 위엄을 두려워하여
于時保之엇다	이에 보전할지어다

又言 天與文王이 既皆右享我矣면 則我其敢不夙夜畏天之威하여 以保天與文王所以降鑑之意乎아
또 말하기를 "하늘과 문왕이 이미 모두 오른쪽에 계시어 나의 제사를 흠향하셨으니, 그렇다면 내 어찌 감히 밤낮으로 하늘의 위엄을 두려워하여 하늘과 문왕께서 강림하여 굽어보시는 뜻을 보전하지 않을 수 있겠는가." 한 것이다.

我將一章이니 十句라

··· 嘏 : 복 가 時 : 이 시

〈아장(我將)〉은 1장이니, 10구이다.

程子曰 萬物本乎天하고 人本乎祖라 故로 冬至에 祭天而以祖配之하니 以冬至氣之始也요 萬物成形於帝하고 而人成形於父라 故로 季秋에 享帝而以父配之하니 以季秋成物之時也니라 陳氏曰 古者에 祭天於圜(圓)丘할새 掃地而行事하고 器用陶匏하며 牲用犢하여 其禮極簡하니 聖人之意 以爲未足以盡其意之委曲이라 故로 於季秋之月에 有大享之禮焉이라 天은 卽帝也⁹⁴니 郊而曰天은 所以尊之也라 故로 以后稷配焉이라 后稷은 遠矣니 配稷於郊는 亦以尊稷也요 明堂而曰帝는 所以親之也⁹⁵니 以文王配焉이라 文王은 親也니 配文王於明堂은 亦以親文王也라 尊尊而親親이면 周道備矣니 然則郊者는 古禮요 而明堂者는 周制也니 周公이 以義起之也시니라

정자(程子)가 말씀하였다. "만물은 하늘에 근본하고 사람은 선조(先祖)에 근본한다. 그러므로 동지(冬至)에 하늘에 제사하면서 선조(후직)를 하늘에 배향하는 것이니, 동지에는 양(陽)의 기운이 시작되기 때문이다. 만물은 상제(上帝)에게서 형체를 이루고 사람은 아버지에게서 형체를 이룬다. 그러므로 계추(季秋)에 상제를 제향하면서 아버지(문왕)를 배향하는 것이니, 계추는 물건을 이루는 때이기 때문이다."

진씨(陳氏)가 말하였다. "옛날에 원구(圓丘)에서 하늘에 제사할 적에 땅을 쓸고 행사(行事;제사지내고)하고 그릇은 질그릇과 바가지를 쓰며 희생은 송아지를 써서 그 예(禮)가 지극히 간략하였으니, 성인(聖人)의 마음에 생각하시기를 '이는 그 뜻(마음)의 위곡(委曲;간곡)함을 다할 수 없다.'고 여기셨다. 그러므로 계추(季秋)의 달에 크게 제향하는 예가 있었던 것이다.

천(天)은 바로 상제이니, 교제(郊祭)에 천(天)이라고 말한 것은 하늘을 높인 것이다. 그러므로 후직(后稷)을 〈교(郊)에〉 배향한 것이다. 후직은 먼 조상이니, 후직을 교에 배향함은 또한 후직을 높이려 해서였다. 명당(明堂)에 상제라 말한 것은 친히 여긴 것이니, 〈그러므로〉 문왕을 〈명당에〉 배향한 것이다. 문왕은 어버이이

......

94 天卽帝也 : 제(帝)는 상제(上帝)로, 호산은 "하늘의 신을 제(상제)라 한다.〔天之神曰 帝也.〕" 하였다.《詳說》

95 郊而曰天……所以親之也 : 천(天)과 제(帝)에 대하여 주자(朱子)는 "제단을 만들어 제사하기 때문에 하늘이라 하였고 지붕 아래에서 신기(神祇)로 모셔 제사하기 때문에 제라고 한 것이다.〔爲壇而祭, 故謂之天. 祭於屋下, 以神祇祭之, 故謂之帝.〕" 하였다.《詳說》

··· 圓 : 둥글 원 匏 : 박 포 犢 : 송아지 독

니, 문왕을 명당에 배향함은 또한 문왕을 친히 하려고 해서이다. 높은 분을 높이고 친한 분을 친히 하면 주나라의 도(道)가 구비된 것이니, 그렇다면 교(郊)는 옛 예이고, 명당은 주나라 제도이니, 주공이 의리(義理)로써 일으킨 것이다."

東萊呂氏曰 於天엔 維庶其饗之라하여 不敢加一詞焉하고 於文王엔 則言儀式其典하여 日靖四方이라하니 天不待贊하니 法文王은 所以法天也라 卒章에 惟言畏天之威하고 而不及文王者는 統於尊也니 畏天은 所以畏文王也니 天與文王이 一也니라

　　동래 여씨(東萊呂氏)가 말하였다. "하늘에는 행여 그 흠향하시기를 바라서 감히 한 마디 말도 더하지 못하였고, 문왕에는 '그 법을 본받아 날로 사방을 안정시킨다.' 하였으니, 하늘은 칭찬함을 필요로 하지 않으니, 문왕을 본받는 것은 하늘을 본받는 것이다. 마지막 장에서 오직 '하늘의 위엄을 두려워한다.'고만 말하고 문왕을 언급하지 않은 것은 높은 분(하늘)에 통솔된 것이니, 하늘을 두려워함은 문왕을 두려워하는 것이니, 하늘과 문왕은 하나이다."

【毛序】　我將은 祀文王於明堂也라
　　〈아장(我將)〉은 문왕을 명당에서 제사한 시(詩)이다.

8. 시매(時邁)

①-① 時邁其邦, 昊天其子之.

時邁其邦에	때로 제후의 나라에 감에
昊天其子之아	호천이 나를 자식처럼 사랑해 주실까

賦也라 邁는 行也라 邦은 諸侯之國也라 周制에 十有二年에 王巡守殷國하여 柴望祭告[96]어든 諸侯畢朝하니라

96　柴望祭告 : 시(柴)는 나무를 불태워 하늘에 제사하는 것이며, 망(望)은 산천(山川)을 멀리서 바라보며 제사하는 것으로, 《서경(書經)》〈순전(舜典)〉에 "2월에 동쪽으로 순수하여 대종(태산)에

○ 此는 巡守而朝會祭告之樂歌也라 言我之以時巡行諸侯也에 天其子我乎哉아
하니 蓋不敢必也니라

부(賦)이다. '매(邁)'는 감이다. '방(邦)'은 제후의 나라이다. 주나라 제도에 12년
마다 왕이 여러 나라들을 순수(巡守)하면서 나무를 태워서 하늘에 제사하고 산천
을 바라보며 제사하고 고하면 제후들이 모두 조회하였다.

○ 이는 순수하면서 조회를 받고 제사하여 고유한 악가(樂歌)이다. "내가 때로
제후국을 순행함에 하늘이 아마도 나를 자식처럼 사랑해 주실까." 하였으니, 감히
기필할 수가 없는 것이다.

①-② 實右序有周, 薄言震之, 莫不震疊. 懷柔百神, 及河喬嶽. 允王維后.

實右序有周라	실로 주나라를 높여 차례를 잇게 하신지라
薄言震之하니	나로 하여금 잠깐 진동하게 하시니
莫不震疊하며	놀라고 두려워하지 않는 이가 없으며
懷柔百神하여	온갖 신들을 회유하여
及河喬嶽하니	황하와 높은 산악(山嶽)에 미치니
允王維后샷다	진실로 왕이 훌륭한 임금이시도다

右는 尊이요 序는 次요 震은 動이요 疊은 懼요 懷는 來요 柔는 安이요 允은 信也라
○ 旣而曰 天實右序有周矣라 是以로 使我薄言震之하니 而四方諸侯 莫不震懼하
며 又能懷柔百神하여 以至于河之深廣, 嶽之崇高하여 而莫不感格하니 則是信乎
周王之爲天下君矣니라

'우(右)'는 높임이요, '서(序)'는 〈왕위를 전하는〉 차례요, '진(震)'은 진동(震動)함
이요, '첩(疊)'은 두려워함이요, '회(懷)'는 옴이요, '유(柔)'는 편안함이요, '윤(允)'은
진실로이다.

○ 이윽고 말하기를 "하늘이 진실로 우리 주나라를 높여 왕위의 차례를 잇게
하셨다. 이 때문에 나로 하여금 잠깐 진동하게 하시니, 사방의 제후들이 놀라고

● ● ● ● ● ●
이르러 나무를 태워서 하늘에 제사하고 산천을 바라보며 산천의 신에게 제사하였다.〔歲二月東巡
守, 至于岱宗, 柴, 望秩于山川.〕"라고 보이는 바, 주나라 역시 크게 다르지 않은 것으로 보인다.

··· 疊:두려울 첩 懷:올 회

두려워하지 않는 이가 없었으며, 또 백신(百神)들을 회유하여 깊고 넓은 황하와 높고 높은 산악에 이르기까지 감격(感格;감동하여 강림함)하지 않음이 없으니, 이는 진실로 주왕(周王)이 천하의 군주가 된 것이다."라고 한 것이다.

①-③ 明昭有周, 式序在位. 載戢〔側立反〕干戈, 載櫜〔古刀反〕弓矢. 我求懿德, 肆于時夏〔戶雅反〕. 允王保之.

明昭有周	밝고 밝은 주나라가
式序在位하고	지위에 있는 자들을 차례로 서열하고
載戢(집)干戈하며	간과(干戈)를 거두며
載櫜(고)弓矢하고	궁시(弓矢)를 활집에 넣고
我求懿德하여	내 아름다운 덕을 구하여
肆于時夏하니	이 중하(中夏)에 베푸니
允王保之삿다	진실로 왕이 보존하시도다

戢은 聚요 櫜는 韜요 肆는 陳也라 夏는 中國也라
○ 又言明昭乎我周也 旣以慶讓黜陟之典[97]으로 式序在位之諸侯하고 又收斂其干戈弓矢하여 而益求懿美之德하여 以布陳于中國하니 則信乎王之能保天命也라 或曰 此詩는 卽所謂肆夏니 以其有肆于時夏之語而命之也라하니라
'집(戢)'은 모음이요, '고(櫜)'는 활을 활집에 보관함이요, '사(肆)'는 베풂이다. '하(夏)'는 중국이다.

••••••
97 慶讓黜陟之典 : 경(慶)은 훌륭한 제후에게 경하하여 상(賞)을 주는 것이고 양(讓)은 잘못하는 제후에게 꾸짖음(견책)을 이르며, 출척(黜陟) 역시 잘하는 사람에게 벼슬이나 영토를 올려 주고 잘못한 사람을 내침을 이른다.《맹자》〈고자 하(告子下)〉에 "천자가 제후의 국경에 들어가 보니 토지가 개간되고 농토가 잘 다스려졌으며 노인을 봉양하고 어진이를 높이며, 준걸이 지위에 있으면 상이 있으니, 상은 땅(영토)으로써 하며, 제후의 국경에 들어가 보니 토지가 황폐해졌으며 노인을 버리고 어진이를 등용하지 않으며 가렴주구(苛斂誅求)하는 자가 지위에 있으면 견책이 있다. 한 번 조회오지 않으면 그 작위를 폄하고 두 번 조회오지 않으면 그 영토를 깎아내고 세 번 조회오지 않으면 육군(六軍)을 동원하여 그 나라 군주를 갈아 치운다.〔入其疆, 土地辟, 田野治, 養老尊賢, 俊傑在位, 則有慶, 慶以地; 入其疆, 土地荒蕪, 遺老失賢, 掊克在位, 則有讓. 一不朝則貶其爵, 再不朝則削其地, 三不朝則六師移之.〕"라고 보이며, 이와 비슷한 내용이《예기》〈왕제(王制)〉에도 보인다.

••• 戢 : 거둘 집 櫜 : 활집 고 韜 : 활집 도

○ 또 말하기를 "밝은 주나라가 이미 경하하여 상(賞)을 내리고 꾸짖어서 내치고 올리는 법으로써 지위에 있는 제후들을 서열하고, 또 간과(干戈)와 궁시(弓矢)를 거두고서 더욱 아름다운 덕을 구해서 중국에 펴시니, 그렇다면 왕이 진실로 천명을 능히 보전하신 것이다."라고 한 것이다.

혹자는 이르기를 "이 시(詩)는 바로 이른바 사하(肆夏)이니, 사우시하(肆于時夏)라는 말이 있기 때문에 명명(命名)한 것이다." 한다.

時邁一章이니 十五句라

〈시매(時邁)〉는 1장이니, 15구이다.

春秋傳曰 昔에 武王克商하시고 作頌曰 載戢干戈라하고 而外傳[98]에 又以爲周文公之頌이라하니 則此詩는 乃武王之世에 周公所作也라 外傳에 又曰 金奏肆夏、樊、遏、渠[99]하여 天子以饗元侯也라한대 韋昭註云 肆夏는 一名樊이요 韶夏는 一名遏이요 納夏는 一名渠니 卽周禮九夏[100]之三也라하고 呂叔玉云 肆夏는 時邁也요 樊, 遏은 執競也요 渠는 思文也라하니라

《춘추좌씨전》 선공(宣公) 12년에 "옛날 무왕이 상나라를 이기시고 송(頌)을 지으셨는데, 여기에 이르기를 '간과(干戈)를 거둔다.' 하였다." 하였고, 《춘추외전(春秋外傳)》에 또 이르기를 "주 문공(周文公:문공은 주공의 시호)의 송이다."라고 하였으니, 그렇다면 이 시(詩)는 바로 무왕의 때에 주공이 지은 것이다. 《춘추외전》에 또 이르기를 "금(金:종(鐘))으로 사하(肆夏)와 번(樊), 알(遏), 거(渠)를 연주하여 천자가 원후(元侯)에게 연향을 베푼다." 하였는데, 위소(韋昭)의 주(註)에 "사하는 일명 번이요, 소하(韶夏)는 일명 알이요, 납하(納夏)는 일명 거이니, 바로 《주례(周禮)》〈종

......

98 外傳:《외전(外傳)》은《춘추외전(春秋外傳)》으로《국어(國語)》를 가리키며,《춘추좌씨전(春秋左氏傳)》을《춘추내전(春秋內傳)》이라 하는데, 모두 좌구명(左丘明)이 지었다 한다.

99 金奏肆夏樊遏渠:금주(金奏)에 대하여 정씨(鄭氏:정현)는 "종으로 소리를 전파하고 북소리와 석경(石磬) 소리로 응하는 것을 금주라 한다.〔以鍾鎛播之, 鼓磬應之, 謂之金奏也.〕"하였다.《詳說》

100 九夏:구하(九夏)는 아홉 가지 노래(詩)로, 천자가 출입할 때에 연주하는 왕하(王夏), 시(尸)가 출입할 때에 연주하는 사하(肆夏), 생(牲)이 출입할 때의 소하(昭夏), 사방에서 손님이 왔을 때의 납하(納夏), 공신(功臣)을 위한 위하(韋夏), 부인(夫人)의 제사에 연주하는 제하(齊夏), 종족(宗族)이 모시고 있을 때의 족하(族夏), 손님이 술에 취하여 나갈 때의 해하(陔夏), 공(公:제후)이 출입할 때의 오하(驁夏)를 가리킨다. 하(夏)는 크다는 뜻으로, 종과 북을 진열하여 음악을 크게 연주함을 이른다.

사(鍾師)의 구하(九夏) 중에 세 가지이다." 하였고, 여숙옥(呂叔玉)은 "사하는 〈시매〉요, 번과 알은 〈집경(執競)〉이요, 거는 〈사문(思文)〉이다." 하였다.

【毛序】 時邁는 巡守告祭柴望也라

〈시매〉는 천자가 순수(巡守)할 적에 〈제후국의 방악(方嶽)에 이르러〉 제사하여 고하고 나무를 태워 하늘에 제사하며 산천(山川)에 망제(望祭)하는 시이다.

【鄭註】 巡守告祭者는 天子巡行邦國하여 至于方岳之下而封禪也라 書曰 歲二月에 東巡守하여 至于岱宗하여 柴望秩于山川하며 徧于羣神이라하니라

'순수하면서 고하고 제사한다.'는 것은 천자가 제후국을 순행하여 방악(方岳)의 아래에 이르러 봉선(封禪)하는 것이다. 《서경》〈순전(舜典)〉에 "해 2월에 동쪽 지방을 순수해서 대종(岱宗;태산(泰山))에 이르러 나무를 태워 하늘에 제사하고, 산천(山川)을 바라보고 차례로 제사하며, 여러 신에게 두루 제사했다." 하였다.

9. 집경(執競)

①-① 執競武王, 無競維烈. 不顯成康, 上帝是皇.

執競武王이여	강하신 (힘써 노력하신) 무왕이시여
無競維烈이샷다	더 없이 훌륭한 공렬(功烈)이시도다
不顯가 成康이여	드러나지 않을까, 성왕과 강왕이여
上帝是皇이샷다	상제가 군왕으로 삼으셨도다

賦也라 此는 祭武王、成王、康王之詩라 競은 强也[101]라 言武王持其自强(彊)不息之心이라 故로 其功烈之盛을 天下莫得而競이라 豈不顯哉아 成王、康王之德이여 亦上帝之所君也라하니라

부(賦)이다. 이는 무왕·성왕·강왕을 제사한 시이다. '경(競)'은 강함이다.

······
101 競 强也 : 여기의 강(强)은 스스로 힘쓰고 그치지 않는다는 뜻이다.

"무왕이 자강불식(自强不息:스스로 힘쓰고 그치지 않음)하는 마음을 가지셨기 때문에 그 공렬(功烈)의 성함을 천하가 다툴 수 없는 것이다. 어찌 드러나지 않을까. 성왕·강왕의 덕이여! 또한 상제께서 군왕으로 삼은 것이다."라고 한 것이다.

①-② 自彼成康, 奄有四方, 斤斤〔紀覲反〕其明〔叶謨郞反〕.

自彼成康하여 　　　　저 성왕과 강왕으로부터
奄有四方하시니 　　　곧 사방을 소유하시니
斤斤其明이샷다 　　　분명히 살피시는 그 밝음이시도다

斤斤은 明之察也니 言成康之德이 明著如此也라
　　'근근(斤斤)'은 밝게 살핌이니, 성왕과 강왕의 덕이 밝게 드러남이 이와 같음을 말한 것이다.

①-③ 鍾鼓喤喤〔華彭反 叶胡光反〕, 磬筦〔音管〕將將〔七羊反〕, 降福穰穰〔如羊反〕.

鍾鼓喤(황)喤하며 　　　종과 북이 조화롭게 울리며
磬筦(管)將將하니 　　　경쇠와 피리가 쟁쟁히 울리니
降福穰(양)穰이로다 　　복을 내림이 많고도 많도다

喤喤은 和也요 將將은 集也요 穰穰은 多也라 言今作樂以祭而受福也라
　　'황황(喤喤)'은 조화로움이요, '장장(將將)'은 〈여러 음악을〉 모아 연주함이요, '양양(穰穰)'은 많음이다. 지금 풍악을 일으켜 제사하여 복을 받음을 말한 것이다.

①-④ 降福簡簡, 成儀反反. 旣醉旣飽, 福祿來反.

降福簡簡이어늘 　　　복을 내리기를 크게 하거늘
成儀反反하니 　　　　위의가 신중하고 신중하니
旣醉旣飽하여 　　　　이미 취하고 배불러
福祿來反이로다 　　　복록의 옴이 반복되도다

••• 斤 : 살필 근　喤 : 조화로울 황　穰 : 많을 양

簡簡은 大也요 反反은 謹重也라 反은 覆也라 言受福之多로되 而愈益謹重이라 是
以로 旣醉旣飽하여 而福祿之來가 反覆而不厭也라

'간간(簡簡)'은 큼이요, '반반(反反)'은 신중함이다. '반(反)'은 반복함이다. 복을
받음이 많은데도 더욱더 신중하였다. 이 때문에 이미 취하고 배불러 복록의 옴이
반복되어 싫지 않음을 말한 것이다.

執競一章이니 十四句라

〈집경(執競)〉은 1장이니, 14구이다.

此는 昭王以後之詩니 國語說은 見前篇[102]하니라

이는 소왕(昭王) 이후의 시(詩)니, 《국어》의 설명은 전편(前篇)에 보인다.

【毛序】 執競은 祀武王也라

〈집경〉은 무왕을 제사한 시이다.

【辨說】 此詩는 幷及成康하니 則序說이 誤矣니 其說이 已具於昊天有成命之篇이
라 蘇氏以周之奄有四方이 不自成康之時라하여 因從小序之說하니 此亦以辭害意
之失이라 皇矣之詩 於王季章中에 蓋已有此語矣니 又豈可以其大蚤(太早)而別
爲之說耶[103]아 詩人之言이 或先或後나 要不失爲周有天下之意耳니라

이 시는 성왕(成王)과 강왕(康王)을 아울러 언급하였으니, 〈서설〉이 잘못되었는
바, 그 해설이 〈호천유성명(昊天有成命)〉의 편에 이미 자세히 갖춰져 있다. 소씨는
주나라가 곧바로 사방을 소유한 것이 성왕·강왕 때로부터 한 것이 아니라 해서
인하여 〈소서〉의 설을 따랐으니, 이 또한 글을 가지고 본의를 해친 잘못이다. 〈황
의(皇矣)〉의 시는 왕계(王季)를 읊은 장 가운데 이미 이런 말(奄有四方)이 있었으니,
또 어찌 너무 이르다고 하여 별도로 해설할 것이 있겠는가. 시인(詩人)의 말이 혹

......

102 國語說 見前篇 : 《국어》는 《춘추외전(春秋外傳)》을 가리키는바, 위의 〈시매(時邁)〉편 끝에 인
용한 《춘추외전》의 내용을 가리킨 것이다.

103 於王季章中……又豈可以其大蚤而別爲之說耶 : 왕계장(王季章)은 태백과 왕계를 칭송한 시
로, 위 〈황의(皇矣)〉의 시 5장에 "이 왕계가 마음속으로부터 우애하사 그 형과 우애하여 그 경복
(慶福)을 돈독히 하사 영광을 형에게 주시니, 복록을 받아 상실함이 없어 곧 사방을 소유하셨도
다.(維此王季, 因心則友, 則友其兄, 則篤其慶, 載錫之光, 受祿無喪, 奄有四方.)"라고 보인다. '엄유
사방(奄有四方)'은 왕계와 성왕·강왕에게 모두 쓸 수 있는바, 왕계가 비록 곧바로 사방을 소유하지
는 못했으나 이것을 너무 일찍 말했다 하여 별도로 설명을 덧붙일 필요가 없는 것이다.

은 먼저 하고 혹은 뒤에 하였으나, 요(要)는 주나라가 천하를 소유한 뜻이 됨을 잃지 않았을 뿐이다.

10. 사문(思文)

①思文后稷, 克配彼天. 立我烝民, 莫匪爾極. 貽我來牟, 帝命率育〔叶日逼反〕. 無此疆爾界〔叶訖力反〕, 陳常于時夏.

思文后稷이여	문덕(文德)을 간직하신 후직이여
克配彼天이샷다	저 하늘에 짝하여 계시도다
立(粒)我烝民이	우리 뭇 백성들에게 곡식을 먹임이
莫匪爾極이시니라	그대의 지극한 덕 아님이 없으시니라
貽我來牟(麰)	우리에게 밀과 보리를 주심은
帝命率育이라	상제께서 명하여 두루 기르게 하신 것이라
無此疆爾界하시고	이 경계와 저 경계를 따지지 않으시고
陳常于時夏샷다	떳떳한 도를 이 중하(中夏)에 베푸셨도다

賦也라 思는 語詞라 文은 言有文德也라 立은 粒通이라 極은 至也니 德之至也라 貽는 遺라 來는 小麥이요 牟는 大麥也라 率은 徧이요 育은 養也라
○ 言后稷之德이 眞可配天하니 蓋使我烝民得以粒食者 莫非其德之至也라 且其貽我民以來牟之種은 乃上帝之命이니 以此徧養下民者라 是以로 無有遠近彼此之殊하고 而得以陳其君臣父子之常道於中國也라 或曰 此詩는 卽所謂納夏者니 亦以其有時夏之語而命之也라하니라

부(賦)이다. '사(思)'는 어조사이다. '문(文)'은 문덕(文德)이 있음을 말한다. '립(立)'은 립(粒:곡식알)과 통한다. '극(極)'은 지극함이니, 덕이 지극한 것이다. '이(貽)'는 줌이다. '래(來)'는 소맥(小麥:밀)이요, '모(牟)'는 대맥(大麥:보리)이다. '솔(率)'은 두루요, '육(育)'은 기름이다.

○ 후직(后稷)의 덕이 참으로 하늘에 짝할 만하였으니, 우리 뭇 백성들로 하여금 곡식을 먹을 수 있게 한 것은 그 덕의 지극함 아님이 없었다. 또 우리 백성들에

··· 來 : 밀 래   牟 : 보리 모

게 밀과 보리의 종자를 주셨으니, 이는 바로 상제의 명이니, 이로써 하민(下民)을 두루 기르게 한 것이다. 이 때문에 원근(遠近)과 피차(彼此)의 차이가 없고 그 군신(君臣), 부자(父子)의 떳떳한 도(道)를 중국에 펼 수 있었다고 말한 것이다.

혹자는 "이 시는 이른바 납하(納夏)라는 것이니, 시하(時夏)라는 말이 있기 때문에 명명(命名)한 것이다." 한다.

思文一章이니 八句라

〈사문(思文)〉은 1장이니, 8구이다.

國語說은 見時邁篇하니라

《국어(國語)》의 내용은 〈시매(時邁)〉편에 보인다.

【毛序】 思文은 后稷配天也라

〈사문〉은 후직을 하늘에 배향한 시(詩)이다.

淸廟之什은 十篇이니 十章이요 九十五句라

〈청묘지십(淸廟之什)〉은 10편이니, 10장이고 95구이다.

〈신공지십(臣工之什)〉4-2[四之二]

1. 신공(臣工)

①-① 嗟嗟臣工, 敬爾在公. 王釐〔力之反〕爾成, 來咨來茹〔如預反〕.

嗟嗟臣工아	아! 신공〔農官〕들아
敬爾在公이어다	그대가 공가(公家)에 있음을 공경할지어다
王釐(리)爾成하시니	왕이 너에게 이루어진 법을 내려주시니
來咨來茹어다	와서 묻고 와서 헤아릴지어다

賦也라 嗟嗟는 重歎以深敕之也라 臣工은 羣臣百官也라 公은 公家也라 釐는 賜也라 成은 成法也라 茹는 度(탁)也라
○ 此는 戒農官之詩라 先言王有成法以賜女(汝)하시니 女當來咨度(탁)也니라
　부(賦)이다. '차차(嗟嗟)'는 거듭 탄식하여 깊이 경계한 것이다. 신공(臣工)은 군신(羣臣)과 백관(百官)이다. '공(公)'은 공가(公家:제후국)이다. '리(釐)'는 내려줌이다. '성(成)'은 이루어진 법이다. '여(茹)'는 헤아림이다.
　　○ 이는 농관(農官)을 경계한 시(詩)이다. 먼저 말하기를 "왕이 이룬 법을 두어서 너에게 내려 주시니, 너는 마땅히 와서 묻고 헤아리라."고 한 것이다.

①-② 嗟嗟保介, 維莫〔音慕〕之春, 亦又何求, 如何新畬〔音余〕. 於〔音烏〕皇來牟, 將受厥明. 明昭上帝, 迄用康年. 命我衆人, 庤〔持耻反〕乃錢〔子淺反〕鎛〔音博〕, 奄觀銍〔珍栗反〕艾〔音刈〕.

嗟嗟保介여	아! 보개(保介:농관의 부관(副官))여
維莫(暮)之春이어니	늦은 봄이 되었으니
亦又何求오	또한 무엇을 챙겨야 할꼬
如何新畬(여)오	새로 개간한 밭을 어찌할꼬
於(오)皇來牟	아, 아름다운 밀과 보리가

··· 釐 : 줄 리 茹 : 헤아릴 여 畬 : 새밭 여

將受厥明이로소니	장차 밝게 내려 주심을 받게 되었으니
明昭上帝	밝으신 상제가
迄用康年이샷다	풍년에 이르게 하셨도다
命我衆人하여	우리 여러 농부들을 명하여
庤(치)乃錢鎛(박)하라	네 가래와 호미를 장만하라
奄觀銍艾(질예)하리로다	곧 낫으로 수확함을 보리로다

保介는 見月令、呂覽이로되 其說不同이라 然이나 皆爲籍(자)田而言이니 蓋農官之副也라 莫春은 斗柄建辰이니 夏正之三月也라 畬는 三歲田也라 於皇은 歎美之詞라 來牟는 麥也요 明은 上帝之明賜也니 言麥將熟也라 迄은 至也라 康年은 猶豐年也라 衆人은 甸徒也라 庤는 具라 錢은 銚(조)요 鎛은 鉏(서)니 皆田器也라 銍은 穫禾短鎌(겸)也라 艾는 穫也라

○ 此乃言所戒之事라 言三月則當治其新畬矣니 今如何哉오 然麥已將熟이면 則可以受上帝之明賜니 而此明昭之上帝 又將賜我新畬以豐年也라 於是에 命甸徒하여 具農器하여 以治其新畬하라 而又將忽見其收成也라하니라

'보개(保介)'는 《예기》〈월령(月令)〉과 《여람(呂覽:여씨춘추)》에 보이는데, 그 해설이 똑같지 않으나 모두 자전(籍田)을 위하여 말하였으니, 농관(農官)의 부관(副官)이다. '모춘(暮春)'은 북두성 자루가 초저녁에 진방(辰方)을 가리키는 달이니, 하정(夏正)의 3월이다. '여(畬)'는 〈개간한 지〉 3년 된 밭이다. '오황(於皇)'은 탄미(歎美)하는 말이다. '내모(來牟)'는 밀과 보리요, '명(明)'은 상제가 밝게 내려주신 것이니, 밀과 보리가 장차 익게(성숙하게) 됨을 말한 것이다. '흘(迄)'은 이름이다. '강년(康年)'은 풍년과 같다. '중인(衆人)'은 전도(甸徒:농부)이다. '치(庤)'는 갖춤이다. '전(錢)'은 가래요 '박(鎛)'은 호미이니, 모두 전기(田器:농기구)이다. '질(銍)'은 벼를 수확하는 짧은 낫이다. '예(艾)'는 수확함이다.

○ 이는 바로 경계해야(챙겨야) 할 바의 일을 말한 것이다. 3월이면 마땅히 신여(新畬:새로 개간한 밭)를 다스려야 할 것이니, 지금 어떻게 되었는가. 그러나 밀과 보리가 이미 장차 익게 되었으니, 그렇다면 상제가 곡식을 밝게 내려주심을 받을 수 있으니, 이 밝으신 상제가 또 장차 우리 신여에 풍년을 내려 주실 것이다. 이에 전도(甸徒)에게 명하여 "농기구를 갖추어 신여를 다스려라. 그러면 또 장차 갑자기 수확함을 보게 될 것이다."라고 말한 것이다.

··· 庤 : 쌓을 치 錢 : 가래 전 鎛 : 호미 박 銍 : 낫 질 艾 : 벨 예 銚 : 가래 조 鉏 : 호미 서 鎌 : 낫 겸

臣工一章이니 十五句라

〈신공(臣工)〉은 1장이니, 15구이다.

【毛序】 臣工은 諸侯助祭에 遣於廟也라

〈신공〉은 제후가 제사를 돕고 돌아가자, 사당에서 보내면서 경계한 시(詩)이다.

【辨說】 序誤라

〈서〉가 잘못되었다.

2. 희희(噫嘻)

①噫嘻成王, 旣昭假〔音格〕爾. 率時農夫, 播厥百穀. 駿〔音峻〕發爾私, 終三十里. 亦服爾耕, 十千維耦〔따·音擬〕.

噫嘻成王이	아! 성왕이
旣昭假(격)爾하시니	이미 밝게 너희(농관)에게 강림하셨으니
率時農夫하여	이 농부들을 거느리고서
播厥百穀호되	백곡을 파종하되
駿發爾私하여	네 사전(私田)을 크게 밭 갈아
終三十里하며	삼십 리를 마치며
亦服爾耕호되	또한 네 밭 가는 일을 일삼되
十千維耦호라	만인(萬人)으로 짝을 하노라

賦也라 噫嘻는 亦嘆詞也라 昭는 明이요 假은 格也라 爾는 田官也라 時는 是요 駿은 大요 發은 耕也라 私는 私田也라 三十里는 萬夫之地니 四旁有川이요 內方三十三里有奇어늘 言三十里는 舉成數也라 耦는 二人竝耕也라

부(賦)이다. '희희(噫嘻)' 또한 감탄사이다. '소(昭)'는 밝음이요, '격(假)'은 이름(강림함)이다. '이(爾)'는 전관(田官:농관(農官))이다. '시(時)'는 이것이요, '준(駿)'은 큼이요, '발(發:흙을 일으킴)'은 밭을 가는 것이다. '사(私)'는 사전(私田)이다. 30리는 만부(萬夫)가 경작하는 땅이니, 사방에 내〔川〕가 있으며, 그 안 사방이 33리가 넘

⋯ 耦 : 두사람이나란히밭갈 우

는데, 30리라고 말한 것은 성수(成數)를 든 것이다. '우(耦)'는 두 사람이 한 짝이 되어 함께 밭을 가는 것이다.

○ 此連上篇하여 亦戒農官之詞라 昭假爾는 猶言格汝衆庶니 蓋成王始置田官而嘗戒命之也라 爾當率是農夫하여 播其百穀호되 使之大發其私田하며 皆服其耕事하여 萬人爲耦而竝耕也라 蓋耕은 本以二人爲耦어늘 今合一川之衆爲言이라 故로 云萬人畢出하여 幷力齊心하여 如合一耦也라 此는 必鄕、遂[104]之官으로 司稼之屬이니 其職이 以萬夫爲界者라 溝洫(혁)엔 用貢法[105]하여 無公田이라 故로 皆爲之私라 蘇氏曰 民曰 雨我公田하여 遂及我私라하고 而君曰 駿發爾私하여 終三十里라하니 其上下之間에 交相忠愛如此하니라

○ 이는 상편(上篇)을 연하여 또한 농관(農官)을 경계한 말이다. '밝게 너에게 강림한다'는 것은 '너희 무리들에게 이른다〔格汝衆庶〕'는 말과 같으니, 이는 성왕이 처음으로 전관(田官)을 두고 일찍이 경계하여 명한 것이다. 네가 마땅히 이 농부들을 거느려 백곡을 파종하되 그들로 하여금 그 사전(私田)을 크게 밭 갈게 하며, 모두 밭 가는 일을 일삼아 만인(萬人)이 짝이 되어 함께 밭 갈게 하라고 한 것이다.

밭을 갊은 본래 두 사람을 한 짝으로 삼는데, 이제 일천(一川:33리)의 무리를 합하여 말하였기 때문에 만인이 모두 나와서 힘을 함께 하고 마음을 합하여 한 짝을 합한 것과 같이 하라고 말한 것이다. 이는 반드시 향(鄕)·수(遂)의 관원으로 사가(司稼:농사일을 맡은 관원)의 등속일 것이니, 그 직책이 만 부(萬夫)를 경계로 삼은 자일 것이다. 구혁(溝洫)에는 공법(貢法)을 사용하여 공전(公田)이 없기 때문에 모두 사전이라 이른 것이다.

소씨(蘇氏)가 말하였다. "〈〈소아(小雅) 대전(大田)〉에〉 백성들은 '우리 공전에 비

••••••
104 鄕遂 : 향(鄕)·수(遂)는 육향(六鄕)과 육수(六遂)로 주나라 제도에 왕성(王城)에서 50리 내지 100리 되는 지역을 향이라 하여 육향으로 나누고, 100리 이외의 지역을 수라 하여 육수로 나누었는바, 이들 지역은 왕성에서 가까워 정전법(井田法)을 시행하지 못하고 공법(貢法)을 사용하였다.《周禮 地官 大司徒》

105 溝洫用貢法 : 구혁(溝洫)은 모두 도랑으로, 십부(十夫)에 구(溝)가 있고 백부(百夫)에 혁(洫)이 있는바, 1부(夫)는 한 가장(家長)이 경작하는 백무(百畝)를 이른다. 공법(貢法)은 정전법(井田法)을 시행할 수 없는 지역에 수확의 10분의 1을 곧바로 나라에 바치게 하는 제도이다.

••• 洫 : 도랑 혁

가 내려서 마침내 우리 사전에 미치라.' 하였고, 여기에 군주는 '너의 사전을 크게 밭 갈아 30리를 마치라.' 하였으니, 상하(上下)의 사이에 서로 충애(忠愛)함이 이와 같은 것이다."

噫嘻一章이니 八句라

〈희희(噫嘻)〉는 1장이니, 8구이다.

【毛序】 噫嘻는 春夏에 祈穀于上帝也라

〈희희〉는 봄과 여름에 곡식이 잘되기를 상제(上帝)에게 기원하는 시(詩)이다.

【鄭註】 祈는 猶禱也、求也라 月令에 孟春에 祈穀于上帝[106]와 夏則龍星見(현)而雩[107] 是與인저

기(祈)는 도(禱)와 구(求)와 같다. 《예기》〈월령(月令)〉에 '맹춘(孟春)에 곡식이 풍년들기를 상제(上帝)에게 기원한다.'는 것과 '여름에 용성(龍星)이 나타나면 기우제를 지낸다.'는 것이 이것이다.

【辨說】 序誤라

〈서〉가 잘못되었다.

3. 진로(振鷺)

①-① 振鷺于飛, 于彼西雝. 我客戾止, 亦有斯容.

振鷺于飛하니	백로(白鷺)가 떼지어 날아가니
于彼西雝(옹)이로다	저 서쪽 못에서 하도다
我客戾止하니	우리 손님이 이르니
亦有斯容이로다	또한 이 훌륭한 용의(容儀:용모)가 있도다

......

106 孟春 祈穀于上帝:이 내용은 《춘추좌씨전》 희공(僖公) 20년에도 보인다.

107 夏則龍星見而雩:이 내용은 《구당서(舊唐書)》〈예의지(禮儀志)〉에 보인다.

... 雝:연못 옹　戾:이를 려

賦也라 振은 羣飛貌라 鷺는 白鳥라 雝은 澤也라 客은 謂二王之後니 夏之後杞와 商之後宋은 於周爲客하여 天子有事에 膰(번)焉하고 有喪에 拜焉者也라

○ 此는 二王之後來助祭之詩라 言鷺飛于西雝之水어늘 而我客來助祭者 其容貌修整이 亦如鷺之潔白也라 或曰 興也라

부(賦)이다. '진(振)'은 떼지어 날아가는 모양이다. '로(鷺;백로)'는 백조(白鳥)이다. '옹(雝)'은 못이다. '객(客)'은 하(夏)·상(商) 두 왕조의 후손을 이르니, 하(夏)나라의 후손인 기(杞)나라와 상(商)나라의 후손인 송(宋)나라는 주나라에 손님이 되어서 천자에게 제사가 있으면 제사 고기를 보내고, 상(喪)이 있으면 절을 하는 자들이다.

○ 이는 두 왕의 후손이 와서 제사를 돕는 시(詩)이다. 백로가 서쪽 못의 물에서 날아가는데, 우리 손님으로서 와서 제사를 돕는 자들이 그 용모의 닦여지고 정돈됨이 또한 백로의 깨끗함과 같음을 말한 것이다. 혹자는 흥(興)이라 한다.

①-② 在彼無惡[烏路反], 在此無斁[叶丁故反]. 庶幾夙夜[叶羊茹反], 以永終譽.

在彼無惡(오)하며	저기에 있어도 미워하는 이가 없으며
在此無斁(역)하니	여기에 있어도 싫어하는 이가 없으니
庶幾夙夜하여	거의 일찍 일어나고 밤늦게 자서
以永終譽리로다	명예를 길이 마치리로다

彼는 其國也라 在國에 無惡(오)之者하고 在此에 無厭之者하니 如是면 則庶幾其能夙夜하여 以永終此譽矣라 陳氏曰 在彼엔 不以我革其命이라하여 而有惡於我하여 知天命無常하여 惟德是與하니 其心服也요 在我엔 不以彼墜其命이라하여 而有厭於彼하여 崇德象賢하여 統承先王[108]하니 忠厚之至也니라

'피(彼)'는 그의 나라이다. 본국에 있음에 미워하는 자가 없고 여기에 있음에

••••••
108 崇德象賢 統承先王 : 숭덕(崇德)은 선성왕(先聖王) 중에 덕이 있는 자를 높여서 받들어 제사함이요, 상현(象賢)은 그 후사(後嗣)의 자손 중에 선성왕의 어짊을 닮은 자가 있으면 명하여 제사를 주관하게 하는 것이며, 통승선왕(統承先王)은 선왕의 전통을 계승하는 것으로, 이 내용은 《서경》〈미자지명(微子之命)〉에 보인다.

••• 膰 : 제사고기 번 斁 : 싫어할 역

싫어하는 자가 없으니, 이와 같다면 거의 일찍 일어나고 밤늦게 자서 이 명예를 길이 마칠 수 있을 것이다.

　진씨(陳氏)가 말하였다. "저들 입장에 있어서는 우리가 혁명(革命)을 했다 하여 우리를 미워하는 마음이 있지 않아서, 천명(天命)이 무상(無常)하여 오직 덕이 있는 이에게 줌을 알 것이니 이는 마음으로 복종한 것이요, 우리에게 있어서는 저들이 천명을 실추했다 하여 저들을 싫어함이 있지 아니하여, 덕을 높이고 어진이를 본받아 선왕을 계승하게 하였으니, 충후(忠厚)함이 지극한 것이다."

振鷺一章이니 八句라
　〈진로(振鷺)〉는 1장이니, 8구이다.

【毛序】 振鷺는 二王之後 來助祭也라
　〈진로(振鷺)〉는 하(夏)·은(殷) 두 왕조의 후손이 와서 제사를 도움을 읊은 시(詩)이다.
【鄭註】 二王은 夏、殷也요 其後는 杞也、宋也라
　두 왕은 하(夏)나라와 은(殷)나라이고, 그 후손은 기(杞)나라와 송(宋)나라이다.

4. 풍년(豐年)

① 豐年多黍多稌〔音杜〕, 亦有高廩〔力錦反〕, 萬億及秭〔咨履反〕, 爲酒爲醴, 烝畀祖妣, 以洽百禮, 降福孔皆〔叶舉里反〕.

豐年多黍多稌(도)하여	풍년에 기장이 많으며 벼가 많아
亦有高廩(름)이	높은 곳집이
萬億及秭(자)어늘	만과 억과 자(秭)이거늘
爲酒爲醴(례)하여	이로써 술을 만들고 단술을 만들어
烝畀祖妣하여	조비(祖妣)에게 나아가 올려서
以洽百禮하니	온갖 예를 모두 구비하니
降福孔皆로다	복을 내리심이 심히 두루하시리로다

‥‥ 稌 : 찰벼 도　廩 : 곳집 름　秭 : 천억 자　醴 : 단술 례

賦也라 稌는 稻也라 黍는 宜高燥而寒이요 稌는 宜下濕而暑니 黍稌皆熟이면 則百穀無不熟矣라 亦은 助語辭라 數萬至萬曰億이요 數億至億曰秭라 烝은 進이요 畀는 予요 洽은 備요 皆는 徧也라

○ 此는 秋冬報賽(새)田事之樂歌니 蓋祀田祖、先農、方社之屬[109]也라 言其收入之多하여 至於可以供祭祀, 備百禮하여 而神降之福이 將甚徧也라

부(賦)이다. '도(稌)'는 벼이다. 기장은 높고 건조하고 추운 곳에 마땅하고(잘되고) 벼는 하습(下濕)하고 더운 곳에 마땅하니, 기장과 벼가 모두 성숙했다면 백곡이 성숙하지 않음이 없는 것이다. '역(亦)'은 어조사이다. 만(萬)을 세어 만에 이름을 '억(億)'이라 하고, 억(億)을 세어 억에 이름을 '자(秭)'라 한다. '증(烝)'은 나아감이요, '비(畀)'는 줌이요, '흡(洽)'은 구비함이요, '개(皆)'는 두루함이다.

○ 이는 가을과 겨울에 전사(田事:농사)의 신(神)에게 보답하여 굿하는 악가(樂歌)이니, 이는 전조(田祖)와 선농(先農)과 방사(方社:사방의 신과 토신)의 등속에 제사하는 것이다. 그 거둬들임이 많아서 제사에 바치고 백례(百禮)를 구비할 수 있음에 이르러 신(神)이 복을 내림이 장차 심히 두루할 것이라고 말한 것이다.

豐年一章이니 七句라

〈풍년(豐年)〉은 1장이니, 7구이다.

【毛序】 豐年은 秋冬報也라

〈풍년〉은 가을과 겨울에 보답하는 제사를 올리는 시(詩)이다.

【鄭註】 報者는 謂嘗也、烝也

보(報)라는 것은 가을의 상제(嘗祭)와 겨울의 증제(烝祭)를 이른다.

••••••
109 田祖先農方社之屬 : 전조(田祖)는 신농씨(神農氏)로, 위 〈소아(小雅) 보전(甫田)〉에 "以社以方……以御田祖"라고 보인다. 이에 대해 《집전》에 "사(社)는 후토(后土)이니 구룡씨(九龍氏)를 배향한다." 하였는데, 소주에 공씨(孔氏)는 "사(社)는 오토(五土)의 신이니 능히 만물을 낳으며, 구룡은 공공씨(共工氏)의 아들이니 구주(九州)를 다스려 큰 공이 있었다." 하였다. 뒤이어 《집전》에 "방(方)은 가을에 사방에 제사하여 만물을 이루어 준 것에 보답하는 것이다." 하였다. 《주례(周禮)》〈대사마(大司馬)〉에 이른바 "그물이 해지면 짐승을 바쳐 방(祊)에 제사한다는 것이 이것이다." 하였는데 《주례》의 주에 "방(祊)은 마땅히 방(方)이 되어야 하니, 음이 비슷하여 잘못된 것이다." 하였다. 뒤이어 《집전》에 "전조(田祖)는 선색(先穡)이다. 처음으로 밭을 갈아 농사지은 자를 이르니, 바로 신농(神農)이다." 하였다.

••• 畀 : 줄 비 賽 : 굿할 새

【辨說】 序誤라

　〈서〉가 잘못되었다.

5. 유고(有瞽)

①-① 有瞽有瞽, 在周之庭.

　有瞽有瞽여　　　　　악사(樂師)여! 악사여!

　在周之庭이로다　　　주나라의 뜰에 있도다

賦也라 瞽는 樂官이니 無目者也라

○ 序에 以此爲始作樂而合乎祖之詩라하니 兩句는 總序其事也라

　부(賦)이다. '고(瞽)'는 악관(樂官)이니, 눈이 없는 자(장님)이다.

　○〈모서(毛序)〉에는 이를〈주공이〉처음으로 풍악을 만들어 조묘(祖廟)에 합주(合奏)하는 시(詩)라 하였으니, 이 두 구(句)는 그 일을 총괄하여 서술한 것이다.

①-② 設業設虡〔音巨〕, 崇牙樹羽. 應田縣鼓, 鞉〔音桃〕磬柷〔尺叔反〕圉〔魚女反〕, 旣備乃奏〔叶音祖〕, 簫管備擧〔以上叶瞽字〕.

　設業設虡(거)하니　　　업(業)을 설치하고 종틀을 설치하니

　崇牙樹羽로다　　　　숭아에 오색 깃털을 꽂아 놓았도다

　應田縣(懸)鼓와　　　큰 북과 작은 북과 매단 북과

　鞉磬柷圉(도경축어)　소고(小鼓)와 경쇠와 축(柷)과 어(圉)가

　旣備乃奏하니　　　　이미 갖추어져 연주하니

　簫管備擧로다　　　　퉁소와 피리가 구비되어 연주하도다

業、虡、崇牙는 見靈臺篇하니라 樹羽는 置五采之羽於崇牙之上也라 應은 小鞞

···　業 : 종다는널판조각 업　虡 : 쇠북틀설주 거　應 : 작은북 응　田 : 큰북 전　鞉 : 소고(小鼓) 도　柷 : 축풍류 축

　圉 : 악기이름 어　簫 : 퉁소 소　鞞 : 마상(馬上)북 비

(비)요 田은 大鼓也라 鄭氏曰 田은 當作牽(인)이니 小鼓也¹¹⁰라하니라 縣(懸)鼓는 周
制也니 夏后氏는 足鼓요 殷은 楹鼓요 周는 縣鼓라 鞉(鼗)는 如鼓而小하니 有柄兩
耳하여 持其柄搖之면 則旁耳還自擊이라 磬은 石磬也라 柷은 狀如漆桶하니 以木
爲之라 中有椎(추)하여 連底桐(동)之하여 令左右擊以起樂者也라 圉는 亦作敔하니
狀如伏虎한대 背上에 有二十七鉏鋙(서어)刻하여 以木長尺으로 擽(략)以止樂者也
라 簫는 編小竹管爲之요 管은 如篴(적)하니 倂兩而吹之者也라

'업(業)'과 '거(虡)'와 '숭아(崇牙)'는 〈대아(大雅) 영대(靈臺)〉편에 보인다. '수우
(樹羽)'는 오채(五采)의 깃털을 숭아의 위에 꽂는 것이다. '응(應)'은 작은 북이요,
'전(田)'은 큰 북이다. 정씨(鄭氏)는 말하기를 "전(田)은 마땅히 인(牽)이 되어야 하
니, 작은 북이다." 하였다. 북을 매다는 것은 주나라의 제도이니, 하후씨(夏后氏)는
북에 네 개의 발을 달았고, 은(殷)나라는 북에 기둥을 세우고 그 밑에 발을 설치하
였고, 주나라는 북을 매달아 놓았다. '도(鞉)'는 북과 비슷한데 작으니, 자루가 달
려있고 두 귀가 있어서 그 자루를 잡고 흔들면 옆에 있는 귀가 도리어 스스로 제
몸을 치게 되어 있다.

'경(磬)'은 석경(石磬)이다. '축(柷)'은 형상(모습)이 칠통(漆桶:검은 통)과 같은데
나무로 만든다. 가운데에 방망이를 설치하여 축의 밑에 연결하여 당겼다 밀었다
해서 좌우(左右)로 치게 하여 풍악(風樂)을 일으키는 것이다. '어(圉)'는 또한 어(敔)
로도 쓰니, 형상이 엎드려 있는 범과 같은데, 등 위에 27개의 들쑥날쑥한 〈톱니
모양의〉 조각이 있어서 길이가 1척(尺)인 나무로 이 조각한 것을 긁어 풍악을 그
치게 하는 것이다. '소(簫)'는 작은 죽관(竹管)을 엮어 만든 것이요, '관(管)'은 피리
와 같으니 두 개를 나란히 아울러 부는 것이다.

①-③喤喤[音橫]厥聲, 肅雝和鳴, 先祖是聽, 我客戾止, 永觀厥成[以上叶
庭字].

• • • • • •

110 田……小鼓也:《집전》에 "전(田)은 큰 북이다." 하였고 뒤이어 정현의 "전(田)은 마땅히 인
(牽)이 되어야 하니, 작은 북이다." 한 것을 인용하여, 田에 대한 훈(訓)이 '큰 북'과 '작은 북'으로
각기 다른데, 공영달(孔穎達)의 소(疏)에 "이미 응(應)의 작은 북이 있고, 또 인(牽)의 큰 북이 있
다.[旣有應之小鼓, 又有牽之大鼓.]" 하였으며, 《대전본》의 소주(小註)에도 이러한 내용이 보인다.

⋯ 牽 : 작은북칠 인　楹 : 기둥 영　桐 : 당겼다밀었다할 동　敔 : 그칠풍류 어　鉏 : 어긋날 서　鋙 : 어긋날 어
擽 : 긁을 락　篴 : 피리 적　喤 : 떠들썩할 횡

喤(횡)喤厥聲이	조화로운 그 소리가
肅雝和鳴하니	엄숙하고 조화롭게 울리니
先祖是聽하시며	선조가 이에 들으시며
我客戾止하여	우리 손님이 이르시어
永觀厥成이로다	음악이 끝남을 길이 보시도다

我客은 二王後也라 觀은 視也라 成은 樂闋(결)也니 如簫韶九成[111]之成이라 獨言二王後者는 猶言虞賓在位, 我有嘉客[112]이니 蓋尤以是爲盛耳니라

'아객(我客)'은 하(夏)·은(殷) 두 왕조의 후손이다. '관(觀)'은 봄이다. '성(成)'은 음악이 끝나는 것이니, 소소구성(簫韶九成)의 성(成)과 같다. 유독 두 왕조의 후손만을 말한 것은 우(虞)나라 손님이 자리에 있으며 내 아름다운 손님이 있다는 말과 같으니, 특히 이것을 성대(盛大)하게 여긴 것이다.

有瞽一章이니 十三句라

〈유고(有瞽)〉는 1장이니, 13구이다.

【毛序】 有瞽는 始作樂而合乎大(太)祖也라

〈유고〉는 처음 풍악을 지어 태조(太祖:문왕)에게 여러 음악을 합주(合奏)한 시(詩)이다.

【鄭註】 王者 治定制禮하고 功成作樂이니 合者는 大合諸樂而奏之니라

왕자가 정치가 안정되면 예(禮)를 제정하고 공(功)이 이루어지면 음악을 만드니, 합(合)이란 여러 풍악을 크게 모아서 연주하는 것이다.

111 簫韶九成 : 소소(簫韶)는 순(舜) 임금의 음악인 소악(韶樂)을 이르며, 구성(九成)은 악장(樂章)이 아홉 번 끝나는 것으로 이 내용은 《서경》〈익직(益稷)〉에 보인다.

112 猶言虞賓在位 我有嘉客 : 우빈(虞賓)은 우(虞)나라의 손님으로 요(堯) 임금의 아들인 단주(丹朱)인데 순 임금의 조정에 손님으로 와 있음을 말한 것으로 《서경》〈익직〉에 보이며, '아유가객(我有嘉客)'은 아래〈상송(商頌) 나(那)〉에 보인다.

··· 闋 : 마칠 결

6. 잠(潛)

① 猗[於宜反]與[音余]漆沮[七余反], 潛有多魚, 有鱣[張連反]有鮪[叶于軌反], 鰷[音條]鱨[音常]鰋[音偃]鯉. 以享以祀[叶逸織反], 以介景福[叶筆力反].

猗與漆沮에	아름답다 칠저(漆沮)에
潛有多魚하니	물고기갓에 많은 물고기가 들어 있으니
有鱣(전)有鮪(유)하며	전어가 있고 상어(철갑상어)가 있으며
鰷鱨鰋鯉(조상언리)로소니	피라미와 자가사리와 메기와 잉어가 있으니
以享以祀하여	이것을 올리며 제사하여
以介景福이로다	큰 복을 크게 받으리로다

賦也라 猗與는 歎詞라 潛은 椮(삼)也니 蓋積柴養魚하여 使得隱藏避寒하고 因以薄圍取之也라 或曰 藏之深也라하니라 鰷는 白鰷也라 月令에 季冬에 命漁師始漁하고 天子親往하여 乃嘗魚호되 先薦寢廟하며 季春에 薦鮪于寢廟라하니 此其樂歌也라

부(賦)이다. '의여(猗與)'는 감탄사이다. '잠(潛)'은 물고기갓이니, 물 속에 나무를 쌓아 물고기를 길러서 물고기가 몸을 숨겨 추위를 피할 수 있게 하고 인하여 발[薄]로 포위하여 잡는 것이다. 혹자는 "숨기를 깊이 하는 것이다."라 한다. '조(鰷)'는 흰 피라미이다. 《예기》〈월령(月令)〉에 "계동(季冬)에 어사(漁師)에게 명하여 처음 물고기를 잡게 하고는 천자가 친히 가서 물고기를 맛보되, 먼저 침묘(寢廟)에 올리며, 계춘(季春)에는 철갑상어를 침묘에 올린다." 하였으니, 이것이 그 악가(樂歌)이다.

潛一章이니 六句라

〈잠(潛)〉은 1장이니, 6구이다.

【毛序】 潛은 季冬薦魚하고 春獻鮪也라

〈잠〉은 계동(季冬:12월)에 물고기를 올리고 봄에 철갑상어를 올리는 시(詩)이다.

【鄭註】 冬은 魚之性定이요 春은 鮪新來하니 薦獻之者를 謂於宗廟也라

··· 沮 : 물이름 저 潛 : 잠길 잠 鱣 : 철갑상어 전 鮪 : 상어 유 鰷 : 피라미 조 鱨 : 날치 상 鰋 : 메기 언
椮 : 고기깃줄 삼

겨울은 물고기의 성질이 안정되고 봄에는 상어(鮪)가 새로 올라오니, 이것을 천헌(薦獻)함은 종묘에 올림을 이른다.

7. 옹(雝)

①-① 有來雝雝〔與公叶 篇內同〕, 至止肅肅. 相〔息亮反〕維辟〔音璧〕公, 天子穆穆.

有來雝雝하며(하여)　　　　올 적에는 온화하며
至止肅肅이로다　　　　　이르러서는 엄숙하고 엄숙하도다
相維辟公이어늘　　　　　제사를 돕는 이는 제후인데
天子穆穆이샷다　　　　　천자는 엄숙히 계시도다

詩經集傳　下

賦也라 雝雝은 和也요 肅肅은 敬也라 相은 助祭也라 辟公은 諸侯也라 穆穆은 天子之容也라
○ 此는 武王祭文王之詩라 言諸侯之來에 皆和且敬하여 以助我之祭事어늘 而天子有穆穆之容也니라

부(賦)이다. '옹옹(雝雝)'은 온화함이요, '숙숙(肅肅)'은 공경함이다. '상(相)'은 제사를 도움이다. '벽공(辟公)'은 제후이다. '목목(穆穆)'은 천자의 용모이다.

○ 이는 무왕이 문왕을 제사한 시(詩)이다. 제후들이 올 때에 모두 온화하고 공경하여 나의 제사를 돕는데, 천자는 목목한 용모가 있음을 말한 것이다.

①-② 於〔音烏〕薦廣牡, 相〔同上〕予肆祀〔叶養里反〕. 假〔古雅反〕哉皇考〔叶音口〕, 綏予孝子〔叶獎里反〕.

於(오)薦廣牡하여　　　　아, 큰 희생을 올려
相予肆祀하니　　　　　나를 도와 제사를 베푸니
假哉皇考　　　　　　　위대하신 황고(문왕)께서
綏予孝子샷다　　　　　나 효자의 마음을 편안하게 하시도다

於는 歎辭라 廣牡는 大牲也라 肆는 陳이요 假는 大也라 皇考는 文王也라 綏는 安也라 孝子는 武王自稱也라

○ 言此和敬之諸侯 薦大牲하여 以助我之祭事하니 而大哉之文王이 庶其享之하사 以安我孝子之心也라

'오(於)'는 감탄사이다. '광무(廣牡)'는 큰 희생이다. '사(肆)'는 베풂(진열함)이요, '가(假)'는 큼이다. '황고(皇考)'는 문왕이다. '수(綏)'는 편안함이다. 효자는 무왕의 자칭(自稱)이다.

○ 이 온화하고 공경하는 제후들이 큰 희생을 올려 나의 제사를 도우니, 위대하신 문왕이 행여 흠향하사 나 효자의 마음을 편안하게 하실 것이라고 말한 것이다.

①-③宣哲維人, 文武維后. 燕及皇天[叶鐵因反], 克昌厥後.

宣哲維人이시며	명철한 분이시며
文武維后시니	문무겸전(文武兼全)한 임금님이시니
燕及皇天하여	사람을 편안히 함이 황천에까지 미쳐
克昌厥後샷다	그 후손을 편안하게 하셨도다

宣은 通이요 哲은 知(智)요 燕은 安也라

○ 此는 美文王之德이라 宣哲則盡人之道하고 文武則備君之德이라 故로 能安人以及于天하여 而克昌其後嗣也라 蘇氏曰 周人은 以諱事神[113]이어늘 文王名昌이로되 而此詩曰 克昌厥後는 何也오 曰 周之所謂諱는 不以其名號之耳요 不遂廢其文也니 諱其名而廢其文者는 周禮之末失也니라

'선(宣)'은 통(通)함이요, '철(哲)'은 지혜요, '연(燕)'은 편안함이다.

○ 이는 문왕의 덕(德)을 찬미한 것이다. 통철(通哲)하면 사람의 도(道)를 다하고, 문무(文武)가 구비되면 임금의 덕을 갖춘 것이다. 그러므로 능히 사람을 편안히 하여 하늘에 미쳐서 그 후사를 번창하게 한 것이다.

소씨(蘇氏)가 말하였다. "주(周)나라 사람은 휘(諱)로써 신을 섬겼는데, 문왕의

• • • • • •

113 周人以諱事神 : 휘(諱)는 제왕이 죽은 뒤에 그의 이름을 휘하여 조상의 신을 섬김을 이른다. 생전에는 천자도 상제나 조상의 축문에 자신의 이름을 표기하여 제사하는 내용을 고한다.

이름이 창(昌)인데도 이 시에서는 '극창궐후(克昌厥後)'라고 말한 것은 어째서인가? 주나라의 이른바 휘라는 것은 그 이름을 호칭하지 않았을 뿐이요, 마침내 그 글자〔文〕를 완전히 폐하지는 않았으니, 그 이름을 휘하느라 그 글자를 폐한 것은 주나라 예의 말실(末失:유폐(流弊))이다."

①-④綏我眉壽〔叶殖酉反〕, 介以繁祉, 旣右〔音又〕烈考〔叶音口〕, 亦右文母〔叶滿彼反〕.

綏我眉壽하며   나를 미수로써 편안히 하며
介以繁祉하여   나를 큰 복으로써 도와서
旣右烈考요   이미 열고를 높이 모시고
亦右文母샷다   또한 문모를 높이 모시게 하셨도다

右는 尊也니 周禮所謂享右祭祀是也라 烈考는 猶皇考也라 文母는 大姒也라
○ 言文王昌厥後하사 而安之以眉壽하고 助之以多福하여 使我得以右于烈考、文母也라

'우(右)'는 높임이니, 《주례》〈춘관(春官) 태축(太祝)〉에 이른바 '오른쪽에 제향하여 제사한다.'는 것이 이것이다. '열고(烈考)'는 황고(皇考)와 같다. '문모(文母)'는 태사(太姒)이다.

○ 문왕이 그 후손을 번창하게 하여 편안히 하시되 미수(眉壽)로써 하시고 도와주시되 다복(多福)으로써 하시어 나로 하여금 열고와 문모를 높일 수 있게 하셨음을 말한 것이다.

雝一章이니 十六句라
〈옹(雝)〉은 1장이니, 16구이다.
周禮에 樂師及徹이어든 帥學士而歌徹한대 說者以爲卽此詩라하고 論語亦曰 以雍徹이라하니 然則此蓋徹祭所歌니 而亦名爲徹也라
《주례》〈춘관(春官)〉에 악사(樂師)가 제사상을 거둠에 이르거든 학사(學士)들을 거느리고 〈철(徹)〉을 노래로 읊었는데, 해설하는 자가 바로 이 시(詩)라 하였고, 《논어》〈팔일(八佾)〉에도 "옹(雍)으로써 제사상을 거둔다." 하였으니, 그렇다면 이

는 아마도 제사상을 거둘 때에 노래하는 시일 것이니, 또한 〈철(徹)〉이라고도 이름한 것이다.

【毛序】 雝은 禘大祖也라

〈옹〉은 태조(太祖)에게 체제(禘祭)하는 시이다.

【鄭註】 禘는 大祭也니 大於四時而小於祫이라 大(太)祖는 謂文王이라

체(禘)는 큰 제사이니, 사시제(四時祭)보다는 크고 협제(祫祭)보다는 작다. 태조(太祖)는 문왕(文王)을 이른다.

【辨說】 祭法에 周人禘嚳이라하고 又曰天子七廟니 三昭三穆及太祖之廟而七이라하니 周之太祖는 卽后稷也라 禘嚳於后稷之廟하고 而以后稷配之하니 所謂禘其祖之所自出하고 以其祖配之者[114]也라 祭法에 又曰 周祖文王이라한대 而春秋家 說三年喪畢하고 致新死者之主于廟를 亦謂之吉禘라하니 是祖一號而二廟요 禘一名而二祭也라 今此序에 云禘太祖라하면 則宜爲禘嚳於后稷之廟矣어늘 而其詩之詞에 無及於嚳稷者요 若以爲吉禘于文王이라하면 則與序已不協이요 而詩文亦無此意하니 恐序之誤也라 此詩는 但爲武王祭文王而徹俎之詩러니 而後通用於他廟耳라

《예기》〈제법(祭法)〉에 "주나라 사람은 제곡(帝嚳)을 체제(禘祭)한다." 하였고, 또 이르기를 "천자는 사당이 일곱이니, 세 소(昭)와 세 목(穆)과 태조(太祖:시조)의 사당을 합하여 일곱이다." 하였으니, 주나라의 태조는 바로 후직(后稷)이다. 제곡을 후직의 사당에 체제하고 후직으로 배향하였으니, 이른바 그 시조가 말미암아 나온 바(선조)를 체제하고 그 시조로써 배향한다는 것이다. 〈제법〉에 또 "주나라는 문왕을 조(祖)로 하였다." 하였는데, 춘추가(春秋家)들이 설명하기를 "삼년상을 마치고 새로 죽은 왕의 신주를 사당에 올려 제사함을 또한 길체(吉禘)라 한다." 하였으니, 이는 조(祖) 한 이름에 두 사당(제곡과 문왕)이고 체(禘) 한 이름에 두 제사(체제와 길체)인 것이다.

지금 이 〈서〉에 '태조를 체제하였다.〔禘太祖〕'고 말하였다면 마땅히 제곡을 후직의 사당에서 체제함이 되는데, 이 시의 가사에 제곡과 후직에게 언급함이 없고,

••••••
114 所謂禘其祖之所自出 以其祖配之者 : 이 내용은 《예기(禮記)》〈대전(大傳)〉에 보인다.

만약 문왕에게 길체한 것이라고 한다면 〈서〉와 이미 맞지 않으며, 시의 글에도 또한 이러한 뜻이 없으니, 〈서〉가 잘못된 듯하다. 이 시는 다만 무왕이 문왕을 제사하면서 제기(祭器)를 거두는 시가 되는데, 이후에 다른 사당에도 통용했을 뿐이다.

8. 재현(載見)

①-① 載見〔賢遍反 下同〕辟〔音璧〕王, 日求厥章. 龍旂陽陽, 和鈴央央〔於良反〕, 儵〔音條〕革有鶬〔七羊反〕, 休有烈光.

載見(현)辟王하여	군왕께 뵈어
日求厥章하니	그 법도를 구하니
龍旂陽陽하며	용(龍)을 그린 기(旂)가 선명하며
和鈴央央하며	화(和)와 령(鈴)의 방울이 조화롭게 울리며
儵(조)革有鶬(창)하니	고삐에 달린 방울이 조화롭게 울리니
休有烈光이로다	아름다워 찬란한 광채가 있도다

賦也라 載는 則也니 發語辭也라 章은 法度也라 交龍曰旂라 陽은 明也라 軾前曰和요 旂上曰鈴이라 央央、有鶬은 皆聲和也라 休는 美也라
○ 此는 諸侯助祭于武王廟之詩라 先言其來朝하여 稟受法度할새 其車服之盛如此하니라

부(賦)이다. '재(載)'는 칙(則:곧)이니, 발어사(發語辭)이다. '장(章)'은 법도이다. 교룡(交龍:용 두 마리가 서로 마주함)을 〈그린 기(旗)를〉 '기(旂)'라 한다. '양(陽)'은 밝음이다. 식(軾) 앞에 달린 방울을 '화(和)'라 하고, 깃발 위에 달린 방울을 '령(鈴)'이라 한다. '앙앙(央央)'과 '유창(有鶬)'은 모두 방울 소리가 조화로움이다. '휴(休)'는 아름다움이다.

○ 이는 제후가 무왕의 사당에서 제사를 도운 시(詩)이다. 먼저 그들이 조회 와서 법도를 받을 적에 그 거복(車服)의 성대함이 이와 같음을 말한 것이다.

••• 央 : 넓을 앙 儵 : 고삐 조 鶬 : 꾀꼬리 창

①-② 率見昭考, 以孝以享〔叶虛良反〕.

率見(현)昭考하여　　　　제후들을 거느리고 소고(무왕)께 뵈어
以孝以享하여　　　　　효도하며 제향하여

昭考는 武王也라 廟制에 太祖居中하고 左昭右穆하니 周廟는 文王當穆이요 武王當昭라 故로 書稱穆考文王하고 而此詩及訪落에 皆謂武王爲昭考하니라 此乃言王率諸侯하여 以祭武王廟也라

'소고(昭考)'는 무왕이다. 종묘의 제도에 태조(太祖)는 중앙에 있고 왼쪽에는 소(昭), 오른쪽에는 목(穆)이 있으니, 주나라의 사당은 문왕이 목에 해당하고 무왕이 소에 해당한다. 그러므로 《서경》〈주고(周誥)〉에 '목고 문왕(穆考文王)'이라 칭하였고, 이 시와 〈방락(訪落)〉에 모두 무왕을 소고라 이른 것이다. 이는 바로 왕이 제후를 거느려 무왕의 사당에 제사함을 말한 것이다.

①-③ 以介眉壽, 永言保之, 思皇多祜〔後五反〕, 烈文辟公, 綏以多福, 俾緝熙于純嘏〔叶音古〕.

以介眉壽하여　　　　　미수(眉壽:장수)를 크게 해서
永言保之하여　　　　　길이 보전하여
思皇多祜(호)는　　　　아름다운 많은 복을 받음은
烈文辟公이　　　　　　빛나는 문채의 제후들이
綏以多福하여　　　　　편안히 하되 많은 복으로써 하여
俾緝熙于純嘏로다　　　이어 밝혀서 큰 복을 내리게 해서로다

思는 語辭라 皇은 大也, 美也라
○ 又言 孝享以介眉壽하여 而受多福하니 是皆諸侯助祭하여 有以致之하여 使我得繼而明之하여 以至於純嘏也라하니 蓋歸德于諸侯之詞니 猶烈文之意也라

'사(思)'는 어조사이다. '황(皇)'은 큼이며 아름다움이다.
○ 또 말하기를 "효도하며 제향하여 미수(眉壽)를 크게 해서 다복(多福)을 받으

··· 祜:복 호 緝:이을 집 嘏:복 가

니, 이는 모두 제후들이 제사를 도와서 이룸이 있게 한 것이다. 그리하여 나로 하여금 이어 밝혀서 큰 복에 이르게 했다."라고 하였다. 이는 제후들에게 덕(德)을 돌린 말이니, 〈열문(烈文)〉의 뜻과 같다.

載見一章이니 十四句라

　　〈재현(載見)〉은 1장이니, 14구이다.

【毛序】　載見은 諸侯始見(현)乎武王廟也라

　　〈재현〉은 제후가 처음으로 무왕의 사당에 뵙는 시(詩)이다.

【辨說】　序에 以載訓始라 故云始見이라하니 恐未必然也로라

　　〈서〉는 재(載)를 시(始)라고 훈(訓)하였다. 그러므로 '처음 무왕의 사당을 뵈온 것이다.' 하였으니, 반드시 옳지는 않을 듯하다.

9. 유객(有客)

①-① 有客有客, 亦白其馬〔叶滿補反〕. 有萋有且〔七序反〕, 敦〔都回反〕琢其旅.

有客有客이여	손님이여! 손님이여!
亦白其馬로다	흰 그 말이로다
有萋有且(저)하니	공경하고 삼가니
敦(퇴)琢其旅로다	잘 가려 뽑은 그 수행원이로다

賦也라 客은 微子也니 周旣滅商에 封微子於宋하여 以祀其先王하고 而以客禮待之하여 不敢臣也라 亦은 語辭也라 殷尙白하니 修其禮物하여 仍殷之舊也라 萋、且는 未詳이라 傳曰 敬愼貌라하니라 敦琢은 選擇也라 旅는 其卿大夫從行者也라
○ 此는 微子來見(현)祖廟之詩니 而此一節은 言其始至也라

　　부(賦)이다. '객(客)'은 미자(微子)이니, 주(周)나라가 이미 상(商)나라를 멸망하자 미자를 송(宋)나라에 봉하여 그 선왕을 제사하게 하고는 객(客)의 예(禮)로 대우하고 감히 신하로 삼지 않은 것이다. '역(亦)'은 어조사이다. 은(殷)나라는 백색

... 萋 : 무성할 처　敦 : 다듬을 퇴, 가릴 퇴　旅 : 무리 려, 군사 려

을 숭상하였으니, 그 예물(禮物)을 닦아 은나라의 옛것(백마)을 그대로 쓰게 한 것이다. '처(萋)'와 '저(且)'는 자세하지 않다. 《모전》에는 "공경하고 삼가는 모양이다." 하였다. '퇴탁(敦琢)'은 가려 뽑음이다. '려(旅)'는 그의 경대부(卿大夫)로서 따라온 자(수행원)이다.

○ 이는 미자가 〈주나라의〉 조묘(祖廟)에 와서 뵈온 시(詩)이니, 이 한 절(節)은 그 처음 이르렀을 때를 말한 것이다.

①-② 有客宿宿, 有客信信. 言授之縶[陟立反], 以縶其馬[同上].

有客宿宿하며	손님이 하룻밤을 유숙하고 유숙하며
有客信信하니	손님이 이틀 밤을 묵고 묵으니
言授之縶(칩)하여	손님에게 끈을 주어
以縶其馬하리라	그 말을 동여매게 하리라

一宿曰宿이요 再宿曰信이라 縶其馬는 愛之하여 不欲其去也라 此一節은 言其將去也라

하룻밤을 유숙함을 '숙(宿)'이라 하고, 이틀 밤을 유숙함을 '신(信)'이라 한다. 그 말을 동여맴은 그를 사랑하여 떠나보내려고 하지 않은 것이다. 이 한 절은 장차 떠나려 함을 말한 것이다.

①-③ 薄言追之, 左右綏之. 旣有淫威, 降福孔夷.

薄言追之하여	잠깐 쫓아가서
左右綏之호라	좌우로 편안히 하노라
旣有淫威하니	이미 큰 위엄을 두니
降福孔夷로다	복을 내림이 심히 크도다

追之는 已去而復還之니 愛之無已也라 左右綏之는 言所以安而留之者無方也라 淫威는 未詳이라 舊說에 淫은 大也니 統承先王하여 用天子禮樂이 所謂淫威也라하니라 夷는 易也, 大也라 此一節은 言其留之也라

··· 縶 : 맬 칩

쫓아간다는 것은 이미 갔는데 다시 돌아오게 함이니, 사랑함이 그침(끝)이 없는 것이다. '좌우(左右)로 편안히 한다.'는 것은 편안히 머물게 함이 일정한 방소가 없는 것이다. '음위(淫威)'는 자세하지 않다. 구설(舊說)에 "음(淫)은 큼이니, 선왕을 계승하여 천자의 예악(禮樂)을 쓰는 것이 이른바 큰 위엄이다." 하였다. '이(夷)'는 평탄함이요 큼이다. 이 한 절은 그 만류하여 머물게 함을 말한 것이다.

有客一章이니 十二句라
　〈유객(有客)〉은 1장이니, 12구이다.

【毛序】　有客은 微子來見(현)祖廟也라
　〈유객〉은 미자(微子)가 와서 주나라의 조묘(祖廟)에 뵙는 시(詩)이다.
【鄭註】　成王이 旣黜殷命에 殺武庚하고 命微子代殷後하니 旣受命에 來朝而見也니라
　성왕(成王)이 이미 은(殷)나라 명을 내침에 무경(武庚)을 죽이고 미자를 명하여 은나라의 뒤를 대신하게 하니, 미자가 이미 명을 받음에 와서 조회하고 왕을 뵈온 것이다.

10. 무(武)

①於〔音烏〕皇武王, 無競維烈. 允文文王, 克開厥後, 嗣武受之, 勝殷遏劉, 耆〔音指〕定爾功.

於(오)皇武王이여	아! 위대하신 무왕이여
無競維烈이샷다	더 훌륭할 수 없는 공렬(功烈)이시도다
允文文王이	진실로 문덕(文德)이 있으신 문왕이
克開厥後어시늘	능히 그 뒤를 열어 놓으시자
嗣武受之하사	뒤를 이어 무왕께서 이것을 받으사
勝殷遏劉하여	은(殷)나라를 이겨 살육을 저지해서
耆(지)定爾功이샷다	그대의 공을 세움을 이룩하셨도다

••• 劉 : 죽일 류　耆 : 이를 지

賦也라 於는 歎辭라 皇은 大요 遏은 止요 劉는 殺이요 著는 致也라
○ 周公이 象武王之功하여 爲大武之樂이라 言武王無競之功은 實文王開之하시니
而武王嗣而受之하여 勝殷止殺하여 以致定其功也니라

　　부(賦)이다. '오(於)'는 감탄사이다. '황(皇)'은 큼이요, '알(遏)'은 저지함이요,
'류(劉)'는 죽임이요, '지(著)'는 이룸이다.

　　○ 주공이 무왕의 공(功)을 형상하여 대무(大武)의 음악을 만들었다. 무왕의 더
강할 수 없는 공은 실로 문왕께서 열어 놓으셨으니, 무왕이 뒤를 이어 받아서 은
나라를 이겨 살육을 저지함으로써 그 공을 세움을 이룩하였음을 말한 것이다.

武一章이니 七句라
　　〈무(武)〉는 1장이니, 7구이다.
春秋傳에 以此爲大武之首章也라하니라 大武는 周公이 象武王武功之舞니 歌此詩
以奏之라 禮曰 朱干玉戚으로 冕而舞大武라하니라 然이나 傳에 以此詩爲武王所作
이라하나 則篇內에 已有武王之謚하니 而其說이 誤矣니라

　　《춘추좌씨전》 선공(宣公) 12년에는 이것을 '대무(大武)의 수장(首章)이다.' 하였
다. 대무는 주공이 무왕의 무공(武功)을 형상한 춤이니, 이 시를 노래로 읊어 연주
한 것이다. 《예기》〈명당위(明堂位)〉에 "붉은 방패와 옥도끼로 면류관을 쓰고 대무
를 춤춘다." 하였다. 그러나 《모전(毛傳)》에 이 시를 무왕이 지은 것이라고 하였는
데, 편(篇) 안에 이미 무왕이란 시호(謚號)가 있으니, 그 말이 잘못된 것이다.

【毛序】 武는 奏大武也라
　　〈무〉는 대무를 연주한 것이다.
【鄭註】 大武는 周公作樂이니 所爲舞也라
　　대무는 주공이 지은 음악이니, 이것을 가지고 춤춘 것이다.

臣工之什은 十篇이니 十章이요 一百六句라
　　〈신공지십(臣工之什)〉은 10편이니, 10장이고 106구이다.

1. 민여소자(閔予小子)

①-① 閔予小子, 遭家不造〔叶徂候反〕, 嬛嬛〔其傾反〕在疚〔音救〕. 於〔音烏〕乎〔音呼〕皇考〔叶袪候反〕, 永世克孝〔叶呼候反〕.

閔予小子	불쌍한 나 소자가
遭家不造하여	집안이 완성되지 못함을 만나서
嬛(경)嬛在疚하니	외롭고 외로이 병듦에 있으니
於(오)乎皇考여	아, 황고(무왕)시여
永世克孝샷다	길이 종신토록 효도하셨도다

賦也라 成王免喪하고 始朝于先王之廟而作此詩也라 閔은 病也라 子小子는 成王自稱也라 造는 成也라 嬛은 與煢同하니 無所依怙之意라 疚는 哀病也라 匡衡曰 煢煢在疚는 言成王喪畢思慕하여 意氣未能平也니 蓋所以就文武之業하고 崇大化之本也라 皇考는 武王也니 歎武王之終身能孝也니라

부(賦)이다. 성왕이 상(喪)을 벗고 비로소 선왕의 사당에 뵈면서 이 시(詩)를 지은 것이다. '민(閔)'은 병듦이다. '여소자(予小子)'는 성왕의 자칭이다. '조(造)'는 이룸이다. '경(嬛)'은 경(煢)과 같으니, 의지하고 믿을 곳이 없는 뜻이다. '구(疚)'는 슬퍼하여 병듦이다.

광형(匡衡)이 말하기를 "외롭고 외로이 병듦에 있다는 것은 성왕이 상(喪)을 마치고도 무왕을 사모하여 마음과 기운이 화평하지 못함을 말한 것이니, 이는 문왕과 무왕의 업(業)을 성취하고 큰 교화의 근본을 높인 것이다." 하였다. '황고(皇考)'는 무왕이니, 무왕이 종신토록 능히 효도하심을 감탄한 것이다.

①-② 念茲皇祖, 陟降庭〔叶去反〕止. 維予小子, 夙夜敬止.

念茲皇祖	이 황조(문왕)를 생각하여

··· 嬛 : 홀몸 경, 외로울 경 疚 : 병들 구 煢 : 외로울 경 怙 : 믿을 호

陟降庭止_{하시니}	뜰을 오르내리심을 보는 듯하니
維予小子	나 소자가
夙夜敬止_{엇다}	밤낮으로 공경할 지어다

皇祖는 文王也라 承上文하여 言武王之孝 思念文王하여 常若見其陟降於庭이니 猶所謂見堯於墻, 見堯於羹[115]也라 楚詞云 三公揖讓하여 登降堂只라하니 與此文勢正相似요 而匡衡引此句어늘 顔註亦云 若神明臨其朝廷[116]이 是也라

'황조(皇祖)'는 문왕이다. 상문(上文)을 이어 무왕의 효(孝)가 문왕을 사념하여 항상〈문왕이〉뜰에 오르내리심을 보는 듯함을 말하였으니, 이른바 요(堯) 임금을 담장에서도 보고 국에서도 보았다는 것과 같은 것이다. 《초사(楚詞)》〈대초(大招)〉에 "삼공(三公)들이 읍(揖)하고 사양하여 당(堂)에 오르내린다." 하였으니, 이 문세(文勢)와 바로 서로 유사하며, 광형(匡衡)이 이 구(句)를 인용하였는데, 안사고(顔師古)의 주(註)에 또한 "신명(神明)이 그 조정에 임한 듯하다." 한 것이 이것이다.

①-③ 於乎〔二字同上〕皇王, 繼序思不忘.

於(오)乎皇王_{이여}	아! 황왕(문왕과 무왕)이시여
繼序思不忘_{이로다}	제가 대를 이을 것을 생각하여 잊지 못하리로다

皇王은 兼指文武也라 承上文言 我之所以夙夜敬止者는 思繼此序而不忘耳니라

'황왕(皇王)'은 문왕과 무왕을 겸하여 가리킨 것이다. 상문(上文)을 이어 말하기를 "내 밤낮으로 공경하는 것은 이 차례를 이을 것을 생각하여 잊지 못해서이다." 라고 한 것이다.

••••••

115 見堯於墻 見堯於羹 : 담장과 국을 보기만 해도 사모하는 마음이 든다는 말로, 돌아가신 선왕이나 현인을 경모(敬慕)하고 추념(追念)함을 뜻한다. 《후한서(後漢書)》〈이고전(李固傳)〉에 '옛날 요(堯) 임금이 별세한 뒤에 순(舜) 임금이 사모한 지 3년 만에 앉아 있으면 요 임금을 담장에서 보시고 밥을 먹으면 요 임금을 국에서 뵈었다.〔昔堯殂之後, 舜仰慕三年, 坐則見堯於墻; 食則見堯於羹.〕'라고 보인다.

116 匡衡引此句 顔註亦云 若神明臨其朝廷 : 이 내용은 《한서(漢書)》〈광형전(匡衡傳)〉에 보인다.

••• 墻 : 담장 羹 : 국 갱

閔子小子一章이니 十一句라

　　〈민여소자(閔子小子)〉는 1장이니, 11구이다.

此는 成王除喪하고 朝廟所作이니 疑後世遂以爲嗣王朝廟之樂이라 後三篇放此하니라

　　이는 성왕이 상(喪)을 벗고(마치고) 사당에 뵈면서 지은 것이니, 의심컨대 후세에 마침내 사왕(嗣王)이 사당에 뵙는 음악으로 삼은 듯하다. 뒤의 세 편(篇)도 이와 같다.

【毛序】 閔子小子는 嗣王이 朝於廟也라

　　〈민여소자〉는 사왕이 사당에 조현(朝見)한 시(詩)이다.

【鄭註】 嗣王者는 謂成王也니 除武王之喪하고 將始卽政하여 朝於廟也라

　　사왕은 성왕(成王)을 이르니, 무왕의 상(喪)을 벗고 장차 처음으로 정사에 나아가려 하면서 종묘에 뵈온 것이다.

2. 방락(訪落)

①訪予落止, 率時昭考. 於〔音烏〕乎〔音呼〕悠哉, 朕未有艾〔五蓋反〕. 將予就之, 繼猶判渙. 維予小子, 未堪家多難〔乃旦反〕, 紹庭上下, 陟降厥家. 休矣皇考, 以保明其身.

訪予落止하여	내 처음 시작할 적에 물어서
率時昭考나	이 소고(무왕)를 따르려 하나
於乎悠哉라	아, 아득히 먼지라
朕未有艾(애)로다	내 미칠 수 없노라
將予就之나	장차 나를 나아가게 하려 하나
繼猶判渙이로다	계승함이 여전히 나누어지고 흩어지도다
維予小子	나 소자가
未堪家多難하니	집안에 다난(多難)함을 감당하지 못하노니
紹庭上下하며	뜰에 오르내리시며
陟降厥家하여	집에 오르내리시는 무왕을 계승하여

　　… 艾 : 다할 애 渙 : 흩어질 환

休矣皇考로　　　　아름다운 황고(皇考)의 도(道)로써
以保明其身이엇다　　내 몸을 보호하며 드러낼지어다

賦也라 訪은 問이요 落은 始요 悠는 遠也라 艾는 如夜未艾[117]之艾라 判은 分이요 渙은 散이요 保는 安이요 明은 顯也라

○ 成王이 旣朝于廟하고 因作此詩하여 以道延訪羣臣之意라 言我將謀之於始하여 以循我昭考武王之道라 然而其道遠矣하여 予不能及也라 將使予勉强以就之나 而所以繼之者 猶恐其判渙而不合也하니 則亦繼其上下於庭하며 陟降於家하여 庶幾賴皇考之休하여 有以保明吾身而已矣니라

부(賦)이다. '방(訪)'은 물음이요(자문함이요), '낙(落)'은 시작함이요, '유(悠)'는 멂이다. '애(艾)'는 야미애(夜未艾)의 애(艾)와 같다. '판(判)'은 나눔이요, '환(渙)'은 흩어짐이요, '보(保)'는 편안함이요, '명(明)'은 드러남이다.

○ 성왕이 이미 사당에 조현(朝見)하고 인하여 이 시(詩)를 지어서 군신(羣臣)들을 맞이해 자문하려는 뜻을 말씀한 것이다. "내 장차 시작할 때에 도모하여 우리 소고(昭考)이신 무왕의 도(道)를 따르려 한다. 그러나 그 도(道)가 멀어서 내 미칠 수가 없다. 장차 나로 하여금 온 힘을 다하여 힘써서 나아가게 하려 하지만, 계승하는 것이 오히려 판환(判渙;잘 풀리지 못함)하여 합하지 못할까 두려우니, 또한 무왕의 영혼이 뜰에 오르내리시며 집에 오르내리심을 계승하여 거의 황고(皇考)의 아름다움에 힘입어 내 몸을 보전하고 드러냄이 있기를 바랄 뿐이다."라고 말한 것이다.

訪落一章이니 十二句라
　〈방락(訪落)〉은 1장이니, 12구이다.
說同上篇이라
　해설은 상편(上篇)과 같다.

【毛序】 訪落은 嗣王이 謀於廟也라

••••••
117 夜未艾 : 야미애(夜未艾)는 밤이 아직 다하지 않았다는 뜻으로 위 〈소아(小雅) 정료(庭燎)〉에 보인다.

〈방락〉은 사왕(嗣王:성왕)이 사당에서 국정(國政)을 자문하고 상의한 시이다.

【鄭註】 謀者는 謀政事也라

　모(謀)는 정사를 도모하는 것이다.

3. 경지(敬之)

①-① 敬之敬之, 天維顯思〔叶新夷反〕, 命不易〔以豉反〕哉〔叶將黎反〕. 無日高高在上, 陟降厥士, 日監在茲〔叶津之反〕.

敬之敬之어다	공경하고 공경할지어다
天維顯思라	천명(天命)이 분명한지라
命不易(이)哉니	천명을 보전하기가 쉽지 않으니
無日高高在上이어다	높고 높아 저 위에 있다고 말하지 말지어다
陟降厥士하여	그 일에 오르내리시어
日監在茲시니라	날로 굽어보심이 이에 계시니라

賦也라 顯은 明也라 思는 語辭也라 士는 事也라

○ 成王이 受羣臣之戒하고 而述其言日 敬之哉, 敬之哉어다 天道甚明하여 其命不易保也니 無謂其高而不吾察이요 當知其聰明明畏하여 常若陟降於吾之所爲하여 而無日不臨監于此者하여 不可以不敬也니라

　부(賦)이다. '현(顯)'은 밝음(분명함)이다. '사(思)'는 어조사이다. '사(士)'는 일이다.

　○ 성왕이 군신(羣臣)의 경계를 받고 그 말을 기술하여 이르시기를 "공경하고 공경할지어다. 천도(天道)가 심히 밝아서 그 명(命)을 보전하기가 쉽지 않으니, 그 높이 있어 나를 살피지 못한다고 이르지 말라. 하늘이 마땅히 총명하여 밝고 두려워서 항상 나의 하는 바에 오르내리시는 듯이 해서 날마다 여기에 강림하지 않음이 없으심을 마땅히 알아서 공경하지 않으면 안 된다."고 한 것이다.

①-② 維予小子〔叶奬里反〕, 不聰敬止. 日就月將, 學有緝熙于光明〔叶謨郎反〕. 佛〔符弗反 又音弼〕時仔〔音茲〕肩, 示我顯德行〔下孟反 叶戶郎反〕.

維予小子나	소자(小子)가
不聰敬止호나	총명하지 못하여 공경하지 못하나
日就月將하여	날로 나아가고 달로 진전하여
學有緝熙于光明하며	배움을 계속하여 밝혀서 광명함에 이르게 하며
佛(弼)時仔肩하여	신하들은 이 맡은 짐(책임)을 도와주어서
示我顯德行이니라	나에게 뛰어난 덕행을 보여줄지어다

將은 進也라 佛은 弼通이라 仔肩은 任也라

○ 此乃自爲答之之言曰 我不聰而未能敬也라 然이나 願學焉하여 庶幾日有所就하고 月有所進하여 續而明之하여 以至于光明하며 又賴羣臣輔助我所負荷之任하여 而示我以顯明之德行이면 則庶乎其可及爾니라

'장(將)'은 나아감이다. '필(佛)'은 필(弼)과 통한다. '자견(仔肩)'은 짐이다.

○ 이는 바로 성왕이 스스로 답하는 말씀을 하여 이르시기를 "내 총명하지 못하여 공경하지 못한다. 그러나 배우기를 원하여 거의 날로 나아가는 바가 있고 달로 진전하는 바가 있어 이를 계속해 밝혀서 광명함에 이르려 하며, 또 군신(羣臣)들이 내가 짊어지고 있는 짐을 보조해주어 나에게 현명(顯明)한 덕행을 보여줌에 힘입으면 거의 미칠 수 있을 것이다."라고 한 것이다.

敬之一章이니 十二句라

〈경지(敬之)〉는 1장이니, 12구이다.

【毛序】 敬之는 羣臣이 進戒嗣王也라

〈경지〉는 군신들이 사왕(嗣王)에게 경계를 올린 시(詩)이다.

4. 소비(小毖)

① 予其懲〔直升反〕, 而毖後患, 莫予荓〔普經反〕蜂, 自求辛螫〔施隻反〕. 肇允彼桃蟲, 拚〔芳煩反〕飛維鳥. 未堪家多難〔乃旦反〕, 予又集于蓼〔音了〕.

··· 佛 : 도울 필 仔 : 짐질 자 荷 : 멜 하

予其懲하여(이라)	내 어떻게 징계하여
而毖後患가	후환을 삼갈 수 있을까
莫予荓(병)蜂이랏다	나는 벌을 부리지(건들지) 말지어다
自求辛螫(석)이로다	스스로 맵게 쏨을 구하는 것이로다
肇(조)允彼桃蟲이러니	처음에 저 작은 뱁새라고 믿었더니
拚(번)飛維鳥로다	훨훨 날아가니 큰 새로다
未堪家多難이어늘	집안에 다난함을 견디지 못하는데
予又集于蓼(료)호라	내 또 독한 여뀌풀에 앉았노라

賦也라 懲은 有所傷而知戒也라 毖는 愼이요 荓은 使也라 蜂은 小物而有毒이라 肇는 始요 允은 信也라 桃蟲은 鷦鷯(초료)니 小鳥也라 拚은 飛貌라 鳥는 大鳥也라 鷦鷯之雛 化而爲鵰(조)라 故로 古語曰 鷦鷯生鵰라하니 言始小而終大也라 蓼는 辛苦之物也라

○ 此亦訪落之意라 成王이 自言 予何所懲而謹後患乎[118]아 荓蜂而得辛螫하고 信桃蟲而不知其能爲大鳥하니 此其所當懲者라하니 蓋指管蔡之事也라 然이나 我方幼沖하여 未堪多難이어늘 而又集于辛苦之地하니 羣臣이 奈何捨我而弗助哉아

부(賦)이다. '징(懲)'은 상(傷)한 바가 있어서 경계할 줄을 아는 것이다. '비(毖)'는 삼감이요, '병(荓)'은 부림이다. '봉(蜂:벌)'은 작은 물건인데, 독이 있다. '조(肇)'는 비로소요, '윤(允)'은 믿음이다. '도충(桃蟲)'은 뱁새[鷦鷯]이니, 작은 새이다. '번(拚)'은 날아가는 모양이다. '조(鳥)'는 큰 새이다. 뱁새의 새끼가 변하여 보라매가 된다. 그러므로 옛말에 "뱁새가 보라매를 낳는다." 하였으니, 처음에는 작으나 끝에는 커짐을 말한 것이다. '료(蓼:여뀌)'는 맵고 쓴 물건이다.

○ 이 또한 〈방락(訪落)〉의 뜻이다. 성왕이 스스로 말씀하기를 "내 무엇을 징계하여 후환(後患)을 삼갈 것인가. 벌을 부리다가 맵게 쏨을 당하고, 뱁새[桃蟲]인

......
118 成王自言予何所懲而謹後患乎 : 미산 소씨(眉山蘇氏)가 말하였다. "성왕이 처음에 관숙과 채숙을 믿고 주공을 의심하였다가 이윽고 그들의 간악함을 깨달았기 때문에 '내 그 징계하여 후환을 삼갈 수 있을까'라고 한 것이다.〔成王始信管蔡而疑周公, 旣而悟其姦, 故曰予其懲而謹後患也.〕"《詳說》여기의 징(懲)과 비(毖)는 지난날의 잘못을 거울삼아 후일을 경계하는(삼가하는) 것으로 서애(西厓) 유성룡(柳成龍)이 임진왜란을 겪고 지은《징비록(懲毖錄)》역시 이 시에서 뜻을 취한 것이다.

••• 毖 : 삼갈 비 荓 : 하여금 병, 부릴 병 螫 : 쏠 석 拚 : 날 번(반) 蓼 : 여뀌 료 鷦 : 뱁새 초 鷯 : 뱁새 료
雛 : 새새끼 추 鵰 : 보라매 조

줄로 믿었다가 그 큰 새가 됨을 알지 못했으니, 이것은 그 마땅히 경계할 바이다."
하였으니, 이는 아마도 관숙(管叔)과 채숙(蔡叔)의 일을 가리킨 듯하다. 그러나 내가 막 어려서 다난(多難)함을 견딜 수 없었는데 또 신고(辛苦)한 자리에 앉았으니, 군신(羣臣)들은 어찌하여 나를 버리고 도와주지 않는가.

小毖一章이니 八句라
  〈소비(小毖)〉는 1장이니, 8구이다.
蘇氏曰 小毖者는 謹之於小也니 謹之於小면 則大患이 無由至矣니라
  소씨(蘇氏)가 말하였다. "〈소비〉는 작을 때에 삼가는 것이니, 작을 때에 삼가면 큰 화(禍)가 말미암아 이를 수가 없는 것이다."

【毛序】 小毖는 嗣王求助也라
  〈소비〉는 사왕이 도움을 구한 시(詩)이다.

【鄭註】 毖는 愼也라 天下之事는 當愼其小니 小時而不愼이면 後爲禍大라 故成王求忠臣하여 早輔助己爲政하여 以救患難이니라
  비(毖)는 삼감이다. 천하의 일은 마땅히 그 작을 때에 삼가야 하니, 작을 때에 삼가지 않으면 뒤에 큰 화(禍)가 된다. 그러므로 성왕이 충신(忠臣)을 구하여 일찍 자기를 보조하게 하고 훌륭한 정사를 행하여 환란(患難)을 구원하게 한 것이다.
【辨說】 此四篇은 一時之詩어늘 序에 但各以其意爲說하여 不能究其本末也하니라
  이 네 편은 한때에 지은 시인데 〈서〉에는 다만 각기 그 뜻을 가지고 해설하여 그 본말(本末)을 잘 규명하지 못하였다.

5. 재삼(載芟)

①-① 載芟載柞〔側百反 叶疾各反〕, 其耕澤澤〔音釋 叶徒洛反〕.

載芟(삼)載柞(작)하니   풀을 베고 나무를 베니
其耕澤(석)澤이로다   밭을 갊이 푸실푸실하도다

··· 芟 : 벨 삼 柞 : 나무벨 작

賦也라 除草曰芟이요 除木曰柞이니 秋官柞氏掌攻草木이 是也라 澤澤은 解散也라

부(賦)이다. 풀을 제거하는 것을 '삼(芟)'이라 하고, 나무를 제거하는 것을 '작(柞)'이라 하니, 《주례》〈추관(秋官)〉에 "작씨(柞氏)가 초목을 다스리는 것을 맡았다."는 것이 이것이다. '석석(澤澤)'은 흙이 풀려 흩어지는 것이다.

①-② 千耦其耘, 徂隰徂畛〔音眞〕.

千耦其耘하니   천 짝이 김을 매니
徂隰徂畛(진)이로다   습한 곳에 가며 밭두둑에 가도다

耘은 去苗間草也라 隰은 爲田之處也요 畛은 田畔也라

'운(耘)'은 묘(苗) 사이의 풀을 제거함이다. '습(隰)'은 농사를 짓는(하습한) 곳이요, '진(畛)'은 밭두둑이다.

①-③ 侯主侯伯, 侯亞侯旅, 侯彊侯以. 有嗿〔他感反〕其饁〔于輒反〕, 思媚其婦, 有依其士〔與以叶〕. 有略其耜〔叶養里反〕, 俶載南畝〔叶滿委反〕.

侯主侯伯과   가장(家長)과 장자(長子)와
侯亞侯旅와   차자(次子)와 여러 자제들과
侯彊侯以가   이웃집의 일 도와주는 자와 품팔이 일꾼들이
有嗿(탐)其饁(엽)이로소니   내온 들밥을 여럿이 먹으니
思媚其婦하며   그 부인을 순히 따르며
有依其士하여   그 남편을 사랑하여
有略其耜(사)로   날카로운 보습으로
俶載南畝로다   비로소 남쪽 이랑에서 일하도다

主는 家長也요 伯은 長子也라 亞는 仲、叔也요 旅는 衆子弟也라 彊은 民之有餘力而來助者니 遂人所謂以彊予(與)任甿(맹)者也라 能左右之曰以니 太宰所謂閒民轉移執事者라 若今時傭力之人이니 隨主人所左右者也라 嗿은 衆飲食聲也라 媚는 順이요 依는 愛요 士는 夫也니 言餉婦與耕夫가 相慰勞也라 略은 利요 俶은 始요

··· 耘 : 김맬 운 隰 : 습지 습 畛 : 밭두둑 진 嗿 : 여럿이먹는소리 탐 饁 : 들밥 엽 略 : 날카로울 략 耜 : 보습 사
甿 : 농부 맹 餉 : 먹일 향

載는 事也라

　‘주(主)’는 가장(家長)이요, ‘백(伯)’은 장자(長子)이다. ‘아(亞)’는 중(仲;둘째아들)과 숙(叔;셋째아들)이요, ‘려(旅)’는 여러 자제이다. ‘강(彊)’은 백성 중에 여력(餘力)이 있어서 와서 일을 돕는 자이니,《주례》〈수인(遂人)〉에 이른바 ‘강장(强壯)하여 힘(노동력)이 남아 다른 농부의 일을 도와주는 자’이다. 능히 좌지우지(左之右之)함을 ‘이(以)’라 하니,《주례》〈태재(太宰)〉에 이른바 ‘한가한 백성으로서 옮겨다니며 일을 하는 자’이다. 지금 세상에 힘으로 품을 팔아 먹는 사람이니, 주인의 좌지우지하는 바를 따르는 자와 같다. ‘탐(饁)’은 여럿이 음식을 먹는 소리이다. ‘미(媚)’는 순함이요 ‘의(依)’는 사랑함이요 ‘사(士)’는 남편이니, 들밥을 내온 부인과 밭가는 지아비가 서로 위로함을 말한 것이다. ‘약(略)’은 예리함이요, ‘숙(俶)’은 비로소요, ‘재(載)’는 일이다.

①-④ 播厥百穀, 實函斯活〔마呼酷反〕.

播厥百穀하여 　　　　　 그 백곡을 파종하여
實函斯活하니 　　　　　 열매가 기운을 머금어 이에 나오니

函은 含이요 活은 生也니 旣播之에 其實含氣而生也라

　‘함(函)’은 머금음이요 ‘활(活)’은 나옴이니, 이미 파종함에 그 열매(종자)가 기운을 머금고 나오는 것이다.

①-⑤ 驛驛其達〔마佗悅反〕, 有厭其傑.

驛驛其達이며 　　　　　 우북이 싹이 나오며
有厭其傑이며 　　　　　 기운을 듬뿍 받은 그 걸출한 싹이며

驛驛은 苗生貌라 達은 出土也라 厭은 受氣足也라 傑은 先長者也라

　‘역역(驛驛)’은 싹이 나오는 모양이다. ‘달(達)’은 땅에서 싹이 나오는 것이다. ‘염(厭)’은 기운을 받음이 풍족한 것이다. ‘걸(傑)’은 먼저 자라는 놈이다.

··· 函 : 머금을 함

①-⑥厭厭其苗, 緜緜其麃〔表驕反〕.

厭厭其苗며   기운을 듬뿍 받은 그 싹이며
緜緜其麃(표)로다   꼼꼼한 그 김맴이로다

緜緜은 詳密也라 麃는 耘也라
'면면(緜緜)'은 상세하고 치밀함이다. '표(麃)'는 김맴이다.

①-⑦載穫濟濟〔子禮反〕, 有實其積〔子賜反 叶上聲〕. 萬億及秭, 爲酒爲醴,
烝畀祖妣, 以洽百禮.

載穫濟濟하니   수확하기를 많이 하고 많이 하니
有實其積(자)   꽉 찬 그 노적(露積)이
萬億及秭(자)어늘   만(萬)이며 억(億)이며 자(秭)이거늘
爲酒爲醴하여   이것으로 술을 빚고 단술을 만들어
烝畀祖妣하여   조비(祖妣)에게 나아가 올려서
以洽百禮로다   온갖 예를 두루하도다

濟濟는 人衆貌라 實은 積之實也라 積는 露積也라
'제제(濟濟)'는 사람이 많은 모양이다. '실(實)'은 노적(露積)이 꽉차있는 것이다.
'자(積)'는 노적이다.

①-⑧有飶〔蒲即反〕其香, 邦家之光. 有椒其馨, 胡考之寧.

有飶(필)其香하니   음식이 향기로우니
邦家之光이며   국가의 영광이며
有椒其馨(형)하니   후추가 향기로우니
胡考之寧이로다   호고(胡考:노인)의 편안함이로다

··· 麃 : 김맬 표 秭 : 천억 자 畀 : 줄 비 飶 : 향내날 필 椒 : 후초 초 馨 : 향기날 형

餯은 芬香也니 未詳何物이라 胡는 壽也라 以燕享賓客이면 則邦家之所以光也요 以共(供)養耆老면 則胡考之所以安也니라

'필(餯)'은 향기로움이니, 어떤 물건인지 자세하지 않다. '호(胡)'는 장수(長壽)이다. 이것으로 빈객(賓客)을 연향하면 국가가 영광스럽고, 이것으로 기로(耆老)를 공양하면 호고(胡考:노인)가 편안한 것이다.

①-⑨匪且有且, 匪今斯今〔叶 音經〕, 振古如茲〔無韻 未詳〕.

匪且(此)有且며   이곳에만 농사의 일이 있는 것이 아니며
匪今斯今이라   지금에만 풍년이 드는 것이 아니라
振古如茲로다   오랜 옛날부터 이와 같았도다

且는 此요 振은 極也라 言非獨此處有此稼穡之事요 非獨今時有今豐年之慶이라 蓋自極古以來로 已如此矣라하니 猶言自古有年也니라

'차(且)'는 이것이요, '진(振)'은 지극함이다. 홀로 이곳에만 가색(稼穡)의 일이 있는 것이 아니며, 홀로 지금에만 풍년의 경사가 있는 것이 아니다. 이는 극고(極古:오랜 옛날) 이래로부터 이미 이와 같았다고 말하였으니, '자고(自古)로 풍년이었다.'라는 말과 같은 것이다.

載芟一章이니 三十一句라
〈재삼(載芟)〉은 1장이니, 31구이다.
此詩는 未詳所用이나 然辭意與豐年相似하니 其用이 應亦不殊리라
이 시(詩)는 어디에 쓰인 것인지 자세하지 않다. 그러나 말뜻이 〈풍년(豐年)〉과 서로 유사하니, 그 쓰임도 응당 다르지 않을 것이다.

【毛序】 載芟은 春藉田而祈社稷也라
〈재삼〉은 봄에 자전(藉田)을 갈면서 사직(社稷)에 풍년을 기원한 시(詩)이다.
【鄭註】 籍田는 旬師氏所掌이니 王載耒耜所耕之田하니 天子는 千畝요 諸侯는 百畝라 籍之言은 借也니 借民力治之라 故謂之籍田이니라
자전(籍田)은 《주례》에 전사씨(旬師氏)가 관장하니, 왕이 쟁기자루와 보습을 신

고 경작하는 바의 밭이니, 천자는 자전이 천 무(千畝)이고 제후는 백 무(百畝)이다. 자(籍)란 말은 빌린다는 뜻이니, 백성의 노동력을 빌려 밭을 다스림으로 자전이라 한 것이다.

6. 양사(良耜)

①-① 畟畟[楚側反]良耜[叶養里反], 俶[尺叔反]載南畝[叶滿委反].

畟(측)畟良耜로   날카로운 좋은 보습으로
俶載南畝하여   비로소 남쪽 이랑에서 일하여

賦也라 畟畟은 嚴利也라
　부(賦)이다. '측측(畟畟)'은 무섭고 날카로운 것이다.

①-② 播厥百穀, 實函斯活[叶乎酷反].

播厥百穀하니   저 백곡을 파종하니
實函斯活이로다   그 싹이 기운을 머금어 이에 나오도다

說見前篇하니라
　해설이 전편(前篇)에 보인다.

①-③ 或來瞻女[音汝], 載筐及筥, 其饟[式亮反]伊黍.

或來瞻女(汝)하니   혹 와서 너를 보니
載筐及筥로소니   네모진 광주리와 둥근 광주리이니
其饟(향)伊黍로다   그 밥은 기장밥이로다

或來瞻女는 婦子之來饁者也라 筐, 筥는 饟具也라

••• 畟 : 보습날카로울 측 筐 : 둥근광주리 광 筥 : 네모진광주리 거 饟 : 먹일 향, 건량 향

혹 와서 너를 본다는 것은 부인(아내)과 아들이 와서 들밥을 먹이는 것이다. '광(筐)'과 '거(筥)'는 밥을 담는 기구이다.

①-④ 其笠伊紏[叶其了反], 其鎛[音博]斯趙[直了反], 以薅[呼毛反]荼蓼.

其笠伊紏며　　　　　그 삿갓이 가뿐하며
其鎛(박)斯趙로소니　　그 호미로 땅을 파니
以薅(호)荼蓼로다　　　이로써 여뀌를 제거하도다

紏然은 笠之輕擧也라 趙는 刺(척)이요 薅는 去也라 荼는 陸草요 蓼는 水草니 一物而有水陸之異也라 今南方人이 猶謂蓼爲辣(랄)荼하여 或用以毒溪取魚하니 卽所謂荼毒也라

'규연(紏然)'은 삿갓이 가볍게 들림이다. '조(趙)'는 찌름(刺)이요, '호(薅)'는 제거함이다. '도(荼)'는 육지에서 자라는 풀이요, '료(蓼)'는 수초(水草)이니, 한 물건인데 물과 육지의 다름이 있다. 지금 남방 사람들은 아직도 여뀌를 날도(辣荼)라고 이르는데, 혹 이것을 사용해서 시냇물에 독(毒)을 풀어 물고기를 잡으니, 바로 이른바 도독(荼毒)이라는 것이다.

①-⑤ 荼蓼朽止, 黍稷茂[叶莫口反]止.

荼蓼朽止하니　　　　여뀌가 썩으니
黍稷茂止로다　　　　기장과 조가 무성하도다

毒草朽면 則土熟而苗盛이니라

독초(毒草)가 썩으면 땅이 숙성되어(푸실푸실하여) 묘(苗)가 무성하게 된다.

①-⑥ 穫之挃挃[珍栗反], 積之栗栗. 其崇如墉, 其比[毗志反]如櫛[側瑟反]. 以開百室.

穫之挃(질)挃하며　　　벼를 사각사각 베며

··· 紏 : 삿갓끈맬 규　鎛 : 호미 박　趙 : 찌를 조　薅 : 김맬 호　荼 : 여뀌 도　蓼 : 여뀌 료　辣 : 매울 랄
　　挃 : 벼베는소리 질

積之栗栗하니	곡식을 차곡차곡 쌓으니
其崇如墉하며	그 높음이 담장과 같으며
其比如櫛하니	그 즐비함이 머리빗과 같으니
以開百室이로다	이로써 백실(百室)을 동원하여 들여오도다

挃挃은 穫聲也요 栗栗은 積之密也라 櫛은 理髮器니 言密也라 百室은 一族之人也라 五家爲比요 五比爲閭요 四閭爲族이니 族人輩作相助라 故로 同時入穀也라

　'질질(挃挃)'은 수확하는 소리요, '률률(栗栗)'은 쌓기를 빽빽하게 하는 것이다. '즐(櫛)'은 머리를 빗는 기구(빗)이니, 빽빽함을 말한 것이다. '백실(百室)'은 일족(一族)의 사람이다. 오가(五家)를 '비(比)'라 하고, 오비(五比)를 '려(閭)'라 하고, 사려(四閭)를 '족(族)'이라 하니, 족인(族人)들이 함께 일하여 서로 도왔다. 그러므로 동시에 곡식을 들여다가 쌓은 것이다.

①-⑦ 百室盈止, 婦子寧止.

百室盈止하니	모든 집이 가득하니
婦子寧止로다	부자(처자)들이 편안하도다

盈은 滿이요 寧은 安也라

　'영(盈)'은 가득함이요, '영(寧)'은 편안함이다.

①-⑧ 殺時犉〔如純反〕牡, 有捄〔音求〕其角〔叶盧谷反〕. 以似以續, 續古之人〔無韻 未詳〕.

殺時犉(순)牡하니	이 입술이 검은 수소를 잡으니
有捄其角이로다	굽어 있는 그 뿔이로다
以似(嗣)以續하여	제사를 이으며 계속해서
續古之人이로다	옛사람을 계승하여 제사하도다

黃牛黑脣曰犉이라 捄는 曲貌라 續은 謂續先祖以奉祭祀라

… 墉 : 담 용　櫛 : 빗 즐　犉 : 누르고입술검은소 순　捄 : 굽을 구

누런 소가 입술이 검은 것을 '순(犉)'이라 한다. '구(捄)'는 굽어 있는 모양이다. '속(續)'은 선조를 계승하여 제사를 받듦을 이른다.

良耜一章이니 二十三句라
〈양사(良耜)〉는 1장이니, 23구이다.
或疑思文, 臣工, 噫嘻, 豐年, 載芟, 良耜等篇은 卽所謂豳頌者라하니 其詳이 見(현)於豳風及大田篇之末이어니와 亦未知其是否也로라
혹자는 〈사문(思文)〉·〈신공(臣工)〉·〈희희(噫嘻)〉·〈풍년(豐年)〉·〈재삼(載芟)〉·〈양사(良耜)〉 등의 편(篇)은 바로 빈송(豳頌)이라고 의심하니, 그 자세한 것은 〈빈풍(豳風)〉과 〈대전(大田)〉편의 끝(장하주)에 보이지만 또한 이것이 옳은지는 알지 못하노라.

【毛序】 良耜는 秋報社稷也라
〈양사〉는 가을에 사직(社稷)에 보답하는 제사를 올리는 시(詩)이다.
【辨說】 兩篇에 未見其有祈報之異로라
두 편(〈재삼〉과 〈양사〉)에 그 풍년을 기원하고 이에 보답한 차이가 있음을 볼 수 없다.

7. 사의(絲衣)

① 絲衣其紑〔孚浮反〕, 載弁俅俅〔音求〕. 自堂徂基, 自羊徂牛. 鼐〔乃代反〕鼎乃鼒〔叶津之反〕, 兕觥其觩〔音求〕. 旨酒思柔. 不吳〔音話〕不敖〔音傲〕, 胡考之休.

絲衣其紑(부)하니	생사로 만든 제복이 깨끗하니
載弁俅(구)俅로다	작변(爵弁)을 쓴 것이 공손하고 공손하도다
自堂徂基하며	당(堂)에서 문숙(門塾)의 터에 가며
自羊徂牛하며	양이 있는 곳에서 소가 있는 곳에 가며
鼐(내)鼎乃鼒(자)로다	가마솥과 옹솥을 살펴보도다

··· 紑 : 옷정결할 부 俅 : 공손할 구 鼐 : 가마솥 내 鼒 : 옹솥 자

兕觥(시굉)其觩하니	외뿔소 잔이 굽어 있으니
旨酒思柔어늘	맛있는 술이 입에 부드럽거늘
不吳(譁)不敖(傲)하니	떠들지 않으며 오만하지 않으니
胡考之休로다	장수(長壽)의 아름다운 복을 누리리로다

賦也라 絲衣는 祭服也라 紑는 潔貌라 載는 戴也라 弁은 爵弁也니 士祭於王之服이라 俅俅는 恭順貌라 基는 門塾之基라 鼐는 大鼎이요 鼒는 小鼎也라 思는 語辭라 柔는 和也요 吳는 譁也라

○ 此亦祭而飮酒之詩라 言此服絲衣爵弁之人이 升門堂하여 視壺濯籩豆之屬하고 降往於基하여 告濯具하고 又視牲하여 從羊至牛하여 反告充하고 已어든 乃擧鼎羃(멱)告潔하니 禮之次也라 又能謹其威儀하여 不誼譁하고 不怠傲라 故로 能得壽考之福이니라

부(賦)이다. '사의(絲衣)'는 〈생사로 만든 검은 상의와 붉은 치마의〉 제복(祭服)이다. '부(紑)'는 깨끗한 모양이다. '재(載)'는 머리에 씀이다. '변(弁)'은 작변(爵弁)이니, 사(士)가 왕(王)에게 제사할 때 입는 옷이다. '구구(俅俅)'는 공손한 모양이다. '기(基)'는 문 옆에 있는 글방[塾]의 터이다. '내(鼐)'는 큰 솥이요, '자(鼒)'는 작은 솥이다. '사(思)'는 어조사이다. '유(柔)'는 화함이다. '화(吳)'는 떠듦이다.

○ 이 또한 제사하고 술을 마시는 시(詩)이다. 이 사의(絲衣)와 작변(爵弁)을 입은 사람이 문(門)과 당(堂)에 올라가 술병을 세탁함과 변두(籩豆)의 등속을 살펴보고 내려와 문 옆에 있는 글방의 터에 가서 세탁하는 도구가 갖추어졌음을 아뢰며, 또 희생을 살펴보아 양이 있는 곳에서 소가 있는 곳에 이르고는 돌아와서 희생이 충실함(살찜)을 아뢰고, 끝난 다음에는 마침내 솥을 덮어놓은 삼베를 들어 깨끗함을 아뢰니, 예(禮)의 차례이다. 또 능히 그 위의를 삼가서 떠들지 않고 태만하거나 오만하지 않았다. 그러므로 능히 수고(壽考)의 복(福)을 얻은 것이다.

絲衣一章이니 九句라

　〈사의(絲衣)〉는 1장이니, 9구이다.

此詩는 或紑, 俅, 牛, 觩, 柔, 休는 竝叶基韻하고 或基, 鼒는 竝叶紑韻하니라

　이 시(詩)는 혹 부(紑), 구(俅), 우(牛), 구(觩), 유(柔), 휴(休)는 모두 기(基) 자 운(韻)에 맞고, 혹 기(基), 자(鼒)는 모두 부(紑) 자 운(韻)에 맞다.

··· 觥 : 술잔 굉　觩 : 굽을 구　吳 : 떠들 화　羃 : 덮을 멱　誼 : 떠들 훤　譁 : 떠들썩할 화

308

詩經集傳

下

【毛序】 絲衣는 繹賓[119]尸也니 高子曰 靈星[120]之尸也라하니라

〈사의〉는 시(尸:시동)에 대한 역(繹)제사와 빈시(賓尸)하는 시(詩)이니, 고자(高子)는 "영성(靈星)의 시(尸)이다." 하였다.

【鄭註】 繹은 又祭也라 天子諸侯曰繹이니 以祭之明日이요 卿大夫曰賓尸니 與祭同日이라 周曰繹이요 商謂之肜이니라

역(繹)은 또다시 제사함이다. 천자와 제후의 제사를 역(繹)이라 하니 제사의 다음날에 지내고, 경(卿)·대부(大夫)의 제사를 빈시(賓尸)라 하니 제사지낸 날과 같은 날에 지낸다. 주(周)나라에서는 역(繹)이라 하고 상(商)나라에서는 융(肜)이라 하였다.

【辨說】 序誤요 高子尤誤라

〈서〉가 잘못되었고, 고자(高子)의 설은 더더욱 잘못되었다.

8. 작(酌)

① 於[音烏]鑠[式灼反]王師, 遵養時晦. 時純熙矣, 是用大介. 我龍受之, 蹻蹻[居表反]王之造[叶徂候反]. 載用有嗣[叶音祠], 實維爾公允師.

於鑠(오삭)王師로	아! 성대한 왕사(王師)로
遵養時晦하여	도를 따라 힘을 길러 때로 감추어
時純熙矣어야	이에 크게 밝아진 뒤에야
是用大介샷다	이에 큰 갑옷을 쓰셨도다
我龍(寵)受之하니	내 영광스럽게 이것을 받으니
蹻(교)蹻王之造로다	굳세고 굳센 왕의 일이로다

••••••

119 繹賓 : 역(繹)은 제사의 이름인데, 제사를 지낸 뒤에 다시 지내는 것으로, 제왕(帝王)은 역(繹)이라 하여 제사지낸 다음날에 제사하고, 경대부(卿大夫)는 빈시(賓尸)라 하여 제사지낸 당일에 지내는바, 상(商)나라 때에는 융제(肜祭)라 하였다.

120 靈星 : 영성(靈星)에 대하여 여러 설이 분분하나, 대개는 곡식(농사)을 관장하는 별인 천전성(天田星)을 말하며, 후직(后稷)의 대명(代名)으로도 쓰인다. 그러나 주자는 역제와 영성의 설을 모두 부정하였다.

••• 鑠 : 아름다울 삭 蹻 : 굳셀 교

載用有嗣　　　　　곧 뒤를 잇는 자들이
實維爾公允師로다　　진실로 네 일을 스승 삼으리로다

賦也라 於는 歎辭라 鑠은 盛이요 遵은 循이요 熙는 光이라 介는 甲也니 所謂一戎衣[121]
也라 龍은 寵也라 蹻蹻는 武貌라 造는 爲요 載는 則이요 公은 事요 允은 信也라
○ 此亦頌武王之詩라 言其初有於鑠之師而不用하고 退自循養하여 與時皆晦라가
旣純光矣어든 然後에 一戎衣而天下大定이라 後人이 於是에 寵而受此蹻蹻然王
者之功하니 其所以嗣之者 亦維武王之事를 是師爾니라

　　부(賦)이다. '오(於)'는 감탄사이다. '삭(鑠)'은 성대함이요, '준(遵)'은 따름이요,
'희(熙)'는 밝음이다. '개(介)'는 갑옷이니, 이른바 한번 융의(戎衣)를 입었다는 것
이다. '총(龍)'은 영광스러움이다. '교교(蹻蹻)'는 힘찬 모양이다. '조(造)'는 함이요,
'재(載)'는 곧(발어사)이요, '공(公)'은 일이요, '윤(允)'은 진실로이다.

　　○ 이 또한 무왕을 송축한 시(詩)이다. 그 처음에 성대한 군사를 소유하시고도
쓰지 않고 물러가 스스로 도(道)를 따라 힘을 길러서 때에 따라 모두 감추었다가
이미 크게 밝아지자, 그런 뒤에야 한 번 융의(戎衣)를 입음에 천하가 크게 평정되
었다. 후인들이 이에 영광스럽게 이 굳세고 굳센 왕자(王者)의 공을 받았으니, 이
뒤를 잇는 자들 또한 무왕의 일을 이 스승 삼을 뿐이라고 말한 것이다.

酌一章이니 八句라

　　〈작(酌)〉은 1장이니, 8구이다.

酌은 卽勺(작)也니 內則에 十三舞勺이라하니 卽以此詩爲節而舞也라 然이나 此詩
與賚、般은 皆不用詩中字名篇하니 疑取樂節之名이니 如曰武宿夜[122]云爾니라

　　작(酌)은 바로 작(勺)이니, 《예기》〈내칙(內則)〉에 "13세에 작(勺)시로 춤을 춘
다." 하였으니, 바로 이 시(詩)로 가락을 맞추어 춤추는 것이다. 그러나 이 시(詩)

......

121　一戎衣 : 융의(戎衣)는 군복(軍服)으로 《서경》〈무성(武成)〉에 "한번 융의를 입자 천자가 크
게 평정되었다.〔一戎衣天下大定〕"라고 보인다.

122　武宿夜 : 이 내용은 《예기》〈제통(祭統)〉에 "무숙야(武宿夜)는 곡(曲)의 이름이다." 하였는데,
《소(疏)》에 "무왕이 남교(南郊)에 멈추어 유숙하였는바, 사졸들이 모두 기뻐하여 노래하고 춤추어
날이 새기를 기다렸다. 그러므로 '무숙야'라고 이름한 것이다.〔武王至南郊, 停止宿夜, 士卒皆歡樂,
歌舞以待旦, 故名焉.〕"라고 보인다.

와 〈뢰(賚)〉와 〈반(般)〉은 모두 시 가운데 있는 글자를 사용하여 편명(篇名)을 삼지 않았으니, 의심컨대 악절(樂節)의 이름을 취한 듯하니, 무숙야(武宿夜)라는 말과 같은 것이다.

【毛序】 酌은 告成大武也니 言能酌先祖之道하여 以養天下也라

〈작〉은 대무(大武)를 이룸을 고(告)한 시이니, 선조(先祖)의 도(道)를 참작하여 천하를 기름을 말한 것이다.

【鄭註】 周公居攝六年에 制禮作樂하고 歸政成王이러니 乃後祭於廟而奏之하니 其始成에 告之而已니라

주공이 거섭(居攝)한 지 6년에 예악(禮樂)을 제정하고 성왕에게 정사(정권)를 돌려주었는데, 마침내 뒤에 사당에서 제사하면서 이 풍악을 연주하니, 그 처음 이루어졌을 때에 이루어짐을 고했을 뿐이다.

【辨說】 詩中無酌字하니 未見酌先祖之道하여 以養天下之意로라

시 가운데 작(酌) 자가 없으니, 선조의 도를 참작하여 천하를 기른 뜻을 볼 수 없다.

9. 환(桓)

①綏萬邦, 屢〔力注反〕豐年. 天命匪解〔佳賣反〕. 桓桓武王, 保有厥士. 于以四方, 克定厥家. 於〔音烏〕昭于天. 皇以間之.

綏萬邦하시니	만방을 편안히 하시니
屢豐年이로다	여러 번 풍년이 들었도다
天命匪解(懈)라	천명이 게으르지 않은지라
桓桓武王이	굳세고 굳센 무왕이
保有厥士하사	그 선비들을 보유하사
于以四方하여	사방에 사용하여
克定厥家하시니	그 집안을 안정시키시니
於(오)昭于天이라	아, 하늘에 빛난지라

皇以間之삿다 　　　　　황제가 되어 대신하셨도다

賦也라 綏는 安也라 桓桓은 武貌라 大軍之後에 必有凶年이로되 而武王克商은 則
除害以安天下라 故로 屢獲豐年之祥이니 傳所謂周饑라가 克殷而年豐이 是也라
然이나 天命之於周에 久而不厭也라 故로 此桓桓之武王이 保有其士하여 而用之
於四方하여 以定其家하시니 其德이 上昭于天也라 間字之義는 未詳이라 傳曰 間은
代也니 言君天下以代商也라하니라 此亦頌武王之功이니라

　　부(賦)이다. '수(綏)'는 편안함이다. '환환(桓桓)'은 굳센 모양이다. 대군(大軍;큰
전역(戰役))의 뒤에는 반드시 흉년이 드는데, 무왕이 상(商)나라를 이김은 해독을
제거하여 천하를 편안히 하신 것이다. 그러므로 여러 번 풍년의 상서로움을 얻었
으니, 전(傳;《춘추좌씨전》 희공(僖公) 19년)에 이른바 "주(周)나라가 흉년이 들다가 은
(殷)나라를 이기고서야 풍년이 들었다."는 것이 이것이다. 그러나 천명이 주나라
에 있어 오래도록 싫어하지 않았다. 그러므로 이 굳세고 굳센 무왕이 그 선비들을
보유하여 이 선비들을 사방에 사용해서 그 집안을 안정시키시니, 그 덕(德)이 위
로 하늘에 밝혀진 것이다. 간(間) 자의 뜻은 자세하지 않다.《모전(毛傳)》에 "간(間)
은 대신함이니, 천하의 군주가 되어 상나라를 대신함을 말한 것이다." 하였다. 이
또한 무왕의 공(功)을 칭송한 것이다.

桓一章이니 九句라
　　〈환(桓)〉은 1장이니, 9구이다.
春秋傳에 以此爲大武之六章이라하니 則今之篇次는 蓋已失其舊矣라 又篇內에 已
有武王之諡하니 則其謂武王時作者 亦誤矣라 序에 以爲講武類禡之詩라하니 豈
後世取其義而用之於其事也歟인저
　　《춘추좌씨전》 선공(宣公) 12년에 이것을 대무(大武)의 제6장이라 하였으니, 그
렇다면 지금의 편차(篇次)는 이미 그 옛 것을 잃은 것이다. 또 편(篇) 안에 이미 무
왕이라는 시호가 있으니, 그렇다면 무왕 때에 지었다는 것도 잘못이다. 〈모서(毛
序)〉에 강무(講武)하고 유마(類禡)하는 시(詩)라 하였으니, 아마도 후세에서 그 뜻
을 취하여 이 일에 사용하였나보다.

【毛序】 桓은 講武類禡也니 桓은 武志也라

••• 類 : 제사이름 류　禡 : 마제사 마

〈환〉은 무예를 강(講)하고 〈상제(上帝)에 대한〉 유제(類祭)와 〈정복한 땅에〉 마제(禡祭)를 지내는 시이니, 환(桓)은 위무(威武)를 이루려는 뜻이다.

【鄭註】 類也、禡也는 皆師祭也라

류(類)와 마(禡)는 모두 군대의 제사이다.

10. 뢰(賚)

① 文王旣勤止, 我應受之. 敷時繹思, 我徂維求定. 時周之命, 於〔音烏〕繹思.

文王旣勤止어시니	문왕이 이미 근로하시니
我應受之로라(하니)	내가 맡아 받았노라
敷時繹思하여	이 문왕의 덕을 찾아 생각할 것을 펴서
我徂維求定이니라	내가 가서 천하의 안정을 구함이니라
時周之命이시니	이것이 주나라의 명이시니
於(오)繹思어다	아, 문왕의 덕을 찾아 생각할지어다

賦也라 應은 當也라 敷는 布요 時는 是也라 繹은 尋繹也라 於는 歎辭라 繹思는 尋繹而思念也라
○ 此는 頌文武之功하여 而言其大封功臣之意也라 言文王之勤勞天下至矣시니 其子孫受而有之나 然而不敢專也요 布此文王功德之在人而可繹思者하여 以賚有功하고 而往求天下之安定이라 又以爲凡此皆周之命이요 而非復商之舊矣라하고 遂歎美之하여 而欲諸臣受封賞者 繹思文王之德而不忘也니라

부(賦)이다. '응(應)'은 당함(맡음)이다. '부(敷)'는 폄이요, '시(時)'는 이것이다. '역(繹)'은 찾음이다. '오(於)'는 감탄사이다. '역사(繹思)'는 찾아서 사념하는 것이다.

○ 이는 문왕과 무왕의 공(功)을 칭송하여 공신(功臣)을 크게 봉(封)한 뜻을 말한 것이다. 문왕이 천하를 위해 근로하심이 지극하시니, 그 자손들이 이것을 받아 〈천하를〉 소유하였으나 감히 자기 마음대로 하지 못하고, 이 문왕의 공덕(功德)이 사람에게 남아 있어서 찾아 생각해야 할 것을 펴서 공(功)이 있는 이에게 작위

··· 繹 : 찾을 역

와 토지를 주고 가서 천하의 안정을 구함을 말한 것이다. 또 말하기를 "이는 모두 주(周)나라의 명(命)이요, 상(商)나라의 옛 것을 회복한 것이 아니다." 하고, 마침내 찬미하여 봉상(封賞)을 받은 제신(諸臣)들로 하여금 문왕의 덕을 찾아 생각해서 잊지 않게 하고자 한 것이다.

賚一章이니 六句라
　〈뢰(賚)〉는 1장이니, 6구이다.
春秋傳에 以此爲大武之三章이요 而序以爲大封於廟之詩라하니 說同上篇하니라
　《춘추좌씨전》 선공(宣公) 12년에 이것을 대무(大武)의 제3장이라 하였고, 〈모서(毛序)〉에는 사당에서 크게 봉해주는 시(詩)라 하였으니, 해설은 상편(上篇)과 같다.

【毛序】 賚는 大封於廟也라 賚는 予也니 言所以錫予善人也니라
　〈뢰〉는 사당에서 공신(功臣)들을 크게 봉해주는 시이다. 뢰(賚)는 준다는 뜻이니, 선인(善人)에게 작위(爵位)와 토지를 주는 것을 말한다.
【鄭註】 大封은 武王伐紂時에 封諸臣有功者라
　대봉(大封)은 무왕이 주(紂)를 정벌하였을 때에 제신(諸臣) 중에 공(功)이 있는 자를 봉한 것이다.

11. 반(般)

①於〔音烏〕皇時周. 陟其高山, 墮〔吐果反〕山喬嶽, 允猶翕〔許及反〕河. 敷天之下, 裒〔蒲侯反〕時之對, 時周之命.

於(오)皇時周	아, 위대한 이 주나라에
陟其高山과	저 높은 산과
墮(타)山喬嶽하시고	긴 산줄기와 큰 산악을 오르시고
允猶翕河하여	진실로 순탄한 황하를 따라
敷天之下를	너른 하늘의 아래를
裒(부)時之對하시니	모아 이에 보답하시니

··· 墮 : 회리봉 타　翕 : 모일 흡　裒 : 모을 부

時周之命이시니라　　　　　　이 주나라의 명이시니라

賦也라 高山은 泛言山耳요 隋則其狹而長者라 喬는 高也요 嶽則其高而大者라 允
猶는 未詳이라 或曰 允은 信也요 猶는 與由同이라하니라 翕河는 河善泛溢이러니 今
得其性이라 故로 翕而不爲暴也라 裒는 聚也요 對는 答也라 言美哉此周也여 其巡
守에 而登此山以柴望하고 又道於河以周四嶽하니 凡以敷天之下가 莫不有望於
我라 故로 聚而朝之方嶽之下하여 以答其意耳니라

　　부(賦)이다. '고산(高山)'은 산(山)을 범연히 말한 것이요, '타(隋:산줄기의 회리봉)'
는 산 중에 좁고도 긴 것이다. '교(喬)'는 높음이요, '악(嶽)'은 높고도 큰 것이다.
'윤유(允猶)'는 자세하지 않다. 혹자는 "윤(允)은 진실로요 유(猶)는 유(由:따름)와 같
다." 한다. '흡하(翕河)'는 황하(黃河)가 범람하기를 잘했는데, 이제 그 물의 성질을
얻었기 때문에 합류하여 난폭함을 하지 않는 것이다. '부(裒)'는 모음이요, '대(對)'
는 답함이다. "아름다운 이 주나라여! 그 순수(巡守)하면서 이 산에 올라가 나무를
태워 하늘에 제사하고 산천(山川)에 망(望) 제사를 지내고, 또 황하를 따라 사악(四
嶽)을 두루하니, 온 하늘의 아래가 나에게 기대함이 있지 않은 이가 없었다. 그러
므로 이들을 모아 방악(方嶽)의 아래에서 조회 받아 그 뜻에 보답했다."고 한 것이다.

般一章이니 七句라
　　〈반(般)〉은 1장이니, 7구이다.
般義未詳이라
　　반(般)은 뜻이 자세하지 않다.

【毛序】　般은 巡守而祀四嶽河海也라
　　〈반〉은 천자가 순수하면서 사악과 황하와 바다에 제사한 시(詩)이다.
【鄭註】　般은 樂也라
　　반(般)은 즐거워함이다.
【辨說】　此三篇은 說見本篇하니라
　　이 세 편은 해설이 본편에 보인다.

閔予小子之什은 十一篇이니 一百三十六句라

　〈민여소자지십(閔予小子之什)〉은 11편이니, 136구이다.

〈노송(魯頌)〉 4-4[四之四]

魯는 少皥(昊)之墟니 在禹貢徐州蒙、羽之野라 成王이 以封周公長子伯禽하니 今襲慶、東平府 沂、密、海等州 即其地也라 成王이 以周公有大勳勞於天下라 故로 賜伯禽以天子之禮樂하니 魯於是乎有頌하여 以爲廟樂하고 其後에 又自作詩以美其君을 亦謂之頌이라 舊說에 皆以爲伯禽十九世孫僖公申之詩라하나 今無所考요 獨閟宮一篇은 爲僖公之詩無疑耳라 夫以其詩之僭이 如此나 然夫子猶錄之者는 蓋其體固列國之風이요 而所歌者乃當時之事니 則猶未純於天子之頌이며 若其所歌之事는 又皆有先王禮樂教化之遺意焉하니 則其文은 疑若猶可予(與)也라 況夫子魯人이시니 亦安得而削之哉시리오 然因其實而著之하여 而其是非得失이 自有不可揜者하니 亦春秋之法也니라 或曰 魯之無風은 何也오 先儒以爲時王褒周公之後하여 比於先代라 故로 巡守에 不陳其詩하여 而其篇第 不列於大(太)師之職이라 是以로 宋、魯無風이라하니 其或然歟아 或謂夫子有所諱而削之라하나 則左氏所記當時列國大夫賦詩와 及吳季子觀周樂[123]에 皆無曰魯風者하니 其說이 不得通矣니라

노(魯)나라는 소호씨(少皥氏)의 옛 터이니, 〈우공(禹貢)〉의 서주(徐州) 몽산(蒙山)과 우산(羽山)의 들에 있었다. 성왕이 이곳을 주공의 장자(長子)인 백금(伯禽)에게 봉해주었으니, 지금의 습경부(襲慶府)와 동평부(東平府)의 기주(沂州)·밀주(密州)·해주(海州) 등지가 바로 이 지역이다. 성왕은 주공이 천하에 큰 공로가 있었으므로 백금에게 천자의 예악(禮樂)을 하사하니, 노나라가 이에 송(頌)을 소유하게 되어 종묘의 음악으로 삼았고, 그 뒤에 또 스스로 시(詩)를 지어 그 군주를 찬미하고는 이를 또한 송이라 일렀다.

구설(舊說)에 모두 백금의 19대손(代孫)인 희공(僖公) 신(申)의 시라 하였으나, 지금 상고할 바가 없고, 오직 〈비궁(閟宮)〉 한 편(篇)은 희공의 시임을 의심할 것이 없다.

------

123 吳季子觀周樂 : 오계자(吳季子)는 오왕(吳王) 수몽(壽夢)의 막내아들인 계찰(季札)로 노 애공(魯哀公) 29년 노나라에 빙문(聘問)하여 주(周)나라 음악을 구경하고 열국(列國)의 음악을 각기 평한 내용이 《춘추좌씨전》 양공(襄公) 29년에 보인다.

••• 皥 : 흴 호 沂 : 물이름 기 僖 : 즐거울 희 閟 : 깊을 비, 으슥할 비 揜 : 덮을 엄

그 시의 참람함이 이와 같았으나 부자(夫子)께서 오히려 《시경》에 기록한 것은, 그 시(詩)는 진실로 열국(列國)의 풍(風)이요, 노래한 바는 바로 당시의 일이니, 그렇다면 오히려 천자의 송에 순수하지 않고, 그 노래한 바의 일로 말하면 또 모두 선왕의 예악과 교화의 남은 뜻이 있으니, 그렇다면 그 글은 의심컨대 그래도 허여(인정)할 만할 듯하다. 더구나 부자는 노나라 사람이시니, 또한 어떻게 삭제할 수 있으셨겠는가. 그러나 그 실제를 인하여 이것을 드러내어서 그 시비(是非)와 득실(得失)이 자연히 가리울 수 없게 되었으니, 또한 《춘추(春秋)》의 필법(筆法)이다.

혹자는 말하기를 "노나라에 풍이 없음은 어째서인가?" 하자, 선유(先儒)가 말씀하기를 "시왕(時王)들이 주공의 후손을 표창하여 선대(先代:기(杞)와 송(宋)을 가리킴)에 비유하였다. 그러므로 천자가 순수(巡守)할 때에 그 시를 진열하지 아니하여 시편(詩篇)의 차례가 태사(太師)의 직책에 나열되지 않았다. 이 때문에 송나라와 노나라는 풍이 없다." 하였으니, 그 혹 옳은 듯하다.

혹자는 이르기를 "부자가 휘(諱)한 바가 있어서 삭제했다." 하나, 좌씨(左氏:《춘추좌씨전》을 지은 좌구명(左丘明))가 기록한바 당시의 열국 대부(大夫)들이 읊은 시와 오계자(吳季子)가 주나라의 음악을 관찰할 적에 모두 '노풍(魯風)'이라는 것이 없으니, 그 말은 통할 수가 없다.

1. 경(駉)

① 駉駉〔古榮反〕牡馬〔叶滿補反〕, 在坰〔古榮反〕之野〔叶上與反〕. 薄言駉者〔叶章與反〕, 有驈〔戶橘反〕有皇, 有驪〔力知反〕有黃. 以車彭彭〔叶鋪郎反〕, 思無疆, 思馬斯臧.

駉(경)駉牡馬	살찌고 살찐 수말이
在坰(경)之野하니	먼 들에 있으니
薄言駉者로라 (로다)	잠깐 살찐 말을 들겠노라
有驈(휼)有皇하며	사타구니가 흰 말도 있고 황백마도 있으며
有驪(리)有黃하니	검은 말도 있고 누런 말도 있으니
以車彭(방)彭이로다	수레에 사용함에 성하고 성하도다

••• 駉 : 살찌고큰말 경 坰 : 들 경 驈 : 사타구니흰말 휼(율) 驪 : 검은말 리

思無疆하니 　　　생각함이 끝이 없으니
思馬斯臧이로다 　　말을 생각함에 이에 좋도다

賦也라 駉駉은 腹幹肥張貌라 邑外謂之郊요 郊外謂之牧이요 牧外謂之野요 野外謂之林이요 林外謂之坰이라 驪馬白跨(과)曰驈이요 黃白曰皇이요 純黑曰驪요 黃騂曰黃이라 彭彭은 盛貌라 思無疆은 言其思之深廣無窮也라 臧은 善也라
○ 此詩는 言僖公牧馬之盛이 由其立心之遠이라 故로 美之曰 思無疆하니 則思馬斯臧矣라하니 衛文公이 秉心塞淵而騋(래)牝三千이 亦此意也라

　　부(賦)이다. '경경(駉駉)'은 배와 등줄기가 살찌고 퍼진 모양이다. 읍(邑) 밖을 '교(郊)'라 이르고, 교 밖을 '목(牧)'이라 이르고, 목 밖을 '야(野)'라 이르고, 야 밖을 '임(林)'이라 이르고, 임 밖을 '경(坰)'이라 이른다. 검은 말에 사타구니가 흰 것을 '휼(驈)'이라 하고, 황백색(黃白色)인 것을 '황(皇)'이라 하고, 순전히 흑색인 것을 '리(驪)'라 하고, 황적색인 것을 '황(黃)'이라 한다. '방방(彭彭)'은 성한 모양이다. '사무강(思無疆)'은 그 생각함이 깊고 넓어서 무궁함을 말한 것이다. '장(臧)'은 좋음이다.

　　○ 이 시는 희공(僖公)이 말을 길러 성함이 그 입심(立心:입지)이 원대(遠大)함에서 말미암았음을 말한 것이다. 그러므로 찬미하기를 "생각함이 끝이 없으니 말을 생각함에 이에 좋다." 한 것이니, 위 〈용풍(鄘風) 정지방중(定之方中)〉에 위 문공(衛文公)이 마음을 잡기를 착실하고 깊게 함에 큰 암말이 3천 필이라는 것 또한 이러한 뜻이다.

② 駉駉牡馬, 在坰之野. 薄言駉者, 有騅〔音佳〕有駓〔符悲反〕, 有騂有騏, 以車伓伓〔符丕反〕. 思無期, 思馬斯才〔叶前西反〕.

駉駉牡馬 　　　　　살찌고 살찐 수말이
在坰之野하니 　　　먼 들에 있으니
薄言駉者로라 　　　잠깐 살찐 말을 들겠노라
有騅(추)有駓(비)하며 　청부루말도 있고 황부루말도 있으며
有騂(성)有騏(기)하니 　붉은 말도 있고 얼룩말도 있으니
以車伓(비)伓로다 　　수레에 사용함에 힘차고 힘차도다

… 跨 : 사타구니 과　騋 : 키큰말 래　騅 : 청부루말 추　駓 : 황부루말 비　騂 : 붉은말 성　騏 : 얼룩말 기
　　伓 : 힘셀 비

思無期하니　　　　　생각함이 끝이 없으니

思馬斯才로다　　　　말을 생각함에 이에 재주 있도다

賦也라 倉(蒼)白雜毛曰騅요 黃白雜毛曰駓요 赤黃曰騂이요 靑黑曰騏라 伾伾는
有力也라 無期는 猶無疆也라 才는 材力也라

　　부(賦)이다. 창백색의 털이 섞여 있는 것을 '추(騅:청부루말)'라 하고, 황백색의
털이 섞여 있는 것을 '비(駓:황부루말)'라 하고, 황적색인 것을 '성(騂)'이라 하고, 청
흑색인 것을 '기(騏:얼룩말)'라 한다. '비비(伾伾)'는 힘이 있는 것이다. '무기(無期)'
는 무강(無疆)과 같다. '재(才)'는 재주와 힘이다.

③ 駉駉牡馬, 在坰之野. 薄言駉者, 有驒〔徒河反〕有駱, 有駵〔音留〕有
雒, 以車繹繹〔叶弋灼反〕. 思無斁〔叶弋灼反〕, 思馬斯作.

駉駉牡馬　　　　　　살찌고 살찐 수말이

在坰之野하니　　　　먼 들에 있으니

薄言駉者로라　　　　잠깐 살찐 말을 들겠노라

有驒(타)有駱(락)하며　돈짝무늬의 말도 있고 가리온말도 있으며

有駵(류)有雒(락)하니　월따말도 있고 표가라말도 있으니

以車繹繹이로다　　　수레에 사용함에 끊임없이 이어지도다

思無斁 (역)하니　　　생각함에 싫음이 없으니

思馬斯作이로다　　　말을 생각함에 이에 떨쳐 일어나도다

賦也라 靑驪驎(린)曰驒라 色有深淺하고 斑駁如魚鱗하니 今之連錢驄也라 白馬黑
鬣(렵)曰駱이요 赤身黑鬣曰駵요 黑身白鬣曰雒이라 繹繹은 不絶貌라 斁은 厭也라
作은 奮起也라

　　부(賦)이다. 청흑색의 얼룩말을 '타(驒:돈짝무늬말)'라 한다. 색깔에 깊고 얕음이
있고 얼룩무늬 반점이 물고기의 비늘과 같으니, 지금의 연전총(連錢驄)이다. 백마
에 갈기가 검은 것을 '락(駱:가리온말)'이라 하고, 붉은 몸에 갈기가 검은 것을 '류
(駵:월따말)'라 하고, 검은 몸에 갈기가 흰 것을 '락(雒:표가라말)'이라 한다. '역역(繹
繹)'은 끊이지 않는 모양이다. '역(斁)'은 싫어함이다. '작(作)'은 떨쳐 일어남이다.

···　驒 : 돈짝무늬총이말 타(탄)　駱 : 낙대 락　駵 : 월다말 류　雒 : 가리온말 락　繹 : 이을 역　驎 : 얼룩말 린
　　駁 : 얼룩무늬 박　驄 : 총이말 총　鬣 : 갈기 렵

④ 駉駉牡馬, 在坰之野. 薄言駉者, 有駰〔音因〕有騢〔音遐 叶洪孤反〕, 有驔
〔音簟〕有魚, 以車祛祛〔起居反〕. 思無邪〔叶祥余反〕, 思馬斯徂.

駉駉牡馬	살찌고 살찐 수말이
在坰之野하니	먼 들에 있으니
薄言駉者로라	잠깐 살찐 말을 들겠노라
有駰(인)有騢(하)하며	은총이말도 있고 적부루말도 있으며
有驔(담)有魚하니	정강이 흰 말도 있고 두 눈이 흰 말도 있으니
以車祛祛로다	수레에 사용함에 건장하고 건장하도다
思無邪하니	생각함에 간사함이 없으니
思馬斯徂로다	말을 생각함에 이에 가도다

賦也라 陰白雜毛曰駰이라 陰은 淺黑色이니 今泥驄也라 彤(동)白雜毛曰騢요 豪
(毫)骭(한)曰驔이니 毫在骭而白也라 二目白曰魚니 似魚目也라 祛祛는 彊健也라
徂는 行也라 孔子曰 詩三百을 一言以蔽之하니 曰思無邪[124]라하시니 蓋詩之言美惡
이 不同하여 或勸或懲하여 皆有以使人得其情性之正이라 然이나 其明白簡切하여
通于上下는 未有若此言者라 故로 特稱之하사 以爲可當三百篇之義라하시니 以其
要爲不過乎此也일새라 學者誠能深味其言하여 而審於念慮之間하여 必使無所思
而不出於正이면 則日用云爲가 莫非天理之流行矣라 蘇氏曰 昔之爲詩者는 未
必知此也러니 孔子讀詩至此하사 而有合於其心焉이라 是以取之하시니 蓋斷章[125]
云爾니라

부(賦)이다. 음백색(陰白色)의 털이 섞여 있는 것을 '인(駰;은총이말)'이라 한다.
'음(陰)'은 얕은 흑색이니, 지금의 이총(泥驄)이다. 적백색의 털이 섞여 있는 것을
'하(騢;적부루말)'라 하고, 정강이에 털이 난 것을 '담(驔)'이라 하니, 털이 정강이에
희게 나 있는 것이다. 두 눈이 흰 것을 '어(魚)'라 하니, 물고기의 눈과 같기 때문
이다. '거거(祛祛)'는 강건(强健)함이다. '조(徂)'는 감이다.

• • • • • •
124 孔子曰……曰思無邪 : 이 내용은 《논어》 〈위정(爲政)〉에 보인다.
125 斷章 : 단장(斷章)은 단장취의(斷章取義)의 줄임말로, 원문의 내용과는 상관없이 일부의 문
장만을 잘라내어 뜻을 취함을 이른다.

••• 駰 : 은총이 인 騢 : 얼룩말 하 驔 : 정강이흰말 담 祛 : 굳셀 거 豪 : 털 호 骭 : 정강이뼈 한

공자(孔子)께서 말씀하시기를 "《시경》삼백 편(三百篇)을 한 마디 말로 덮을(대표할) 수 있으니, 생각함에 간사함이 없음이다〔思無邪〕." 하셨으니, 시(詩)는 좋은 것과 나쁜 것을 말함이 똑같지 않아 혹은 권면하고 혹은 징계해서 모두 사람들로 하여금 그 성정(性情)의 올바름을 얻게 한 것이다. 그러나 그 명백하고 간절하여 상하(上下)에 통함은 이 말(사무사)과 같은 것이 있지 않다. 그러므로 특별히 이것을 칭찬하시기를 "삼백 편의 뜻에 해당할 수 있다." 하신 것이니, 그 요점이 여기에서 지나지 않기 때문이다. 배우는 자가 진실로 깊이 그 말씀을 음미하여 생각하는 사이에서 살펴 반드시 생각하는 것마다 바름에서 나오지 않음이 없게 한다면, 일상생활과 말하고 행하는 것이 천리(天理)의 유행 아님이 없을 것이다.

소씨(蘇氏)가 말하였다. "옛날 시를 배우는 자들이 반드시 이것을 알지는 못하였는데, 공자께서 《시경》을 읽으시다가 이에 이르러 그 마음에 부합됨이 있으셨다. 이 때문에 이것을 취하셨으니, 장(章)을 끊어 뜻을 취하신 것이다."

駉四章이니 章八句라

〈경(駉)〉은 4장이니, 장마다 8구이다.

【毛序】 駉은 頌僖公也라 僖公이 能遵伯禽之法하여 儉以足用하고 寬以愛民하며 務農重穀하여 牧于坰野하니 魯人尊之라 於是에 季孫行父(보)請命于周하니 而史克이 作是頌[126]하니라

〈경〉은 희공(僖公)을 칭송한 시(詩)이다. 희공은 백금(伯禽)의 법을 따라 검소하여 재용(財用)을 풍족하게 하고 너그러워 백성들을 사랑하며 농사를 힘쓰고 곡식을 소중히 여기며 먼 들에서 말을 기르니, 노나라 사람들이 존경하였다. 이에 계손행보(季孫行父)가 주(周)나라에 명을 내려줄 것을 청하니, 사관(史官)인 극(克)이 이 송(頌)을 지은 것이다.

【鄭註】 季孫行父는 季文子也요 史克은 魯史也라

계손행보는 계문자(季文子)이고, 사극(史克)은 노(魯)나라 사관이다.

· · · · · ·

126 季孫行父請命于周 而史克作是頌 : 계손행보(季孫行父)는 노(魯)나라의 대부인 계손씨(季孫氏)로 시호가 문자(文子)이며, 사극(史克)은 노나라의 사관(史官)인데, 〈노송(魯頌)〉의 4편은 모두 사극이 지었다 한다.

【辨說】 此序는 事實이 皆無可考요 詩中에 亦未見務農重穀之意하니 序說이 鑿矣
니라

　　이 〈서〉는 사실이 모두 상고할 만한 것이 없고, 시 가운데에 또한 농사를 힘쓰
고 곡식을 소중히 여기는 뜻을 볼 수 없으니, 〈서설〉이 천착(穿鑿)되었다.

2. 유필(有駜)

① 有駜〔薄必反〕有駜, 駜彼乘〔繩證反〕黃. 夙夜在公, 在公明明〔叶謨郎反〕.
振振鷺, 鷺于下〔叶後五反〕. 鼓咽咽〔烏玄反〕, 醉言舞. 于胥樂〔音洛〕兮.

有駜(필)有駜하니	말이 살찌고 살찌니
駜彼乘黃이로다	살찐 저 네 필의 황마로다
夙夜在公하니	새벽부터 밤늦게까지 공소(公所)에 있으니
在公明明이로다	공소에서 일을 분명하게 처리하도다
振振鷺여	떼 지어 나는 백로 깃이여
鷺于下로다	백로가 내려앉는 듯하도다
鼓咽(연)咽이어늘	북을 둥둥 치는데
醉言舞하니	취하여 춤을 추니
于胥樂(락)兮로다	서로 즐거워하도다

興也라 駜은 馬肥强貌라 明明은 辨治也라 振振은 羣飛貌라 鷺는 鷺羽니 舞者所持
니 或坐或伏하여 如鷺之下也라 咽은 與淵同하니 鼓聲之深長也라 或曰 鷺亦興也
라하니라 胥는 相也니 醉而起舞以相樂也라 此는 燕飲而頌禱之詞也라

　　흥(興)이다. '필(駜)'은 말이 살찌고 강한 모양이다. '명명(明明)'은 〈자기의 직책
을〉 분별하고 다스림이다. '진진(振振)'은 떼 지어 나는 모양이다. '로(鷺)'는 백로
의 깃이니, 춤추는 자가 잡는 것이니, 혹은 앉고 혹은 엎드려 백로가 내려앉는 것
과 같은 것이다. '연(咽)'은 연(淵)과 같으니, 북소리가 깊고 긴(멀리 들림) 것이다.
혹자는 "백로 또한 흥(興)이다." 한다. '서(胥)'는 서로이니, 취해서 일어나 춤을 추
어 서로 즐거워하는 것이다. 이는 연음(燕飮)하면서 송축(頌祝)한 말이다.

··· 駜 : 살찐말 필 咽 : 북소리 연

② 有駜有駜, 駜彼乘牡. 夙夜在公, 在公飲酒. 振振鷺, 鷺于飛. 鼓
咽咽, 醉言歸. 于胥樂兮.

有駜有駜하니	말이 살찌고 살찌니
駜彼乘牡로다	살찐 저 네 필의 수말이로다
夙夜在公하니	새벽부터 밤늦게까지 공소에 있으니
在公飲酒로다	공소에서 술을 마시도다
振振鷺여	떼 지어 나는 백로 깃이여
鷺于飛로다	백로가 나는 듯하도다
鼓咽咽이어늘	북을 둥둥 치는데
醉言歸하니	취하여 돌아가니
于胥樂兮로다	서로 즐거워하도다

興也라 鷺于飛는 舞者振作에 鷺羽如飛也라

홍(興)이다. '로우비(鷺于飛)'는 춤추는 자가 떨쳐 일어남에 백로의 깃이 나는
것과 같은 것이다.

③ 有駜有駜, 駜彼乘駽[呼縣反]. 夙夜在公, 在公載燕. 自今以始, 歲
其有[叶羽己反]. 君子有穀, 詒孫子[叶獎里反]. 于胥樂兮.

有駜有駜하니	말이 살찌고 살찌니
駜彼乘駽(현)이로다	살찐 저 네 필의 철총이말이로다
夙夜在公하니	새벽부터 밤늦게까지 공소에 있으니
在公載燕이로다	공소에서 잔치하도다
自今以始하여	지금으로부터 시작하여
歲其有로다	연사(年事)가 풍년이 들리로다
君子有穀하여	군자가 선(善)을 두어
詒孫子로소니	자손들에게 물려주니
于胥樂(락)兮로다	서로 즐거워하도다

••• 駽 : 철총이 현 詒 : 줄 이

興也라 靑驪曰駽이니 今鐵驄也라 載는 則也라 有는 有年也라 穀은 善也니 或曰祿
也라하니라 詒는 遺也니 頌禱之辭也라

홍(興)이다. 청흑색 말을 '현(駽)'이라 하니, 지금의 철총(鐵驄)이다. '재(載)'는
곧〔則;발어사〕이다. '유(有)'는 유년(有年;풍년)이다. '곡(穀)'은 선(善)이니, 혹자는
녹봉(祿俸)이라 한다. '이(詒)'는 물려줌이니, 이는 송축(頌祝)하는 말이다.

有駜三章이니 章九句라

〈유필(有駜)〉은 3장이니, 장마다 9구이다.

【毛序】 有駜은 頌僖公君臣之有道也라

〈유필〉은 희공의 군주와 신하가 도(道)가 있음을 칭송한 시이다.

【鄭註】 有道者는 以禮義相與之謂也라

도가 있다는 것은 예의(禮義)로써 서로 더붊을 이른다.

【辨說】 此但燕飲之詩니 未見君臣有道之意로라

이는 다만 잔치하면서 술 마시는 시이니, 군주와 신하가 도가 있는 뜻을 볼 수
없다.

3. 반수(泮水)

① 思樂〔音洛〕泮〔普半反〕水, 薄采其芹〔其斤反〕. 魯侯戾止, 言觀其旂〔叶其斤
反〕. 其旂茷茷〔蒲害反〕, 鸞聲噦噦〔呼會反〕. 無小無大, 從公于邁.

思樂泮水에	즐거운 반수에
薄采其芹(근)호라	잠깐 미나리를 뜯노라
魯侯戾止하시니	노후(魯侯)가 이르시니
言觀其旂로다	그 깃발을 보도다
其旂茷(패)茷하며	그 깃발이 펄럭이며
鸞聲噦(홰)噦하니	방울소리가 조화롭게 울리니
無小無大히	작은 사람 큰 사람 가릴 것 없이

··· 泮:반궁 반 芹:미나리 근 茷:날릴 패 噦:화할 홰

從公于邁로다　　　　　　　공(公)을 따라 가도다

賦其事以起興也라 思는 發語辭也라 泮水는 泮宮之水也라 諸侯之學과 鄉射之宮
을 謂之泮宮이니 其東西南方에 有水하여 形如半璧하니 以其半於辟廱이라 故曰泮
水요 而宮亦以名也라 芹은 水菜也라 戾는 至也라 茷茷는 飛揚也요 噦噦는 和也라
此는 飲於泮宮而頌禱之詞也라

　　그 일을 읊어서 기흥(起興)한 것이다. '사(思)'는 발어사(發語辭)이다. '반수(泮
水)'는 반궁(泮宮)의 물이다. 제후의 학궁(태학)과 향사(鄉射)하는 학궁(향학(鄉學))을
반궁(泮宮)이라 이르니, 그 동(東)·서(西)·남(南) 세 방위에 물이 있어 형체가 반
벽(半璧)과 같은데 벽옹(辟廱)의 반이 되기 때문에 반수라 이르고 궁(宮)을 또한 반
궁이라 이름한 것이다. '근(芹:미나리)'은 수채(水菜:물에서 자라는 채소)이다. '려(戾)'
는 이름이다. '패패(茷茷)'는 드날림이요, '홰홰(噦噦)'는 조화로움이다. 이는 반궁
에서 술을 마시면서 송축(頌祝)한 말이다.

② 思樂泮水, 薄采其藻. 魯侯戾止, 其馬蹻蹻〔居表反〕. 其馬蹻蹻, 其
音昭昭〔叶之繞反〕. 載色載笑, 匪怒伊教.

思樂泮水에	즐거운 반수에
薄采其藻호라	잠깐 마름을 뜯노라
魯侯戾止하시니	노후가 이르시니
其馬蹻(교)蹻로다	그 말이 성하고 성하도다
其馬蹻蹻하니	그 말이 성하고 성하니
其音昭昭샷다	그 목소리가 밝고 밝으시도다
載色載笑하시니	얼굴빛을 온화하게 하고 웃으시니
匪怒伊教샷다	노함이 아니라 가르치심이시도다

賦其事以起興也라 蹻蹻는 盛貌라 色은 和顏色也라
　　그 일을 읊어 기흥한 것이다. '교교(蹻蹻)'는 성한 모양이다. '색(色)'은 안색을
온화하게 하는 것이다.

··· 廱 : 벽옹 옹, 연못 옹　蹻 : 굳셀 교

③ 思樂泮水, 薄采其茆〔叶謨九反〕. 魯侯戾止, 在泮飮酒. 旣飮旨酒, 永
錫難老〔叶魯吼反〕. 順彼長道〔叶徒吼反〕, 屈此羣醜.

思樂泮水에	즐거운 반수에
薄采其茆(묘)호라	잠깐 순나물을 뜯노라
魯侯戾止하시니	노후가 이르시니
在泮飮酒로다	반궁(泮宮)에서 술을 마시도다
旣飮旨酒하시니	이미 맛있는 술을 드셨으니
永錫難老로다	길이 불로(不老)를 주리로다
順彼長道하사	저 대도(大道)를 순히 하사
屈此羣醜하소서	이 여러 무리들을 굴복시키소서

賦其事以起興也라 茆는 鳧(부)葵也니 葉大如手하고 赤圓而滑하니 江南人謂之蓴
(순)菜者也라 長道는 猶大道也라 屈은 服이요 醜는 衆也라 此章以下는 皆頌禱之詞
也라

그 일을 읊어 기흥한 것이다. '묘(茆)'는 부규(鳧葵)이니, 잎은 크기가 손바닥과
같고 붉고 둥글며 미끄러우니, 강남 사람들은 순채(蓴菜)라 이른다. '장도(長道)'는
대도(大道:군자의 대도)와 같다. '굴(屈)'은 복종시킴이요, '추(醜)'는 무리이다. 이 장
(章) 이하는 모두 송축(頌祝)한 말이다.

④ 穆穆魯侯, 敬明其德. 敬愼威儀, 維民之則. 允文允武, 昭假〔音格〕
烈祖. 靡有不孝, 自求伊祜〔候五反〕.

穆穆魯侯여	엄숙하신 노후(魯侯)여
敬明其德이샷다	그 덕을 공경하여 밝히셨도다
敬愼威儀하시니	위의를 공경하고 삼가시니
維民之則이샷다	백성의 법칙이시도다
允文允武하사	진실로 문무겸전(文武兼全)하사
昭假(格)烈祖하시니	열조(烈祖)께 밝게 이르시니
靡有不孝하여	효도하지 않음이 없어

••• 茆 : 순채 묘 葵 : 해바라기 규 蓴 : 순나물 순

自求伊祜삿다　　　　　　스스로 복을 구하시도다

賦也라 昭는 明也라 假은 與格同이라 烈祖는 周公, 魯公也라

　　부(賦)이다. '소(昭)'는 밝음이다. '격(假)'은 격(格:강림함)과 같다. '열조(烈祖)'는 주공(周公) 단(旦)과 노공(魯公) 백금(伯禽)이다.

⑤ 明明魯侯, 克明其德. 旣作泮宮, 淮夷攸服〔叶蒲北反〕. 矯矯虎臣, 在泮獻馘〔古獲反 叶況壁反〕. 淑問如皐陶〔叶夷周反〕, 在泮獻囚.

明明魯侯여　　　　　　　밝고 밝으신 노후여
克明其德이삿다　　　　　능히 그 덕을 밝히셨도다
旣作泮宮하니　　　　　　이미 반궁을 지으니
淮夷攸服이로다　　　　　회이들이 복종하는 바로다
矯矯虎臣이　　　　　　　굳세고 굳센 범 같은 신하들이
在泮獻馘(괵)하며　　　　반궁(泮宮)에서 적의 왼쪽 귀를 바치며
淑問如皐陶　　　　　　　고요(皐陶)와 같이 신문을 잘하는 자가
在泮獻囚리로다　　　　　반궁에서 죄수를 바치리로다

賦也라 矯矯는 武貌라 馘은 所格者之左耳也라 淑은 善也요 問은 訊囚也라 囚는 所虜獲者라 蓋古者出兵에 受成於學하고 及其反也에 釋奠[127]於學하고 而以訊馘告라 故로 詩人이 因魯侯在泮하여 而願其有是功也니라

　　부(賦)이다. '교교(矯矯)'는 힘찬 모양이다. '괵(馘)'은 때려잡은 자(적)의 왼쪽 귀이다. '숙(淑)'은 잘함이요, '문(問)'은 죄수를 신문하는 것이다. '수(囚)'는 포로로 사로잡은 자이다. 옛날에 출병(出兵)할 적에는 학궁(태학)에서 이루어진 법을 받고, 돌아옴에 미쳐서는 학궁에서 석전(釋奠)하고 신문할 자와 왼쪽 귀를 베어온 것을 고유(告由)하였다. 그러므로 시인(詩人)이 노후가 반궁에 있음으로 인하여 이러한 공(功)이 있기를 기원한 것이다.

‥‥‥
127 釋奠 : 석전(釋奠)은 공자(孔子)와 같은 선사(先師)를 제사하는 것으로, 소나 양 따위의 희생을 생략하고 채소 따위로 간략하게 제사하기 때문에 석채(釋菜)라고도 한다.

‥‥ 矯 : 굳셀 교 馘 : 왼쪽귀벨 괵

⑥ 濟濟〔子禮反〕多士, 克廣德心. 桓桓于征, 狄〔他歷反〕彼東南〔叶尼心反〕. 烝烝皇皇, 不吳〔音話〕不揚. 不告于訩〔音凶〕, 在泮獻功.

濟濟多士	많고 많은 선비들이
克廣德心하여	능히 덕스러운 마음을 넓혀서
桓桓于征하여	굳세고 굳세게 정벌하여
狄(逖)彼東南하니	멀리 저 동남 지방을 개척하니
烝烝皇皇하며	왕성하고 성대하며
不吳(譁)不揚하며	전공(戰功)을 다투어 시끄럽지 않고 떠들지 않으며
不告于訩(흉)하여	다툼을 고하지 아니하여
在泮獻功이리로다	반궁에서 공을 바치리로다

賦也라 廣은 推而大之也라 德心은 善意也라 狄은 猶逖(적)也라 東南은 謂淮夷也라 烝烝、 皇皇은 盛也요 不吳、 不揚은 肅也요 不告于訩은 師克而和하여 不爭功也라

부(賦)이다. '광(廣)'은 미루어 (확대하여) 크게 함이다. '덕심(德心)'은 선한 뜻〔善意〕이다. '적(狄)'은 적(逖 ; 멀리 개척함)과 같다. '동남(東南)'은 회이(淮夷)를 이른다. '증증 황황(烝烝皇皇)'은 성(盛)함이요, '불화 불양(不吳不揚)'은 엄숙함이요, '불고우흉(不告于訩)'은 군대가 승리하고도 화목하여 공(功)을 다투지 않는 것이다.

⑦ 角弓其觩〔音求〕, 束矢其搜〔色留反〕. 戎車孔博, 徒御無斁〔叶弋灼反〕. 旣克淮夷, 孔淑不逆〔叶宜脚反〕. 式固爾猶, 淮夷卒獲〔叶黃郭反〕.

角弓其觩(구)하니	각궁(角弓)이 힘차니
束矢其搜로다	많은 화살〔束矢〕이 빠르도다
戎車孔博하니	융거가 매우 크니
徒御無斁(역)이로다	보병과 마부들이 싫증냄이 없도다
旣克淮夷하니	이미 회이를 이기니
孔淑不逆이로다	매우 선하여 명령을 어기지 않도다

••• 吳 : 떠들 화 訩 : 다툴 흉 逖 : 멀 적 觩 : 굽을 구 搜 : 화살빨리가는소리 수

式固爾猶(猷)면　　　　　　그대의 계책을 견고히 한다면
淮夷卒獲하리라　　　　　회이들을 끝내 사로잡으리로다

賦也라 觓는 弓健貌라 五十矢爲束이니 或曰百矢也라하니라 搜는 矢疾聲也라 博은 廣大也라 無斁은 言競勸也라 逆은 違命也니 蓋能審固其謀猶면 則淮夷終無不獲矣리라

　　부(賦)이다. '구(觓)'는 활이 힘찬(활을 힘차게 당긴) 모양이다. 50개의 화살을 '속 (束)'이라 하니, 혹자는 백 개의 화살이라 한다. '수(搜)'는 화살이 빨리 날아가는 소리이다. '박(博)'은 광대함이다. 싫증냄이 없다.〔無斁〕는 것은 다투어 일을 권 면함을 말한다. '역(逆)'은 명령을 어김이다. 그 도모와 계책을 살피고 견고히 한 다면 회이들을 끝내 사로잡지 못함이 없을 것이다.

⑧ 翩彼飛鴞〔吁驕反〕, 集于泮林. 食我桑黮〔尸荏反〕, 懷我好音. 憬〔九永反〕 彼淮夷, 來獻其琛〔敕金反〕, 元龜象齒, 大賂南金.

翩彼飛鴞(효)　　　　　　이리저리 나는 저 올빼미(부엉이)여
集于泮林하여　　　　　저 반궁의 숲에 모여 앉아서
食我桑黮(심)하고　　　　우리 뽕나무 오디를 먹고
懷我好音이로다　　　　나를 좋은 목소리로 회유하도다
憬彼淮夷　　　　　　　깨달은 저 회이들이
來獻其琛(침)하니　　　와서 좋은 보물을 바치니
元龜象齒와　　　　　　큰 거북껍질과 상아(象牙)와
大賂南金이로다　　　　남쪽 지방에서 나는 금을 크게 바치도다

興也라 鴞는 惡聲之鳥也라 黮은 桑實也라 憬은 覺悟也라 琛은 寶也라 元龜는 尺二寸이라 賂는 遺也라 南金은 荊、揚之金也라 此章前四句는 興後四句하니 如行葦首章之例也라

　　흥(興)이다. '효(鴞:올빼미)'는 목소리가 나쁜 새이다. '심(黮:오디)'은 뽕나무 열 매이다. '경(憬)'은 깨달음이다. '침(琛)'은 보배이다. '원귀(元龜:큰 거북은)'는 한 자 두 치이다. '뢰(賂)'는 줌이다. '남금(南金)'은 형주(荊州)와 양주(揚州)에서 생산된

… 翩 : 훌쩍날 편　鴞 : 올빼미 효　黮 : 오디 심　憬 : 깨달을 경　琛 : 구슬 침　賂 : 줄 뢰

금이다. 이 장(章)의 앞의 네 구(句)는 뒤의 네 구를 흥(興)하였으니, 〈행위(行葦)〉의 수장(首章)의 예(例)와 같다.

泮水八章이니 章八句라

　　〈반수(泮水)〉는 8장이니, 장마다 8구이다.

【毛序】 泮水는 頌僖公能修泮宮也라

　　〈반수〉는 희공(僖公)이 반궁(泮宮)을 잘 수리함을 칭송한 시(詩)이다.

【辨說】 此亦燕飲落成之詩니 不爲頌其能修也니라

　　이 또한 잔치하여 술 마시면서 낙성(落成)한 시이니, 그 능히 반궁을 수리함을 칭송한 것이 아니다.

4. 비궁(閟宮)

① 閟[筆位反]宮有侐[況域反], 實實枚枚. 赫赫姜嫄[音元], 其德不回. 上帝是依[叶音隈], 無災無害. 彌月不遲[叶陳回反], 是生后稷, 降之百福[叶筆力反]. 黍稷重[直龍反]穋[音六 叶六直反], 稙[徵力反]穉菽麥[叶訖力反], 奄有下國[叶于逼反]. 俾民稼穡, 有稷有黍, 有稻有秬[求許反], 奄有下土. 纘禹之緒[象呂反].

閟宮有侐(혁)하니	깊게 닫혀있는 사당 고요하기도 하니
實實枚枚로다	공고(鞏固)하고 치밀하도다
赫赫姜嫄이	혁혁한 강원(姜嫄)이
其德不回하사	그 덕이 사특하지 않으사
上帝是依하시니	상제가 이에 돌보시니
無災無害하여	재앙이 없고 해로움이 없어서
彌月不遲하여	낳을 달을 채우자 더디지 않아
是生后稷하시고	이 후직(后稷)을 낳으시고
降之百福하시니	백복(百福)을 내리시니

••• 閟 : 으슥할 비, 깊을 비 侐 : 고요할 혁

黍稷重穋(동륙)과	늦고 이른 기장과 메기장과
稙稚(직치)菽麥이로다	이르고 늦은 콩과 보리로다
奄有下國하사	곧 하국을 소유하사
俾民稼穡하시니	백성들로 하여금 심고 거두게 하시니
有稷有黍하며	메기장도 있고 기장도 있으며
有稻有秬(거)로소니	벼도 있고 검은 기장도 있으니
奄有下土하사	곧 하토를 소유하사
纘禹之緒삿다	우(禹) 임금의 전통을 이으셨도다

賦也라 閟는 深閉也라 宮은 廟也라 侐은 淸靜也라 實實은 鞏固也요 枚枚는 礱(룡)密也니 時蓋修之라 故로 詩人歌詠其事하여 以爲頌禱之詞하고 而推本后稷之生하여 而下及于僖公耳라 回는 邪也라 依는 猶眷顧也니 說見生民篇하니라 先種曰稙이요 後種曰稚라 奄有下國은 封於邰也라 緖는 業也라 禹治洪水旣平에 后稷이 乃播種百穀하니라

부(賦)이다. '비(閟)'는 깊이 닫혀있는 것이다. '궁(宮)'은 사당이다. '혁(侐)'은 맑고 고요함이다. '실실(實實)'은 공고함이요, '매매(枚枚)'는 치밀함이니, 이때 사당을 중수(重修)하였다. 그러므로 시인(詩人)이 이 일을 노래로 읊어서 송축하는 말로 삼고, 후직의 탄생을 미루어 근본해서 아래로 희공(僖公)에 미친 것이다. '회(回)'는 사특함이다. '의(依)'는 권고(眷顧;돌아봄)와 같으니, 해설이 위〈생민(生民)〉편에 보인다. 먼저 심는 것을 '직(稙)'이라 하고, 뒤에 심는 것을 '치(稚)'라 한다. '곧 하국(下國)을 소유했다.'는 것은 태(邰)나라에 봉해진 것이다. '서(緒)'는 서업(緒業;전통)이다. 우(禹) 임금이 홍수를 다스려 수토(水土)가 이미 평(平)해지자, 후직이 비로소 백곡을 파종하였다.

② 后稷之孫, 實維大[音泰]王. 居岐之陽, 實始翦商. 至于文武, 纘大王之緖. 致天之屆, 于牧之野[叶上與反]. 無貳無虞, 上帝臨女[音汝]. 敦[都回反]商之旅, 克咸厥功[叶居古反]. 王曰叔父[扶雨反], 建爾元子[叶子古反], 俾侯于魯. 大啓爾宇, 爲周室輔[扶雨反].

后稷之孫이	후직의 후손이

··· 重 : 늦벼 동(중) 穋 : 올벼 륙 稙 : 올벼 직 稚 : 어린벼 치 秬 : 검은기장 거 礱 : 갈 롱, 맷돌 롱

實維大(太)王_{이시니}	실로 태왕(太王)이시니

實維大(太)王_{이시니}　실로 태왕(太王)이시니
居岐之陽_{하사}　기산(岐山)의 남쪽에 거하사
實始翦商_{이어시늘}　진실로 비로소 상나라를 끊어버리시거늘
至于文武_{하사}　문왕과 무왕에 이르러
纘大王之緒_{하사}　태왕의 전통을 이으사
致天之屆(계)를　하늘의 궁극(窮極)함을 이루기를
于牧之野_{하시니}　목야(牧野)에서 하시니
無貳無虞_{하라}　의심하지 말고 염려하지 말라
上帝臨女(汝)_{시니라}　상제가 너에게 임하여 계시니라
敦(퇴)商之旅_{하여}　상나라의 무리를 다스려서
克咸厥功_{이어늘}　능히 그 공을 함께하거늘
王曰叔父_아　성왕께서 말씀하시기를 숙부(주공)야!
建爾元子_{하여}　너의 원자〈백금(伯禽)〉을 세워
俾侯于魯_{하노니}　노(魯)나라의 임금이 되게 하노니
大啓爾宇_{하여}　너의 거처하는 곳(강토)을 크게 열어서
爲周室輔_{어다}　주나라의 보필이 될지어다

賦也라 翦은 斷也라 大王이 自豳(빈)徙居岐陽한대 四方之民이 咸歸往之하여 於是
而王迹始著하니 蓋有翦商之漸矣라 屆는 極也니 猶言窮極也라 虞는 慮也라 無貳
無虞, 上帝臨女는 猶大明云上帝臨女, 無貳爾心也라 敦는 治之也라 咸은 同也니
言輔佐之臣이 同有其功하여 而周公亦與焉也라 王은 成王也라 叔父는 周公也요
元子는 魯公伯禽也라 啓는 開요 宇는 居也라

　부(賦)이다. '전(翦)'은 끊어버림이다. 태왕이 빈(豳) 땅에서 기산(岐山) 남쪽으
로 옮겨 거주하자, 사방의 백성들이 모두 귀의하여 따라가서 이에 왕자(王者)의
자취가 비로소 드러났으니, 이때부터 상(商)나라를 끊어버릴 조짐이 있었던 것이
다. '계(屆)'는 극(極)이니, 궁극(窮極)이란 말과 같다. '우(虞)'는 염려함이다. '의심
하지 말고 염려하지 말라, 상제가 너에게 임하여 계시다.'는 것은 위 〈대명(大明)〉
에 "상제가 너에게 임하여 계시니, 너의 마음을 의심하지 말라."는 말과 같다. '퇴
(敦)'는 〈상나라의 무리를〉 다스림이다. '함(咸)'은 함께이니, 보좌(輔佐)하는 신하
들이 함께 그 공(功)을 소유하여 주공 또한 여기에 참여함을 말한 것이다. '왕(王)'

••• 屆 : 이를 계　虞 : 근심할 우　敦 : 다스릴 퇴

은 성왕(成王)이다. '숙부(叔父)'는 주공이요, '원자(元子)'는 노공(魯公)인 백금(伯禽)
이다. '계(啓)'는 엶이요, '우(宇)'는 거주함이다.

③ 乃命魯公, 俾侯于東. 錫之山川, 土田附庸. 周公之孫, 莊公之子
〔叶獎里反〕. 龍旂承祀〔叶養里反〕, 六轡耳耳. 春秋匪解〔音懈 叶訖力反〕, 享祀
不忒. 皇皇后帝, 皇祖后稷. 享以騂犧〔虛宜虛何二反〕, 是饗是宜〔牛奇牛何
二反〕. 降福旣多〔章移當何二反〕, 周公皇祖, 亦其福女〔音汝〕.

乃命魯公하사	이에 노공을 명하사
俾侯于東하시고	동쪽 지방의 제후가 되게 하시고
錫之山川과	그에게 산천과
土田附庸이로다	토전과 부용국을 하사하셨도다
周公之孫과	주공의 후손이요
莊公之子	장공의 아들이
龍旂承祀하시니	용 그린 깃발로 제사를 계승하시니
六轡耳耳로다	여섯 고삐가 부드럽고 부드럽도다
春秋匪解(懈)하사	봄과 가을에 제사를 게을리하지 않으사
享祀不忒하사	향사를 올림에 어긋나지 않으사
皇皇后帝와	황황하신 후제(상제)와
皇祖后稷께	황조(皇祖)이신 후직(后稷)께
享以騂犧하시니	붉은 희생으로 제향하시니
是饗是宜하여	이에 흠향하며 이에 마땅하여
降福旣多며	복을 내림이 이미 많으며
周公皇祖도	주공과 황조도
亦其福女(汝)샷다	또한 너에게 복을 내리시도다

賦也라 附庸은 猶屬城也니 小國은 不能自達於天子하여 而附於大國也라 上章에
旣告周公以封伯禽之意하고 此乃言其命魯公而封之也라 莊公之子는 其一閔公
이요 其一僖公이니 知此是僖公者는 閔公在位不久하여 未有可頌하니 此必是僖公
也리라 耳耳는 柔從也라 春秋는 錯(착)擧四時也라 忒은 過差也라 成王以周公有大

功於王室이라 故로 命魯公하여 以夏正孟春에 郊祀上帝하고 配以后稷하여 牲用騂牡하니라 皇祖는 謂羣公이라 此章以後는 皆言僖公致敬郊廟하여 而神降之福하니 國人稱願之如此也라

부(賦)이다. '부용(附庸)'은 속성(屬城)과 같으니, 소국(小國)은 직접 천자국에 통할 수가 없어서 대국(大國)에 붙여 전달하는 것이다. 상장(上章)에서는 이미 주공에게 백금(伯禽)을 봉하는 뜻을 말하였고, 여기에서는 마침내 노공(魯公)을 명하여 봉해줌을 말하였다. 장공(莊公)의 아들에 그 하나는 민공(閔公)이고 그 하나는 희공(僖公)인데, 이가 희공임을 아는 이유는, 민공은 재위한 지가 오래지 않아 칭송할 만한 것이 있지 않으니, 이는 반드시 희공일 것이다.

'이이(耳耳)'는 부드럽게 따름이다. 봄과 가을은 사시(四時)를 번갈아 든 것이다. '특(忒)'은 과차(過差)이다. 성왕은 주공이 왕실에 큰 공이 있기 때문에 노공에게 명하여 하정(夏正)인 맹춘(孟春)에 상제(上帝)께 교제(郊祭)하게 하고, 후직으로써 배향하여 희생으로 붉은 짐승을 쓰게 한 것이다. '황조(皇祖)'는 〈백금 이후〉 여러 공(公)들을 이른다. 이 장(章) 이후는 모두 희공이 교(郊)·묘(廟)에 공경을 지극히 하여 신(神)이 복을 내림을 말하였으니, 국인(國人)이 칭원(稱願)하기를 이와 같이 한 것이다.

④ 秋而載嘗, 夏而楅衡〔叶戶郎反〕. 白牡騂剛, 犧尊將將〔七羊反〕. 毛炰〔薄交反〕胾〔側吏反〕羹〔叶盧當反〕, 籩豆大房〔此下當脫一句 如鍾鼓喤喤之類〕. 萬舞洋洋, 孝孫有慶〔叶祛羊反〕. 俾爾熾而昌, 俾爾壽而臧. 保彼東方, 魯邦是常. 不虧不崩, 不震不騰. 三壽作朋, 如岡如陵.

秋而載嘗이라	가을에 상제(嘗祭)를 올려야 하므로
夏而楅(복)衡하니	여름에 소뿔에 뿔막이 나무〔楅衡〕를 대니
白牡騂剛이며	흰 수소와 붉은 수소이며
犧尊(준)將將하며	희준(犧尊)이 엄정하며
毛炰胾(포자)羹이며	털을 그슬러 굽고 산적과 국을 올리며
籩豆大房이어늘	변두와 대방이 있는데
□ □ □ □	
萬舞洋洋하니	만(萬)으로 춤춤이 성대하니

··· 楅 : 쇠뿔에가로댄나무 복 炰 : 통째로구울 포 胾 : 산적 자

| 孝孫有慶이로다 | 효손에게 복경(福慶)이 있도다 |

孝孫有慶이로다　　효손에게 복경(福慶)이 있도다
俾爾熾而昌하며　　너로 하여금 치성하고 번창하게 하며
俾爾壽而臧하여　　너로 하여금 장수하고 좋게 하여
保彼東方하여　　저 동방(東方)을 보전해서
魯邦是常이시며　　노나라를 항상 소유하게 하시며
不虧(휴)不崩하며　　이지러지지 않고 무너지지 않으며
不震不騰하여　　진동하지 않고 놀라지 않아
三壽作朋하사　　삼수(三壽)로 벗을 지어
如岡如陵하소서　　뫼와 같고 구릉과 같으소서

賦也라 嘗은 秋祭名이라 楅衡[128]은 施於牛角이니 所以止觸也라 周禮封人云 凡祭에 飾其牛牲하여 設其楅衡이 是也라 秋將嘗而夏楅衡其牛는 言夙戒也라 白牡는 周公之牲也요 騂剛은 魯公之牲也라 白牡는 殷牲也니 周公有王禮라 故로 不敢與文武同이요 魯公則無所嫌이라 故로 用騂剛이라 犧尊은 畫牛於尊(준)腹也라 或曰 尊作牛形하고 鑿其背以受酒也라하니라 毛炰는 周禮封人에 祭祀有毛炰之豚한대 註云 爓(염)去其毛而炰之也라하니라 胾는 切肉也라 羹은 大(太)羹, 鉶(형)羹也라 大羹은 大(太)古之羹이니 湆(읍)煮肉汁不和하고 盛之以登하니 貴其質也라 鉶羹은 肉汁之有菜和者也니 盛之鉶器라 故로 曰鉶羹이라 大房은 半體之俎니 足下有跗(부)하여 如堂房也라 萬은 舞名이라 震, 騰은 驚動也라 三壽는 未詳이라 鄭氏曰 三卿也라하고 或曰 願公壽與岡陵等而爲三也라하니라

부(賦)이다. '상(嘗)'은 가을제사 이름이다. '복형(楅衡)'은 소의 뿔에 설치하는 것이니, 소가 떠받는 것을 저지하는 것이다.《주례》〈지관(地官) 봉인(封人)〉에 "모든 제사에는 희생인 소를 꾸며서 복형을 설치한다." 한 것이 이것이다. 가을에 장차 상제(嘗祭)를 지낼 터인데 여름에 소에게 복형을 가하는 것은 미리 챙김을 말한 것이다. '백무(白牡)'는 주공의 희생이요, '성강(騂剛:붉은 소)'은 노공의 희생이

------

128 楅衡 : 공씨(孔氏)는 "복(楅)은 뿔에 설치하고 형(衡)은 코에 설치한다." 하였다.《大全本》공씨는 복과 형을 나누어 복은 가로로 된 나무(틀막이)를 황소의 뿔에 가하여 떠받지 못하게 하는 것이고, 형은 소의 코를 뚫어 코뚜레를 가하는 것으로 보았다. 그러나《집전》에는 이것을 둘로 나누지 않고 전체를 틀막이로 해석한 것이다.

••• 虧 : 이지러질 휴　觸 : 떠받을 촉　爓 : 데칠 염　鉶 : 국그릇 형　湆 : 축축할 읍　登 : 질그릇 등　跗 : 발등 부

다. 백무는 은(殷)나라의 희생이니, 주공은 왕자(王者)의 예(禮)가 있기 때문에 감히 문왕과 무왕과 똑같게 하지 못하여 백무를 사용한 것이요, 노공은 혐의하는 바가 없기 때문에 성강(騂剛)을 쓴 것이다.

'희준(犧尊)'은 소를 술동이의 배에 그린 것이다. 혹자는 "술동이를 소의 모양으로 만들고 그 등을 파서 술을 담는다."라고 한다. '모포(毛炰)'는 《주례》〈봉인(封人)〉에 "제사할 적에 털을 그슬러 구워 올리는 돼지가 있다." 하였는데, 그 주(註)에 "그 털을 그슬러 제거하고 굽는 것이다." 하였다. '자(胾)'는 살코기를 썰어 놓는 것이다.

'갱(羹)'은 태갱(太羹:소고기국)과 형갱(鉶羹)이다. 태갱은 태고(太古)의 국이니, 육즙(肉汁)을 축축히 지져 간을 맞추지 않고 질그릇에 담으니, 그 질박함을 귀중히 여기는 것이다. 형갱은 육즙에 채소를 섞은 것이니, 이것을 형(鉶)이라는 국그릇에 담는다. 그러므로 형갱이라 한 것이다. '대방(大房)'은 희생의 반 토막을 올리는 도마이니, 발 아래에 받침이 있어 당방(堂房)과 같다. '만(萬)'은 춤의 이름이다. '진(震)'과 '등(騰)'은 놀라 동하는 것이다. '삼수(三壽)'는 자세하지 않다. 정씨(鄭氏)는 "삼경(三卿)"이라 하였고, 혹자는 "공(公)의 수(壽)가 강(岡)·릉(陵)과 똑같아서 셋이 되기를 원함이다."라 한다.

⑤ 公車千乘[繩證反 叶神陵反], 朱英綠縢[徒登反], 二矛重[直龍反]弓[叶姑弘反]. 公徒三萬, 貝胄朱綅[息廉反 叶息稜反]. 烝徒增增, 戎狄是膺, 荊舒是懲, 則莫我敢承. 俾爾昌而熾, 俾爾壽而富[叶方未反], 黃髮台背[叶蒲寐反], 壽胥與試. 俾爾昌而大[叶特計反], 俾爾耆而艾[吾蓋反 叶五計反], 萬有千歲, 眉壽無有害[叶暇憩反].

公車千乘이니	공(公)의 수레가 천승이니
朱英綠縢(등)이며	붉은 창 꾸밈과 푸른 끈이며
二矛重弓이로다	두 창과 이중(二重)의 활이로다
公徒三萬이니	공의 보병이 삼만이니
貝胄朱綅(침)이며	자개로 꾸민 투구와 붉은 끈이며
烝徒增增이로다	모든 무리가 많고 많도다
戎狄是膺하며	융적(戎狄)을 이에 막으며

··· 縢:끈 등 綅:갑옷 침, 끈 침

荊舒是懲하니	형서(荊舒)를 이에 징계하니
則莫我敢承이로다	우리를 감히 막을 이가 없도다
俾爾昌而熾하며	너로 하여금 창성하고 치성하게 하며
俾爾壽而富하여	너로 하여금 장수하고 부유하게 하여
黃髮台(鮐)背	누런 머리와 복어 등을 한 노인이
壽胥與試하며	장수하여 서로 더불어 쓰임이 되며
俾爾昌而大하며	너로 하여금 창성하고 크게 하며
俾爾耆而艾(애)하여	너로 하여금 장수하게 하여
萬有千歲에	만년이요 또 천년이 되도록
眉壽無有害하소서	미수(眉壽)하고 해로움이 없게 하소서

賦也라 千乘은 大國之賦也라 成方十里에 出革車一乘하니 甲士三人이니 左持弓하고 右持矛하고 中人御하며 步卒七十二人이요 將重車者二十五人이라 千乘之地는 則三百十六里有奇也라 朱英은 所以飾矛요 綠縢은 所以約弓也라 二矛는 夷矛、酋矛也라 重弓은 備折壞也라 徒는 步卒也라 三萬은 舉成數也라 車千乘이면 法當用十萬人이니 而爲步卒者 七萬二千人이라 然이나 大國之賦는 適滿千乘하니 苟盡用之면 是舉國而行也라 故로 其用之는 大國三軍而已라 三軍은 爲車三百七十五乘이요 三萬七千五百人이니 其爲步卒이 不過二萬七千人이어늘 舉其中而以成數言이라 故로 曰三萬也라 貝胄는 貝飾胄也라 朱綅은 所以綴也라 增增은 衆也라 戎은 西戎이요 狄은 北狄이라 膺은 當也라 荊은 楚之別號요 舒는 其與國也라 懲은 艾(예)요 承은 禦也라 僖公이 嘗從齊桓公伐楚라 故로 以此美之하고 而祝其昌大壽考也라 壽胥與試之義는 未詳이라 王氏曰 壽考者相與爲公用也라하고 蘇氏曰 願其壽而相與試其才力하여 以爲用也라하니라

부(賦)이다. '천승(千乘)'은 대국(大國)의 군대(賦)이다. '성(成)'은 사방이 10리인데, 혁거(革車;병거) 1승(乘)을 낸다. 여기에 갑사(甲士)가 3인이니, 왼쪽에 있는 자는 활을 잡고 오른쪽에 있는 자는 창을 잡고 중앙에 있는 사람은 수레를 몰며, 보졸(步卒)이 72명이요, 치중거(輜重車;짐수레)를 잡고 있는 자가 25명이다. 천승의 땅은 3백 16리가 조금 넘는다. '주영(朱英)'은 〈붉은색으로〉 창을 꾸민 것이요, '녹등(綠縢)'은 〈푸른 끈으로〉 활을 묶는 것이다. '이모(二矛)'는 이모(夷矛)와 추모(酋矛)이다. 활을 이중(二重)으로 마련함은 활이 부러지고 파괴됨을 대비해서이다.

••• 艾 : 징계할 예(애) 酋 : 창 추 綴 : 꿰맬 철

'도(徒)'는 보졸이다. '삼만(三萬)'은 성수(成數)를 든 것이다. 수레가 천승이면 법식에 마땅히 10만 명을 써야 하니, 보졸은 7만 2천 명이다. 그러나 대국(大國)의 군대는 다만 천승에 꽉 차니, 만일 이들을 다 쓴다면 이는 온 나라를 총동원하여 출동하는 것이다. 그러므로 그 씀이 대국은 삼군(三軍)일 뿐인 것이다. '삼군'은 수레가 3백 75승이요, 병력이 3만 7천 5백 명이니, 이 가운데 보졸은 2만 7천 명에 불과한데 그 중간을 들어 성수(成數)로 말했기 때문에 3만이라고 말한 것이다.

'패주(貝胄)'는 자개로 꾸민 투구이다. '주침(朱綅)'은 〈붉은 끈으로〉 투구를 묶는 것이다. '증증(增增)'은 더함이다. '융(戎)'은 서융(西戎)이요, '적(狄)'은 북적(北狄)이다. '응(膺)'은 막음이다. '형(荊)'은 초(楚)나라의 별칭이요, '서(舒)'는 그 여국(與國:동맹국)이다. '징(懲)'은 다스림이요, '승(承)'은 막음이다. 희공(僖公)이 일찍이 제 환공(齊桓公)을 따라 초나라를 정벌하였다. 그러므로 이로써 찬미하고, 창대(昌大)하고 수고(壽考)하기를 축원한 것이다. '수서여시(壽胥與試)'의 뜻은 자세하지 않다. 왕씨(王氏)는 말하기를 "수고(壽考)하는 자들이 서로 공(公)의 쓰임이 되는 것이다." 하였고, 소씨(蘇氏)는 말하기를 "그 장수(長壽)하여 서로 더불어 재주와 힘을 시험해서 쓰임이 되어지기를 원하는 것이다." 하였다.

⑥ 泰山巖巖[叶魚坎反], 魯邦所詹. 奄有龜蒙, 遂荒大東. 至于海邦[叶卜工反], 淮夷來同. 莫不率從, 魯侯之功.

泰山巖巖하니	태산이 높고 높으니
魯邦所詹(瞻)이로다	노나라에서 우러러보는 바로다
奄有龜蒙하여	곧바로 구산(龜山)과 몽산(蒙山)을 소유하여
遂荒大東하여	마침내 동쪽 끝까지 확장해서
至于海邦이로다(하니)	바닷가 나라에 이르도다
淮夷來同하여	회이가 와서 함께하여
莫不率從하니	따르지 않는 이가 없으니
魯侯之功이샷다	노후의 공(功)이시도다

賦也라 泰山은 魯之望也라 詹은 與瞻同이라 龜, 蒙은 二山名이라 荒은 奄也라 大東은 極東也요 海邦은 近海之國也라

··· 詹:볼 첨 奄:클 엄

부(賦)이다. '태산'은 노(魯)나라에서 바라보고 제사하는 산이다. '첨(詹)'은 첨(瞻:우러봄)과 같다. '구(龜)'와 '몽(蒙)'은 두 산의 이름이다. '황(荒)'은 큼이다. '대동(大東)'은 극동(極東:동쪽 끝)이요, '해방(海邦)'은 바다에 가까운 나라이다.

⑦ 保有鳬繹〔叶弋灼反〕, 遂荒徐宅〔叶達各反〕. 至于海邦, 淮夷蠻貊〔叶莫博反〕. 及彼南夷, 莫不率從. 莫敢不諾, 魯侯是若.

保有鳬繹(부역)하여	부산(鳬山)과 역산(繹山)을 보유하여
遂荒徐宅하여	마침내 먼 서국(徐國)에 거주해서
至于海邦하니	바닷가 나라에 이르니
淮夷蠻貊과	회이(淮夷)와 만맥(蠻貊)과
及彼南夷	저 남쪽의 오랑캐들이
莫不率從하며	따르지 않는 이가 없으며
莫敢不諾하여	감히 호응하지 않는 이가 없어서
魯侯是若이로다	노후를 이에 순종하도다

賦也라 鳬, 繹은 二山名이라 宅은 居也니 謂徐國也라 諾은 應辭라 若은 順也라
○ 泰山、龜、蒙、鳬、繹은 魯之所有요 其餘則國之東南에 勢相連屬하여 可以服從之國也니라

부(賦)이다. '부(鳬)'와 '역(繹)'은 두 산의 이름이다. '택(宅)'은 거함이니, 서국(徐國)을 이른다. '낙(諾)'은 응하는 말이다. '약(若)'은 순함이다.

○ 태산과 구산(龜山)·몽산(蒙山)·부산(鳬山)·역산(繹山)은 노나라에 있는 산이요, 그 나머지는 노나라의 동남쪽에 세(勢:지형)가 서로 연결되어 있어서 복종시킬 수 있는 나라들이다.

⑧ 天錫公純嘏〔叶果五反〕, 眉壽保魯, 居常與許, 復周公之宇. 魯侯燕喜, 令妻壽母〔叶滿委反〕. 宜大夫庶士〔鉏里反〕, 邦國是有〔叶羽己反〕. 既多受祉, 黃髮兒齒.

天錫公純嘏하시니	하늘이 공(公)에게 큰 복을 내려주시니

••• 鳬 : 오리 부 繹 : 실마리 역 若 : 순할 약 嘏 : 복 가

眉壽保魯하사	미수(眉壽)하여 노나라를 보전하사
居常與許하여	상(常) 땅과 허(許) 땅에 거주하여
復周公之宇삿다	주공의 토우(土宇:영토)를 회복하시리도다
魯侯燕喜하시니	노후가 잔치하여 기뻐하시니
令妻壽母삿다	훌륭한 아내와 장수한 어머니시도다
宜大夫庶士하사	대부와 서사들에게 마땅하사
邦國是有하시니	방국을 소유하시니
旣多受祉하사	이미 복을 많이 받으사
黃髮兒齒삿다	누런 머리와 아이 이빨이 다시 나셨도다

賦也라 常은 或作嘗하니 在薛之旁이요 許는 許田也니 魯朝宿之邑也라 皆魯之故地니 見侵於諸侯而未復者라 故로 魯人이 以是願僖公也라 令妻는 令善之妻니 聲姜이요 壽母는 壽考之母니 成風也라 閔公은 八歲被弑하니 必是未娶요 其母叔姜이 亦應未老라 此言令妻壽母하니 又可見公爲僖公無疑也라 有는 常有也라 兒齒는 齒落更生細者니 亦壽徵也라

부(賦)이다. '상(常)'은 혹 상(嘗)으로도 쓰니 설(薛)나라의 곁에 있고, '허(許)'는 허전(許田)이니 노나라가 조회할 때에 유숙하는 고을이다. 이는 모두 노나라의 옛 땅이었는데, 제후들에게 침탈을 당하여 아직 회복하지 못하였다. 그러므로 노나라 사람들이 이로써 희공에게 원한 것이다. '영처(令妻)'는 훌륭한 아내이니 성강(聲姜)이요, '수모(壽母)'는 장수하신 어머니이니 성풍(成風)이다. 민공(閔公)은 8세에 시해를 당했으니 반드시 장가들지 못했을 것이요, 그 어머니인 숙강(叔姜)도 응당 늙지 않았을 것이다. 〈그런데〉 여기에 영처, 수모라고 말했으니, 또 공(公)은 희공이 됨이 의심할 것이 없음을 볼 수 있다. '유(有)'는 항상 소유함이다. '아치(兒齒)'는 이가 빠지고 다시 작은 것이 난 것이니, 또한 장수할 징조이다.

⑨ 徂來之松, 新甫之柏〔叶逋莫反〕. 是斷〔音短〕是度〔待洛反〕, 是尋是尺〔叶尺約反〕. 松桷〔音角〕有舃〔叶七約反〕, 路寢孔碩〔叶常約反〕. 新廟奕奕〔叶弋灼反〕, 奚斯所作. 孔曼〔音萬〕且碩〔同上〕, 萬民是若.

徂來之松과	조래산(徂來山)의 소나무와

··· 徂 : 갈 조

新甫之柏을　　　　　신보산(新甫山)의 측백나무를

是斷是度(탁)하며　　 이에 자르고 이에 헤아리며

是尋是尺하여　　　　이에 재고 이에 자질하여

松桷有舃(석)하니　　소나무 서까래가 크기도 하니

路寢孔碩이로다　　　노침(路寢)이 매우 크도다

新廟奕奕하니　　　　새 사당이 혁혁(奕奕)하니

奚斯所作이로다　　　해사(奚斯)가 지은 바로다

孔曼且碩하니　　　　심히 길고 또 크니

萬民是若이로다　　　만민의 기대에 순응하도다

賦也라 徂來, 新甫는 二山名이라 八尺曰尋이라 舃은 大貌라 路寢은 正寢也라 新廟는 僖公所修之廟라 奚斯는 公子魚也라 作者는 敎護屬功課章程也라 曼은 長이요 碩은 大也라 萬民是若은 順萬民之望也라

부(賦)이다. '조래(徂來)'와 '신보(新甫)'는 두 산의 이름이다. 팔척(八尺)을 '심(尋)'이라 한다. '석(舃)'은 큰 모양이다. '노침(路寢)'은 정침(正寢)이다. '신묘(新廟; 새로운 사당)'는 희공이 중수(重修)한 사당이다. '해사(奚斯)'는 공자(公子) 어(魚)이다. '작(作)'은 공장(工匠)들을 교호(敎護)하여 공과(功課:공사의 진도)와 장정(章程:규정)을 맡기는 것이다. '만(曼)'은 긺이요, '석(碩)'은 큼이다. '만민시약(萬民是若)'은 만민의 소망에 순응하는 것이다.

閟宮九章이니 五章은 章十七句요 二章은 章八句요 二章은 章十句라

〈비궁(閟宮)〉은 9장이니, 다섯 장은 장마다 17구이고 두 장은 장마다 8구이고 두 장은 장마다 10구이다.

舊說에 八章이니 二章은 章十七句요 一章은 十二句요 一章은 三十八句요 二章은 章八句요 二章은 章十句라하여 多寡不均하고 雜亂無次하니 蓋不知第四章有脫句而然[129]이라 今正其誤하노라

구설(舊說)에 "8장이니, 두 장은 장마다 17구이고, 한 장은 12구이고, 한 장은

......

129　蓋不知第四章有脫句而然 : 호산은 "제4장 '변두대방(籩豆大房)'의 아래에 마땅히 '종고황황(鍾鼓喤喤)'과 같은 한 구(句)가 빠졌다." 하였다. 《詳說》

···　桷 : 서까래 각　舃 : 클 석　曼 : 길 만

38구이고, 두 장은 장마다 8구이고, 두 장은 장마다 10구이다." 하여, 많고 적음이 균등하지 않고 잡란(雜亂)하여 차례가 없으니, 이는 제4장에 빠진 구(句)가 있음을 알지 못하여 이렇게 된 것이다. 이제 그 잘못을 바로잡노라.

【毛序】 閟宮은 頌僖公能復周公之宇也라

　〈비궁〉은 희공이 주공의 집을 복구함을 칭송한 시이다.

【鄭註】 宇는 居也라

　우(宇)는 사는 집(사당)이다.

【辨說】 此詩에 言莊公之子하고 又言新廟奕奕하니 則爲僖公修廟之詩가 明矣라 但詩所謂復周公之土宇者는 祝其能復周公之土宇耳요 非謂其能修周公之屋宇也라 序文首句之謬如此어늘 而蘇氏信之는 何哉오

　이 시에 장공(莊公)의 아들이라고 말하였고, 또 '새 사당이 혁혁하다.〔新廟奕奕〕'고 말했으니, 그렇다면 희공이 태묘(太廟)를 수리한 시가 됨이 분명하다. 다만 시에서 말한 '주공의 토우(土宇:영토)를 회복하리라.〔復周公之土宇〕'는 것은 그 능히 주공의 영토를 회복하기를 축원하였을 뿐이요, 그 능히 주공의 집(사당)을 수리함을 말한 것이 아니다. 〈서문〉의 수구(首句)의 잘못됨이 이와 같은데, 소씨가 이것(首句)을 믿음은 어째서인가.

魯頌四篇이니 二十四章이요 二百四十三句라

　〈노송(魯頌)〉은 4편이니, 24장이고 243구이다.

〈상송(商頌)〉 4-5[四之五]

契(설)이 爲舜司徒하여 而封於商이러니 傳十四世而湯有天下하시니라 其後에 三宗[130]迭興이러니 及紂無道하여 爲武王所滅하고 封其庶兄微子啓於宋하여 修其禮樂하여 以奉商後하니 其地在禹貢徐州泗濱하여 西及豫州盟豬之野하니라 其後政衰하여 商之禮樂이 日以放失이라 七世至戴公時하여 大夫正考甫 得商頌十二篇於周大(太)師하여 歸以祀其先王이러니 至孔子編詩하여 而又亡其七篇이라 然이나 其存者亦多闕文疑義하니 今不敢强通也로라 商都亳(박)하고 宋都商丘하니 皆在今應天府亳州界하니라

설(契)이 순(舜) 임금의 사도(司徒)가 되어 상(商)나라에 봉해졌는데, 14대를 전하여 탕왕(湯王)이 천하를 소유하였다. 그 후에 삼종(三宗)이 차례로 일어났는데, 주(紂)가 무도함에 이르러 무왕(武王)에게 멸망당하였고, 주의 서형(庶兄)인 미자계(微子啓)를 송(宋)나라에 봉하여 그 예악(禮樂)을 닦아서 상나라의 뒤를 받들게 하였으니, 그 지역은 《서경》〈우공(禹貢)〉의 서주(徐州) 사빈(泗濱)에 있어 서쪽으로는 예주(豫州) 맹저(盟豬)의 들에 미쳤다.

그 뒤에 송나라의 정사가 쇠하여 상나라의 예악이 날로 방실(放失)되었다. 7세(世)인 대공(戴公) 때에 이르러 대부(大夫)인 정고보(正考甫)가 〈상송(商頌)〉 12편을 주(周)나라 태사(太師)에게 얻고서 돌아와 그 선왕(先王)에게 제사하였는데, 공자(孔子)가 시를 편집하실 때에 이르러 또다시 7편을 망실하였다. 그러나 그 남아 있는 것 또한 빠진 글과 의심스러운 뜻이 많으니, 이제 감히 억지로 통할 수가 없다. 상나라는 박(亳) 땅에 도읍하였고, 송나라는 상구(商丘)에 도읍하였으니, 모두 지금의 응천부(應天府) 박주(亳州)의 경계에 있었다.

......

130 三宗: 중종(中宗)인 태무(太戊)와 고종(高宗)인 무정(武丁) 및 조갑(祖甲)을 이른다. 옛날에는 제왕(帝王) 중에 덕(德)이 있는 자를 종(宗)이라 칭하였는바, 종(宗)은 별도로 불천지묘(不遷之廟)를 세워 백세(百世)토록 모시었다. 안성 유씨(安成劉氏)는 "조갑은 친진(親盡)한 즈음에 마침 은나라가 망했기 때문에 종호(宗號)가 있지 않은가보다.〔祖甲親盡之際, 商國亡, 故未有宗號也歟.〕" 하였다. 그러나 호산은 "태갑이 태종이 되었다.〔太甲爲太宗〕" 하여, 태갑을 삼종에 넣었다. 《詳說》

••• 亳 : 땅이름 박

1. 나(那)

①-① 猗〔於宜反〕與〔音余〕那與, 置我鞉〔音桃〕鼓. 奏鼓簡簡, 衎我烈祖.

猗與那與라	아! 많은지라
置我鞉(도)鼓하여	우리의 작은 북과 큰 북을 진열하여
奏鼓簡簡하니	북을 연주하기를 성대히 하니
衎我烈祖로다	우리 열조(烈祖)이신 탕왕을 즐겁게 하도다

賦也라 猗는 歎詞라 那는 多요 置는 陳也라 簡簡은 和大也라 衎은 樂也라 烈祖는 湯也라 記曰 商人尙聲하여 臭味未成에 滌蕩其聲하여 樂三闋(결)然後에 出迎牲이라 하니 卽此是也라 舊說에 以此爲祀成湯之樂也라하니라

　부(賦)이다. '의(猗)'는 감탄사이다. '나(那)'는 많음이요, '치(置)'는 진열함이다. '간간(簡簡)'은 화(和)하고 큼이다. '간(衎)'은 즐거움이다. '열조(烈祖)'는 탕왕(湯王)이다. 《예기》〈교특생(郊特牲)〉에 "상(商)나라 사람들은 음악을 숭상하여 취미(臭味)가 이루어지기 전에(희생을 잡기 전에) 그 소리(음악)를 드날려서 음악을 세 번 연주하여 끝마친 뒤에 나가서 희생을 맞이한다." 하였으니, 바로 이것이다. 구설(舊說)에 이것을 성탕(成湯:탕왕)을 제사한 음악이라 하였다.

①-② 湯孫奏假〔音格〕, 綏我思成. 鞉鼓淵淵〔叶於巾反〕, 嘒嘒管聲. 旣和且平, 依我磬聲. 於〔音烏〕赫湯孫〔叶思倫反〕, 穆穆厥聲.

湯孫奏假(격)하시니	탕왕의 손자가 연주하여 조고(祖考)께 이르니
綏我思成이삿다	우리를 편안히 하되 생각하여 이루신 분으로 하시도다
鞉鼓淵淵하며	작은 북과 큰 북이 크게 울리며
嘒(혜)嘒管聲이	청량(淸亮)하게 울리는 피리소리가
旣和且平하여	이미 조화롭고 균평(均平)하여
依我磬聲하니	우리 옥경(玉磬) 소리에 따르니

··· 鞉 : 작은북 도　衎 : 즐길 간　闋 : 마칠 결　嘒 : 소리듣기좋을 혜

於(오)赫湯孫이여　　　아! 빛나는 탕손(湯孫)이여
穆穆厥聲이삿다　　　맑고 맑은 그 소리시도다

湯孫은 主祀之時王也라 假은 與格同하니 言奏樂以格于祖考也라 綏는 安也라 思成은 未詳이라 鄭氏曰 安我以所思而成之人이니 謂神明來格也라 禮記曰 齊(재)之日에 思其居處하고 思其笑語하고 思其志意하고 思其所樂(요)하고 思其所嗜하여 齊三日에 乃見其所爲齊者하며 祭之日에 入室하여 僾(애)然必有見乎其位하고 周旋出戶에 肅然必有聞乎其容聲하고 出戶而聽에 愾(개)然必有聞乎其歎息之聲이라하니 此之謂思成[131]이라하니라 蘇氏曰 其所見聞은 本非有也요 生於思耳라하니 此二說이 近是라 蓋齊而思之하여 祭而如有見聞이면 則成此人矣라 鄭註에 頗有脫誤일새 今正之하노라 淵淵은 深遠也요 嘒嘒는 淸亮也라 磬은 玉磬也니 堂上升歌之樂이요 非石磬也라 穆穆은 美也라

'탕손(湯孫:탕왕의 후손)'은 제사를 주관하는 당시의 왕이다. '격(假)'은 격(格)과 같으니, 음악을 연주하여 조고(祖考)에게 이름을 말한 것이다. '수(綏)'는 편안함이다. '사성(思成)'은 자세하지 않다. 정씨(鄭氏)는 말하기를 "생각(상상)하여 이룬 바의 분(선조)을 편안히 하는 것이니, 신명(神明)이 와서 이름을 말한 것이다.

《예기》〈제의(祭義)〉에 '재계(齊戒)하는 날에 〈생전에〉 선조가 거처하시던 것을 생각하고 웃고 말씀하시던 것을 생각하고 뜻하시던 것을 생각하고 좋아하시던 것을 생각하고 즐기시던(기호) 것을 생각하여 재계한지 3일 만에 비로소 그 위하여 재계하는 대상(선조)을 보며, 제사하는 날에 방에 들어가서는 애연(僾然:어렴풋이)히 반드시 그 자리(신위(神位))에 〈선조가 계심을〉 봄이 있고, 주선(周旋:유식(侑食))하여 문을 나옴엔 엄숙하여 반드시 그 용모와 소리를 들음이 있고, 문을 나가 들음에 개연(愾然)히 반드시 그 탄식하는 소리를 들음이 있다.' 하였으니, 이것을 일러 사성(思成)이라 한다." 하였다.

소씨(蘇氏)는 말하기를 "그 보고 듣는 바는 본래 있는 것이 아니요, 자신의 생각에서 나온 것이다." 하였으니, 이 두 말이 옳음에 가깝다.

詩經集傳　下

••••••
131 此之謂思成 : 사성(思成)은 생각하여 이루었다는 뜻으로, 제사할 대상(부모 이상의 선조)을 며칠 동안 재계하면서 조용히 생각하면 그 분의 모습이 눈앞에 아른거리므로 '생각하여 이룬 분〔思成〕'이라고 한 것이다.

••• 僾 : 방불할 애　愾 : 한숨쉴 개

재계하여 생각해서 제사할 때에 〈선조를〉 보고 듣는 것이 있는 듯하다면 이 사람(제사하는 분)을 이른 것이다. 정씨의 주(註)에는 자못 탈오(脫誤)가 있기에 이제 바로잡노라. '연연(淵淵)'은 북소리가 깊고 멂이요, '혜혜(嘒嘒)'는 피리소리가 맑고 밝음이다. '경(磬)'은 옥경(玉磬)이니, 당상(堂上)에 올라가 노래하는 음악이요, 석경(石磬)이 아니다. '목목(穆穆)'은 아름다움이다.

①-③ 庸鼓有斁, 萬舞有奕. 我有嘉客, 亦不夷懌.

庸(鏞)鼓有斁(역)하며	큰 종과 북이 성대하게 울려 퍼지며
萬舞有奕하니	만무(萬舞)가 질서정연하니
我有嘉客이	우리 아름다운 손님이
亦不夷懌(역)가	또한 기뻐하지 않으시랴

庸은 鏞通이라 斁은 斁然盛也요 奕은 奕然有次序也라 蓋上文은 言鞉鼓管籥(약)이 作於堂下에 其聲이 依堂上之玉磬하여 無相奪倫者요 至於此하여는 則九獻[132]之後에 鍾(鐘)鼓交作하고 萬舞陳于庭하여 而祀事畢矣라 嘉客은 先代之後로 來助祭者也라 夷는 悅也니 亦不夷懌乎[者]는 言皆悅懌也라

'용(庸)'은 용(鏞:큰 종)과 통한다. '역(斁)'은 역연(斁然)히 성함이요, '혁(奕)'은 혁연(奕然)히 질서가 있는 것이다. 상문(上文)에는 도고(鞉鼓)와 관약(管籥)의 풍악소리가 당하(堂下)에서 일어남에, 그 소리가 당상(堂上)의 옥경(玉磬)을 따라 서로 질

......

132 九獻:구헌(九獻)은 아홉 번 술잔을 올리는 것인데 상나라의 예제(禮制)는 알 수 없고, 주나라 종묘의 구헌에 대해서는 안성 유씨(安成劉氏)가 다음과 같이 말하였다. "시동이 들어오기 전에 왕이 아랫목에서 술을 따라 강신(降神)하는 것이 일헌(一獻)이요, 왕후가 다음으로 강신하는 것이 이헌(二獻)이요, 시동(尸童)이 들어오면 짐승의 피와 날고기를 올린 뒤에 왕이 범제(泛齊)를 떠서 시동에게 올리니, 이른바 '조천(朝踐)'이란 것으로 이것이 삼헌(三獻)이요, 왕후가 예제(醴齊)를 따라 올리는 것이 사헌(四獻)이요, 익힌 음식을 올린 뒤에 왕이 앙제(盎齊)를 시동에게 올리는 것이 오헌(五獻)이요, 왕후가 제제(醍齊)를 떠서 아헌(亞獻)하는 것이 육헌(六獻)이니, 모두 궤헌(饋獻;제수를 올리는 것)이다. 시동이 음식을 다 먹으면 왕이 조천(朝踐)의 범제(泛齊)를 떠서 시동에게 탕구질[酳尸]하게 하니, 이것이 이른바 '조천 칠헌(朝踐七獻)'이라는 것이요, 왕후가 다시 궤헌(饋獻)의 제제(緹齊)를 떠서 두 번째로 시동에게 탕구질하게 하니 이것이 이른바 '재헌 팔헌(再獻八獻)'이란 것이다. 그리고 또 손님이 된 여러 신하들이 일헌(一獻)을 하니, 무릇 구헌(九獻)이다." 위의 범제(泛齊)와 예제(醴齊) 등의 다섯 가지는 모두 탁주의 종류이므로 오제(五齊)라 하는데 《주례》〈천관(天官) 주정酒正〉에 보인다.

••• 斁 : 성할 역 懌 : 기쁠 역 鏞 : 쇠북 용 籥 : 피리 약

347

商
頌
那

서를 빼앗음이 없음을 말하였고, 여기에 이르러는 아홉 번 술잔을 올린 뒤에 종(鐘)·고(鼓)의 소리가 서로 일어나고 만무(萬舞)가 뜰에 베풀어져서 제사하는 일이 끝난 것이다. '아름다운 손님[嘉客]'은 선대(先代)의 후손으로 와서 제사를 돕는 자이다. '이(夷)'는 기뻐함이니, '또한 기뻐하지 않겠는가.' 한 것은 모두 기뻐함을 말한 것이다.

①-④ 自古在昔, 先民有作. 溫恭朝夕, 執事有恪.

自古在昔에	오랜 옛날부터
先民有作하니	선민들이 행함이 있었으니
溫恭朝夕하여	아침저녁으로 온순하고 공경하여
執事有恪하니라	제사를 행함을 정성스럽게 하니라

恪은 敬也라 言恭敬之道는 古人所行이니 不可忘也라 閔馬父(보)曰 先聖王之傳恭을 猶不敢專하여 稱曰自古라하고 古曰在昔이라하고 昔曰先民이라하니라

'각(恪)'은 공경함이다. 공경하는 방도는 옛 사람이 행하신 바이니, 잊을 수 없음을 말한 것이다.

〈노(魯)나라의 대부인〉 민마보(閔馬父)가 말하였다. "선성왕(先聖王)이 전해준 공경을 아직도 감히 오로지(독차지)하지 못하여 칭하기를 '예로부터 했다.'라고 하고, 옛날을 '재석(在昔)'이라 하고, 옛날을 '선민(先民)'이라 한 것이다."

①-⑤ 顧予烝嘗, 湯孫之將.

顧予烝嘗인저	나의 상제(嘗祭)와 증제(烝祭)를 돌아보실진저
湯孫之將이니라	탕손(湯孫)이 받들어 올림이니라

將은 奉也라 言湯其向顧我烝嘗哉인저 此湯孫之所奉者 致其丁寧之意하니 庶幾其顧之也라

'장(將)'은 받들어 올림이다. 탕왕께서는 행여 나의 증제(烝祭)와 상제(嘗祭)를 돌아보실진저. 이는 탕손(湯孫)이 받들어 올리는 제사가 그 정녕(丁寧)의 뜻을 지

극히 하였으니, 행여 그 돌아보시리라고 말한 것이다.

那一章이니 二十二句라

〈나(那)〉는 1장이니, 22구이다.

閔馬父曰 正考甫 校商之名頌할새 以那爲首하고 其輯之亂曰云云이라하니 卽此詩
也라

《국어》〈노어(魯語)〉에 민마보(閔馬父)가 말하기를 "정고보(正考甫)가 상(商)나라
의 유명한 송(頌)을 교정할 적에 〈나〉를 첫 번째로 삼고 편집의 끝[亂]에 이리이리
말했다."는 것이 바로 이 시(詩)이다.

【毛序】 那는 祀成湯也라 微子至于戴公히 其間에 禮樂廢壞러니 有正考甫者 得
商頌十二篇於周之大師하니 以那爲首하니라

〈나〉는 성탕을 제사하는 시이다. 미자(微子)로부터 대공(戴公)에 이르기까지 그
사이에 예악(禮樂)이 폐괴(廢壞)되었었는데, 정고보란 자가 〈상송(商頌)〉 12편을 주
(周)나라 태사(太師)에게서 얻으니, 〈나〉를 첫 번째로 삼았다.

【鄭註】 禮樂廢壞者는 君怠慢於爲政하여 不修祭祀、朝聘、養賢、待賓之事하
니 有司忘其禮之儀制하고 樂師失其聲之曲折하여 由是散亡也라 自正考甫로 至
孔子之時하여 又無七篇矣라 正考甫는 孔子之先也니 其祖弗甫何 以有宋而授厲
公[133]하니라

예악이 폐괴되었다는 것은 군주가 정사에 태만하여 제사와 조빙(朝聘), 현자
를 기름과 손님을 대접하는 일을 닦지 아니하니, 유사(有司)가 그 예(禮)의 의제(儀
制)를 잊고 악사(樂師)가 그 음악의 곡절(曲折)을 잃어서 이 때문에 흩어지고 없어
진 것이다. 정고보(正考甫)로부터 공자(孔子)의 때에 이르러 또다시 〈상송〉 7편이
없어졌다. 정고보는 공자의 선조이니, 그 할아버지 불보하(弗甫何)가 송(宋)나라를
소유하게 되었으나, 여공(厲公)에게 지위를 전수하였다.

......

133 其祖弗甫何 以有宋而授厲公: 불보하(弗甫何)는 사람의 성명으로, 《사기(史記)》〈공자세가(孔
子世家)〉에 "그 선조 불보하가 처음 송나라를 소유하게 되었는데 후사를 여공에게 양보했다.[其祖
弗父何始有宋而嗣讓厲公]"라고 하였고, 두예(杜預)의 주에 '불보하는 공보가의 고조이고 송 민공
의 장자이며 여공의 형이다. 불보하가 적자로서 마땅히 즉위해야 하는데 여공에게 양보하였다.[弗
父何, 孔父嘉之高祖, 宋愍公之長子, 厲公之兄也. 何嫡嗣當立, 以讓厲公也.]라고 보인다.

【辨說】 序는 以國語爲文[134]하니라

〈서(序)〉는《국어》〈노어(魯語)〉를 따라 글을 지었다.

2. 열조(烈祖)

①-①嗟嗟烈祖, 有秩斯祜〔候五反〕. 申錫無疆, 及爾斯所.

嗟嗟烈祖   아! 훌륭하신 열조(烈祖)께서
有秩斯祜(호)하사   무궁한 이 복을 소유하사
申錫無疆이라   거듭 후손에게 끝없이 주신지라
及爾斯所로다   너의 이곳에까지 미쳤도다

賦也라 烈祖는 湯也라 秩은 常이요 申은 重也라 爾는 主祭之君이니 蓋自歌者指之
也라 斯所는 猶言此處也라
○ 此亦祀成湯之樂이라 言嗟嗟烈祖 有秩秩無窮之福하여 可以申錫於無疆이라
是以로 及於爾今王之所하여 而修其祭祀하니 如下所云也라

부(賦)이다. '열조(烈祖)'는 탕왕이다. '질(秩)'은 떳떳함(변함없음)이요, '신(申)'
은 거듭함이다. '이(爾:너)'는 제사를 주관하는 군주이니, 노래하는 자의 입장에서
'너'라고 가리킨 것이다. '사소(斯所)'는 차처(此處:이곳)라는 말과 같다.

○ 이 또한 성탕을 제사한 음악이다. 아! 열조가 질질(秩秩)한 무궁한 복을 소
유하여 〈하늘이〉 끝없이 후손에게 거듭 주셨다. 이 때문에 네 지금 왕이 계신 곳
에까지 미쳐서 그 제사를 닦음을 말하니, 아래에 말한 바와 같다.

• • • • • •

134 序 以國語爲文:〈상송(商頌 나(那)〉의 〈모서〉에 "〈나〉는 성탕(成湯)을 제사하는 시(詩)이다.
미자(微子)로부터 대공(戴公)에 이르기까지 그 사이에 예악이 폐괴되었었는데, 옛날에 정고보란
자가 〈상송(商頌)〉 12편을 주(周)나라 태사(太師)에게서 얻어, 〈나〉를 첫 번째로 삼았다."라고 하였
는데, 이는《국어》〈노어〉에 "옛날에 정고보가 상나라의 유명한 〈송(頌)〉 12편을 주나라 태사에게
서 교정하여 〈나〉를 첫 번째로 삼고 편집의 끝〔亂〕에 말하기를……〔昔正考父, 校商之名頌十二篇
於周太師, 以那爲首, 其輯之亂, 曰……〕"라고 한 내용을 따라 글을 지었음을 가리킨다.

350

詩經集傳 下

①-② 旣載淸酤[叶候五反], 賚我思成[叶音常]. 亦有和羹[叶音郞], 旣戒旣平[叶音旁]. 鬷[中庸作奏 今從之]假[音格]無言[叶音昂], 時靡有爭[叶音章]. 綏我眉壽, 黃耇無疆.

旣載淸酤(고)하니	이미 맑은 술을 담아 올리니
賚我思成이며	나에게 주시되 생각하여 이룬 분으로 하며
亦有和羹이	또한 조화로운 국이
旣戒旣平이어늘	이미 챙겨지고 이미 조화롭거늘
鬷(奏)假(격)無言하여	나아가 조고(祖考)께 이름에 말이 없어
時靡有爭하니	때에 다툼이 없으니
綏我眉壽하여	나를 편안히 하되 미수(眉壽)로 하여
黃耇無疆이로다	황구(黃耇)의 복이 무궁함으로 하도다

酤는 酒요 賚는 與也라 思成은 義見上篇하니라 和羹은 味之調節也라 戒는 夙戒也요 平은 猶和也라 儀禮에 於祭祀燕享之始에 每言羹定이라하니 蓋以羹熟爲節하고 然後에 行禮하니 定은 卽戒平之謂也라 鬷는 中庸作奏하니 正與上篇義同이라 蓋古聲은 奏族相近하니 族聲轉平而爲鬷耳라 無言, 無爭은 肅敬而齊一也라 言其載淸酤하니 而旣與我以思成矣요 及進和羹이면 而肅敬之至하니 則又安我以眉壽黃耇之福也라

'고(酤)'는 술이요, '뢰(賚)'는 줌이다. '사성(思成)'은 뜻이 상편(上篇)에 보인다. '화갱(和羹)'은 국의 맛이 조절됨(조화로움)이다. '계(戒)'는 미리 챙김이요, '평(平)'은 화(和)와 같다. 《의례(儀禮)》의 〈향음주(鄕飮酒)〉와 〈대사례(大射禮)〉 등에 제사와 연향(燕享)하는 시초에는 매번 갱정(羹定)을 말했으니, 〈이는〉 국이 익음(조화로움)을 절도로 삼고 그런 뒤에 예(禮)를 행하였으니, 정(定)은 바로 챙기고 조화로움을 말한 것이다. '종(鬷)'은 《중용장구》33장에 주(奏)로 되어 있으니, 바로 상편과 뜻이 같다. 옛 음은 주(奏)와 족(族)이 서로 비슷하였으니, 족(族)의 음이 평성(平聲)으로 바뀌어 주(鬷)가 된 것이다. '말이 없고 다툼이 없다.'는 것은 엄숙하고 공경하며 한결같은 것이다. 이 맑은 술을 올리니, 이미 나에게 생각하여 이룬 분(선조)을 주셨고, 조화로운 국을 올림에 이르면 엄숙하고 공경함이 지극하니, 그렇다면 또 미수(眉壽)와 황구(黃耇)의 복(福)으로써 나를 편안하게 함을 말한 것이다.

··· 酤 : 단술 고 賚 : 줄 뢰 鬷 : 나아갈 주

①-③ 約軝[祈支反]錯衡[叶戸郎反], 八鸞鶬鶬[七羊反]. 以假[音格]以享[叶虚良反], 我受命溥將. 自天降康, 豐年穰穰. 來假[音格]來饗[叶虚良反], 降福無疆.

約軝(기)錯衡이며　　　　　묶어놓은 수레바퀴와 문채나는 형(衡)이며
八鸞鶬(창)鶬이라　　　　　여덟 개의 말방울이 조화롭게 울리는지라
以假(격)以享하니　　　　　이로써 사당에 이르러 제향을 올리니
我受命溥(보)將이어늘　　　내 명(命)을 받음이 넓고 크거늘
自天降康하사　　　　　　하늘로부터 편안함을 내리사
豐年穰穰하니　　　　　　풍년에 곡식이 많고 많으니
來假來饗하여　　　　　　조고가 와서 이르시며 와서 흠향하사
降福無疆이로다　　　　　복을 내림이 무강(無疆)하도다

約軝、錯衡、八鸞은 見采芑篇하고 鶬은 見載見篇하니 言助祭之諸侯 乘是車하여 以假以享于祖宗之廟也라 溥는 廣이요 將은 大也요 穰穰은 多也니 言我受命旣廣大어늘 而天降以豐年黍稷之多하여 使得以祭也라 假之而祖考來假하고 享之而祖考來享하시니 則降福無疆矣리라

'약기(約軝)'와 '착형(錯衡)', '팔란(八鸞)'은 위〈채기(采芑)〉편에 보이고, '창(鶬)'은〈재현(載見)〉편에 보이니, 제사를 돕는 제후가 이 수레를 타고 와서 조종(祖宗)의 사당에 이르러 제향을 올림을 말한 것이다. '보(溥)'는 넓음이요 '장(將)'은 큼이요 '양양(穰穰)'은 많음이니, 내 명(命)을 받음이 이미 넓고 크거늘 하늘이 풍년에 많은 서직(黍稷)을 내려주어서 제사할 수 있게 함을 말한 것이다. 사당에 이름에 조고(祖考)가 와서 이르시고(강림하시고), 제향을 올림에 조고가 와서 흠향하시니,〈그렇다면〉복을 내림이 무강(無疆)할 것이다.

①-④ 顧予烝嘗, 湯孫之將.

顧予烝嘗인저　　　　　나의 증제(烝祭)와 상제(嘗祭)를 돌아보실진저
湯孫之將이니라　　　　탕손(湯孫)의 받들어 올림이니라

••• 軝 : 수레바퀴 기　錯 : 문채날 착　鶬 : 꾀꼬리 창　溥 : 넓을 보　穰 : 많을 양

說見前篇하니라

    해설(解說)이 전편(前篇)에 보인다.

烈祖一章이니 二十二句라

    〈열조(烈祖)〉는 1장이니, 22구이다.

【毛序】 烈祖는 祀中宗也라

    〈열조〉는 중종(中宗)을 제사한 시(詩)이다.

【鄭註】 中宗은 殷王太戊니 成湯之玄孫也라 有桑穀之異어늘 懼而修德하니 殷道
復興이라 故表顯之하여 號爲中宗하니라

    중종은 은왕 태무(太戊)이니 성탕(成湯)의 현손(玄孫)이다. 뽕나무와 닥나무가
조정에 자라난 이변이 있었는데, 두려워하고 덕을 닦으니, 은(殷)나라 도(道)가 다
시 흥하였다. 그러므로 그를 표현해서 중종이라 칭호한 것이다.

【辨說】 詳此詩하면 未見其爲祀中宗이요 而末言湯孫이면 則亦祭成湯之詩耳라
序는 但不欲連篇重出이요 又以中宗商之賢君이라하여 不欲遺之耳니라

    이 시를 살펴보면 중종에게 제사함이 됨을 볼 수 없고, 끝에 성탕의 손자라고
말했으면 또한 성탕에게 제사한 시일 뿐이다. 〈서〉는 다만 편(篇)을 연하여 성탕
이 거듭 나오고자 하지 않았고, 또 중종은 상나라의 어진 군주라 하여 그를 빠뜨
리고자 하지 않았을 뿐이다.

3. 현조(玄鳥)

①-① 天命玄鳥, 降而生商, 宅殷土芒芒. 古帝命武湯, 正域彼四方.

天命玄鳥하사	하늘이 현조(제비)를 명하사
降而生商하여	내려와 상(商)나라를 탄생시켜
宅殷土芒芒이어시늘	은나라 땅의 큰(넓은) 곳에 거주하게 하시거늘
古帝命武湯하사	옛날 상제께서 무탕(武湯)을 명하사
正域彼四方하시니라	저 사방에 다스리게 하시니라

賦也라 玄鳥는 鳦(을)也니 春分에 玄鳥降이라 高辛氏之妃 有娀(융)氏女簡狄이 祈于郊禖(매)할새 鳦遺卵이어늘 簡狄이 吞之而生契이러니 其後世에 遂爲有商氏하여 以有天下하니 事見史記하니라 宅은 居也라 殷은 地名이라 芒芒은 大貌라 古는 猶昔也라 帝는 上帝也라 武湯은 以其有武德號之也라 正은 治也라 域은 封境也라
○ 此亦祭祀宗廟之樂이니 而追敍商人之所由生하여 以及其有天下之初也니라

부(賦)이다. '현조(玄鳥)'는 제비[鳦]이니, 춘분(春分)에 현조가 내려온다. 고신씨(高辛氏)의 비(妃)인 유융씨(有娀氏)의 딸 간적(簡狄)이 교매(郊禖)에 자식을 낳을 것을 기원할 적에 제비가 알을 떨어뜨리므로 간적이 이를 삼키고 설(契)을 낳았는데, 그 후세에 마침내 유상씨(有商氏)가 되어 천하를 소유했으니, 이 사실이 《사기》〈은기(殷紀)〉에 보인다. '택(宅)'은 거주함이다. '은(殷)'은 지명(地名)이다. '망망(芒芒)'은 큰 모양이다. '고(古)'는 석(昔)과 같다. '제(帝)'는 상제(上帝)이다. '무탕(武湯)'은 탕왕이 무덕(武德)이 있다 하여 이름한 것이다. '정(正)'은 다스림이다. '역(域)'은 봉경(封境:국경)이다.

○ 이 또한 종묘(宗廟)에 제사한 음악이니, 상(商)나라 사람이 말미암아 태어난 바를 추서(追敍)하여 그 천하를 소유하게 된 시초에 미친 것이다.

①-② 方命厥后, 奄有九有〔叶羽己反〕, 商之先后, 受命不殆〔叶養里反〕, 在武丁孫子〔叶獎里反〕.

方命厥后하사   사방의 제후들에게 명하사
奄有九有하시니   곧 구유(구주)를 소유하시니
商之先后   상나라의 선왕들이
受命不殆라   명(命)을 받음이 위태롭지 않은지라
在武丁孫子삿다   무정의 손자에게 복이 있도다

方命厥后는 四方諸侯 無不受命也라 九有는 九州也라 武丁은 高宗也라 言商之先后 受天命不危殆라 故로 今武丁孫子猶賴其福이니라

'사방으로 제후들에게 명한다.'는 것은 사방의 제후들이 명을 받지 않음이 없는 것이다. '구유(九有)'는 구주(九州)이다. '무정(武丁)'은 고종(高宗)이다. 상나라의 선후(先后:탕왕 이후의 선왕)들이 천명을 받음이 위태롭지 않았다. 그러므로 지금 무

••• 鳦 : 제비 을(알) 娀 : 나라이름 융 禖 : 매제사 매

정(武丁)의 손자(후손)가 아직도 그 복을 힘입고 있음을 말한 것이다.

①-③武丁孫子, 武王靡不勝[音升]. 龍旂十乘[繩證反], 大糦[尺志反]是承.

武丁孫子	무정의 손자인
武王靡不勝하시니	무왕이 이기지 못함이 없으시니
龍旂十乘으로	용기(龍旂)를 세운 병거(兵車) 십승(十乘)으로
大糦(치)是承이로다	많은 서직(黍稷)을 이에 받들어 올리도다

武王은 湯號니 而其後世亦以自稱也라 龍旂는 諸侯所建交龍之旂也라 大糦는 黍
稷也라 承은 奉也라
○ 言武丁孫子今襲湯號者 其武無所不勝이라 於是에 諸侯無不奉黍稷以來助祭
也라

무왕(武王)은 탕왕(湯王)의 칭호이니, 그 후세에서도 또한 이로써 자칭하였다.
'용기(龍旂)'는 제후들이 세우는 교룡기(交龍旂)이다. '대치(大糦)'는 서직(黍稷)이
다. '승(承)'은 받듦이다.

○ 무정(武丁)의 손자로서 지금 탕왕의 칭호를 세습하고 있는 자들은 그 무(武)
가 이기지 못하는 바가 없었다. 이에 제후들이 서직을 받들고 와서 제사를 돕지
않음이 없음을 말한 것이다.

①-④邦畿千里, 維民所止, 肇域彼四海[叶虎洧反].

邦畿千里여	나라의 국경 천 리여
維民所止로소니	백성들이 거주하는 바이니
肇域彼四海로다	저 사해에 국경을 열어 놓았도다

止는 居요 肇는 開也라 言王畿之內에 民之所止 不過千里로되 而其封域은 則極乎
四海之廣也라
'지(止)'는 거주함이요, '조(肇)'는 열어놓음이다. 왕기(王畿)의 안에 백성들의 거
주하는 바는 천 리를 지나지 않으나 그 봉역(封域)은 사해의 넓음에 지극함을 말

••• 糦 : 술밥 치

한 것이다.

①-⑤ 四海來假〔音格 下同〕, 來假祁祁. 景員維河. 殷受命咸宜〔叶牛何反〕,
百祿是何〔音荷 叶如字〕.

<blockquote>

四海來假(격)하니   사해(제후)가 와서 이르니

來假祁(기)祁로다   와서 이름이 많고도 많도다

景員(圓)維河에   경산(景山)의 둘레에 있는 황하(黃河)에

殷受命咸宜라   은나라가 천명을 받음이 모두 마땅한지라

百祿是何(荷)로다   온갖 복록을 이에 받도다

</blockquote>

詩經集傳 下

假은 與格同이라 祁祁는 衆多貌라 景員維河之義는 未詳이라 或曰 景은 山名이니
商所都也니 見(현)殷武卒章하니라 春秋傳亦曰 商湯有景亳之命이 是也라 員은 與
下篇幅隕(圓)義同하니 蓋言周也라하니라 河는 大河也라 言景山四周皆大河也라
何는 任也니 春秋傳에 作荷하니라

'격(假)'은 격(格)과 같다. '기기(祁祁)'는 많은 모양이다. '경원유하(景員維河)'의
뜻은 자세하지 않다. 혹자는 "경(景)은 산(山) 이름이니, 상나라가 도읍한 곳이니,
아래 〈은무(殷武)〉의 마지막 장(章)에 보인다. 《춘추좌씨전》 소공(昭公) 4년에 또한
이르기를 '상탕(商湯)이 경(景)·박(亳)에서 회맹(會盟)한 명(命)을 소유했다.' 한 것
이 이것이다. '원(員)'은 하편(下篇)의 폭원(幅隕)이란 원(隕)과 뜻이 같으니, 둘레를
말한 것이다." 하였다. '하(河)'는 대하(大河:황하)이다. 이는 경산의 사방 주위가 모
두 대하임을 말한 것이다. '하(何)'는 짊어짐이니, 《춘추좌씨전》에는 하(荷)로 되어
있다.

玄鳥一章이니 二十二句라

     〈현조(玄鳥)〉는 1장이니, 22구이다.

【毛序】 玄鳥는 祀高宗也라

     〈현조〉는 고종(高宗:무정(武丁))을 협제(祫祭)한 시(詩)이다.

【鄭註】 祀는 當爲祫이니 祫은 合也라 高宗은 殷王武丁이니 中宗玄孫之孫也라 有

••• 假 : 이를 격 祁 : 많을 기 隕 : 떨어질 운(圓通)

雉雊之異어늘 又懼而修德하여 殷道復興이라 故亦表顯之하여 號爲高宗云이라 崩
而始合祭於契之廟에 歌是詩焉이라 古者에 君喪三年旣畢하고 禘於其廟而後에
祫祭於太祖하고 明年春에 禘于羣廟하니 自此之後로 五年而載殷祭하여 一禘一
祫하니 春秋에 謂之大事하니라

사(祀)는 마땅히 협(祫)이 되어야 하니, 협은 〈선조를〉 모아 제사함이다. 고종
(高宗)은 은왕(殷王) 무정(武丁)이니, 중종(中宗;태무(太戊))의 현손(玄孫)의 손자이다.
제사할 때에 꿩이 우는 이변이 있자, 또다시 두려워하여 덕을 닦아서 은(殷)나라
도(道)가 다시 흥왕(興旺)하였다. 그러므로 또한 그를 표현하여 고종이라 칭호한
것이다. 고종이 붕(崩)하고 처음 설(契)의 사당에 합하여 제사할 적에 이 시를 노
래하였다.

옛날에 군주가 삼년상(三年喪)을 마치고 그 사당에 체제(禘祭)를 지낸 뒤에 태
조(太祖)의 사당에 협제(祫祭)하고, 다음해 봄에 여러 사당에 체제를 지내니, 이후
로는 5년 마다 큰 제사를 지내어서 한 번 체제를 지내고 한 번 협제를 지내니,《춘
추》에 이것을 '대사(大事;큰 제사)'라 하였다.

【辨說】 詩有武丁孫子之句라 故序得以爲據하니 雖未必然이나 然必是高宗以後
之詩矣리라

시에 무정의 손자라는 구(句)가 있다. 그러므로 〈서〉에는 이것을 가지고 근거
하였으니, 비록 반드시 옳지는 않으나 반드시 고종 이후의 시일 것이다.

4. 장발(長發)

① 濬哲維商, 長發其祥. 洪水芒芒, 禹敷下土方[135] 〔絶句 楚辭天問 禹降省下
土方 蓋用此語〕, 外大國是疆. 幅隕〔音員〕旣長, 有娀〔息容反〕方將, 帝立子生
商.

......

135 禹敷下土方 : 주자의 경문(經文) 음의(音義)에 "우부통하방(禹敷下土方)에서 구(句)를 떼어야
한다.《초사(楚辭)》〈천문(天問)〉에 '우 임금께서 하토의 지방을 살펴보셨다.'는 것은 아마도 이 말
을 사용한듯하다." 하였다.

濬哲維商에	깊고 밝으신 상나라에
長發其祥이로다	그 상서가 발현됨이 장구하도다
洪水芒芒이어늘	홍수가 아득하고 아득하거늘
禹敷下土方하사	우 임금께서 하토의 사방을 다스리사
外大國是疆하여	외대국(먼 제후국)을 이 국경으로 삼아
幅隕旣長이어늘	폭과 둘레가 이미 길거늘
有娀方將일새	유융(有娀)이 막 커지기에
帝立子生商하시니라	상제께서 〈그 딸의〉 아들을 세워 상나라를 탄생 시키시니라

賦也라 濬은 深이요 哲은 知(智)요 長은 久也라 方은 四方也라 外大國은 遠諸侯也라 幅은 猶言邊幅也라 隕은 讀作員(圓)하니 謂周也라 有娀은 契之母家也라 將은 大也라

○ 言商世世有濬哲之君하여 其受命之祥이 發見(현)也久矣라 方禹治洪水하여 以外大國爲中國之竟(境)하여 而幅員廣大之時에 有娀氏始大라 故로 帝立其女之子하여 而造商室也라 蓋契於是時에 始爲舜司徒하여 掌布五敎[136]于四方하니 而商之受命이 實基於此하니라

부(賦)이다. '준(濬)'은 깊음이요, '철(哲)'은 지혜요, '장(長)'은 오램이다. '방(方)'은 사방이다. '외대국(外大國)'은 먼 곳의 제후이다. '폭(幅)'은 변폭(邊幅:변두리 둘레)이라는 말과 같다. '원(隕)'은 원(員:원(圓))으로 읽으니, 둘레를 이른다. '유융(有娀)'은 설(契)의 모가(母家:외가)이다. '장(將)'은 큼이다.

○ 상나라가 대대로 깊고 명철한 군주가 있어서 그 명(命)을 받은 상서가 발현됨이 장구하였다. 우(禹) 임금이 홍수를 다스려 외대국을 중국의 경계로 삼아서 폭과 둘레가 광대할 때에 유융씨(有娀氏)의 나라가 비로소 커졌다. 그러므로 상제가 그 딸의 아들을 세워 상나라를 만들었다고 말한 것이다. 설(契)이 이때에 처음

• • • • • •
136 五敎:오교(五敎)는 다섯 가지 가르침으로 부자유친(父子有親), 군신유의(君臣有義), 부부유별(夫婦有別), 장유유서(長幼有序), 붕우유신(朋友有信)에 대한 가르침을 이르는바, 《서경》〈순전(舜典)〉에 "순 임금이 말씀하셨다. '설아! 백성이 친애하지 않으며 오품(五品:오륜)이 순하지 못하기에 너를 사도로 삼노니, 공경히 오교를 펴라.〔帝曰, 契, 百姓不親, 五品不遜, 汝作司徒, 敬敷五敎.〕'"라고 보인다.

으로 순(舜) 임금의 사도(司徒)가 되어 사방에 오교(五敎)를 폄을 관장하였으니, 상나라가 천명을 받은 것이 실로 여기에서 기초한 것이다.

② 玄王桓撥[叶必烈反], 受小國是達[叶他悅反], 受大國是達. 率履不越, 遂視旣發[叶方月反]. 相[息亮反]土烈烈, 海外有截.

玄王桓撥하시니	현왕(설(契))이 굳셈으로 다스리시니
受小國是達이며	소국을 받음에도 마땅하며
受大國是達이샷다	대국을 받음에도 마땅하시도다
率履不越하시니	예(禮)를 따라 지나치지 않으시니
遂視旣發이로다	마침내 백성들을 봄에 이미 호응하도다
相土烈烈하시니	손자이신 상토(相土)가 열렬하시니
海外有截(절)이로다	해외가 절연(截然)히 정제(整齊)되도다

賦也라 玄王은 契也니 玄者는 深微之稱이라 或曰 以玄鳥降而生也라하니라 王者는 追尊之號라 桓은 武요 撥은 治요 達은 通也라 受小國大國에 無所不達은 言其無所不宜也라 率은 循이요 履는 禮요 越은 過요 發은 應也라 言契能循禮不過越하니 遂視其民에 則旣發以應之矣라 相土는 契之孫也라 截은 整齊也라 至是而商益大하여 四方諸侯歸之하여 截然整齊矣라 其後에 湯以七十里起하시니 豈嘗中衰也與인저

부(賦)이다. '현왕(玄王)'은 설(契)이니, 현(玄)이란 깊고 은미함의 칭호이다. 혹자는 "현조(玄鳥)가 내려와서 낳았기 때문에 현왕이라 한 것이다." 한다. '왕(王)'이라 한 것은 추존(追尊)한 칭호이다. '환(桓)'은 굳셈이요, '발(撥)'은 다스림이요, '달(達)'은 통함이다. '소국(小國)과 대국(大國)을 받음에 통하지 않음이 없다'는 것은 그 마땅하지 않은 바가 없음을 말한 것이다. '솔(率)'은 따름이요, '리(履)'는 예(禮)요, '월(越)'은 지나침이요, '발(發)'은 응함이다. 설(契)이 능히 예를 따라 지나치지 않으니, 마침내 그 백성들을 살펴봄에 이미 분발하여 호응함을 말한 것이다. '상토(相土)'는 설의 손자이다. '절(截)'은 정제(整齊)함이다. 이 때에 이르러 상나라가 더욱 커져서 사방의 제후들이 귀의하여 절연(截然)히 정제된 것이다. 그 뒤에 탕왕이 70리로써 일어났으니, 아마도 일찍이 중간에 쇠했던가보다.

··· 撥 : 다스릴 발 截 : 끊을 절

③ 帝命不違, 至于湯齊. 湯降不遲, 聖敬日躋〔子兮反〕. 昭假〔音格〕遲遲,
上帝是祗, 帝命式于九圍.

帝命不違하사   상제의 명(命)이 어긋나지 않으사
至于湯齊하시니   탕왕에 이르러 부합되시니
湯降不遲하시며   탕왕의 탄강이 늦지 않으시며
聖敬日躋(제)하사   성경(聖敬)이 날로 올라가사
昭假(格)遲遲하사   하늘에 밝게 이름을 오래하고 오래하시어
上帝是祗하시니   상제를 이에 공경하시니
帝命式于九圍하시니라   상제께서 구위에 모범이 되게 하시니라

賦也라 湯齊之義는 未詳이라 蘇氏曰 至湯而王業成하여 與天命會也라하니라 降은
猶生也라 遲遲는 久也라 祗는 敬이요 式은 法也라 九圍는 九州也라
○ 商之先祖 旣有明德하니 天命未嘗去之하여 以至於湯이요 湯之生也 應期而降
하여 適當其時하시며 其聖敬이 又日躋升하사 以至昭假于天하여 久而不息하여 惟
上帝是敬이라 故로 帝命之하사 以爲法於九州也라

부(賦)이다. '탕제(湯齊)'의 뜻은 자세하지 않다. 소씨(蘇氏)는 "탕왕에 이르러 왕
업(王業)이 이루어져서 천명과 부합된 것이다." 하였다. '강(降)'은 생(生)과 같다.
'지지(遲遲)'는 오램이다. '지(祗)'는 공경함이요, '식(式)'은 법이다. '구위(九圍)'는
구주(九州)이다.

　　○ 상나라의 선조가 이미 밝은 덕을 소유하시니 천명이 일찍이 떠나지 아니하
여 탕왕에 이르렀고, 탕왕의 탄생함이 시기에 응하여 마침 그때에 당하셨으며, 그
성경(聖敬)이 또 날로 올라가 하늘에 밝게 이르러서(감동시켜) 오래되어도 쉬지 아
니하여 오직 상제를 이 공경함에 이르렀다. 그러므로 상제가 탕왕을 명하여 구주
에 법(모범)이 되게 한 것이다.

④ 受小球〔音求〕大球, 爲下國綴〔張衛反〕旒〔音流〕. 何〔音賀〕天之休, 不競不
絿〔音求〕, 不剛不柔, 敷政優優, 百祿是遒〔子由反〕.

受小球大球하사   소구(小球)와 대구(大球)를 받으사

···　躋：오를 제

爲下國綴旒(추류)하사 　 하국의 매여 있는 바가 되시어
何(荷)天之休샷다 　 하늘의 아름다움을 받으셨도다
不競不絿하시며 　 강(强)하지도 않고 느슨하지도 않으시며
不剛不柔하사 　 강(剛)하지도 않고 유(柔)하지도 않으사
敷政優優하시니 　 정사를 펴기를 너그럽고 너그럽게 하시니
百祿是遒(주)샷다 　 온갖 복록이 이에 모이도다

賦也라 小球、大球之義는 未詳이라 或曰 小國、大國所贄之玉也라하고 鄭氏曰 小球는 鎭圭니 尺有二寸이요 大球는 大圭니 三尺也니 皆天子之所執也라하니라 下國은 諸侯也라 綴는 猶結也요 旒는 旗之垂者也니 言爲天子而爲諸侯所係屬이니 如旗之緂(삼)이 爲旒所綴著(착)也라 何는 荷요 競은 强이요 絿는 緩也라 優優는 寬裕之意라 遒는 聚也라

　부(賦)이다. '소구(小球)'와 '대구(大球)'의 뜻은 자세하지 않다. 혹자는 "소국과 대국이 폐백으로 바치는 옥(玉)이다." 하였고, 정씨(鄭氏)는 "소구는 진규(鎭圭)이니 한 자 두 치요, 대구는 대규(大圭)이니 세 자이니, 모두 천자가 잡는 것이다." 하였다. '하국(下國)'은 제후이다. '추(綴)'는 결(結:맺음)과 같고, '류(旒)'는 기(旗)의 술이 아래로 늘어져 있는 것이니, 천자가 되어서 제후들에게 매이고 소속되는 바가 되니, 기(旗)의 기폭이 기의 술에 매여 있고 붙어있는 것과 같음을 말한 것이다. '하(何)'는 하(荷;입음)요, '경(競)'은 강(强)함이요, '구(絿)'는 느슨함이다. '우우(優優)'는 관유(寬裕)의 뜻이다. '주(遒)'는 모임이다.

⑤ 受小共〔音恭 叶居勇反〕大共, 爲下國駿〔音峻〕厖〔莫邦反 叶莫孔反〕. 何天之龍〔叶丑勇反〕, 敷奏其勇, 不震不動〔叶德總反〕, 不戁〔奴版反〕不竦〔小勇反〕, 百祿是總〔子孔反〕.

受小共大共하사 　 소공(小共)과 대공(大共)을 받으사
爲下國駿厖(방)하사 　 하국의 준방(駿厖)이 되시어
何(荷)天之龍(寵)이샷다 　 하늘의 영광을 받으셨도다
敷奏其勇하사 　 그 용맹을 크게 바치사
不震不動하시며 　 놀라지도 동요하지도 않으시며

··· 綴 : 이어질 추(철) 旒 : 면류관늘임 류 絿 : 느슬할 구, 굽힐 구 遒 : 모을 주 緂 : 기폭 삼 厖 : 두터울 방

不難(난)不竦(송)하시니 　두려워하지 않으시니
百祿是總(이샷다) 　온갖 복록이 이에 다 모였도다

賦也라 小共、大共、駿厖之義는 未詳이라 或曰小國大國所共(供)之貢也라하고 鄭氏曰 共은 執也니 猶小球大球也라하고 蘇氏曰 共은 珙通하니 合珙之玉也라하니라 傳曰 駿은 大也요 厖은 厚也라하고 董氏曰 齊詩作駿駹하니 謂馬也라하니라 龍은 寵也라 敷奏其勇은 猶言大進其武功也라 難은 恐이요 竦은 懼也라

　부(賦)이다. '소공(小共)'과 '대공(大共)', '준방(駿厖)'의 뜻은 자세하지 않다. 혹자는 "소국과 대국이 바친 공물이다." 하였고, 정씨(鄭氏)는 "공(共)은 잡는 것이니, 소구(小球), 대구(大球)와 같다." 하였고, 소씨(蘇氏)는 "공(共)은 공(珙)과 통하니, 공(珙)의 옥(玉)을 합함(맞추어봄)을 말한 것이다." 하였다.

　《모전》에 "준(駿)은 큼이요, 방(厖)은 후함이다." 하였고, 동씨(董氏)는 〈제시(齊詩)〉에는 준방(駿駹)으로 되었으니, 말[馬]을 이른다." 하였다. '총(龍)'은 총(寵:영광)이다. '부주기용(敷奏其勇)'은 그 무공(武功)을 크게 바친다는 말과 같다. '난(難)'은 두려움이요, '송(竦)'은 두려워함이다.

⑥ 武王載旆, 有虔秉鉞〔音越〕. 如火烈烈, 則莫我敢曷〔漢書作遏 阿葛反 叶阿竭反〕. 苞有三蘗〔五葛反 叶五竭反〕, 莫遂莫達〔叶他悅反〕. 九有有截. 韋顧旣伐〔叶房越反〕, 昆吾夏桀.

武王載旆(패)하사 　무왕(탕왕)이 깃발을 수레에 실으사
有虔秉鉞하시니 　경건히 부월(鈇鉞)을 잡으시니
如火烈烈하여 　불이 열렬히 타오르는 듯하여
則莫我敢曷(遏)이로다 　나를 감히 막을 이가 없도다
苞有三蘗(얼)이 　한 뿌리에 세 개의 나쁜 싹이 났는데
莫遂莫達하여 　그들이 나쁜 뜻을 이루지 못하고 통달하지 못하여
九有有截이어늘 　구유가 절연(截然)히 돌아오거늘
韋顧旣伐하시고 　위(韋)와 고(顧)를 이미 정벌하시고
昆吾夏桀이로다 　곤오(昆吾)와 하걸(夏桀)을 치셨도다

••• 難 : 어려울 난 竦 : 두려울 송 珙 : 큰구슬 공 駹 : 찬간자 방 旆 : 기 패 蘗 : 움싹 얼

賦也라 武王은 湯也라 虔은 敬也니 言恭行天討也라 曷은 遏通이라 或曰 曷은 誰何也[137]라하니라 苞는 本也요 蘗은 旁生萌蘗也니 言一本生三蘗也라 本則夏桀이요 蘗則韋也、顧也、昆吾也니 皆桀之黨也라 鄭氏曰 韋는 彭姓이요 顧, 昆吾는 己姓이라하니라

○ 言湯旣受命하사 載旆秉鉞하여 以征不義하시니 桀與三蘗이 皆不能遂其惡하여 而天下截然歸商矣라 初伐韋하고 次伐顧하고 次伐昆吾하고 乃伐夏桀하시니 當時用師之序如此하니라

부(賦)이다. 무왕은 탕왕이다. '건(虔)'은 공경함이니, 공손히 하늘의 토벌을 행함을 말한 것이다. '알(曷)'은 알(遏)과 통한다. 혹자는 "갈(曷)은 수하(誰何)이다."라고 한다. '포(苞)'는 뿌리요 '얼(蘗)'은 옆에서 나온 나쁜 싹이니, 한 뿌리에 세 개의 나쁜 싹이 나옴을 말한 것이다. 뿌리는 하걸(夏桀)이요, 나쁜 싹은 위(韋)·고(顧)·곤오(昆吾)이니, 모두 걸(桀)의 당(黨)이다.

정씨(鄭氏)가 말하였다. "위(韋)는 팽성(彭姓)이요, 고(顧)와 곤오(昆吾)는 기성(己姓)이다."

○ "탕왕이 이미 천명(天命)을 받으사 깃발을 수레에 싣고 부월(鈇鉞)을 잡고서 불의(不義)한 자들을 정벌하시니, 걸(桀)과 세 개의 나쁜 싹들이 모두 그 악(惡)을 이루지 못하여 천하가 절연(截然)히 상나라에 돌아옴"을 말한 것이다. 처음에는 위를 정벌하고, 다음에는 고를 정벌하고, 다음에는 곤오를 정벌하고, 마침내 하걸(夏桀)을 정벌하였으니, 당시에 군대를 쓴(출동한) 차례가 이와 같았음을 말한 것이다.

⑦ 昔在中葉, 有震且業. 允也天子[叶獎里反], 降于卿士[鈕里反], 實維阿衡[叶戶郎反], 實左[音佐]右[音又]商王.

昔在中葉하여   옛날 중엽(中葉)에
有震且業(業)이러니   두렵고 또 위태롭더니

......

137 曷 誰何也 : 수하(誰何)는 수상한 사람을 조사할 때에 '누구냐?'고 묻는 것인데, '막아감갈(莫我敢曷)'을 '막감수하(莫敢誰何)'로 보아, 그 누구도 감히 나를 막고 조사하거나 심문하지 못한다고 말한 것이다.

··· 業 : 높고험할 업

允也天子_께　진실로 천자께서
降于卿士_{하시니}　하늘이 경사(卿士)를 내려주시니
實維阿衡_이　진실로 아형(阿衡)이
實左右(佐佑)商王_{이로다}　상왕을 좌우에서 도왔도다

賦也라 葉은 世요 震은 懼요 業은 危也라 承上文而言昔在면 則前乎此矣니 豈謂湯
之前世中衰時與아 允也天子는 指湯也라 降은 言天賜之也라 卿士는 則伊尹也니
言至於湯하여 得伊尹而有天下也라 阿衡은 伊尹官號也라

　　부(賦)이다. '엽(葉)'은 세(世)요, '진(震)'은 두려움이요, '업(業)'은 위태로움이
다. 상문(上文)을 이어 석재(昔在)라고 말하였으면, 이보다 앞이라는 뜻이니, 아마
도 탕왕의 전대(前代)에 중간에 쇠했을 때를 이른 듯하다. '윤야천자(允也天子)'는
탕왕을 가리킨다. '강(降)'은 하늘이 내려줌을 말한 것이다. '경사(卿士)'는 이윤(伊
尹)이니, 탕왕에 이르러 이윤을 얻어서 천하를 소유함을 말한 것이다. '아형(阿衡)'
은 이윤의 관호(官號:관명)이다.

長發七章이니 一章은 八句요 四章은 章七句요 一章은 九句요 一章은 六句라

　　〈장발(長發)〉은 7장이니, 한 장은 8구이고 네 장은 장마다 7구이고 한 장은 9구
이고 한 장은 6구이다.

序에 以此爲大禘之詩라하니 蓋祭其祖之所出하여 而以其祖配也라 蘇氏曰 大禘
之祭는 所及者遠이라 故로 其詩歷言商之先后하고 又及其卿士伊尹하니 蓋與祭於
禘者也라 商書曰 玆予大享于先王할새 爾祖其從與享之라하니 是禮也 豈其起於
商之世歟아하니라 今按 大禘는 不及羣廟之主하니 此宜爲祫祭之詩라 然이나 經無
明文하니 不可考也로라

　　〈모서〉에 이것을 대체(大禘)의 시(詩)라 하였으니, 그 선조(설(契))가 말미암아
나온 분(제곡(帝嚳))을 제사하면서 그 선조로써 배향한 것이다. 소씨(蘇氏)가 말하
기를 "대체의 제사는 미치는 바가 멀기 때문에 이 시(詩)에 상나라의 선왕들을 일
일이 말하였고, 또 그 경사(卿士)인 이윤을 언급하였으니, 체제(禘祭)에 참여하여
제사 받은 자이다. 〈상서(商書) 반경(盤庚)〉에 '내 크게 선왕에게 제향할 적에 너의
선조도 따라서 함께 흠향하였다.' 하였으니, 이 예(禮)는 아마도 상나라의 세대에
서 시작되었는가보다." 하였다.

… 禘 : 체제사 체, 큰제사 체　祫 : 협제사 협

이제 상고해보건대 대체에는 여러 사당의 신주에는 미치지 않으니, 이는 마땅히 협제(袷祭)의 시가 되어야 할 것이다. 그러나 경문(經文)에 분명한 글이 없으니, 상고할 수 없다.

【毛序】 長發은 大禘也라

〈장발〉은 대체(大禘)를 지내는 시이다.

【鄭註】 大禘는 郊祭天也라 禮記曰 王者禘其祖之所自出하여 以其祖配之라하니 是謂也라

대체는 교외(郊外)에서 하늘에 제사하는 것이다.《예기》〈상복소기(喪服小記)〉에 "왕자(王者)가 그 시조가 말미암아 나온 분을 체제(禘祭)하여 그 시조로써 배향(配享)한다." 하였으니, 이것을 말한 것이다.

【辨說】 疑見本篇하니라

의심스러움이 본편에 보인다.

5. 은무(殷武)

① 撻[他達反]彼殷武, 奮伐荊楚. 罙[面規反]入其阻, 裒[蒲侯反]荊之旅. 有截其所, 湯孫之緒[象呂反].

撻彼殷武로	신속한 저 은왕(殷王)의 위무(威武)로
奮伐荊楚하사	분연히 형초(초나라)를 정벌하사
罙(미)入其阻하여	그 험한 곳을 무릅쓰고 들어가
裒(부)荊之旅하여	형(荊)나라의 무리들을 모아
有截其所하니	그 곳을 절연히 한결같게 하시니
湯孫之緒샷다	탕손(湯孫)의 업적이시도다

賦也라 撻은 疾貌라 殷武는 殷王之武也라 罙는 冒요 裒는 聚라 湯孫은 謂高宗이라 ○ 舊說에 以此爲祀高宗之樂이라하니라 蓋自盤庚沒로 而殷道衰하여 楚人叛之한대 高宗이 撻然用武하사 以伐其國하여 入其險阻하여 以致其衆하여 盡平其地

··· 撻 : 빠를 달　罙 : 깊을 미, 무릅쓸 미　裒 : 모을 부

하여 使截然齊一하시니 皆高宗之功也라 易曰 高宗伐鬼方하여 三年克之라하니 蓋謂此歟인저

부(賦)이다. '달(撻)'은 빠른 모양이다. '은무(殷武)'는 은왕(殷王)의 위무(威武)이다. '미(冞)'는 무릅씀이요, '부(裒)'는 모음이다. '탕손(湯孫)'은 고종(高宗)을 이른다.

○ 구설(舊說)에 이것을 고종(무정(武丁))을 제사한 음악이라 하였다. 반경(盤庚)이 별세함으로부터 은(殷)나라의 도(道;정치)가 쇠하여, 초(楚)나라 사람들이 배반하였다. 이에 고종이 달연(撻然)히 위무(威武)를 써서 그 나라를 정벌하여 험한 곳에 들어가 그 무리들을 오게 하여 그 땅을 모두 평정해서 절연(截然)히 정제하고 한결같게 하셨으니, 이는 모두 고종의 공(功)이다.《주역》기제괘(旣濟卦) 구삼 효사(九三爻辭)에 "고종이 귀방(鬼方;형초)을 정벌하여 3년에 이겼다." 하였으니, 아마도 이를 말함인가보다.

② 維女〔音汝〕荊楚, 居國南鄉. 昔有成湯, 自彼氐〔都嗲反〕羌, 莫敢不來享〔叶虛良反〕, 莫敢不來王, 曰商是常.

維女(汝)荊楚	너의 형초가
居國南鄉하나니	나라의 남쪽 지방에 있으니
昔有成湯하실새	옛날 성탕이 계실 적에
自彼氐羌하여	저 저강(氐羌)으로부터
莫敢不來享하며	감히 와서 물건을 바치지 않는 이가 없었으며
莫敢不來王하여	감히 와서 뵙지 않는 이가 없어
曰商是常이러니라	말하기를 상나라의 떳떳한 예(禮)라 하였느니라

賦也라 氐羌은 夷狄國이니 在西方이라 享은 獻也라 世見(현)曰王이라
○ 蘇氏曰 旣克之하여는 則告之曰 爾雖遠이나 亦居吾國之南耳라 昔成湯之世에 雖氐羌之遠이라도 猶莫敢不來朝하여 曰此商之常禮也라하니 況汝荊楚曷敢不至哉리오하니라

부(賦)이다. '저강(氐羌)'은 이적(夷狄)의 나라이니, 서방에 있었다. '향(享)'은 물건을 올림이다. 1세(世)에 한 번 뵙는 것을 '왕(王)'이라 한다.

○ 소씨(蘇氏)가 말하였다. "이미 형초(荊楚)를 이기고는 그들에게 고하기를 '너

... 氐 : 오랑캐 저

의 형초가 비록 멀지만 또한 우리 나라의 남쪽에 있다. 옛날 성탕의 세대에는 비록 저강(氐羌)의 먼 자들이라도 오히려 감히 내조(來朝)하지 않는 이가 없어 말하기를, 「이는 상나라의 떳떳한 예이다.」 하였으니, 하물며 너 형초가 어찌 감히 오지 않겠는가.'라고 한 것이다."

③ 天命多辟〔音璧〕, 設都于禹之績. 歲事來辟, 勿予禍適〔直革反〕, 稼穡匪解〔音懈 叶訖力反〕.

天命多辟하사	하늘이 많은 제후들을 명하사
設都于禹之績하시니	우 임금의 다스린 곳에 도읍을 세우게 하시니
歲事來辟하여	해마다 제사하는 일로 와서 뵈어
勿予禍適(謫)이어다	나에게 화(禍)를 내리고 견책하지 말지어다
稼穡匪解(懈)로이다	농사일을 게을리하지 않았노이다

賦也라 多辟은 諸侯也라 來辟은 來王也라 適은 謫(謫)通이라
○ 言天命諸侯하여 各建都邑于禹所治之地하여 而皆以歲事로 來至于商하여 而祈王之不謫하여 曰 我之稼穡을 不敢解也로소니 庶可以免咎矣라하니 言荊楚旣平에 而諸侯畏服也라

부(賦)이다. '다벽(多辟)'은 여러 제후이다. '내벽(來辟)'은 내왕(來王;와서 왕으로 받드는 것)이다. '적(適)'은 적(謫;견책)과 통한다.

○ 하늘이 제후를 명하여 각기 우 임금이 다스리시던 바의 땅에 도읍을 세우게 하여, 모두 해마다 제사하는 일로 상나라에 와서 왕이 견책하지 않기를 기원하여 말하기를, "나의 가색(稼穡;농사일)을 감히 게을리하지 않았으니, 행여 허물을 면할 수 있을 것이다."라고 하였으니, 형초가 이미 평정됨에 제후들이 두려워하고 복종함을 말한 것이다.

④ 天命降監〔下與濫叶〕, 下民有嚴〔叶五剛反〕. 不僭不濫, 不敢怠遑. 命于下國〔叶越逼反〕, 封建厥福〔叶筆力反〕.

天命降監이라	하늘의 명(命)이 강림하여 굽어보시는지라

··· 謫 : 꾸짖을 적

下民有嚴하니	하민들에게도 위엄이 있으니
不僭不濫하여	상(賞)이 잘못되지 않으며 형벌이 지나치지 않아
不敢怠遑하면	감히 태만하여 안일하지 않으면
命于下國하사	하국(下國)에 명하사
封建厥福하시나니라	그 복을 크게 세우시니라

賦也라 監은 視요 嚴은 威也라 僭은 賞之差也요 濫은 刑之過也라 遑은 暇요 封은 大也라

○ 言天命降監이 不在乎他요 皆在民之視聽하니 則下民亦有嚴矣라 惟賞不僭, 刑不濫하여 而不敢怠遑이면 則天命之以天下하여 而大建其福이니 此高宗所以受命而中興也니라

부(賦)이다. '감(監)'은 굽어봄이요, '엄(嚴)'은 위엄이다. '참(僭)'은 상(賞)이 잘못됨이요, '남(濫)'은 형벌이 지나침이다. '황(遑)'은 한가로움이요, '봉(封)'은 큼이다.

○ "하늘의 명이 강림하여 굽어봄이 다른 데에 있지 않고 모두 백성들의 보고 들음에 있으니, 그렇다면 하민들도 또한 두려워할 만함이 있는 것이다. 오직 상이 잘못되지 않고 형벌이 지나치지 아니하여 감히 태만하고 한가롭지 않게 하면 하늘이 천하로써 명하여 그 복을 크게 세워준다."고 말했으니, 이는 고종(高宗)이 천명을 받아 중흥(中興)한 소이(所以)이다.

⑤ 商邑翼翼, 四方之極. 赫赫厥聲, 濯濯厥靈. 壽考且寧, 以保我後生〔叶桑經反〕.

商邑翼翼하니	상나라 도읍이 정돈되어 있으니
四方之極이로다	사방의 표준이로다
赫赫厥聲이며	혁혁한 그 명성(名聲)이며
濯濯厥靈이로소니	밝은 그 위령(威靈)이로소니
壽考且寧하사	수고(壽考)하고 또 편안하사
以保我後生이샷다	우리 후생들을 보호해 주셨도다

賦也라 商邑은 王都也라 翼翼은 整勅貌라 極은 表也라 赫赫은 顯盛也요 濯濯은 光

··· 僭 : 참람할 참

明也니 言高宗中興之盛이 如此라 壽考且寧云者는 蓋高宗之享國이 五十有九年이라 我後生은 謂後嗣子孫也라

부(賦)이다. '상읍(商邑)'은 상나라의 왕도(王都)이다. '익익(翼翼)'은 정칙(整勅; 정돈)된 모양이다. '극(極)'은 표준이다. '혁혁(赫赫)'은 드러나고 성함이요, '탁탁(濯濯)'은 광명함이니, 고종의 중흥의 성대함이 이와 같음을 말한 것이다. '수고(壽考)하고 또 편안하다'고 한 것은 고종이 나라를 누린 것이 59년이기 때문이다. '아후생(我後生)'은 후사(後嗣)의 자손들을 이른다.

⑥ 陟彼景山〔叶所旃反〕, 松柏丸丸〔叶胡員反〕. 是斷〔音短〕是遷, 方斲〔陟角反〕是虔. 松桷〔音角〕有梴〔五連反〕, 旅楹有閑〔叶胡田反〕, 寢成孔安〔叶於連反〕.

陟彼景山하니	저 경산(景山)에 오르니
松柏丸丸이어늘	소나무와 측백나무가 곧고 곧거늘
是斷是遷하여	이것을 자르고 이것을 옮겨서
方斲(착)是虔하니	방정하게 깎아 이에 자르니
松桷有梴(연)하며	소나무 서까래가 길기도 하며
旅楹有閑하니	여러 기둥이 크기도 하니
寢成孔安이로다	침묘(寢廟)가 이루어짐에 매우 편안하시도다

賦也라 景은 山名이니 商所都也라 丸丸은 直也라 遷은 徙요 方은 正也라 虔亦截也라 梴은 長貌라 旅는 衆也라 閑은 閑然而大也라 寢은 廟中之寢也라 安은 所以安高宗之神也라 此蓋特爲百世不遷之廟하여 不在三昭三穆之數하니 旣成에 始祔而祭之之詩也라 然이나 此章은 與閟宮之卒章으로 文意略同하니 未詳何謂로라

부(賦)이다. '경(景)'은 산 이름이니, 상나라가 도읍한 곳이다. '환환(丸丸)'은 곧음이다. '천(遷)'은 옮김이요, '방(方)'은 바룸이다. '건(虔)' 또한 자름이다. '연(梴)'은 긴 모양이다. '려(旅)'는 무리이다. '한(閑)'은 한연(閑然)히 큰 것이다. '침(寢)'은 묘(廟) 가운데의 침(寢)이다. '안(安)'은 고종의 신(神)을 편안히 하는 것이다. 이는 아마도 백세(百世)토록 옮기지 않는 사당(불천지위(不遷之位))을 만들어서 삼소(三昭)·삼목(三穆)의 수에 들지 않은 것이니, 사당이 이미 이루어짐에 처음 부묘(祔廟)하고 제사한 시(詩)인 듯하다. 그러나 이 장(章)은 〈노송(魯頌) 비궁(閟宮)〉의 마지

··· 斲 : 깎을 착 虔 : 삼갈 건 桷 : 서까래 각 梴 : 나무밋밋할 연 楹 : 기둥 영 祔 : 부묘할 부

막 장과 글 뜻이 대략 같으니, 무슨 뜻인지는 자세하지 않다.

殷武六章이니 三章은 章六句요 二章은 章七句요 一章은 五句라
　　〈은무(殷武)〉는 6장이니, 세 장은 장마다 6구이고 두 장은 장마다 7구이고 한
장은 5구이다.

【毛序】 殷武는 祀高宗也라
　　〈은무〉는 고종(高宗:무정)을 제사한 시이다.

商頌五篇이니 十六章이요 一百五十四句라
　　〈상송(商頌)〉은 5편이니, 16장이고 154구이다.

부록

시전강령(詩傳綱領)

　　※ 2002년 중국의 상해고적(上海古籍)에서 출간(出刊)한 《주자전서(朱子全書)》에 의하면 목록이 〈시전강령(詩傳綱領)〉, 〈시집전서(詩集傳序)〉, 〈시서변설(詩序辨說)〉의 순서로 되어있는바, 호산(壺山) 박문호(朴文鎬)는 〈시전강령〉을 부록으로 싣고 "살펴보건대 이(〈시전강령〉) 또한 주자가 손수 쓰신 것인데 《대전본(大全本)》에 없으니, 이는 궐문이다.〔按綱領, 亦朱子手筆, 而大全本無之, 是闕文也.〕" 하였다. 〈시경강령〉의 순서는 먼저 〈대서(大序)〉를 싣고 이에 주자의 주(註)를 소자(小字)로 달았으며, 다음에는 《서경(書經)》·《논어(論語)》·《맹자(孟子)》에서 《시경》과 관계된 내용을 발췌하고 여기에도 간간히 주를 달았으며, 또한 정자(程子)와 장자(張子), 상채 사씨(上蔡謝氏)가 《시경》에 대해 언급한 것을 싣고 주를 병기하였다. 호산은 〈시전강령〉이 주자가 손수 쓰신 것이라 하였으나, 이 내용이 《주자어류(朱子語類)》와 기타 주자가 저술한 문헌에도 종종 보이는 것으로 보아 주자의 문인이 완성한 것으로 추측된다. 호산의 《시집전상설(詩集傳詳說)》에는 상설까지 덧붙여져 있으나 여기서는 일부 간단한 내용은 간주로 처리하고 긴 내용은 각주(脚注)로 처리하되 본인의 역주도 종종 각주로 처리하였는바, 이를 구별하기 위하여 본인의 역주에는 번호를 달지 않고 ※로 표시하였으며, 본서(本書)에는 〈시집전서〉를 맨 앞에 두었다. 〈대서(大序)〉는 모형(毛亨), 또는 모장(毛萇)이 지은 것이고 이에 대한 해설은 위굉(衛宏), 또는 정현(鄭玄)이 덧붙인 것이며, 주자(朱子)의 해설과 변설(辨說)은 소자(小字)로 표기하였다. 이 〈대서〉와 〈소서〉에는 정현(鄭玄)의 주(註)를 【鄭註】라고 표기하여 〈대서〉와 〈소서〉의 뒤에 덧붙이고 주자의 〈변설〉을 덧붙였다.

按綱領은 **亦朱子手筆**이어늘 **而大全本**에 **無之**하니 **是闕文也**라 《詳說》
　　살펴보건대 〈시강령(詩綱領)〉 또한 주자가 손수 쓰신 것인데 《대전본(大全本)》에 없으니, 이는 궐문(闕文)이다.

〈關雎小序〉關雎는 后妃之德也요 【辨說】*1 后妃는 文王之妃大(太)姒也니 天子之妃曰后라 近世諸儒 多辨文王未嘗稱王하니 則大(太)姒亦未嘗稱后요 序者蓋追稱之라하니 亦未害也라 但其詩雖若專美大(太)姒나 而實以深見(현)文王之德이어늘 序者徒見其詞하고 而不察其意하여 遂壹以后妃爲主하고 而不復知有文王하니 是固已失之矣라 至於化行中國하여 三分天下하여도 亦皆以爲后妃之所致라하니 則是禮樂征伐이 皆出於婦人之手요 而文王者는 徒擁虛器하여 以爲寄生之君也니 其失이 甚矣라 唯南豐曾氏之言曰 先王之政이 必自內始라 故其閨門之治로 所以施之家人者 必爲之師傅保姆(무)之助와 詩書圖史之戒와 珩璜琚瑀(형황거우)之節과 威儀動作之度하여 其敎之者有此具라 然古之君子 未嘗不以身化也라 故로 家人之義가 歸於反身하고 二南之業이 本於文王하니 豈自外至哉아 世皆知文王之所以興이 能得內助하고 而不知其所以然者 蓋本於文王之躬化故로 內則后妃有關雎之行하고 外則羣臣有二南之美하여 與之相成이요 其推而及遠이면 則商辛之昏俗과 江漢之小國과 兎罝(저)之野人이 莫不好善而不自知하니 此所謂身修故로 國家天下治者也라하니 竊謂此說이 庶幾得之라하노라 風之始也니 所謂關雎之亂이 以爲風始是也라 蓋謂國風篇章之始요 亦風化之所由始也라 所以風天下而正夫婦也라 故로 用之鄕人焉하고 用之邦國焉하니라 說見(현)二南總論이라 邦國은 謂諸侯之國이니 明非獨天子用之也라

〈관저(關雎)〉는 후비(后妃)의 덕(德)을 읊은 것이요 후비(后妃)는 문왕(文王)의 후비인 태사(大姒)이니, 천자의 비(妃)를 후(后)라고 한다. 근세의 여러 학자들이 문왕이 일찍이 왕을 칭한 적이 없었음을 많이 변론하니, 그렇다면 태사 또한 일찍이 후를 칭하지 않았을 것이요 〈서(序)〉를 지은 자가 추후에 칭한 것이라고 하니, 또한 의리에 해롭지 않다. 다만 이 시가 비록 오로지 태사를 찬미한 듯하나 실제로는 이로써 문왕의 덕을 깊이 나타낸 것인데, 〈서〉를 지은 자가 그 가사만 보고 그 뜻을 살피지 못해서 마침내 한결같이 후비를 위주로 하고 다시는 문왕이 있음을 알지 못하니, 이는 진실로 이미 잘못되었다. 그리고 교화가 중국에 행해져서 천하를 셋으로 나눔에 3분의 2를 소유함에 이르러도 또한 모두 후비가 이룬 것이라고 말하니, 그렇다면 이는 예악(禮樂)과 정벌(征伐)이 모두 부인(태사)의 손에서 나온 것이

......

1 【辨說】:〈대서(大序)〉에는 〈서설(序說)〉이 잘못된 것이 없어 주자의 논변이 없으므로 주자의 설을 모두 '주'로 처리하였으나, 이 〈관저〉에 대한 〈소서(小序)〉는 잘못된 내용이 있어 주자의 논변이 있으므로 원문에 일률적으로 【辨說】로 표시하였으며, 〈대서〉에는 글이 새로 시작되는 부분에 ○를 하였으나 이 〈서〉에는 ○가 없으므로 역자의 자의에 따라 구(句)를 끊었음을 밝혀둔다. 또한 〈대서〉와 〈소서〉의 원문은 고딕체로, 주자의 변설은 일반 자체로 구분하였다.

니, 문왕이란 분은 다만 군주라는 빈 그릇(지위)을 가지고 있어서 기생(寄生)하는 군주가 되는 것이니, 그 잘못됨이 심하다. 오직 남풍 증씨(南豐曾氏)가 말하기를 "선왕(先王)의 정사가 반드시 안(집안)으로부터 시작되었다. 그러므로 규문(閨門)의 다스림으로 가인(家人)에 베푼 것이 반드시 위하여 사부(師傅)와 보무(保姆)의 도움과 시서(詩書)와 도사(圖史)의 경계와 형황(珩璜)과 거우(琚瑀)의 절(節;패옥소리의 리듬)과 위의(威儀)와 동작(動作)의 절도를 만들어서 그 집안사람(부인)을 가르친 것이 이러한 도구가 있었다. 그러나 옛날 군자가 일찍이 자기 몸으로써 집안을 교화하지 않은 적이 없었다. 그러므로 가인괘(家人卦)의 의의(意義)는 자기 몸을 돌이킴에 돌아가고 이남(二南;주남(周南)과 소남(召南))의 기업(基業)은 문왕에게 근본하였으니, 이것이 어찌 밖으로부터(문왕 말고) 이른 것이겠는가. 세상 사람들은 모두 문왕이 흥왕(興旺)한 이유가 능히 내조(內助)를 얻은 것만 알고, 이렇게 된 이유가 문왕이 몸소 교화함에서 근본하였으므로 안으로는 후비가 관저(關雎)의 행실이 있고 밖으로는 군신(羣臣)들이 이남(二南)의 아름다움이 있어서 더불어 서로 이루었음을 알지 못하며, 그 미루어서 멂에 미쳐서는 상신(商辛;주(紂))의 혼우(昏愚)한 풍속과 강(江)·한(漢)의 작은 나라와 토끼 그물을 치는 야인(野人)들도 선(善)을 좋아하지 않는 이가 없으면서도 스스로 알지 못했으니, 이는 이른바 몸이 닦여졌기 때문에 나라와 집안과 천하가 다스려졌다는 것이다." 하였으니, 나는 적이 이 말이 거의 맞는다고 여기노라. 국풍(國風)의 시작이니, 이른바 〈관저(關雎)〉의 난(亂;마지막 장)이 풍(風)의 시작이 되었다는 것이 이것이다. 이는 국풍(國風) 편장(篇章)의 처음이고, 또한 풍화(風化)가 이로 말미암아 시작됨을 말한 것이다. 천하를 풍동(風動)하여 부부(夫婦)의 도를 바르게 한 것이다. 그러므로 이 시(詩)를 향인(鄕人)에게도 쓰고 방국(邦國)에서도 쓴 것이다. 해설이 이남(二南)의 총론(總論)에 보인다. 방국(邦國)은 제후의 나라를 이르니, 홀로 천자만 사용한 것이 아님을 밝힌 것이다.

風은 風也, 敎也니 風以動之하고 敎以化之라 【辨說】 承上文하여 解風字之義하니 以象言則曰風이요 以事言則曰敎라

　　풍(風)은 풍동하고 교화(敎化)함이니, 풍(風)을 일으켜 움직이게 하고 가르쳐 변화하게 하는 것이다. 윗글을 이어서 풍(風) 자의 뜻을 해석하였으니, 상(象)으로 말하면 풍이라 하고, 일[事]로 말하면 교(敎)라 한다.

〈大序〉[2] 詩者는 志之所之也니 在心爲志요 發言爲詩라 心之所之를 謂之志니 而

......
2　大序:주자(朱子)가 말씀하기를 "〈시서(詩序)〉는 동한(東漢)의 위굉(衛宏)이 지은 것이다." 하였다. 살펴보건대 〈대서(大序)〉는 〈관저(關雎)〉〈소서(小序)〉의 중간에 있다.《詳說》

詩는 所以言志也라 情動於中而形於言하나니 言之不足故로 嗟嘆之하고 嗟嘆之不足故로 永歌之하고 永歌之不足이면 不知手之舞之足之蹈之也[3]라 情者는 性之感於物而動者也니 喜怒憂[4]懼愛惡(오)欲을 謂之七情이라 形은 見(현)이요 永은 長也라

〈대서(大序)〉에 말하였다. "시(詩)라는 것은 마음이 가는 것이니, 마음에 있으면 지(志)라 하고, 말로 발로되면 시라 한다." 마음이 가는 바를 뜻[志]이라 이르니, 시는 뜻을 말한 것이다. 정(情)이 중심(中心)에 동하여 말에 나타나니, 말로는 부족하기 때문에 차탄(嗟歎;감탄)을 하고, 차탄으로는 부족하기 때문에 길게 노래하고, 길게 노래하는 것으로는 부족하면 자기도 모르게 손으로 춤을 추고 발로 뛰는 것이다. '정(情)'이란 성(性)이 사물에 감동하여 동하는 것이니, 희(喜)·노(怒)·애(哀)·구(懼)·애(愛)·오(惡)·욕(欲)을 칠정(七情)이라 이른다. '형(形)'은 나타남이요 '영(永)'은 긺이다.

情發於聲하니 聲成文을 謂之音이라 治世之音은 安以樂(락)하여 其政和하고 亂世之音은 怨以怒하여 其政乖하고 亡國之音은 哀以思하여 其民困[5]이라 聲은 不止於言하니 凡嗟嘆永歌가 皆是也라 成文은 謂其淸濁、高下、疾徐、疏數(삭)之節이 相應而和也라 然情之所感不同이면 則音之所成亦異[6]矣라 故로 正得失하고 動天地하고 感鬼神이 莫近於詩니라 事有得失[7]하니 詩는 因其實而諷詠之하여 使人有

......

〈대서〉는 《시경》 전체를 논한 것이고 〈소서〉는 각 편마다의 지어진 동기와 시기 등을 논한 것인바, 원래 〈대서〉와 〈소서〉가 따로 있었던 것이 아니고 〈관저〉의 〈서〉였는데, 이것을 주자가 〈대서〉와 〈소서〉를 구분하여 〈대서〉를 별도로 분리하였으므로 호산(壺山)의 《상설》에 "〈대서〉는 〈관저〉 〈소서〉의 중간에 있었다." 한 것이다. 이 신역본(新譯本)은 〈대서〉와 〈관저〉의 〈소서〉를 앞에 실었으나 주는 장황하여 미처 싣지 못하였으므로 여기에 다시 〈대서〉와 〈소서〉를 실었으며, 〈모서(毛序)〉의 〈관저〉에 대한 〈서〉의 원문만을 다시 실어 원래의 모습을 보게 하였다. 그리고 〈갈담(葛覃)〉 이후는 각 편의 끝(장하주(章下註))에 〈소서〉와 정현의 주[鄭註], 그리고 주자의 〈변설(辨說)〉을 함께 묶어 독자들이 참고하기 편하게 하였다.

3 情動於中而形於言……不知手之舞之足之蹈之也 : 이 내용은 《예기(禮記)》〈예운(禮運)〉에 보인다.

4 憂 : '우(憂)'는 《예기》〈예운〉에는 애(哀)로 되어있다.

5 情發於聲……其民困 : 이 내용 역시 〈예운〉에 보인다.

6 音之所成亦異 : 편안하고 즐겁고 원망하고 노여워하고 슬퍼하고 그리워함[安樂, 怨怒, 哀思.]을 뜻한다.

7 事有得失 : 득(得)은 일이 이치에 맞음을 이르고 실(失)은 일이 이치에 맞지 않음을 이르는바, 호산은 "득이면 나라가 다스려지고 실이면 나라가 혼란하고 망한다.[得則治, 失則亂亡.]" 하였다.

所創艾(예)、興起하고 至其和平怨怒之極하야는 又足以達於陰陽之氣하여 而致
祥召災하니 蓋其出於自然하여 不假人力이라 是以로 入人深而見(현)功速하여 非
他敎之所及也니라

　　정(情)이 소리에 발로되니, 소리가 문채를 이룸을 음(音)이라 한다. 치세(治世)
의 음(음악)은 편안하고 즐거워서 그 정사가 화(和)하고, 난세(亂世)의 음은 원망하
고 노여워하여 그 정사가 괴리되고, 망국(亡國)의 음은 슬프고 그리워하여 그 백
성들이 곤궁하다. 소리[聲]는 말에 그치지 않으니, 무릇 차탄(嗟歎)하고 길게 노래하는 것이 다 이것
(소리)이다. '성문(成文)'은 그 청탁(淸濁)과 고하(高下), 빠르고 느림과 드물고 자주함의 절(節;리듬)이 서
로 응하여 화(和)함을 이른다. 그러나 정이 감동하는 바가 똑같지 않으면 음이 이루어지는 것 또한 다르
다. 그러므로 득실(得失)을 바로잡고 천지(天地)를 동하고 귀신(鬼神)을 감동함이 시
보다 더 가까움이 없는 것이다. 일에는 득실(得失)이 있으니, 시는 그 실제를 인하여 풍영(諷詠;
읊조림)해서 사람들로 하여금 징계하고 흥기하는 바가 있고, 그 화평함과 원망과 노여움이 지극함에 이르
러는 또 충분히 음양의 기운(천지 귀신을 가리킴)에 도달하여 상서(祥瑞)를 부르고 재앙을 부르니, 이는
그 자연에서 나와서 사람의 힘을 빌리지 않는다. 이 때문에 사람의 마음에 들어감이 깊고 공효를 나타냄
이 신속해서 다른 여러 경서(經書)의 가르침이 미칠 바가 아닌 것이다.

【鄭註】　發은 猶見(현)也라 聲은 謂宮、商、角、徵、羽也니 聲成文者는 宮商上
下相應이라

　　발(發)은 현(見;발로)과 같다. 성(聲)은 궁(宮)·상(商)·각(角)·치(徵)·우(羽)를
이르니, 성(聲)이 문(文)을 이루었다는 것은 궁과 상이 상하가 서로 응하는 것이다.

先王이 **以是經夫婦**하고 **成孝敬**하고 **厚人倫**하고 **美敎化**하고 **移風俗**하시니라 先
王은 指文、武、周公、成王이라 是는 指風、雅、頌之正經이니 經은 常也라 女
正位乎內하고 男正位乎外[8]는 夫婦之常也요 孝者는 子之所以事父요 敬者는 臣
之所以事君이라 詩之始作이 多發於男女之間하여 而達於父子、君臣之際라 故
로 先王이 以詩爲敎하여 使人興於善而戒其失하니 所以道夫婦之常하여 而成父
子、君臣之道也라 三綱旣正이면 則人倫厚하고 敎化美하여 而風俗移矣라

・・・・・・
8 女正位乎內 男正位乎外:이 두 구(句)는 《주역》〈가인괘(家人卦)〉의 단전(彖傳)에 보인다.

선왕(先王)이 이로써 부부의 도리를 떳떳하게 하고, 효(孝)·경(敬)을 이루고, 인륜(人倫)을 후하게 하고 교화를 아름답게 하고 풍속을 바꾸신 것이다. '선왕(先王)'은 문왕(文王)·무왕(武王)·주공(周公)·성왕(成王)을 이른다. '이것'은 풍(風)·아(雅)·송(頌)의 정경(正經)을 가리켜 말한 것이니, '경(經)'은 떳떳함이다. 여자가 안에서 자리를 바루고 남자가 밖에서 자리를 바룸은 부부의 떳떳함이며, '효(孝)'는 자식이 부모를 섬기는 것이요, '경(敬)'은 신하가 군주를 섬기는 것이다. 시가 처음 만들어짐이 대부분 남녀의 사이에서 발하여 부자와 군신의 즈음에 도달한다. 그러므로 선왕이 시를 가르쳐서 사람들로 하여금 선을 흥기하고 잘못을 경계하게 하셨으니, 이는 부부의 떳떳함을 말하여 부자와 군신의 도를 이루는 것이다. 삼강(三綱)이 이미 바루어지면 인륜이 후해지고 교화가 아름다워져서 풍속이 바뀌게 된다.

故로 詩有六義焉하니 **一曰風**이요 **二曰賦**요 **三曰比**요 **四曰興**이요 **五曰雅**요 **六曰頌**이라 此一條는 本出於周禮大(太)師之官하니 蓋三百篇之綱領管轄也라 風、雅、頌者는 聲樂部分之名也니 風則十五國風이요 雅則大小雅요 頌則三頌也며 賦、比、興은 則所以製作風、雅、頌之體也라 賦者는 直陳其事하니 如葛覃、卷耳之類是也요 比者는 以彼狀此하니 如螽斯、綠衣之類是也요 興者는 託物興詞하니 如關雎、兎罝(저)之類是也[9]라 蓋衆作雖多나 而其聲音之節과 製作之體가 不外乎此라 故로 大師之敎國子에 必使之以是六者로 三經而三緯之[10]하니 則凡詩之節奏指歸가 皆將不待講說이요 而直可吟詠以得之矣리라 六者之序는 以其篇次하니 風固爲先이로되 而風則有賦、比、興矣라 故三者次之하고 而雅、頌又次之하니 蓋亦以是三者로 爲之也[11]라 然比興之中에 螽斯는 專於比로되 而綠衣兼於興하고 兎罝는 專於興이로되 而關雎兼於比하니 此其例中에 又自有不同者하니 學者亦不可以不知也니라

그러므로 시에는 육의(六義)가 있으니, 첫 번째는 풍(風)이고 두 번째는 부(賦)이고 세 번째는 비(比)이고 네 번째는 흥(興)이고 다섯 번째는 아(雅)이고 여섯 번

------

9 賦者……兎罝之類是也 : 이는 전편(全篇)의 부(賦)·비(比)·흥(興)을 든 것이다.

*10 三經而三緯之 : 풍(風)·아(雅)·송(頌)을 삼경(三經), 흥(興)·부(賦)·비(比)를 삼위(三緯)라 한다.

11 風則有賦比興矣……爲之也 : 송(頌)에는 비(比)가 없으나 흥(興)이 또한 드물게 있으니, 이는 아마도 아(雅)와 부(賦)를 위주하여 말했을 것이다.

··· 轄 : 관장할 할

째는 송(頌)이다. 이 한 조항은 본래 《주례(周禮)》〈춘관(春官)〉태사(太師)의 관직에서 나왔으니, 《시경》삼백 편의 강령(綱領)의 관할(管轄)이다. 풍(風)·아(雅)·송(頌)은 성악(聲樂)을 부분(部分)한 이름이니, 풍(風)은 15국풍(國風)이고 아(雅)는 〈대아(大雅)〉·〈소아(小雅)〉이고 송(頌)은 삼송(三頌;주송(周頌)·노송(魯頌)·상송(商頌)이며, 부(賦)·비(比)·흥(興)은 풍·아·송을 제작하는 체제(시체(詩體))이다. 부(賦)라는 것은 그 일을 곧바로 말하니 〈갈담(葛覃)〉과 〈권이(卷耳)〉와 같은 따위가 이것이요, 비(比)라는 것은 저것으로 이것을 형상하니(비유하니) 〈종사(螽斯)〉와 〈녹의(綠衣)〉와 같은 따위가 이것이요, 흥(興)이라는 것은 물건에 가탁하여 말을 일으키니 〈관저(關雎)〉와 〈토저(兔罝)〉와 같은 따위가 이것이다. 이는 여러 작품이 비록 많으나 그 성음(聲音)의 절(節;리듬)과 제작하는 체(體)가 여기에서 벗어나지 않는다. 그러므로 태사가 국자(國子)를 가르칠 적에 반드시 그들로 하여금 이 여섯 가지로써 셋을 경(經)으로 삼고 셋을 위(緯)로 삼았으니, 무릇 시의 절주(節奏)와 지귀(指歸;뜻의 귀결)가 모두 강설하기를 기다리지 않고도 곧바로 읊조려서 알 수 있었다. 여섯 가지의 순서는 그 편차에 따르니, 풍이 진실로 먼저가 되나 풍에는 부·비·흥이 있다. 그러므로 부·비·흥 세 가지가 차례하고, 아·송이 또 그 다음에 차례하니, 또한 이 세 가지(부·비·흥)를 가지고 만든 것이다. 그러나 비와 흥 가운데 〈종사〉는 비에 전일하나 〈녹의〉는 흥을 겸하였으며, 〈토저〉는 흥에 전일하나 〈관저〉는 비를 겸하였으니, 이는 그 준례 가운데 또 각자 똑같지 않음이 있는 것이니, 배우는 자가 또한 이것을 알지 않으면 안 된다.

上以風化下하고 **下以風(諷)刺上**하여 **主文而譎(휼)諫**하여 **言之者無罪**하고 **聞之者足以戒라 故曰風**이라 風者는 民俗歌謠之詩니 如物被風而有聲하고 又因其聲以動物也라 上以風化下者는 詩之美惡이 其風이 皆出於上而被於下也요 下以風刺上者는 上之化有不善이면 則在下之人이 又歌詠其風之所自하여 以譏其上也라 凡以風刺上者는 皆不主於政事하고 而主於文詞하며 不以正諫하고 而託意以諫하니 若風之被物에 彼此無心而能有所動也니라

위에서는 풍(風)으로써 아랫사람들을 교화하고 아래에서는 풍자로써 윗사람을 비난하되, 문(文)을 위주하고 은근히 간하여 말하는 자가 죄가 없고 듣는 자가 충분히 경계할 수 있다. 그러므로 풍이라 한 것이다. 풍(風)이라는 것은 민속(民俗)에 가요(歌謠)의 시(詩)이니, 마치 물건이 바람의 영향을 입어 소리가 있고 또 그 소리를 따라 물건을 동하는 것과 같은 것이다. '위에서는 풍으로써 아랫사람을 교화한다'는 것은 시의 좋고 나쁜 내용으로 교화하는 것인데 그 풍이 모두 위에서 나와 아랫사람에게 입혀지는 것이요, '아래에서는 풍자로써 윗사람을 비난한다'는 것은 윗사람의 교화에 선하지 않음이 있으면 아래에 있는 사람이 또 그 풍이 말미암은 바를 노래하고 읊어서 그 윗사람을 비난하는 것이다. 무릇 풍자로써 윗사람을 비난하는 자는 모두 정사(政事)를 위주하지

··· 風 : 풍자할 풍

않고 문사(文詞)를 위주하여 바르게 간하지 않고 뜻에 가탁하여 간하니, 마치 바람이 물건에 입혀짐에 피차(彼此)간에 마음이 없어도 능히 동하는 바가 있음과 같은 것이다.

【鄭註】 風化、風刺는 皆謂譬喻하여 不斥言也요 主文은 主與樂之宮商相應也요 譎諫은 詠歌依違하여 不直諫이라

풍화(風化)와 풍자(風刺)는 모두 비유해서 직접 지적하여 말하지 않음을 이르고, 주문(主文)은 악(樂)의 궁(宮)·상(商)과 서로 응함을 위주하는 것이고, 휼간(譎諫)은 읊고 노래하여 분명히 드러내지 않아서 직간(直諫)하지 않는 것이다.

至于王道衰하여 禮義廢하고 政敎失하여 國異政하고 家殊俗하여 而變風、變雅作矣라 先儒舊說에 二南二十五篇은 爲正風이요 鹿鳴至菁莪二十二篇은 爲正小雅요 文王至卷阿十八篇은 爲正大雅니 皆文、武、成王之詩로 周公所定樂歌之詞라 邶至豳十三國은 爲變風이요 六月至何草不黃五十八篇은 爲變小雅요 民勞至召旻十三篇은 爲變大雅니 皆康、昭以後所作[12]이라 故로 其爲說如此라 國異政、家殊俗者는 天子不能統諸侯라 故國國自爲政하고 諸侯不能統大夫라 故家家自爲俗也라 然正、變之說은 經無明文可考하니 今姑從之로되 其可疑者는 則具於本篇云이라

왕도(王道)가 쇠하여 예의(禮義)가 폐지되고 정교(政敎)가 잘못됨에 이르러 나라마다 정사가 다르고 집집마다 풍속이 다르게 되어 변풍(變風)과 변아(變雅)가 지어지게 되었다. 선유(先儒)의 구설(舊說)에 이남(二南:주남과 소남) 25편은 정풍(正風)이 되고, 〈녹명(鹿鳴)〉으로부터 〈정아(菁莪)〉까지의 22편은 정소아(正小雅)가 되고, 〈문왕(文王)〉으로부터 〈권아(卷阿)〉까지의 18편은 정대아(正大雅)가 되니, 이는 모두 문왕·무왕(武王)·성왕(成王)의 시로 주공(周公)이 제정하신 악가(樂歌)의 가사이다. 그리고 〈패풍(邶風)〉부터 〈빈풍(豳風)〉까지의 13국(國)은 변풍(變風)이 되고, 〈유월(六月)〉부터 〈하초불황(何草不黃)〉까지의 58편은 변소아(變小雅)가 되고, 〈민로(民勞)〉부터 〈소민(召旻)〉까지의 13편은 변대아(變大雅)가 되니, 이는 모두 강왕(康王)과 소왕(昭王) 이후에 지어진 것이다. 그러므로 그 말함이 이와 같은 것이다. '나라마다 정사가 다르고 집집마다 풍속이 다르다'는 것은 천자가 제후를 제대로 통솔하지 못하였으므로 나라마다 제멋대로 정사를 하고, 제후가 대부를 제대로 통솔

......
12 二南二十五篇……皆康昭以後所作 : 주공(周公)이 정한 바가 아니면 비록 강왕(康王) 때에 지어진 시라도 또한 변(變)이 된다.《詳說》

···殊 : 다를 수

하지 못하였으므로 집안마다 제멋대로 풍속을 이룬 것이다. 그러나 정(正)·변(變)의 설은 경문(經文)에 상고할 만한 분명한 글이 없으니, 이제 우선 이 말을 따르나 그 의심스러울 만한 것(시가 지어진 시대)에 대해서는 본편에 갖추어져 있다.

國史明乎得失之迹하여 傷人倫之廢하고 哀刑政之苛하여 吟詠情性하여 以風(諷)其上하니 達於事變而懷其舊俗者也라 詩之作이 或出於公卿大夫하고 或出於匹夫匹婦하니 蓋非一人이어늘 而序以爲專出於國史라하니 則誤矣라 說者欲蓋其失하여 乃云 國史紬繹詩人之情性而歌詠之하여 以諷其上이라하니 則不唯文理不通이라 而考之周禮太史之屬하면 掌書而不掌詩하고 其誦詩以諫은 乃太師之屬、瞽矇之職也라 故春秋傳曰 史爲書하고 瞽爲詩라하니 說者之云은 兩失[13]之矣니라

국사(國史:국가의 사관)가 득실(得失)의 자취에 밝아서 인륜(人倫)이 폐지됨을 서글퍼하고 형벌과 정사가 가혹함을 슬퍼해서 정성(情性)을 읊조려서 그 윗사람을 풍자하였으니, 사변(事變)을 통달하고 그 옛 풍속을 그리워한 것이다. 시(詩)가 지어진 것이 혹은 공(公)·경(卿)과 대부(大夫)에게서 나오고 혹은 필부(匹夫)와 필부(匹婦)에게서 나왔으니 이는 한 사람이 아닌데, 이 〈서(序)〉에는 '오로지 국사(國史)에서 나왔다.'고 하였으니, 이는 잘못이다. 해설하는 자가 그의 잘못을 덮고자 하여 마침내 말하기를 "국사가 시인의 정성(情性)을 주역(紬繹)하여 노래하고 읊어서 그 윗사람을 풍자했다." 하였으니, 그렇다면 문리(文理)가 통하지 않을 뿐만 아니라, 《주례》에 상고해보면 태사(太史:국사)의 등속은 서(書)를 관장하고 시(詩)를 관장하지 않으며, 시를 외워서 풍간(諷諫)함은 바로 태사(太師)의 관속으로 고몽(瞽矇:봉사인 악공)의 직책이다. 그러므로 《춘추좌씨전》 양공(襄公) 14년에 "사(史)는 서를 짓고 고(瞽)는 시를 짓는다." 하였으니, 해설한 자가 말한 것은 두 가지 모두 잘못한 것이다.

故로 變風은 發乎情하여 止乎禮義하니 發乎情은 民之性也요 止乎禮義는 先王之澤也라 情者는 性之動이요 而禮義者는 性之德也니 動而不失其德이면 則以先王之澤入人者深하여 至是而猶有不忘者也라 然此는 言亦其大槪有如此者요 其放逸而不止乎禮義者 固已多矣니라

그러므로 변풍(變風)은 정(情)에서 발로되어 예의에 그치니, 정에서 발함은 백

••••••
13 兩失 : 양실(兩失)은 두 가지 잘못이라는 뜻으로 이미 글(시서)을 잘못 말하였고 또 일을 잘못 말함을 가리킨다. 《詳說》

••• 紬 : 뽑을 주 繹 : 풀 역

성(사람)의 성(性)이 동한 것이요 예의에 그침은 선왕(先王)의 은택이다. 정(情)은 성(性)이 동함이요 예의는 성(性)의 덕(德)이니, 동하여 그 덕을 잃지 않으면 선왕(先王)의 은택이 사람에게 깊이 들어가서 이때에 이르러 아직도 잊지 못함이 있는 것이다. 그러나 이는 그 대체로 이와 같음이 있음을 말한 것이요, 그 방일(放逸)하여 예의에 그치지 않은 것도 진실로 이미 많은 것이다.

是以로 一國之事로 繫一人之本을 謂之風이요 所謂上以風化下라 言天下之事하여 形四方之風을 謂之雅라하니 雅者는 正也니 言王政之所由廢興也라 政有小大라 故有小雅焉하고 有大雅焉하며 形者는 體而象之之謂니 小雅는 皆王政之小事요 大雅則言王政之大體也라 頌者는 美盛德之形容하여 以其成功告於神明者也라 頌은 皆天子所制郊廟之樂歌라 頌容은 古字通이라 故其取義如此라 是謂四始니 詩之至也니라 史記曰 關雎之亂이 以爲風始하고 鹿鳴이 爲小雅始하고 文王이 爲大雅始하고 淸廟爲頌始라하니 所謂四始也라 詩之所以爲詩者 至是無餘蘊矣라 後世雖有作者나 其孰能加於此乎리오 邵子曰 刪詩之後에 世不復(부)有詩矣라하니 蓋謂此也니라

이 때문에 한 나라의 일로 한 사람(군주)의 근본에 관계된 것을 풍(風)이라 이르고, 이른바 위에서 풍으로 아랫사람을 교화했다는 것이다. 천하의 일을 말하여 사방의 풍을 나타낸 것을 아(雅)라 이르니, 아(雅)는 바름이니 왕의 정사가 말미암아 폐하고 흥함을 말한 것이다. 정사에 작고 큼이 있기 때문에 〈소아(小雅)〉가 있고 〈대아(大雅)〉가 있으며, 형(形)은 형체가 있어서 형상함을 이르니, 〈소아〉는 모두 왕의 정사 중에 작은 일이요 〈대아〉는 왕의 정사 중에 큰 체(體)를 말한 것이다. 송(頌)이란 성(盛)한 덕의 형용을 찬미해서 그 성공을 가지고 신명(神明)에게 고한 것이다. 송(頌)은 모두 천자가 제정한 교제(郊祭)와 종묘(宗廟)의 악가(樂歌)이다. 송(頌)과 용(容)은 고자(古字)에 통용되었다. 그러므로 그 뜻을 취함이 이와 같은 것이다. 이것을 사시(四始)라 이르니, 시(詩)의 지극함이다. 《사기(史記)》〈공자세가(孔子世家)〉에 "〈관저(關雎)〉의 끝장이 풍(風)의 시작이 되고, 〈녹명(鹿鳴)〉이 소아(小雅)의 시작이 되고, 〈문왕(文王)〉이 대아(大雅)의 시작이 되고, 〈청묘(淸廟)〉가 송(頌)의 시작이 된다." 하였으니, 이것이 이른바 사시(四始)란 것이다. 시(詩)가 시가 된 이유가 여기에 이르러 남은 미진함이 없다. 후세에 비록 시를 지은 자가 있으나, 그 누가 능히 이보다 더하겠는가. 소자(邵子;강절(康節) 소옹(邵雍))가 말씀하기를 "공자(孔子)가 시(詩)를 산정(刪定)하신 뒤에 세상에는 다시 시(詩)가 있지 않다." 하였으니, 아마도 이를 말함일 것이다.

【鄭註】始者는 王道興衰之所由라

　시(始)라는 것은 왕도(王道)가 흥왕하고 쇠하는 것이 말미암는 바이다.

　　※ 여기까지가 〈대서(大序)〉의 글이고, 다음은 〈소서(小序)〉로, 주자가 시에 관련
　　된 말을 첨부하고 설명한 말씀이다.

〈關雎小序〉然則關雎、麟趾之化는 王者之風이라 故로 繫之周公하니 南은 言
化自北而南也라 鵲巢、騶虞之德은 諸侯之風也니 先王之所以敎라 故로 繫之
召公하니라【辨說】說見二南卷首라 關雎、麟趾에 言化者는 化之所自出也요 鵲
巢、騶虞에 言德者는 被化而成德也니 以其被化而後成德이라 故로 又曰 先王之
所以敎라하니 先王은 即文王也라 舊說에 以爲大(太)王、王季라하니 誤矣라 程子曰
周南、召南은 如乾坤하니 乾統坤하고 坤承乾也니라

　그렇다면 〈관저(關雎)〉와 〈린지(麟趾)〉의 교화는 왕자(王者)의 풍(風)이므로 주공
에게 단 것이니, 남(南)은 교화가 북쪽에서 남쪽으로 퍼져나감을 말한 것이다. 〈작
소(鵲巢)〉와 〈추우(騶虞)〉의 덕(德)은 제후의 풍(風)이니, 선왕이 가르친 것이다. 그
러므로 소공(召公)에게 단 것이다. 해설이 이남(二南)의 권(卷) 첫머리에 보인다. 〈관저(關雎)〉와
〈린지(麟趾)〉에 교화를 말함은 왕의 교화가 말미암아 나온 것이요, 〈작소(鵲巢)〉와 〈추우(騶虞)〉에 덕을
말함은 교화를 입어서 덕을 이룬 것이니, 그 교화를 입은 뒤에 덕을 이루었다. 그러므로 또 선왕(先王)이
가르친 것이라고 말하였으니, 선왕은 바로 문왕(文王)이다. 구설(舊說)에 태왕(太王)과 왕계(王季)라고 말
하였으니, 이는 잘못이다. 정자(程子)가 말씀하기를 "〈주남〉과 〈소남〉은 《주역(周易)》의 건괘(乾卦)와 곤
괘(坤卦)와 같으니, 건괘는 곤괘를 통솔하고 곤괘는 건괘를 받든다." 하셨다.

周南、召南은 正始之道요 王化之基라【辨說】王者之道는 始於家하여 終於天下
하니 而二南은 正家之事也라 王者之化必至於法度彰하고 禮樂著하여 雅頌之聲
作然後에 可以言成이라 然無其始면 則亦何所因而立哉아 基者는 堂宇之所因而
立者也라 程子曰 有關雎、麟趾之意然後에 可以行周官之法度라하시니 其爲是
歟인저

　〈주남〉·〈소남〉은 시작을 바로잡는 도(道)요 왕화(王化)의 기본이다. 왕자(王者)의
도는 집안에서 시작하여 천하에 끝마치니, 이남(二南)은 집안을 바르게 하는 일이다. 왕자의 교화는 반드

시 법도가 밝게 펼쳐지고 예악이 드러나서 아(雅)·송(頌)의 풍악 소리가 울려 퍼진 뒤에야 이루어짐을 말할 수 있다. 그러나 그 시작이 없으면 또한 무엇을 인하여 이것을 세우겠는가. 기(基)라는 것은 집이 터전을 인하여 세워지는 것이다. 정자가 말씀하기를 "〈관저〉와 〈린지〉의 뜻이 있은 연후에 《주관(周官;주례(周禮))》의 법도를 행할 수 있다." 하셨으니, 아마도 이 때문일 것이다.

是以로 關雎는 樂得淑女以配君子하고 憂在進賢하여 不淫其色하여 哀窈窕하고 思賢才하여 而無傷善之心焉하니 是關雎之義也[14]니라 【辨說】按論語에 孔子嘗言 關雎는 樂而不淫하고 哀而不傷이라하시니 蓋淫者는 樂之過요 傷者는 哀之過라 獨爲是詩者 得其性情之正이라 是以로 哀樂中節하여 而不至於過耳어늘 而序者乃析哀樂淫傷하여 各爲一事而不相須하니 則已失其旨矣요 至以傷爲傷善之心이면 則又大失其旨하여 而全無文理也라 或曰 先儒多以周道衰에 詩人이 本諸袵席而關雎作이라 故로 揚雄以周康之時에 關雎作이니 爲傷始亂이라하고 杜欽亦曰 佩玉晏鳴이어늘 關雎歎之라한대 說者以爲 古者后夫人이 雞鳴佩玉하고 去君所어늘 周康后不然故로 詩人이 歎而傷之라하니 此魯詩說也니 與毛異矣라 但以哀而不傷之意推之하면 恐其有此理也라하니라 曰 此不可知矣라 但儀禮에 以關雎爲鄕樂하고 又爲房中之樂하니 則是周公制作之時에 已有此詩矣라 若如魯說이면 則儀禮不得爲周公之書니 儀禮不爲周公之書면 則周之盛時에 乃無鄕射·燕飮房中之樂하여 而必有待乎後世之刺詩也리니 其不然也明矣라 且爲人子孫하여 乃無故而播其先祖之失於天下니 如此而尙可以爲風化之首乎아

　　이 때문에 〈관저〉는 〈후비(后妃)가〉 숙녀(淑女)를 얻어 군자(君子)에 짝함을 즐거워하고 근심이 훌륭한 현자(賢者;훌륭한 여인)를 등용함을 걱정해서 여색(女色)에 빠지지 않음에 있는 것이다. 그리하여 요조숙녀를 얻지 못할까 걱정함을 서글퍼하고 현재(賢才;현덕이 있고 재능이 있는 자)를 생각하여 선(善)한 사람을 상(傷)하려는 마음이 없으니, 이것이 〈관저〉의 의의(意義)이다. 살펴보건대 《논어(論語)》〈팔일(八佾)〉에 공자께서 일찍이 말씀하시기를 "〈관저〉는 즐거우나 지나치지 않고, 슬프나 화(和)를 상하지 않는다.[關雎,

・・・・・・
14 是以……是關雎之義也:《모시정의(毛詩正義)》의 소(疏)에는 후비가 숙녀를 찾아 군자의 배필로 천거하여 같이 섬기는 것을 자신의 소임으로 여겨, 총애를 독차지하려고 자신의 미모를 지나치게 꾸미지 않고 언제나 보이지 않는 곳에 있을 숙녀를 찾고자 한 것으로 해석하고 있다.[后妃心之所樂, 樂得此賢善之女, 以配己之君子, 心之所憂, 憂在進擧賢女, 不自淫恣其色, 又哀傷處窈窕幽閒之女, 未得升進, 思得賢才之人, 與之共事君子.]

樂而不淫, 哀而不傷.]" 하셨으니, 음(淫)이라는 것은 즐거움이 지나친 것이요, 상(傷)이라는 것은 슬픔이 지나친 것이다. 홀로 이 시를 지은 자는 그 성정(性情)의 바름을 얻었다. 이 때문에 슬픔과 즐거움이 절도에 맞아서 과함에 이르지 않았는데, 〈서(序)〉를 지은 자는 마침내 애(哀)와 락(樂), 음(淫)과 상(傷)을 나누어서 각각 한 가지 일로 삼아 서로 필요하지 않은 것으로 여겼으니 이미 그 본지(本旨)를 잃었고, 상(傷)은 선(善)을 상하는 마음이라고 함에 이르러는 또 그 본지를 크게 잃어서 전혀 문리(文理)가 없다.(되지 않는다.) 혹자는 말하기를 "선유(先儒)들이 대부분 주(周)나라 도(道)가 쇠함에 시인이 부부간의 잠자리[衽席]에 근본하여 〈관저〉가 지어졌다고 여겼다. 그러므로 양웅(揚雄)은 '주나라 강왕(康王) 때에 〈관저〉가 지어졌으니, 이는 나라가 처음 혼란한 것을 서글퍼한 것이다.' 하였고, 두흠(杜欽) 또한 말하기를 '패옥(佩玉) 소리가 늦게 울리자 〈관저〉에서 탄식했다.' 하였는데, 해설하는 자가 이르기를 '옛날 후부인(后夫人)이 닭이 울면 패옥을 차고서 군주의 처소를 떠나갔는데, 주나라 강후(康后;강왕의 후비)는 그렇지 않았다. 그러므로 시인이 탄식하고 서글퍼한 것이다.' 하였으니, 이는 〈노시(魯詩)〉의 설이니, 모씨(毛氏)의 설과 다르다. 다만 슬퍼하여도 화(和)를 상하지 않은 뜻을 가지고 미루어 보면 이러한 이치가 있을 듯하다."라고 하였다. 이에 내가 말하였다. "이는 알 수 없다. 다만 《의례(儀禮)》에 〈관저〉를 '지방의 풍악'이라고 하였고 또 '방안의 풍악[房中之樂]'이라 하였으니, 그렇다면 이는 주공(周公)이 예악을 제작할 때에 이미 이 시가 있었던 것이다. 만약 〈노시〉의 설과 같다면 《의례》는 주공의 책이 될 수가 없으니, 《의례》가 주공이 지은 책이 되지 않는다면, 주(周)나라가 성(盛)할 때에 도리어 향사(鄕射)와 향음(鄕飮)과 방중(房中)의 풍악이 없어서 반드시 후세에 풍자하는 시를 기다림이 있었을 것이니, 그 옳지 않음이 분명하다. 또 자손이 되어서 마침내 까닭 없이 그 선조(先祖)의 잘못을 천하에 퍼뜨림이 이와 같고서도 오히려 풍화(風化)의 첫 번째가 될 수 있겠는가."

〈소서〉는 여기까지이고 이 아래는 《서경》과 《논어》 등 여러 경전에서 시를 언급한 것과 정자(程子)·장자(張子) 등이 시에 대해 언급한 것으로 끝맺었다.

書舜典에 帝曰 夔아 命汝典樂하노니 敎胄子호되 直而溫하며 寬而栗하며 剛而無虐하며 簡而無傲니 夔는 舜臣名이라 胄子는 謂天子至卿大夫子弟라 敎之에 因其德性之美하여 而防其過라 詩는 言志요 歌는 永言이요 聲은 依永이요 律은 和聲이니 聲爲五聲이니 宮、商、角、徵(치)、羽에 宮最濁而羽極淸하니 所以協歌之上下요 律은 謂十二律이니 黃鍾、大呂、大(태)族、夾鍾、姑洗(선)、仲呂、蕤(유)賓、林鍾、夷則(칙)、南呂、無射(역)、應鍾이니 黃最濁而應極淸하고 又所以旋相爲宮하여 而節其聲之上下라 八音克諧하여 無相奪倫이라야 神人以和하리라 八

... 典 : 맡을 전 洗 : 깨끗할 선 蕤 : 꽃술 유 克 : 능할 극

音은 金、石、絲、竹、匏、土、革、木也라

《서경(書經)》〈순전(舜典)〉에 제순(帝舜)이 말씀하셨다. "기(夔)야! 너를 명하여 전악(典樂;음악을 맡은 관원)을 삼노니, 주자(胄子)를 가르치되 정직하되 온화하며 너그럽되 엄하며 강하되 포악하지 말며 간략하되 오만하지 말게 할지니, 기(夔)는 순임금 신하의 이름이다. 주자(胄子)는 천자로부터 경·대부까지의 자제(子弟;적자)를 이른다. 가르침에 그 덕성(德性)의 아름다움(정직하고 너그럽고 강하고 간략함)을 인하여 그 과함(온화하고 엄하고 포악하지 말고 오만하지 맒)을 방지한 것이다. 시(詩)는 가신의 뜻을 말함이요, 가(歌)는 말을 길게 함이요, 소리〔聲〕는 길게 읊조림을 따른 것이요, 율(律)은 소리를 조화롭게 함이니, 성(聲)은 오성(五聲)이니, 궁(宮)·상(商)·각(角)·치(徵)·우(羽)이다. 이 중에 궁이 가장 탁(濁)하고 우가 가장 맑으니, 이는 노랫소리의 상하(上下;높낮이)에 맞추는 것이요, 율(律)은 십이율(十二律)을 이르니, 황종(黃鍾;11월)과 대려(大呂;12월), 태주(太簇;정월)와 협종(夾鍾;2월), 고선(姑洗;3월)과 중려(仲呂;4월), 유빈(蕤賓;5월)과 임종(林鍾;6월), 이칙(夷則;7월)과 남려(南呂;8월), 무역(無射;9월)과 응종(應鍾;10월)이니, 이 중에 황종이 가장 탁하고 응종이 지극히 맑으며 또 돌아가면서 서로 궁(宮)이 되어서 그 소리의 상하를 조절하는 것이다. 팔음(八音)이 능히 조화로워서 서로 차례를 빼앗음이 없어야 신(神)과 사람이 화(和)하리라." 팔음(八音)은 금(金)·석(石)·사(絲)·죽(竹)·포(匏)·토(土)·혁(革)·목(木)의 여덟 가지 소리가 나는 악기의 재료이다.

周禮에 太師敎六詩하니 曰風、曰賦、曰比、曰興、曰雅、曰頌이니 說見大序라 以六德爲之本하고 中、和、祗、庸、孝、友라 以六律爲之音이라 六律은 謂黃鍾至無射은 六陽律也요 大呂至應鍾은 爲六陰律이니 與之相間이라 故로 曰六間이요 又曰六呂라 其爲敎之本末이니 猶舜之意也니라

《주례(周禮)》에 태사(太師)가 육시(六詩)를 가르치니, 풍(風)과 부(賦)와 비(比)와 흥(興)과 아(雅)와 송(頌)이니, 해설이 〈대서(大序)〉에 보인다. 육덕(六德)을 근본으로 삼고 육덕(六德)은 중(中)·화(和)·지(祗)·용(庸)·효(孝)·우(友)이다. 육률(六律)을 음으로 삼는다. 육률은 황종(黃鍾)으로부터 무역(無射)까지는 여섯 개의 양률(陽律)이 되고 대려(大呂)로부터 응종(應鍾)까지는 여섯 개의 음률(陰律)이 되니, 율(律)과 려(呂)가 서로 사이하므로 육간(六間)이라 하고 또 육려(六呂)라고 한다. 육률은 그 가르침의 본말(本末)이 되니, 이는 순(舜) 임금의 뜻과 같은 것이다.

禮記王制에 天子五年에 一巡狩할새 命大(太)師하여 陳詩以觀民風하니라

《예기》〈왕제(王制)〉에 말하였다. "천자가 5년에 한 번 순수(巡狩)할 적에 태사

··· 匏:박 포 巡:돌 순 狩:순시할 수

(太師)에게 명해서 열국(列國)의 시(詩)를 진열하여 백성의 풍속을 관찰하였다."

論語에 孔子曰 吾自衛反魯然後에 樂正하여 雅頌이 各得其所하니라 前漢禮樂志云 王官失業하여 雅頌相錯이러니 孔子論而定之라하니 故其言如此라 史記云 古者에 詩本三千餘篇이러니 孔子去其重하시고 取其可施於禮者三百五篇이라 孔穎達曰 按書傳所引之詩는 見(현)在者多하고 亡逸者少하니 則孔子所錄은 不容十分去九니 馬遷之言을 未可信也니라 愚按 三百五篇도 其間에 亦未必皆可施於禮요 但存其實하여 以爲鑑戒耳니라

　《논어》〈자한(子罕)〉에 공자가 말씀하셨다. "내가 위(衛)나라에서 노(魯)나라로 돌아온 연후에 음악이 바루어져서 아(雅)와 송(頌)이 각각 제자리를 얻게 되었다." 《전한서(前漢書)》〈예악지(禮樂志)〉에 "왕관(王官;태사(太師))이 직업을 잃어서 아(雅)와 송(頌)이 서로 잘못되었는데, 공자가 논하여 산정(刪定)하셨다." 하였다. 그러므로 그 말씀이 이와 같은 것이다. 《사기》〈공자세가(孔子世家)〉에 "옛날에 시가 본래 삼천여 편이었는데, 공자가 그 중복된 것을 제거하고 예의(禮義)에 베풀 수 있는 삼백 오편을 취하셨다." 하였다. 공영달(孔穎達)은 말하기를 "살펴보건대 서전(書傳;경전)에 인용한 바의 시는 현재 남아있는 것이 많고 없어진 것이 적으니, 그렇다면 공자가 기록한 것은 십분(十分)에 구분(九分)을 제거할 수가 없으니, 사마천(司馬遷)의 말을 믿을 수 없다." 하였다. 내(주자)가 살펴보건대 삼백 오편도 이 사이에 또한 반드시 다 예의에 베풀 수 있는 것이 아니니, 다만 그 선악(善惡)의 실제를 보존하여 감계(鑑戒)로 삼았을 뿐이다.

○ 子所雅言은 詩、書、執禮 皆雅言也[15]러시다 ○ 嘗獨立이어시늘 鯉趨而過庭이러니 子曰 學詩乎아 對曰 未也로이다 不學詩면 無以言이라하야시늘 鯉退而學詩[16]하니라 ○ 子曰 興於詩[17]니라 興은 起也라 詩本人情하여 其言易(이)曉하고 而諷詠之間에 優柔浸漬(지)하고 又有以感人而入於其心이라 故誦而習焉이면 則其或邪或正과 或勸或懲이 皆有以使人志意油然興起於善하여 而自不能已也니라

　○ 공자께서 평소에 말씀하신 것은 시(詩)와 서(書)와 집행하는 예(禮)가 모두 평소 말씀하시는 것이었다.

　‥‥‥‥
15　子所雅言 詩書執禮 皆雅言也 : 이 내용은 《논어》〈술이(述而)〉에 보인다.
16　嘗獨立‥‥‥鯉退而學詩 : 이 내용은 〈계씨(季氏)〉에 보인다.
17　子曰 興於詩 : 이 내용은 〈태백(泰伯)〉에 보인다.

‥‥　易 : 쉬울 이　漬 : 담글 지　懲 : 징계할 징

○ 공자께서 일찍이 홀로 서 계셨는데 아들 리(鯉)가 종종걸음으로 뜰을 지나가자, 공자께서 "시(詩)를 배웠느냐." 하고 물으시니, 리가 대답하기를 "아직 배우지 못했습니다." 하였다. 공자께서 말씀하시기를 "시를 배우지 않으면 더불어 말할 수 없다." 하시므로 리가 물러가서 시를 배웠다.

○ 공자께서 말씀하셨다. "시(詩)에서 흥기하여야 한다." 흥(興)은 흥기함이다. 시는 인정(人情)에 근본해서 그 말이 깨닫기가 쉽고 읊조리는 사이에 우유(優柔)하고 침지(浸漬)하고, 또 사람을 감동시켜서 그 마음속으로 들어감이 있으므로 외워서 익히면 그 혹 간사하고 혹 바름과 혹 권면하고 혹 징계함이 모두 사람의 뜻(의지)으로 하여금 유연(油然)히 선(善)을 흥기하게 하여 스스로 그치지 못함이 있는 것이다.

○ 子曰 小子는 何莫學夫詩오 詩는 可以興이며 可以觀이며 可以羣이며 可以怨이며 邇之事父요 遠之事君이오 多識於鳥獸草木之名[18]이니라 ○ 子曰 詩三百을 一言以蔽之하니 曰思無邪[19]니라 凡詩之言善者는 可以感發人之善心하고 惡者는 可以懲創人之逸志하니 其用은 歸於使人得其情性之正而已라 然其言微婉하고 且或各因一事而發하여 求其直指全體而言하면 則未有若思無邪之切者라 故로 夫子言詩三百篇에 而惟此一言이 足以盡蓋其義라하시니라

○ 공자께서 말씀하셨다. "소자(小子)는 어찌하여 이 시(詩)를 배우지 않는가. 시는 선(善)을 좋아하고 악을 미워하는 마음을 흥기할 수 있으며, 정치의 득실을 관찰할 수 있으며, 무리 지어 있을 수 있으며, 원망할 수 있으며, 가까이는 부모를 섬기고 멀리는 군주를 섬길 수 있고, 조수(鳥獸)와 초목(草木)의 이름을 많이 알게 된다."

○ 공자께서 말씀하셨다. "《시경》 삼백 편을 한 마디 말로 덮을 수 있으니, '생각이 간사함이 없다〔思無邪〕.'는 것이다." 무릇 시에 선을 말한 것은 사람의 선한 마음을 감발(感發)시키고 악을 말한 것은 사람의 방탕(放蕩)한 뜻을 징창(懲創;징계)할 수 있으니, 그 쓰임은 사람들로 하여금 그 정성(情性)의 바름을 얻음에 돌아가게 할 뿐이다. 그러나 그 말이 은미하고 완곡하고 또 혹 각각 한 가지 일을 인하여 말해서 그 전체를 곧바로 가리킨 것을 구하여 말하면 '사무사(思無邪)'와 같이

......

18 子曰……多識於鳥獸草木之名 : 이 내용은 〈양화(陽貨)〉에 보인다.

19 子曰……曰思無邪 : 이 내용은 〈위정(爲政)〉에 보이며, '사무사(思無邪)'는 원래 《시경》 〈노송(魯頌) 경(駉)〉에 보인다.

··· 婉 : 은근할 완

간절한 것이 있지 않다. 그러므로 부자(夫子)께서 말씀하시기를 《시경》 삼백 편에 오직 이 한 마디 말(思無邪)이 충분히 그 뜻을 다 덮을 수 있다." 하신 것이다.

○ **南容**이 **三復白圭**한대 **孔子以其兄之子**로 **妻之**[20]하시다 白圭는 大雅抑之五章也라 ○ **子曰 誦詩三百**호되 **授之以政**에 **不達**하며 **使**(시)**於四方**하여 **不能專對**하면 **雖多**나 **亦奚以爲**[21]리오

○ 남용(南容)이 하루에 백규(白圭)라는 시구(詩句)를 세 번 반복하여 외니, 공자께서 그 형의 딸자식(조카딸)으로 그에게 시집보내셨다. 백규(白圭)는 〈대아(大雅) 억(抑)〉의 5장에 있는 시구이다.

○ 공자께서 말씀하셨다. 《시경》 삼백 편을 외더라도, 정사를 맡겨줌에 제대로 처리하지 못하며 사방으로 사신 가서 오로지(자기 마음대로) 대답하지 못한다면 비록 시를 많이 외우나 또한 어디에 쓰겠는가."

○ **子貢曰 貧而無諂**하며 **富而無驕 何如**하니잇고 **子曰 可也**나 **未若貧而樂**(락)하며 **富而好禮者也**니라 子貢은 蓋自謂能無諂無驕者라 故로 以二言質之夫子러니 夫子以爲 二者는 特隨處用力하여 而免於顯過耳라 故로 但以爲可하시니 蓋僅可而有所未盡之辭也라 又言必其理義渾然하여 全體貫徹이면 貧則心廣體胖而忘其貧하고 富則安處善、樂(락)循理하여 而不自知其富니 然後에 乃可爲至爾니라 **子貢曰 詩云 如切如磋**하며 **如琢如磨**라하니 **其斯之謂與**인저 治骨角者는 旣切之而復(부)磋之하고 治玉石者는 旣琢之而復磨之하여 治之之功이 不已而益精也라 子貢이 因夫子告以無諂無驕不如樂與好禮하여 而知凡學之不可少得而自足이요 必當因其所至而益加勉焉이라 故引此詩以明之라 **子曰 賜也**는 **始可與言詩已矣**로다 **告諸往而知來者**[22]온여 往者는 其所已言者요 來者는 其所未言者라

○ 자공(子貢)이 말하였다. "가난하면서도 아첨함이 없으며 부(富)하면서도 교만함이 없음이 어떠합니까?" 하니, 공자께서 말씀하셨다. "가하나(괜찮으나), 가난하면서도 즐거워하며 부하면서도 예(禮)를 좋아하는 자만은 못하다." 자공은 아마도

••••••
20 南容……妻之 : 이 내용은 〈선진(先進)〉에 보인다.
21 子曰……亦奚以爲 : 이 내용은 〈자로(子路)〉에 보인다.
22 子貢曰……告諸往而知來者 : 이 내용은 〈학이(學而)〉에 보인다.

••• 妻 : 시집보낼 처 使 : 사신갈 시 諂 : 아첨할 첨 驕 : 교만할 교 磋 : 갈 차 琢 : 쪼을 탁 磨 : 갈 마

자신이 능히 아첨함이 없고 교만함이 없는 자라고 여겼을 것이다. 그러므로 이 두 말을 가지고 부자에게 질문하였는데, 부자께서 생각하시기를 '두 가지는 다만 곳에 따라 공력을 써서 드러난 허물을 면할 뿐이다.'라고 여기셨다. 그러므로 다만 '가하다.'고 하셨으니, 가(可)는 겨우 가하여 미진한 바가 있는 말이다. 또 말씀하시기를 "반드시 그 의리가 혼연(渾然;온전)하여 전체가 관통되면 가난할 경우 마음이 넓어지고 몸이 펴져서 그 가난함을 잊고, 부(富)할 경우 편안히 선(善)에 처하고 즐겨 이치를 따라서 스스로 그 부유함을 알지 못할 것이니, 그런 뒤에야 비로소 그 지극함이 된다." 하신 것이다. 자공이 말하였다. "《시경》〈위풍(衛風) 기욱(淇奧)〉에 '잘라놓은 듯하고 가는 듯하며, 쪼아놓은 듯하고 사포(沙布) 따위로 연마한 듯하다.' 하였으니, 그 이것을 말함일 것입니다." 뿔과 뼈를 다스리는 자는 이미 자르고 다시 갈고, 옥과 보석을 다스리는 자는 이미 쪼고 다시 사포 따위로 연마해서 다스리는 공력이 그치지 아니하여 더욱 정밀한 것이다. 자공은 부자가 '아첨함이 없고 교만함이 없는 것이 가난하면서도 즐거워하고 부하면서도 예를 좋아함만은 못하다.'고 고하심을 인하여, 모든 학문이 조금 얻었다 하여 스스로 만족해서는 안 되고 반드시 마땅히 그 이른 바를 인하여 더욱더 힘써야 함을 알았다. 그러므로 이 시를 인용하여 밝힌 것이다. 공자께서 말씀하셨다. "사(賜;자공의 이름)는 비로소 더불어 시(詩)를 말할 만하도다. 이미 말해준 것을 고함에 아직 말해주지 않은 것을 아는구나." 왕(往)은 그 이미 말해준 것이요, 래(來)는 그 아직 말해주지 않은 것이다.

○ **子夏問曰 巧笑倩兮**며 **美目盼(변)兮여 素以爲絢(현)兮**라하니 **何謂也**잇고 此는 逸詩也라 倩은 好口輔也요 盼은 目黑白分也라 素는 粉地니 畫(화)之質也요 絢은 采色이니 畫之飾也라 言人有此倩盼之美質하고 而又加以華采之飾이니 如有素地而加采色也라 子夏疑其反謂以素爲飾故로 問之라 **子曰 繪事後素**니라 繪事는 繪畫之事也라 後素는 後於素也니 考工記曰 繪畫之事는 後素功이 是也라 蓋先以粉地爲質而後에 可施以五采니 猶人有美質然後에 可加以文飾이라 **曰 禮後乎**인저 **子曰 起予者**는 **商也**로다 **始可與言詩已矣**[23]로다 禮必以忠信爲質하니 猶繪事必以粉素爲先이라 起는 猶發也니 起予는 言能起發我之志意라

　　○ 자하(子夏)가 묻기를, "시에 '예쁜 웃음에 보조개가 보이며, 아름다운 눈에 흑백이 분명함이여. 흰색으로 채색을 한다.' 하였으니, 무슨 말씀입니까?" 하니, 시는 일시(逸詩;현재 《시경》에 실려있지 않은 시)이다. 천(倩)은 보조개가 아름다운 것이요, 변(盼)은 눈의 흑백이 분명한 것이다. 소(素;명주베)는 분칠할 자리이니 그림의 바탕이요, 현(絢)은 채색이니 그림의

23　子夏問曰……始可與言詩已矣 : 이 내용은 〈팔일(八佾)〉에 보인다.

••• 倩 : 보조개이쁠 천　盼 : 눈동자선명할 변　絢 : 채색 현　繪 : 그릴 회

꾸밈이다. 사람이 이 천변(倩盼)의 아름다운 자질이 있고 또 화채(華采)의 꾸밈을 가하는 것이니, 마치 분칠할 땅(바탕)이 있고 채색을 가함과 같음을 말한 것이다. 자하는 그 도리어 흰색으로 꾸밈을 한다고 말한 것으로 의심하였다. 그러므로 이를 물은 것이다. 공자께서 말씀하셨다. "그림 그리는 일은 흰 명주베를 장만한 뒤에 있는 것이다." 회사(繪事)는 회화(繪畫)하는 일이다. 후소(後素)는 흰 명주베보다 뒤에 있는 것이니, 《주례》〈동관(冬官) 고공기(考工記)〉에 "회화하는 일은 흰 명주베를 마련하는 일보다 뒤에 한다."는 것이 이것이다. 먼저 분칠할 자리를 바탕으로 삼은 뒤에 오채(五采)를 베풀 수가 있으니, 사람이 아름다운 자질이 있은 뒤에 문식(文飾)을 가할 수 있는 것과 같다. 자하가 말하기를 "예(禮)가 뒤이군요." 하니, 공자께서 말씀하셨다. "나를 흥기시키는 자는 상(商;자하의 이름)이로다. 비로소 더불어 시를 말할 만하도다." 예(禮)는 반드시 충신(忠信)을 본바탕으로 삼으니, 그림 그리는 일이 반드시 분소(粉素)를 먼저로 삼음과 같은 것이다. 기(起)는 발(發)과 같으니, 기여(起予)는 능히 나의 의지를 기발(起發)함을 이른다.

○ 咸丘蒙이 問曰 詩云 普天之下 莫非王土며 率土之濱이 莫非王臣이라하니 而舜旣爲天子矣시니 敢問瞽瞍之非臣은 如何잇고 孟子曰 是詩也는 非是之謂也라 勞於王事而不得養父母也하여 曰 此莫非王事어늘 我獨賢勞也라하니 故로 說詩者 不以文害辭하며 不以辭害志요 以意逆志라사 是爲得之니 如以辭而已矣인대 雲漢之詩曰 周餘黎民이 靡有孑(혈)遺라하니 信斯言也인대 是는 周無遺民也[24]니라 程子曰 擧一字하면 是文이요 成句면 是辭라 愚謂 意는 謂己意요 志는 謂詩人之志라 逆은 迎之也니 其至否遲速을 不敢自必而聽於彼也라

함구몽(咸丘蒙)이 물었다. "《시경》〈소아(小雅) 북산(北山)〉에 이르기를 '넓은 하늘 아래가 왕의 땅 아닌 곳이 없으며, 땅을 따르는 물가(해내(海內))가 왕의 신하 아닌 이가 없다.' 하였으니, 순(舜) 임금이 이미 천자가 되셨으니 감히 묻습니다. 고수(瞽瞍)가 신하가 되지 않음은 어째서입니까?" 하니, 맹자(孟子)가 말씀하셨다. "이 시(詩)는 이것을 말한 것이 아니다. 대부가 왕사(王事;국사)에 수고로워 부모를 봉양할 수가 없어서 말하기를 '이것이 왕사가 아님이 없거늘, 나만 홀로 어질다 하여 수고롭다.' 한 것이다. 그러므로 시를 설명하는 자는 글자[文]로써 말[辭]을 해치지 않으며 말로써 본뜻을 해치지 않고, 독자의 뜻으로써 작자의 뜻을 맞추어야

······
24 咸丘蒙……周無遺民也 : 이 내용은 《맹자》〈만장 상(萬章上)〉에 보인다.

··· 濱 : 물가 빈 瞍 : 소경 수 孑 : 남을 혈

이에 알 수가 있는 것이니, 만약 글만 가지고 볼 뿐이라면 〈대아(大雅) 운한(雲漢)〉의 시에 '주(周)나라에 남은 여민(黎民)이 혈유(孑遺:남아있는 사람)가 있지 않다.' 하였으니, 진실로 이 말대로라면 이것은 주나라에 유민(遺民)이 없는 것이다." 정자(程子)가 말씀하였다. "한 글자를 들면 이것이 문(文)이고, 구(句)를 이루면 이것이 사(辭)이다." 내(주자)가 생각하건대 의(意)는 독자 자기의 뜻을 이르고, 지(志)는 시인(詩人)의 뜻을 이른다. 역(逆)은 맞이함이니, 그 지극하고 지극하지 않음과 느리고 빠름을 감히 스스로 기필할 수가 없어서 저(작자)를 따르는 것이다.

程子曰 詩者는 言之述也니 言之不足而長言之가 詠歌之所由興也라 其發於誠하여 感之深하여 至於不知手之舞、足之蹈라 故其入於人也亦深이라 古之人은 幼而聞歌誦之聲하고 長而識美刺(자)之意라 故로 人之學이 由詩而興이러니 後世엔 老師宿儒도 尙不知詩之義하니 後學이 豈能興起乎아 ○ 又曰 興於詩者는 吟詠情性하여 涵暢道德之中而歆動之하여 有吾與點也[25]之氣象이니라 ○ 又曰 學者不可不看詩니 看詩면 便使人長一格이니라

정자(程子:명도(明道))가 말씀하였다. "시(詩)는 말을 진술한 것이니, 말로는 부족해서 길게 말함이 읊조림과 노래가 말미암아 생겨난 것이다. 그 성심(진심)에서 발로되어 감동함이 깊어서 자기도 모르게 손으로 춤을 추고 발로 뜀에 이른다. 그러므로 사람에게 들어감이 또한 깊은 것이다. 옛날 사람은 어렸을 때에는 노래하고 시를 외는 소리를 듣고, 장성해서는 찬미(讚美)하고 풍자(諷刺)하는 뜻을 알았다. 그러므로 사람의 배움이 시로 말미암아 흥기되었는데, 후세에는 노사(老師)와 숙유(宿儒)들도 오히려 시의 뜻을 알지 못하니, 후학이 어찌 능히 흥기할 수 있겠는가."

○ 또 말씀하였다. "시에서 흥기한다는 것은 정성(情性)을 읊조려 도덕(道德)의 가운데에 함창(涵暢)하고 감동해서, '내(공자)가 점(點)을 허여한다.'는 기상이 있는 것이다."

○ 또 말씀하였다. "배우는 자는 시를 보지 않으면 안 되니, 시를 보면 곧 사람

•••••
*25 吾與點也 : 점(點)은 증점(曾點)으로, 자로(子路)와 증석(曾晳:증점), 염유(冉有)와 공서화(公西華)가 일찍이 공자를 모시고 앉아 있었는데, 공자께서 각자의 뜻(포부)을 말하라고 하셨다. 다른 제자들은 모두 정사에 뜻을 두었으나 증석은 "봄옷이 이루어지면 어른과 아이들과 들에 나가 바람 쏘이고 돌아오겠다." 하니, 공자께서 "나는 증점을 허여한다." 하셨는바, 이 내용은 《논어》〈선진(先進)〉에 보인다.

••• 涵:젖을 함 暢:통달할 창 與:허여할 여

詩傳綱領

張子曰 置心平易(이)然後에 可以言詩니 涵泳從容이면 則忽不自知而自解頤矣
리라 若以文害辭하고 以辭害意하면 則幾何而不爲高叟之固[26]哉아 ○ 又曰 求詩
者貴平易요 不要崎嶇(기구)求合이라 蓋詩人之情性이 溫厚、平易、老成하니 今
以崎嶇求之하면 其心이 先狹隘하여 無由可見이니라 ○ 又曰 詩人之志 至平易라
故無艱險之言하니 大率所言이 皆目前事로되 而義理存乎其中이라 以平易求之
하면 則思遠以廣이요 愈艱險이면 則愈淺近矣니라

장자(張子)가 말씀하였다. "마음을 평이(平易)하게 둔 뒤에야 시를 말할 수 있으
니, 함양(涵養)하여 종용(從容)하면 갑자기 자기도 모르게 스스로 턱이 벌어져 웃
게 될 것이다. 만약 문(文:글자)으로 말(辭)을 해치고 말로 본뜻을 해치면 어찌 고
수(高叟)의 고루함이 되지 않겠는가."

○ 또 말씀하였다. "시를 구하는(찾고 연구하는) 자는 평이함을 귀하게 여기고 기
구(崎嶇)하게 하여 부합하기를 구하지 않아야 한다. 시인의 정성(情性)이 온후하고
평이하고 노성(老成)하니, 이제 기구함으로써 시를 구하면 그 마음이 먼저 좁아져
서 볼 수가 없는 것이다."

○ 또 말씀하였다. "시인의 뜻이 지극히 평이하다. 그러므로 어렵고 험한 말이
없으니, 대체로 말한 바가 모두 목전(目前)의 일인데 의리(義理)가 이 가운데에 보
존되어 있다. 평이함으로써 시를 구하면 생각이 원대하여 넓어지고, 더욱 어렵고
험하게 하면 더욱 천근해진다."

上蔡謝氏曰 學詩에 須先識得六義體面하여 而諷詠以得之니라 愚按 六義之說

......

26 高叟之固：《맹자》〈고자 하(告子下)〉에 고자(高子)가 《시경》의 〈소반(小弁)〉은 소인의 시이니,
원망했기 때문이다." 한 것에 대해 공손추(公孫丑)가 맹자에게 질문하자, 맹자께서 "고루하구나!
고수(高叟：고씨 노인)가 시를 해석함이여. 여기에 사람이 있으니, 월(越)나라 사람이 활을 당겨 그
사람을 쏘려 하거든 자기가 말하고 웃으면서 타이르는 것은 다름이 아니라 그(월나라 사람)를 소
원히 여기기 때문이요, 그 형이 활을 당겨 그 사람을 쏘려 하거든 자기가 눈물을 흘리며 타이름은
다름이 아니라 그(형)를 친척으로 여기기 때문이다. 〈소반〉의 원망은 어버이를 친히 한 것이다. 어
버이를 친히 함은 인(仁)이니, 고루하구나! 고수가 시를 해석함이여.〔曰 固哉, 高叟之爲詩也! 有人
於此, 越人關弓而射之, 則己談笑而道之, 無他, 疏之也. 其兄關弓而射之, 則己垂涕泣而道之, 無
他, 戚之也. 小弁之怨, 親親也. 親親, 仁也. 固矣夫, 高叟之爲詩也!〕"라고 보인다.

••• 崎：험할 기 嶇：험할 구 隘：좁을 애

이 見(현)於周禮、大序하니 其辨甚明하고 其用可識이어늘 而自鄭氏以來로 諸儒相襲하여 不唯不能知其所用이요 反引異說而汩陳之러니 唯謝氏此說이 爲庶幾得其用耳라 古詩는 卽今之歌曲이니 今之歌曲은 往往能使人感動이어늘 至學詩하여 却無感動興起處는 只爲泥章句故也라 明道先生이 善言詩로되 未嘗章解句釋하시고 但優游玩味하고 吟哦上下하사 便使人有得處라 如曰瞻彼日月하니 悠悠我思로다 道之云遠이어니 曷云能來리오하니 思之切矣요 百爾君子는 不知德行가 不忮不求하면 何用不臧[27]이리오하니 歸于正也[28]라 ○ 又曰 明道先生談詩에 竝不曾下一字訓詁하시고 只轉却一兩字하여 點掇(綴)地念過하여 便敎人省(성)悟하시니라

상채 사씨(上蔡謝氏:사량좌(謝良佐))가 말하였다. "시를 배울 적에는 모름지기 먼저 육의(六義)의 체제와 면목을 알아서 풍영(諷詠)하여 얻어야 한다. 내(주자)가 살펴보건대 육의의 설이 《주례》와 〈대서(大序)〉에 보이니, 그 분변이 매우 분명하고 그 쓰임이 알 만한데, 정씨(鄭氏) 이래로 여러 학자들은 서로 인습해서 다만 그 쓰이는 바를 알지 못할 뿐만 아니요, 도리어 이설(異說)을 끌어다가 어지럽혔는데, 오직 사씨(謝氏)의 이 말이 거의 그 쓰임을 앎이 된다. 고시(古詩)는 바로 지금의 가곡(歌曲)이니, 지금의 가곡은 왕왕 사람들로 하여금 감동하게 하는데, 시를 배움에 이르러는 도리어 감동하고 흥기하는 부분이 없음은 다만 장구(章句)에 집착하기 때문이다. 명도(明道) 선생이 시를 잘 말씀하셨는데, 일찍이 장(章)마다 해석하고 구(句)마다 해석하지 않으셨고, 다만 우유(優游)하여 완미(玩味)하고 읊조려 오르내리시어 사람들로 하여금 아는 곳이 있게 하셨다. 예컨대 '저 해와 달을 보니 아득하고 아득한 내 그리움이로다. 길이 머니 어찌 능히 오리오.' 하였으니, 이는 생각함이 간절한 것이요, '여러 군자들은 덕행을 알지 못하는가. 남을 해치지 않고 탐욕하지 않으면 어찌 선하지 않으리오.' 하였으니, 이는 예의에 그침으로 돌아간(그친) 것이다."

○ 또 말하였다. "명도(明道) 선생이 시를 말씀할 적에 아울러 한 글자도 놓아 훈고(訓詁)하지 않으시고, 다만 한두 글자를 바꿔서 점철(點綴)하여 읽어서 사람들로 하여금 살피고 깨닫게 하셨다."

• • • • • •
27 瞻彼日月……何用不臧 : 이 내용은 모두 《시경》〈패풍(邶風) 웅치(雄雉)〉에 보인다.
28 歸于正也 : '귀우정(歸于正)'은 정(情)에 발하여 예의(禮義)에 그침을 가리킨다.《詳說》

••• 襲 : 인습할 습 泥 : 집착할 니 哦 : 읊조릴 아 忮 : 해칠 기 求 : 탐할 구 臧 : 착할 장 掇 : 엮을 철

시전도(詩傳圖)

　다음 보이는 시전도(詩傳圖)는 보계도(譜系圖)·십오국풍지리지도(十五國風地理之圖)·시유육의도(詩有六義圖) 등과 함께 《시경》에 나오는 건축물이나 예기(禮器)·복식(服飾)·병기(兵器) 등의 각종 물건을 자세히 설명한 그림이다. 옛날 서책의 양식에 따라 우종서(右縱書), 즉 오른쪽에서 왼쪽으로 기록된 원본을 그대로 실었으므로 시전도를 참고하는 독자들은 p.424쪽부터 왼쪽으로 보기 바란다.

詩經集傳　下

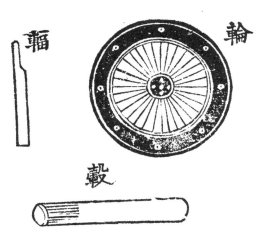

輻

輪

轂

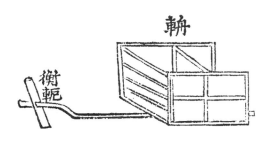

輈

衡軛

伐軥

於陰上兩驂之內轡係於

軾前所係之環皆消沃白

金以為飾

輪在輿之外兵車之輪六

尺六寸田車之輪六尺三

寸

輻三十以象日月長二尺

有奇圍九寸有奇

轂在車輪之中外持輻內

受軸長三尺二寸徑一尺

輈車前曲木上句衡者亦

曰轅禮記車制圖輈長一

丈四尺四寸

周元戎

白斾

鳥章

戈

戟 殳 戈

矛

九矛

九矛

駟介

謂陰板也兩驂之頸靷係
而以板橫側掩其帆即所
脅驅軾在軨前帆在軾前
軨驂驂馬使不內入者曰
曰游環以章二條繋衡與
外轡制驂馬使不外出者
梁輈以皮爲環貫兩驂之
軨稍曲而上以勾衡者曰
寸所講小戎俴收也從前
尺而兵車則軨淺四尺四
小戎兵車也大車軨淺八
章
載矛插於輢幟畫鳥隼之
左持弓右持矛中御戈殳
鋒也元戎甲士三人同載
元大也戎戎車先軍之前

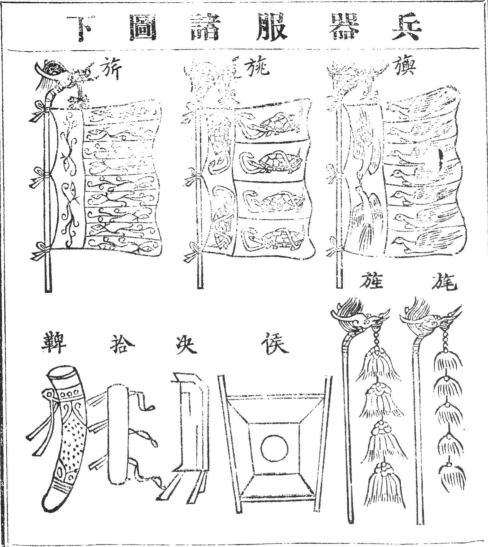

兵器服諸圖下

旃　　旐　　旟　　旂

旌　旄　　　侯　決　拾　鞞

旗旒周禮司常鳥隼爲旟
龜蛇爲旐周禮所謂朱
雀曲後玄武是也旒周禮
司常交龍爲旂曲禮所謂
左青龍是也
旄以旄牛尾注於旗干之
首
旌析羽注設於旗干之首
侯張布而射之者也矦中
之的曰正大射則張皮侯
而設鵠賓射則張布侯而
設正五正之侯中黃次
白次蒼次黃而玄居外三
正則朱綠蒼而玄居外三
正門則玄黃二正則祇畫
朱綠
決以象骨爲之著於右手大
指以鈎弦
拾以皮爲之著於左臂以
遂弦
鞞室容刀者今刀鞘之
韠者所容刀室今刀鞘之
捧上飾秘下飾戎服

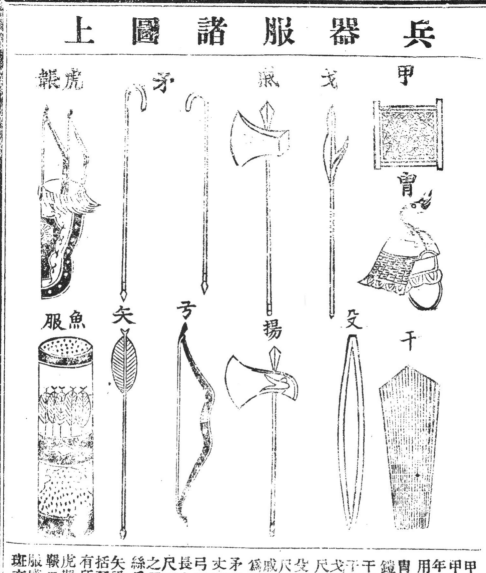

虎韔　矛　戣　戈　甲
　　　　　　　　　　冑
服魚　矢　弓　揚　殳　干

甲古者三甲以革爲之犀
甲壽可百年兕甲壽二百
年合甲壽三百年後世乃
用金耳
冑說文曰兜鍪也兜鍪、首
鎧也
干櫓也自關而東或謂之
干或謂之楯關西謂之楯
戈兵也主於剌秘長六尺
尺者六寸
戣揚二者戟鈠大斧
爲斧揚鈠鈠爲之別名戚
尺而然刃禮圖作觚形
戚揚也主於擊長丈二
殳杸投也主於擊長丈二
尺而无刃禮圖作觚形
矛有酋矛夷矛酋矛長二
丈夷矛長二丈四尺
弓天子彤弓諸侯形弓
長六尺六寸謂之上制六
尺三寸謂之中制六尺
謂之下制取之角以膠漆筋
絲爲之
矢說文曰弓弩矢也鏑
括羽之形釋名云矢指也
有所指而迅疾也象鏑
虎韔以虎皮爲弓室也交
韔二弓變二弓於韔中也
服驪矢器魚獸名其背皮
斑文可爲矢服

下圖諸用器飾服

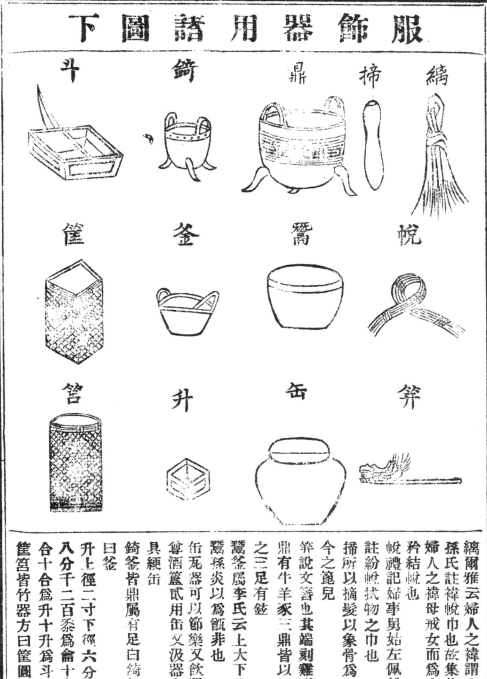

斗　　錡　　鼎　掃　縭

筐　　釜　　鷊　　悅

筥　　升　　缶　　筓

縭爾雅云婦人之褘謂之縭
孫氏註褘帨巾也故集傳曰
婦人之褘母戒女而爲之施
衿結帨也
帨禮記婦事舅姑左佩紛帨
註紛帨拭物之巾也
掃所以摘髮以象骨爲之若
今之篦兒
筓說文簪也其端刻雞形
鼎有牛羊豕三鼎皆以銅爲
之三足有鉉
鷊釜屬李氏云上大下小曰
鷊孫炎以爲飯非也
缶瓦器可以節樂又飲器易
尊酒簋貳用缶又汲器左傳
具綆缶
錡釜皆鼎屬有足曰錡無足
曰釜
升上徑二寸下徑六分其深
八分千二百黍爲升十龠爲
合十合爲斗十升爲斗
筐筥皆竹器方曰筐圓曰筥

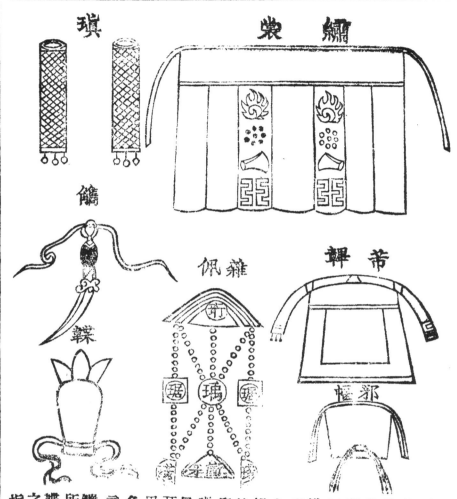

瑱　　　　　　　　　　繡裳

觿

鞢

佩雜

韠芾

繡裳五色備謂之繡前三
幅後四幅繡以藻粉米黼
黻四章

芾古字通用蔽膝之象字當作
鞸太古蔽膝之鞸以章爲之
其他服謂之韠以韋爲之
邪幅偪也邪纏於足如今
行縢偪束其脛

雜佩左右佩玉也上橫曰
珩繫三組貫以蠙珠中組
之半貫瑀末縣衝牙兩旁
組各綴琚瑀又兩組交貫
於瑀上繫珩下繫璜行則
衝牙觸瑀而有聲也

瑱孔氏云塞耳也充耳是
已天子以玉諸侯以石充
耳者以就懸瑱當耳也就
用綵線織之天子諸侯五
色臣三色君子偕老篇瑱

觿狀如錐角以象骨爲之
所以解結

鞢孔氏云沓也以朱韋爲
之射以弧右手食指將
指無名指以遂弦也

服飾器用諸圖上

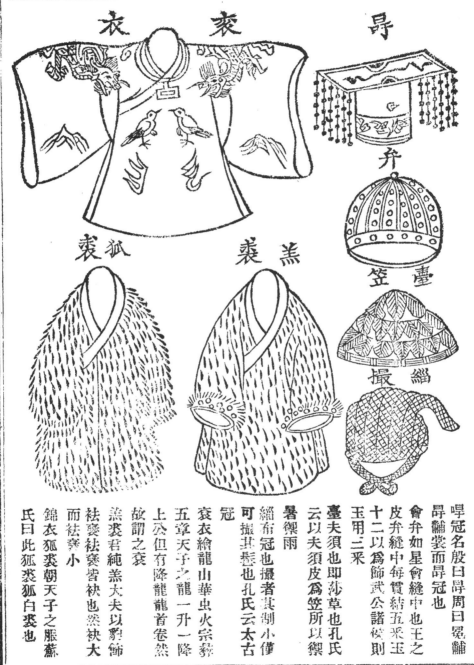

衮衣　　冔

狐裘　　羔裘　　弁

臺笠　　緇撮

呼冠名殷曰冔周曰冕黼
冔黼裳而冔冠也

會弁如星會縫中也王之
皮弁縫中每質結五采玉
十二以爲飾武公諸侯則
玉用三采

臺夫須也即莎草也孔氏
云以夫須皮爲笠所以禦
暑禦雨

緇布冠也撮者其制小僅
可撮其髻也孔氏云太古
冠

衮衣繪龍山華虫火宗彝
五章天子之龍一升一降
上公但有降龍龍首卷然
故謂之衮

羔裘君純羔夫以豹飾
袪褒袪褒皆袂也然袂大
而袪褒小

錦衣狐裘朝天子之服蘇
氏曰此狐裘狐白裘也

者鐘金屬其大者曰鏞考工記鳧氏爲鐘兩欒謂之銑銑間謂

之鼓鼓上謂之鉦鉦上謂之舞舞上謂之甬甬上謂之衡鐘縣謂之旋旋蟲

謂之幹鐘帶謂之篆篆間謂之枚枚謂之景于上之攠謂之隧

磬石屬後長尺八寸博九寸厚二寸前長二尺七寸博六寸厚七寸兩弦之

間三尺三寸七分半

鼓革屬其大者曰鼖長八尺鼓四尺中圍加三之一即詩所稱賁鼓也其小

者曰晉即詩所稱應田也縣鼓周制也夏后氏足鼓殷楹鼓周人縣鼓

禮器曰廟堂之上縣鼓在西是也鼗鼓如鼓而有柄搖其柄則兩耳還自擊周

官曰凡樂事播鼗是也○何伯華註華黍下魯鼓薛鼓云禮投壺鄭氏註

魯鼓薛鼓其節不同○□○□○□○半○□○○半以下爲投壺禮盡

魯鼓 ○○○□○○□○半○○○□○○○□○半

薛鼓 此章薛擊鼓之節也圓者擊鼙方者擊鼓古者舉事鼓必有節閒其節即知其事矣取半以下爲投壺禮盡

○○○○○○□○○□○半此二者即兩家之異於舊列之

用之爲射禮又一說魯鼓○○○□○○半○○○□○○○半○□○半

虞植木以懸鍾磬其橫者曰栒業孔氏曰植者爲虞橫者爲栒大板謂之業

所以飾此栒而爲崇牙刻之如鋸齒捷業然故曰業其形卷然可以懸鼓磬

樹五采之羽以爲文畫繪爲翣載以璧樹翣於栒之角也

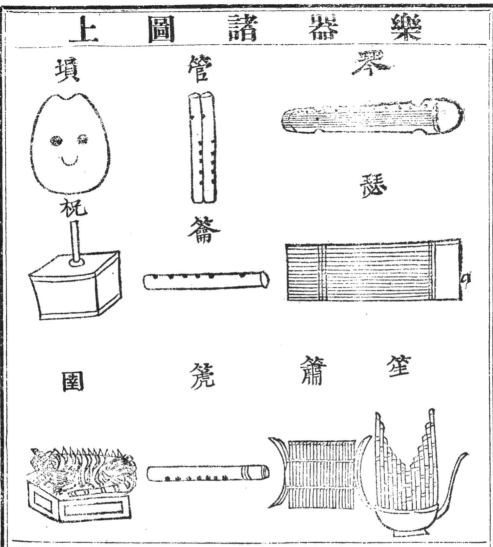

樂器諸圖上

琴

瑟

管

籥

塤

柷

笙

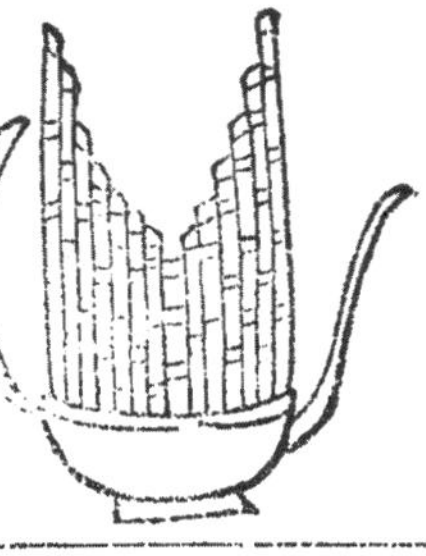

簫

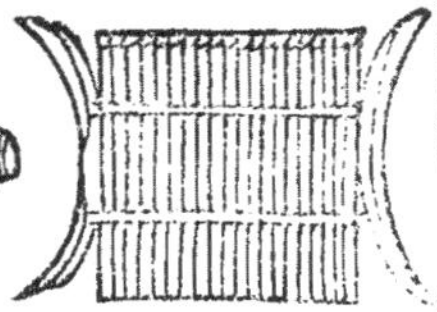

篪

圉

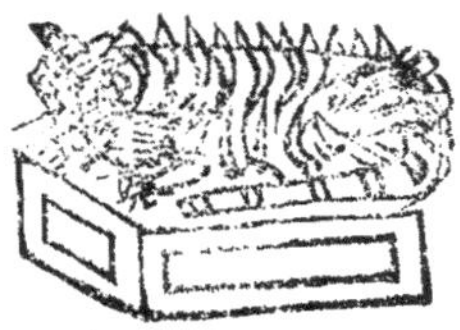

琴瑟皆絲屬琴長三尺六寸六分五絃後加文武二絃雅瑟長八尺一寸廣一尺八寸二十五絃其常用者十九絃頌瑟長七尺二寸廣一尺八寸二十五絃盡用之

笙嚴氏曰以匏爲之十三列管匏中而施簧管端吹笙則鼓動其簧而發聲禮書云笙三十六簧大者十九簧小者十三三簧

簫編小竹管爲之王氏曰簫大者編二十三管長尺四寸小者編十六管長尺二寸參差象鳳翼

管六孔如篴併兩而吹之者也今之管也

籥如笛而六孔或曰三孔而短主中聲而上下之

塤土爲之大如鵝子銳上平底形似稱錘六孔

篪竹爲之長尺四寸圍三寸凡八孔一孔上出徑三分蓋塤篪其竅盡合則爲黃鍾其竅盡閉則爲應鍾相應和者也

柷狀如漆桶以木爲之中有椎柄連底撞之令左右擊以起樂者

圉狀如伏虎背上有二十七鉏鋙刻以木長尺櫟之以止樂

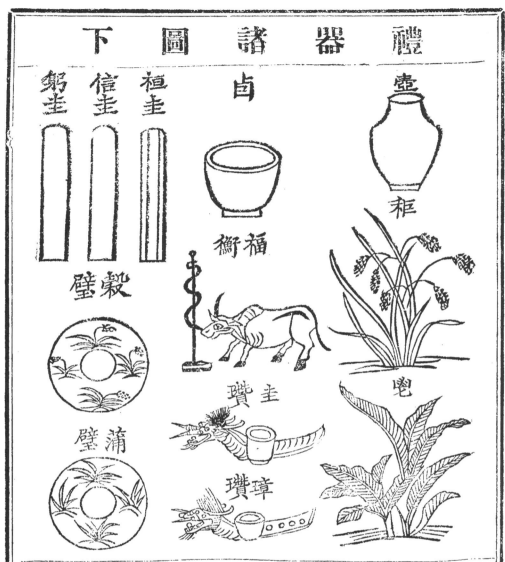

琡圭　信圭　桓圭　卤　壺

秬

璧穀　衡福

璧蒲　瓚圭

瓚璋　芑

壺圓器也禮器註壺大一石

秬黑黍也秬鬯黍也秬釀金罍為酒築纍以金草曰暢酒

煮也而祼和之使芬芳條暢酌

卤中祼神也曾孫居中郭璞云卤

黃金所以飾圭有柄福衡大施於牛角所以止觸其牛牲設

瓚皆有瓚圭瓚以璋為柄圭瓚璋瓚以祼諸臣之助祭者也祼以圭為柄王

其周禮六尊凡祭飾其牲

亞圭以瓚圭瓚以黃圭瓚亞圭瓚以祼君瓚統亞瓚

韓奕祼圭以介圭瓚為尸尸賓大宗執亞瓚

之曰瓚以合瑞諸侯之封圭也

各曰男執其官典瑞公執桓圭諸侯

執信圭伯執躬圭子執穀璧諸侯

璧男執蒲璧以朝覲王宗執瑞五等

曾執璧以覲親王子宗伯執穀

之同於王○氏曰漢大宗伯執穀璧

以神璧蒼璧禮天黃琮禮地青圭

禮東方赤璋禮南方白琥

琡其總稱西方女璋禮北方圭

璧也

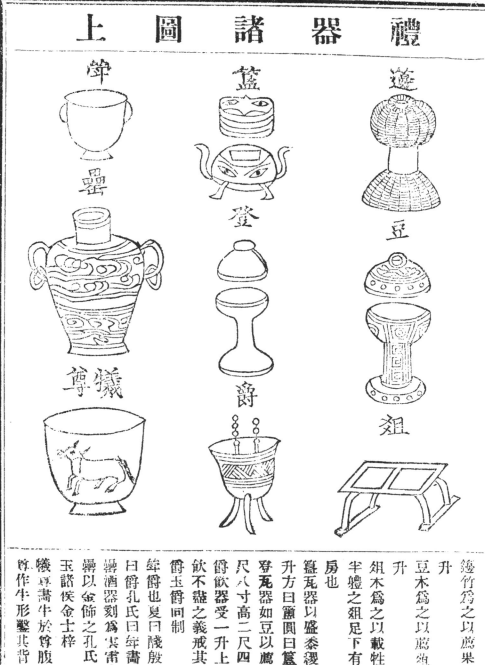

籩　登　邊（豆）

罍　　　豆

犧尊　爵　俎

籩竹爲之以薦果核容四升

豆木爲之以薦菹醢容四升

俎木爲之以載牲體大房
半體之俎足下有跗如堂
房也

簠瓦器以盛黍稷容斗二
升方曰簠圓曰簋

登瓦器如豆以盛大羹徑
尺八寸高二尺四寸

爵飲酒器受一升上兩柱取
飲不盡之義戒其過也木
爵玉爵同制

罍爵也夏曰琖殷曰斝周
曰爵孔氏曰爵一升

罍酒器刻爲雲雷之象金
罍以金飾之孔氏曰天子
玉諸侯金士梓

犧尊畫牛於尊腹也或曰
尊作牛形鑿其背以受酒

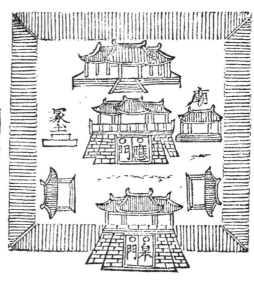 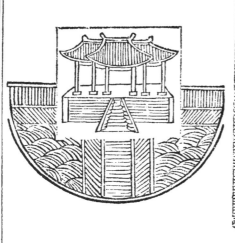

大王遷岐胥宇築室作廟立皋門應門立冢

土

王之郭門曰皋門王之正門曰應門大王之

時未有制度作二門如此及周有天下遂尊

以為天子之門而諸侯不得立焉

泮水泮宮之水諸侯之學鄉射之宮謂之泮

宮其東西南方有水形如半璧以其半於辟

廱故曰泮水而宮亦以名也

辟廱圖　　靈臺圖

靈臺文王所作所以望氣祲察災祥時觀游

節勞佚也

辟廱辟璧通廱澤也天子之學大射行禮之

處也水旋邱如璧以節觀者故曰辟廱

張子云辟廱古無此名則其制蓋始於此及

周有天下遂以名天子之學而諸侯不得立

焉

楚邱定之方中圖

定北方之宿營室星也 此星昏而正中
夏正十月也 建亥之月小雪中氣之時 於是
時可以營制宮室故謂之營室衛為狄
所滅文公徙居楚邱營立宮室樹八尺
之臬而度其日出入之景以定東西又
參日中之景以正南北也

大東總星之圖

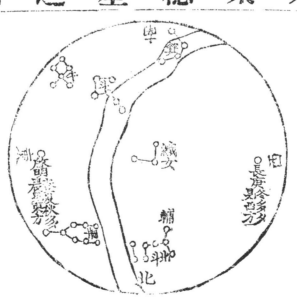

織女天女也牽牛服駕也啟明長庚
皆金星也以其先日而出故謂之啟
明以其後日而入故謂之長庚天畢
畢星也狀如掩兔之畢也箕斗二宿
以夏秋之間見於南方云北斗者以
其在箕之北也

七月流火之圖

火大火心星也以六月之昏加於地之南方至七月之昏則下而西流矣○火伏於九月至十月昏朝並不見唯冬

至後朝中至正二三四皆見朝後也○左傳張趯曰火星中而寒暑退服虔注云朝中而寒退昏中而暑退

公劉相陰陽圖

經云既景乃岡又云相其陰陽度其夕陽傳云景測日景以正四方也相視也陰陽向背寒暖之宜也山西日夕陽嚴

氏曰幽在梁山西公劉相此夕陽地以建爾居也今得西山真先生儒家武庫所著公劉相陰陽圖謹按其式作圖如右以備讀詩者考焉

風化之圖

	五月	六月	七月	八月	九月	十月
			流火		肅霜	
	鳴蜩 斯螽動股	莎雞振羽	鳴鵙 在野	萑葦 在宇	在戶 授衣	隕蘀 蟋蟀入我牀下 穹窒熏鼠 塞向墐戶 滌場
				其穫 載績 戴玄載黃 我朱孔陽 為公子裳	築場圃	穫稻 納禾稼 嗟我農夫 我稼既同 上入執宮功 晝爾于茅 宵爾索綯 爾室處 乘屋 嗟我婦子 曰為改歲 入此室處 為此春酒 酒以介眉壽
	食鬱及薁	食瓜	烹葵及菽	斷壺 剝棗	叔苴 采荼薪樗 食我農夫	朋酒斯饗 曰殺羔羊 躋彼公堂 稱彼兕觥 萬壽無疆

一之日謂一陽之月，二之日謂二陽之月，變月言日，是月之日也，餘放此。〇張氏曰：七月之詩，皆以夏正爲斷。〇曹氏曰：公劉正當夏時，所用者夏正也。〇謹按：詩中載一歲事，獨缺三月，嘗觀二章春日載陽至公子同歸，及三章蠶月條桑至猗彼女桑，並不言何月，今摘其辭，布於二月四月之間，非敢遽以爲三月也，特以備見豳風春日之事。

豳公七月

○謹按朱子集傳所載王氏總論七月之義一段分布爲圖○

一之日	二之日	三之日	四之日	四月	王氏總論
觱發	栗烈		春日載陽		觀仰星日・俯察昆虫／霜露之變・草木之化 —以知天時・以授民事
			春日遲遲	秀葽	
			有鳴倉庚		
	鑿冰冲冲	納于凌陰	蚕月條桑		女服事乎內／男服事乎外
于貉	載纘武功	于耜	舉趾／女執懿筐 求柔桑／桑來取縈／斧斨／伐遠揚		上以誠愛下／下以忠利上
取彼狐狸	其同／言私其豵				養老而慈幼／食力而助弱
爲公子裘	獻豜于公				
			同我婦子／其蚤獻羔		
			饁彼南畝／祭韭		其祭祀也時／其燕饗也節

地理之圖

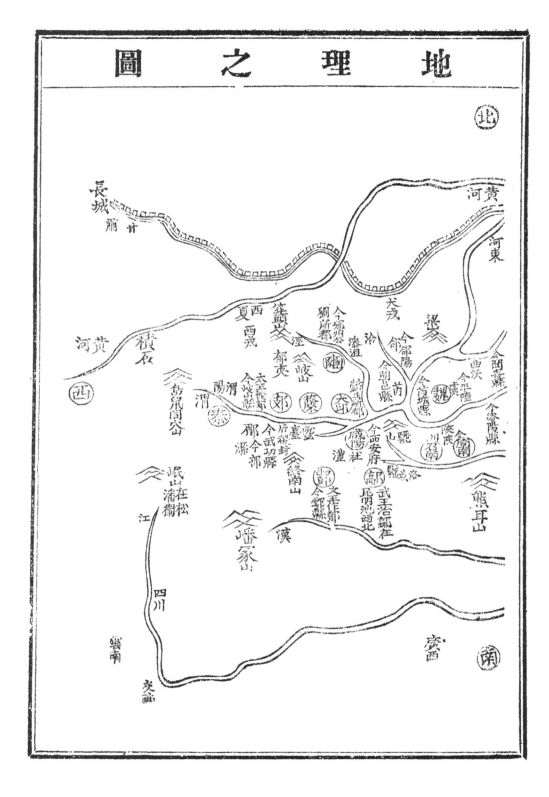

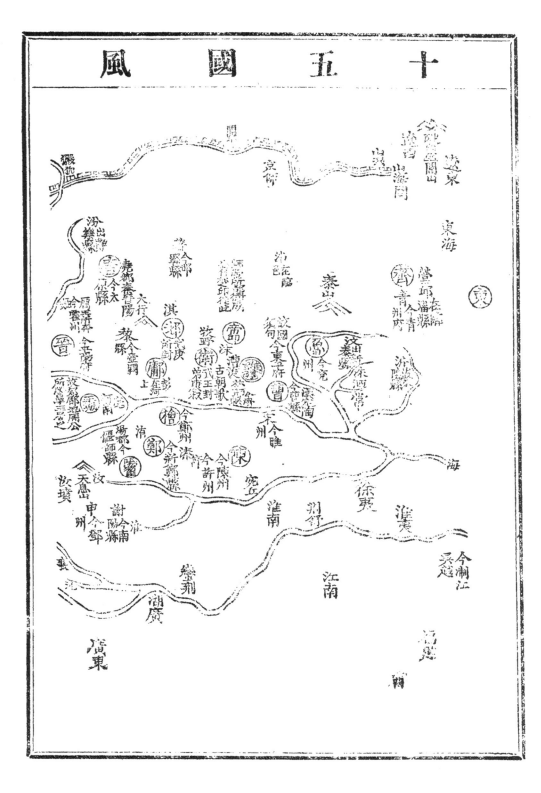

十五國風

413

詩傳圖

詩有六義圖

三經			三緯			比興兼義							
風	雅	頌	賦	比	興	興而比	賦而興	比而興	賦而興	興而比	興而又比	賦而興又比	以賦起興

風：風者如物因風之動以有聲而其聲又足以動物也

雅：雅者正也正樂之歌也本有大小之殊而先儒說又各有正變之別

頌：頌者美盛德之形容以其成功告於神明者也

賦：賦者直陳其事如葛覃卷耳之類○直指〔物〕

比：比者以彼狀此如螽斯綠衣之類○本專為說者比也〔○引物〕

興：興者託物興詞如關雎兔置之類○本專言其事而虛用兩句鉤起因而接續去者○興也

興而比：小弁八章

賦而興：野有蔓草／黍離氓六章

比而興：漆洧／小弁七章

賦而興：下泉／氓三章

興而比：綠衣

興而又比：椒聊／巧言四章

賦而興又比：關雎／漢廣／頍弁

以賦起興：泮水首三章

周禮大師教六詩曰風曰賦曰比曰興曰雅曰頌○

朱子曰風雅頌聲樂部分之名賦比興則所以製作

風雅頌之體也○大師之教國子必使之以是六者

三經而三緯之則凡詩之節奏指歸皆將不待講說

而直可吟詠以得之矣○風雅頌乃是樂中之腔調

如言仲呂調大石調越調之類大抵風是民庶所作

雅是朝廷之詩頌是宗廟之詩○三經是風雅頌是

做詩底骨子賦比興卻是裏面橫串底故謂之三緯

○比興之中螽斯專於比而綠衣兼於興兔罝專於

興而關雎兼於比此其例中又自有不同者學者亦

不可以不考○說出邦國物事來是興不說出邦國

物事來是比如南有喬木只是說漢有游女奕奕寢

廟君子之作只是說他人有心予忖度之關雎亦然

皆是興體比體只是從頭比下來不說破興比相近

却不同

思無邪圖

言善者可以感發人之善心○

孔子曰詩三百一言以蔽之曰(思無邪)○

言惡者可以懲創人之逸志○

情性是貼思

其用歸於使人得其(情性)之(正)

正是貼無邪

朱子曰思無邪魯頌駉篇
之辭夫子讀詩至此而有
合於其心焉是以取之蓋
斷章摘句云耳

四始圖

關雎
鹿鳴
文王
清廟

為
風 小雅 大雅 頌
始

朱子曰詩之所以為詩者至是無餘蘊矣後世雖有
作者其就能加於此乎邵子曰刪詩之後世不復有
詩者正謂此也

正變風雅圖

正風	周南 召南	二十五篇
變風	邶至豳十三國	一百三十五篇
正小雅	鹿鳴至菁莪	二十二篇
變小雅	六月至何草不黃	五十八篇
正大雅	文王至卷阿	十八篇
變大雅	民勞至召旻	十三篇

朱子曰先儒正變之說經無明文可考今姑從之其可
疑者則具於本篇云○二南為正風所以用之閨門鄉
黨邦國而化天下也十三國為變風則亦領在樂官以
時存肄觀省而垂鑒戒耳○正小雅燕饗之樂正大雅
會朝之樂受釐陳戒之辭也故或歡欣和悅以盡群下
之情或恭敬齊莊以發先王之德詞氣不同音節亦異
多周公制作時所定也及其變也則事未必同而各以
其聲附之其次序時世則有不可考者矣

作詩時世圖五

芃蘭	木瓜	遵大路	山有扶蘇	襃裳	風雨	出其東門	齊雞鳴	東方之日	盧令	園有桃	伐檀	山有樞	羔裘	葛生	晨風	陳宛丘	東門之池	防有鵲巢	檜羔裘	匪風	下泉
伯兮	鄭將仲子	女曰雞鳴	蘀兮	丰	子衿	野有蔓草	還	東方未明	魏葛屨	陟岵	碩鼠	綢繆	鴇羽	采苓	無衣	東門之枌	東門之楊	月出	素冠	曹蜉蝣	
有狐	羔裘	有女同車	狡童	東門之墠	揚之水	溱洧	著	甫田	汾沮洳	十畝之間	唐蟋蟀	杕杜	有杕之杜	秦蒹葭	權輿	衡門	墓門	株林	隰有萇楚	鳲鳩	
信南山	瞻彼洛矣	鴛鴦	青蠅	角弓	采綠	瓠葉												澤陂			
甫田	裳裳者華	頍弁	魚藻	菀柳	隰桑	漸漸之石															
大田	桑扈	車舝	采菽	都人士	綿蠻																

作詩世時圖（四）

桓王之世	桓王以後	莊王之世	釐王之世	惠王之世	惠王以後	襄王之世	匡王以後	時世未詳
秦車鄰 駟驖 終南 大車 丘中有麻 唐椒聊	邶燕燕 擊鼓 式微 二子乘舟 旄丘 新臺	鄘牆有茨 君子偕老 鶉之奔奔 齊南山 敝笱 載驅	猗嗟	唐無衣 鄘定之方中 蝃蝀	相鼠 干旄 鄭清人	衛河廣 秦渭陽 黃鳥	陳株林 曹候人	邶凱風 雄雉 匏有苦葉 谷風 簡兮 泉水 北門 靜女 鄘桑中 衛考槃 氓 竹竿 小旻 小宛 巧言 谷風 蓼莪 大東 四月 北山 無將大車 小明 鼓鍾 楚茨

（魯頌，圖下方中部）駉　有駜　泮水　閟宮

厲王之世	厲王以後	宣王之世	幽王之世	幽王以後	平王之世	平王以後
民勞　板	蕩　桑柔	鄘柏舟；鴻雁　庭燎　沔水；鶴鳴　祈父　白駒；黃鳥　我行其野　斯干；無羊；六月　采芑　車攻；吉日；雲漢　崧高　烝民　韓奕　江漢　常武	節南山　十月之交　小弁　瞻卬　召旻；何人斯　巷伯　白華；苕之華　何草不黃	衞淇奧　鄭緇衣；邶柏舟　綠衣　日月　王黍離；正月　雨無正　賓之初筵　抑	終風　衛碩人　大叔于田；揚之水　鄭叔于田　王黍離	唐揚之水　王君子于役　君子陽陽　中谷有蓷　秦小戎；兔爰　葛藟　采葛

作詩時世圖二

時世	小雅	豳風	大雅	周頌
成王之世	魚麗　由庚　南有嘉魚　崇丘　南山有臺　由儀　蓼蕭　湛露　彤弓　菁菁者莪	七月　鴟鴞　東山　破斧　伐柯　九罭　狼跋	文王　大明　縣　棫樸　旱麓　思齊　皇矣　靈臺　下武　文王有聲　生民　行葦　既醉　鳧鷖　假樂　篤公劉　泂酌　卷阿	清廟　維天之命　維清　烈文　天作　我將　思文　臣工　振鷺　豐年　有瞽　潛　載見　有客　武　閔予小子　訪落　敬之　小毖　載芟　良耜　絲衣　酌　桓　賚　般
康王以後				昊天有成命　噫嘻
昭王以後				執競

作詩時世圖一

武王以後	武王之世								文王之世	周三百六篇	祖甲以後	太甲以後	商三篇
召南何彼襛矣		江有汜	殷其雷	甘棠	采蘩	漢廣	桃夭	樛木	周南關雎葛覃	國風	玄鳥	那	頌
		野有死麕	摽有梅	行露	阜螽	汝墳	芣苢	螽斯			殷武	烈祖	
		騶虞	小星	羔羊	采蘋	召南鵲巢	兔罝	麟之趾	卷耳			長發	
南陔	采薇	常棣	鹿鳴							小雅			
白華	出車	伐木	四牡										
華黍	杕杜	天保	皇皇者華										
										大雅			
	時邁									頌			
	賚												

420

詩經集傳 下

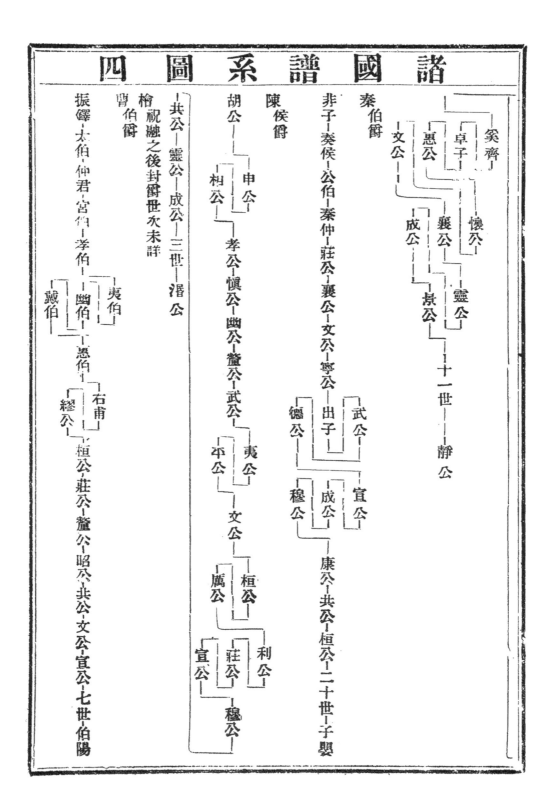

秦伯爵

非子—奏侯—公伯—秦仲—莊公—襄公—文公—寧公┬出子
　　　　　　　　　　　　　　　　　　　　　├武公┬宣公
　　　　　　　　　　　　　　　　　　　　　│　　└成公—康公—共公—桓公—二十世—子嬰
　　　　　　　　　　　　　　　　　　　　　└德公—穆公

陳侯爵

胡公┬申公┬孝公—慎公—幽公—釐公—武公┬夷公—文公—桓公┬利公
　　│　　│　　　　　　　　　　　　　└平公　　　　　├莊公—穆公
　　│　　└　　　　　　　　　　　　　　　　　　　　└宣公
　　└相公

文公—成公—十一世—靜公

　　　　　　┌奚齊
　　　　　　├卓子
　　　　　　├惠公—懷公
　　　　　　└襄公—靈公—景公

共公—靈公—成公—三世—潛公

檜祝融之後封爵世次未詳

曹伯爵

振鐸—太伯·仲君·宮伯·孝伯┬幽伯┬戴伯
　　　　　　　　　　　　　├夷伯├惠伯┬右甫
　　　　　　　　　　　　　└　　└　　├繆公—桓公·莊公·釐公·昭公·共公·文公·宣公·七世·伯陽

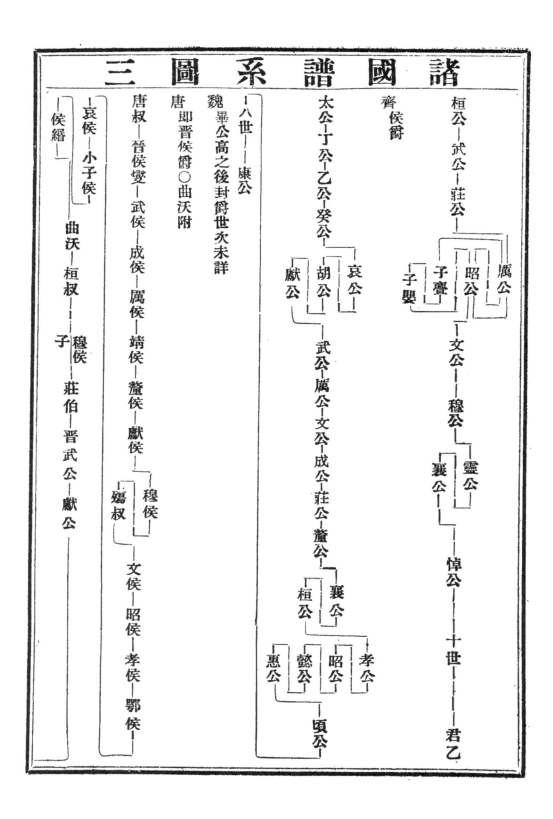

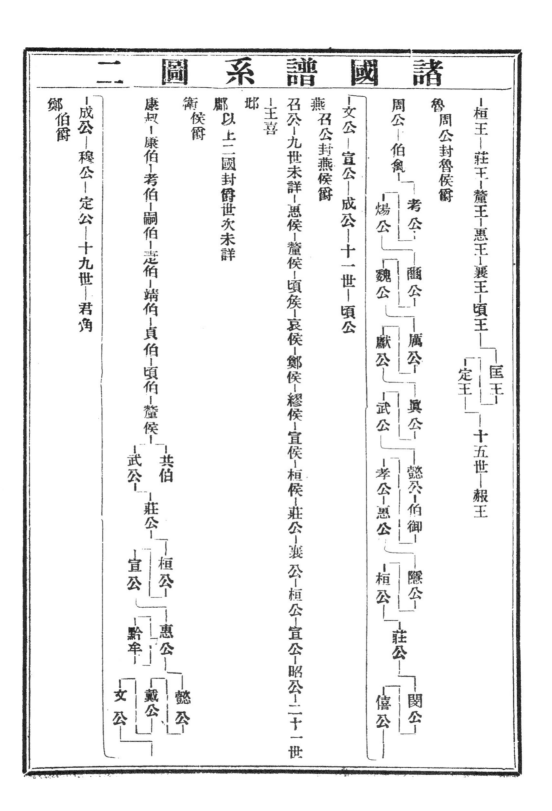

諸國譜系圖　一

詩傳圖

※以下三十頁之舊圖亦上州王引用孫毓音

商宋附

契—昭明—相土—昌若—曹圉—冥—振—微—報丁—報乙—報丙—主壬—主癸—湯

湯—外丙—仲壬—太甲—太庚
　　小甲—仲丁—外壬—太戊—雍己
　　河亶甲—祖乙—祖辛—沃甲—南庚—小乙
　　　　　　　　　祖丁—盤庚—小辛—陽甲
　　　　　　　　　　　　武丁—祖庚—祖甲—廩辛—庚丁—武乙—太丁—帝乙

紂

紂—宋—微仲—微子—紂庶兄—宋公丁公—湣公—煬公—厲公—釐公—惠公—哀公—戴公—武公—宣公—穆公—殤公—莊公

滑公—襄公—成公—昭公—文公—共公—八世—王偃

桓公

周豳附

后稷—不窋—鞠—公劉—慶節—皇僕—差弗—毀隃—公非—高圉—亞圉—公叔祖類—岐周太王

王季—文王—武王—成王—康王—昭王—穆王—共王—懿王—孝王—夷王—厲王—宣王—幽王—平王

詩經集傳大全 引用先儒姓氏表

姓氏	名	字	號
漢			
毛氏	萇	–	–
鄭氏	玄	康叔	高密
吳			
陸氏	璣	元恪	–
晉			
杜氏	預	元凱	–
唐			
孔氏	穎達	仲達	–
宋			
胡氏	旦	周父	渤海
歐陽氏	脩	永叔	廬陵
劉氏	彝	執中	長樂
張子	載	子厚	橫渠
王氏	安石	介甫	臨川
范氏	祖禹	淳夫	華陽
曾氏	鞏	子固	南豐
程子	顥	伯淳	明道
程子	頤	正叔	伊川
蘇氏	轍	伯淳	穎濱
呂氏	大匀	和叔	–
呂氏	大臨	與叔	藍田
陸氏	佃	農師	山陰
劉氏	安世	器之	元城
謝氏	良佐	顯道	上蔡
楊氏	時	中立	龜山
胡氏	安國	康侯	建安
鄭氏	樵	漁仲	夾漈
胡氏	寅	明仲	致堂
陳氏	鵬飛	少南	永嘉
李氏	樗	若林	迂齋
林氏	之奇	少穎	三山
鄭氏	伯熊	景望	永嘉
朱子	熹	元晦	考亭
張氏	栻	敬夫	南軒
陳氏	傅良	君舉	止齋
呂氏	祖謙	伯恭	東萊
王氏	炎	晦叔	雙溪
項氏	安世	平父	平庵
黃氏	櫄	實夫	–
陳氏	淳	安卿	北溪
輔氏	廣	漢卿	慶源

詩經集傳 下

李氏	如圭	寶之	廬陵
趙氏	順孫	格非	格菴
陳氏	埴	器之	潛室
潘氏	時舉	子善	天台
王氏	日休	虛中	龍舒
濮氏	一之	斗南	−
嚴氏	粲	坦叔	華谷
眞氏	德秀	景元	西山
饒氏	魯	伯輿	雙峯
蔡氏	模	仲覺	覺軒
陳氏	大猷	東齋	東滙
熊氏	剛大	−	古溪
謝氏	枋得	君直	疊山
熊氏	禾	去非	勿軒
劉氏	辰翁	會孟	須溪
何氏	士信	−	−
張氏	學龍	竹房	−
彭氏	執中	−	−
王氏	−	−	−
董氏	−	−	−
邱氏	−	−	−
徐氏	−	−	−
胡氏	泳	伯量	南康
曹氏	−	−	−
錢氏	−	−	−
段氏	−	−	−
劉氏	以上九人 世次未詳*		
元			
董氏	鼎	季亨	−
胡氏	一桂	庭芳	雙湖
陳氏	櫟	壽翁	定宇
許氏	謙	益之	白雲
劉氏	瑾	公瑾	安成
曹氏	居貞	−	−
羅氏	復	中行	−
顏氏	達龍	−	−
明			
朱氏	善	備萬	豐城

‥‥‥‥

* 以上九人 世次未詳 : 이상 아홉 사람에 대해서는 세차(世次)가 자세하지 않다.

四書에 引用된 詩經의 內容

（大 學）

No	篇章	章節番號	引用文	篇名
1	傳2章	2-3	周雖舊邦 其命維新	大雅 文王
2	傳3章	3-1	邦畿千里 惟民所止	商頌 玄鳥
3	傳3章	3-2	緡蠻黃鳥 止于丘隅	小雅 緡蠻
4	傳3章	3-3	穆穆文王 於緝熙敬止	大雅 文王
5	傳3章	3-4	瞻彼淇奧 菉竹猗猗 有斐君子 如切如磋 如琢如磨 瑟兮僩兮 赫兮喧兮 有斐君子 終不可諠兮	衛風 淇奧
6	傳3章	3-5	於戲 前王不忘	周頌 烈文
7	傳9章	9-6	桃之夭夭 其葉蓁蓁 之子于歸 宜其家人	周南 桃夭
8	傳9章	9-7	宜兄宜弟	小雅 蓼蕭
9	傳9章	9-8	其儀不忒 正是四國	曹風 鳲鳩
10	傳10章	10-3	樂只君子 民之父母	小雅 南山有臺
11	傳10章	10-4	節彼南山 維石巖巖 赫赫師尹 民具爾瞻	小雅 節南山
12	傳10章	10-5	殷之未喪師 克配上帝 儀監于殷 峻命不易	大雅 文王

（中 庸）

No	篇章	章節番號	引用文	篇名
1	12章	12-3	鳶飛戾天 魚躍于淵	大雅 旱麓
2	13章	13-2	伐柯伐柯 其則不遠	豳風 伐柯
3	15章	15-2	妻子好合 如鼓瑟琴 兄弟旣翕 和樂且耽 宜爾室家 樂爾妻帑	小雅 常棣
4	16章	16-4	神之格思 不可度思 矧可射思	大雅 抑
5	17章	17-4	嘉樂君子 憲憲令德 宜民宜人 受祿于天 保佑命之 自天申之	大雅 假樂

6	26章	26-10	維天之命 於穆不已 於乎不顯 文王之德之純	周頌 維天之命
7	27章	27-7	旣明且哲 以保其身	大雅 烝民
8	29章	29-6	在彼無惡 在此無射 庶幾夙夜 以永終譽	周頌 振鷺
9	33章	33-1	衣錦尙絅	衛風 碩人, 鄭風 丰
10	33章	33-2	潛雖伏矣 亦孔之昭	小雅 正月
11	33章	33-3	相在爾室 尙不愧于屋漏	大雅 抑
12	33章	33-4	奏假(格)無言 時靡有爭	商頌 烈祖
13	33章	33-5	不顯惟德 百辟其刑之	周頌 烈文
14	33章	33-6	子懷明德 不大聲以色	大雅 皇矣
15	33章	33-6	德輶如毛	大雅 烝民
16	33章	33-6	上天之載 無聲無臭	大雅 文王

（論語）

No	篇章	章節番號	引用文	篇名
1	學而	1-15	如切如磋 如琢如磨	衛風 淇奧
2	爲政	2-2	子曰 詩三百一言以蔽之 曰思無邪	魯頌 駉／詩論
3	八佾	3-2	相維辟公 天子穆穆	周頌 雍
4	八佾	3-20	子曰 關雎 樂而不淫 哀而不傷	周南 關雎／詩論
5	述而	7-10	暴虎馮河(不敢暴虎, 不敢馮河)	小雅 小旻／詩論
6	泰伯	8-3	戰戰兢兢 如臨深淵 如履薄冰	小雅 小旻
7	子罕	9-26	不忮不求 何用不臧	邶風 雄雉
8	先進	11-5	南容三復白圭 (白圭之玷 尙可磨也 斯言之玷 不可 爲也)	大雅 抑
9	憲問	14-42	深則厲 淺則揭	衛風 匏有苦葉
	八佾	3-8	巧笑倩兮 美目盼兮 素以爲絢兮	逸詩

	子罕	9-30	唐棣之華 偏其反而 豈不爾思 室是遠而	逸詩
	子路	13-5	子曰 誦詩三百 授之以政 不達 使於四方 不能專對 雖多亦奚以爲	詩論
	季氏	16-13	不學詩 無以言	詩論
	陽貨	17-9	子曰 小子何莫學夫詩 詩可以興 可以觀 可以羣可以怨 邇之事父 遠之事君 多識於鳥獸草木之名	詩論
	陽貨	17-10	子謂伯魚曰 女爲周南召南矣乎 人而不爲周南召南 其猶正牆面而立也與	詩論

（孟子）

No	篇章	章節番號	引用文	篇名
1	梁惠王章句上	2-3	經始靈臺 經之營之 庶民攻之 不日成之 經始勿亟 庶民子來 王在靈囿 麀鹿攸伏 麀鹿濯濯 白鳥鶴鶴 王在靈沼 於牣魚躍	大雅 皇矣
2	梁惠王章句上	7-9	他人有心 予忖度之	小雅 巧言
3	梁惠王章句上	7-12	刑于寡妻 至于兄弟 以御于家邦	大雅 思齊
4	梁惠王章句下	3-3	畏天之威 于時保之	周頌 我將
5	梁惠王章句下	3-6	王赫斯怒 爰整其旅 以遏徂莒 以篤周祜 以對于天下	大雅 皇矣
6	梁惠王章句下	5-3	哿矣富人 哀此煢獨	小雅 正月
7	梁惠王章句下	5-4	乃積乃倉 乃裹餱糧 于橐于囊 思戢用光 弓矢斯張 干戈戚揚 爰方啓行	大雅 公劉
8	梁惠王章句下	5-5	古公亶父 來朝走馬 率西水滸 至于岐下 爰及姜女 聿來胥宇	大雅 綿
9	公孫丑章句上	3-2	自西自東 自南自北 無思不服	大雅 文王有聲
10	公孫丑章句上	4-3	迨天之未陰雨 徹彼桑土 綢繆牖戶 今此下民 或敢侮予	豳風 鴟鴞
11	公孫丑章句上	4-6	永言配命 自求多福	大雅 文王
12	滕文公章句上	3-2	晝爾于茅 宵爾索綯 亟其乘屋 其始播百穀	豳風 七月
13	滕文公章句上	3-9	雨我公田 遂及我私	小雅 大田

詩經集傳 下

14	滕文公章句上	3-12	周雖舊邦 其命維新	大雅 文王
15	滕文公章句上	4-15	出於幽谷 遷于喬木	小雅 伐木
16	滕文公章句上	4-16	戎狄是膺 荊舒是懲	魯頌 閟宮
17	滕文公章句下	1-4	不失其馳 舍矢如破	小雅 車攻
18	滕文公章句下	9-11	戎狄是膺 荊舒是懲 則莫我敢承	魯頌 閟宮
19	離婁章句上	1-4	不愆不忘 率由舊章	大雅 假樂
20	離婁章句上	1-10	天之方蹶 無然泄泄	大雅 板
21	離婁章句上	2-5	殷鑒不遠 在夏后之世	大雅 蕩
22	離婁章句上	4-3	永言配命 自求多福	大雅 文王
23	離婁章句上	7-5	商之孫子 其麗不億 上帝既命 侯于周服 侯服于周 天命靡常 殷士膚敏 祼將于京	大雅 文王
24	離婁章句上	7-6	誰能執熱 逝不以濯	大雅 桑柔
25	離婁章句上	9-6	其何能淑 載胥及溺	大雅 桑柔
26	萬章章句上	2-1	娶妻如之何 必告父母	齊風 南山
27	萬章章句上	4-2	普天之下 莫非王土 率土之濱 莫非王臣	小雅 北山
28	萬章章句上	4-2	周餘黎民 靡有孑遺	大雅 雲漢
29	萬章章句上	4-3	永言孝思 孝思維則	大雅 下武
30	萬章章句下	7-7	周道如底 其直如矢 君子所履 小人所視	小雅 大東
31	告子章句上	6-8	天生烝民 有物有則 民之秉夷 好是懿德	大雅 烝民
32	告子章句上	17-3	既醉以酒 既飽以德	大雅 既醉
33	告子章句下	3-1	公孫丑問曰 高子曰 小弁小人之詩也	小雅 小弁 詩論
34	告子章句下	3-3	凱風何以不怨	邶風 凱風 詩論
35	盡心章句上	32	不素餐兮	魏風 伐檀
36	盡心章句下	19-3	憂心悄悄 慍于羣小	邶風 栢舟
37	盡心章句下	19-3	肆不殄厥慍 亦不隕厥問(聞)	大雅 綿
	梁惠王章句下	4-9	畜君何尤	(微招 角招) 逸詩

御定五經百篇

國風(21)	周南	關雎 葛覃
	召南	鵲巢 采蘩
	邶風	谷風 簡兮
	鄘風	定之方中
	衛風	淇奧 氓
	鄭風	緇衣 女曰鷄鳴
	齊風	鷄鳴
	魏風	陟岵 伐檀
	唐風	蟋蟀
	秦風	小戎 蒹葭
	檜風	匪風
	曹風	下泉
	豳風	七月 東山
小雅(19)	鹿鳴之什	鹿鳴 皇皇者華 伐木 天保 出車
	白華之什	南山有臺
	彤弓之什	六月 車攻 吉日 鶴鳴
	祈父之什	白駒 斯干 無羊
	小旻之什	大東
	北山之什	楚茨 信南山 甫田 大田
	桑扈之什	賓之初筵
大雅(17)	文王之什	文王 大明 綿 棫樸 旱麓 思齊 皇矣 靈臺
	生民之什	生民 行葦 既醉 公劉
	蕩之什	抑 崧高 烝民 韓奕 江漢
	清廟之什	維天之命 天作 思文
頌(10)	臣工之什	豐年
	閔子小子之什	敬之
	魯頌	駉 泮水 閟宮
	商頌	那 長發
總 66 首		

※ '어정오경백편'이란 정조대왕이 직접 문신들과 함께 《시경》과 《서경》 등 오경 중에서 중요 내용 백 편을 뽑아 학자들의 집중학습을 돕게 한 책으로 1774년 ~ 1798년에 걸쳐 완성된 5권 5책의 목판본이다. (여기서는 우선 《시경》의 편차만을 실었다.)

한글 현토의 풀이 [俚讀解]

  나는 가독(家督)이 서사(書숲)를 주관한 이후로 동자(童子)들이 구두(句讀) 떼는 일을 잊은 것이 여러 해가 되었다. 이에 정미(丁未, 1907)년 겨울에 마침 나는 집에서 밥을 먹고 있었는데, 손자 봉술(鳳述)과 사종손(四從孫) 창길(昌吉)이 같은 해에 태어났고 학업이 서로 비슷하지만 한가로이 논지가 오래되어 제때에 발몽(發蒙)하지 못하니, 만약 몇 달이 지나면 13세가 될 것이었다. 그러나 가독이 막 상중(喪中)이어서 준례에 따라 책을 가르치는 것도 겨를이 없기에 내가 부득이 대신 아이들을 가르쳤다. 두 아이를 모정(茅亭)에 거처하게 하면서 날마다 일과(日課)로 책을 가르쳐주되 자못 엄하게 감독하여 공정(工程)이 있었다. 일찍이 종이 위에 첩점(疊點)을 만들고 그 아래에 따로 쌍점(雙點)을 만들며 또 그 아래에 가로된 획을 만들어서 두 아이에게 보여주고 말하기를 "이 먹으로 점을 찍은 것은 비록 문자가 아니나 또한 의의(義意)가 있다." 하고, 그 각각 점획의 아래에 이두(俚讀)를 달게 하였는데 이윽고 모두 맞지 않았다. 또 이것을 가지고 사종질 순인(洵仁)의 사위인 구명조(具命祖)와 족질(族姪)인 순제(洵濟), 순환(洵煥)에게 시험하였더니 그 모두 부합하는 자가 끝내 없었다. 나는 마침내 두 아이들에게 다음과 같이 말하였다.

  "글의 구(句)에 이두가 있음은 바로 우리나라의 방언(方言)이니, 혀를 놀리는 바에 따라 그 법칙이 매우 많은데 대체(大體)는 이 세 가지를 첫째로 삼는다. 그 서로 이어질 때에 이(以) 자의 뜻(그러므로)이 있는 것을 '하야'라 하고, 상대하여 이(而) 자의 뜻(하고)이 있는 것을 '하고', '하며'라 하고, 일이 중간에 끊긴 것을 '하니', '한대', '이어늘'이라 하고, 말이 중간에 끊긴 것을 '이라하니'라 하고, 형세에 당연한 것을 '이니'라 한다. 글은 끊겼으나 뜻이 여전히 이어진 것을 '이라(하는지라)'라 하고, 글이 끝났을 때에 주인의 말을 '하다'라 하고, 손님의 말을 '이러라'라 하고, 빈주(賓主)가 모였을 적을 '하니라'라 한다. 물건과 일을 가리킬 때에는 '이', '은', '을'이라 하고, 낱낱이 셀 적에는 '와', '과', '이요', '며'라 하며, 장차 그러할 것을 '이라가', '할 새'라 하고, 옛날과 지금이 교차된 곳을 '이러니'라 한다. 아직 그러하지 않은 처음의 말로 약(若)·구(苟)와 같은 아래에는 '이면', '이어든', '인댄'이라 하고, 그 끝나는 말로 필(必)·당(當)과 같은 아래에는 '하리니'라 하고, 가벼운 것을 버리고 중함으로 나가서 고(固) 자의 뜻이 있을 적에는 '이어니와'라 하고, 장차 뒤집는 말로 수(雖)·차(借:가령)와 같은 아래와 연(然)·단(但)과 같은 위에는 '이나', '라도', '이로되', '인들'이라 하고, 장차 다시 한 층을 더 나아가서 황(況)·신(矧)과 같은 위에는 '이온'이라 하고, 간략히 지나가는 말로 기(既)·매(每)와 같은 아래에는 '에'라 하고, 유(猶)·역(亦)과 같은 위에는 '도'라 하고, 왈(日) 자의 뜻이 있을 경우에는 '호되'라 하고, 고(故) 자의 뜻이 있을 경우에는 '일새'라 하고, 이(以)·사(使)·여(與)·자(自)의 아래에는 '으로'라 하고, 녕(寧) 자의 위에는 '으론'이라 하고, 그 아래에는 '언정'이라 하고, 스스로 자기 일을 말할 경우에는 '호니', '하노라'라 하고, 남을 권할 적에는 '하라', '어다'라 하고, 이와 같고자 할 경우에는 '이라야'라 하고, 대략 말할 적에는 '히'라 하고, 탄식하는 말에는 '이여', '로다'라 하고, 호(乎)·재(哉)·야(耶)·여(歟)·약(若)·하(何)·기(豈)·수(誰)·나(邪)의 아래에는 '아', '오', '인저', '리오', '고'라 하고, 높이는 분에게는 '하시니이다', '소서', '잇가'라 한다. 그 하나의 이두를 두 가지로 쓰는 경우가 또한 세 가지 법칙이 있으니, 뒤집는 말을 '이어늘', '호되', '이어든'이라 하는 것이 이것이다. 우선 이것을 책 끝에 붙이노니, 나머지는 이로부터 미루어 가야 하니 다 들 수가 없다. 지금 간략히 《요사(遼史)》와 《금사(金史)》의 〈국어해(國語解)〉를 모방하여 설을 이와 같이 짓노니, 너희들은 마땅히 정밀히 살피고 자세히 분변해야 할 것이다."

余自家督主書舍以後로　忘童子句讀事者　爲年久矣라　是歲丁未冬에　適家食할새　孫鳳述과　四從孫昌吉이　生同年이요　業相等夷로되　但遊浪日久하여　發蒙失時하니　若過數月이면　則且舞勺矣로되　而家督方居憂하여　按例授書도　亦患不暇라　余不得已代斷之호되　以二兒處于茅亭하여　課日授讀호되　頗嚴督有程이라　嘗於紙上作疊點하고　其下別作雙點하고　又其下作橫書하여　以示二兒曰　此墨雖非文字나　亦有義意하니　其各著俚讀於點畫之下러니　既而皆不中이요　又以試諸四從姪洟仁女壻具命祖와　族姪洟濟、洟煥하니　其盡合者　竟無有也라　余遂謂二兒曰　書句之有俚讀는　是我國方言也라　隨舌所運하여　其則甚多로되　而大要以此三者而爲之首라　其相因에　有以義曰〇요　相對有而義曰〇요　事之中斷曰〇이요　言之中斷曰〇요　勢所當然曰〇라　文則斷落而義有羈縻曰〇요　文終之主辭曰〇요　其實辭曰〇요　賓主之會曰〇라　指物若事曰〇이요　枚數曰卜果〇弥며　方將曰〇요　昔今之交曰〇라　未然之初辭로　如若、苟之下曰〇요　其終辭로　如必、當之下曰〇요　舍輕就重而有固義曰〇라　將反語로　如雖、借之下와　然、但之上曰〇요　猶、亦之上曰〇이요　將復進一層하여　如況、矧之上曰〇이요　課略之辭로　如既、每之下曰〇요　寧之上曰〇이요　其下曰〇요　有日義曰〇라　以、使、與、自之下曰〇요　自言己事曰〇요　勸平人曰〇라　欲其如此曰〇요　於所尊曰〇라　槩言曰〇요　歎辭曰〇요　乎、哉、耶、歟、若、何、豈、誰、那之下曰〇　是也라　姑以附諸尾하노니　自餘는　以此推之니　有不能悉擧라　今亦有三則하니　反語之〇〇〇是也라　其一讀兩用者도　亦有不能悉擧라　今略倣遼金史國語解而著爲說如右하노니　爾輩는　其宜精察而詳辨焉이어다

疊點												
雙點												
橫畫												

(원문 도표 — 이두 음독 수기표)

俚讀解

　※ 원문에 첩점(疊點)과 쌍점(雙點), 횡획(橫畫)이 보이는바, 자세한 설명이 없으나, 첩점은 °로 세 자 이상의 음을 표시하고 쌍점은 °로 두 자로 된 음, 그리고 횡획은 한 글자로 된 음을 표시한 것으로 추측되어 위와 같은 도표를 덧붙였다. 그러나 자신할 수가 없음을 밝혀둔다.

한송 선생님의 신역(新譯) 《시경집전(詩經集傳)》 발간에 감사드리며

흔히들 《시경(詩經)》은 문학하는 사람이 즐겨 읽는 중국 고대의 시가집이라고 하지만, 《시경》은 시집이 아니고 경전이다. 《시경》이 후대 한시(漢詩)의 원류가 되었고, 〈관저(關雎)〉·〈상체(常棣)〉·〈치효(鴟鴞)〉·〈동산(東山)〉·〈억(抑)〉·〈사간(斯干)〉·〈증민(烝民)〉·〈륙아(蓼莪)〉·〈소민(小旻)〉 등 무수히 많은 명시들이 실려 있어 문학적으로 매우 중요한 명시집인 것도 사실이다. 하지만 《시경》은 원래 시문학에만 그치지 않고 시가의 형태로 천지 만물의 이치와 인간의 도리를 설명한 성현들의 가르침이다. 오경(五經:시경, 서경, 주역, 춘추, 예기) 중의 으뜸이 되고 사서(四書:논어, 대학, 중용, 맹자)와 《예기》, 《춘추》 등 다른 경전에 수 없이 인용되어, 선비라면 누구나 공부하고 외웠던 것은 성현의 말씀을 기록한 경전이기 때문이다. 공자(孔子)께서 시(詩)를 배울 것을 강조하신 것도 문학으로서의 시가 아니라 《시경》의 공부이니, 만일 《시경》 특히 〈주남(周南)〉과 〈소남(召南)〉, 〈빈풍(豳風)〉 그리고 〈소아(小雅)〉, 〈대아(大雅)〉 등을 공부하지 않는다면 경전 공부를 반은 하지 않은 것이 된다. 이 때문에 《시경》은 사서와 함께 반드시 읽고 공부하여야 하는 경전인 것이다.

또한 《시경》은 음율을 맞춰야 하고 글자 수의 제한도 있는 운문(韻文)이어서 여기에 사용한 원문은 다른 경전과 크게 달라 해석하는데 어려움이 많고, 또 각종 동식물과 고대의 제도 등 사물의 명칭이 뒤섞여 나오기 때문에 주해서(註解書:해설한 책)의 도움 없이는 결코 쉽게 읽을 수 없다. 다각도로 해석한 주해서가 많이 있으나 우리나라의 선비들은 모두 주자(朱子)의 《시경집전(詩經集傳)》만 읽었고, 극히 일부의 사람만이 공영달(孔穎達)의 《모시정의(毛詩正義)》를 참고로 읽었을 뿐이었다. 그 이유는 다른 주해서에 비하여 《시경집전》이 가장 작자의 뜻에 부합하면서 합리적으로 해석하였고 또 수많은 사물이나 역사적 사건에 대하여 잘 설명하고 있어 굳이 다른 주해서를 읽을 필요가 없기 때문이었다.

新譯 詩經集傳 上

한송 선생님은 충남 예산(禮山)에서 태어나셔서, 부친 월산공(月山公)으로부터 가학(家學)을 익히고, 월곡(月谷) 황경연(黃璟淵)선생·서암(瑞巖) 김희진(金熙鎭)선생을 모시면서 본격적으로 도학자의 길을 걷기 시작하셨다. 서암 선생은 조선말 최고 학자이신 간재(艮齋) 전우(田愚) 선생의 재전제자로 성리설에 조예가 깊으신 분이셨다. 또 선생님은 30세 이후에 서울로 올라오셔서 다양한 학통의 학자들과 종유(從遊)하며 학문의 깊이를 더하셨는데, 학통과 당색을 구별하면 학문의 폭이 좁아진다고 말씀하시며, 학통에 구애됨이 없이 노론계 학자 뿐만 아니라 소론계, 남인계 학자들의 학문도 깊이 공부하셔서 가히 해동(海東) 선현들의 학문을 집대성(集大成)하셨다.

공자, 맹자, 정자(程子), 주자, 퇴계(退溪)선생, 율곡(栗谷)선생 등으로 이어지는 종통(宗統)을 이어 받으신 선생님께서는 성현의 학문을 보다 많은 사람들이 배울 수 있도록 서울대학교, 성균관대학교, 한국고전번역원 등에서 강학을 하셨을 뿐만 아니라, 이 학문을 공부하는데 필독서인《격몽요결(擊蒙要訣)》,《근사록집해(近思錄集解)》,《심경부주(心經附註)》,《고문진보(古文眞寶)》,《통감절요(通鑑節要)》《당송팔대가문초(唐宋八大家文鈔)》 등과 퇴계(이황), 율곡(이이), 우계(牛溪:성혼), 고봉(高峯:기대승), 우암(尤庵:송시열), 농암(農巖:김창협), 약천(藥泉:남구만), 여헌(旅軒:장현광), 존재(存齋:이휘일), 도곡(陶谷:이의현) 등 해동 선현들의 많은 문집을 번역하셨다. 그러나 가장 심혈을 쏟으신 것은 역시 사서집주(四書集註:주자의 사서 주해서)와 삼경(三經) 주해서인《시경집전》,《서경집전(書經集傳)》,《주역전의(周易傳義)》의 한글 번역이었다.

선생님께서 30~40년 전에 사서집주와 삼경 주해서를 처음으로 번역하셨는데, 이러한 책의 도움으로 이제 많은 사람들이 쉽게 사서 삼경(四書三經)을 공부할 수 있고 또 다양한 사서 삼경 연구서를 발간할 수 있게 되었다.

사서집주와 삼경주해서는 성현의 학문을 공부하는데 가장 중요한 책이라고 하시면서, 선생님께서 처음 한글로 번역하신 때부터 한 세대가 지난 2017년부터 내용을 보충하고 배우는 사람이 좀 더 쉽게 공부할 수 있도록 새롭게 번역하신 최신판 사서집주(四書集註)를 차례로 발간하셨고, 호산(壺山) 박문호(朴文鎬)의 사서상설(四書詳說) 또한 번역하셨으며, 올해 초에 신역(新譯)《주역전의》를 내셨다. 방대한 분량의 책을 내실 때마다 매번 힘이 드셨지만 이번 신역《시경집전》을 내실 때에는 역질(疫疾)로 응급실에 가시는 등 어려움이 더욱 컸다. 여러 어려움 속에서도 선생님께서 이렇게 힘든 사서삼경 번역을 하시는 것은 계왕성 개래학(繼往聖 開來學:앞서간 성인의 학문을 잇고 뒤에 오는 후학의 학문의 문을 열다)이라는 이 학문의 종통으로서의 책임감 때문이시다.

　　노령이심에도 불구하고 우리 후학들을 위하여 지금도 밤늦도록 강학(講學)과 번역에 힘써 해 주시는 선생님에게 그저 죄송하고 한없이 고마울 따름이다.

　　신역《시경집전》을 비롯하여 선생님의 책을 읽는 동학 여러분께서 성심으로 공부하여 책 속에 스며있는 선생님의 깊은 뜻을 헤아려 부디 성심으로 공부하여 주시기를 바라며, 동학 여러분 가운데에서 성현들의 학문을 이어가고 시대의 풍속을 선도하는 대현이 나오기를 간절히 바라는 바입니다.

2023년 11월
불초제자 朴喜在 씀
(사) 해동경사연구소 부이사장
해동경사연구소 익선회 회장

성백효成百曉

충남忠南 예산禮山 출생
가정에서 부친 월산공月山公으로부터 한문 수학
월곡月谷 황경연黃璟淵, 서암瑞巖 김희진金熙鎭 선생 사사
민족문화추진회 부설 국역연수원 연수부 수료
고려대학교 교육대학원 한문교육과 수료
한국고전번역원 교수 역임
전통문화연구회 부회장 역임
사단법인 해동경사연구소 소장(현)

海東經史研究所 임원

顧問	林東喆
	權五春
所長	成百曉
理事長	金成珍
副理事長	朴喜在
理事	金南德
	盧丸均
	申範植
	李光圭
	李在遠
	李哲洙
	張日碩
監事	吳相潤
	李根寬

번역서

사서집주四書集註,『시경집전詩經集傳』
『서경집전書經集傳』,『주역전의周易傳義』
『고문진보古文眞寶』,『근사록집해近思錄集解』
『심경부주心經附註』,『통감절요』
『당송팔대가문초唐宋八大家文鈔 소식蘇軾』
『고봉집高峰集』,『독곡집獨谷集』,『우계집牛溪集』
『다산시문집茶山詩文集』,『송자대전宋子大全』
『약천집藥泉集』,『양천세고陽川世稿』
『여헌집旅軒集』,『율곡전서栗谷全書』
『잠암선생일고潛庵先生逸稿』
『존재집存齋集』,『퇴계전서退溪全書』
『부안설 논어집주附按說論語集註』
『부안설 맹자집주附按說孟子集註』
『부안설 대학·중용집주附按說大學中庸集註』
『최신판 논어집주最新版論語集註』
『최신판 맹자집주最新版孟子集註』
『최신판 대학·중용집주最新版大學中庸集註』
『논어집주상설論語集註詳說』
『맹자집주상설孟子集註詳說』
『대학·중용집주상설大學中庸集註詳說』
『조선후기 한문비평1, 2』
『신역 주역전의新譯周易傳義』

해동경사연구소 www.haedong.org

신역 시경집전 (하) − 新譯 詩經集傳 (下)

1판 1쇄 발행 | 2024년 1월 11일
1판 1쇄 인쇄 | 2024년 1월 02일

역주 | 성백효

발행처 | 한국인문고전연구소   발행인 | 조옥임
출판등록번호 | 2012년 2월 1일 (제 406−251002012000027호)
주소 | 경기 파주시 가람로 70 (402-402)   전화 | 02−323−3635   팩스 | 02−6442−3634
이메일 | books@huclassic.com

디자인 | 씨오디
지류 | 상산페이퍼
인쇄 | 이지프레스

ISBN | 978−89−97970−91−9 04140
      978−89−97970−88−9 (set)